Pharsalia, Volumes 1-2

Marcus Annaeus Lucanus, Pierre A. Lemaire, Thomas May

BIBLIOTHECA

CLASSICA LATINA

SIVE

COLLECTIO

AUCTORUM CLASSICORUM LATINORUM

CUM NOTIS ET INDICIBUS.

On souscrit, à Paris,

Chez N. E. LEMAIRE, Éditeur, rue des Quatre-Fils, n° 16.
DEBURE frères, libraires du Roi, rue Serpente, n° 7.
J. DIDOT, l'aîné, imprimeur du Roi, rue du Pont-de-Lodi, n° 6.
F. DIDOT, imprimeur du Roi et de l'Institut, rue Jacob, n° 24.
DONDEY-DUPRÉ, père et fils, imp. lib. rue Saint-Louis, n° 46,
    au Marais; et rue de Richelieu, n° 47.
TREUTTEL et VVURTZ, libraires, rue de Lille, n° 17.
BRUNOT-LABBE, libraire, quai des Augustins, n° 33.
JULES RENOUARD, libraire, rue de Tournon, n° 6.
H. VERDIÈRE, libraire, quai des Augustins, n° 25.
ARTHUS-BERTRAND, libraire, rue Hautefeuille, n° 23.
Et chez tous les Libraires de France et des pays étrangers.

M. ANNÆI LUCANI

PHARSALIA.

EXCUDEBAT A. PIHAN DELAFOREST,

SUPREMI JUDICUM ORDINIS

TYPOGRAPHUS.

M. ANNÆI LUCANI ·

PHARSALIA

CUM VARIETATE LECTIONUM

ARGUMENTIS

ET SELECTIS VARIORUM ADNOTATIONIBUS

QUIBUS SUAS ADDIDIT

Petrus-Augustus LEMAIRE

IN SCHOLA NORMALI PROFESSOR.

———

VOLUMEN POSTERIUS

PARS PRIOR.

PARISIIS

COLLIGEBAT NICOLAUS ELIGIUS LEMAIRE

POESEOS LATINÆ PROFESSOR.

〰〰〰

MDCCCXXXII

M. ANNÆI LUCANI

PHARSALIA.

ARGUMENTUM

LIBRI SEXTI

E SULPITIO DESUMPTUM.

Dyrrhachium, in sexto, dum Magnus ab hoste tuetur,
Vallatur muro in campis et peste laborat.
Esurit et Cæsar, pugnaque erumpit aperta
Pompeius. Scævæ vires et nobile fatum,
Thessaliæque situs; mox quæ tulit illa, canuntur.
Hinc magicam Erichtho, Stygias ut consulat umbras,
Sextus adit : ciet illa Deos, cogitque cadaver
Tristia fata loqui, moritur quod carmine rursus.

M. ANNÆI LUCANI

PHARSALIA

LIBER SEXTUS.

ANALYSIS.

Cæsar dum videt Pompeium in pugnam exciri non posse, præceps ad rapiendas Dyrrhachii arces tendit ; 1 — 14. Pompeius castra movet, ut hostem irrupturum anteveniat, et prope urbem in locum tutum et natura munitum se recipit; 15 — 28. Tunc Cæsar et urbem et Pompeium vasto aggere quasi indagine includit; 29 — 63. Pabuli inedia, mox dira peste infestantur castra Pompeii; 64—105. Cæsaris ipse exercitus, messis ob dilationem, sævam famem patitur; 106—117. At Pompeius obsessus, non clam, sed aperta vi, ruptis claustris evadere aggreditur; 118 — 124. Partem valli expugnat et incendit, felici primum successu ; 125 — 139. Sed a Scæva reprimitur ; 140—144. Hujus centurionis elogium; 145 — 148. Suos Scæva intrepidus alloquitur; 149— 165. Strenue rem agens centurio, tandem sagitta configitur; 166—227. Tunc se vivum in castra Pompeii deferri orat ; 228 — 235. Hac fraude deceptus Aulus occiditur; 235—239.

Scævæ verba ; 240—246. Mors; et in hunc virum epilogus; 246—262. Pompeius vicina mari castella expugnat; 263—278. Cæsar, audita valli ruina, prælium renovare parat; 278—289. Adventante Pompeio Cæsarianorum pavor; 290—299. Pompeius victoriam non persequitur; 299—313. Cæsar se in Thessaliam confert; 314—315. Pompeium hortantur comites, ut Romam petat; 316—319. Ejus recusantis verba ; 319—329. Thessaliam ipse pervenit; 329 — 332. Exaratur Thessaliæ topographia ; montes, Ossa, Pelion, Othrys, Pindus, Olympus; 333—347. Regiones, Tempe, Pharsalos, Physace, Pteleos, Dotion, Trachin, Meliboea, Larissa, Argos, Thebæ; 348 — 359. Fluvii, Œas, Inachus, Achelous, Evenus, Sperchius, Amphrysus, Anaurus, Peneus, Asopus, Phœnix, Melas et Titaresus; 360—380. Incolæ, Bebricii, Leleges, Æolidæ, Dolopes, Magnetes, Centauri, e quibus Monychus, Rhœtus, Pholus, Nessus, Chiron; 381—396. Artes; 395—412. Varii militum sensus instante discrimine; 413—419. Sextus, Magni filius, metu stimulante, fatum prænoscere per magicas artes tentat; 419—434. Thessalarum mulierum incantamenta describuntur; 434—491. Tantæ vis in Superos causa exquiritur; 492 — 506. Inducitur præcipua e sagis Erichtho, cujus secreta infanda, ritusque panduntur; 507—569. Hanc adit Sextus; 570—588. Et adloquitur; 589—603. Magæ responsio; 604—623. E cadaveribus unum eligit, quod vitæ reddat, et in cavernam suam trahit; 624—641. Erichthus specus describitur; 642—653. Veneficium inchoans maga Sexti comites increpat; 654—666. Incantamenti narratio; 667—694. Cantus magicus ; 675—718. Erigitur cadaver anima tamen nondum redeunte; 719 — 729. Iterum inferos Deos invocans objurgat; 730 — 749. Anima intrat cadaver; 750—762. Redivivum compellat Erichtho; 762—776. Loquitur cadaver et Pompeianorum fata aperit; 776—820. Denuo crematur corpus, et Sextus castra patris repetit; 820—830.

Postquam castra duces, pugnæ jam mente propinqui,
Imposuere jugis, admotaque cominus arma,
Parque suum vídere Dei, capere obvia Cæsar
Mœnia Graiorum spernit, martemque secundum
Jam nisi de genero fatis debere recusat.   5
Funestam mundo votis petit omnibus horam,
In casum quæ cuncta ferat. Placet alea fati
Alterutrum mersura caput. Ter collibus omnes

1. *Postquam castra duces.* E castris ad Apsum fluvium (V, 461), uterque exercitum eduxerat eodem tempore : Pompeius noctu , ut Antonium interciperet; Cæsar interdiu , ut se cum Antonio conjungeret. Antonius de Pompeii insidiis certior per Græcos factus, castris se continqit, donec altero die ad eum Cæsar perveniret. Pompeius, ne duobus exercitibus circumcluderetur, discessit et ad Asparagium Dyrrhachinorum pervenit, atque ibi castra posuit : eodem et Cæsar cum exercitu profectus , juxta eum castra posuit. — *Pugnæ jam mente propinqui.* Cæsar quidem rerum inopia et necessitate pressus conficiendæ rei cupidus ostentare aciem, provocare : Pompeius commeatu abundans, adversus hæc nectere moras, tergiversari. L. Florus.

3. *Parque suum.* Metaphora ab arena seu gladiatoribus sumpta. Spectatores et fautores , Dii : arena, Pharsalia : par gladiatorum , Cæsar et Pompeius. Sic VII, 695 : « sed par quod semper habemus , Libertas et Cæsar erunt. » Conf. infra vers. 191, et Seneca, de Providentia cap. 2 :

« Ecce spectaculum dignum ad quod respiciat intentus operi suo Deus! Ecce par Deo dignum ; vir fortis cum mala fortuna compositus. » — *Capere obvia*, etc. Spernit, non operæ pretium ducit , urbes Græcas expugnare, Pompeio soli intentus, victoriæ de illo inhians.

5. *Debere recusat.* Non vult fata sibi alias præstare victorias; solum vult superare Pompeium. Sch.

6. *Funestam mundo* , etc. Quam illum dominum imponat victis gentibus non sine magna humani generis clade.

7. *Casum.* Dubium eventum, ruinam. — *Alea fati.* Discrimen, periculum. Horat. Carm. II, 1, 6 : « periculosæ plenum opus aleæ. » — *Placet.* Hoc est, placet summam rerum in incertum eventum committere. Allusum est ad parœmiam , « Omnem jacere aleam, » pro eo, quod est, rem universam periclitari, et fortunæ arbitrio committere. Hort.

8. *Alterutrum caput.* Pompeii vel Cæsaris. — *Ter collibus omnes*, etc. Postridie, eductis omnibus copiis, acie instructa, decertandi potestatem Pompeio fecit : ubi eum suis locis se

Explicuit turmas, et signa minantia pugnam,
Testatus numquam Latiæ se deesse ruinæ.   10
   Ut videt ad nullos exciri posse tumultus
In pugnam generum, sed clauso fidere vallo,
Signa movet, tectusque via dumosa per arva
Dyrrhachii præceps rapiendas tendit ad arces.
Hoc iter æquoreo præcepit limite Magnus,   15
Quemque vocat collem Taulantius incola Petram,
Insedit castris; Ephyreaque moenia servat,
Defendens tutam vel solis turribus urbem.
   Non opus hanc veterum, nec moles structa tuetur,
Humanúsque labor, facilis, licet ardua tollat,   20

tenere animadvertit, postero die magno circuitu, difficili angustoque itinere, Dyrrhachium profectus est,
sperans Pompeium aut Dyrrhachium compelli, aut ab eo inter-
cludi posse, quod omnem commea-
tum totiusque belli apparatum eo con-
tulisset, etc. Cæsar, B. Civ. III, 41.

10. *Testatus numquam*, etc. Professus se promptum paratumque ad
evertendam Italiam. Quasi vero id
esset minari Italiæ ruinam, quum
dignitatem suam armis tueatur; ac
toties inimicos ad pacem faciendam
cohortatus, ab armis discessurus fuisset. HORT.

15. *Hoc iter æquoreo*, etc. Pompeius primo ignoravit Cæsaris consilium: mox per exploratores certior
factus, castra movit, expeditiori juxta
litus via se antevertere eum posse
sperans. Cæsar vero parvo noctis itinere intermisso, Pompeium antevenit. —*Præcepit*. Præoccupavit, prævenit. — Videtur Noster hic et vs. 17,
18, non plane consentire cum Cæsare

B. C. III, 41, 42, qui Pompeium ait
Dyrrhachio interclusum. ED.

16. *Taulantius incola*. Taulantii,
populi Macedoniæ, qui Dyrrhachii
et Apolloniæ agros usque ad montes
Ceraunios quondam tenuerunt. Strab.
VII, Thucyd. I. Plin. Hist. Nat. III, 12.

17. *Insedit castris*. Pompeius in-
terclusus Dyrrhachio, edito loco,
qui *Petra* appellatur, castra communivit. — *Ephyreaque moenia*. Dyrrhachium quidam memorant a Pha-
lio Corinthio conditum. Thucyd.
Strab. lib. VI et VII. Nec non sic
dici potuit a Corcyrensibus colonis
ejus, qui et a Corinthiis oriundi fuerunt. Corinthus autem *Ephyra* dicta
erat ab Ephyra nympha, Oceani et
Tethyos filia, inf. 57.

18. *Defendens tutam*, etc. Etiam
sine exercitu satis sua natura munitam.
Florus: « Expugnatione, inquit,
Dyrrhachii irrita, quippe quam vel
situs inexpugnabilem faceret. »

19. *Non opus hanc*, etc. Neque tam
propter moenia, quæ plerumque in ar-

Cedere vel bellis, vel cuncta moventibus annis.

Sed munimen habet nullo quassabile ferro,

Naturam, sedemque loci : nam clausa profundo

Undique præcipiti, scopulisque vomentibus æquor,

Exiguo debet, quod non est insula, colli.   25

Terribiles ratibus sustentant mœnia cautes,

Ioniumque furens rapido quum tollitur austro,

Templa, domosque quatit, spumatque in culmina pontus.

   Hinc avidam belli rapuit spes improba mentem

Cæsaris, ut vastis diffusum collibus hostem   30

Cingeret ignarum, ducto procul aggere valli.

Metitur terras oculis : nec cespite tantum

Contentus fragili subitos attollere muros,

---

duum quantumvis hominum manibus exstructa, aut bello aut vetustate destruuntur, quam ob naturam et sedem loci.

21. *Cuncta moventibus.* Sic *Scarron :* « Il n'est point de ciment que le temps ne dissoude. » ED.

23. *Nam clausa,* etc. Nam in rupibus sitam et mari undique cinctam exiguus collis, quo continenti jungitur, eam facit peninsulam. — *Profundo.* Præceps est *profundum,* vel quod magnas rotat undas ex alto, ut V, 639 : « videre trementes Fluctibus a summis præceps mare ; » vel potius quod præruptum est scopulis litus; cf. vs. 36. ED.

24. *Vomentibus æquor.* Allisos fluctus rejicientibus.

25. *Colli.* Nam esset insula nisi haberet angustum collem quo jungitur terræ. Peninsula enim est ut docet Vossius ad Melam. lib. I, c. 3.

26. *Terribiles ratibus.* Proinde mœnia in scopulis sita, quæ periculum minantur appellentibus navibus : maxime, inquit, ubi Auster a meridie cœperit sævire, et vastum Ionium mare commoverit.

28. *Spumatque in culmina.* Spumas spargit per summa tecta.

30. *Diffusum collibus.* Cæsar coercito Pompeii equitatu, qui jam vastis collibus diffundebatur, simul ut Pompeium pabulatione prohiberet, auctoritatemque ejus apud exteras nationes minueret, editos atque asperos colles circa Pompeii castra præsidiis tenuit, castellaque ibi communivit. Inde, ut loci cujusque natura ferebat, ex castello in castellum perducta munitione circumvallare Pompeium instituit. Cf. ad Cæs. B. C. III, 43.

31. *Ducto procul aggere valli.* Producto e colle in collem.

32. *Metitur.* Ut tanto jungat aggere, quantum oculis potest intueri. SCH. — Immo oculis mensuram agri colligit ut modum operum constituat. ED.

Ingentes cautes, avulsaque saxa metallis,

Graiorumque domos, direptaque mœnia transfert.   35.

Exstruitur, quod non aries impellere sævus,

Quod non ulla queat violenti machina belli.

Franguntur montes, planumque per ardua Cæsar

Ducit opus : pandit fossas, turritaque summis

Disponit castella jugis, magnoque recessu   40

Amplexus fines, saltus, nemorosaque tesqua,

Et silvas, vastaque feras indagine claudit.

Non desunt campi, non desunt pabula Magno,

Castraque Cæsareo circumdatus aggere mutat.

Flumina tot cursus illic exorta fatigant,   45

Illic mersa suos ; operumque ut summa revisat,

Defessus Cæsar mediis intermanet agris.

---

34. *Ingentes.* Supple *sed ingentes.*
— *Metallis.* Fodinis, venis lapidum.

35. *Graiorum.* Domos sc. urbium Graiarum, vel jam eversas, vel quas everti jussit, ut lapidibus ruinarum uteretur. ED.

36. *Aries impellere sævus.* De ariete, vide quæ ad III, 490.

38. *Franguntur montes.* Editioribus locis dejectis, atque humilibus exaltatis æquavit opus.

39. *Pandit fossas.* Præ muris ducit latas fossas (*tranchées*).

40. *Magnoque recessu.* Appian. CC stad. Cf. Cæs. nost. t. II, p. 246, not. ED.

41. *Nemorosaque tesqua.* Sunt autem *tesqua*, loca dumosa, silvestria et aspera.

42. *Indagine.* Metaph. a venatoribus sumpta. Munitio enim velut retium cassiumque series. ED.

43. *Non desunt pabula Magno.* Tantum erat septi spatium, quantum

sufficeret Pompeio ad pabula, ad castra subinde mutanda, ut quod multorum fluminum fontes, cursus, et ostia contineret, et quantum lassitudine conficeret Cæsarem opera lustraturum.

44. *Mutat.* Mutare potest; quod non solent facere clausi. Ideo, v. 31 et 64, dixit Pompeium cingi ignarum, non se sentire inclusum. ED.

45. *Flumina tot cursus.* Et hoc non solum ad amplificationem spatii; verum etiam ad copiam rerum necessariarum, quas natura loci præbebat Pompeio, pertinet; quum flumina ibi orta, per longos anfractus viarum suis cursibus lassata, ibi rursum se in mare effunderent. Ordo est : Tot flumina illic exorta, illic mersa, cursus suos fatigant.

46. *Summa.* Extrema. ED.

47. *Intermanet agris.* Opera Cæsaris tanta erant, ut quum mane ad

Nunc vetus Iliacos adtollat fabula muros.

Adscribatque Deis : fragili circumdata testa

Mœnia mirentur refugi Babylonia Parthi. 5o

En quantum Tigris, quantum celer ambit Orontes,

Assyriis quantum populis telluris Eoæ

Sufficit in regnum , subitum bellique tumultu

Raptum clausit opus. Tanti periere labores.

Tot potuere manus aut jungere Seston Abydo, 55

Ingestoque solo Phryxeum elidere pontum ;

Aut Pelopis latis Ephyren abrumpere regnis ,

ea revisenda exiret, vesperi defatigatus, in mediis agris remaneret, et per-
noctaret defessus ambulando. Horat.
Carm. I, 1 : « manet sub Jove frigido
Venator. »

48. *Nunc vetus Iliacos*, etc. Fabulosa jam et vana antiquitas jactet
muros Trojæ XL millia pass. in circuitu , quos Dii a Laomedonte con-
ducti struxisse feruntur.

49. *Adscribatque Deis*. Neptuno
et Apollini. — *Fragili circumdata*,
etc. Parthi, simulata fuga præliari
soliti, pro miraculo habeant Babylo-
nis muros , latos L cubitos, altos
quadruplo amplius, in circuitu habentes 365 stadia, quum annuo spatio singula stadia singulis diebus essent perfecta. — *Fragili testa*.
Cocto latere. *Coctiles* muros dicit
Ovid. Met. IV, 58. De his vid. Diod.
lib. III; Strabo, XVI.

51. *Quantum Tigris*, etc. Quantum areæ occupavit Babylon, quam
adluit Euphrates, qui in Tigrim funditur , quantum Antiochia , quam
interluit Orontes , quantum Ninos
regni sedes et urbs regia Assyriæ,
tantum clausit Cæsar aggere suo.

52. *Telluris Eoæ*. Asiaticæ. Sunt
enim fueruntque omnes enumeratæ
urbes, partim in minori, et partim in
majori Asia.

54. *Raptum*. Brevi exstructum et
brevi inutile futurum, ob belli tumultus. — *Tanti periere labores*.
Hi tanti Cæsaris labores et ipsi in
cassum cecidere profligato Cæsare.

55. *Tot potuere manus*. Stat. Silv.
IV,3,56 : «Hæ possent...mœstum pelagus gementisHelles Intercludere ponte non natanti. » — *Seston Abydo*. Cf.
II,674. Ad amplificandam industriam
Cæsaris, enumerat aliquot loca, multis
stadiis distantia, quæ conjungere pari
conatu potuisset. Sestus enim et Aby-
dus oppida sunt maritima, inter se
objacentia, quorum unum in Asia,
alterum in Europa, inter quæ Xer-
xes pontem navibus fecit.

56. *Ingestoque solo*, etc. Jactis
in mare molibus obstruere Hellespontum, quem Phryxus transfretavit,
sorore Helle in aquis delapsa, conf.
IV, 57. — *Elidere pontum*. Sic apud
Sallust. « a privatis subversos montes, maria constructa esse. » ED.

57. *Aut Pelopis*, etc. Stat. l. c.

Et ratibus longæ flexus donare Maleæ;
Aut aliquem mundi, quamvis Natura negasset,
In melius mutare locum. Coit area belli :   60
Hic alitur sanguis terras fluxurus in omnes ,
Hic et Thessalicæ clades , Libycæque tenentur.
Æstuat angusta rabies civilis arena.

Prima quidem surgens operum structura fefellit
Pompeium : veluti mediæ qui tutus in arvis   65
Sicaniæ rabidum nescit latrare Pelorum :
Aut vaga quum Tethys, Rutupinaque litora fervent ,
Unda Caledonios fallit turbata Britannos.

Ut primum vasto septas videt aggere terras;
Ipse quoque a tuta deducens agmina Petra   70
Diversis spargit tumulis , ut Cæsaris arma

« His parvus, Lechio nihil vetante , Inous freta miscuisset Isthmos. » — *Abrumpere.* Tot etiam manus potuissent Isthmum perfodere, et *Ephyren*, i. e. Corinthum a Peloponneso separare.

58. *Et ratibus longæ* , etc. Pervio facto Isthmo Corinthiaco, navigantibus eximere longum et periculosum circuitum Maleæ promontorii Laconiæ, per L millia pas. in mare protensi. — *Donare.* Id est, facere rectam navigationem; forsan et Maleam promontorium ipsum tollere.

60. *Coit area belli.* Clauditur a Cæsare campus, area et quasi arena belli , intra quam septi sunt , qui sanguinem effundent in variis orbis partibus: alii in campo Pharsalico, in Africa alii.

63. *Æstuat.* Furit ac sævit hic intra eas angustias , ubi castra habebat Pompeius. « Æstuat infelix angusto limite mundi. » Juven. de Alexandro, Sat. X. — *Arena.* Spatio. Translat. ab arena theatrali , in qua committuntur gladiatores.

64. *Fefellit.* Id est, celavit, ut fieri ista nesciret. SCH.

65. *Veluti mediæ* , etc. Uti qui in meditullio Siciliæ degit, non audit latratum Scyllæ et Charybdis in freto Siculo contra Pelorum promontorium.

67. *Aut vaga quum Tethys.* Ut qui in Britannia insula versus Caledonios, Scotos, degunt, non audiunt æstum maris sævientis adversus litus Rutupinum in Cantio (*le comté de Kent*).

70. *Ipse quoque a tuta* , etc. Pompeius neque a mari, neque Dyrrhachio discedere volebat : quam plurimos itaque colles occupavit, et quam latissimas regiones præsidiis tenebat, Cæsarisque copias quam maxime posset, distinebat. — *Tuta Petra.* Recte

Laxet, et effuso claudentem milite tendat.

Ac tantum septi vallo sibi vindicat agri,

Parva Mycenæ quantum sacrata Dianæ

Distat ab excelsa nemoralis Aricia Roma; 75

Quoque modo Romæ prælapsus mœnia Tibris

In mare descendit, si nusquam torqueat amnem.

Classica nulla sonant, injussaque tela vagantur :

Et fit sæpe nefas, jaculum tentante lacerto.

Major cura ducem miscendis abstrahit armis 80

Pompeium, exhaustæ præbenda ad pabula terræ,

Quæ currens obtrivit eques, gradibusque citatis

Ungula frondentem discussit cornea campum.

tuta, nam collis est. Sup. v. 16. ED.

72. *Laxet*. Spargi cogat.—*Tendat*. Extenuet.

73. *Ac tantum septi*, etc. Tantum spatii introrsum complexus fuit Pompeius, in quo scil. dispertivit copias, quantum distat Aricia a Roma.

74. *Parva*. Quantum Aricia oppidum Latii prope Albam, distat a Roma : id est, sedecim millia.—*Mycenæ*, etc. Diana, quæ Mycenis colebatur, quo ab Oreste e Taurica translata.

75. *Nemoralis*. Nemoribus occupata ; III, 86 : « Qua sublime nemus, Scythicæ qua regna Dianæ. » Cf. Virg. Æn. VII, 762 sqq. ED.

76. *Quoque modo Romæ*. Quanto spatio Roma abest ab ostio Tibridis, ubi in mare Tyrrhenum effunditur, ut directum limitem metiamur, non obliquum cursum fluminis. Tradunt Ostiam ab Roma XIV millia passuum abesse.—*Modum* pro mensura sæpe usurpat Noster; IV, 20 : « Vix oculo prendente modum. » V, 182 :

« Non modus Oceani. » Et passim. ED.

78. *Classica nulla sonant*. Neutra ex parte datur signum pugnæ. Pompeius, inquit Cæs. B. C. III, 44, totis copiis dimicare non constituerat, tamen suis locis sagittarios funditoresque mittebat, qui multos e nostris vulnerabant.

79. *Nefas*. Cædes extra belli copiam. — *Tentante lacerto*. In incertum mittente præ studio exercendi.

80. *Major cura*. Pompeium a pugna deterret major cura ; nempe pabulorum, quia cuncta perierunt. Virg. Georg. III : « Acrior illum Cura domat. » ED.

81. *Exhaustæ... ad pabula*. Erat summa inopia pabuli in castris Pompeii, adeo ut foliis ex arboribus strictis, et teneris arundinum radicibus contusis equos alerent.—Sulpitius non male jungit *cura terra*. Oudend. malit *abstrahit ad pab. terræ* equis præbenda, vel potius *pab. præbenda terræ* ut rursus gramine vestiatur. ED.

83. *Frondentem discussit*. Equita-

Belliger adtonsis sonipes defessus in arvis,
Advectos quum plena ferant praesepia culmos,   85.
Ore novas poscens moribundus labitur herbas,
Et tremulo medios abrumpit poplite gyros.
Corpora dum solvit tabes, et digerit artus,
Traxit iners caelum fluidae contagia pestis
Obscuram in nubem. Tali spiramine Nesis   90.
Emittit Stygium nebulosis aera saxis,
Antraque letiferi rabiem Typhonis anhelant.
Inde labant populi, caeloque paratior unda

tus Pompeii herbis nudaverat campos.

84. *Defessus*. Defatigatus frustra herbam quaerendo in attritis arvis; Oudend. int. *fame defessus*. ED.

85. *Quum plena ferant*. Malim *dum*. Moriuntur equi prae fame, dum pabulum ex Corcyra atque Acarnania exspectatur longo navigationis spatio. Vide Caesarem, Belli Civil. lib. III. Sensus forte est, culmorum aridorum satis fuisse in praesepibus; sed ab equis desideratas herbas virides. GROT. — Hunc sensum praefero, et retineo *quum*; ut sit imitatio Ovid. Metam. VII, 543: « Acer equus quondam... Ad praesepe gemit morbo moriturus inerti. » Quod et ipse debet Virgil. Ge. III : « Et dulces animas plena ad praesepia reddunt. »

86. *Novas poscens*, etc. Aliunde advectas, vel rectius virides.

87. *Medios abrumpit*. Non perfert integros cursus : ad hunc locum Senec. Œd. I, chor. « Segnior cursu sonipes in ipso Concidit gyro, dominumque prono Prodidit armo. »

88. *Digerit artus*. Dissipat, consumit, ut cibi digeruntur.

89. *Traxit*. Caelum traxit conta-gia fluidae pestis, dum tabes solvit corpora. Conf. Ovid. l. c. « Principio caelum spissa caligine terras Pressit, et ignavos inclusit nubibus aestus. » Senec. Œd. « Sed gravis et ater incubat terris vapor. » — *Iners caelum*. Non ventis motum. — *Fluidae*. Ob saniem cadaverum fluentem. Noster II, 166 : « Quum jam tabe fluunt. » — *Obscuram*. Ob vapores.

90. *Spiramine*. Exhalatione. — *Nesis*. Insula in Campano litore, quam agnoscit Plin. lib. XIX, 42 : Cic. ad Attic. XVI, 1; Senec. epist. 53, et Statius, Silv. II, 2, 78. Hodie *Nisita* haud procul Puteolis. ED.

91. *Stygium*, etc. Tetrum, letalem, infernum. Stat. loco c. *malignum*.

92. *Antraque letiferi*, etc. Speluncae Inarimes insulae impositae Typhoeo, qui sulfureos atque pestiferos vapores emittere dicitur. Conf. V, 101; et Mela, lib. I, c. 13.

93. *Inde labant*. Inde milites afficiuntur. — *Paratior unda*, etc. Quod facilius aqua ad se morbi contagionem trahat, quam aer. Ovid. l. c. « Constat et in fontes vitium venisse lacusque. »

Omne pati virus, duravit viscera cœno.

Jam riget atra cutis, distentaque lumina rumpit :   95

Igneaque in vultus, et sacro fervida morbo

Pestis abit, fessumque caput se ferre recusat.

Jam magis atque magis præceps agit omnia fatum :

Nec medii dirimunt morbi vitamque, necemque :

Sed languor cum morte venit, turbaque cadentum 100

Aucta lues, dum mixta jacent incondita vivis

Corpora : nam miseros ultra tentoria cives

Spargere, funus erat. Tamen hos minuere labores

A tergo pelagus, pulsusque Aquilonibus aer,

Litoraque, et plenæ peregrina messe carinæ.   105

   At liber terræ spatiosis collibus hostis

---

94. *Duravit viscera cœno.* Obstruxit alvum. Virg. l. c. « Viscera torrentur primo. »

95. *Riget atra cutis.* Virg. l. c. « Aret Pellis, et ad tactum tractanti dura resistit.» Ideoque oculos dilatatos hebetat : « Stupor urget inertes. »

96. *Igneaque in vultus.* « Flammæque latentis Indicium rubor est et ductus anhelitus igni, etc.» Sen. Œd. « et ægro Rubor in vultu, etc. » — *Sacro fervida,* etc. Exsecranda peste, vel sacro igne, erysipela, quem, quia e serventi sanguine natus sit, pestis comitem addit Cels. lib. V.

97. *Fessumque caput,* etc. Præ gravedine se non sustinet.

98. *Præceps fatum.* Subita mors. Sil. VII, 233 : « An nondum præceps vicinaque fata videtis. »

99. *Medii.* Id est, nullum intervallum est ægritudinis inter vitam et mortem, sed ut cœperint languere, mox pereunt. SCH.

100. *Turbaque cadentum Aucta lues.* Quo plures moriebantur, eo sæviebat pestifera lues magis ac magis. Bell. Civ. III, 49 : Cæsar ex perfugis cognoscebat, equos eorum vix tolerari... ipsos valetudine non bona, quum angustiis loci et odore tetro et multitudine cadaverum, tum, etc.

103. *Spargere.* Civibus, inquit, occisis hoc pro sepultura erat, ut eos extra tentoria ejicerent. Ex his ergo cadaveribus lues major increvit.

104. *Aquilonibus.* Sicut Auster ventus morbos et pestilentiam adducit, ita Aquilo repellit : quia prominens Aquilo minus gravescit, quam cæteri. Abegit ergo ex parte morbos vicinum mare, et flatus Aquilonis.

105. *Peregrina messe.* Levavit quoque pestem hanc, omnium rerum copia navibus advecta. — *Peregrina.* Adventitia; nam quæ ibi nata, pestis corruperat. SCHOL.

106. *At liber terræ,* etc. Cæsar

Aere non pigro, nec inertibus angitur undis :
Sed patitur sævam, veluti circumdatus arcta
Obsidione, famem. Nondum surgentibus altam
In segetem culmis, cernit miserabile vulgus   110
In pecudum cecidisse cibos, et carpere dumos,
Et foliis spoliare nemus, letumque minantes
Vellere ab ignotis dubias radicibus herbas :
Quæ mollire queunt flamma, quæ frangere morsu,
Quæque per abrasas utero demittere fauces,   115
Plurimaque humanis ante hoc incognita mensis,
Diripiens miles, saturum tamen obsidet hostem.
     Ut primum libuit ruptis evadere claustris

autem non peste ex aeris aut aquæ contagione, sed frumenti inopia laborabat. *Liber* autem miles Cæsarianus dicitur, quia extra aggerem constitutus.

108. *Inertibus.* Stagnantibus et ideo corruptis. ED.

109. *Nondum surgentibus.* Nondum spicas fundentibus, nedum maturescentibus. Alii *turgentibus* e Virg. Ge. I, 315. Sed *Surgere*, ait Oudend. recte de frumenti spicis. Georg. I, 161 : « Nec potuere seri, nec surgere messes. » ED.

110. *Cernit... vulgus.* Videt milites herbis, gramine, foliis vesci.

111. *Cecidisse.* Nempe in terram pronos, ut carperent. ED.

112. *Letumque,* etc. Letales, venenosas.

113. *Radicibus herbas.* Radicis genus inventum est, quod appellatur *Chara*; ex hoc effectos admixto lacte panes: quum in colloquiis Pompeiani iis famem objectarent, vulgo in eos jaciebant. Quo viso Pompeius, sibi cum feris rem esse dixit, etc.

Cæsar Bell. Civ. III (Cf. nost. ed. t. II, p. 253 sq. not.); et Sueton. in Cæs. cap. 68. Plutarch.

114. *Quæ mollire,* etc. Quæcumque poterant coquere.

115. *Abrasas fauces.* Asperitate esculentorum exulceratas. Sic Pers. Sat. III, 114 : « (os) quod haud deceat plebeia radere beta. » Audiebantur, inquit Cæsar, Bell. Civ. lib. III, c. 49, crebræ militum voces, prius se cortice ex arboribus victuros, quam Pompeium e manibus dimissuros.

116. *Ante hoc.* Scil. tempus. Vulgo *antehac.* ED.

117. *Saturum tamen obsidet hostem.* Commeatu abundantem Pompeii militem.

118. *Ut primum libuit,* etc. Equis macie corruptis, conandum sibi aliquid Pompeius de eruptione existimavit, cujus rei expeditiorem dedere illi facultatem Allobroges duo fratres, qui a Cæsare transierunt, etc. Bell. Civil. III. Prius autem

Pompeio, cunctasque sibi permittere terras;

Non obscura petit latebrosæ tempora noctis,   120

Et raptum furto soceri cessantibus armis

Dedignatur iter : latis exire ruinis

Quærit, et impulsu turres confringere valli,

Perque omnes gladios, et qua via cæde paranda est.

Opportuna tamen valli pars visa propinqui,   125

Qua Minuti castella vacant, et confraga densis

Arboribus dumeta tegunt. Huc pulvere nullo

Proditus agmen agit, subitusque ad mœnia venit.

Tot simul e campis Latiæ fulsere volucres;

Tot cecinere tubæ. Ne quid victoria ferro   130

facta erant uno die sex prælia ad Dyrrhachium et aggerem, ubi Scæva tam strenue rem gessit. — *Claustris.* Cæsaris munitiones dicit, quibus tamquam carcere clausus Pompeius. Sic inf. 264: « Intra claustra piger dilato Marte quievit. » OUD.

119. *Permittere.* Sibi concedere ad evagandum. OUD.

120. *Non obscura petit,* etc. Non clam et noctu, sed palam et interdiu, per vallum et munitiones Cæsaris erumpere parat.

121. *Et raptum.* Non vult furtim fuga dilabi, id quod speciem ignaviæ ac timiditatis præ se ferret. HORT. — *Cessantibus.* Non motis ad fugam impediendam, scil. inscio Cæsare. ED.

122. *Latis exire ruinis.* Sed hoc fuit consilium, ut dejecta parte aggeris non exigua, ferro viam per Cæsarianos faceret.

123. *Et impulsu.* Nempe crebra oppugnationis vi et impetu. Conf. Statius, Theb. IX, 146: «Formidatique

superbis Turribus impulsus. » OUD.

126. *Minuti castella vacant.* A Minutio dictum castellum, qui custodiæ hujus propugnaculi præfectus a Cæsare fuerat. « Minutio, inquit Appianus, quam plurima tolerante; ferunt quippe clypeo ejus viginti supra centum inhæsisse sagittas, etc. » Cæsar eum Scævam vocat, ut Noster et Florus. Neque tamen Minutium Scævam dictum arbitror, ut volunt quidam: Cassium Scævam appellat Suetonius et M. Cæsium Scævam Val. Max. l. III, c. 2. — *Confraga.* In quibus undique venti concurrunt. SCHOL.

127. *Huc pulvere,* etc. Huc legionem ducit silentio, ne pulvis concursu militum excitatus humo, adventum peditum Pompeianorum proderet. HORT.

128. *Mœnia venit.* Sc. vallum.

129. *Volucres.* Aquilæ signa, quæ in pilis feruntur.

130. *Tot cecinere tubæ,* etc. Hæ tubæ tantam trepidationem attule-

Deberet, pavor attonitos confecerat hostes.
Quod solum valuit virtus, jacuere perempti,
Debuerant quo stare loco : qui vulnera ferrent
Jam deerant, et nimbus agens tot tela peribat.
Tum piceos volvunt immissæ lampadis ignes :   135
Tum quassæ nutant turres, lapsumque minantur.
Roboris impacti crebros gemit agger ad ictus.
Jam Pompeianæ celsi super ardua valli
Exierant aquilæ : jam mundi jura patebant.

Quem non mille simul turmis, nec Cæsare toto   140
Auferret Fortuna locum, victoribus unus,
Eripuit, vetuitque capi : seque arma tenente,
Ac nondum strato, Magnum vicisse negavit.
Scæva viro nomen : castrorum in plebe merebat
Ante feras Rhodani gentes : ibi sanguine multo   145

runt hostibus, ut nihil opus esset ferro, aut justo certe prælio decernere ad obtinendam victoriam. HORT.

132. *Jacuere perempti.* Quem quisque locum cepisset, ex eo non cessit, in eo cecidit pugnans. Hoc solum fortiter fecerunt, quod non fugerint. Conf. Sallust. Catil.

133. *Ferrent.* Acciperent.

134. *Nimbus.* Metaphora. Tela instar grandinis ruentia. — *Peribat.* Cæsis dudum omnibus Cæsarianis, jam fiebant tela inutilia.

135. *Piceos .... ignes.* Sagittas et faces incendiarias, stupam picatam. Conf. III, 682.

137. *Roboris,* etc. Arietis, III, 490. — *Gemit.* Sonum edit pulsatus. Ovid. Met. XIV, 739 : « At multa gementem Visa dedisse sonum est. »

139. *Jam mundi jura patebant.*

Jam aditus erat Pompeianis ad imperium orbis, quod perdiderant inclusi. SCHOL. — Hortensius *patere* accipit, in commune esse ; jam stetisse mundum sub utrius imperio esset futurus. Sed *patere* non absolute hoc sensu sumitur. Ovid. Met. II, 283 : « Commoda plebi nostra patent. » Melius MARMONTEL : « L'univers rentrait dans ses droits. » ED.

140. *Cæsare toto.* Viribus Cæsaris. Quidam explicant tam fortiter pugnasse Scævam, ut etiam ipsius dux Cæsar, Pompeio multo acrior, si contra Scævam tetendisset, nihil eum omnibus copiis efficere potuisse. Male.

141. *Victoribus.* Pompeianis jam pæne victoribus eripuit victoriam.

144. *Merebat.* Militabat, gregarius et ignobilis. ED.

145. *Ante feras Rhodani gentes.*

Promotus Latiam longo gerit ordine vitem.

Pronus ad omne nefas, et qui nesciret, in armis

Quam magnum virtus crimen civilibus esset.

Hic ubi quærentes socios jam Marte relicto

Tuta fugæ cernit, « Quo vos pavor, inquit, abegit 150

Impius, et cunctis ignotus Cæsaris armis?

O famuli turpes, servum pecus, absque cruore

Terga datis morti? cumulo vos deesse virorum

Non pudet et bustis, interque cadavera quæri?

Non ira saltem, juvenes, pietate remota,   155

Stabitis? e cunctis, per quos erumperet hostis,

Nos sumus electi. Non parvo sanguine Magni

Ista dies ierit. Peterem felicior umbras

---

subobscure dictum, pro : ante bellum Gallicum ; in eo ad centurionis dignitatem evectus est. Valer. Max. lib. III, cap. 2, § 23.—*Latiam vitem.* Centurionum dignitatis insigne, quam ad castigandos milites gestabat centurio.Plin. lib.XIV,c. 3, § 8; Juvenal. Sat. VIII, 247; Martial. X, 26, 1, et Silius, VI, 42. — *Longo ordine.* Ante militum ordines ; vel ad honores lente et gradatim evectus. ED.

147. *Pronus ad omne nefas.* Quod laudi vulgo vertitur, id crimen vocat poeta, quod Scæva nesciverit, in bellis civilibus virtutem esse magnum crimen.

149. *Hic ubi quærentes*, etc. Ubi vidit contubernales suos, abjectis hastis, circumspicere tutum receptum ad fugam, hujusmodi verbis, ipsorum ignaviam insectatus fuit. HORT.

150. *Pavor impius.* In Cæsarem, cui non servatis fidem, sacramento militari datam. HORT.

151. *Cunctis ignotus .... armis.* In nullo Cæsaris bello hactenus notus.

152. Hic versus spurius videtur. Vid. Disq. var.

153. *Terga datis ?* Interrogative, fugitis ad mortem cavendam? Quod ipsos deberet pudere, quum deceret inveniri inter occisos viros, et prono pectore jacere.OUD.—*Cumulo deesse*, etc. Non mori inter fortes, quorum hic sunt cadavera bustis cumulata.

154. *Quæri.* Non inveniri. Sic IX, 965 : « Phœbei quærit vestigia muri. »

155. *Non ira saltem ... e cunctis, per quos*, etc. Si nulla vos pietas in ducem retineat, sistat vos tamen ira et indignatio, namque nos visi sumus hostibus imbelles et maxime idonei, per quos erumperent.

157. *Non parvo*, etc. Non sine Pompeianorum strage, qui nos ita contempsere, hic dies transigetur. ED.

158. *Peterem felicior*, etc. Felicius me mori existimarem, si occum-

Cæsaris in vultu : testem hunc Fortuna negavit ;
Pompeio laudante cadam. Confringite tela   160
Pectoris incursu, jugulisque retundite ferrum.
Jam longinqua petit pulvis, sonitusque ruinæ,
Securasque fragor concussit Cæsaris aures.
Vincimus, o socii ; veniet, qui vindicet arces,
Dum morimur. » Movit tantum vox illa furorem,   165
Quantum non primo succendunt classica cantu :
Mirantesque virum , atque avidi spectare, sequuntur
Scituri juvenes, numero deprensa , locoque,
An plus quam mortem virtus daret. Ille ruenti
Aggere consistit, primumque cadavera plenis   170
Turribus evolvit, subeuntesque obruit hostes

bere licuisset Cæsare inspiciente : hoc non contigit ; ita me geram, ut virtus mea vel ab hoste laudetur.

160. *Confringite tela*, etc. Irruite in tela hostium tanta constantia, ut vestri pectoris incursu confringantur, et tam fortiter jugulos opponite, ut mucrones eorum feriendo hebetentur. Conf. Bentl. ad Horat. Carm. I, 35 in fine : « retusum in Massagetas Arabasque ferrum. » ED.

162. *Jam longinqua petit pulvis*. Pulvis iste jam longius apparet et mox fragor belli Cæsarem dudum inscium sistet huc cum subsidiis.

164. *Veniet qui vindicet*, etc. Cæsar scil. qui adseret sibi castella.

165. *Dum morimur*. Mors nempe nostra id temporis dabit Cæsari. ED.
— *Movit tantum vox illa*, etc. Vox illa Scævæ tantum valuit ad pugnam, quantum nulla tuba suo cantu, quoties signum dat militibus ad iucundum prælium. HORT.

166. *Succendunt*. Accendunt militares animos, quando in procinctu stant, parati ad pugnam. Virg. Æn. VI, 165 : « martemque accendere cantu.» Silius, IV, 169 : « Stimulas cornu atque in prælia mentes Accendis. » *Primus cantus*, nempe signum pugnæ, primus clangor classici. ED.

167. *Spectare*. Scævam pugnantem.

168. *Numero deprensa*, etc. An virtus numero hostium obruta et iniquo loco deprensa posset aliquid amplius dare quam mortem, hoc est, victoriam. Sic vulgo intt. Burmannus autem exponit : scituri erant an ipsa corpora sua transfixa possent etiam post mortem nocere hostibus. Obscuræ Lucani argutiæ. ED.

169. *Ille ruenti Aggere*. Scæva in summo aggere, ruinam minitanti consistit. HORT.

170. *Primumque*, etc. Suorum cadaveribus , telorum saxorumque loco utitur adversus hostes.

Corporibus; totæque viro dant tela ruinæ,
Roboraque, et moles; hosti seque ipse minatur.
Nunc sude, nunc duro contraria pectora conto
Detrudit muris, et valli summa tenentes   175
Amputat ense manus : caput obterit, ossaque saxo,
Ac male defensum fragili compage cerebrum.
Dissipat : alterius flamma crinesque, genasque
Succendit ; strident oculis ardentibus ignes.

Ut primum cumulo crescente cadavera murum 180
Admovere solo; non segnior extulit illum
Saltus, et in medias jecit super arma catervas,
Quam per summa rapit celerem venabula pardum.
Tunc densos inter cuneos compressus, et omni
Vallatus bello vincit, quem respicit, hostem.   185
Jamque hebes, et crasso non asper sanguine, mucro

172. *Totæque ruinæ.* Omnis materia erat ei telum, præcipue rudera muri labentis.

173. *Moles.* Saxa. — *Seque ipse minatur.* Velle se præcipitem in hostes demittere videtur.

174. *Contraria.* Hostium.—*Conto.* Pertica.

175. *Tenentes*, etc. Ascendentium manus prehendentes valli summa.

177. *Compage.* Galea, vel ossibus.

178. *Flamma.* Stupa picata, face.

179. *Oculis ardentibus.* In quos telum ignitum immiserat. SULPIT.

180. *Ut primum.* Transit ad ea, quæ defensionem Scævæ sunt insequuta. Ubi, inquit, cadaverum tantus fuit acervus, ut altitudine junctus ad muros, eosdem cum solo quasi æquaret. SCH.

181. *Non segnior extulit.* Ea celeritate et impetu per armatos hostes insiluit super arma et cadaverum struem, qua pardus solet in venabulorum aciem.

184. *Cuneos.* Cuneus proprie est multitudo peditum cuneum repræsentans, quæ juncta cum acie primum angustior, et gradatim latior procedit ad ordines hostium diffringendos. Hic pro circumstante multitudine. — *Compressus.* Omnibus copiis, adversus quas stetit, oppressus undique.

185. *Vincit, quem respicit.* Quocumque se convertit, occidit inimicum. SCH.

186. *Crasso non asper*, etc. Obtusus cæde gelatoque sanguine. Sic Tacit. Annal. XV, c. 54 : « asperare pugionem saxo: » et Noster, VII, 139: « Nec gladiis habuere fidem nisi cautibus asper Exarsit mucro. » OUD.

Percussum Scævæ frangit, non vulnerat, hostem.

Perdidit ensis opus, frangit sine vulnere membra.

Illum tota premit moles, illum omnia tela;

Nulla fuit non certa manus, non lancea felix :   190

Parque novum Fortuna videt concurrere, bellum,

Atque virum. Fortis crebris sonat ictibus umbo,

Et galeæ fragmenta cavæ compressa perurunt

Tempora : nec quidquam nudis vitalibus obstat

Jam, præter stantes in summis ossibus hastas.   195

    Quid nunc, vesani, jaculis, levibusque sagittis

Perditis hæsuros numquam vitalibus ictus?

Hunc aut tortilibus vibrata phalarica nervis

Obruat, aut vasti muralia pondera saxi ;

187, 188. *Percussum Scævæ frangit*, etc. Vel sola vox *frangit* repetita satis ostendit horum duorum versuum alterum vacare. Vid. Disq. var.

188. *Perdidit ensis opus.* Perdiderat usum et officium gladii, id est, non secuit, sed fregit. *Ferri opus* dixit Noster VII, 345. Ed.

189. *Moles.* Multitudo hostium.

191. *Parque novum.* Inauditum certamen, quod in unum pugnarent innumeri. Supra v. 3.—*Bellum.* Universas Pompeii copias, cum uno Scæva compositas.

192. *Fortis.* Durus, validus, qui sufficiat ictibus, ut Virg. Æn. IX, 810.

193. *Et galeæ*, etc. Et galea crebro ictu contusa fractaque caput ejus stringit, et attritu excruciat.

194. *Nec quidquam*, etc. Et tela hostium corpori illius fixa supplent locum fractæ loricæ et inerme pectus defendunt. Sic fere omnes et ipse MARMONTEL. Sed forsan ad exag-

gerationem Lucaneam propius Scholiastes. «Patefacta, inquit, vitalia ideo non effundebantur, quia hastæ in ossibus fixæ eadem exire prohibebant. Non ergo obstabant membra vitalibus, ne exirent, quippe perfossa, sed sola tela, quæ fixa ossibus adhæserunt.» Ad sensum tamen cf. v. 197. Ed.

196. *Quid nunc, vesani, jaculis.* Ἀποστροφὴ ad Pompeianos, cum irrisione.

198. *Phalarica.* Genus teli missile, quo utuntur ex Phalis, id est, ex turribus et editis locis : est autem in modum hastæ valido ferro præfixa intra tubum, cujus hastile sulphure, resina, bitumine et stupis convolvitur infuso oleo, quod incendiarium vocant, et e ballista (v. 200) emittitur. Conf. III, 680.

199. *Obruat.* Idem de Bitia dixerat Virgilius, phalarica adversus eum opus fuisse, Æn. IX, 704 : « Non jaculo, neque enim jaculo vitam ille

Hunc aries ferro, ballistaque limine portæ 200
Promoveat : stat non fragilis pro Cæsare murus,
Pompeiumque tenet : jam pectora non tegit armis ;
Ac veritus credi clypeo, lævaque vacasse,
Aut culpa vixisse sua, tot vulnera belli
Solus obit, densamque ferens in pectore silvam, 205
Jam gradibus fessis, in quem cadat, eligit hostem,
Par pelagi monstris. Libycæ sic bellua terræ,
Sic Libycus densis Elephas oppressus ab armis
Omne repercussum squalenti missile tergo
Frangit, et hærentes mota cute discutit hastas : 210
Viscera tuta latent penitus, citraque cruorem
Confixæ stant tela feræ. Tot facta sagittis,

dedisset. » ED. — *Muralia pondera.* Ingenti magnitudine, nam solidissimis saxis muri exstruuntur. ED.

200. *Aries.* Conf. III, 490. — *Ballistaque,* etc. Machina cujus brachia tenduntur funibus nervisque ad emittenda saxa, faces, jacula : cujus formam vide apud Marcellinum. Lib. XXI, et Veg. lib. IV, c. 22.—*Limine portæ.* Ruente aggere (vs. 169), et cumulatis cadaveribus (180), castellum patebat, nisi aditum defendisset Scæva. Hinc Noster ait eum pro limine stare. ED.

201. *Stat ....murus.* Pompeii copias sustinet, victoriamque moratur.

202. *Jam pectora non tegit armis.* Et jam turpe ducens clypeo tegi, abjicit clypeum, et pectore occurrit telorum multitudini.

203. *Lævaque vacasse.* Vult libera manu læva etiam dimicare. SCH. Sed Farnab. exponit, non vult lævam corporis partem carere vulneribus.

Propius ad sensum quam ad verba. ED.

204. *Aut culpa vixisse sua.* Aut aliquo suo facto vitam retinere. Statuerat enim illic pro Cæsare mori.

205. *Solus obit.* Tot vulnera infligit solus et accipit invicem, quot hostes, cum quibus res erat, dare poterant. — *Silvam.* Multitudinem telorum. Sic *seges* Virg. Æn. III, 46. ED.

206. *Jam gradibus fessis.* Stando pugnandoque defatigatus, circumspectat aliquem ex hostium numero, in quem cum impetu corruat. Conf. sup. 173.

207. *Pelagi monstris.* Cetis, balænis, quæ se immittentes, pondere et mole sua naves depressum eunt. Hunc versum multi libri non agnoscunt. Vid. Disq. var.

208. *Armis.* Venatoribus, vel telis.

209. *Omne repercussum.* Corii duritie resistit telis, quod si quando penetrent, ea tamen non altius infixa mota cute discutit. Virg. Æn. X,

Tot jaculis, unam non explent vulnera mortem.

   Dictæa procul ecce manu Gortynis arundo

Tenditur in Seævam, quæ voto certior omni   215

In caput, atque oculi lævum descendit in orbem.

Ille moras ferri, nervorum et vincula rumpit,

Adfixam vellens oculo pendente sagittam

Intrepidus, telumque suo cum lumine calcat.

Pannonis haud aliter post ictum sævior ursa,   220

Quum jaculum parva Libys amentavit habena,

Se rotat in vulnus; telumque irata receptum

Impetit, et secum fugientem circuit hastam.

   Perdiderat vultus rabiem; stetit imbre cruento

Informis facies: lætus fragor æthera pulsat   225

---

715 : « et tergo decutit hastas. » Hic autem *discutit*, quod belua ab omni corporis parte telis obruta hastas, concusso tergore et omnibus membris, huc illuc in diversas partes disjecisse, et projicere conata esse dicatur. Sic Virgilius IX, 810 : « Discussæque jubæ capiti. » Oud.

213. *Unam.* Unius Scævæ.

214. *Dictæa.* Cretensi. Dicte mons est, Gortyna urbs Cretæ, quæ claruit olim sagittarum et jaculorum mittendi studio. — *Procul ecce manu.* Dilatatio narrationis ab ictu certo cujusdam sagittarii, qui in Scævæ oculum contorsit sagittam; et qua ferocia hic eam, una cum oculo, extraxerit. Conf. Sil. V, 447 : « Intravit torvum Gortynia lumen arundo. » Eximii autem sagittarii Cretenses. Stat. Theb. III, 587 : « Gortynia lentant Cornua. »

216. *Orbem.* Oculum, ut II, 184, *vel* sinum, in quo oculus; alterum illi excussum fuisse oculum memi-

nere Plutarchus, Sueton. Appian.

217. *Moras ferri.* Oculum, cui infixa erat sagitta, ruptis nervis, quibus oculus illigatur, cum ipso telo hærente, morante, educit.

219. *Lumine.* Oculo.

220. *Pannonis.* Austrica, Hungarica. — Non secus ursa telum, quo vulnerata est, appetit. Sulp.

221. *Libys.* Venator peritus, quales habet Libye. — *Amentavit.* Hoc est, jecit ex amento seu ligula, quæ telo innectitur, ut vim illi majorem addat. — *Habena.* Amento. Sulp.

222. *Se rotat in vulnus.* Rostro retorto conatur prendere sagittam lateri hærentem; ideoque se rotat. Ed.

223. *Secum fugientem.* Quæ secum convertitur: vel quam fugiens fert. — *Circuit.* Se rotando; nam sic in gyro interior agitur sagitta. Ed.

224. *Perdiderat vultus rabiem.* Vultus Scævæ non præ se ferebat priorem rabiem informi facta facie. — *Stetit.* Jam non commota. — *Cruen-*

Victorum ; majora viris e sanguine parvo

Gaudia non faceret conspectum in Cæsare vulnus.

Ille tegens alta suppressum mente dolorem,

Mitis, et a vultu penitus virtute remota,

«Parcite, ait, cives : procul hinc avertite ferrum ; 230

Collatura meæ nil sunt jam vulnera morti ;

Non eget ingestis, sed vulsis pectore telis.

Tollite, et in Magni viventem ponite castris :

Hoc vestro præstate duci : sit Scæva relicti

Cæsaris exemplum potius, quam mortis honestæ. » 235

   Credidit infelix simulatis vocibus Aulus ;

Nec vidit recto gladium mucrone tenentem :

---

to imbre. Fluxu sanguinis irrorata.

226. *Victorum.* Pompeianorum. — *Majora viris.* Hoc est, non magis exsultarent Pompeiani, si vidissent ipsum Cæsarem vulneratum ; quam nunc gaudent, quum sanguis Scævæ effusus est. SCH. — *Sanguine parvo.* Plebeio, humili. Alii ad Cæsarem referunt : etiam si leviter vulneretur. Minus bene. ED.

228. *Ille tegens alta.* Hoc Appianus refert hunc in modum. Scæva, post multa et præclara facinora edita, oculum sagitta saucius, velut quidpiam dicturus, in medium prosiliit. Pompeii ductorem quemdam singulari virtute cognitum ad se vocans : « Serva, inquit, tibi similem, serva amicum ac curatores mihi adhibe, quoniam vulnere affligor. » Accurrentibus ad illum veluti transfugam duobus e Pompeii exercitu, unum aggressus occidit, alterius humerum ense trajecit, etc. De Bell. Civ. lib. III. — *Dolorem.* Forsan non tam dolorem ex vulnere quam iram,

rabiem ; cui opponitur *mitis* ED.

229. *Virtute remota.* Composuit enim vultum ad misericordiam commovendam. SULP.

231. *Collatura meæ*, etc. Nihil additura, non profectura ad mortem sunt alia tela injecta : evulsa potius emittent animam, effluente sanguine.

232. *Eget.* Scil. ipsa mors.

233. *Viventem.* Nam sic non invitus ad Pompeium delatus videbor. ED.

234. *Præstate.* Hoc agite, quod sit duci vestro quæstuosum. ED. — *Sit Scæva relicti.* Facite ut videar potius transiisse a Cæsare, quam pro eo mortem cum gloria oppetiisse.

235. *Exemplum.* Desertionis a Cæsare, quod alios in imitationem trahat.

236. *Aulus.* Nomen illius ductoris, cujus opem imploravit.

237. *Nec vidit.* Non advertit, adtendit. — *Rectus mucro* est gladii acies « stricta, parata neci, » ut ait Virg. Æn. II, 334. Hunc locum adumbrat Stat. XI, 565 : « Erigit occulte ferrum. »

Membraque captivi pariter laturus, et arma,
Fulmineum mediis excepit faucibus ensem.
Incaluit virtus ; atque una cæde refectus,   240
« Solvat, ait pœnas, Scævam quicumque subactum
Speravit : pacem gladio si quærit ab isto
Magnus, adorato submittat Cæsare signa.
An similem vestri, segnemque ad fata putatis ?
Pompeii vobis minor est, causæque senatus,   245
Quam mihi mortis amor. » Simul hæc effatur, et altus
Cæsareas pulvis testatur adesse cohortes.

Dedecus hic belli Magno, crimenque remisit,
Ne solum totæ fugerent te, Scæva, catervæ :
Subducto qui Marte ruis ; nam sanguine fuso   250

238. *Captivi.* Scævæ.

240. *Virtus.* Ejusdem Scævæ.

242. *Si quærit.* Si vult Pompeius, ut cessem ab interfectione suorum, adorato Cæsare, relinquat ei signa. SCH.

243. *Adorato.* Hoc verbo adposite ad invidíam utitur Lucanus, tamquam de Cæsare tyrannicam ac Persicam quamdam dominationem adfectante. ED.

244. *Similem vestri*, etc. Imbellem et mortis timidum, ut vos estis.

245. *Pompeii vobis minor est.* Vos non tam detinet amor Pompeii ac senatus, quam me mortis desiderium : ita ut dulcius mihi sit pro Cæsare occumbere, quam superesse. HORT.

247. *Cæsareas pulvis*, etc. Excitatus a P. Sullæ adventantis militibus pulvis, honesti recessus prætextum dedit Pompeianis, ne Scævam solum fugere arguerentur.

248. *Dedecus hic belli.* Tum demum Pompeiani magno dedecore liberati fuere ; qui non te solum, Scæva, sed Cæsarem fugere viderentur ; quum pulvis procul exortus, hostis adventum testaretur. Sed falsi opinione fuere. — *Hic.* Scholiastes ad Cæsarem, cæteri interpretes rectius ad pulverem referunt. Ipse enim non Cæsar venit, sed duæ legiones cum P. Sulla. OUD.

250. *Subducto qui Marte.* Recipientibus se in fugam Pompeianis, quum non haberet in quos pugnaret, cecidit. —*Ruis.* Moreris. SULP. — Sed omnes historici eum testantur vixisse, et Cæsar, Bell. Civ. lib. III, 53. Quum enim Scævæ capite, humero, femore saucii et oculo uno orbati, scutum ad Cæsarem relatum esset, inventa sunt in eo foramina ducenta supra triginta (Conf. tamen not. 126 supra) ; donavit eum millibus CC æris, atque ab octavis ordinibus ad primipilum traduxit, etc. Et ipse Luca-

Vires pugna dabat. Labentem turba suorum
Excipit, atque humeris defectum imponere gaudet.
Ac velut inclusum perfosso in pectore numen,
Et vivam magnæ speciem Virtutis adorant :
Telaque confixis certant evellere membris, 255
Exornantque Deos, ac nudum pectore Martem
Armis, S cæva, tuis : felix hoc nomine famæ,
Si tibi durus Hiber, aut si tibi terga dedisset
Cantaber exiguis, aut longis Teutonus armis.
Non tu bellorum spoliis ornare Tonantis 260
Templa potes, non tu lætis ululare triumphis.
Infelix, quanta dominum virtute parasti!
Nec magis hac Magnus castrorum parte repulsus

nus non mortuum fuisse innuit, ut bene monent Oudend. et Burm. vs. 254, *vivam speciem Virtutis*, et 260 : « potes non tu lætis ululare triumphis ; » quod non potest, licet vivus, quia in bello civili non concedebatur triumphus. Valerius tamen Max. mortuum dicere videtur, sed ambigue, lib. III, c. 2, § 23 : « Super ingentem stragem, quam ipse fecerat, corruit. » ED.

251. *Vires pugna dabat.* Hactenus non ex sanguine, qui pæne exhaustus, sed ex ipsa pugna, vires accipiebat ; deficit autem, pugnandi facultate erepta. Hispanicum vere acumen ! ED. — *Labentem turba suorum*, etc. Deficientem socii tollunt, virtutem scil. illius venerati : cujus monimentum Deorum templis et imagini ipsius Martis suspendunt, tela illi infixa et arma viri.

256. *Nudum pectore.* Id est, simulacrum Martis, nudo pectore

stantis, armis Scævæ decorant. ED.

257. *Felix hoc nomine famæ.* Multam laudem, et veram consequuturus gloriam, si pro patria pugnans hac usus fuisses virtute in Hispanis, Cantabris, Germanisque debellandis. Hic vero periit tibi virtus, quippe cui neque triumphum læta et licentiosa acclamatione prosequi, neque spolia Jovi Capitolino referre continget.

261. *Tu lætis.* Ululare et clamare solennibus vocibus in triumpho. Vide Servium, ad Æn. IV, 168. OUD.

262. *Dominum virtute parasti.* Invidiose. Cæsarem, cui per te Roma tuque ipse sis serviturus. Sallust. Hist. I : « Victor exercitus, cui per tot labores et vulnera nihil præter tyrannum quæsitum est.» Dion. πολλὴν σπουδὴν ὥσπερ ποτὶ ὑπὲρ τῆς σφετέρας ἐλευθερίας, οὗτω τότε κατὰ τῆς τῶν Ρωμαίων δουλείας ποιούμενοι. GROT.

263. *Nec magis.* Pompeius hic repulsus non magis desistebat, quam

Intra claustra piger dilato Marte quievit,

Quam mare lassatur, quum se tollentibus Euris   265.

Frangentem fluctus scopulum ferit, aut latus alti

Montis adest, seramque sibi parat unda ruinam.

Hinc vicina petens placido castella profundo

Incursu gemini Martis rapit ; armaque late

Spargit, et effuso laxat tentoria campo ;   270.

Mutandæque juvat permissa licentia terræ.

    Sic pleno Padus ore tumens super aggere tutas

Excurrit ripas, et totos concutit agros.

Succubuit si qua tellus, cumulumque furentem

Undarum non passa, ruit ; tum flumine toto   275

Transit, et ignotos aperit sibi gurgite campos.

fluctus maris, qui scopulo illiditur.

264. *Intra claustra.* Castra undique circumvallata. Conf. supra 118.

265. *Se tollentibus.* Non *se*, Euros, sed mare. Sic V, 599 : « Jam, te tollente, furebat Pontus. » .

267. *Adest.* Cavat, excdit. Sil. III, 470 : « et adesi fragmina montis. » Oud. —*Seram ruinam.* Scopuli; nempe crebris ictibus et diutino insultu quassans undå facit ut tandem scopulus, adeso monte, corruat. Male MARMONTEL : « suspend ses flots pour retarder au moins sa chute. » ED.

268. *Hinc vicina*, etc. Pompeius ab Ægo et Roscillo Allobrogibus transfugis edoctus, transversum inter geminum aggerem ad mare vallum nondum esse perfectum, sagittariis militibusque navi missis, qui munitionum defensores a tergo peterent, ipse prima luce cum copiis accessit. Cohortes itaque Cæsaris, quæ ad mare excubuerant, terra marique pressæ terga vertunt, quas Pompeiani non sine multa cæde insequuti sunt usque ad castra Marcellini, ubi Antonius cum duodecim cohortibus descendere visus Pompeianos compressit. — *Profundo.* Mari.

269. *Gemini.* Terra marique.

270. *Spargit.* Extendit, latius diffundit. — *Effuso laxat.* Prius circumscriptus atque inclusus gaudet jam liberiore campo. — *Tentoria.* Non milites tantum, ut Schol. vult, sed juvat illum castra mutare, v. seq.

272. *Sic pleno Padus*, etc. Exspatiatur, non secus atque Padus. — *Super aggere tutas.* Superegreditur ripas munitas aggeribus. SULPIT.

274. *Succubuit si qua tellus.* Si qua parte agger eversus fatiscit, irruit ac longe lateque campos inundat. —*Cumulumque furentem.* Magnam vim fluminis. Conf. V, 644.

276. *Aperit sibi campos.* Per ignotum campum sibi gurgitem facit, quum hactenus naturalem suum cursum intra alveos retinuisset.

Illos terra fugit dominos ; his rura colonis
Accedunt, donante Pado. Vix prælia Cæsar
Senserat, elatus specula quæ prodidit ignis :
Invenit impulsos presso jam pulvere muros,   280
Frigidaque, ut veteris, deprendit signa ruinæ;
Accendit pax ipsa loci, movitque furorem
Pompeiana quies, et victo Cæsare somnus.
Ire vel in clades properat, dum gaudia turbet.
Torquato ruit inde minax ; qui Cæsaris arma   285
Segnius haud vidit, quam malo nauta tremente
Omnia Circææ subducit vela procellæ :
Agminaque interius muro breviore recepit,
Densius ut parva disponeret arma corona.

277. *Illos terra fugit dominos.*
Quum enim rivos suos interserit, et
meatus, aliis adimit agros, aliis
confert. Adimit, qua vadit ; confert,
unde discedit. SCH.

278. *Vix prælia Cæsar,* etc. Neque multo post, Cæsar, significatione
per castella fumo facta, deductis ex
præsidiis quibusdam cohortibus, eodem venit.

280. *Impulsos.* Prostratos.—*Presso.* Sedato.

281. *Frigidaque.* Nec jam a recenti
pugna calentia.

282. *Accendit pax ipsa loci.* In-
flammatur non modo suorum clade,
sed etiam celeritate cladis quum jam
nullus audiatur belli sonus. ED.

283. *Somnus.* Remissionem maximam et securitatem Pompeianorum
indignatus, quasi jam se vicissent. ED.

284. *Ire vel in clades properat.*
Paratus se vel in perniciem certam
præcipitare, modo illius pacem dis-
turbet.

285. *Torquato ruit inde minax.*
Ruit inde minatus exitium Torquato, qui a Pompeio præfectus fuerat castello expugnato: — *Qui Cæsaris arma.* Qui, viso Cæsare, suos
intra aggerem interiorem (castellum
enim inclusum erat majoribus castris) recepit: non minus caute, quam
providus nauta, tempestatem in-
gruentem advertit, velaque contrahit.

286. *Malo tremente.* Quod signum
est imminentis periculi. SCH.

287. *Circææ.* Circæum prom. est locus periculosissimus in mari Tyrrhe-
no. Quum eum nautæ adpropinqua-
verunt, velum subtrahunt, et contis ac
remis navigant. Alii intelligunt de
Circio vento. Minus bene. Hunc locum nimis aperte, notante Oud. imitatur Claudian. in Eutrop. II , 5.
Conf. Sil. I , 687. ED.

288. *Muro breviore.* Revocavit
Torquatus in interiorem aggerem, qui
brevior erat , ut milites compressiores

Transierat primi Cæsar munimina valli,   290

Quum super e totis emisit collibus agmen,

Effuditque acies obseptum Magnus in hostem.

Non sic Ætnæis habitans in vallibus horret

Enceladum, spirante Noto, quum tota cavernas

Egerit, et torrens in campos defluit Ætna;   295

Cæsaris ut miles glomerato pulvere victus

Ante aciem, cæci trepidus sub nube timoris

Hostibus occurrit fugiens, inque ipsa pavendo

Fata ruit. Totus mitti civilibus armis

Usque vel in pacem potuit cruor : ipse furentes   300

---

haberet, et qui se melius defenderent propter scutorum densitatem.

290. *Transierat primi Cæsar*, etc. Cæsar ejus diei detrimentum sarcire cupiens, legionem Pompeii in castellum eductam opprimere se posse sperans, cohortes tres et viginti quam potuit occultissime duxit, et munitiones castrorum, tametsi erant magnæ, aggressus, Pompeianos ex vallo deturbavit. Pompeius re nunciata quintam legionem subsidio suis duxit. Ibi Cæsaris equitatus, receptui suo timens, initium fugæ faciebat. Cohortes quum ex vallo Pompeium adesse et suos fugere cernerent, ne utrimque ab hoste intercluderentur, sese in fossas fuga præcipitabant. Omniaque erant tumultus, timoris, fugæ plena.

293. *Non sic Ætnæis*, etc. Catinenses atque accolæ Ætnæarum vallium non ita horrent incendium et flammas montis Ætnæ, quam Encelado giganti fulmine icto injectam fabulantur, vento intra cavernas furente, ut Cæsariani jam trepidabant victi fugatique.

294. *Spirante*. Flante. Sic Virgil. Georg. II, 316: «Borea spirante.» OUD. — *Cavernas*. Lapides ignitos et globos flammarum cavernis ex imis eructat in subjectos campos.

297. *Ante aciem*. Ut eum vicerit pulvis glomeratus ante manum cum hoste consertam: trepidus ab expugnatione cessavit et se convertens in fugam, incurrit in hostem, quem a tergo Pompeius immiserat. SCHOL. — *Cæci sub nube timoris*. Quia, qui timent, quid sint acturi, non provident, oculis quasi nube obcæcatis.

298. *Inque ipsa*. In fatum, dum fugiunt, incidunt.

299. *Civilibus armis*. Hic debellatum fuisset civile bellum magna cum Cæsarianorum cæde; nisi Pompeius vel fato vel metu suos repressisset quin persequerentur hostes. Adeo ut suis amicis ipse Cæsar dixerit: « Penes hostes hodie fuisset victoria, si ducem vincere scientem habuissent. » — *Mittere sanguinem*, locutio medicis usitatissima. BURM.

300. *Usque vel in pacem*. Potuerunt tot occidi, ut nullus rema-

Dux tenuit gladios. Felix, ac libera regum,
Roma fores, jurisque tui, vicisset in illo
Si tibi Sulla loco. Dolet heu, semperque dolebit,
Quod scelerum, Cæsar, prodest tibi summa tuorum
Cum genero pugnasse pio. Pro tristia fata! 305
Non Uticæ Libye clades, Hispania Mundæ
Flesset, et infando pollutus sanguine Nilus
Nobilius Phario gestasset rege cadaver;
Nec Juba Marmaricas nudus pressisset arenas,
Pœnorumque umbras placasset sanguine fuso 310

neret qui resisteret. SCH. — *Ipse.*
Pompeius repressit furorem.

3o1. *Libera regum.* Sic Burm. et
Bip. Sed vulgo legitur *legum.* Gron.
construit *fores legum,* id est, tui juris
et tuarum legum. Sed hæc redundare
videri possint, et *regum* ad invidiam
positum a Lucano profectum recte putes. *Liber* autem recte cum genitivo
construitur. Sil. II, 441 : « It liber
campi pastor. » Et Noster VII, 818:
« Libera fortunæ mors est. » ED.

3o2. *Vicisset in illo.* Institisset
fortunæ suæ et victoriæ ; fugientes
insequutus hostes, vel ad internecionem cæsos, utcumque cives debellasset P. Cor. Sulla, melius sciens
vincere, quam Pompeius.

3o4. *Quod scelerum,* etc. Valde
lugendum est idipsum tibi saluti
fuisse quod cumulum adjicit sceleribus; scil. clementiam Pompeii quem
nefarie impugnas. ED.

3o5. *Pro tristia fata,* etc. Quam
occasionem nisi omisisset ille, non
ad Uticam Africa tot vidisset cædes, Jubæ regis, Scipionis, Catonis, Labieni, Petreii, Fausti Sullæ,
etc. non Hispania ad Mundam, de

qua vide notas ad librum I, vs. 40.

3o7. *Et infando pollutus.* Neque
Pompeius ad ostium Nili Pelusiacum
appellens, ibi periisset; VIII, 465.
— *Sanguine.* Pompeii trucidati,
quod infandum. ED.

3o8. *Nobilius Phario.* Dicitur Pompeii occisi cadaver venerandum magis quam ipse rex vivus tunc Pto-
lomæus, vel quicumque e regibus
Ægypti, quorum monumenta ad Nilum sita. ED. — *Gestasset.* Emphatice
quasi ad gloriam fluminis quod Pompeii reliquiis superbiat. ED. — *Phario.* Ægyptio, ab insula et turre ad
portum Alexandrinum.

3o9. *Nec Juba.* Nec rex Juba, et
Petreius, ne in manus hostis veni-
rent, mutuis vulneribus concur-
rentes cecidissent. — *Marmaricas.*
Marmarica Africæ regio est, Ægyptum versus; III, 293.

3io. *Pœnorumque,* etc. Neque
Scipio, Pompeii socer, penes quem
in Africa reliquiarum Pharsaliæ et
imperii summa erat, ferro suo tra-
jectus et in mare præcipitatus retu-
lisset inferias umbris Pœnorum in
secundo et tertio bello Punico gentis

Scipio; nec sancto caruisset vita Catone.

Ultimus esse dies potuit tibi, Roma, malorum :

Exire e mediis potuit Pharsalia fatis.

   Deserit averso possessam numine sedem

Cæsar, et Emathias lacero petit agmine terras.   315

Arma sequuturum soceri, quacumque fugasset,

Tentavere sui comites devertere Magnum,

Hortati, patrias sedes, atque hoste carentem

Ausoniam peteret. « Numquam me Cæsaris, inquit,

Exemplo reddam patriæ, numquamque videbit   320

Me, nisi dimisso redeuntem milite, Roma.

Hesperiam potui, motu surgente, tenere,

Si vellem patriis aciem committere templis,

Ac medio pugnare foro. Dum bella relegem,

---

sum auspiciis tam sæpe cæsorum.

311. *Nec sancto Catone.* Qui Uti-cæ sibi necem conscivit.Quasi vita Ca-tonem perdiderit, non Cato vitam. Burm. hanc interpretationem im-probat, vultque vitam esse genus humanum tunc vivens, ut inf. 515. Cf. intt. ad Phædr. I prol. vs. 4. ED.

312. *Malorum.* Belli civilis et li-bertatis oppressæ.

313. *Exire e mediis*, etc. Potuit non fieri pugna Pharsalica. Exiisset, abfuisset a fatis Romanis, neque inter illa inveniretur.—*Pharsalia.* Iterum hoc verbo utitur hoc sensu, VII, 61, 745; IX, 232. OUD.

314. *Deserit averso*, etc. Cæsar regionem, ubi infeliciter pugnarat a Diis derelictus, noctu deserens in Thessaliam se contulit.

315. *Lacero agmine.* Duobus enim illis præliis desideravit Cæsar e suis, milites noningintos, equites duo et

sexaginta, centuriones triginta, tri-bunos militum decem, signa milita-ria duo et triginta.

316. *Arma sequuturum soceri.* Pompeium ab instituto Cæsarem in-sequendi frustra conati sunt amici divellere; hortati ut Italiam Ro-mamque potius repeteret.

319. *Numquam me Cæsaris.* Non videbit me Roma armatum, ut Cæ-sárem : non revertar in patriam, nisi dimisso exercitu.

322. *Motu surgente.* Initio tumul-tus hujus civilis.

323. *Si vellem patriis.* Si placuis-set illorum exemplum, qui cum ci-vili hoste in medio foro dimicantes, templa et sacra Deorum impie conta-minarunt.

324. *Dum bella relegem.* Ego certe quo bellum a patria longius submoveam, adibo extremas regio-nes gelidæ Arcto vel zonæ torridæ

Extremum Scythici transcendam frigoris orbem,   325
Ardentesque plagas. Victor tibi, Roma, quietem
Eripiam, qui, ne premerent te prælia, fugi?
Ah! potius, ne quid bello patiaris in isto,
Te Cæsar putet esse suam. » Sic fatus, in ortus
Phœbeos convertit iter, terræque sequutus   330
Devia, qua vastos aperit Candavia saltus,
Contigit Emathiam, bello quam fata parabant.

    Thessaliam, qua parte diem brumalibus horis
Attollit Titan, rupes Ossæa coercet.
Quum per summa poli Phœbum trahit altior æstas,
Pelion opponit radiis nascentibus umbras.   336
At medios ignes cæli, rabidique Leonis
Solstitiale caput nemorosus submovet Othrys.

---

subjectas. — *Relegem*. Abigam, prohibeam.

328. *Ne quid bello patiaris*. Optem etiam potius Cæsar te putet esse suam, quoniam ego ab urbe absum, quam ut per me detrimentum capias, ullumve incommodum accipias.

329. *In ortus*, etc. Pompeius Cæsarem insequutus ad Asparagium consedit. Cæsar in veteribus castris trans Genusum amnem tantisper constitit, quoad Pompeianos aliis rebus occupatos sensit : inde per Epirum et Acarnaniam in Macedoniam iter flexit. Sequutus est Pompeius per Candaviam et devios calles.

331. *Candavia*. Mons Epiri, qui Illyricum a Macedonia dirimit.

332. *Contigit Emathiam*. Pervenit in Thessaliam, locum Pompeii cladi a fatis destinatum.

333. *Thessaliam*, etc. Ab Ortu brumali (*nord-est*) mons Ossa Thes-

saliam terminat : vide Herodotum in Polymnia, unde hæc desumpta est chorographia.

334. *Rupes Ossæa*. Describit primo regionem a montibus quinque, quibus cingitur ambiturque : sunt autem Ossa, Pelium, Othrys, Pindus et Olympus.

335. *Quum per summa*. Pelion mons adumbrat Thessaliam ab ortu Solis juxta æquatorem, quem et Astrologi vocant *summa poli*.

336. *Opponit umbras*. Ejus altitudo, ut tradunt, est mille ducentorum et quinquaginta passuum. Cf. Plin. Hist. nat. IV, 15. Ed.

337. *At medios ignes cœli*, etc. Ad meridiem et notum (inquit Herodotus) Othryn habet : τὰ δὲ πρὸς μεσιμβρίην καὶ ἄνεμον, ἡ Ὄθρυς. Solis itaque meridiani, in æstivo tropico Cancri et inde Leonis signo, ardorem Othrys arcet.

Excipit adversos Zephyros, et Iapyga Pindus,
Et maturato præcidit vespere lucem.   340
Nec metuens imi Borean habitator Olympi
Lucentem totis ignorat noctibus Arcton.

    Hos inter montes media qui valle premuntur,
Perpetuis quondam latuere paludibus agri,
Flumina dum campi retinent, nec pervia Tempe   345
Dant aditus pelago, stagnumque implentibus undis
Crescere cursus erat. Postquam discessit Olympo
Herculea gravis Ossa manu, subitæque ruinam
Sensit aquæ Nereus; melius mansura sub undis,

339. *Excipit adversos Zephyros*, etc. Pindus mons ad occasum situs excipit Favonium et Iapyga ventum ex Apulia flantem, atque altitudine sua Soli occidenti interjectus noctem præproperat.

340. *Præcidit lucem*. Interrumpit lucem et inumbrat Thessaliam, vesperem accelerans umbra, quam late projicit. ED.

341. *Imi habitator Olympi*. Qui radices Olympi incolunt, ab Aquilonis sævitia per montis altitudinem muniti, Cynosuram et Helicen, nocte quamquam integra lucentes, non vident.

344. *Perpetuis quondam paludibus*. Stagnabat olim Thessalia in paludem montibus undique clausam, priusquam Hercules divulsis Ossa et Olympo, exitum Peneo fluvio dedit in mare, aperuitque amœnissima Tempe. Herodotus a Neptuno terræ motu factum esse refert. Vide Sen. Herc. Fur. v. 283, et Ælian. var. hist. lib. III, c. 1.

345. *Flumina dum campi*, etc.

Fluminum cursus non habentes exitum in mare, augebant paludem. — *Nec pervia*. Et tunc Tempe, quæ nunc sunt pervia, non dabant aditus ad pelagum. Quidam volunt *pelagi*; sed *pelago* defenditur Virgiliana illa locutione, *it clamor cœlo*. ED.

346. *Stagnumque implentibus*. In implenda Thessalia occupatis.

347. *Crescere cursus erat*. Hoc, inquit, in fluminibus erat cursus, ut stagnum replerent, et altius facerent; nam intra ipsos montes, nemoraque non pervia, aquæ omnes cohibebantur. SCH. — *Discessit*. Separata ac divulsa est.

348. *Herculea manu*. Montem enim fregit Hercules. Hinc VIII, 1: « Herculeæ fauces. » — *Subitæque ruinam*, etc. Mare sensit impetum Penei et tot fluviorum subito emissorum.

349. *Melius mansura sub undis*. Atque utinam mansisset usque sub aquis potius, quam facta fuisset terræ et arena, qua concurreret civile Romanorum bellum.

Emathis æquorei regnum Pharsalos Achillis   350
Eminet, et prima Rhœteia litora pinu
Quæ tetigit Phylace, Pteleosque, et Dotion ira
Flebile Pieridum; Trachin, pretioque nefandæ
Lampados Herculeis fortis Melibœa pharetris :
Atque olim Larissa potens : ubi nobile quondam   355
Nunc super Argos arant : veteres ubi fabula Thebas
Monstrat Echionias, ubi quondam Pentheos exsul
Colla, caputque ferens supremo tradidit igni,

350. *Emathis.* Thessalica Pharsalos, regnata quondam Achilli filio Thetidis marinæ, eminuit ex aquis.

351. *Prima Rhœteia litora.* Eminuit Phylace, urbs Pthioticæ, regnata Protesilao, qui primus Græcorum emicuit in litus Trojanum. Rhœteum autem Troados promontorium est.

352. *Quæ tetigit.* Id est, cujus incolæ, Protesilaus ejusque milites, tetigerunt. ED. — *Pteleosque.* Thessaliæ urbs et nemus.—*Dotion ira*, etc.Oppidum, juxta quod Thamyris a musis, in carminis certamen provocatis, victus atque excæcatus fuit. Sic interpretes. Hom. Iliad. II, 594, quidem hoc oppidum Δώριον vocat, quod est in Peloponneso. Sed Hesiodus tradit hoc musarum et Thamyris certamen accidisse in Thessalia in campo Dotio; qua mutatione Lucanum errore liberat Oud. Ipsum vero Thamyrin Homerus l. c. τὸν Θρήϊκα vocat. ED.

353. *Flebile.* Mæstum, vel flebili illo casu notum. ED.—*Trachin.* Thessaliæ oppidum in aspero et saxoso loco conditum Τραχινόν : Heraclea postea dicta. — *Pretioque nefandæ.* Philocteten enim Hercules donavit sagittis, incensæ ab eo in Œta pyræ pretio.

354. *Melibœa.* Philoctetæ patria, absque quo, sagittas Herculeas afferente, Troja capi non poterat. SULP.

355. *Larissa.* Thessaliæ urbs, patria Achillis fortissimi e Græcis olim ad Trojam. — *Ubi nobile quondam.* Ubi quondam erat Argos nobilis civitas, nunc diruta aratro vertitur.—Hic Noster, fabulæ quam narrabat oblitus, præsentia cum præteritis miscet. ED.

356. *Arant.* Sc. homines. — *Veteres ubi fabula Thebas.* Atque hic etiam Thebæ sunt Phthioticæ, æmulæ Bœoticarum. Echion unus erat e terrigenis, cujus opera usus Cadmus Thebas in Bœotia condidit.

357. *Ubi quondam Pentheos. Pentheos*, est genitivus Græcus. Hoc vult, Thebas Phthioticas dictas, a Thebis Bœoticis; ex eo quod Agave ibi exsilii sui sedem invenisset. GROT.—*Exsul.* Ab aliis interp. exponitur, « mente alienata, » ab aliis, « exterminata a filio Baccharum ritus exsecrante. » Sed exsulavit voluntarie, facinore cognito. Conf. Hygin. Fab. CLXXXIV. Agave autem filium Pentheum, qui Liberum Deum negaverat esse, per furorem, rata vitulum, interfecit; ad se reversa, Thessaliam

Questa, quod hoc solum nato rapuisset Agave.

Ergo abrupta palus multos discessit in amnes.   360

Purus in occasus, parvi sed gurgitis, Æas

Ionio fluit inde mari : nec fortior undis

Labitur avectæ pater Isidis, et tuus, Œneu,

Pæne gener crassis oblimat Echinadas undis :

Et Meleagream maculatus sanguine Nessi   ·   365

Evenos Calydona secat. Ferit amne citato

Maliacas Sperchios aquas : et flumine puro

Irrigat Amphrysos famulantis pascua Phœbi.

Quique nec humentes nebulas, nec rore madentem

Aera , nec tenues ventos suspirat Anauros.   370·

Et quisquis pelago per se non cognitus amnis

fuga petiit, ubi filio justis persolutis, ex nomine veteris patriæ Thebas condidit.

359. *Questa quod,* etc. Integrum rogo inferre cupiens, questa est quod non plus rapuerit de filii membris, vel , ut bene ait schol. quod non totum haberet corpus filii sui. ED.

360. *Abrupta palus.* Emissa angustiis per montes ab Hercule divulsos, palus prius inclusa.

361. *Purus in occasus.* Æas flumine limpido et modico ad partes occidentales in mare Ionium labitur.—*Æas.* Variant MSS. Sed veram hanc esse lectionem, docent Strabo et Plin. Ovid. Met. I, 580 : « Apidanusque senex lenisque Amphrysos et Æas. »

362. *Nec fortior undis.* Et ipse parvo gurgite nec rapidior fluit Inachus pater Ius, a Jove in vaccam mutatæ, mox sibi redditæ et in Ægyptum avectæ; ubi sub Isidis nomine colitur.

363. *Et tuus , Œneu.* Achelous, cui desponsata fuerat Dejanira filia

Œnei : sed Herculi victori nupsit.

364. *Crassis oblimat Echinadas undis.* Turbidus exit Achelous, limoque auget Echinadas insulas ostio suo, ante Ætoliam, objectas. — *Oblimat. Limosam aquam* dat queque Acheloo Ovid. Ep. IX, 140.

365. *Et Meleagream,* etc. Et Evenos fluvius, juxta quem Nessus Centaurus ab Hercule, quod Dejaniræ vim inferre conatus esset, cæsus fuit, per Calydoniam Meleagro olim regnatam, labitur. Conf. Ovid. l. c. 141.

366. *Ferit amne,* etc. Sperchius in Maliacum sinum exit, juxta Pagasam et Opuntium, supra Thermopylas. ED.

367. *Et flumine puro.* Ad Amphrysum fluvium Apollo armenta pavit.

368. *Famulantis.* Nempe Admeto.

369. *Quique nec humentes. Anauros* Thessaliæ fluvius ; sic dictus Græce, quasi nullas auras aut nebulas exhalans. Sed vide Turnebum , Adv. lib. III, c. 2.

371. *Pelago per se non cognitus.*

Peneo donavit aquas. It gurgite rapto

Apidanos ; numquamque celer, nisi mixtus, Enipeus.

Accipit Asopos cursus, Phœnixque, Melasque.

Solus, in alterius nomen quum venerit undæ,   375

Defendit Titaresus aquas, lapsusque superne

Gurgite Penei pro siccis utitur arvis.

Hunc fama est Stygiis manare paludibus amnem,

Et capitis memorem, fluvii contagia vilis

Nolle pati, Superumque sibi servare timorem.   380

    Ut primum emissis patuerunt amnibus arva,

Pinguis Bœbrycio discessit vomere sulcus ;

Mox Lelegum dextra pressum descendit aratrum.

Hoc est, qui nomen suum secum non defert in mare, sed Peneo, in ipso cursu miscetur. Sic IV, 23 : « Aufert tibi nomen Hiberus. » Cf. I, 400.

372. *It gurgite rapto*, etc. Enipeus miscetur Apidano, et juncti concitatiore cursu fluunt. Strab. Apollon. Arg. I. Ovid. Metam. I, 579 : « Irrequietus Enipeus, Apidanusque senex.»

374. *Asopos.* Ab Œta cursum rapit, et Phœnice recepto juxta Thermopylas exit. ED.—*Melas.* In Sperchium ad mare influit. ED.

375. *Solus in alterius.* In Peneum incidit Titaresus, neque tamen illius undis admiscetur : vult exprimere Hom.Iliad.II,752.Οὐ δ' ὅγε Πηνειῶ συμμίσγεται ἀργυροδίνη, Ἀλλά τέ μιν καθύπερθεν ἐπιῤῥέει, ἠΰτ' ἔλαιον, Ὅρκου γὰρ δεινοῦ Στυγὸς ὕδατός ἐςιν ἀποῤῥώξ.

376. *Lapsusque superne.* Superne innatat, sicut oleum. Cf. Plin. IV, 15, ibique not. 37. ED.

377. *Pro siccis utitur arvis.* Ut fluvius illi pro alveo sit, tamquam per terram fluat habens suas ripas. SCHOL.

378. *Hunc fama est.* Describit Titaresum ab ejus origine, et fontibus, et natura. — *Stygiis manare.* Ita Homerus, l. c. supra : verum e Citario vel Titaro monte oritur.

379 *Capitis memorem.*Originis suæ.

380. *Nolle pati.* Titaresus scil. se a Styge ducere originem sciens, Penei undis nullam religionem habentibus misceri non vult, ne profanus ipse amnis, et Diis contemnendus fiat.ED.— *Timorem.* Religionem jurisjurandi : nam Stygis « Di jurare timent et fallere numen. »Virgilius, Æneid. VI, 324. Hom. Odyss. V, 185; Senec. Herc. Fu. 712.

381. *Ut primum.* Fabulam adhuc reciuit, Thessaliæ incolas enumeraturus. ED.

382. *Bœbrycio.* Bœbryces vulgo sunt Bithyniæ populus, quos suspicatur Strabo e Thracia oriundos. Hinc Noster eos ibi memorat. ED.

383. *Lelegum. Leleges* aliquando Locrensium terram Thessaliæ conterminam tenuerunt. Plin. lib.IV, c. 12,

Æolidæ, Dolopesque solum fregere coloni,

Et Magnetes equis, Minyæ gens cognita remis.   385

Illic semiferos Ixionidas Centauros

Fœta Pelethroniis nubes effudit in antris;

Aspera te Pholoes frangentem, Monyche, saxa;

Teque sub OEtæo torquentem vertice vulsas,

Rhœte ferox, quas vix Boreas inverteret, ornos; 390

Hospes et Alcidæ magni, Phole; teque per amnem

Improbe Lernæas vector passure sagittas;

Teque, senex Chiron, gelido qui sidere fulgens

---

et Strab. lib. VII. Commentator Pindari Centauros olim Lelegas vocatos fuisse indicat.

384. *Æolidæ.* Thessali antiqui ab Æolo, Hellenis filio. Sed et omnes Græci extra Isthmum, præter Athenienses et Megarenses, dicti erant diu Æoles. — *Dolopesque solum*, etc. Ætolorum populi, qui Magnesiam commigrarunt.

385. *Magnetes equis.* Penei fluvii et Pelii montis accolæ, equorum domitores optimi, ut et Centauri vicini. —*Minyæ.* Comites Jasonis.—*Cognita remis.* Expeditione Argonautica.

386. *Semiferos Ixionidas*, etc. Centauros, quos ex nube sibi pro Junone a Jove supposita genuisse Ixion fingitur, forma superne humana, inferne equina: quum enim primi ab equis pugnarent, e longe biformes visi sunt, quum equi ora aquis immersa haberent. — *Ixionidas.* Ixionis filios et nepotes, quos recenset.

387. *Fœta nubes.* Gravida Nephele, in antro Pelethronio. Pelethronium, mons Thessaliæ. Virg. Georg. III, 115.

388. *Pholoes frangentem.* Montis

Arcadiæ, a Pholo Centauro Herculis, in Nemeæum leonem proficiscentis, hospite ibi sepulto. Cf. inf. v. 391. — *Monyche.* Centaurus ejusdem nominis memoratur Juvenal. Sat. I, 12: «quantas jaculetur Monychus ornos.»

389. *Sub OEtæo.* Hoc de Encelado dixit Horat. Car. III, 455: «Quid Rhœtus evulsisque truncis Enceladus jaculator audax.» Sed nunc de Centauro, non de Gigante agitur. ED.

390. *Rhœte.* Virg. Georg. II, 456: «Centauros letho domuit, Rhœtumque Pholumque.» — *Inverteret.* Forsan, curvaret, nedum subverteret.

391. *Phole.* Pholos Herculem suscepit hospitio, qui dum ejus sagittas miraretur, una in ungulam ejus cecidit, cujus veneno exspiravit. SCHOL.

392. *Improbe . . . vector.* Nessum Centaurum dicit, qui quum Dejaniram amicam Herculis per fluvium transportaret, immodeste eam contrectare ausus est. Ob hoc iratus Hercules eumdem interemit. Bene ergo *improbus per amnem* dictus est *vector.* IDEM. — *Lernæas.* Hydræ Lernææ felle imbutas.

393. *Chiron.* E Centauris justissimus, qui in cælum relatus, est Sagit-

Impetis Hæmonio majorem Scorpion arcu.

   Hac tellure feri micuerunt semina Martis.   395

Primus ab æquorea percussis cuspide saxis

Thessalicus sonipes, bellis feralibus omen,

Exsiluit; primus chalybem, frænosque momordit,

Spumavitque novis Lapithæ domitoris habenis.

Prima fretum scindens Pagasæo litore pinus,   400

Terrenum ignotas hominem projecit in undas.

Primus Thessalicæ rector telluris Itonus

In formam calidæ percussit pondera massæ,

Fudit et argentum flammis, aurumque moneta

Fregit, et immensis coxit fornacibus æra.   405

Illic, quod populos scelerata impegit in arma,

tarius. — *Gelido qui sidere*. A pedibus usque ad humeros in hiemali circulo collocatur : unde a poeta *gelido sidere fulgere* dicitur. Caput ejus solum extra eum circulum apparere videtur. HORT.

394. *Impetis Hæmonio.* Thessalico arcu videris petere præcedentem Scorpion. — *Majorem Scorpion.* Occupat enim hoc signum duorum δωδεκατημορίων spatium.

395. *Hac tellure.* Ad inventa jam Thessaliæ transit. — *Feri micuerunt.* Thessali pugnæ ex equis, frænorum et ephippiorum inventores erant, invicta manus et bello nata.

396. *Primus ab æquorea.* Hic percussa tridente petra Neptunus produxit bellatorem equum, cui nomen Scyphius. Pindari interp. in IV Pyth. Poeta alludit ad certamen Palladis et Neptuni, quod in Attica habitum fuit. Virg. Georg. I, 13.

398. *Primus chalybem.* Virg. Georg.

III, 115 : « Fræna Pelethronii Lapithæ, gyrosque dedere. »

400. *Prima.* Vid. III, 193. — *Pagasæo litore.* E Pagaso, Thessaliæ oppido, Argonautæ solventes, petebant Colchos. Conf. II, 715; Sil. XI, 473.

401. *Terrenum.* Emphatice. In terra natum, cui conveniebat in terra manere. OUD. — *Hominem.* Jasonem cum magna Argonautarum manu in undas projectum, hoc est, mare ingressum, primum mirata est Thessalia.

402. *Primus*, etc. Hic primus Itonus (al. *Ionos, Ianos*), Thessaliæ rex, Deucalionis filius, invenit rationem conflandi æris, argenti et auri, signandæque monetæ.

403. *Calidæ massæ.* Bene Burm. ferri candentis et antea informis pondus per artem fabrilem procudit in nummos, vel in quamcumque formam. ED.

406. *Illic.* Ibi primum nummos numerandi ars, omnis sceleris, ipsiusque belli nefarii irritamentum.

Divitias numerare datum est. Hinc maxima serpens
Descendit Python, Cirrhæaque fluxit in antra ;
Unde et Thessalicæ veniunt ad Pythia laurus.
Impius hinc prolem Superis immisit Aloeus, 410
Inseruit celsis prope se quum Pelion astris ,
Sideribusque vias incumbens abstulit Ossa.
    Hac ubi damnata fatis tellure locarunt
Castra duces, cunctos belli præsaga futuri
Mens agitat, summique gravem discriminis horam 415
Adventare palam est. Propius jam fata moveri
Degeneres trepidant animi, pejoraque versant.
Ad dubios pauci, præsumpto robore, casus

407. *Hinc maxima serpens.* In Thessalia serpens ille Πύθων e putredine post diluvium natus est, quem Apollo interfecit, cujus corio tripus Delphicus contectus est : inque illius serpentis cæsi memoriam instituta Pythia certamina, quorum præmium laurus.

408. *Cirrhæaque fluxit in antra.* Delphica : Cirrha oppidum Phocidis baud procul a Delphis.

409. *Thessalicæ.* Nempe a Daphne: ex illorum opinione, qui hanc Penei filiam faciebant; alii autem Ladonis in Arcadia tradebant. Vid. Serv. ad Virg. Ecl. III, 63.

410. *Impius hinc prolem*, etc. Hic Iphimedia, uxor Aloei, a Neptuno compressa peperit Otum et Ephialten, gemellos fratres, *Aloidas* dictos, qui nonum ætatis annum ingressi, novem ulnas longi erant, et Gigantibus contra Superos opem ferentes, Apollinis et Dianæ sagittis confecti fuere. Hos quoque memorat Virg. Æneid. VI, 582 : « Hic et Aloidas geminos, immania vidi Corpora. »

411. *Inseruit celsis.* Tunc Pelion, propemodum ad cælum usque vertice suo pervenit, et Ossa Pelio imposita continuit orbes cæli ne verterentur, et stellæ vias suas currerent, et meatum naturalem retinerent. HORT.

412. *Sideribus.* Septem planetas dicit, qui in æthere vagi feruntur. Alia enim sidera in firmamento fixa sunt. SCH.

413. *Damnata fatis.* Destinata a fatis, ut in ea bella civilia gererentur

414. *Cunctos belli*, etc. Omnes, instante prælio, non possunt quin variis sensibus agitentur. ED.

416. *Palam est.* Certo enim constabat instare prælium, neque diu futurum, quin in pugnam descenderetur, atque de summa rei omnibus utrimque copiis dimicaretur. HORT.

417. *Degeneres animi.* In utroque exercitu. Hic de Pompeianis tantum agi libens crederem ob sequentia, *Turbæ sed mixtus inerti Sextus erat.* ED.

418. *Pauci.* Paucos fuisse dicit, qui bene de eventu futuræ pugnæ ominarentur. HORT.—Burmannus explicat :

Spemque metumque ferunt. Turbæ sed mixtus inerti
Sextus erat, Magno proles indigna parente,   420
Qui mox Scyllæis exsul grassatus in undis,
Polluit æquoreos Siculus pirata triumphos.
Qui, stimulante metu fati prænoscere cursus,
Impatiensque moræ, venturisque omnibus æger,
Non tripodas Deli, non Pythia consulit antra,   425
Nec quæsisse libet, primis quid frugibus altrix
Ære Jovis Dodona sonet, quis noscere fibra
Fata queat, quis prodat aves, quis fulgura cæli
Servet, et Assyria scrutetur sidera cura,

« Degeneres metuunt adversa omnia; sed pauci dubii, inter spem et metum pendentes, præsumunt robur, i. e. magnificis verbis jactant robur sive virtutem, antequam pugnent, postea in pugna non præstituri. » — Manifeste voluit Lucanus opponere eos qui omni spe abjecta, fide etiam labante, tantum de pejoribus cogitabant, et eos qui metum quidem ob incerta belli, sed spem quoque ob causæ justitiam afferebant, nec formidine dejecti, nec nimia elati fiducia, sed firmato pectore, et *in utrumque parati* (Virg. Æn. II, 61): quæ vera est virtus. ED.

419. *Turbæ sed mixtus.* Sextus Pompeii filius a patris virtutibus degenerans, cum ignava et pusillanima parte plebis timet; sollicitatque artes magicas ad præcognoscendum belli eventum.

421. *Qui mox Scyllæis.* Qui postea elapsus clade ad Mundam, piraticam exercuit in mari Siculo, ad Scyllam; et patris sui de piratis profligatis triumphos ipse pirata polluit.

424. *Venturisque omnibus æger.* Ad omnia ventura sollicitus.

425. *Non tripodas Deli, non Pythia consulit.* Neque tamen consulit divinationum honestiora genera, non Apollinis oraculum in Delo ins. (de tripode conf. V, 81 et 152); non oraculum Delphicum, de quo V, 70; non oraculum Jovis a columba seu muliere redditum e quercu Dodonæa in Chaonio Epiri nemore.

426. *Frugibus altrix.* Silva Dodona glande nobilis, qua vescebantur primi homines ante inventas fruges. Virg. Georg. 1, 149.

427. *Ære.* Indicantur æreæ columbæ fatidicæ, vel ærei lebetes de quibus Dodonæum æs in proverbium abiit. BERSM. — Sic *æra Dei* Statius dixit, Theb. V, 730. — *Noscere fibra,* etc. Non extispicia per fibras victimarum; non auspicia per aves oscines et præpetes; non auguria per tonitrua, fulmina, fulgetra; non astrologiam, qua claruerunt Chaldæi, Assyriæ populi, aut si qua alia divinatio tacita erat, sed licita: sed ille sollicitabat sacra magica, inferna, diis superis detestata, persuasumque habebat reddi a Manibus Dæmoniisquo per necro-

Aut si quid tacitum, sed fas, erat. Ille supernis 430
Detestanda Deis sævorum arcana Magorum
Noverat, et tristes sacris feralibus aras,
Umbrarum Ditisque fidem : miseroque liquebat
Scire parum Superos. Vanum sævumque furorem
Adjuvat ipse locus, vicinaque moenia castris 435
Hæmonidum, ficti quas nulla licentia monstri
Transierat; quarum, quidquid non creditur, ars est.
Thessala quin etiam tellus herbasque nocentes
Rupibus ingenuit, sensuraque saxa canentes

mantiam ea, quæ Dii aut nescirent, aut præsciri nollent. — *Servet.* Voc. solemne in auguriis; cf. V, 395. ED.

430. *Tacitum.* Non cognitum, arcanum, secretum. Sic Ovid. Am. III, 7, 51 : « taciti vulgator. » OUD.

432. *Noverat.* Non vult Sexto cognitas artes magicas : sed eum novisse, τὴν νεκυομαντείαν præsertim exerceri in his locis et Thessalia, ubi jam erat. Ideo autem quia noverat talem quoque artem esse, et certiorem umbrarum fidem esse quam Superorum, non consuluit vulgaria oracula. OUD. — Bene ergo MS. 7900 *noverat*, quod male Grotius in *moverat* mutavit, quia non percepit sensum. ED. — *Et tristes sacris feralibus.* Aras umbrarum, horrorem facientes infernalibus suis et diris sacris, quibus mortui evocentur. Et *fidem* etiam *Ditis*, id est, Plutonis. *Miseroque* persuasum erat, parvam admodum esse oraculorum fidem in Superis, et proinde nihil certi ab iis se accepturum. HORT. — *Fidem.* Aras, per quas umbræ vera dicere cogebantur. SCHOL.

434. *Furorem,* explorandi futura.

435. *Ipse locus.* Thessalia, in qua

multæ veneficæ. — *Vicinaque.* Pharsalicis campis vicinæ urbes Thessaliæ.

436. *Hæmonidum.* Mulierum Thessalarum, quæ magica arte doctissimæ. — *Ficti quas nulla.* De quibus nihil tam licenter ac monstrose fingi potest, quod verum superet. — Male Schol. intelligit, quod quisque fingere potest monstrum, hoc non præterit eas, sed hoc sciunt illæ magæ. Vel, quibus licet fingere quæcumque portenta sunt; aut quæ faciunt monstra, quæ fingi possunt. Sensus est, Thessalas istas tam incredibilia fingere, ut superent audacissimam hominum libertatem, qui umquam monstrosissima, vel fabulas absurdissimas finxerunt. *Transire* notat superare, vincere, ut supr. II, 565. *Antecedere* in eadem re dixit Petron. c. 17. OUD.

437. *Quarum,* etc. Quarum artes incredibilia efficiunt, superantque fidem.

439. *Ingenuit.* Fert, producit, ingeneravit. — *Sensuraque saxa,* etc. Et saxa, quæ sentiant sagarum incantamenta. Hic de magnete capit Scholiastes. Sed miror MARMONTEL.

Arcanum ferale Magos. Ibi plurima surgunt   440
Vim factura Deis; et terris hospita Colchis
Legit in Hæmoniis, quas non advexerat, herbas.
Impia tot populis, tot surdas gentibus aures
Cælicolum diræ convertunt carmina gentis.
Una per ætherios exit vox illa recessus,   445
Verbaque ad invitum perfert cogentia numen,
Quod non cura poli, cælique volubilis umquam
Avocat. Infandum tetigit quum sidera murmur,
Tunc Babylon Persea licet, secretaque Memphis
Omne vetustorum solvat penetrale Magorum :   450

interpretantem : « Des rochers propres à cacher le mystère infernal de leurs enchantemens. » Ordo est : saxa sensura magos canentes arcanum ferale. *Sensura*, i. e. intellectura, auditura et adjutura. ED.

440. *Ibi plurima.* Nascuntur plurima, quæ a Diis coactis extorqueant, quæ velint veneficæ; vid. mox 446.

441. *Terris hospita Colchis.* Medea e Colchis huc ab Jasone advecta, in terris Hæmoniis, i. e. Thessalia, colligere potuit herbas potentiores quam quas ipsa a Ponto secum advexerat. *Colchis* adjectiv. femin. ut mox *Thessalis*, ante *Hæmonis* ipse Lucanus dixit.

443. *Impia tot populis.* Deos minus audientes vota tot gentium et populorum, carmina Thessalidum sagarum flectunt, immo cogunt, penetrant quippe cæli penetralia. Apul. Met. III : « Quibus obaudiunt Manes, turbantur sidera, coguntur numina, serviunt elementa. »

445. *Una per ætherios exit vox.* Sola vox carminum veneficarum penetrat cælos et ad Deorum aures pervenit, quas ferit ac cogit, defertque carmina earum ad Deos, quos vel nolentes compellit pro suo arbitratu. HORT.

447. *Quod non cura poli.* Ita Superum attentionem expetit, ut ne ipsa gubernatione cæli et siderum avocentur.

448. *Infandum tetigit*, etc. Ubi istæ incantationes sollicitant Deos, non Chaldæi astrologi, non sacerdotes Ægyptii (etiamsi omnes artes effundant, omnia sacra magica parent) morantur Deos.

449. *Tunc Babylon.* Assyriæ urbs, Chaldæis primo, inde Persis subdita; a Cyro sc. capta. — *Memphis.* Ægyptus, arcanis dedita.

450. *Solvat penetrale.* Licet promat, exserat omnes secretas suas artes, carmina, et ritus evocandi Deos ex instituto veterum magorum, non tamen retinebunt numina, quin ab ipsorum aris infando Thessalidis murmure abducantur, et tota istius artibus vacent. Sic bene exponit Burm. ED.

Abducit Superos alienis Thessalis aris.

Carmine Thessalidum dura in præcordia fluxit

Non fatis adductus amor; flammisque severi

Illicitis arsere senes. Nec noxia tantum

Pocula proficiunt, aut quum turgentia succo   455

Frontis amaturæ subducunt pignora fetæ :

Mens, hausti nulla sanie polluta veneni,

Excantata perit. Quos non concordia mixti

Alligat ulla tori, blandæque potentia formæ,

Traxerunt torti magica vertigine fili.   460

Cessavere vices rerum; dilataque longa

451. *Abducit.* Removet ab alienis sacris, et cogit sibi parere. SULP. — *Thessalis.* Mulier Thessala.

453. *Non fatis adductus amor.* Non naturalis, non ætati et votis conveniens, sed vi veneficiorum immissus. Virgil. Æn. IV, 487 : « Hæc se carminibus promittit solvere mentes Quas velit, ast aliis duras immittere curas. »

454. *Nec noxia tantum Pocula.* Philtra et hippomanes minus illarum carminibus valent.

456. *Frontis amaturæ.* Ordo est : aut quum subducunt amaturæ fetæ pignora frontis succo turgentia. SCH. —Hippomanes intelligit; de quo Virg. Æn. IV, 515 : « Quæritur et nascentis equi de fronte revulsus, Et matri præreptus amor.» Id quidem maximam vim habet ad amorem, et libidinem concitandam. Est autem caruncula caricæ magnitudine, colore nigro, quæ in fronte nascentis pulli equini apparet : eam nisi statim mater voraverit, fetum non admittit ad ubera: et ideo dixit, *amaturæ.* Atque hoc quidem modo Plinius VIII, 66, et

alii quidam de Hippomane sentiunt. Theocritus autem φντὸν vocat. Omnes in hoc figmento ludunt poetæ. De Hippomane plura qui vult, adeat dissertationem doctissimi viri P. BAYLE *Dictionnaire,* verb. *Hippomane.*

457. *Mens hausti nulla,* etc. Carmina dementant sæpe et in furorem vertunt, etiam citra pocula veneni hausta.

458. *Quos non concordia mixti.* Quos non amor conjugalis, non forma devinxit, eos traxit in amorem rhombus, vertigo magica, girgillo, cui filum involvitur, traxere licia incantata et nominibus eorum, quos cogere volebant veneficæ, nexa : conf. Virg. Ecl. VIII, 73 : « Terna tibi hæc primum triplici diversa colore Licia circumdo; » et 77 : « Necte tribus nodis ternos.... colores. »

461. *Cessavere vices rerum.* Vicissitudines rerum e lege naturæ, ut noctis et diei, tempestatum anni, torpente carminibus cælo nec revoluto. Saga, inquit Apuleius Met. I, potens cælum deponere, terram suspendere, fontes durare, montes diluere, manes

Hæsit nocte dies : legi non paruit æther,

Torpuit et præceps, audito carmine, mundus;

Axibus et rapidis impulsos Jupiter urgens

Miratur non ire polos. Nunc omnia complent   465

Imbribus, et calido producunt nubila Phœbo ;

Et tonat ignaro cælum Jove : vocibus îsdem

Humentes late nebulas, nimbesque solutis

Excussere comis. Ventis cessantibus, æquor

Intumuit ; rursus vetitum sentire procellas   470

Conticuit, turbante Noto : puppimque ferentes

In ventum tumuere sinus. De rupe pependit

Abscissa fixus torrens; amnisque cucurrit

Non qua pronus erat. Nilum non extulit æstas ;

Mæander direxit aquas; Rhodanumque morantem 475

sublimare, Deos infirmare, sidera exstinguere, Tartarum ipsum illuminare. — *Non paruit.* Volvi desiit.

463. *Torpuit et præceps.* In ipso motu stetit.

465. *Nunc omnia complent*, etc. Splendente sole, omnia pluviis mergunt veneficæ istæ. Sen. Med. 754 : « Et evocavi nubibus siccis aquas. »

467. *Et tonat ignaro cælum Jove.* Inscio Jove, sereno tonat æthere. — *Vocibus iisdem.* His carminibus fretæ veneficæ, sacris nefandis operatæ, pedibus nudis passoque capillo vagantes, nebulas inducunt aut fugant. —Male Schol. *comas* nimborum intelligit. Recte vidit Oudend. fingere Lucanum, excuti, repelli nimbos a magis ipsa conquassatione solutarum comarum. Opponitur vs. 466. ED.

469. *Ventis cessantibus.* Seneca Med. 766 : « Sonuere fluctus, tumuit insanum mare, Tacente vento. » Et in

Herc. Œt. 455. Ovid Met. VII, 200 : « concussaque sisto, Stantia concutio cantu freta, etc. ventos abigoque vocoque. »

471. *Turbante Noto.* In sereno iratum mare faciunt, in tempestate et ventis furentibus malaciam.

472. *In ventum tumuere sinus.* Contra ventum adversum plenis velis feruntur naves. — *De rupe pependit.* De rupe proclivi præceps torrens sistitur. Virg. Æn. IV, 489 : « Sistere aquam fluviis. »

473. *Amnisque cucurrit.* Ovid. Met. VII, 199 : « Ripis mirantibus, amnes In fontes rediere suos. »

474. *Nilum non extulit æstas.* Nilus in æstivo solstitio solitus inundatione Ægyptum rigare, carminibus inhibetur neque excrescit. — *Extulit.* I. e. auxit, effudit. ED.

475. *Mæander direxit aquas.* Mæander fluvius alias sinuosus (III,

Præcipitavit Arar. Submisso vertice montes
Explicuere jugum; nubes suspexit Olympus :
Solibus et nullis Scythicæ, quum bruma rigeret,
Dimaduere nives. Impulsam sidere Tethyn
Reppulit Hæmonidum, defenso litore, carmen.   480
Terra quoque immoti concussit ponderis axem,
Et medium vergens nisu titubavit in orbem :
Tantæ molis onus percussum voce recessit,
Perspectumque dedit circumlabentis Olympi.

Omne potens animal leti, genitumque nocere,   485

208) arte magica recto fertur cursu.—
Rhodanumque morantem. Arar, leni
alioqui agmine, præcipitat se in Rho-
danum, qui rapidissimus alias, magi-
co carmine tardatur. Cf. I, 433. Hic
autem contraria feruntur effici vi in-
cantationum. Ararim enim impellit
Rhodanus.

476. *Submisso vertice.* Demisso
in planum vertice descendunt montes campis æquati.

477. *Nubes suspexit Olympus.*
Olympus, mons Macedoniæ, nubes
cacumine superans, demissus arte
magica videt nubes se altiores.

478. *Solibus et nullis Scythicæ.*
Media bruma, e montibus Scythiæ
nullo sole illustratis solutæ defluunt
nives, quæ tamen non ipsa æstate resolvuntur.

479. *Impulsam sidere Tethyn.*
Mare, luna et sideribus tempestuosis
Arcturo, Orione, Suculis orientibus
sævire solitum, carminibus Thessalarum inhibetur et a litore arcetur.

481. *Terra quoque immoti.* Terræ
motu intremuit axis, cujus pondus
esse immotum solet (ex opinione
veterum): terrarum vero orbis sub-

sidens et medio loco dimotus, mu-
tuum supero atque infero cælo conspectum dedit, permisitque unius
loci incolis totius cæli prospectum.

482. *Vergens nisu.* Tellus sede
sua, quam in medio universi habet,
concussa est, et nisu suo, quo tendebat et vergebat ex lege naturæ, in medium orbem titubavit, i. e. incerto
motu quassata non recte incessit;
sed, ut homo titubanti pede dicitur
ingredi, sic illa magæ voce percussa,
recessit a sede sua. BURM.

483. *Onus.* Pondus, gravitas terræ. — *Recessit.* In locum a priori
remotum abiit.

484. *Perspectumque dedit.* Terra
in medio obstans vetat uno in loco
videri supera cæli atque infera : quæ
simul appareant, si illam e medio di-
moveris. GROT.

485. *Omne potens.* Omne serpentum genus utcumque noxium et letiferum, timet tamen magica carmina,
quibus incantatum, sopitum, ru-
ptumque, a veneficis ad malas artes
adhibetur. Senec. Med. 687 : « Serpens, quærens quibus Mortifera veniat, carmine audito stupet. »

Et pavet Hæmonias, et mortibus instruit artes.

Has avidæ tigres, et nobilis ira leonum

Ore fovent blando : gelidos his explicat orbes,

Inque pruinoso coluber distenditur arvo.

Viperei coeunt, abrupto corpore, nodi ;   490

Humanoque cadit serpens adflata veneno.

   Quis labor hic Superis, cantus herbasque sequendi,

Spernendique timor? cujus commercia pacti

Obstrictos habuere Deos? parere necesse est,

An juvat? ignota tantum pietate merentur?   495

An tacitis valuere minis? hoc juris in omnes

Est illis Superos? an habent hæc carmina certum

Imperiosa Deum, qui mundum cogere, quidquid

Cogitur ipse, potest? Illis et sidera primum

---

486. *Mortibus instruit.* Ipsis artibus magicis instrumenta suppeditant ex mortibus suis ; horum enim animalium membris certis, ossibus, visceribus, etc. utuntur ad sacra.

487. *Has.* Non artes, quod constructio communis daret, sed Thessalas magas, intellige, quas tigres lambunt ore. — *Avidæ.* Nempe jejunæ et ideo feriores. ED.

488. *Ore fovent blando.* Insontes et innocuæ lambunt.

489. *Inque pruinoso.* Hieme se colligit anguis, nec explicatur : nunc se extendit carminum potestate. Male MARMONTEL : « La couleuvre se déploie sur l'herbe humide. » ED.

49. *Viperei coeunt.* Vipera in partes concisa carminibus harum restituta coit. — *Nodi.* Articulorum commissuræ ; inf. 672 : « duræ nodus hyænæ. » OUD.

491. *Humanoque.* Afflatu vel cantu

veneficæ ipsa venenata serpens rumpitur ; conf. Virg. Ecl. VIII, 71.

492. *Quis labor.* Quærit cum admiratione atque indignatione poeta, unde veneficæ tantum apud Deos valeant, utrum ex pacto et sponte sua ; an necessario et vi coacti exaudiant ipsarum carmina et veneficiis earum obnoxii, velint nolintque, quod illæ petunt. *Labor* et *timor* opponuntur. Scil. laborant ut sequantur, timent vero spernere.

495. *Ignota tantum.* An pietate nescio qua, quam nemo novit mortalium, hoc merentur sagæ Thessalæ. Schol. *ignotam* pietatem, intelligit novam et mirabilem. Sed ironice loquitur poeta. ED.

496. *Hoc juris in omnes.* Utrum jus hoc et imperium habent in omnes Deos? an in unum certum, qui omnes cogat pati, quidquid facere fuerit ipse compulsus. SCH.

Præcipiti deducta polo ; Phœbeque serena   500
Non aliter, diris verborum obsessa venenis,
Palluit, et nigris terrenisque ignibus arsit,
Quam si fraterna prohiberet imagine tellus,
Insereretque suas flammis cælestibus umbras :
Et patitur tantos cantu depressa labores   505
Donec suppositas propior despumet in herbas.

    Hos scelerum ritus, hæc diræ carmina gentis
Effera damnarat nimiæ pietatis Erichtho,
Inque novos ritus pollutam duxerat artem.
Illi namque nefas urbis submittere tecto   510
Aut laribus ferale caput ; desertaque busta
Incolit, et tumulos expulsis obtinet umbris,

---

500. *Deducta polo.* Optime interpretatur Virg. Ecl. VIII, 69 : « Carmina vel cælo possunt deducere lunam. » — *Phœbeque serena.* Et clara luna incantata expalluit turbida luce et terrena, non aliter atque ubi eclipsim passa obscuratur, interposita sibi Solique terra. Senec. Med. 789 : « Facie lurida mœsta, quum Thessalicis Vexata minis, cælum freno Propiore legit. »

502. *Nigris.* Non fulgentibus. Similiter et I, 652, Saturni ignes nigri dicuntur. OUD. — *Terrenis.* An vult, obscuros, a colore terræ? ED.

503. *Fraterna imagine.* Solis illustratione arceret, privaret.

504. *Cælestibus.* I. e. solaribus, Phœbeis.

505. *Depressa.* I. e. facta terræ vicina, tracta carmine, rhombo deducta, quo propior herbas sua saliva et spuma inficiat. Val. Flac. Arg. VI, 447 : « Quamvis Atracio lunam spu-

mare veneno Sciret. » Apul. Met. I : « Lunam despumari, stellas evelli, diem tolli, noctem teneri, etc. »

507. *Gentis.* Thessalidum cæterarum.

508. *Damnarat nimiæ pietatis.* Improbat, rejicit, contemnit tamquam nimium in se haberent pietatis : sic VIII, 406 : « Damnat apud gentes sceleris, etc. » — *Erichtho.* Nomen veneficæ sumptum ex Ovid. Epist. XV, 139 : « ut quam furialis Erichtho Impulit. » Maga (ut ait Apuleius Met. II, de Pamphile) primi nominis, et omnis carminis sepulcralis magistra, quæ omnem istam lucem mundi sideralis in ima Tartara et in vetustum chaos mergit.

509. *Inque novos.* Necromantiæ novos ritus instituerat, quos jam enarrabit poeta.

510. *Illi namque nefas.* Neque enim urbes aut tecta subibat ; sed sepulcra.

Grata Deis Erebi. Cœtus audire silentum,
Nosse domos Stygias, arcanaque Ditis operti,
Non Superi, non vita vetat. Tenet ora profanæ   515
Fœda situ macies, cæloque ignota sereno.
Terribilis Stygio facies pallore gravatur,
Impexis onerata comis. Si nimbus, et atræ
Sidera subducunt nubes, tunc Thessala nudis
Egreditur bustis, nocturnaque fulgura captat.   520
Semina fecundæ segetis calcata perussit,
Et non letiferas spirando perdidit auras.
Nec Superos orat, nec cantu supplice numen
Auxiliare vocat, nec fibras illa litantes
Novit : funereas aris imponere flammas   525
Gaudet, et accenso rapuit quæ tura sepulcro.
    Omne nefas Superi prima jam voce precantis
Concedunt, carmenque timent audire secundum.
Viventes animas, et adhuc sua membra regentes,

---

513. *Cœtus audire silentum.* Illa sciebat jura inferorum abdita et operta terris, « res altas terra et caligine mersas, » quæ viventibus nosse nefas.

515. *Non Superi.* Contra Deos, contra naturam humanam agit. — *Profanæ.* Erichthus, sacris quidem deditæ, sed contra Superos. Sch.

516. *Cæloque ignota sereno.* De die aut serena luce non uspiam visa.

517. *Stygio.* Tristi, infernali.

518. *Onerata.* Impexi enim et implicati capilli graviores videntur.

519. *Sidera subducunt nubes.* Si spissæ obscurant Solem, Lunam, stellas. — *Thessala.* Erichtho. — *Nudis.* Vacuis; quibus umbras expulerat, v. 512, vel per hypallagen, ipsa nuda. Sed Sulp. rectius explicat, sine cadaveribus; Barm. sine custode. Ed.

520. *Nocturnaque fulgura captat.* Nempe ut obscura nocte iter sagæ monstrent. Burm. — Captat et condit fulgura, ut ad veneficia adhibeat. Oud.

521. *Semina,* etc. Messem pede perurit, aerem quamvis sanum halitu spiritus sui corrumpit.

524. *Litantes.* Quibus Dii placantur.

525. *Funereas aris imponere,* etc. Sacris operari infernis, quæ accendebantur igne tantum e rogis rapto.

527. *Prima jam voce.* Quidquid petit, licet sceleratum sit, tamen a Deis ei, ut semel loquuta est, conceditur. — *Precantis.* Hujus veneficæ.

528. *Carmenque timent.* Horrent

Infodit busto; fatis debentibus annos   530
Mors invita subit : perversa funera pompa
Rettulit a tumulis; fugere cadavera lectum.
Fumantes juvenum cineres, ardentiaque ossa
E mediis rapit ipsa rogis, ipsamque, parentes
Quam tenuere, facem; nigroque volantia fumo   535
Feralis fragmenta tori, vestesque fluentes
Colligit in cineres, et olentes membra favillas.

   Ast ubi servantur saxis, quibus intimus humor
Ducitur, et tracta durescunt tabe medullæ
 -Corpora; tunc omnes avide desævit in artus,   540
Immergitque manus oculis; gaudetque gelatos
Effodisse orbes; et siccæ pallida rodit

quippe Dii repetitam excantationem.

530. *Infodit. Sepelit* viventes. — *Fatis debentibus.* Eos, quibus fata diuturnioris vitæ usuram erant largitura, illa interficit. Horat. Epod. 5, de Canidia.

531. *Invita.* Quippe ante tempus indicta. — *Perversa funera pompa,* etc. A sepulcris, præpostero pompæ ritu, Erichtho refert cadavera defunctorum, quos ad vitam revocat, in necyomantiæ usum. Apul. Met. II : « Sed et bustis et rogis reliquiæ quædam, et cadaverum præsegmina ad exitiabiles viventium fortunas petuntur. »

532. *Lectum.* Scil. funebrem.

533. *Fumantes juvenum.* Efficaciora scil. futura in suis veneficiis omnia, quod *fumantes,* quod *juvenum,* quod *ardentia,* quod « ipsis parentibus præreptam. » Parentes autem ipsi filiorum rogum face accendebant.

536. *Feralis fragmenta tori.* Feretri, reliquias semiustas. — *Vestesque.* Colligit et stragulas, quibus torus funereus insternebatur, jam ·fluentes in cinerem.

537. *Olentes membra.* Membrorum adustorum odorem adhuc retinentes.

538. *Ast ubi servantur saxis.* Quod si quando incidat in corpora non cremata, sed Orientalium more condita. — *Humor Ducitur.* Quibus sanguis et alii humores educuntur.

539. *Tracta durescunt.* Extracta omni medullarum sanie, vel, per siccitatem contracta et arescente.—Alludit ad morem Ægyptium corpora exsiccata condendi, quod τὸ *siccæ* infr. ostendit. ED.

540. *Omnes.* Nam in momiis omnes servantur corporis partes.

542. *Orbes.* Oculos, vel sinus, in quibus oculi. — *Gelatos.* Duratos, vel gelida morte resolutos. ED.

Excrementa manus : laqueum, nodosque nocentes
Ore suo rupit ; pendentia corpora carpsit,
Abrasitque cruces ; percussaque viscera nimbis   545
Vulsit, et incoctas admisso sole medullas.
Insertum manibus chalybem, nigramque per artus
Stillantis tabi saniem, virusque coactum
Sustulit, et, nervo morsus retinente, pependit.
Et quodcumque jacet nuda tellure cadaver,   550
Ante feras, volucresque sedet ; nec carpere membra
Vult ferro, manibusque suis, morsusque luporum
Exspectat, siccis raptura e faucibus artus.
    Nec cessant a cæde manus, si sanguine vivo

543. *Excrementa manus.* Sic vocat ungues : non vero hic agitur de ipsis unguium sordibus, quas non *pallidas* diceret. Ungues autem albent in cadaveribus, sed colorantur in vivis. *Excrementa* dicuntur, quia excrescunt e manibus. ED. — Hor. Epod. V, 47 : « Hic irresectum sæva dente livido Canidia rodens pollicem. » — *Nocentes.* Etiam strangulatorum et adhuc pendentium cadavera conquirit ad usum magicæ artis. *Nocentes* poetice pro *nocentum.* ED.

545. *Cruces.* Saniem e crucibus eradit. — *Percussaque.* Madefacta nimbis et pluvia ; et jam vitiata.

546. *Incoctas.* Induratas ; putres.

547. *Insertum manibus.* Clavos ferreos, quibus fixi, qui in cruce pendebant. Apul. Met. II : « Hic nares et digiti, illic carnosi clavi pendentium, alibi trucidatorum servatus cruor. » Alii intt. male, catenas, manicas ; infra 797.

548. *Coactum.* Collectum, congelatum propter desiccationem. ED.

549. *Nervo morsus retinente.* Et uti nervum morsu non potest amputare, aliquando pendenti cadaveri adhærens, ipsa pependit. Locus ad nauseam fastidiosus. ED.

550. *Et quodcumque.* Grot. *Quacumq...nudum* ; Oud. *quocumq.* Veterem lect. reduximus, quam Burm. sic exponit : *quodcumque*, id est, etiam vilissimum, abjectum nec sepultura honoratum. ED.

551. *Sedet.* Obsidet. Prima cadaveri adsidet. ED. — *Nec carpere.* Non ipsa vult carpere, sed exspectat morsus luporum ad majorem in veneficiis efficaciam. Horat. Epod. V, 23 : « Et ossa ab ore rapta jejunæ canis. » Apul. Met. III : « Et extorta dentibus ferarum trunca calvaria. » Horum tamen oblitus Lucanus v. 627 lupos dicit magæ adventum statim fugere.

553. *Siccis.* Jejunis. Esurientibus quidem lupis auferre prædam difficilius. ED.

554. *Nec cessant.* Neque a cæde abstinet, si quando opus sit ad fu-

II.   4

Est opus, erumpat jugulo qui primus aperto. 555
Nec refugit cædes, vivum si sacra cruorem,
Extaque funereæ poscunt trepidantia mensæ :
Vulnere sic ventris, non qua Natura vocabat,
Extrahitur partus, calidis ponendus in aris.
Et quoties sævis opus est, ac fortibus umbris, 560
Ipsa facit manes : hominum mors omnis in usu est.
Illa genæ florem primævo corpore vulsit,
Illa comam læva morienti abscidit ephebo.
Sæpe etiam caris, cognato in funere, dira
Thessalis incubuit membris ; atque oscula fingens, 565
Truncavitque caput, compressaque dentibus ora
Laxavit ; siccoque hærentem gutture linguam
Præmordens, gelidis infudit murmura labris,
Arcanumque nefas Stygias mandavit ad umbras.

nesta sacra sanguine recens emisso, aut extis adhuc palpitantibus. FARN.

557. *Funereæ mensæ.* Inferiæ et parentalia quæ mortuorum manibus sæpe fiebant sanguine humano, ut ex Homero, Virgilio aliisque notum est. Adde Kirchm. de Fun. IV, 2. OUD.

558. *Vulnere sic ventris.* Sic solet maga per vulnus extrahere utero partum, quém aris magicis imponat. Conf. 710.

559. *Calidis.* Scil. ut comburatur.

560. *Et quoties sævis opus est.* Ubi opus est cruentis umbris, violenta morte factis ; ibi ipsa interficit aliquem, cujus manes suscitet.

561. *Hominum mors.* Ad sua facinora quacumque utitur morte, sive naturali, sive violenta. Farnabius intelligit de morte hominum cujuscumque ætatis : minus bene. ED.

562. *Genæ florem.* Lanuginem efflorescentem adolescentibus vellit, comam autem ephebis abscidit ad incantamenta.

563. *Læva.* Et hæc ars magica comam læva abscidere. Burm. bene opponit Virg. Æn. IV, 704, *dextra crinem secat.* ED.

564. *Sæpe etiam caris*, etc. Sæpe sub prætextu extremi osculi (de quo vide III, 739) cognatis morientibus caput aliqua parte imminuit, præmordit linguam, insusurravit mandatum ad inferos. Apul. Met. II : « Sagæ istæ ora mortuorum demorsicant : eaque sunt illis artis magicæ supplementa. »

567. *Laxavit.* Aperuit, diduxit.

568. *Infudit murmura.* Aliquid in ore mortui immurmuravit, quasi negotium aliquod perferendum ad inferos arcanum mandaret. HORT.

Hanc ut fama loci Pompeio prodidit, alta   570
Nocte poli, Titan medium quo tempore ducit
Sub nostra tellure diem, deserta per arva
Carpit iter. Fidi scelerum suetique ministri,
Effractos circum tumulos, ac busta vagati,
Conspexere procul praerupta in caute sedentem,   575
Qua juga devexus Pharsalica porrigit Haemus.
Illa Magis, magicisque Deis incognita verba
Tentabat, carmenque novos fingebat in usus.
Namque timens, alium ne Mars vagus iret in orbem,
Emathis et tellus tam multa caede careret;   580
Pollutos cantu, dirisque venefica succis
Conspersos, vetuit transmittere bella Philippos,
Tot mortes habitura suas, usuraque mundi
Sanguine : caesorum truncare cadavera regum
Sperat, et Hesperiae cineres avertere gentis,   585

570. *Fama loci.* Viciniae sermone de latebris veneficae edocetur Sextus. — *Pompeio.* Sexto, Pompeii filio. — *Alta nocte.* Concubia, media nocte, qua sol meridianus versatur apud antipodas.

573. *Ministri.* Famuli, quibus consciis et adjutoribus scelerum (sceleratae artis) uti solebat.

574. *Effractos.* Sc. a maga. SCH.

575. *Sedentem.* Veneficam Erichtho.

576. *Porrigit.* In planum extendit. — *Haemus.* Mons Thraciae, qui nostro aliisque auctoribus pro monte Thessaliae usurpatur, quamquam in Thracia sit. Vid. I, 679. Conf. Virg. Georg. I, 492 : « Emathiam et latos Haemi pinguescere campos. »

577. *Illa Magis.* Illa sollicita ne alio transferretur bellum civile, meditabatur carmina et artes, quibus retinere illud in Thessalia valeret.

580. *Emathis tellus.* Nempe ne non Thessalia tot cadaveribus pinguesceret. Conf. I, 1, not.

582. *Transmittere bella.* In alias terras transferre. — *Philippos.* Urbem Thraciae, quae tamen confunditur cum Pharsalo, uti adnotatum supr. ad I, 679.

583. *Tot mortes habitura suas.* Cadaveribus et fuso hic multarum gentium sanguine usura ad sua veneficia. — *Suas.* Sibi ad artem magicam necessarias, et suae nequitiae aptas. SCH.

584. *Regum.* Cf. ad VII, 227.

585. *Avertere.* Proprium verbum de iis, qui praedam abigunt et furto auferunt. — *Hesperiae.* Italae.

Ossaque nobilium, tantosque adquirere manes.

Hic ardor, solusque labor, quid corpore Magni

Projecto rapiat, quos Cæsaris involet artus.

    Quam prior adfatur Pompeii ignava propago :

« O decus Hæmonidum, populis quæ pandere fata,   590

Quæque suo ventura potes devertere cursu,

Te precor, ut certum liceat mihi noscere finem,

Quem belli fortuna parat. Non ultima turbæ

Pars ego Romanæ, Magni clarissima proles;

Vel dominus rerum, vel tanti funeris hæres.   595

Mens dubiis percussa pavet, rursusque parata est

Certos ferre metus. Hoc casibus eripe juris,

Ne subiti cæcique ruant; vel numina torque,

---

586. *Tantosque adquirere manes.*
Tantorum heroum manes suæ potestati atque imperio subjicere.

587. *Hic ardor.* Jam nunc laborat et meditatur quæ Pompeii, quæ
Cæsaris occisi rapiat membra in usus
magicos.

589. *Ignava.* Conf. supr. 420.

590. *O decus Hæmonidum.* Or-
ditur Sextus a captatione benevolen-
tiæ ac persona veneficæ, dum illi
præscientiam rerum tribuit, et plura
etiam quam homini tribui debeant.
— *Decus Hæmonidum.* Thessalarum celeberrima. — *Populis quæ
pandere fata.* Quæ futura præscire,
impedireque ne eveniant, potes.

592. *Certum finem.* Eventum non
dubium et ambiguum, ut solent va-
ticinatores et oracula edere. BURM.

593. *Non ultima.* I. e. ego, qui te
rogo, non sum extremus in populo
Romanorum, sed Pompeii filius, etc.

595. *Vel dominus rerum.* Si vi-

cerit pater. — *Vel tanti funeris.* Si
occubuerit pater. — *Hæres.* Erat
tamen Pompeii filius minor natu.
Conf. II, 631. — Nil refert; nam filii
pari jure ad hæreditatem veniebant.
Non autem dicit se in patris locum et
potentiam successurum, sed nullam sibi futuram hæreditatem nisi tantæ
ruinæ memoriam et luctum. ED.

596. *Dubiis percussa pavet.* Exitus incertos magis reformidat. Opponitur autem τοῖς *certos ferre metus.*
—*Rursusque parata est.* E contrario
parata utique omnes perferre casus,
certi modo sint priusque explorati.

597. *Hoc casibus eripe juris.* Tu
casibus hoc eripe, ne, ut sunt natura
sua, incerti maneant.

598. *Ne subiti.* Ne improvisi ruant
in me jam ante a te edoctum. — *Vel
numina torque.* Compelle Superos et
extorque ex illis, ut prodant omnia
quæ futura sunt; vel, Superis omissis,
manes interroga.

Vel tu parce Deis, et Manibus exprime verum.

Elysias resera sedes, ipsamque vocatam,   600

Quos petat e nobis, Mortem tibi coge fateri.

Non humilis labor est ; dignum, quod quærere cures

Vel tibi, quo tanti præponderet alea fati. »

    Impia lætatur vulgatæ nomine famæ

Thessalis, et contra : « Si fata minora moveres,   605

Pronum erat, o juvenis, quos velles, inquit, in actus

Invitos præbere Deos. Conceditur arti,

Unam quum radiis presserunt sidera mortem,

Inseruisse moras : et, quamvis fecerit omnis

Stella senem, medios herbis abrumpimus annos.   610

At simul a prima descendit origine mundi

Causarum series, atque omnia fata laborant

599. *Exprime verum.* Carminibus
et veneficiis coge ut verum prædicant.

600. *Elysias resera sedes.* Per necromantiam evoca manes Elysiis
campis, sive malis ipsam Mortem
muneris sui præsciam.

601. *Mortem.* Quasi corporalem
deum inducit mortem, quod fecit Virg.
Æn. XI, 197. Cf. Senec. Med. 742.

603. *Vel tibi.* Satis gravis et magni momenti hic eventus est, ut,
etiam me non rogante, tua solum cu-
riositate impulsa, scire labores. —
Quo tanti. Quo se inclinet belli hujus fortuna et victoria.

604. *Impia lætatur.* Gaudet artis
suæ et nominis gloriam apud Romanos celebratam.

605. *Fata minora.* Si unius cujus-
libet aut singulorum fata vel proferri
vel mutari posceres. — Vel, si de minoribus tantum eventis futura pandi
et regi peteres. Cf. ad V, 189. ED.

607. *Invitos præbere Deos.* Mihi
facile fuisset faventes tibi præstare
Deos, licet invitos. Cogit enim Deos
maga ; v. 448, 598 et alibi. ED.

608. *Unam.* Unius hominis mortem quum sidera *presserunt*, i. im-
presserunt, præfixerunt, vel potius
accelerare voluerunt, illorum cursus
mea arte morari possum. ED.

609. *Et quamvis fecerit.* Et nostrarum herbarum viribus possum in
medio ætatis cursu hominem tollere,
quamvis omnes ejus stellæ decreve-
rint, ut usque ad senectutem vivat.ED.

611. *At simul a prima.* At quum
agitur de fatis illis majoribus, quæ
ordine causarum ab æterno disposita
cohærent, tunc nihil potest ars nostra;
et plus in iis valet una Fortuna, quam
nostræ omnium Thessalarum artes.

612. *Omnia fata laborant.* Omnia nempe moventur ac periclitan-
tur, si quid mutare volueris,

Si quidquam mutare velis, unoque sub ictu
Stat genus humanum : tunc, Thessala turba fatemur,
Plus Fortuna potest. Sed si prænoscere casus   615
Contentus, facilesque aditus, multique patebunt
Ad verum : tellus nobis, ætherque, chaosque,
‚ Æquoraque, et campi, Rhodopeaque saxa loquentur.
Sed pronum, quum tanta novæ sit copia mortis,
Emathiis unum campis attollere corpus,   620
Ut modo defuncti, tepidique cadaveris ora
Plena voce sonent : ne, membris sole perustis,
Auribus incertum feralis strideat umbra. »

  Dixerat : et noctis geminatis arte tenebris,
Mœstum tecta caput squalenti nube, pererrat   625

613. *Unoque sub ictu.* Fati unius discrimine et casu de genere humano decernitur.

615. *Sed si prænoscere.* Sed ad eventus belli præmonendos, si ea tibi tantum cura est, expedita et multiplex nobis patet ratio.

617. *Tellus nobis.* Geomantia ; ex signis raptim in terra factis. — *Ætherque.* Aeromantia ex avium volatu, ex ventis et imbribus ; vel Pyromantia, ex fulgure, fulmine et igne. — *Chaosque.* Necromantia ; evocata ab inferis umbra. Chaos, hiatus et vorago æternæ noctis, id est, mortis : confusa rerum moles, I, vs. 74.

618. *Æquoraque.* Hydromantia ; ex aqua. — *Et campi.* Aruspicina, ex observatione extorum in victimis et pecudibus camporum et montium. — *Rhodopeaque saxa.* Rhodope Thraciæ mons est. — *Loquentur.* Clare ostendent quasi viva voce.

619. *Sed pronum.* Expeditissimam tamen omnium rationem copia ca-

daverum in Thessalicis campis affert necromantiam. — *Novæ mortis.* Stragis recentis.

620. *Attollere.* Excitare, jubere ut resurgat.

621. *Modo defuncti.* E cujus recens cæsi ore distincta et liquida vox percipiatur. — *Tepidi.* Sanguine nondum frigido.

622. *Plena voce.* Cf. ad Virg. Georg. I, 388. BURM. — *Ne membris.* Ne jam putrefactis ob calorem membris umbra feralis strideat (aliquid) incertum auribus. Plenius autem et clarius loquetur corpus recens defunctum. ED.

624. *Arte.* Incantatione auctis tenebris, ut terror geminaretur. ED.

625. *Mœstum.* Lugubre et tristitiam provocans. — *Squalenti nube.* Aere nebuloso et obscura nube ; sed quia hoc numquam a veneficis factum, Oudend. mutat in *crine* contra MSS. Burm. *rupe.* Alius distinguit *squalenti in nube pererrat.* Quod fere malim. *Mœstum* et *squalens* pariter conjunxit

Corpora cæsorum, tumulis projecta negatis.

Continuo fugere lupi, fugere revulsis

Unguibus impastæ volucres, dum Thessala vatem

Eligit, et, gelidas leto scrutata medullas,

Pulmonis rigidi stantes sine vulnere fibras · 63,

Invenit, et vocem defuncto in corpore quærit.

Fata peremptorum pendent jam multa virorum,

Quem Superis revocasse velit. Si tollere totas

Tentasset campis acies, et reddere bello;

Cessissent leges Erebi, monstroque potenti 635

Extractus Stygio populus pugnasset Averno.

Electum tandem trajecto gutture corpus

Ducit, et inserto laqueis feralibus unco,

Per scopulos miserum trahitur, per saxa cadaver

Victurum : montisque cavi, quem tristis Erichtho 640

Senec. Œd. 554 : « Squalente cultu mœstus ingreditur senex. » ED.

626. *Projecta.* Insepulta.

627. *Revulsis Unguibus.* I. e. abstrahunt ungues suos a cadaveribus, quæ scrutabantur. ED.

628. *Impastæ.* Non satiatæ, adhuc jejunæ, ut ipsa fames ferarum magam timeat. Silius, III, 343. — *Vatem.* Cadaver vaticinio aptum.

629. *Scrutata.* Explorans. Hunc locum expressit Stat. Theb. III, 143 : « Nocte subit campos, versatque in sanguine functum Vulgus, et explorat manes, etc. »

630. *Rigidi stantes.* Vel non vulneratas, vel spiritu non agitatas. ED. — *Sine vulnere.* Hoc quærebat, ut in defuncto recenti corpore quam integerrima vocis organa inveniret.

631. *Vocem.* Qua futura respondeat.

632. *Fata peremptorum.* Incer-

tum est, quis e tanta cadaverum strue in vitam sit revocandus.

633. *Superis.* In supera, ad vitam.

634. *Tentasset campis acies.* Quod si multos, si totas acies reddere vitæ tentasset et prælio restituere, oportuit inferorum leges de suo jure cedere : nec citra naturæ dedecus, tot milites vitæ restituti in pugnam rediissent.

635 *Monstro.* Carminum potentia.

636. *Populus.* Tot animæ, ab Averno revocatæ, iterum pugnassent.

637. *Trajecto gutture.* Cujus guttur ipsa unco trajecerat. GROT. — Burm. melius : cujus vulneri injecit uncum. Videtur vates gutturis integritatem, vitalibus illæsis, ad loquendum non necessariam putavisse. ED.

638. *Inserto.* Inserit uncum funibus, ut trahat.

640. *Victurum.* In vitam rediturum. — *Tristis.* Ut mœstum, v. 625.

Damnarat sacris, alta sub rupe locatur.

    Haud procul a Ditis cæcis depressa cavernis .

In præceps subsedit humus : quam pallida pronis.

Urget silva comis , et nullo vertice cælum

Suspiciens, Phœbo non pervia taxus opacat.   645

Marcentes intus tenebræ, pallensque sub antris

Longa nocte situs, numquam, nisi carmine factum,

Lumen habet. Non Tænareis sic faucibus aer

Sedit iners, mœstum mundi confine latentis,

Ac nostri: quo non metuant emittere manes   650

Tartarei reges. Nam quamvis Thessala vates

Vim faciat fatis, dubium est, quod traxerit illuc,

641. *Damnarat sacris.* Destinarat magicis sacris. Ideo damnatum dicit, quia et hoc ipsi monti infaustum est, magæ prodesse.

642. *Haud procul.* Specum describit dehiscentem in præceps, ad Tartarum prope profundam , unde evocanda erat umbra. Similem descriptionem vide apud Virg. Æn. VI, 237; Senec. Œd. 530; et Statium Theb. IV, 419 sqq.

643. *Pronis comis.* Inclinatis ramis, qui demissi contra solem crescunt. Ideo addit *nullo vertice*, taxus enim non in cacumen erigitur.

645. *Phœbo non pervia.* Solis radiis impenetrabile nemus e funesta taxo obumbrat. — *Taxus.* Arbor venenata, a qua toxica, quasi taxica, dicta sunt. SULP. — Toxica tamen a τόξον, sagitta, melius derivari videntur. Taxus *mortifera* dicitur Sen. Œd. 555. ED.

646. *Pallens.* Recte dixit de arboribus, quæ in tenebris vivunt. ED.

647. *Situs.* Squalor ac lanugo in ipsis arboribus. — Cf. ad III, 414. ED.

648. *Non Tænareis sic faucibus.* Non tam obscura est vallis Tænarea, unde ad inferos aditus. Vide Statium Theb. lib. II, 32 sqq. Tænarus, antrum ad radicem promontorii Maleæ in Laconia : ubi propter vastum hiatum, tetrum vaporem atque auditum strepitum, descensus ad inferos patere credebatur; Virg. Georg. IV, 467 : « Tænareas etiam fauces , alta ostia Ditis. » Senec. Herc. Fur. 662.

649. *Iners.* Immotus, crassus. — *Mœstum confine.* Terminus, inter inferos et nos.

650. *Quo non metuant*, etc. In quam specum veneficæ Erichthus, reges inferni non dubitarent emittere umbras, tamquam in locum vitæ mortisque medium, ambiguum.

652. *Dubium est.* Quamvis vi artis suæ possit ita fatis vim facere, ut ab inferis umbras eripiat, adeo Stygiis sedibus vicina est spelunca, ut dubitari possit, utrum vates videat umbras infernas, quod evocatas eas illuc traxerit, an quod ipsa descen-

Adspiciat Stygias, an quod descenderit, umbras.
Discolor, et vario furialis cultus amictu
Induitur, vultusque aperitur crine remoto,　　　　655
Et coma vipereis substringitur horrida sertis.

Ut pavidos juvenis comites, ipsumque trementem
Conspicit, exanimi defixum lumina vultu :
« Ponite, ait, trepida conceptos mente timores :
Jam nova, jam vera reddetur vita figura,　　　　660
Ut quamvis pavidi possint audire loquentem.
Si vero Stygiosque lacus, ripamque sonantem
Ignibus ostendam; si me præsente videri
Eumenides possunt, villosaque colla colubris
Cerberus excutiens, et vincti terga gigantes;　　　665
Quis timor, ignavi, metuentes cernere manes? »

derit ad eum locum juxta quem inferi siti sunt. Hæc, opinor, nullo modo ad cadaver referri possunt. ED.

655. *Aperitur.* Detegit vultum comis rejectis. Hactenus scil. velaverat vultum crine : nunc eum nudat, quo sit terribilior; nam sequitur : « Et coma vipereis substringitur horrida sertis. » GROT.

656. *Et coma vipereis.* Serta adhibet viperis implicita, furiarum more. Senec. Med. 771 : « Tibi hæc cruenta serta texuntur manu, Novena quæ serpens ligat. » —*Substringitur.* Crinis antea passus vincitur in unum et a vultu ad aures removetur; III, 281 : « Substringens, Arimaspe, comas. » OUD.

657. *Juvenis.* Sexti Pompeii.

658. *Exanimi.* Pallido, exsangui, ut defuncti. — *Defixum lumina.* Stupentibus oculis adstantem.

660. *Jam nova, jam vera.* Re-

sponsa dabit hic, sub forma humana eademque placidissima, vere sibi restitutus, quem vel timidissimi non horreatis.

661. *Quamvis.* I. e. quantumvis.

662. *Si vero,* etc. Quidam exponunt : merito timeretis, si, etc. Sed vide not. 664. — *Ripamque sonantem Ignibus.* Pyriphlegethonta, lacus igneos Tartarum ambientes.

664. *Eumenides.* Furiæ, VII, 778. — *Possunt.* Sensus totius loci est : si *ostendam* (potentiali modo, pro *ostendere possum* et statim *possunt* sequitur), si potentiæ meæ Styx paret, si tanta et multo magis terribilia videri possunt absque periculo me præsente, quare timeatis cernere manes, qui me metuunt. ED. — *Villosaque colla colubris.* Seneca de Cerbero, H. F. 786 : « viperis horrent jubæ. »

665. *Vincti terga gigantes.* Catenis manus post terga revincti.

Pectora tunc primum ferventi sanguine supplet
Vulneribus laxata novis ; taboque medullas
Abluit ; et virus large lunare ministrat.
Huc quidquid fetu genuit Natura sinistro   670
Miscetur. Non spuma canum , quibus unda timori est,
Viscera non lyncis , non duræ nodus hyænæ
Defuit, et cervi, pasti serpente , medullæ ;
Non puppim retinens, Euro tendente rudentes ,
In mediis echeneis aquis, oculique draconum,   675
Quæque sonant feta tepefacta sub alite saxa ;

667. *Pectora tunc primum*. Pectora mortui, quæ sine sanguine erant, et quæ nuper aperuit acceptum vulnus in prælio, incidit novis vulneribus, et immisit intus sanguinem recentem , et calidum pecudum. — *Supplet*. Implet.

668. *Tabo*. Ne qua tabes in medullis interioribus permaneret, purgat has maga, et abluit tabo. SCHOL.

669. *Virus large lunare ministrat*. Spumam seu salivam lunarem magnæ in magicis efficaciæ. Stat. Theb. II , 284 : « Hæc circum spumis lunaribus ungit. » Cf. sup. 5o6.

670. *Sinistro*. Infelici, monstroso et damnato.

671. *Canum, quibus unda timori est*. Rabidorum : namque et ipsi canes rabidi, et ii quos momordere, horrent aquæ conspectum. Plin. lib. VIII, c. 4o, seu 63.

672. *Viscera*. Urinam intelligit Schol. Dicitur autem converti in duritiam lapidis pretiosi, qui Lyncurium appellatur. ED. — *Nodus*. Spina. Hyænæ collum et juba continuitate spinæ porrigitur. Plin. lib. XXXVII, c.10, s. 6o. Ideo dicitur *dura*, quia ejus

spina riget , nec se flectere potest nisi circumactu totius corporis.

673. *Cervi, pasti serpente, medullæ*. Cervi flatu narium serpentes e latebris extrahunt, cornu elidunt et vorant, atque hinc juvenescere creduntur. Sic Plutarcho lib. de Prud. anim. dictus ἔλαφος ἀπὸ τοῦ ἑλεῖν τοὺς ὄφεις.Solin. c. 32 ; Plin. VIII, 5o; XXVIII,42. Martialis apposite, XII, 29, 5 : « Cervinus gelidum sorbet sic halitus anguem. » — *Medullæ*. Cervæ medullas quoque dixit Ovid. A. A. III, 215. —Medullam cervi pro adipe, vel etiam pro cerebro capi notat Burm. Sed hic cur proprie non ponatur ? ED.

674. *Euro tendente*.Quamvis venti navem promoveant.

675. *Echeneis*. Pisciculus, qui carinis adhærens, naves retinere creditur : unde et nomen ἔχων τὰς ναῦς. Remora; in veneficiis quoque infamis , etc. Plin. lib. IX, 15, s. 4t ; et lib. XXXII, c. 1. — *Oculique draconum*. Quibus melle tritis inuncti, oculi redduntur impavidi adversus nocturnas imagines.

676. *Quæque sonant*. Aetites, in aquilæ nido repertus lapillus, quasi

Non Arabum volucer serpens, innataque rubris
Æquoribus custos pretiosæ vipera conchæ,
Aut viventis adhuc Libyci membrana cerastæ,
Aut cinis Eoa positi Phœnicis in ara.   680

   Quo postquam viles, et habentes nomina pestes
Contulit, infando saturatas carmine frondes,
Et, quibus os dirum nascentibus inspuit, herbas
Addidit, et quidquid mundo dedit ipsa veneni:
Tunc vox, Lethæos cunctis pollentior herbis   685
Excantare Deos, confundit murmura primum

prægnans, quassus quippe sonat. Plin. lib. X, c. 3, s. 4. Alias Gagates. De lapidibus pretiosis in magicis sacris vid. Ovid. Met. VII, 266. — *Feta.* Aquilæ tantus calor, ut ova, quæ fovet, decóquat, nisi admoveat lapidem qui calorem temperet. SCH.

677. *Volucer serpens.* Jaculus serpens. Infra IX, 720. De hoc Schol. sic: In Arabia serpens est cum alis, quæ Sirena vocatur, quæ plus equis currit; volare etiam dicitur; cujus tantum virus est, ut morsum mors sequatur, antequam dolor. SCHOL.— Plinius VIII, 23, s. 35: « Jaculum, ex arborum ramis vibrari (vulgatum est): nec pedibus tantum pavendas serpentes, sed et missili volare tormento. » Omnib. draconem alatum exponit.

678. *Rubris æquoribus vipera.* Vipera in mari Erythræo, quæ conchas, in quibus uniones sive margaritæ nascuntur, observat.

679. *Membrana.* Exuvium serpentis. Pellem enim singulis annis deponere creditur. De quo Plin. lib. VIII, c. 23, s. 35, et Nicander in Theriacis. Noster ipse IX, 716. Ovid. Met. VII, 272: « Squamea Cyniphii tenuis

membrana chelydri. » — *Cerastæ.* A cornibus sic dicti quæ habere dicebatur, ἀπὸ τοῦ κεράτος.

680. *Phœnicis.* Avis unicæ, e cujus ætate confectæ seque crementis cineribus nova oritur. Plin. lib. X, c. 2. Ovid. Metam. XV, 392. — *In ara Eoa.* Aram enim vel rogum sibi exstruit in Oriente. Claud. Eid. I, ED.

681. *Quo postquam.* Ubi ad hunc specum ista coegit; immo in vulnus infudit, quod indicat *huc*, vers. 670. ED. — *Viles, et habentes nomina.* Aliæ enim sine nomine, aliæ autem famam habentes. Hanc oppositionem confirmat τὸ *contulit.* Ovid. quidem Met. VII, 275: « His et mille aliis postquam sine nomine rebus. » Sed non ideo *nec* reponendum pro *et*, ut voluit Farnabius, probante Burm. ut sit sensus: nobilibus illis medicaminibus commiscet vulgatas et ignobiles pestes. ED.

682. *Saturatas.* Excantatas.

683. *Herbas.* Sputo oris sui venenatas. — *Quidquid.* Quodcumque veneni ipsa excogitavit. ED.

685. *Pollentior Excantare.* Hellenismus. Potentior ad excantandum

Dissona, et humanæ multum discordia linguæ.
Latratus habet illa canum, gemitusque luporum.
Quod trepidus bubo, quod strix nocturna queruntur,
Quod strident ululantque feræ, quod sibilat anguis,
Exprimit, et planctus illisæ cautibus undæ,   691
Silvarumque sonum, fractæque tonitrua nubis.
Tot rerum vox una fuit. Mox cætera cantu
Explicat Hæmonio, penetratque in Tartara lingua:
« Eumenides, Stygiumque nefas, pœnæque nocentum,
Et Chaos innumeros avidum confundere mundos; 696
Et rector terræ, quem longa in sæcula torquet
Mors dilata deum; Styx, et, quos nulla meretur
Thessalis Elysios ; cælum, matremque perosa

Deos infernos, quam quævis herba.

687. *Discordia.* Omnino aliena, dissona, a voce humana, composita e sonis, cantibus, sibilis, ululatibus, etc.

688. *Illa.* Scil. vox magæ.

689. *Quod queruntur.* Exprimit illa vox aliquid querelis bubonis et strigis simile. — *Nocturna strix.* Ut apud Horat. Epod. V, 20 : « Plumamque nocturnæ strigis. » Cf. Juventini Philom. v. 39. ED.

690. *Strident.* Hoc ad vespertiliones pertinet, de quo Isidorus, Orig. XII, 7, ait : « non tam voce resonare quam stridore. » Alii legunt *stridunt,* ut apud Ovid. Fast. VI, 140 ; sed utrumque bene. ED.

691. *Illisæ cautibus undæ.* Sonum dicit illum inter alios, quem fluctus edunt impacti scopulis. Et proprie hic ponitur *planctus :* ut Ovid. Epist. XIX, 121: « planguntur litora fluctu.» — *Illisæ.* Sic et *illisus planctus* apud Senec. Th. 1044.

694. *Explicat.* Explicitis, verbis (opp. vs. 686) perficit rem magicam, et tandem exauditur ab ipsis inferis. ED.

695. *Eumenides.* Invocatio furiarum, et quantum rerum damnatarum est apud inferos; ut in vota et preces adsint. Sic Æneid. VI, 264. Et Senec. Med. 740 : « Comprecor vulgus silentum, vosque ferales deos, Et Chaos cæcum, etc. » Hoc vs. unum numen, non tria, invocari vult Burm.

697. *Rector terræ.* Pluto, Dis, Jupiter Stygie, cui in sortitione regni Saturni contigit terra infera. — *Torquet.* Quasi vivat invitus.

698. *Mors dilata.* Ex sententia Epicureorum vult deos quandoque perituros, etsi mors dilata sit per longa sæcula. Sic Sch. sed malim *longa* capere pro, perpetua, infinita. Int. quem divina tua immortalitas torquet. ED. — *Styx.* Palus inferorum.

699. *Elysios.* Ἀντίπτωσις poetica. Campi Elysii, quos nulla Thessala

Persephone, nostræque Hecates pars ultima, per quam
Manibus et mihi sunt tacitæ commercia linguæ; 701
Janitor et sedis laxæ, qui viscera sævo
Spargis nostra cani; repetitaque fila sorores
Fracturæ; tuque o flagrantis portitor undæ,
Jam lassate senex, ad me redeuntibus umbris: 705
Exaudite preces: si vos satis ore nefando,
Pollutoque voco, si numquam hæc carmina fibris
Humanis jejuna cano, si pectora plena
Sæpe dedi, et lavi calido prosecta cerebro,
Si quis, qui vestris caput extaque lancibus infans 710
Imposuit, victurus erat: parete precanti.

venefica meretur. Magæ enim inter nocentes umbras censebuntur. ED. — *Matremque perosa Persephone.* Ad Superos redire nolens. Fabulam vide apud Ovid. Met. V, 537. Sed propius Noster ad Virg. Georg. I, 39: « Nec repetita sequi curet Proserpina matrem. »

700. *Nostræque Hecates.* Hecate, quæ in cælo Luna, in terris Diana, in inferis es Proserpina: cujus beneficio mihi cum diis Manibus sunt commercia et colloquia. Conf. Ovid. Met. VII, 194: « Tuque triceps Hecate, quæ cœptis conscia nostris, Adjutrixque venis. » Variant libri, hærent intt.

701. *Tacitæ.* Secretæ, arcanæ, omnibus ignotæ, qua colloquamur mysteria inferorum. ED.

702. *Janitor.* Mercurius, qui mortuorum corpora tradit Cerbero (sic dicto a χρειῶν βορᾷ). Burm. autem intelligit Cerberum, et Othrum canem. Malim cum Oud. priorem sententiam. Vid. Disq. var. ED.

704. *Fracturæ.* Hoc est, Parcæ

iterum rupturæ fila, quæ semel absolveratis, quia jam hoc cadaver revocabo in vitam. Promittit autem Parcis manes hos fore redituros: quia aliter non emitterent Dii inferi. — *Portitor.* A portare; πορθμεύς. Charon, Stygis, et Phlegethontis portitor.

705. *Jam lassate.* Charontem crebro trajiciendo lassatum fingit, vehendis ultro citroque umbris, quas evocat maga.

706. *Si vos satis.* Conjunge: ore satis nefando ac polluto.

707. *Jejuna.* Si numquam cano, quin gustaverim prius carnem humanam.

708. *Pectora plena.* Prægnantis mulieris; vel, alvo extracti fœtus, ut supra 558.

709. *Prosecta.* Et exta, quæ vobis prosecentur, adspersi cerebro adhuc calente.

710. *Si quis.* Si extractum alvo infantem et mox victurum aris vestris imposui. — *Lancibus.* Vasis, quæ in sacris exta exciperent.

Non in Tartareo latitantem poscimus antro,
Adsuetamque diu tenebris, modo luce fugata
Descendentem animam : primo pallentis hiatu
Hæret adhuc Orci. Licet has exaudiat herbas   715
Ad manes ventura semel. Ducis omina nato
Pompeiana canat nostri modo militis umbra,
Si bene de vobis civilia bella merentur. »

    Hæc ubi fata, caput, spumantiaque ora levavit,
Adspicit adstantem projecti corporis umbram,   720
Exanimes artus, invisaque claustra timentem
Carceris antiqui. Pavet ire in pectus apertum,
Visceraque, et ruptas letali vulnere fibras.
    Ah miser, extremum cui mortis munus iniquæ
Eripitur, non posse mori! Miratur Erichtho,   725

712. *Non in Tartareo.* Non peto, ut redeat anima diu retenta in imo Tartaro : sed quæ recenter descendit, necdum a Charonte transvecta, ita, ut, licet carmine meo excitetur, non tamen nisi semel Styga trajiciat.

713. *Modo.* Ellipsis τοῦ *sed.* Sed poscimus animam modo descendentem, recentissime mortui. ED.

714. *Primo hiatu.* In limine inferorum. Hinc Stat.Th. I, 296 : « nondum Ulterior Lethes accepit ripa. »

716. *Ducis nato.* Umbra militis nostri modo defuncta canat Sexto Pompeii fata et eventum belli.

717. *Nostri.* I. e. nostrarum partium. Nam Lucanus studio Pompeianæ causæ semper motus veneficam in ejus partibus non dubitat numerare. Male quidam *noti*, quasi, ut Sextus agnoscat militem, qui revicturus est. Umbram ab anima hic vult distinguere Burm. male, opinor. ED.

718. *Si bene de vobis.* Si quam apud vos gratiam habet bellum civile, quo tot viri interimuntur.

720. *Projecti.* Jacentis; vs.626. Longius enim stat umbra, quia timet exanimes artus. Melius ergo conveniret *abstantem*, quod Schol. videtur legisse.

721. *Invisaque claustra.* Trepidantem redire, e libertate qua frui jam cœperat, in pristinum corporis carcerem. Sic Cicero Tusc. Quæst. I, 31 : « qui in compedibus corporis semper fuerunt. » Virg. Æn. VI, 734 : « Dispiciunt clausæ tenebris et carcere cæco. »

722. *Apertum.* Nempe novo vulnere, quod fecit maga. Cf. ad 630.

724. *Ah miser.* Poeta sic alloquitur hanc animam, et ejus miseret, cui negatur (*inique*, ut quidam legunt) supremum munus, a sola morte, alioquin iniquæ, concessum, id est jam non morti esse obnoxium. ED.

Has fatis licuisse moras, irataque Morti
Verberat immotum vivo serpente cadaver :
Perque cavas terræ, quas egit carmine, rimas
Manibus illatrat, regnique silentia rumpit.

« Tisiphone, vocisque meæ secura Megæra,   730
Non agitis sævis Erebi per inane flagellis
Infelicem animam? jam vos ego nomine vero
Eliciam, Stygiasque canes in luce superna
Destituam : per busta sequar, per funera custos,
Expellam tumulis, abigam vos omnibus urnis.   735
Teque Deis, ad quos alio procedere vultu
Ficta soles, Hecate, pallenti tabida forma,
Ostendam, faciemque Erebi mutare vetabo.
Eloquar, immenso terræ sub pondere quæ te

726. *Has fatis licuisse moras.* Quod licuerit animæ tamdiu detrectare imperium suum non extemplo corpus ingressæ.

727. *Vivo serpente.* Flagello anguineo; more furiarum. Senec. Thy. « Angue ter excusso.»

728. *Perque cavas terræ.* Carminibus enim effecerat, ut terra se in hiatum diduceret, per quem cum manibus colloquia misceret. HORT. — *Egit.* Ipsa scil. terra carmine patefacta, non maga, ut quidam explicant. Agere enim rimas, notante Oud. est : patefieri, ut Ovid. Met. II, 211 : « Tellus... Fissaque agit rimas. ED. »

729. *Manibus illatrat.* Sen. Œdip. vs. 568 : « Graviore manes voce et attonita ciet. » — *Regnique silentia rumpit.* Nam quum apud inferos nulla vox ab umbris audiatur, Erichtho eo vocem immittit. HORT.

730. *Tisiphone,* etc. Furiæ. — *Secura.* Negligens, non obsequuta meæ voci : quam negligentiam cum indignatione miratur.

731. *Erebi per inane.* Per regionem umbrarum, exilem Plutonis domum, *agitis*, pellitis.

732. *Nomine vero.* Non vos, ut prius, Eumenidas, Erinnys, ultrices pœnarum ciebo : sed nominibus magicis, quæ Apollonius, lib. II, dicit esse Αρπυίας, μεγάλοιο Διὸς κύνας. Hinc Noster *Stygias canes* vocat ipsas Furias.

734. *Destituam.* Extractas ad superos relinquam, et, ne reverti ad inferos possitis, efficiam. BURM. — *Per funera custos.* Custos sepulcrorum unde vos arcebo.

736. *Teque Deis.* Teque, Hecate, exhibebo Diis spectandam nativo vultu, quo palles apud inferos.

739. *Eloquar.* Referam quas dapes attigeris apud inferos, et ideo con-

Contineant, Ennæa, dapes, quo fœdere mœstum 740

Regem noctis ames, quæ te contagia passam

Noluerit revocare Ceres. Tibi, pessime mundi

Arbiter, immittam ruptis Titana cavernis,

Et subito feriere die. Paretis? an ille

Compellandus erit, quo numquam terra vocato 745

Non concussa tremit, qui Gorgona cernit apertam,

clusa et quasi constricta restiteris sub immenso terrarum pondere.

740. *Contineant.* Impediant abire, ut apud Virg. Georg. I, 259 : « Frigidus agricolam si quando continet imber. » Oud. voluit male *detineant* quasi allecta cibis vilibus apud inferos remanserit Proserpina. Conf. not. ad v. 699; et infr. v. 742, et fabulam Ovidianam. ED. — *Ennæa.* Proserpina; ab Enna Siciliæ oppido, ubi rapta est a Plutone. — *Quo fœdere mœstum.* Incesto, erat enim filia Jovis et Cereris. Ceres autem ipsa filia Saturni et Opis. Sic Farnab. et ipse Marmontel: « *par quel incestueux amour.* » Sed hic *fœdus* est pactum quod intervenit inter Jovem et Cererem, de quo sic Ovid. Met.V, 530 : « repetet Proserpina cælum; Lege tamen certa], si nullos contigit illic Ore cibos : nam sic Parcarum *fœdere* cautum est. » ED.

741. *Contagia passam.* Cibi infernalis. Ascalaphi enim testimonio quum insimulata esset gustasse apud inferos VII grana mali punici, incisa est omnis spes revertendi ad Superos.

743. *Arbiter.* Pessimum Plutonem arbitrum mundi dicit, quod in sortitione regnorum ultimam partem acceperit, inferos et tenebras. — *Titana.* I. e. diem, solem. Male Hortensius capit de gigantibus Plutonem

extracturis. Dicit Erichtho : et per terram carmine meo fatiscentem immittam tibi solis radios. Conf. 647. Ovid. Met. II, 260 : « Penetratque in Tartara rimis lumen. » Virg. Æn. VIII, 246 : « trepident immisso lumine manes. » Sil. V, 618 : « manesque profundi Antiquum expavere diem. » ED.

744. *Paretis?* Meis scil. carminibus magicis? an alius gravior ac truculentior accersendus erit, qui te cogat parere jussui meo? — *Ille compellandus erit.* Dæmogorgon, Deorum princeps, Demiurgus (Platonis) Deus summus, omnium rerum creator, cujus nomen arcanum et ineffabile inter cætera Deorum nomina citare nefas, nisi summa urgente necessitate.

745. *Quo numquam.* Cujus nomine vel citato terra concutitur.

746. *Qui Gorgona cernit apertam.* Qui clypeum, in quo Medusæ caput est homines convertens in lapides, sine periculo cernit, ipse Dæmogorgon omni Gorgone, quam cæteri timent, superior.—Omnibonus explicat Gorgona metaphorice, divinitatem obstupescendam. Nullus enim alius est, inquit, qui divinitatem comprehendere possit præter Deum. Hunc sensum vix admittam. ED.

Verberibusque suis trepidam castigat Erinnyn,
Indespecta tenet vobis qui Tartara; cujus
Vos estis Superi; Stygias qui pejerat undas? »
 Protinus adstrictus caluit cruor, atraque fovit 750
Vulnera, et in venas extremaque membra cucurrit.
Percussæ gelido trepidant sub pectore fibræ;
Et nova desuetis subrepens vita medullis,
Miscetur morti. Tunc omnis palpitat artus :
Tenduntur nervi; nec se tellure cadaver   755
Paullatim per membra levat; terraque repulsum est,
Erectumque simul. Distento lumina rictu
Nudantur. Nondum facies viventis in illo,
Jam morientis erat : remanet pallorque rigorque;
Et stupet illatus mundo. Sed murmure nullo 760

747. *Suis.* i. e. ipsius Erinnys : quibus castigare ipsa consuevit, his cæditur. SCH.

748. *Indespecta.* Inaccessum incolens et summæ profunditatis abyssum, quo visus vester pertendere non valet, quo non potestis despicere. Claudian. in Rufin. II : «infra Titanum tenebras, infraque recessus Tartareos. »

749. *Vos estis Superi.* Barth. explicabat *cujus vos estis,* in cujus potestate vos esti somnes, o Superi. Non recte, ut opinor, nam *vobis, vos,* de iisdem intelligendum videtur. Scil. ut vos estis hominibus inferiores et metuendi, sic ille vobis. ED. — *Stygias qui pejerat undas.* Neque legi adstrictus, ut timeat pejerare Stygem, quod cæteri Dii horrent : supra 378.

750. *Protinus.* Sic minata auditur venefica, intratque anima cadaver.— *Adstrictus.* Nuper frigidus et coagulatus. — *Atra.* Cruore sc. siccato.

752. *Percussæ.* Sc. sanguine, qui cursum suum recepit, cf. vs. 630. ED. — *Trepidant.* Palpitant vitalia.

753. *Nova.* Quia jam medullæ vivere desueverunt.

757. *Simul.* Repente erigit se in pedes, ab ipsa terra repulsum. Oud. dat *semel,* i. e. uno impetu. ED. —*Distento lumina rictu.* Sinus oculorum aperiuntur. Catachresis in *rictu.* FARN.— Alii autem sensu proprio, ut distenta oris contractione, nudentur oculorum orbes. *Distendi* enim *rictum* de oculis vix dici putem. ED.

759. *Jam.* Supplent quidam *nec jam,* quia est negatio' in *nondum,* quam iterare sæpe Lucanus negligit. Facies non erat viventis plane, nec tamen mortui. Sic DELILLE, de Galathea : « N'étant déjà plus marbre, et pas encore amante. » Sed tres hic gradus facit Noster : *vivens, moriens, cadaver.* Moriens enim inter vitam et

Ora adstricta sonant : vox illi, linguaque tantum
Responsura datur. « Dic, inquit Thessala, magna,
Quod jubeo, mercede mihi ; nam vera loquutum
Immunem toto mundi præstabimus ævo
Artibus Hæmoniis : tali tua membra sepulcro,   765
Talibus exuram, Stygio cum carmine, silvis,
Ut nullos cantata magos exaudiat umbra.
Sit tanti vixisse iterum ; nec verba, nec herbæ
Audebunt longæ somnum tibi solvere Lethes,
A me morte data. Tripodas, vatesque Deorum   770
Sors obscura decet : certus discedat, ab umbris
Quisquis vera petit, duræque oracula Mortis
Fortis adit. Ne parce, precor : da nomina rebus,
Da loca, da vocem, qua mecum fata loquantur. »

mortem hæret ; ergo modo mortuus, *jam nunc moriens* erat, nondum plane vivus. Ed.

761. *Adstricta.* Nervis nempe rigentibus, vel potius inferna vi, non ore compresso. Ed. — *Tantum.* Ad interrogata veneficæ, non ultro sequutura et libera vox illi redditur.

763 *Mercede.* Magna erit merces si vera referas ; in æternum præstabo te liberum, ne quis te magus in vitam revocet, tuamque interpellet quietem.

765. *Artibus Hæmoniis.* Thessalicis veneficiis. — *Sepulcro.* Bustum intelligit Schol. vel supple, *condam.*

766. *Talibus silvis.* Lignis sic incantatis rogum, in quo comburaris, instruam, additis diris et horrendis carminibus, ut umbra tua excantata, omnes magos facile contemnat, et ad eorum veneficia obsurdescat. Hort.

768. *Sit tanti.* In hoc tibi proderit, quod iterum revixeris. «Mysticum est,

inquit Servius, ad Georg. IV, 502 ; dicitur enim bis eamdem umbram evocari non licere. » Cf. II, 62 ; III, 51.

769. *Longæ Lethes.* Æternæ pacis. *Lethe* fingitur amnis apud inferos, cujus aqua pota rerum oblivionem inducit.

770. *A me.* Quia quod feci, nemo infectum faciet. — *Data.* Concessa, tamquam munere. — *Tripodas vatesque.* Phœbades et Deorum vates consulti, non reddunt oracula dilucide, sed ambagibus suis, dubios et incertos auditores dimittere solent. Hort.

771. *Certus discedat.* At necromantia vera et certa refert. Umbra simplicissime verum dicat, ut consultor, qui tam fortis est, ut oracula *duræ,* terribilis mortis adire audeat, certus discedat.

772. *Oracula.* Manes consultos.

773. *Ne parce, precor.* Precor ne verearis vera proloqui. — *Da no-*

Addidit et carmen, quo, quidquid consulit umbram,
Scire dedit. Mœstum, fletu manante, cadaver,   776
« Tristia non equidem Parcarum stamina, dixit,
Adspexi, tacitæ revocatus ab aggere ripæ :
Quod tamen e cunctis mihi noscere contigit umbris,
Effera Romanos agitat discordia manes,   780
Impiaque infernam ruperunt arma quietem.
Elysias alii sedes, ac Tartara mœsta
Diversi liquere duces : quid fata pararent,
Hi fecere palam. Tristis felicibus umbris
Vultus erat : vidi Decios, natumque, patremque, 785
Lustrales bellis animas, flentemque Camillum,
Et Curios; Sullam de te, Fortuna, querentem.

mina rebus. Dic quæ res, ubi, et quo fatorum decreto eventuræ sint. ED.

775. *Addidit et carmen.* Et alio carmine præparavit umbram, præstititque illi facultatem sciendi quæcumque interrogaretur. — *Consulit.* Cum duplici accusat. Cic. ad Att. VII, 20 ; Stat. T. VII,628; Claud. Stil. II, 287.

776. *Mœstum, fletu manante.* Dolet quia Pompeianus fuit. SCH.

778. *Adspexi.* Non datum est mihi novæ umbræ necdum Stygem transvectæ, plane scire quid parent fata. — *Tacitæ.* Infernæ; vulgari epith. quamquam ibi fiat *tumultus*, Virg. Æn. VI, 305 , 317. Nisi malis cum Burm. *tactæ.* ED.

779. *Quod tamen e cunctis.* Glareanus, desiderari hic verbum aliquod dicit : aut *dicam*, aut simile quid. Hæc quidem ellipsis frequens. Sed melius *quod* interpretare, *quantum, si quid.* ED.

780. *Effera Romanos.* Civilis hujus belli furor ad Romanorum

umbras in Elysium et Tartara devenit.

782. *Ac Tartara.* Sub. *alii*; vel *diversi* est, ex alia parte, non ex diversis emigrantes locis. Cf. ad III, 327. ED.

783. *Duces.* Qui per vitam potentes et hominum duces fuere ; quos mox enumerat. ED.

784. *Hi.* Omnes, opinor; non nocentes tantum, quod tamen defendi potest. ED.

786. *Lustrales bellis animas.* Expiatorias, eorum sc. qui se pro exercituum salute devoverant in bellis contra Latinos , et contra Samnites Gallosque. Liv. VIII, 10; X, 28. Cf. sup. II, 308. ED. — *Flentem.* Referendum quoque ad *Decios.* ED. — *Camillum.* Cf. II, 544.

787. *Curios.* Curium Dentatum', hominem pauperem, sed auro Samnitum incorruptum, qui Pyrrhum Italia expulit, de Lucanis et Sabinis triumphavit. Vid. notata ad I, 169. — *Sullam de te, Fortuna,*

Deplorat Libycis perituram Scipio terris
Infaustam sobolem. Major Carthaginis hostis,
Non servituri mœret Cato fata nepotis.   790
Solum te, Consul depulsis prime tyrannis,
Brute, pias inter gaudentem vidimus umbras.
Abruptis Catilina minax, fractisque catenis
Exsultat, Mariique truces, nudique Cethegi.
Vidi ego lætantes, popularia nomina, Drusos;   795
Legibus immodicos, ausosque ingentia Gracchos.
Æternis Chalybum nodis, et carcere Ditis

querentem. De quo vide II, 139, seq. qui, quum ubique Fortuna usus fuisset secunda, se Felicem, filium Faustum cognominavit, cujus tamen umbra de fortunæ iniquitate queritur ob partes patricias a Cæsare oppressas, in quibus et filius Sullæ Faustus cum suis interceptus periit orta inter exercitus dissensione. Cf. Suet. Cæs. 75.

788. *Scipio terris.* Scipio Æmilianus, vel Africanus, deplorat L. Scipionem Pompeii socerum periturum in Africa, quam ipse debellaverat: supra vs. 311.

789. *Major Carthaginis hostis.* Cato Major (Censorius, qui in senatu omni suæ de quacumque re sententiæ solebat adjicere: «Videri sibi et delendam Carthaginem») mœret fata Catonis Minoris, qui ne dominatum Cæsaris videret, sibi mortem conscivit Uticæ; de quo, II, 238, seqq. et hoc ipso libro supra vs. 311.

791. *Consul.* Junge, prime consul. L. Junius Brutus regum exactor, primus cum Tarquinio Collatino consul, fruitur læta spe Cæsaris olim interficiendi a sua progenie M. et D. Brutis.

793. *Catilina minax.* Seditiosus Reip. ruinam molitus. — *Catenis.* Quibus vinctus erat in Tartaro, et ad scopulum suspensus. Virg. Æn. VIII, 668.

794. *Mariique truces.* C. Marius, II, 69 sqq. cum fratre M. et filio. — *Nudique Cethegi.* Catilinariæ conjurationis socii. Cf. ad II, 543: « Exsertique manus vesana Cethegi. »

795. *Popularia nomina.* Liv. Drusus, trib. pl. populi et sociorum favorem emeriturus, legem agrariam et frumentariam perferre conatus est, et socios ad spem civitatis erexit, domi suæ postea occisus.

796. *Legibus immodicos.* Immoderatos, qui plurimas leges promulgassent. SCH. — *Ausosque ingentia.* Tib. et C. Gracchi fratres trib. pl. seditionibus vexarunt Remp. promulgatis legibus agraria, frumentaria, judiciaria.

797. *Æternis Chalybum nodis.* Ferreis vinculis in Tartaro coerciti hi seditiosi omnes, plausum tamen dederunt. — *Chalybes* intellige, fabros ferrarios, ministros Vulcani. Alii legunt *Æterni chalybis*; minus bene.

Constrictæ plausere manus, camposque piorum
Poscit turba nocens. Regni possessor inertis
Pallentes aperit sedes, abruptaque saxa   800
Asperat, et durum vinclis adamanta, paratque
Pœnam victori. Refer hæc solatia tecum,
O juvenis, placido Manès patremque, domumque
Exspectare sinu, regnique in parte serena
Pompeiis servare locum. Nec gloria parvæ   805
Sollicitet vitæ : veniet, quæ misceat omnes
Hora duces. Propera te mori, magnoque superbi
Quamvis e parvis animo descendite bustis,
Et Romanorum manes calcate Deorum.
Quem tumulum Nili, quem Tibridis adluat unda, 810
Quæritur, et ducibus tantum de funere pugna est.

798. *Plausere.* Gratulati discordiæ et tumultui Reip. quia similes curæ, nec ipsa in morte recedunt. —*Camposque piorum.* Damnatorum manes poscunt sibi Elysium, ut novis e bello civili advenis locus sit, et quia nocentiores sunt venturi; vel per contumaciam, et ambitionem.

799. *Regni possessor.* Pluto laxat Tartara ut capere possint multitudinem, et parat arma in pœnas nocentum, saxa prærupta et obtusa asperat, adamantinas catenas refingit.

802. *Victori.* Cæsari et suis, libertatis Reip. oppressoribus.

803. *Patremque, domumque.* Cæsarianis Tartara parari, Pompeio Pompeianisque Elysii placidos lucos, partem inferni serenam.

805. *Nec gloria.* Neque invideatis vel invideat Cæsari victori vitæ superstitis moram, brevem utique futuram; ut qui intra quadriennium in vestrum ordinem redigetur, et ipse cæsus ad vos descendet.

807. *Hora duces.* Fatalis, id est, mors quæ et victos et victores miscebit. Male quidam capiunt de pugna proxima. — *Properate mori.* Vos igitur libentes satis obviam ite, qui, utcumque magni funeris pompa destituti fueritis, apud inferos tamen calcabitis umbras victrices.

809. *Romanorum manes calcate Deorum.* Jul. Cæsaris et insequentium Imperatorum, per ἀποθίωσιν in Martio campo solenni funere relatorum in numerum Deorum, cujus pompam vide apud Herodianum lib. IV. Dicit pro libertate mortuos in Elysio regnare. Cf. Virg. Æn. VIII, 670.

810. *Quem tumulum Nili.* Et quum tellus æqua reeludatur victori victisque; de modo tantum et loco omnis hæc est disceptatio, uter in li-

Tu fatum ne quære tuum; cognoscere Parcæ,
Me reticente, dabunt : tibi certior omnia vates
Ipse canet Siculis genitor Pompeius in arvis ;
Ille quoque incertus, quo te vocet, unde repellat, 815
Quas jubeat vitare plagas, quæ sidera mundi.
Europam miseri, Libyamque, Asiamque timete :
Distribuit tumulos vestris fortuna triumphis.
O miseranda domus, toto nihil orbe videbis

tore Ægyptio prope Nilum; uter in campo Martio ad Tiberim sit comburendus. — *Tibridis.* Intelligit Mausoleum Cæsarum, in quo Cæsaris reliquiæ conditæ. Burm.

813. *Tibi certior omnia Vates.* Umbra patris tui in somnis tibi apparens in Sicilia ostendet tibi tua fata. Fictio poetica, nam usquam tale somnium contigisse Sexto legitur.

815. *Incertus.* Quamquam *certior* omnibus, tamen ipse nesciet Pompeius quo te mittat, vel unde revocet.

816. *Vitare plagas.* Adludit ad fugam Sexti, qui primum quidem ad Mundam cum fratre Cneio victus a Cæsare, occiso ibidem fratre profugit, ac latuit. Mox Cæsare a conjuratis interfecto, circa Siciliam collecta magna etiam servorum manu piraticam exercuit. Ubi postea, imperante Augusto, ab Agrippa navali pugna superatus, ac profligatus, Mitylenas se contulit. Inde rursum classe in Pontum delatus, et oppidis ibidem aliquot captis, tandem a suis proditus, in deditionem Antonianorum venit, a quibus captus, et abductus, postremo Mileti ab Amynta, uno ex ducibus Antonii, occisus est. Historiam tractat Appianus libro V. Mictll. — *Sidera mundi.* Sic II, 294; et VII, 189.

817. *Europam miseri, Libyamque.* Nulla orbis pars erit vobis tuta ; nulla vestra clade et ruina vacabit. Pater cadet circa Libyam in litore Alexandrino: filii, Cneius, in Europa, ad Mundam in Hispania, a Cæsare victus; Sextus, in Asia, interibunt. Conf. Martial. V, 74 : « Pompeios juvenes Asia, atque Europa, sed ipsum Terra tegit Libyes, etc. »

818. *Vestris.* Sc. patris vestri, familiæ vestræ. Nam filios Pompeii ipsos quidem numquam triumphasse legimus, tametsi aliquoties felici eventu pugnarint, sed contra cives tamen, de quibus triumphus, ut et Valerius testatur, dari non solet. Pater autem Pompeius de Libycis triumphavit, devicto Domitio, et reliquiis Mariani exercitus. Postea et de Hispanis, victo ac debellato Sertorio. Ultimo autem et de Asiaticis confecto Mithridatico bello, auctore Plutarcho. Quare poetæ verba hoc loco ita accipienda videntur, ut sit sensus: Fortuna distribuet tumulos vestros, iis terræ partibus, de quibus vestri patris triumphi aliquando acti sunt, id est, Europæ, Asiæ ac Libyæ.

819. *Toto nihil orbe.* E Thessalica enim clade elapsi omnes, victi quidem, non occisi.

Tutius Emathia.» Sic postquam fata peregit,   820
Stat vultu mœstus tacito, mortemque reposcit.

   Carminibus magicis opus est herbisque, cadaver
Ut cadat, et nequeunt animam sibi reddere fata,
Consumpto jam jure semel. Tum robore multo
Exstruit illa rogum : venit defunctus ad ignes :   825
Accensa juvenem positum strue liquit Erichtho,
Tandem passa mori. Sextoque ad castra parentis
It comes : et cælo lucis ducente colorem,
Dum ferrent tutos intra tentoria gressus,
Jussa tenere diem densas nox præstitit umbras.   830

820. *Fata*. Eventum belli, et Pompeiorum fata exposuit. — *Peregit*. Mortuus iste in vitam revocatus.

821. *Reposcit*. Rursus mori petit. Quomodo, si *tacitus?* vultu sane reposcere videtur. Cf. II, 509 sq. ED.

822. *Carminibus magicis*, etc. Reddendus jam morti ope veneficæ, cujus arte evocatus fuerat factusque juris sui, neque enim in jam semel defunctum Parcæ jus habuerunt.

324. *Robore multo*, etc. E ligno pyram struit, juvenemque vitæ modo restitutum comburit.

825. *Venit*. Ultro, quum alias defuncti soleant inferri. ED.

828. *It comes*. Non quidem intrat urbes ; sed hic paventem Sextum tenebras noctis, et magicis his sacris consternatum ducit ad castra. BURM. — *Cælo lucis ducente colorem*. Illucescente jam Aurora.

829. *Ferrent tutos*. Sc. a nemine conspecti.

830. *Jussa*. Jussa ab Erichtho remorari diem, nox protensa est magicis cantibus, donec Sextus cum suis in castra rediisset.

IN LIBRUM SEXTUM
DISQUISITIONES VARIÆ.

3. *Capere obvia... Mœnia.* Sic pro vulg. *omnia* recepimus, probante Burm. quia numquam in bello *omnia* oppida capi solent, sed *obvia*, quæ obstant, vel in itinere occurrunt. ED.

12. *Sed clausa.* MS. 7900, *clauso sed.* — Sic lib. II, 128; V, 740; VII, 226; et sæpius. Et forsan hoc ordine ubique legendum est, ut sit cæsura in quarta sede, et monosyllaba contra naturalem situm postponantur. OUD.

24. *Undique præcipiti, scopulisque vomentibus æquor.* Msc. duo *moventibus* h. e. impellentibus. MS. 7900 : « Undique, et inlisum scopulis removentibus æquor. » Pro *removentibus*, rectius forte *revomentibus* legas. Quod verum putans recepit Oudend. Scopuli, inquit, revomunt æquor illisum, i. e. remittunt æquor in se impactum, et sic *spumant in undas*, ut Noster, et alii loquuntur. III, 190; IV, 460 : « quumque cavernæ Evomuere fretum. » ED.

32. *Metitur.* Ms. 7900 scribit *metatur*, i. fines sibi, et metas munitionum, et valli statuit.

45-47. *Flumina tot cursus.... intermanet agris.* Gujetus hos versus damnat, quia varietas lectionis interpolationem indicet; et certe sensus displicet, sed Lucanum novimus omnia exaggerantem et amplificantem. Neque variæ lectiones alienam manum ostendunt. *Flumina* enim et *fulmina* sæpissime confunduntur; et sic *manere* et *meare*; *jacere* et *manere.* Recte vero *intermanet* licet sit verbum quantum scio, ἅπαξ λεγόμενον. In reliquis *illinc* pro *illic exorta* non probaverim, quum *illic exorta* et *illic mersa* ex more Nostri sibi respondeant. Cf. VII, 550, 551. *Mersa* denique Burmanno immerito suspectum exprimit flumina sive in alia flumina, sive, quod verisimilius videtur, quum æquor non longe absit, in mare illic exisse. Ita sæpius de fluminibus dicitur. Plin. H. N. VI, 27 : « in cuniculos mergitur; » Conf. quoque Ovid. Met. X, 697. VVEB.

55. *Aut jungere.* Sic MS. 7900. Certe melius est, quam vulg. *adjungere.*

66. *Rabidum.* Hanc vocem restitui, pro qua vulgo legebatur *rapidum*.

Scyllam enim canibus cinctam, quæ olim fuisse juxta promontorium Pelori credebatur, a Lucano intelligi, satis patet ex verbo *latrare*. Idque jam pridem monuerunt, et *rabidum* ediderunt docti interpretes. *Rabidos* autem passim dici canes, notum. OUD.

76. *Quoque modo Romæ.* Putida hæc repetitio videtur et mendosa, si MS. 7900 fides, qui habet: « Quoque modo *terræ.* » *Romæ* intrusum est ab iis, qui *mænia*, pro urbis Romæ mœnibus, dici non posse putabant. Vel qui ad vocem *mœnia*, *Romæ* pro explicatione addiderant. Male. Ut *urbs* simpliciter, ita et *mœnia*. Sic II, 99 : « Quis fuit ille dies, Marius quo mœnia victor Corripuit. » Ipsa quoque vox *terræ* sic posita non admodum placet. ED.

79. *Et fit sæpe nefas, jaculum tentante lacerto.* Gujeto versus hic suspectus est, ni fallor, propter sensum, quem Schol. Lips. sic explicat : Et priusquam ventum ad murum, tentando si possent jaculari ultra murum, sæpe interficiebant civem ex altera parte. Fingere enim debemus milites utrarumque partium, usque ad murum progressos, tentando ibi lacertum cives occidisse. Præterea versus a præcedenti secundum membrorum structuram requiritur. Verba singula autem *nefas*, *tentare* optime ex Lucani usu dicta sunt. WEB.

80. *Major cura ducem.* Oudend. edidit *duces*, Cæsarem scil. et Pompeium angebat, hunc inopia pabuli, illum dira fames. Malui alterum, quia statim de solo Pompeio mentio fiat. ED.—*Ad pabula.* MS. 7900, *gramina.* ED.

85. *Quum plena ferant*, etc. Recte Grotius priorem conjecturam deseruit, et exposuit equos famelicos poposcisse novas et virides herbas, licet culmorum aridorum satis esset in præsepibus. Quam verum sit, equos noluisse culmis aridis, quum alia deficiebant, pasci, ipse viderit Lucanus. Macie inde quidem conficiebantur, sed edebant illos tamen ; vide Cæsar. B. Civ. III, 58. Meliore judicio Virgilius, et Ovidius equos ad præsepe canunt quidem herbarum fuisse immemores; sed morbo, et pestilentiæ eam inertiam adscribunt, non autem aridis herbis. OUD.

89-90 et 93-94. *Traxit iners cælum fluidæ contagia pestis Obscuram in nubem... Cæloque paratior unda Omne pati virus duravit viscera cæno.* Utrumque locum interpolatum et ex alio haustum, qui infra vs. 107 legitur, « Aere non pigro, nec inertibus angitur undis, » propter similem sententiam Gujetus putat. Quæ causa si justa foret, versum 107 potius ex his ortum dicerem, mutatoque uno verbo *sed* vs. 108 delerem. Qua ratione enim hi abesse atque reliqua sine his recte constitui possint, nisi quis totum locum 88-94 deleverit, quod ne Gujetus quidem ausus est, non intelligo. Hæc omnia vero cohærent, et se invicem tuentur. Poeta enim in prioribus pestem, cælo tabem trahente undaque paratiori virus pati, paullatim auctam ostendit, et comparat in vs. 107, quæ Cæsariani perpessi sint. Deinde versus 104 quodammodo prioribus respondet. Denique, quod singula attinet, non video, quid Lucano indignum sit, vel interpolatorem arguat. *Fluvidæ* vs. 89 pro *fluidæ* habent plures melioresque Codd. formam antiquam et Lucretio propriam, sed quum noster antiquis formis non usus sit, nisi ubi Editores eas interpolarunt, *fluidæ* hoc quoque loco tueor. WEB.

90. *Nesis.* Male Sulpitius legit *Nesus* et explicat cadaver Nesi cæsi ab Hercule in Calydonia ad Evenum fluvium, ubi Centaurorum sepulcrum est, ex quo teterrimus odor egreditur. — Refert Strabo lib. IX, subter Calydonem esse collem Taphrossum nomine, in quo Nessi, et aliorum tumulus, e quorum tabo teterrimus odor sub montis radicibus profunditur, et humor manat: quam quidem ob causam gentem illam *Ozolas* appellatam esse. OMNIB. — Est *Nesis* insula Campaniæ. De hac agit hic haud dubie poeta, quod statim Typhonis, sub Inarime conditi inferat mentionem. HORT.

109. *Nondum surgentibus altam In segetem culmis.* Verba suspecta sunt Gujeto, ni fallor, propter præcedentia, quibus adversari videantur; cur enim *surgentibus culmis*, quum vs. 85 jam *advectos culmos* et vers. 105 plenas peregrina messe carinas dixisset? At illi culmi erant advecti, novisque herbis vers. 106 opponuntur; *messe* autem non primario significatu, sed pro frumento cujusque generis positum est, unde male Bentl. *merce* correxit. Accedit quod Cæsar ipse, postquam B. C. III, 47 de inopia narraverat, c. 49, maturescere frumenta incipere dicit. Rectius vero scribes *surgentibus*, quod optimi Codd. et Edd. vett. habent, verbisque *altam in segetem* probatur; unde Schol. Lips. « nondum erat messis; » de frumento enim maturescente, non germinante sermo est. *Turgere* et *surgere* sæpius confunduntur, cf. Wakef. ad Lucret. IV, 1077; *turgere* de herbis dicitur, cf. VI, 455, neque tamen ut h. l. alia res in Claud. Rapt. Pros. II, 90, ubi «humus in herbas turget.» Sæpissime denique *surgere* de herbis, cf. Oudend. ad h. l. adde VII, 865; Horat. Sat. II, 2, 124; Ovid. Met. VII, 284; VIII, 192; Colum. VI, 23: « Fruticem surrecturum in altitudinem compescere; » ex quibus apparet Cortium præter necessitatem et audacter *durantibus* reposuisse. WEB.

112. *Foliis.* Sic edidit Oud. pro vulgato *morsu*, quod confirmari volunt præcedenti *cecidisse*. Sed non recte *dumi* dicerentur *nemus*, aut nihil hic agit τὸ *cecidisse*. Certe *morsu* ingrate recurrit, v. 114; quamquam hoc Lucano usitatum. ED.

123. *Impulsu valli.* Sic 7900 optime. Vulgo *impulso vallo.* ED.

130. *Tubæ : ne*, etc. Nihil temere contra Mstorum fidem mutare velim; sed melius hæc cohærebunt, si legamus « tubæ, ut, ne, etc. confecerit hostes. » OUD.

132. *Jacuere*. Prima virtus est acceptum locum tueri ; secunda, eumdem locum etiam corpore possidere prostrato ; ut ait Sallustius : « Quem quisque locum vivus pugnando ceperat, eum amissa anima corpore tegebat. » SCHOL. Caeterum post *ferrent* additur in MS. 7900, sed subductus linea, versus ab hoc loco alienus « Imposuere caput, neque erant qui vulnera tanta. »

137. *Gemit*. MS. 7900 *vomit*, scilicet terram, et saxa. Sed suprascriptum est *gemit*. Eleganter a poetis *gemere* dicuntur saxa, aliaque, quae pulsata edunt sonum. Vid. Ovid. Metam. XIV, 739.

140. *Caesare toto*. Hoc demum intelligitur, si *toto Pompeio* legeretur, nihil illum proficere potuisse adversum Scaevam. Caesar enim Scaevae nihil eripere voluit : quippe qui pro eo pugnabat. GLAR. — Non videtur Glareanus sensum Lucani percepisse. Recte Scholiastes « si ipse Caesar cum suo adesset exercitu, et ipsum locum conaretur auferre, non posset. » Innuit Lucanus, Scaevam solum eripuisse victoribus locum, quem Fortuna Caesari favens iis non abstulisset, licet mille turmae, et ipse Caesar cum totis viribus (V, 741 : « Totus adest in praelia Caesar ») illum eripere Pompeianis tentasset. OUD.

152. *O famuli turpes, servum pecus, absque cruore*. Optimi et antiquissimi Mss. (e quibus 7900,) versum non agnoscunt, nec non plures Edd. veteres; legitur praeterea in margine duorum ap. Burm. et in pluribus Burm. inter lineas. Qui Codicum consensus non nihili est; tum versus a Schol. Lips. non explicatur; denique varietas lectionis suspicionem auget. At non solum externa indicia versum spurium notant, sed etiam interna. Displicet totus versus per se et conjunctus reliquis; displicent nomina probrosa Lucano omnino indigna, neque h. l. apta; cur enim, ut jam Oudend. recte monuit, *famulos*, qui potius *ignavi* dici debebant, vel sine probro *juvenes et socii*, ut inf. 155, 164 ? Quid illa *absque cruore terga datis morti* ? quae Bentlei. quoque notavit, quasi omnino fuga honesta foret. Immo ipsa singula vv. auctorem suum produnt; tautologia enim in *famuli turpes* et *servum pecus* inepta est; tum vv. *absque cruore* pro *absque pugna* vel *sine pugna* offendunt, partim propter v. *cruor* ita positum, partim propter v. *absque*, de quo Oudend. h. l. recte egit. V. *absque* enim, ortum ex *abs* et syllaba adjecta *que*, ut in *quisque*, *atque*, *neque*, cf. Priscian. 14, p. 999 Putsch. in sermone usuque vulgi tantum fuisse videtur, unde legitur in Comicis, in Epist. familiari Cic. ad Attic. I, 16, et apud serioris temporis scriptores, discrimen in scribendo et loquendo non amplius servantes; numquam autem in epicis poetis vel aliis praeter Comicos, numquam in oratoribus aliisque scriptoribus, excepto uno loco Cic. de Invent. I, 36 : « Est quaedam argumentatio, in qua propositio nihil valet, absque approbatione. » Quare jam hanc ob causam versum damnarim. Versus vero in textum irrepsit vel ita, ut aliquis ad v. *vos* explicandi causa *o famuli turpes*, alius autem reliqua addidisset, vel, quod verisimilius videtur, interpolator, quum fere

semper in talibus allocutionem observasset, Lucanum scilicet emendaturus
hæc adscripsit. Verum ut raro vel numquam illi homines talia additamenta
de suo prompserunt, ita h. quoque l. factum videmus. Sistit enim auctor
hujus versus, ut jam alii animadverterunt, vestigia Lucani IX, 274 : « O
famuli turpes, domini post fata prioris, Itis ad hæredem; » et Horat.
Ep. I, 19, 20 : « O imitatores, servum pecus. » WEB.

155. *Non ira saltem juvenes.* Hunc versum Heinsius deletum vult : sed
ratio non satis apparet, quæ interpolatorem hic aliquid addere moverit,
nisi forte amplificandi lubido, quæ non satis verisimilis videtur. Præterea
Heinsii sententia jam propter conjecturam, qua opus est, se non commendat,
licet fortasse *stabitis* absolute dictum imperativi loco accipi possit. Denique
nexus sententiarum versum defendit, quo deleto sequentia prioribus non
satis cohærerent, ut Schol. Lips. ostendit. « Præterea debet vos pudere, si
nihil aliud esset, quod vos inter cæteros habent viles, quum vos elegerunt per
quos exirent; et ideo, concedatur hæc pietas sacramenti, quæ deberet vos
commovere, saltem ira commoveat. » Et alius Schol. « Nonne pudet vos linquere viros et abscondere inter busta : saltem si pietas removeatur vobis, nonne
remanebit ira, quia nos electi sumus a Pompeio, sicut simus pejores. » Certe
melior est nexus versu 155 servato. Denique singula optime ex usu Lucani
dicta sunt, ut *ira*, et *pietas* quæ propria militum est in colendo duce et ser-
vando jurejurando. Conf. IV, 499 ; V, 297. Eodem modo cur Gujetus duo
præcedentes versus damnarit non intelligo, quorum sensus et verba Lucano
digna et optima sunt. Possunt quidem sine detrimento reliquorum abesse ;
sed hæc causa ad damnandum aliquem versum non sufficit ; præsertim si, ut
hoc loco, ratio qua versus ortus sit non appareat. WEB.

186–188. *Jamque hebes et crasso non asper sanguine mucro Percussum
Scævæ frangit, non vulnerat hostem; Perdidit ensis opus, frangit sine
vulnere membra.* Teste Grotio, in MS. Put. annotatum est versum 187
abundare. Quod verbum, indicans versum salvo sensu abesse posse, in
medio tamen relinquit, utrum spurius sit, an ex penu ipsius poetæ profectus. Suspicionem motam auget Msstorum inconstantia, quorum nonnulli
v. 187 omittunt, alius ap. Cortium ordinem variat; alii alio modo. MS.
Germ. et Voss. 4 utrumque versum in unum conjungunt, quorum ille :
« percussum Scævæ frangit sine vulnere membra; » hic in margine cum
præced. versu « Perdidit ensis opus, frangit non vulnerat hostem » habet,
quod ex lapsu librarii, in verbo *frangit* repetito errantis, explicari possit.
Sed alii quoque Voss. 3 et Lips. *a*, utrumque versum in margine habent,
ille a recentiori manu, hic sine nota. Accedunt Scholiastæ, quorum
unus apud Oudend. priorem tantum versum explicat, vel ut mei, qui
nihil de utroque versu monent. Magis tamen sensus utriusque versus et
verba commovere debent : sensus, qui plane idem est « frangit, non
vulnerat hostem, » et « frangit sine vulnere membra, » ita ut alter versus

alterius explicatio videri possit ; deinde offendunt vv. repetita *frangit*, *vulnerat* et *vulnere* vs. 187 et 188; v. *hostem* vs. 185, 187 ; displicet repetita negatio v. 186 *non asper* et v. 187 *non vulnerat*. Quæ verborum repetitio , etsi in Lucano, ut alio loco videbimus, sæpius redit, h. l. tamen, ubi plura eademque repetuntur, nullo modo excusari potest. Quare restat , ut alterutrum horum versuum deleamus. Possis suspicari , utrumque esse Lucani atque inde ortum, ut posterior versus, loco prioris substitutus, alterius sit recensionis, a poeta ipso institutæ, quod Grotius, Gujetus, Burmannus et Bentleius arbitrantur; vel ut uterque scriptus sit , « ut poeta deinceps accuratius perpenderet , uter magis placeret , » quod Oudend. ad h. l. contendit. De tertio enim , ut sit ἀνακεφαλαίωσις, quæ tam putide eadem verba sine causa repetat, cogitari non debet. Quod ad alteram Lucani recensionem attinet, de qua Grotius pluribus locis monet, ad h. l. ad v. 20, 556; VII, 746, et Bentlei. ad VI, 556, ea neque testimoniis veterum nititur, neque re ipsa probatur. Locus enim , qui hanc in rem laudatur, vitæ Lucani, vulgo Suetonio tributæ : « Impetrato autem mortis libero arbitrio, codicillos ad patrem corrigendis (ita enim ex Cod. Bouher. scribendum) quibusdam versibus suis exaravit, » nihil ostendit, nisi quod poeta versus quosdam , non totum opus a patre correctum voluerit. Cui loco alius vitæ Lucani e commentario antiquissimo conjungi possit, « reliqui enim VII belli civilis libri locum calumniantibus, tamquam mendosi, non darent, qui tametsi sub vero (male h. l. Barth. in Advers. XXIII, c. 3. p. 1122 *sub vano* vel *sub irrito* tentavit contra mentem auctoris, ut particula *tametsi* et sensus loci docet) crimine non egent patrocinio; de iisdem dici, quod in Ovidii libris præscribitur, potest : Emendaturus , si licuisset , erat. » Quo ex loco conjiciunt, tres priores libros a Lucano denuo limatos fuisse, et comparant locum Sidon. Epp. II, 10, p. 54 Sirm. « reminiscere, quod sæpe versum Corinna cum suo Nasone complevit, Lesbia cum Catullo, Cesennia cum Getulico, Argentaria cum Lucano, » unde alii, Pompon. Infortunatus, Petr. Crinitus , et Oudend. in Præf. p. 2, Argentariam uxorem tres priores libros correxisse male et sine causa contendunt. Loca laudata si accuratius perpendimus, de duplici recensione nihil continent , neque Pharsalia ipsa hoc probat; etenim tria vel quatuor loca, de quibus postea videbimus , ad hanc rem demonstrandam non sufficiunt. Ubinam autem versus, qui aperte hoc doceant? ubi variæ lectiones, excepto uno alterove loco, in quibus corrigentis et emendantis auctoris manum cognoscere possis ? Ut taceam de eo, quod Lucanus, qui Pharsaliam perficere non potuit, secundam ejus recensionem non facile instituerit, et quod multa loca sine dubio emendaturus fuisset, quum quòd ad rem parum probabilia et apta sint, vel propter verba displiceant; v. c. ubi idem verbum sæpius repetitur, et ejusmodi alia. Quare quum de altera recensione res non sit verisimilis, restat ut, repudiata Grotii aliorumque sententia, verba *codicillos... exaravit* de poeta intelligamus, qui fortasse odio incensus extremum vitæ spatium adbibuerit, ut, quæ de Nerone maxime ab initio Pharsaliæ dixisset, a patre dele-

rentur et mutarentur; verba autem de reliquis septem libris ita accipiamus,
ut Lucanum in elaborandis et perpoliendis tribus prioribus libris majus et
accuratius studium, quam in reliquis septem, iniquo fato intercedente,
posuisse indicent; sed ne sic quidem alteram recensionem curasse, ut res
aperte docet. Neque magis placent, quæ Oudend. ad h. l. ad vs. 556; X,
123 et accuratius ad VI, 760 disputat, de versibus pluribus a poeta ita ela-
boratis, ut iterata tractatione meliorem electurus fuisset. Nam loca ab Oud.
laudata poetam potius fecundum et exundantem ostendunt, minime talem,
qui versus eo fine fecerit, ut hic vel ille postea deleretur; quod per se jam
non admodum verisimile videtur. Sed etiamsi vera essent, quæ disputat
Oudend. h. l. tamen neutiquam quadrarent, ubi verba aperte docent, alterutrum horum versuum alienæ esse manus. Uter eorum spurius sit, et qua
ratione irrepserit, nunc videamus. Versus 188 haustus videtur ex alio poeta
comparandi causa; versus 187 autem ortus ex glossa in numeros redacta.
Comparandi causa versum 188 additum esse non est verisimile, licet versus generalem quamdam sententiam contineat, ubi v. *ensis* nominativo
casu intelligi deberet. Verum cur ejusmodi sententia comparata sit, non satis
apparet; præterea Scholiastæ aliquid, ut arbitror, de hac re monuis-
sent. Quare priorem potius versum ex interpretatione versus seq. natum censeo, quod Heins. quoque in Advers. I, 14, p. 146 innuisse videtur. Jam supra monui offensioni esse in vs. 187, repetitionem v.
hostem ex vs. 185, et negationis *non asper, non vulnerat*; accedunt alia,
quæ interpretationem arguunt, ut v. *percussum*, quod v. *frangit*, nec non
vv. *non vulnerat*, quæ vv. *sine vulnere* explicant; tum displicet h. l. *Scævæ*
hostis; postremo arctius cohærere videntur vv. « mucro perdidit ensis
opus, quam mucro percussum hostem frangit. » Versum 188 certe ex interpretatione non ortum esse, quod Barth. (Advers. XVI, 17, p. 840) vult, probant verba *perdidit ensis opus*, et *frangit membra sine vulnere*, quæ
doctiora sunt, quam ut a glossatore profecta esse possint. Negari quidem non
potest offendere conjuncta verba *hebes* et *non asper* quum idem significent,
sed Lucanus vel maxime synonyma conjungere solet. Sic I, 247 : « Tacito
mutos volvunt sub pectore questus; » 260 : « tacet sine murmure pontus. » II,
365 : « lugubria mœsti cultus. » Et IV, 11; V, 517. Simile aliquid habes V, 250 :
« non ex stabili, sed tremulo culmine. » VVEB. — MS. 7900 *non asper vulnere*.

192. ...*Fortis crebris sonat ictibus umbo.* Ride illum *fortem umbonem*,
et repone : « bellum Atque virum *fortem* : crebris sonat ictibus umbo. »
Seneca patruus de Providentia II, 12 : « Ecce par deo dignum, vir fortis cum
mala Fortuna compositus.» Hoc ipsum Lucanus coram oculis habuit. BENTL.

193-195. *Et galeæ fragmenta cavæ... stantes in summis ossibus hastas.*
Gujetus tres hos versus propter sensum damnat. Negari non potest viri cor-
pus sagittis jaculisque repletum, neque tamen transfixum inepte dictum esse.
Sed talia a Lucano non aliena sunt, ut certamina singularia in lib. III de-

scripta, docent. Fingit itaque poeta Scævæ pectus sagittis jaculisque opertum
fuisse ; neque sibi repugnat, scuto abjecto enim (v. 203) hoc factum est.
Deinde quis non sentiat orationem post illa præclara « Parque novum... virum » male his claudi « fortis... umbo. » Exspectantur enim plura per se,
multo magis ex more Lucani ut sequentia quoque *Quid nunc* demonstrant.
Quare vel hanc ob rem v. 193 non deleverim, præsertim quum nihil inepti
in eo deprehendi possit : cum reliquis scil. metri causa exsulare debebat.
Schol. explicat : « *Summis* intimis ; nihil removet tela a vitalibus, nisi
hastæ jam fixæ in ossibus ejus. » Denique non apparet, cur versus ex v. 211
hausti sint, quum locus laudatus v. 203-205, respondeat et quodammodo
nostrum probet. Quod singula attinet in his quoque nihil, quod non ex usu
Lucani sit. *Fragmenta* sæpius pro partibus interruptis, conf. III, 686 ; VIII,
755 ; neque opus est conjectura. Verbo *compressa* enim *fragmenta galeæ*
explicantur. *Compressa* autem non *percussa*, ut v. *perurunt* docet, quod de
doloribus proprie dicitur. cf. v. 811. *Suæ* denique pro *cavæ* glossema est ;
cava galea sæpissime, cf. Valer. Fl. VI, 760. VVEB.

200 *Limine portæ.* Recte Barthius in Advers. lib. XVI, c. 17, ad hunc
locum observat, Lucanum hæc, ut alia, satis confuse proferre : quem enim
inter medios hostes saltu delatum jam dixit, eum post paucos versus limen
portæ obsidere, et inde catapulta, ariete, aut ballista submovendum. Quis
potest pro limine portæ stare, qui æquato cadaveribus muro, vallatur bello.
Et alioquin in hac descriptione non laxa, sed vasta sunt multa. Vid. not. p. 21.

207. *Par pelagi monstris. Libycæ sic bellua terræ.* Hunc versum Scholiastes non interpretatur, cujus silentium in ponderando hoc versu aliquid
valet. (Deest autem in MS. 7900.) Alii v. seq. habent : *Gætulus densis. Pelagi monstris* quid sibi hic velit non intelligitur, quum monstra pelagi in
universum omnia animalia notent, quæ mare nutriat; cf. Virg. Æn. VI,
729 ; VII, 780. Male Scholiastes Lips. « *Par*, i. e. non curans de morte,
sicut monstrum non curat de interficiendo homine ; vel monstro i. e. echinis,
piscibus habentibus undique spinas : sic hic habebat undique tela. » De
echinis, ut Schol. vult, sermo esse non potest, ubi inepta comparatio
Scævæ cum elephante ineptior foret. Deinde non apparet, quid Lucanus
comparet, utrum silvam densam, an, quod positio verborum indicare videtur, « in quem cadat, eligit hostem. » Tum poeta non amat comparationes
duas diversarum rerum ita conjungere, ut h. l. factum est, licet unam
eamdemque rem duobus vel pluribus modis interdum comparet, cf. VI, 65 ;
VII, 777 ; X, 445 ; unde male Heins. in Advers. I, c. 14, p. 146 hunc versum servandum, sed sequentem amovendum censet. Porro displicet repetitio
vv. « Libycæ sic bellua terræ », et « sic Libycus elephas, » unde corrector aliquis dedit *Gætulus*, quod in Lips. c. margine legitur. Denique abest versus
a vetustissimis et optimis libris Oudendorpii, Cortii et Burmanni ; in aliis
ad marginem scriptus, vel a recentiori manu additus est ; in Richel. sequitur versum 205, in Lips. d, versum 208. Ortus autem videtur a sciolo, qui

elephantem Libycum per vv. « bellua Libycæ terræ » explicasset, quibus alias comparationem « par monstris pelagi » addidit, ut *par* et *bellua* sibi responderent. VVEB.

224. *Perdiderat vultus rabiem.* Sic damus, Burm. sequuti, pro *vultum rabies*, quod ita capiebat Omnib. quasi præ rabie vultus Scævæ mutatus sit. Oudend. intelligit Scævam, per hunc rabidum actum evellendi oculum, perdidisse suam faciem priscam inundante eam sanguine. Hæc obscura; nostra autem lectio planissima est. ED.

226. *E sanguine*, etc. MSS. 7900 *se s.* Grotius, quique eum sunt sequuti, *de s.* exhibuerunt. Credo legendum: *Viri de sanguine.* Nempe Scævæ.

237. *Nec vidit recto gladium mucrone tenentem.* Aulus non potuit non videre, Scævam in manu habere ensem, recto præsertim mucrone. An fuit? « Nec vidit recto gladium mucrone micantem; » quamvis et hoc sensu *minacem*, vel *trementem* i. e. vibrantem possit retineri. *Minacem* mihi sic satis arridet.

256. *Exornantque Deos, ac nudum pectore Martem Armis, Scæva, tuis.* Verba *ac nudum... tuis* suspecta sunt Gujeto, ni fallor, propter *Martem* post *Deos*; sed recte Mars, Deus belli, præ cæteris hoc loco commemoratur, et solent ita poetæ ut singulos cum pondere quodam ex pluribus repetant. Gujeti præterea sententia infirmatur, quod versu illo deleto conjectura opus est, quum *Exornantque* absolute positum hoc loco displiceat, nec bene corrigatur *His ornantque.* Deinde singula verba Lucano, acumen in his, ni fallor, captante digna sunt; etenim *nudum pectore* hoc loco dicit comparato Marte cum Scæva, cujus pectus telorum plenum; quod acumen licet ineptum tamen a Nostro abhorrere non puto. *Pectore* autem quod omnes codd. habent defendi debet, non *pectora :* ablativus enim sæpius in nostro poeta adjectivo conjungitur; sic IV, 363, *vultu serenus.* Rem sic exponit Schol. Lips. « Nudus pingitur Mars, quod est signum probitatis; vel nudus dicitur quia ejus templum spoliatum fuit a latronibus; in templo ejus et aliorum deposita fuerunt arma Scævæ. » Sed hæc inepta. *Nudo* defendi posset, sed *nudum* propter sequens *pectore* in *nudo* mutatum est. VVEB.

293. *Non sic Ætnæis habitans in vallibus.* Jam viderunt viri docti legendum esse *Ennæis*; ab *Enna* urbe prope Ætnam sita. Redit enim altero abhinc versu, « in campos defluit Ætna. » Sed locus majoribus adhuc mendis obsitus opem nostram desiderat. Vide enim loci ἀκολουθίαν. « Habitator ille non sic horret Enceladum, ut miles Cæsaris, » horret aliquid, opinor: immo, ut miles occurrit hostibus. Hoccine placet? Quid vero est *spirante Noto?* Miserrimus sane habitator, si, quotiescumque Notus flat, Ætnæ ruinis obruitur. Quid porro est *egerere cavernas?* ex cavernis aliquid egerat, sed ipsas cavernas qui possit? quum illæ, si quid inde egeritur, majores relinquantur. Corrige et distingue:

« Non sic Ennæis habitans in vallibus horret,
Encelado spirante, *Notum*, quum tota *ruinas*
Egerit, et torrens in campos defluit Ætna;
Cæsaris ut miles glomerato pulvere victus, etc. »

« Horret Notum spirante Encelado. » Sic tres habent Pulmanni codices, quos audire debuerunt interpretes. Multum interest inter duas istas lectiones. Si « horret Enceladum, spirante Noto; » tum Ennenses horrent Enceladum (sive Ætnam) etiam quiescentem, si ventus flat : quod falsum. Notus hic, ut Auster Virgilio (notante Servio), pro quolibet vento : species pro genere. At « horret Notum, Encelado spirante ; » hoc est, Ætna incendium eructante, horrent ventum, ne favillas et turbinem totum in suos agros impellat. Non sic, ait, Ennenses, Ætna flammas egerente, horrent ventum, ut « miles Cæsaris horrebat, » ventum scilicet, qui « glomerati pulveris » nubes in oculos eis ingessit. Recte autem, ut arbitror, « ruinas egerit.» Virgilius, Æn. III, 573: « Horrificis juxta tonat Ætna ruinis. » BENTL.

310. *Placasset.* MS. 7900 *calcasset;* male. ED.

313. *Exire.* In MS. 7900 est *extiri.* Unde conjiceret quis *excidi : evadere* exponit Glossator.

314. *Averso.* Sic restitui pro *adverso* ex MS. 7900, atque ita jam ediderunt Beroaldus, Sulpitius, Ascensius, qui in notis tamen *adverso* exponit. Tibull. III, 3, 28 : « Audiat aversa non meus aure Deus. » III, 5, 14: « Impia in aversos solvimus ora Deos. »

317. *Sui comites.* MS. 7900 habet *suo* et v. seq. *hortatu.* Silius Ital. lib. XVII, 295 : « ignifero mentes furiabat in iram Hortatu. » Grotius tamen cum posterioribus dedit *sui,* et *hortati :* quod facere Oudend. temerariam duxit. Quum vero *suo hortatu* in plurimis servetur, judicandum lectori relinquo, an non hoc rectum sit, ut librarii mutaverint, perperam credentes post hoc substantivum non posse sequi *ut peteret.*

333. *Diem attollit.* Sic V, 456: « diem jubar extollit. » Infra 572 : « ducit medium diem; » et alibi. Attentionem tamen meretur, (quod in MS. 7900 est) *viam.* Sic *limes solis* VII, 866; « iter , via , cursus solis » passim apud poetas, et astrologos : viæ siderum infra vs. 412. OUD.

337. *Rabidique Leonis.* MS. 7900 « rapidi. » — Rapidos soles, æstus, etc. invenias sæpissime. Georg. IV, 425 : « Jam rapidus torrens sitientes Sirius Indos Ardebat. » Noster, lib. IX , 315 : « Rapidus Titan. » Optime Leoni convenit rabies : quare nihil muto. OUD.

346. *Dant aditus pelago.* Immo *pelagi,* ut habet MS. 7900. Maris aditus

II.   6

erant interclusi. — Grotius edidit *undis*. Sed cæteri omnes cum editis *unum*, vel *imum*, subintellecto *fluminibus*, et *unum* dicunt, quia omnia erant stagnum unum, et perpetuæ paludes : *undis* mox sequitur. Sic IV, 99 : « Jam flumina cuncta Condidit una palus. »

354. *Pharetris.* MS. 7900 *sagittis*, sed male.—*Pharetras* in plurali per metonymiam continentis pro contento sumit pro *sagittis* Noster sæpius. III, 185 : « Gnososque agitare pharetras Docta. » VIII, 302 : « Experti Scythicas, Crasso pereunte, pharetras. » De Meliboea præter alios Mela lib. II, c. 5 : « Nisi quod Philoctetes alumnus Meliboeam illuminat. » OUD.

355-359. *Atque olim Larissa potens... Questa quod hoc solum nato rapuisset Agave.* Spuria sunt Bentleio ; sed quamvis locus talis sit, in quo facile aliquid additum esse possit, tamen verisimile non est Lucanum, Thessaliæ reliquis oppidis commemoratis, harum non fecisse mentionem, præsertim quum in rebus geographicis fere semper sit diligentissimus. At hæc ipsa fuit causa, cur versus Bentleio spurii viderentur. Larissam Pelasgicam tempore belli civilis vel Lucani potentem fuisse non constat ; ex Horatio enim Od. I, 7, 11 nihil sequitur ; et recte *olim potens*, quia sub imperio Aleuadum usque ad tempora Philippi floruit. Argos, Thessaliæ oppidum, ab aliis quoque commemoratur, cf. Steph. Byzant. p. 158, edit. Berk. ubi interpp. Lucanus autem, in talibus rebus doctrinam suam ostentare amans, Argos ex multo tempore penitus deletum dicit ; unde comparatio inter *quondam* et *nunc* facta est ; quare non dubito, quin versus genuinus sit, et Argos nobile quondam fuerit Thessaliæ oppidum. Eodem modo poeta in sequentibus de Thebis Echioniis et de Agave exsule fabulam parum notam sequutus videtur, secundum quam Echion, pater Pentheos, cf. Apollodor. III, 5, 2, Thebarum Phthioticarum conditor, atque Agave, relictis Thebis Boeoticis, exsul ibi fuerit, cf. Parrhas. Epist. 62 in Grut. Lamp. T. I, p. 759. Quæ res, quamquam a veteribus aliter narratur, tamen a vero abhorrere non videtur ; conferri possunt, quæ Hygin. Fab. 184 de Agave habet : « Errabunda in Illyriæ fines devenit. » Conjuncta *olim* et *quondam* in eodem versu apud Lucanum non offendunt, cf. quæ supra V, 650 de verbis *timere* et *metuere* conjunctis dicta sunt ; male itaque Heins. Advers. I, 14, p. 147 *soli*, et antea *ovium* tentavit. *Arare* autem ita dici, ut diruta aliqua urbs describatur, docet Taubm. ad Virgil. Æn. III, 11. *Colla* et *caput* sæpius conjunguntur ; neque stulte dictum est *hoc solum*, quum *solum* hoc loco indicet Agaven nihil præter colla et caput rapuisse, ut recte Schol. Oudend. explicat. *Ferens* in plurimis et optimis ut Græcorum φέρων dictum exprimit cum collo et capite : *supremus ignis* de rogo dicitur. Conf. Ovid. Am. I, 15, 41 ; Met. II, 620 ; XIII, 583. WEB.

374. *Accipit Asopos cursus, Phoenixque, Melasque.* Versus ab interpolatore additus videtur Gujeto, neque negari potest locum esse, quo facile aliquid ab aliena manu additum esse possit. Sed si nomina fluminum, hoc

versu commemorata spectas, mirum ni Lucanus, qui in rebus geographicis
doctrinam suam præ se ferre solet, fluviorum celeberrimorum meminisset.
Neque quid in singulis offendere possit video : *accipere cursus* optime dictum
est pro *currere, cursum, initium currendi capere*, ut *mortem accipere* IX,
818 et similia. VVEBER.

380. *Superumque.* Superum timorem eum intelligit, quo Superi, per
Stygem jurantes, fallere timebant. Hunc enim honorem, ut Hesiodus ait,
Styx a diis superis accepit, ut per hanc ipsi jurarent : et quicumque fefellis-
set, annum unum et dies novem, vel ut alii, novem annos, nectare et ambrosia
interdictus, Deorum epulis arceretur.

381. *Patuerunt.* Qui antea a paludibus tegebantur. SCHOL.

388. *Aspera te Pholoes frangentem, Monyche, saxa.* Versus abest a
Cod. Thuan. sec. excidit, quum sensus sine eo salvus librarium de errore
suo non monuisset. Monychos Centaurus satis clarus est, cf. Ovid. Met.
XII, 499; Juvenal. I, 11; Valer. Flacc. I, 146; neque, cur, quum poeta
reliquorum mentionem faciat, hunc non commemoraverit, apparet. Deinde
verba singula optima et Lucano digna sunt; *frangentem* non est *vomere
proscindentem*, ut glossator Lips. vult, sed est *rumpere, confringere*, quo
verbo Lucanus utitur, ut ingentes Monychi vires describat. VVEB.

393. *Chiron.* Fuit unus ex Centauris magister Herculis. *Arcu* quia hic est
sagittarius in signifero circulo : *gelido*, quod est sidus hiemale. *Majorem
Scorpion* ob hoc dicit, quia extentis cornibus plus spatii tenet, quam reliqua
sidera, nam Scorpios spatium duorum signorum obtinet. SCH.

402. *Thessalicæ.* Cod. VVitt. *Thessaliæ* non male : statim Ed. Rom.
« Thessaliæ laurus. » VII, 302, « Thessaliæ oræ » in quibusdam. Hoc lib.
478, « Scythiæ nives » nonnulli exhibent. Vide de his ad lib. II, 29, et infra
576, atque alibi. OUD.

402. *Itonus.* MS. 7900 *Ionus*, et sic vulgo. — De *Iono* Thessalo quidem
non facile quidquam alibi reperias. Et apud Vitruvium non *Ionus*, sed *Ion*
legitur. *Itoni* autem nomen, ut et *Ithomi*, etiam a Stephano celebratur, qui
alterum heroa vocat Thessalum, a quo *Iton* oppidum quod et *Itone* dicitur,
et *Itonia* Minerva appellata fuit : alterum autem regem, a quo *Ithome*,
Pelasgiotidis oppidum, cujus et Homerus meminit in catalogo, nominata.
Diodorus quoque lib. V *Itoni* meminit, sed idem Bœoti filium vocat (si
modo integra ea sunt, quæ vulgo ex illo auctore in Latinum sermonem
translata habentur) ejus scilicet, qui regnum Æoliæ tenuit, omnemque
patriam de matris nomine Arnen appellavit. *Ionum* autem, ut hic quidem
vulgo scribitur, Illyrium quemdam regem fuisse legimus, a quo *Ionium*
mare quidam appellatum volunt, contra quam tradidit Æschylus, qui idem ab
Io Inachi filia appellatum ait. MIC. — *Itonos* præferrem, Amphictyonis filius,

qui fuit unus ex celeberrimis Thessaliæ heroibus : verum nemo nummos
ab eo primum fabricatos esse memoriæ prodidit. Quare maxime placet
ingeniosa correctio Vossii *Ianos*. Constat enim , Ianum ex Græcia, et quidem ex Perrhœbis Thessalicis in Italiam venisse , et nummos cudisse.
Cf. Heinsium ad Ovid. Metam. XIV, 334. OUDEND.

409. *Ad Pythia*. Non tantum certamina intelligit, sed totos ludos, et
festum innuit. Amant enim Latini ad Græcorum exemplum ludos neutro
genere in plurali numero efferre. Ovidius Metam. I, 446 : « Instituit sacros
celebri certamine ludos, Pythia de domitæ serpentis nomine dictos. » Hya-
cinthia, ibid. lib. X, 220 ; apud Festum « Consualia ludi, Equiria ludi. »
Quinctilian. lib. I, Instit. Orat. c. 5 : « Ludi Floralia , ac Megalesia,
quamquam hæc sequenti tempore interciderunt, numquam aliter a veteribus dicta. » OUDEND.

410. *Aloeus*. Additur in Voss. primo hæc fabula : « Aloeus fluvius concubuit cum terra i. Ope, matre deorum, et genuit Gigantes, qui dolentes se
privatos regno, quum Jupiter, et alii Dei eorum fratres tenerent regna, impo-
suerunt Ossam Pelio, et voluerunt adscendere in cælum, et præcipitare
Jovem , sed Jupiter cum fulmine eos dejecit. » Alii finxerunt alia de Aloeo ;
Vid. Munker. ad Hygin. F. 28. OUD.

411. *Prope se quum*. MS. 7900 « prope tunc quum. » — Sed si hæc lectio
proba est, malim *Pelion* in quarto casu sumere : ut Aloeus, vel Ossa inserue-
rit Pelion astris. Nam ut quidam Ossam Pelio superimpositum narrant, sic
alii Pelion Ossæ injectum esse dicunt. Martial. lib. VIII, 35 : « Thessalicum brevior Pelion Ossa tulit. » OUD.

412. *Incumbens*. MS. 7900 *incurrens*, non inepte. — Id est, impingens in
sidera, ut libero meatu transcurrere astra non possent, quum ea premeret, et
artaret mons Ossa conjunctus Pelio. SCH.

438-442. *Thessala quin etiam tellus... Legit in Hæmoniis, quas non
advexerat herbas*. E superioribus repetita esse contendit Gujetus. Variat
Noster, ut solet, recte de Thessalia afferens, quæ multum ad h. l. faciunt,
optimeque cum prioribus cohærent, ut jam Schol. Lips. indicat : « Quidquid videtur aliis impossibile, illis est ars , et habent unum : possunt exercere illam artem ibi, h. e. q. d. Thessala quin etiam, etc. » Particulæ *quin
etiam* enim , duo membra ita nectunt, ut in altero membro ratio alterius
reddita sit. Quod non creditur, efficiunt Hæmonides, quia Thessala terra
herbas nocentes et saxa sensura gignit ; quare mirum esse non debet. —
Quæ denique de v. *Magos* monuit Gujetus, aperte falsa sunt ; conjungenda
enim sunt α ingenuit saxa, quæ Magos arcanum ferale canentes sensura
sunt, » ut jam copula in *sensuraque* indicat. Neque accusativi illi offendunt
passim ita a nostro conjuncti, cf. I, 268 ; IV, 751. *Ubi* , quod pro *ibi* in

nonnullis Codd. legitur, præcedentia arctius conjungit; sed Lucanus orationem in ejusmodi rebus a novo incipere amat. Cæterum versus 440, in
Cod. Lips. a manu alia additus, excidit, quia reliqua sine eo quodammodo
intelligi poterant. — Quod ad formas *Deis* et *Diis*, in nostro constat formam priorem semper bisyllabam esse, et a plurimis optimisque MSS. immo
VI, 599 ab omnibus servari; alteram formam *Diis*, sicuti nominativum *Dii*,
semper esse monosyllaba, cf. VII, 77; X, 417.

Post versum 442, Marpurg. et nonnulli Codd. Cortii, uno versu auctiores, hæc addunt:

> Gens invisa deis maculandi callida cæli,
> Numinibus magicis arcanæ conscia linguæ,
> Quam genuit natura parens, ut fœdera mundi
> Juraque fixarum tentaret vertere rerum,
> Legibus adstricto ne quid non posset in orbe.

Orta autem sunt ab interpolatore, qui, locum idoneum nactus, Lucani de
magis dicta amplificavit. Singula quidem, ut interdum fieri solet, ex usu
nostri dicta sunt, ut *numina magica*, cf. VI, 577. *Arcana lingua*, cf. v. 440.
Conscius, cf. IX, 864: « arcani miles tibi conscius orbis. » *Natura parens*,
cf. X, 238. *Fœdera mundi*, etc. cf. II, 2 *leges* et *fœdera rerum ... vertit
natura tumultu*, et I, 80 *machina... turbabit fœdera mundi*. *Adstrictus orbis
legibus*, cf. VIII, 220 *fœdera ... per vestros adstricta magos*; sed omnia
docent, loca illa interpolatori potius ante oculos, et in versibus formandis
adhibita fuisse. Alia autem aperte auctorem suum indicant; etenim displicet non modo sensus totius loci, nec non nexus singularum partium, ut
verss. *ut fœdera*, etc. et *Legibus*, etc. sed etiam singula verba, ut *macu-
landi cæli*, quod Noster ita non dixisset, qui hoc verbo usus fere semper
addit *sanguine*; præterea v. 443 cum præcedentibus optime cohæret, ita ut
nexus, his versibus interpositis, sine dubio turbaretur. Recte enim poeta ex
vv. « canentes arcanum ferale Magos, » quæ, ut solet, exponit, ad « carmina
et voces diræ gentis » transit. Illa autem cum prioribus nullum habent
nexum, neque, cur a Lucano h. l. commemorata essent, quæ melius post
v. 507 legerentur, apparet. WEB.

449. *Babylon Persea.* Ubi Perseus est educatus. SCHOL. — Hoc adjectivum derivat a Perseo, quem nomen indidisse Persis, multi veterum credi-
derunt. Unde Ovidio vocatur *Danaeia Persis* in Art. Amat. I, 123. Sic *Persea Tarsos*, lib. III, 125. Nequaquam enim accedere possum Barthio intel-
ligenti *Babylona Ægyptiacam*, a Cambyse Persa conditam, ut de solis
Ægyptiis loquatur. Quum de siderum incantatione loquatur Lucanus, satis
apparet, eum hic non præteriturum fuisse Chaldæos, quorum curam circa
sidera paullo ante memoraverat. — Lege *Persæa*. Val. Flacc. VII, 450:
« Titania jamque Gramina Persæasque sinu depromere vires Cœperat...

Medea. » Vel potius *Persei*, ut *Perseis Hecate*. Ovid. Met. VII, 74, *Hecates Perseidos*, et Rem. Am. 263 : « Quid tibi profuerint, Circe, Perseides herbæ.» A Πέρσης non πέρσιος nec περσαῖος, sed περσικὸς : περσαῖος dicitur a Persa, Πέρσα, urbe prope Euphratem. Steph. de urbibus, p. 636, solus memorat. Cur autem *Persea* Babylon, quæ ab Assyria Semiramide condita? Nemo sic Babylonem vocavit. Deinde inconcinne, hinc *Persea*, illinc non aliud nomen gentile, sed *secreta*: potius Lucanum scripsisse crediderim : « Tunc Babylon *præsaga* licet secretaque Memphis. » *Præsaga* ob Chaldæos astrologos, qui futura prævidebant. BENTL.

460. *Traxerunt torti*. De his autem, et cæteris magiæ effectis multa Ovidius, Tibullus, aliique habent ad Tibull. I, 2, ubi Broukhus. merito reprehendit Lucani, in his tam operose et tanta cum adfectatione enarrandis, spiritum plus quam Hispanicum. OUD.

480. *Hæmonidum*. Hunc versum in MS. 7900 sequuntur quatuor hi versus :

> « Non secus obseptos quam si spiramina clausa
> « Ventorum rabies vastum tremefacta per orbem
> « Oceani tenuere fugam solitasque reliquit
> « Unda vices, vento turris adfixa relapsus. »
> « Terra quoque immoti, etc...

Nota legitur : « Ordo est : Emonium carmen reppulit Thetim, impulsam sidere, defenso litore. Sidere autem lunæ mare impressum accipimus. Nam cum incremento et detrimento lunaris luminis augmentatur æstus Oceani, et minuitur. Hunc enim æstum Oceani, quem natura constituit, Hæmonidum carmina represserunt. »ED.— Nil de quatuor his versibus qui sine dubio spurii sunt, quod e nexu verborum reliquorum et comparatione vv. « reppulit impulsam sidere Tethyn defenso litore » apparet. Verba « Nec secus obseptos » aperte ostendunt hæc e medio aliquo opere hausta; sicuti sensus totius loci et singula verba satis proba poetæ alicujus, non interpolatoris esse. WEB.

482. *Et medium vergens nisu titubavit in orbem*. Pro *vergens nisu* doctissimus Gronovius Observ. II, 7, magnopere contendit legendum esse, (prout MS. 7900 habet) *vergens nisus*, accusativo plurali. Non accedo. « Terra concussit axem, » hoc est, de centro mundi recessit; « et nisu suo vergens in medium orbem, » sive, ultro citroque centrum prætervecta est et fluctuavit, priusquam in medio quiesceret. Hæc vera loci sententia est, et poetam philosophum indicat. Seneca de otio Sapientis : « Suapte natura gravia descenderint, an præter nisum pondusque corporum altior aliqua vis legem singulis dixerit? » BENTL.

488-491. *Ore fovent blando... Humanoque cadit serpens adflata veneno.*

Cod. S. Germ. raro in hac re vitiosus, versus non habet, quod aperte ex negligentia librarii factum esse, sensus totius loci sine his mancus ostendit; sed in singulis verbis nonnulla rectius constituenda sunt. *Fovet* pro *fovent* 3 Burm. Lips. et Bersm. 1 habent; sed hi vulgatam scripturam movere non possunt, neque quæ Oudendorp. de usu Nostri ad I, 422 monuit. Lucanus enim non ubique regulam de singulari verbi post pluralem et singularem substantivi sequitur, cf. I, 37 : « Scelera ipsa nefasque Hac mercede placent. » Quare h. l. ubi meliores Codd. pluralem exhibent, probatum præterea numero in vv. *ira nobilis leonum*, i. e. irati nobiles leones, pluralem *fovent* defendo. Seqq. Schol. Lips. ita explicat : « Coluber explicat orbes i. (leg. et) distenditur in pruinoso arvo, ac si dicat : Numquam erit tantum frigus, quin faciat eos distendi, et si mortua est vipera, facit convenire nodos, qui sunt in dorso, et quod serpens solet facere, homines scilicet ut interficiat veneno, hoc faciunt illæ eis, et hoc est quod dicit, Humanoque cadit, etc. » *Arvo* bene hic ob *pruinoso*. Georg. IV, 518 : « Arvaque Rhipæis numquam viduata pruinis. » *Nodi* recte de serpente; Manil. I, 333 : « Corpus Explicat et nodos, sinuataque terga per orbem. » WEBER.

499. *Illis et sidera.* MSC. quatuor, *illic*; ut sit loci notatio. BERSM.

506. *Despumet.* Post hunc versum sequitur in Pulmanni Editione hic :

Addidit exceptas Lunæ de nocte pruinas.

Qui non exstat in codicibus MSC. Hic versus ut jam Oudend. monuit, haustus ex Ovid. Met. VII, 268, comparandi causa ad vers. 506 « suppositas despumet in herbas » additus est. Totus autem locus atque nexus ostendunt, versum hic scribi non posse, qui in Ovidio salvo quidem sensu abesse potest, ab omnibus vero MSS. defenditur. *Lunæ de nocte* Heins. male mutavit; *de nocte* enim et *de media nocte* i. e. noctu vel media nocte transacta, sæpissime dicitur, cf. Cic. ad Attic. IV, 3; VII, 4; pr. Mur. 9, 33; Juven. XIV, 190, et v. *exceptas* conjungitur. *Pruinæ lunæ* autem ut Val. Flacc. II, 287 : « canis urebit luna pruinis, » unde ipsa *roscida* dicitur ap. Virg. Georg. III, 337, ubi cf. Heyn. et Taubm. ad Virg. Æn. IV, 513. WEB.

517. *Terribilis Stygio facies pallore gravatur Impexis onerata comis.* Hæc Gujetus hausta ex v. 655, qui sequitur, putat. Sed huic loco ille optime respondet, ita ut confirmare potius quam infirmare videatur. Nonne Thessalis cujus facies h. l. pallore gravata impexisque comis onerata dicitur, vultus crine remoto aperire potest? Nonne hic descriptio Thessalidos requiritur quam verba « tenet ora, » incœptam esse indicant? singula tamen displicent, quæ interpolatorem arguant. *Stygio* repetitum ex 514. Sed talia Noster non curat et nimia audacia Bentleius conjicit, *tetro.* Displicent *pallore gravatur facies*, sed sic V, 808 *Cornelia somno gravatur.*

Gravatur autem et *onerata* se invicem tuentur ac explicant. Fingitur enim Thessalis habere magnas comas, ut Schol. Lips. dicit, quas poeta *impexas* nominat, i. e. non pexas inornatas, ut Ovid. Met. I, 529; Fast. III, 398. WEBER.

520. *Fulgura*. MS. 7900, *fulmina* mendose. — Non autem vult, eam modo observare fulmen, sed captare, et condere fulgura, ut ad veneficia adhibeat. Sic Medea *auras*, et *ventos* invocat apud Ovid. lib. VII, 197. OUDEND.

530. *Fatis debentibus annos Mors invita subit*. Suspecta sunt Gujeto, ni fallor, propter nexum verborum, subjecto *mors* intercedente, turbatum; sed vidimus supra talia a Lucano passim admissa esse. Deinde multum faciunt verba ad rem, variata in his præcedenti sententia, ex more Lucani, atque sequentibus opposita. Quare non est, cur in sensu verborum offendas, neque in singulis verbis. *Debentibus* ut II, 82 dictum est; *invita*, utpote ante tempus, et quum fata adhuc annos deberent. Manil. IV, 21; Stat. Theb. X, 809. Locum explicat Schol. Lips. ita : « Et corpora illorum, qui quantum ad ætatem deberent vivere, illos interfecit, et hoc æquipollent : Mors invita subit fatis debentibus annos. » WEB.

532. *Lectum*. Alii *letum*.

533—537. *Fumantes juvenum cineres... et olentes membra favillas*. Quinque hi versus Gujeto suspecti sunt, forsan propter nexum sententiarum qui inter v. 532 et 533 nullus, inter 532 et 538 optimus videtur. Quum tamen poeta varia Thessalidos munera hoc loco percenseat, alius nexus fieri non potest, nisi is qui in ejusmodi rebus enumerandis adesse solet. Deinde sequentia inter se opposita sunt, ut bene Schol. « Sic de combustis, sed de sepultis aliud; » et particula *ast* indicat. Tum non appareat, quid interpolatorem hos versus addere moverit, quum ne de amplificatione quidem cogitare possis. Denique in singulis nihil reperitur, quod Lucano indignum sit, modo recte constituantur : *e mediis* non *a mediis* scribendum est, quod magis verbo *rapere* convenit. VI, 553. *Volantia* respondet verbo *fluentes*, ita ut alterum alterum tueatur. *Fluere* enim et *volare* particulæ illæ et frusta dicuntur, quæ accenso rogo in aere feruntur. Sic *fluere*, pro : dissipari, IV, 84; IX, 770. *Vestes* autem latiori significatione intelliges de omnibus iis, quæ ex lino et ejusmodi rebus facta rogo imponebantur; unde recte pluralis. *Torus feralis* non est rogus, ut Oudend. putat, sed feretrum, lectus funebris, qui in rogo erat, cf. VIII, 736 : « funeris arca; » et 757, *strues*. Colligit in cineres dictum est ut V, 722 « collatis in robur armis; » X, 309 : « collectus in unum amnem. » *Olentes membra favillas* denique ut VIII, 731 : « Ut ferat e membris Eoos fumus odores. » Schol. Lips. « adhuc odorem mortui testantes. » WEB.

550. *Quacumque jacet nudum.* Ita emendavit Grotius pro *quodcumque*
(quod est in MS. 7900, qui habet quoque *nuda*); primus Grotius mutavit in
nudum. Nihil frequentius est apud poetas, quam phrasis « nuda tellure
jacere. » Ovid. Epist. Her. XIV, 100 : « nuda nuda recumbis humo. »
VIII, 263 : « Nudum litus. » Ex verbo autem *jacere* abunde patet, Lucanum
loqui de inhumato cadavere. OUD.

554. *Nec cessant a cæde manus... qui primus aperto.* Cortio teste in
vetustissimis membranis adnotatum erat, spurios esse. Utinam v. d.
nobis indicasset, qua ratione adnotatum fuerit, præsertim quum ipse, hac
re commotus, ut videtur, versus damnet, et sane adsit, cur suspicio interpolationis moveri possit. Sententia enim eadem redit vs. 556, eadem vel
similia vv. repetuntur « nec cessant — nec refugit ; a cæde — cædes ;
si sanguine vivo — vivum si cruorem ; est opus — poscunt ; » accedit
auctoritas Cd. Puteanei veterrimi, in quo vss. 556 et 557 desunt. Sed ratio,
cur ab alio additi sint, non apparet ; deinde omnes MSS. hos et præcedentes versus habent ; ita ut potius ex librarii lapsu omissi videantur.
Grotius hoc quoque loco, adsentiente Bentleio, secundas curas agnovit.
VVEB. — Hic versus cum sequente deest in MS. 7900 ; sed ad marginem
alia manu scripti sunt.—In nullo alio Codice desunt. Ostendit autem hic locus
clarissime Lucanum plures ejusdem sensus versus effusos in membranas
conjecisse : ut deinde, si licuisset, facilius optimos eligere, et superfluos rese-
care posset. OUD. — Hoc tamen est contra mentem poetæ, qui amplificata hac
sententia et repetitis iisdem verbis crudelitatem Erichthus descripsit. Illa enim
sæva et immanis Thessalis, inquit, non solum corpora mortuorum dilaniat,
sed ipsos vivos aggreditur, eorumque sanguine utitur. Variat igitur ex suo
more, et quæ vs. 554 et 555 generaliter dixerat, « si opus est sanguine vivo,
utitur, » ea nunc vs. 556 per singula de sacris fœdis et feralibus illius repetit.
Similia sæpius in Lucano leguntur ; etenim quæ Burm. versus defendens de
domesticis et publicis miseriis habet, neutiquam in vv. insunt. Denique
quod maxime offensioni est, iteratum v. *vivum* vs. 554 et 556 removeri potest recepto, (quod habet MS. 7900) *fusum* pro *vivum* vs. 556 ; cujus loco
alius *effusum,* Hulsii Cd. *juvenem* fortasse ex glossa habet ; nisi quis *vivum*
mecum defendere velit, repetitum ob sententiam ipsam. Quod de v. *cædes*
quoque valet. *Funereas mensas* autem bene explicat Oudendorpius ; quas
poeta v. 432 « tristes sacris feralibus aras » et vs. 525 « funereas flammas »
dixit. VVEB.

558. *Vulnere sic ventris.* MS. 7900 habet *si ventris* (suprascr. *scil. opus
est*).—Diceret Lucanus, Erichtho illam minime refugere cædem, sed omnium primam esse paratam, et se ultro obferre ad faciendam cædem ; si
sacra magica, vel sacra funebria poscunt vivum sanguinem ; aut si ex religione, vel aruspicum responso partus debet comburi ; ventri extrahitur
infans, hoc est malo omine et non naturali via in lucem editur. Noster ipse,
I, 390 : « sterilique nefandos Ex utero fetus infaustis urere flammis. » OUD.

559. *Extrahitur.* Ut puer inciso ventre effundatur, quod iter nascentium non est, qui per uterum procreantur. SCHOL. — *Calidis ponendus in aris.* In veterrimo MS. 7900 scribitur *gelidis* (suprasc. alii *calidis*) Scholiastes notabat : « Nam Dii Infernales gelidi sunt propter perpetuas umbras : unde et Tartarus dicitur ἀπὸ τοῦ Ταρταρίζειν, i. e. a tremore frigoris. »

617. *Ad verum.* MS. 7900, *Ad munerum :* supr. alii *at verum,* ut sit « at loquentur verum tellus, etc. » Sed malim retinere vulgatum « aditus patebunt ad verum. »

618. *Æquoraque et campi Rhodopeaque saxa loquentur.* Versus in marg. Lips. legitur, et salvo sensu abesse poterat, verbis *tellus ,* etc. in præcedenti versu verbo *patebunt* conjunctis ; sed nulla est ratio, cur damnetur. Cæterum nimis audacter Bentleius, « et Tempe et Rhodopeia saxa » correxit, offensus fortasse in repetito v. *campis* vs. 620 , de qua re sæpius monuimus ; præterea justa est oppositio inter *campos* et *saxa* i. e. inter loca plana et edita, ut sæpissime apud poetas. Deinde forma *Rhodopea,* quamquam paucis tantum MSS. in uno hoc loco, quod sciam , probari potest, recte habet ; exstant enim in pluribus patronymicis duæ formæ : altera in *eius* ex græco ήος trium syllabarum ; altera contracta in *eus* ex græco εος duarum syllabarum. Sic supra VI, 17 : « Ephyreaque mœnia ; » Virg. G. II, 464 : « Ephyreiaque æra ; » Stat. Achil. I, 44 : « Rhœteæ trabes , » et Lucan. VI , 351 : « Rhœteia litora. » Denique in Lips. et Hulsii Cod. *loquuntur* fortasse non male legitur, quum in præsenti significatio sit : solent nobiscum loqui. VVEB.

623. *Incertum.* Post hunc versum in MS. 7900 hic legitur : « Vera loquuturum juvenes si præda loquetur. » Nullo sensu. ED.

636. *Populus pugnasset Averno.* Ex superiori v. 620 ab interpolatore hæc repetita contendit Gujetus. Sed prioribus potius respondent , ut jam oppositio inter *unum corpus* et *totas acies* docet. VVEB.

650. *Metuant.* Vulgo *metuunt.* Sed *metuant* rectius est in MS. 7900. Maluit *admittere* Oudend. perperam, et contra Lucani mentem. Nam dicit adeo horrendam fuisse speciem, ut Dii Tartarei qui semel receptas animas numquam *emittunt,* eas tamen huc ire sinerent ; quippe locus vere infernalis est, et Stygii regni pars. ED.

653. *Descenderit umbras.* Male in uno Bersm. est *descendit,* vel « descendat ad umbras. » *Umbras* pertinet ad *adspiciat* per synchysin poetis non infrequentem. Sic V, 800 : « Fertur ad æquoreas, ac se prosternit , arenas. » Vide etiam ad VIII, 343.

655. *Vultusque aperitur crine remoto ;* sic MS. 7900 quem sequor. Malunt alii *operitur crine soluto.* — Quod temere in textum recepit Bersmannus.

Texerat vultum Erichtho crine, quum exibat, ut vidimus ad vs. 625. Nunc eum aperit; quod luce meridiana clarius ex verbis *conspicit*, et *substringitur* patet. Oud.

661. *Ut, quamvis pavidi, possint audire loquentem.* Hunc versum deletum vult Heinsius, nimirum propter nexum cum præcedentibus, Verba genuina sunt, modo perversa interpunctione mutata comma ponamus post *figura*, quod Schol. Lips. quoque indicat his verbis: « Talis reddetur, ut possint audire loquentem, quamvis pavidi, i. e. quantumcumque sint timidi. » Tota autem sententia optime ex moribus magarum taliumque hominum dicta est, qui multa gloriantes et jactitantes mentes spectatorum obcæcant. Recte *possint*: transit enim maga ex allocutione in sententiam generalem, ut solent illi homines, ubi rem aliquam proponunt. Cf. supra, 607, 610, 615, 618. Web.

672. *Hyænæ.* Hyæna bestia est, quam mittit Africa, ut Solinus refert, c. 30, de qua multa mira dicuntur. Primum, quod sequitur carmina pastorum, et assiduo auditu discit vocamen, quo exprimere possit mutationem vocis humanæ, ut in hominem accitum astu nocte desæviat. Vomitus quoque humanos mentitur; sollicitatos sic canes devorat: qui forte si venantes umbram ejus contigerint, dum sequuntur, nequeunt latrare perdita voce. Eadem Hyæna inquisitione corporum sepultorum busta eruit. Pronius vero est marem capere. Feminis enim ingenita est callidior astutia. Varietas multiplex inest oculis, colorumque mutatio. In quorum pupulis lapis invenitur Hyæna, quem dicunt præditum illa potestate, ut, cujus hominis linguæ fuerit subditus, prædicet futura. Verum, Hyæna quodcumque animal ter lustraverit, movere se non potest. Quapropter magicam scientiam ei inesse pronunciaverunt. Sch.

676. *Sonant.* In Witt. additur. « Dicuntur quidam lapides inveniri in Armenia, qui prægnantes vocantur, eo quod habent lapillos intra se, et prosunt partui, quos et aquilæ sub se ponunt cum ovis, ne incendantur ipsius calore. »

683. *Herbas.* MS. 7900 *herbis;* quod si recipimus, hinc erit sensus: addidit (herbas) quibus herbis nascentibus, etc. idem *imbuit*, suprascripto *inspuit herbas.* Duo sequentes versus desunt; sed ad paginæ finem eadem, ut videtur, manu describuntur. Ed. — Sensus quidem sine priore versu, nam alterum non posse omitti nexus verborum et res docet, quodammodo constat; sed hoc in causa fuit, ut librarius errorem, ob repetita in fine, v. 683 et 685 *herbas* et *herbis*, non sentiret. Apparet autem, v. 684 genuinum esse; nam respondet, v. 670: « Huc quidquid fetu genuit natura sinistro Miscetur. » Quibus singulis enumeratis recte opponit venena a Thessalide ipsa data mundo. Web.

689. *Latratus habet illa canum, gemitusque luporum... Tot rerum vox una fuit.* Laudat locum Serv. ad Virgil. Æn. VI, 247, omisso versu 689 et verbis *illisa... sonum*, vs. 691. Possis itaque de loco dubitare; accedit, quod facili negotio nonnulla hic addi poterant; denique non admodum placet repetitum *Quod* ab initio et in medio versus. Nihilominus versus probari debent. Servius ipse verbo *planctus*, quod necessario verbis *illisa caut. undæ*, ut reliqua ostendunt, conjungi debet, neque absolute positum h. l. quadraret, versum 691 probat. *Planctus undæ* est sonus, ictus aquæ litora pulsantis; inde ap. Virg. G. I, 334: « Nunc nemora ingenti vento, nunc litora plangunt; » Lucret. II, 1155: « Nec mare, nec fluctus plangentes saxa crearunt; » sic *latratus* de undis, cf. ad Sil. III, 471. Versus 689 autem a Scholiasta ad Horat. Epod. V, 20 laudatur, et a Scholiasta Lips. ita explicatur: « His omnibus collectis emisit vocem... magis attrahentem deos ad se, quam omnes herbæ facerent; quæ vox fuit imprimis terribilis, nam exprimit et gemitus luporum et illud i. illam vocem, quam bubo, etc. » Neque singula denique versus damnant; *gemitusque*, recte habet, ut *latratus* et paulo post *planctus*. Neque scripserim, *fremitus* quocum passim confunditur in libris; etenim *gemitus* et *gemere* sæpissime de iracundis et rabidis animalibus dicitur, cf. Drak. et Rup. ad Sil. Ital. I, 425. *Quod* autem ex usu Lucani sæpius, ubi plura cumulantur, vel ab initio versus vel in medio repetitur, cf. I, 344; III, 85, 157; IV, 64, 183; VII, 560, 564; X, 155. *Strix nocturna* deinde recte, non *nocitura*, quæ commutantur in libris. Ovid. Fast. VI, 135 de strigibus, « Nocte volant, puerosque petunt »; et 140 « horrendum stridere nocte solent. » In versu 691 autem male Cortius, interpunctione mutata, *et* pro *etiam* accipit; poeta enim simpliciter per copulam nectere solet, ubi plura conjunguntur, ita ut *et* h. l. respondeat v. *que* in *Silvarumque* et *fractæque*, et sit polysyndeton, quod Lucanus amat, cf. paulo post vs. 695 sq. I, 155 sq. 181 sq. 196 sq. 527 sq. 556 sq. 600 sq. deinde *gemitusque luporum* et *quod trepiduſ bubo* propter relativum quoque bene conjungi non possunt. *Illisæ* denique corrigi non debet; *illisa* enim unda et *illisum æquor* dicitur, ubi fluctus in scopulo vel ripa frangitur; cf. Virg. G. III, 261, « scopulis illisa reclamant æquora; » Sil. Ital. XVII, 246, « Illisu scopulus tremit omnis aquarum, » et Oud. ad Lucan. VI, 24. Rebus ita comparatis apparet, Servium in laudando Lucani loco vel depravatum Codicem usurpasse, vel, quod malim, ipsum mutilatum ad nostra tempora pervenisse. Facile enim vers. 689 propter *quod* in seq. vers. repetitum excidere poterat; v. *planctus* autem locum corruptum esse aperte docet.

696. *Et Chaos, innumeros avidum confundere mundos.* Suspectus Gujeto hic versus, ab interpolatore, invocationem amplificanti, facile poterat inferri. Sed quum Lucanus sæpius Chaos commemoret, (IX, 101 et sup. V, 617) neque absonum sit ab invocatione infernorum Deorum, ut apud Senec. Med. 9, 740; Virg. Æn. VI, 265, causa non adest cur de-

beat deleri. *Innumeros* autem mundos dicit ex Democriti aliorumque sententia, cujus erant innumerabiles mundi. Cf. Cicer. Acad. II, 17, 40. Neque mirum quod Lucanus Stoam professus hanc sententiam sequutus sit, qui plura ejusmodi habet. Vel *mundos* pro *sæcula* positum est, ut Schol. « *mundos* vocat hic sæcula. » Alius : *mundos*, i. e. mundi partes : Epicurei dicebant esse quatuor mundos, cælum, æthera, aera, terram ; sed prior ratio magis arridet. WEB.

700. *Nostræque Hecates pars ultima.* Hoc secundum peritiam magorum dictum est, partem ultimam hominis Hecaten, finem esse. SCHOL. — Hunc Scholiasten aliter legisse verba, quam vulgo habentur, ex interpretatione clare patet ; scilicet *nostrique Hecate* est in MSS. Vossianis, ut statim videbimus. Servius ad Æneid. VI, 118, interpretatur *partem ultimam Hecates* ipsam Proserpinam, quia Hecate triceps in cælo est Luna, in terris Diana, et in inferis Persephone. Alii interpretantur *Hecates partem ultimam* Abyssi profundo. Nam infernum est pars (seu μοῖρα Hesiodo in Θεογον. 414) Hecates extrema ex tribus sortibus, quæ ei in cælo, terra et inferis obvenerunt. Hortensius vero exponit *ultimam partem*, quod illa vel primum locum in magia obtineat ; sive *ultima pars*, extremum refugium ; perinde ut dicimus *extremam anchoram* pro extremo refugio. Sed quis ita loquitur, *pars ultima Hecates nostræ*, id est Hecate, extremum nostrum refugium ? Quare, ut vulgo verba exhibentur, melius conveniret, opinor, expositio Serviana, quam sequutus sum. Oudend. tamen conjicit : « Nostrique, Hecate, spes ultima. » Nam Magæ in Hecate maximum ponebant sibi præsidium : unde Medea apud Ovidium Metam VII, 178, 194 : « Tuque triceps Hecate, quæ cœptis conscia nostris, Adjutrixque venis. » *Spes ultima* recte a Glossis exponitur maxima, extrema, reliquis auxiliis consumtis. Silius, VIII, 668 : « Pro Juppiter ! ictu Procumbit saxi, fessis spes ultima, Paullus. »

702. *Janitor et sedis laxæ, qui viscera sævo Spargis nostra cani.* Servius per *sævum canem* intelligit Cerberum : sed quis tum erit ille *Janitor* : quo nomine vulgo apud poetas ipse Cerberus audit, qui *æratas excubat ante fores ?* Interpretes vel tacent, vel *sævo cani* exponunt, id est *tibi ipsi.* Quod est nihili. Quevedo, Epist. 836 ad Lipsium conjicit legi posse *sævus canis*, vel potius per *Janitorem* intelligit Mercurium, quem animas ad inferos deducere, et reducere finxerunt poetæ, unde πομπαῖος, χθόνιος, etc. vocatur. Immo, ut bene addit Quevedo, πυλαῖος vocatur a Diog. Laertio in Vita Pythag. L. VIII, § 31. Quare veram putem hanc conjecturam. Nec enim verisimile, Lucanum in tam operosa rerum infernarum descriptione et toto adparatu, ne semel quidem meminisse Mercurii, quem sæpe cæteris inferorum Deis jungunt poetæ. Hinc Sophocl. Elect. 110 :

Ω δῶμ' Ἄιδου καὶ Περσεφόνης,
Ὧ χθόνι Ἑρμῆ, καὶ πότνι' ἀρὰ,
Σεμναίτε Θεῶν παῖδες Ἐριννύες.

Quin etiam Mercurius vocatur *Satelles Orci* ab Horat. L. II, Od. 18, 34. Si tamen pertinaciter quis contendere velit, *Janitorem* intelligi debere Cerberon, *sævum canem* dictum cape de Othro vel Orthro, Cerberi comite, et Geryonis cane. Silius, XIII, 847 : « Inlatrat jejunis faucibus Orthrus, Et morsu petit, et polluto eviscerat ungue. » Sed mihi magis placet prior de Mercurio sententia. Oud.

704. *Fracturæ.* MSS. duo *tracturæ.* Proba lectio : iterum neturæ fila, quæ semel absolveratis, quia revocatura est cadaver ad vitam. Grot. Proprium est verbum nendi arti *trahere.* Horat. Carm. II, 18, 8 ; Ovidius, Metam, II. 412 : « Lanam mollire trahendo. »

717. *Nostri.* Sic MS. 7900. Vulgo *noti*, scilicet Sexto Pompeio. Sic enim Sabellicus, Thes. Crit. t. I p. 184, legit.

724. *Cui mortis munus iniquæ.* Grotius præfert *iniquæ :* quod recepi ex multis codd. Inique eripitur, non posse mori, quod mortis extremum est munus. Semel enim, qui mortuus est, iterum mori non debet : quod munus contra jus fasque jam eripuit Erichtho. Oud.

744. *Ille.* Dæmogorgonem significat. Multi dicunt, per hunc Demogorgonem intelligi animam mundanam, quæ vegetat omnia, quæ omnibus naturis proposita est, de cujus semine firmamentum, solem, et lunam, et stellas natas esse dicebant. Et philosophi dicunt, Dæmogorgonem esse rerum omnium, et deorum principem, genitorem terræ, Erebi, et Parcarum, a δαίμων, quod est sapiens, quia intelligentiam maximam rerum omnium habeat. Omnib. — Lactantius in Statii IV, 515 : « Et triplicis mundi summum, quem scire nefastum, » Deum, inquit, summum Dæmogorgonem dicit, cujus nomen scire non licet. Infiniti autem philosophorum magnorum per se etiam confirmant, revera esse præter hos deos cognitos, qui coluntur in templis, alium principem, et maxime Deum cæterorum numinum ordinatorem, de cujus genere sint soli sol, atque luna : cæteri vero, qui circumferuntur, astra nominari, quæ ejus clarescunt spiritu. » Idem Judæi de vero Deo sensisse videntur, quod ostendunt hæc notissima : *Sanctum et terribile nomen ejus.* Sed alii contra Dæmogorgonis nomen, ut fictitium, ac vanum rejiciunt, et pro eo Demiurgi vocem restituendam contendunt, quod hoc potissimum nomine summum, ac primum Deum, creatorem omnium, Plato, atque alii quidam appellarint. His autem omissis existimo, utrumque poetam, et Statium, et hic Lucanum, ad consuetudinem et morem Magorum respexisse, ut qui inter cætera deorum nomina, quibus exorcismos suos conficiunt, arcanum atque ineffabile illud summi atque potentissimi dei, quoties ad extremum ventum esset, et quum iidem sum-

maın necessitatem spiritibus atque umbris eliciendis adhibere vellent, tum demum citare solerent. Sive hoc aliud atque diversum aliquod, sive idem cum Tetragrammato illo censendum, quod ne hodie quidem Judæi suis literis, suaque voce enuntiant, Jehovah. In hoc enim nomine quum Magi, tum alii multi summam vim summamque potentiam inesse arbitrati sunt. MICYLL. — Videndus Franc. Fernandius de Cordoua, c. 25. Didascal. Multipl. p. 249.

757. *Simul.* Sic recepit Grotius. MS. 7900 *semel*, quod prætulit Oudend. *Semel*, i. uno impetu. Vide ad III, 296 : « Acciperet felix ne non semel omnia Cæsar. » — *Rictu.* Oris ductio rictus dicitur. SCHOL. — Non possum accedere Bersmanno, *nictu* legenti, qua voce quidem, ut testatur Festus in *Nictare*, usus est Cæcilius : « Hunc tremulis palpebris percutere nictu. » Sed quid hoc ad oculorum distensionem, et separationem palpebrarum, quam innuit auctor, pertinet? Quare putem potius a Lucano *rictum* κατα χρηςικῶς ab ore ad oculos trauslatum esse. OUD.

781. *Ruperunt.* Quidam MSS. scribunt *rapuerunt.* Non male. L. IX, 1100 : « Læta dies rapta est populis : concordia mundo Nostra perit. » Sed et *rumpere* omnino probum est. Crebro dicitur *rumpere somnum, silentium*, et similia. Noster quoque I, 239 : « Rupta quies populis stratisque excita juventus Deripiunt, etc. » OUD.

788. *Deplorat Scipio.* Scipionem Æmilianum exponit Sulpitius, et hunc Scipionem, qui Bello Civili in Africa periit, generum Pompeii vocat, oppido inconsiderate. Hic enim Scipio Metellus Cn. Pompeii non gener, sed socer fuit : quippe cujus filia Cornelia, Pompeio, post Juliam mortuam, nupta fuit. Nec de gente (puto) Cornelia, sed Cæcilia adoptatus forte, in Corneliam, ut posterior Scipio ex Æmilia in eamdem Corneliam. Quod si etiam de Cornelia fuisset gente, non tamen a Scipione Æmiliano, quippe cujus nulla proles legitur. OUD. — Recte notat Oudend. Scipionem Æmilianum non *majorem hostem* Carthaginis dici posse. ED.

810. *Quem tumulum Nili, quem Tibridis... ducibus tantum de funere pugna est.* Hæc necnon sequentia Gujetus, propter verba : « Properate mori » quibus adversari videantur, inter spuria refert : sed parum recte. Jubet vates Sextum mortem properare, futura autem reticet ; neque, quid in his contrarium sit, intelligo. Tum v. 827. Erichtho comes tantum Sexto viam præit, et nimirum ad sua busta redit. Sin hæc, quia e superioribus intelligi possint, delenda essent, tum multa profecto in Lucano et aliis poetis. Denique liber in v. *calcate Deorum* exiens mancus et imperfectus sit : desiderantur enim quæ cum Sexto et juvene vate facta sint, quæ Noster ex more suo non facile præterisset. Attamen ut redeam ad priores versus, ne hi quidem apertam interpolationis notam habent, sed

arcte cum præcedentibus cohærent. Illa enim « nec gloria parvæ vitæ sollicitet et properate mori » probare studens vates , addit : Cur vivere ?
cur dimicare ? res parvi momenti est , de qua pugnabitis , de sepulcro
vel in Ægypto vel Romæ erigendo. Ita Schol. Lips. quoque his verbis :
« Ideo hoc dico , quia videmini solummodo conqueri de sepultura , scilicet quod Pompeius tam misere sepelietur juxta Nilum , et Cæsar tam
potenter juxta undam Tiberis , et hoc æquipollenter, Quem tumulum ,
etc. » Neque in singulis verbis est , quod interpolatorem indicet. Recte
enim *Nili* verbo *unda* ex more Nostri conjunctum, cf. VIII, 388 ; licet
Nilus Gujeti non displiceat. VVEBER.

814. *In arvis.* Undis habet MS. 7900 , quod rectum puto. — Nam
licet sciam, non raro ab auctoribus dici gestum quid esse in regione , pro
circa regionem, ut *in Sicilia* , *Numantia* , non tamen omnia eo trahi
debent. Respicit auctor bellum in Siculo mari gestum : in quo Sextus
Pompeius et adjacentibus Siciliæ oris , finitimisque locis piraticam exercuerat ; verum ductu Agrippæ ad Pachyni promontorium navali prælio
victus , et omnibus pæne navibus exutus Asiam fuga petivit , et jussu
M. Antonii Mileti interemptus est. OUD.

816. *Quas jubeat vitare plagas , quæ sidera mundi.* Versum non habet
Cod. Bouher. sed nulla adest causa, cur versus damnari debeat , neque
apparet, unde venerit. Lucanus ex more suo præcedentia variat et exponit ;
sensus autem perfectus efficit , ut error librarium fugerit. Unum est,
quod fortasse offendere possit , in vv. *quæ sidera mundi*, quum idem
exprimat, quod præcedentia *quas plagas.* Præterea vs. 815 oppositionem quamdam flagitare videtur, verbi causa *quas plagas vitare* , *quas
petere* vel *quo fugere* ; sed , ut jam diximus, quum Noster in hoc versu
variet, conjectura non opus est. Simile quid vide VII , 189, « *Sub quocumque die* , *quocumque est* sidere *mundi*, » ubi *dies* et *sidus mundi*
conjunguntur, V, 24 « *Vel* plaga *qua torrens, claususque vaporibus* axis. »
— Schol. Lips. « Per plagas notat quaslibet partes terræ , per sidera cæli
notat illas quatuor partes, quæ quibusdam sideribus distinguuntur. » VVEB.
— *Sidera mundi.* Faber ad Lucret. I, vs. 21 , ex MS. legit *secula*, id est,
partes , vel species mundi ex Lucretiano stylo. Non persuadet , licet
secula etiam habeat Voss. sextus. Vulgata lectio poetica plane , et elegans
est , sed et notissima. OUD.

818. *Distribuit tumulos.* Petronius : « Et quasi non posset tot tellus ferre
sepulcra, Divisit cineres. » Epitaphia Pompeiorum in tribus orbis partibus
jacentium plura vide in Collectan. Pithæi. L. III, a Nostro, et Martiale
adumbrata. OUD.

M. ANNÆI LUCANI

PHARSALIA.

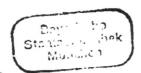

ARGUMENTUM

LIBRI SEPTIMI

E SULPITIO DESUMPTUM.

Septimus ut Magni narravit somnia, plorat
Fata Ducis: mox turba omnis sibi prælia poscit.
Censet idem cupidus facundo Tullius ore:
Dux dat id invitus. Scribit tum dira poeta
Prodigia, instructas acies, factura Ducumque
Verba suis animos, et prælia gesta, fugamque:
Invehitur posthæc in te, sævissime Cæsar,
Damnans Pharsali completos sanguine campos.

M. ANNÆI LUCANI

PHARSALIA

LIBER SEPTIMUS.

———◦•◦◦•◦———

ANALYSIS.

Ab ortu solis signa Pharsalicæ pugnæ; 1—6. Et a Pompeii
somnio, quod narratur; 7—24. Sortem ducis poeta deplorat; 24—44. Signum pugnæ petit miles, Pompeium in-
cusans; 45—61. Cicero Pompeium adloquitur; 62—85. Respondet Pompeius; 85—123. Prælio jam imminente militum
sensus; 123—150. Variis signis clades Pharsalica denun-
tiatur : e cælo; 151—164. E victimis; 165—167. E montibus;
168—176. E nocte subita et umbris defunctorum; 177—184.
Etiam apud longinquos populos præsagia; 185—204. His signis magnitudinem ducum ostendi exclamat poeta; 205—213.
Prodeuntis in campum exercitus descriptio; 214—234. Cæsaris sensus pugna appropinquante; 235—249. Ejus ad
milites oratio; 250 — 329. Militum alacritas; 329—336.
Pompeius contra formidat eventum; exercitum tamen
adloquitur; 337—384. Poeta cladem futuram præsagit ac
deflet; 385—459. Militum primo sese agnoscentium hæsitatio; 460—469. Crastinus, miles Cæsaris, pugnam com-
mittit; 470—475. Pugnæ ingruentis descriptio; 475—505.

Pompeii equitatus Cæsaris aciem circuit; 506—520. Sed a cohortibus Cæsarianis funditur; 521—544. Resistunt firmiores Pompeii copiæ; 545—556. Cæsar suos hortatur, ut senatores feriant; 557—585. Brutus armis plebeiis tectus latet; 586—596. Mors Domitii, quem Cæsar increpitat; 597—607. Respondet Domitius; 608—616. Universa stragis descriptio; 617—646. Victus Pompeius fugit; 647—679. Poetæ apostrophe ad Magnum; 680—711. Larissam primo pervenit, cujus incolæ eum bene excipiunt; 712—727. Cæsar suos denuo adhortatur; 428—746. Invadunt castra victores, diripiuntque. Eorum somnia, ac terrores; 746—786. Campi Pharsalici renascente die adspectus. Cæsar victos insepultos jacere jubet; 786—824. Cadavera Pompeianorum feris pabula fiunt; 825—846. Poeta Thessaliam tantæ cladis sedem detestatur; 847 ad finem.

Segnior Oceano, quam lex æterna vocabat,
Luctificus Titan numquam magis æthera contra

1. *Segnior.* Pugnam Pharsalicam poeta narraturus, initium ducit ab diei descriptione, quo prælium inituri erant. *Segnior.* Tardior, quam æterna motus lege erat permissum.— *Oceano.* Oceanus pro quovis mari ponitur; hic pro Eoo.

2. *Luctificus Titan.* Sol, sive dies ille fatalis, qui exercitibus Romanis luctum et calamitatem allaturus erat. — *Numquam magis.* Hæc refer ad τὸ *luctificus*, non ad *egit*, quia sequitur *retorsit*; sensus est: Sol quam maxime luctificus Oceano egit equos, tarde passus adscendere, obniti, *contra æthera*, cæli altitudinem. Alii exponunt: numquam magis enisus est contra mundum et cælestium omnium motum, a quo tamen ab ortu in occasum rapiebatur. Sed non hanc esse mundi legem nos edocet Ovidius, Metam. II, 70 sqq.: « Adde quod assidua rapitur vertigine cælum.... Nitor in adversum; nec me, qui cætera, vincit Impetus, et rapido *contrarius* evehor orbi. » Interpretandum igitur puto: Oceano equos emisit, qui niterentur, ut semper, in adversum æthera; simpliciter, tarde ortus est, et passus se eodem, quo cætera, vinci impetu, jam non ire, sed quasi currum retorquere visus est. Oudend. hic silet; Burm. vult solem, maga eum

Egit equos, currumque polo rapiente retorsit :
Defectusque pati voluit, raptæque labores
Lucis ; et attraxit nubes, non pabula flammis,   5
Sed ne Thessalico purus luceret in orbe.
   At nox felicis Magno pars ultima vitæ
Sollicitos vana decepit imagine somnos.
Nam Pompeiani visus sibi sede theatri
Innumeram effigiem Romanæ cernere plebis,   10
Attollique suum lætis ad sidera nomen
Vocibus, et plausu cuneos certare sonantes.

retinente, coactum fuisse ut retorqueret aliquando currum, et equos erumpere ardentes reflecteret. Sed nihil de *polo rapiente.* Bentl. coll. vs. 206, ait poli vertiginem, solito majorem, causam fuisse cur sol sueto magis obluctatus, tardius oriretur ; sed tunc quomodo *retorsit currum ?* ED.

3. *Polo rapiente.* Circa polos cælum vertitur : itaque ab ipso polo trahi videtur, qui rapitur cælesti vertigine. Vel *polus* est ipsum cælum. Ovid. l. c. vs. 74 : « poterisne rotatis Obvius ire polis ? » ED.

4. *Defectusque pati voluit.* Deficere et laborare, id est, eclipsin pati optavit.—*Raptæque labores.* Interventu enim lunæ laborat Sol, ejusque lux nobis aufertur. Edit. Illycini *ruptæ.*

5. *Attraxit nubes.* Vapores, qui in nebulas densarentur.—*Pabula flammis.* Dicunt enim philosophi ex nubibus flagrantiam solis accendi. Non ideo, inquit, Sol traxit nubes, ut physici dicunt, quo earum humore pasceretur, sed ne splendidus (puris conspicuus radiis) videret civilia bella. SCHOL. — Fuit autem hæc sententia Heracliti, et Stoicorum. Cf. I, 415.

7. *Felicis pars ultima vitæ.* Namque exinde prospera Pompeii fortuna deficere, *ruere et sublapsa referri* cœpit. Hoc enim ipso die dux miser amissurus est victoriam, et iturus ad Ægyptum. SCHOL.

8. *Vana decepit imagine.* Pompeius per quietem sibi visus est theatrum a se exstructum ingredi, applaudente populo, et multis ornare spoliis templum Veneris victricis. Quo insomnio partim confirmatus est, partim territus, metuens ne Cæsari, qui ad Venerem genus suum referebat, gloriam ipse adferret. Confer Plutarch. et Appian. et Florum.

9. *Pompeiani.* Theatrum enim ad formam illius quod in Mitylene viderat, sed augustius et capacius in Urbe ipse construxerat. Tacit. Ann. XIV, 20, et Plin. lib. VII, c. 3 et lib. XXXVI, c. 15, seu 24 § 12.

12. *Cuneos certare*, etc. Spectatores, in ordinibus graduum ad formam cunei dispositis, sedentes. Vide Lips. de Amphith. 13, et Buling. de Circo, cap. 34. — *Plausu certare.* Certatim applaudere. — *Sonantes.* Strepentes et resonantes.

Qualis erat populi facies, clamorque faventis,
Olim quum juvenis, primique ætate triumphi,
Post domitas gentes, quas torrens ambit Hiberus,   15
Et quæcumque fugax Sertorius impulit arma,
Vespere pacato, pura venerabilis æque,
Quam currus ornante toga, plaudente senatu,
Sedit adhuc Romanus eques. Seu fine bonorum
Anxia venturis ad tempora læta refugit;   20
Sive per ambages solitas contraria visis
Vaticinata quies, magni tulit omina planctus:
Seu vetito patrias ultra tibi cernere sedes,

13. *Qualis erat populi facies.* Quali lætitia plausuque exceptus fuerat olim ex Hispania reversus, et de Sertorio triumphans ante legitimam ætatem permissu senatus.

14. *Juvenis.* Annos 24 natus. — *Primique ætate triumphi*, pro tempore triumphi, nescio an alius dixerit, nisi sit hypallage pro *triumpho primæ ætatis.* BURM.

15. *Hiberus.* Hispaniæ fluvius: nunc *Ebro.* IV, 23.

16. *Quæcumque.* Bentl. malit *quacumque*; perperam, quia *post* præcedit. ED. — *Fugax Sertorius.* Cf. II, 549. Exsul et fugitivus Hispaniæ ulterioris populos ad arma concitavit; ideoque eorum *arma impulit.*

17. *Vespere pacato.* Hispania, ad Occidentem sita. — *Pura venerabilis.* Non minus conspicuus clarusve toga candida et pura, qua, ut juvenis et adhuc eques, καὶ οὐ μετέχων βουλῆς, induebatur, quam picta illa et palmata, qua triumphabant alii.

18. *Plaudente senatu.* Emphatice. Senatu scilicet triumphum indul-

gente, et applaudente juveni Pompeio.

19. *Sedit.* In curru triumphali. — *Eques Romanus.* Nondum senatorii ordinis; quod nemini antea contigerat, ut eques Romanus, juvenis 24 annos natus, ante legitimam ætatem permissu totius senatus triumpharet. HORT. — *Seu fine bonorum.* Cf. VIII, 29: « Nisi summa dies cum fine bonorum adfuit. » Seu (iuquit poeta, somnii hujus causam anquirens) quum jam rerum lætarum adesset finis, *quies*, id est, mens per quietem de futuro sollicita recurrit ad præteritorum bonorum memoriam. — Bentl. corrigit *anxia mens curis ad tempora*, etc. ED.

21. *Sive per ambages.* Sive, quod non raro fit, ut somnia repræsentent contrarium; ita hic Pompeio oblatus est plausus pro planctu : sive, quum non daretur Pompeio exinde Romam videre, voluit fortuna eam ab illo plaudentem cerni per quietem et somnii imaginem.

22. *Omina.* Præsagia magnorum malorum. HORT.

Sic Romam fortuna dedit. Ne rumpite somnos,
Castrorum vigiles, nullas tuba verberet aures. 25
Crastina dira quies, et imagine mœsta diurna
Undique funestas acies feret, undique bellum.
Unde pares somnos populis, noctemque beatam?
O felix, si te vel sic tua Roma videret.
Donassent utinam Superi, patriæque, tibique 30
Unum, Magne, diem, quo fati certus uterque
Extremum tanti fructum raperetis amoris.
Tu velut Ausonia vadis moriturus in urbe:
Illa rati semper de te sibi conscia voti

24. *Ne rumpite somnos,* etc. Apostrophe pathetica ad stationarios castrorum vigiles, ut cum silentio excubias agant. — Vid. Sallust. nost. ed. p. 309, n. 1. ED.

26. *Crastina dira quies.* Hæc se non intelligere ait Burm. quum hoc somnium nunc obversatum Pompeio, *crastina quies* dici nequeat, et crastino die vera bella et acies futuræ sint. Sed Noster, ni fallor, optat Pompeio placidum hac nocte somnum, quia proximæ noctis quies viro dira veniet, et funestæ diei cladibus turbata. Fateor tamen me numquam apud auctores vidisse *crastinam noctem.* ED.—*Imagine mœsta diurna.* Quod passus erit per diem, hoc cogetur in somniis videre per noctem. SCHOL.

28. *Unde pares somnos populi.* O utinam populo Romano similis somnus et nox tam beata contingeret, qua te vicissim adspiceret ille talem, qualis tibi ipse visus es per insomnium! GROT. Vide Disq. var.

29. *Sic.* Id est, somnians, ut tu vides eam, ita illa te videret.

30. *Donassent.* O abunde felicem utrumque, si et Pompeio et Romæ, quamvis cladis suæ futuræ certis, unius diei moram indulsissent Dii, qua supremis mutui amoris officiis, extremis osculis et salutatione fruerentur. Eodem modo lib. V, in fine: «Extremusque periit jam longi fructus amoris; » ubi vide not.

31. *Fati.* Nempe sui.

32. *Raperetis.* Raptim caperetis. Petronius, c. 114: « Ultimum hoc gaudium fatis properantibus rape. »

33. *Tu velut Ausonia,* etc. Tu proficisceris in bellum fiducia victoriæ plenus, et quasi e prælio Romam reversurus, et in urbe moriturus. Non jam hic de somniante agitur; absolute dictum est.

34. *Illa rati semper.* Roma, quæ scit semper habuisse effectum vota quæ concepit, de te tuisque victoriis eamdem jam fiduciam conceperat; neque enim putavit tam crudele fatum tibi impendere, ut prælio victus fugeres, ut alibi quam in patria per scelus caderes, spoliareturque ipsa tuo busto et tumulo.

Hoc scelus haud umquam fatis hærere putavit,   35

Sic se dilecti tumulum quoque perdere Magni.

Te mixto flesset luctu juvenisque, senexque,

Injussusque puer : lacerasset crine soluto

Pectora femineum, ceu Bruti funere, vulgus.

Nunc quoque tela licet paveant victoris iniqui,   40

Nuntiet ipse licet Cæsar tua funera, flebunt;

Sed dum tura ferunt, dum laurea serta Tonanti.

O miseri, quorum gemitus edere dolorem,

Qui te non pleno pariter planxere theatro.

Vicerat astra jubar, quum mixto murmure turba   45

---

35. *Fatis.* Transfert calamitatis causam in fata, quibus ita visum fuit.

37. *Te mixto flesset luctu.* Quod si tibi contigisset in patria mori; quam solemni omnis ordinis, sexus, ætatis, luctu et pompa funebri elatus fuisses!

38. *Injussus.* Pueri etiam ultro plorarent; qui alioquin causam luctus non percipientes, a matre vel nutrice suo exemplo ad lacrimas impelluntur, vel ut lugeant monendi sunt. OUD. — Cf. Disq. var.

39. *Bruti funere.* T. Brutum liberatorem urbis, exactorem Tarquiniorum, matronæ Rom. defunctum publice luxerunt per annum, ut parentem et acrem violatæ pudicitiæ ultorem: Liv. II, c. 7.

40. *Nunc quoque,* etc. Te præsentem flevissent liberi. Sed nunc quoque post cladem tuam, licet formidine prostrati, licet servi, etiam adstante et nuntiante ipso tyranno, te flere inter publicæ simulationem lætitiæ audebunt. ED.

42. *Ferunt.* Ut sit res præsens. Sic plures MMS; alii *ferent.*

43. *Gemitus edere dolorem.* Gemitus plerumque tacitus est dolor ; *edere* igitur est compresserunt, devorarunt, ut bene explicat Oudend. ex Ovidio, Met. XIII, 540 : « lacrymas introrsus obortas Devorat ipse dolor. » Sic quoque apud Ovidium *combibere lacrimas.* Male autem interpretantur quidam quasi foret *edidere.* ED.

44. *Pleno pariter.* Hæc opponi videntur, per allusionem, plausibus pleno theatro olim Pompeio datis. ED.

45. *Vicerat astra jubar.* Sol oriens obscuraverat astra. — *Mixto murmure turba,* etc. Pompeius pugnæ periculum formidabat, statuebatque tempore et inopia atterere et debellare homines armis invictos. Neque tamen diutius licebat illi per suorum et sociorum præcipitantiam tam salutari uti consilio. Milites otium, socii moram, principes ambitum ducis increpabant. Sic præcipitantibus fatis, prælio sumpta est Thessalia, et urbis, imperii, et generis humani fata commissa sunt.

Castrorum fremuit, fatisque trahentibus orbem,
Signa petit pugnæ. Miseri pars maxima vulgi
Non totum visura diem, tentoria circum
Ipsa ducis queritur, magnoque accensa tumultu
Mortis vicinæ properantes admovet horas.   50
Dira subit rabies; sua quisque, ac publica fata
Præcipitare cupit: segnis, pavidusque vocatur,
Ac nimium patiens soceri Pompeius, et orbis
Indulgens regno, qui tot simul undique gentes
Juris habere sui vellet, pacemque timeret.   55
Nec non et reges, populique queruntur Eoi
Bella trahi, patriaque procul tellure teneri.
     Hoc placet, o Superi, quum vobis vertere cuncta
Propositum, nostris erroribus addere crimen.
Cladibus irruimus, nocituraque poscimus arma: 60
In Pompeianis votum est Pharsalia castris.

46. *Trahentibus orbem*. In perniciem.

47. *Signa petit pugnæ*. Signum apud Romanos pugnæ committendæ erat paludamentum purpureum, seu coccinum, supra Prætorium expansum.

48. *Non totum visura diem*. Interitura ante noctem.

50. *Admovet*. Accelerat. Stat. Theb. VIII, 375 : « Fatalem populis ultro poscentibus horam Admovet atra dies. »

53. *Patiens soceri*. Quod nimis diu differat victoriam de Cæsare, et eum tam diu patiatur vivere.—*Et orbis indulgens regno*. Arguebatur ignaviæ et ambitionis quasi vellet bellum protrahere, quo diutius cum imperio esset, et tantis tamque illustribus im-

peraret viris. Appellabatur *Agamemnon, rex regum*, etc. Plut. et App.

55. *Pacemque timeret*. Ne pace confecta imperium deponere cogeretur.

58. *Hoc placet, o Superi*, etc. Conqueritur poeta Diis visum esse ut eos, quos errore cæcos in perniciem missuri sint, etiam cladis suæ auctores argui velint.

59. *Addere crimen*. Ut quod alias patiendo error esset, cupiendo fiat crimen, nec jam fatis imputetur.

60. *Cladibus*. Id est, in clades sponte properamus. OUD.

61. *In Pompeianis*. Dimicatio de rerum summa in campis Pharsalicis a Pompeianis ipsis, qui mox ibidem perituri sunt, expetitur votis ardentissimis.

Cunctorum voces Romani maximus auctor
Tullius eloquii, cujus sub jure, togaque
Pacificas sævus tremuit Catilina secures,
Pertulit, iratus bellis, quum rostra forumque   65
Optaret, passus tam longa silentia miles.
Addidit invalidæ robur facundia causæ.

    « Hoc pro tot meritis solum te, Magne, precatur,
Uti se, Fortuna, velis; proceresque tuorum
Castrorum, regesque tui cum supplice mundo   70
Adfusi, vinci socerum patiare rogamus.
Humani generis tam longo tempore bellum
Cæsar erit? merito, Pompeium vincere lente,
Gentibus indignum est a transcurrente subactis.
Quo tibi fervor abit? aut quo fiducia fati?   75

62. *Cunctorum voces.... Pertulit.* Omnium nomine Pompeium adloquutus est Cicero, dono quodam (ut ait Quintilianus) providentiæ genitus, in quo totas vires suas eloquentia experiretur, qui consul nefarios Catilinæ, rempubl. evertere aggressi, conatus prudentia avertit, consilio suppressit, auctoritate exstinxit.

64. *Pacificas.* Sæpissime gloriatur Cicero, quod Catilinam *togatus* vicerit, id est, magistratus non imperatoris apparatu. ED.

65. *Iratus bellis.* Iniquo ferens animo conciones suas et forenses causas distineri, seque tam longo belli tempore tacere cogi. Hoc recte ut indignum Cicerone reprehendit Burmann. ED.

66. *Miles.* Ipse Tullius: in Pompeii enim castris militavit.

67. *Addidit invalidæ.* Causam, infirmam per se, probabilem sua facundia reddidit Cicero, de ineundo scil. prælio. HORT.

68. *Hoc pro tot meritis.* Fortuna supplex invitat, ut velis pristina sua et assueta benignitate uti; ne spernas felicitatem, quam tibi offert.

71. *Adfusi.* Ad genua tua prostrati, more supplicum. HORT. — *Vinci socerum patiare.* Facta tantum pugnæ copia.

72. *Humani generis.* Omnium hominum genus ideo tamdiu dimicabit, ut unum Cæsarem vincat. SCH. — An, propter unum Cæsarem tamdiu in armis erit genus humanum. OUD.

73. *Merito.* Gentes olim a te summa celeritate et quasi in transcursu devictæ, eædemque sub te jam militantes queruntur, neque id injuria, tibi hanc tamdiu in manibus hærere victoriam.—Alium quoque sen-

De Superis, ingrate, times? causamque senatus
Credere Dis dubitas? ipsæ sua signa revellent,
Prosilientque acies : pudeat vicisse coactum.
Si duce te jusso, si nobis bella geruntur,
Sit juris quocumque velint concurrere campo.   80
Quid mundi gladios a sanguine Cæsaris arces?
Vibrant tela manus : vix signa morantia quisquam
Exspectat : propera, ne te tua classica linquant.
Scire senatus avet, miles te, Magne, sequatur,
An comes. » Ingemuit rector, sensitque Deorum   85
Esse dolos, et fata suæ contraria menti.

sum affert Burm. ut *gentibus* sit ablat. absol. indignum est Pomp. lente vincere, post tot gentes a trans-currente subactas. Sed præstat prior sensus; nam Cicero loquitur etiam pro regibus subactis. ED.

76. *De Superis, ingrate, times?* Quorum propensam benignitatem tot præliis victor expertus es.

79. *Si duce te jusso.* Si tibi imperium per senatus auctoritatem concessum est ; sic V, 46 : « Magnumque jubete Esse ducem. » ED. — *Si nobis bella.* Si in reipublicæ utilitatem bellum administras, permitte militibus hoc juris ut suo arbitrio, ubi res, tempus, locus postulant, prælium conserant.

80. *Velint.* Scilicet *acies.*

83. *Propera.* Ne milites non imperium tuum morati, neque te cunctabundum exspectantes, antequam signum dederis, prælium ineant. Male alii explicant, ne te deserant, et a te deficiant.

84. *Scire senatus avet.* Utrum imperium hoc a senatu delatum absolute tibi arroges, tamquam sub te

senatus militet : an æquam potestatem senatui impertias. Sic Farnabius non male, et cæteri int. non discedunt. Sed alius forsan est hujus loci sensus. Cicero vult pugnæ signum dari; parum ergo recte concludet senatum esse *comitem* Pompeii, non *militem* : et vereor an bene hic *comes* dici possit de habente æquum imperium; quum alias semper eum significet qui iter cum alio facit, et a *socio* plane differat. Possis igitur exponere : scire cupit senatus tene sequutus sit, ut militet et armis de salute reipublicæ decernat, an tantum ut comes itineris tuo lateri hæreat. Quod confirmare videtur vs. 87, ubi *miles* est homo qui pugnam tantum ineat, non qui bellum dirigat; ut hic, senatus venit, qui pugnet, non qui comitetur. ED.

85. *Rector.* Pompeius. — *Deorum esse dolos.* Sensit Deos jam rem in præceps trahere, et cunctorum animis cæcam temeritatem injecisse ; ideoque vanam fore suam ipsius prudentiam, omnes in perniciem rapiente fortuna. ED.

« Si placet hoc, inquit, cunctis, si milite **Magno**,

Non duce tempus eget, nil ultra fata morabor :

Involvat populos una Fortuna ruina ,

Sitque hominum magnæ lux ista novissima parti.   90

Testor , Roma , tamen , Magnum, quo cuncta perirent ,

Accepisse diem. Potuit tibi vulnere nullo

Stare labor belli ; potuit sine cæde subactum,

Captivumque ducem violatæ tradere Paci.

Quis furor, o cæci, scelerum ? Civilia bella   95

Gesturi, metuunt, ne non cum sanguine vincant.

Abstulimus terras, exclusimus æquore toto,

Ad præmaturas segetum jejuna rapinas

Agmina compulimus , votumque effecimus hosti

Ut mallet sterni gladiis, mortesque suorum   100

---

87. *Si milite.* Cf. ad vs. 84 not. ED.

88. *Tempus eget.* Virg. Æn. II, 521 : «non defensoribus istis Tempus eget.» — *Fata morabor.* Decretoriæ pugnæ copiam vobis faciam. ED.

90. *Hominum magnæ parti.* Calamitatem præsagiens Pompeius dicit funestum fore hunc diem toti generi humano ; nam plurimarum gentium cohortes in castris habebat. Cf. supra vs. 70 sqq. ED.

91. *Magnum.* Schol. male conjungit *magnum diem.* ED.

92. *Accepisse diem.* Me fatalem hunc prælii diem non e mente mea instituisse, non approbasse ; sed ab aliis mihi obtrusum atque imperatum accepisse.

93. *Stare labor.* Bellum parvo sanguine constare, confici ; vel trahi potuit , cum labore quidem, sed sine reip. vulnere ; et sic *staret* bellum , non ageretur. ED. — *Sine cæde sub-*

actum. Tempore et rerum inopia ad deditionem impulsum.

94. *Tradere Paci.* Male, opinor, Hort. intelligit ad pacem redigere ; melius Burm. ut victimam immolare ; violatæ enim Paci piaculum debebatur. Sic *tradiderat fatis* , IV , 738. ED.

96. *Ne non cum sanguine.* Quod contra factum oportuit, ut civili sanguini parceremus.

97. *Abstulimus terras.* Hostem victum fugavimus — *Exclusimus æquore toto.* Maria late tenent nostræ classes, hoste navibus destituto.

98. *Ad præmaturas.* Rei frumentariæ inops hostis segetes vixdum maturas rapit.

99. *Votumque effecimus hosti.* In necessitatem pugnæ et illam desperationem redegimus, ut ferro quam fame emori malint , modo non moriantur inulti.

Permiscere meis. Belli pars magna peracta est
His, quibus effectum est, ne pugnam tiro paveret;
Si modo virtutis stimulis, iræque calore
Signa petunt. Multos in summa pericula misit
Venturi timor ipse mali: fortissimus ille est,   105
Qui promptus metuenda pati, si cominus instent,
Et differre potest. Placet hæc tam prospera rerum
Tradere fortunæ? gladio permittere mundi
Discrimen? pugnare ducem, quam vincere, malunt.
Res mihi Romanas dederas, Fortuna, regendas: 110
Accipe majores, et cæco in Marte tuere.
Pompeii nec crimen erit, nec gloria bellum.
Vincis apud Superos votis me, Cæsar, iniquis:

101. *Belli pars magna*. Bonam jam belli hujus partem transactam videtis; quum arte ducis effectum sit, ut vel tirones nostri pugnam deposcant: sed videant, ne per temeritatem potius et insolentiam, imperiti rerum atque recenti victoria nimis elati, hoc faciant, quam consulto et ex vera fortitudine.

104. *Multos*, etc. Suspicari videtur Pompeius suos ruere in pugnam non tam fortitudinis impetu, quam animi quadam imbecillitate, dum, sibi multa in posterum mala fingentes, et durando impares, citius, quid timendum sit, experiri volunt. ED.

105. *Fortissimus ille est*. Duo sunt quæ veram fortitudinem ostendant: prius, si instante cominus et præsente periculo non movearis; alterum, si *metuenda*, quæ mora et ex ignoto magis afficiunt animos, constanter exspectes, nec accelerare coneris. ED.

107. *Hæc tam prospera*. Res prosperas adeo certas exponere aleæ fortunæ?

108. *Gladio permittere*. Cruento Marti, cujus alea anceps.

109. *Pugnare*. Si enim bellum gerimus, tantum pugnamus; si differimus, vincimus. SCH.

111. *Majores*. Auctiores factas auspiciis consiliisque meis. — *In Marte tuere*. Et tu, si rem bello temerario contra consilia et prudentiam geri velis, ipsa geras.

112. *Pompeii nec crimen erit*. Nec crimini detur clades accepta, nec laudi victoria, si qua eveniat. Fortunæ enim res Romanas credidit.

113. *Vincis apud Superos*. Faciliores expertus es Deos ad exaudienda vota tua, o Cæsar, iniqua, ut qui sanguine civili rem decerni cupis; quam mea, qui cunctando rem restituere citra cruorem voluerim. Impetrasti pugnam a Superis.

Pugnatur. Quantum scelerum , quantumque malorum

In populos lux ista feret! quot regna jacebunt!   115

Sanguine Romano quam turbidus ibit Enipeus!

Prima velim caput hoc funesti lancea belli,

Si sine momento rerum partisque ruina

Casurum est, feriat; neque enim victoria Magno

Lætior. Aut populis invisum, hac clade peracta ,   120

Aut hodie, Pompeius erit miserabile nomen.

Omne malum victi, quod sors feret ultima rerum ;

Omne nefas victoris erit. » Sic fatur, et arma

Permittit populis, frenosque furentibus ira

114. *Pugnatur.* Bip. Burm. *Pugnetur*, ut sit vox concedentis. Sed vulgata , MSS. tantum non omnibus firmata , bene se habet ; ut ostendat Pompeius hoc contra voluntatem suam fieri. ED.

115. *Quot regna*, etc. Quot reges in servitutem rediget , si vincat, Cæsar?

116. *Enipeus.* Thessaliæ fluvius ; VI , 373.

117. *Prima velim caput.* Utinam ego primus in bello cadam , modo id fiat sine partium mearum damno et calamitate. Ordo est : velim prima lancea funesti belli feriat hoc caput.

118. *Sine momento.* Motu , mutatione aut calamitate reipublicæ.

119. *Neque enim victoria.* Neque enim victoria e civium sanguine parta majori erit mihi lætitiæ quam mors.

120. *Aut populis invisum.* Victor, invidia carere non potero, ut qui effuso sanguine civium vicerim : victus, utique miser ero : causa damnabitur ex eventu. Infra vs. 260. —

Hac clade. Hac de Pompeio intelligi debere ait Burm. quod ideo delet ut *clades* ad Cæsarianos referatur. Sed *hac* potest esse: hujus diei. ED.

122. *Omne malum victi.* Quidquid victus mali in ultima sorte pertulerit , hoc totum ad victoris crimina et dedecus conferetur. Sic vulgo intt. Sed *victi* et *victoris* hic inter se opponuntur, ut ostendat Pompeius cur mori velit ; nam victo omnes miseriæ , sors calamitosissima , subeundæ sunt ; in victoris autem caput omnia belli nefarii scelera recident. ED.

123. *Sic fatur.* Sed audi Plutarchum in Pompeio : Illi, inquit , (Domi²ius scil. Favonius, Afranius et alii) hæc dictitantes, Pompeium existimationis retinendæ cupidum , amicorumque verecundia victum compulerunt, uti optimis consiliis omissis, voluntates ipsorum et spes sequeretur. Quod sane vel navis gubernatorem haud æquum erat facere, multo minus tot gentium atque exercituum imperatorem.

Laxat ; et ut victus violento navita Coro   125
Dat regimen ventis, ignavumque arte relicta
Puppis onus trahitur. Trepido confusa tumultu
Castra fremunt, animique truces sua pectora pulsant
Ictibus incertis. Multorum pallor in ore
Mortis venturæ est, faciesque simillima leto.   130

    Advenisse diem, qui fatum rebus in ævum
Conderet humanis, et quæri Roma quid esset,
Illo Marte palam est : sua quisque pericula nescit,
Attonitus majore metu. Quis litora ponto
Obruta, quis summis cernens in montibus æquor,   135
Ætheraque in terras, dejecto sole, cadentem,
Tot rerum finem, timeat sibi? non vacat ullos
Pro se ferre metus : Urbi, Magnoque timetur.

125. *Et.* Hoc loco vel *et* abundat, vel subaudiendum ex sqq. dat regimen populis. Bentl. corrigit *ut evictus*, quod notat longum certamen ; coll. Virg. Æn. II, 630.—*Coro.* Vid. I, 406.

126. *Dat regimen ventis.* Permittit. VIII, 190 : « Cætera da ventis. » — *Ignavum puppis onus.* Alii intelligunt navem ; sed rectius ex Schol. Oud. ipsum gubernatorem qui relicta arte regendæ navis factus modo est ignava sarcina et inutile pondus. ED.

129. *Ictibus incertis.* Vario affectuum et consiliorum impulsu. — *Pallor venturæ mortis.* Ut Virg. Æn. IV, 644 : « et pallida morte futura. »

130. *Mortis.* Oud. *Et mors ventura est,* scil. *in ore ;* sed vulgata bene habet. ED. — *Faciesque simillima leto.* Alii *fato.* Conjiciunt viri docti *functo* vel *functis.* Sed Burmann. hic figuratam locutionem videt, ita ut *letum* explicari possit pro mortuis ;

sic infra v. 818 : « Libera fortunæ mors est ; » id est, mortuus. ED.

131. *Advenisse diem.* Vident adesse diem et prælium, quo dimicabitur de rerum summa, atque decernetur, Romane sui futura sit, an alieni juris. Ergo in commune timet quisque de se securus.

132. *Conderet.* Constitueret in perpetuum rebus humanis fatum. — *Quid esset.* Civitasne libera mansura, an sub unius imperium redigenda ?

134. *Majore metu.* Scil. quod de omnium periculo cogitabat. Hoc sequentia amplificant.

135. *Quis summis.* Cui enim vacet sibi soli timere, quum videat universi mundi machinam labascere ruereque, terris maria misceri, et terras cælo ?

137. *Tot rerum finem.* Oppositio, quæ præcedentia comprehendit.

Nec gladiis habuere fidem, nisi cotibus asper

Exarsit mucro : tunc omnis lancea saxo   140

Erigitur; tendunt nervis melioribus arcus ;

Cura fuit lectis pharetras implere sagittis.

Auget eques stimulos, frenorumque aptat habenas.

Si liceat Superis hominum conferre labores,

Non aliter, Phlegra rabidos tollente Gigantas,   145

Martius incaluit Siculis incudibus ensis ,

Et rubuit flammis iterum Neptunia cuspis,

Spiculaque extenso Pæan Pythone recoxit,

Pallas Gorgoneos diffudit in ægida crines ,

Pallenæa Jovi mutavit fulmina Cyclops.   150

Non tamen abstinuit venturos prodere casus

139. *Nec gladiis habuere fidem.* Quin et tela, tamquam parum acuta in civium cædem, subigunt cotibus. Sic *fidus* ensis.

140. *Exarsit mucro.* Asperior splenduit. Bene exardere dicitur ferrum, quod quum acuitur, incalescit. Horat. Carm. II, 8, 16 : « Semper ardentes acuens sagittas Cote cruenta. » — *Lancea saxo.* Saxo imprimitur, ut aciem recipiat. Cuspis lanceæ curva, retusa, erigitur, acuminatur.

143. *Aptat.* Alii *arctat ;* sed quem in usum ?

144. *Si liceat Superis.* Virgil. Georg. IV, vs. 176 : « Si parva licet componere magnis. »

145. *Non aliter, Phlegra.* Ita, ubi Gigantes Diis bellum indicebant in Phlegræis campis, quos alii in Italia volunt, inter Cumas et Neapolim, alii in Macedonia, quod innuit poeta in *tollente,* hoc est, montibus congestis, Pelio superimposita Ossa, Gigantas erigente.

146. *Martius incaluit Siculis.* Sicula fornace recoxit Cyclops Martis frameam, Neptuni tridentem, Apollinis sagittas in Pythone conficiendo hebetatas, anguineos crines in capite Medusæ quos Pallas gestabat in ægide, scuto seu lorica sua ; fulmina quibus mox Jupiter usurus erat contra Gigantas. — *Siculis.* Juxta Siciliam officina Vulcani. SCH.

147. *Iterum.* Jam enim rubuerat quum primum fabricata est. SCH.

148. *Extenso.* Vulnerato et occiso ; unde retusa fuerant.

150. *Pallenæa.* Pallene est oppidum Macedoniæ, seu Thraciæ, quod et Phlegra aliquando dictum fuit ; *fulmina* ergo *Pallenæa* vocat, quibus mox Jupiter apud Pallenen Gigantas profligavit. Hinc Jovis Pallenæi triumphi memorantur Statio, Silv. IV, 2, 56. — *Cyclops.* Quispiam e ministris Vulcani.

151. *Non tamen abstinuit,* etc. De prodigiis quæ Pompeio cladem

Per varias Fortuna notas : nam Thessala rura
Quum peterent, totus venientibus obstitit æther ;
Inque oculis hominum fregerunt fulmina nubes :
Adversasque faces, immensoque igne columnas,   155
Et trabibus mixtis avidos siphonas aquarum
Detulit, atque oculos ingesto fulgure clausit ;
Excussit cristas galeis, capulosque solutis
Perfudit gladiis, ereptaque pila liquavit ;

portendebant, vide quæ fusius referunt Plutarch. in Pomp. et Cæs. vitis; Appian. de Bell. Civ. lib. II ; Dio, lib. XXXI; Cæs. Comment. III ; Val. Max. lib. I, c. 6 : « Cneum inquit, Pompeium Jupiter omnipotens abunde monuerat, ne cum C. Cæsare ultimam belli fortunam experiri contenderet, egresso a Dyrrhachio adversa agmini ejus fulmina jaciens, examinibus apum signa obscurando, subita tristitia implicatis militum animis, nocturnis totius exercitus terroribus, ab ipsis altaribus hostiarum fuga, etc. Die autem prælii constat in delubris Deum sua sponte signa conversa, etc. » — *Prodere.* Portentis significare futuræ pugnæ eventum.

153. *Peterent.* Pompeii milites. Sch. — *Totus æther.* Id est, varia ex æthere portentorum genera, quæ Noster hic aggerat. Ed. — *Obstitit.* Terruit, ne procederent.

154. *Fregerunt fulmina nubes.* Nubes refringebant fulmina in faciem et oculos adversos. Cf. ad I, 154. Versus hic incommode interponitur ; vide tamen Disq. var.

155. *Adversasque faces.* Æther (vox ea e vs. 153 repetenda) detulit ex adverso meteora ignita, λύχνους,

instar facis in superiore parte accensos. — *Immensoque.* Ignis perpendicularis exhalationes formam columnæ pyramidalis referentes ; δόκοις exhalationibus formam trabis repræsentantibus et in longum porrectis.

156. *Avidos siphonas.* Tubos quibus aquæ trahuntur. Gallice *trombes.* Plin. II, 49, seu 50 : « Ex eodem genere et in longam veluti fistulam nubes aquam trahit. »

157. *Ingesto fulgure.* Metaphora ab hasta vel jaculo desumpta. Noster VIII, 645 : « Ingeris ictus. » Oud. — Burm. non male conjicit *flumine,* quia de siphone agitur magnam vim aquarum trahente. Ed.

158. *Excussit cristas galeis.* Cristæ a galeis avulsæ sunt. De effectibus istiusmodi fulminis subtilis, discutientis, et urentis, vide Philosophos meteorologos.—*Solutis.* Id est, liquefactis.

159. *Perfudit.* Ipso ferro quod de gladiis liquescebat, capulos, quos manu tenebant, perfudit. Sch.—Conf. Sil. XII, 625 : « Summa liquefacta est cuspis in hasta Et fluxit ceu correptus fornacibus ensis. » — *Ereptaque pila.* Et lanceas liquefecit a ligno suo divulsas, vel e militum manibus ereptas.

Æthereoque nocens fumavit sulfure ferrum. 160

Nec non innumero cooperta examine signa,

Vixque revulsa solo; majori pondere pressum

Signiferi mersere caput, rorantia fletu,

Usque ad Thessaliam Romana et publica signa.

Admotus Superis discussa fugit ab ara 165

Taurus, et Emathios præceps se jecit in agros;

Nullaque funestis inventa est victima sacris.

　　At tu, quos scelerum Superos, quas rite vocasti

Eumenidas, Cæsar? Stygii quæ numina regni,

Infernumque nefas, et mersos nocte furores? 170

160. *Nocens.* Ferrum nocens, i. e. mucro. — *Fumavit sulfure.* Fulmine, quod sulfureæ est naturæ.

161. *Nec non innumero*, etc. Vide quæ ad vers. 151 supra. Apum examine tunc signa et vexilla contecta, quod omen adversum est. Cf. Silius, VIII, 635.

162. *Vixque revulsa solo.* Signa vix e solo emovit signifer multa vi nixus et inclinatus, quod mali erat ominis. — *Majori pondere pressum.* Signa solito graviora vexillarii caput inclinavere. Vid. Disq. var.

163. *Rorantia fletu.* Maduere quasi fletu aut sudore simulacra deorum, quæ secum in signis ferebant Romani, vel potius ipsa signa militaria, aquilæ, ominose lacrymaverunt.

164. *Publica signa.* Anaphora est, nam vox *signa* præcessit eadem periodo, versu ante quarto. Dicit autem illa signa fuisse publica et adhuc Romana usque ad pugnam Pharsalicam. Postea enim nulla in Cæsarem nisi privata arma. Similis locus Taciti: « Postquam Bruto et

Cassio cæsis nulla jam publica arma. » GROT. — Vide Disq. var.

165. *Admotus Superis.* Oblatus et ad aram adductus. Malum omen est, si victima non stat patiens. SCH.

167. *Nullaque funestis.* Quæ litaret, aut victoriam significaret.

168. *At tu, quos scelerum Superos?* Infestus ubique Cæsari poeta Stygios illum Deos nefarii sceleris auctores et Furias sollicitasse insimulat; quem tamen Appianus II, 116, refert nocte media perfectis sacris invocasse Martem, parentemque suam Venerem, templum Victoriæ faventi vovisse, si rite rem peregisset. — Hic Burm. (præf. p. 39) Lucanum impietatis insimulat, qui Deos sceleri adscribit, et qui non ignorare debuerat victoriam numquam ab Inferis cuiquam datam. — *Scelerum Superos.* Ne vero offendat locutio insolentior, vid. II, 80; et IX, 132 (ubi legit *hospitii superis.*) BURM.

169. *Eumenidas.* Sic dictas κατ' ἀντίφρασιν, quasi quidvis potius quam propitias et benignas (Cf. III, 15). HORT.

Impia tam sæve gesturus bella litasti.

Jam dubium, monstrisne Deum, nimione pavori

Crediderint : multis concurrere visus Olympo

Pindus, et abruptis mergi convallibus Hæmus ;

Edere nocturnas belli Pharsalia voces ; 175

Ire per Ossæam rapidus Bœbeida sanguis :

Inque vicem vultus tenebris mirantur opertos,

Et pallere diem, galeisque incumbere noctem,

Defunctosque patres, et cunctas sanguinis umbras

Ante oculos volitare suos : sed mentibus unum 180

Hoc solamen erat, quod voti turba nefandi

Conscia, quæ patrum jugulos, quæ pectora fratrum

Sperabat, gaudet monstris, mentisque tumultu,

171. *Sæve gesturus.* Quemcumque scelerum Deum invocaveris, certum est te perlitasse et placasse eum sacris tuis, quum tam crudeliter bellum esses gesturus. Vulgo post *litasti* male ponebatur signum interrogationis, quod delevi, sensu id postulante. OUD.

172. *Jam dubium monstrisne Deum.* Dubium est apparuerintne illa prodigia, an Panico timore perterriti Pompeiani sibi visi sint videre concursus montium, lacus fluere sanguine, etc.

173. *Concurrere.* Concertare, ut mons monti illideretur, monte Hæmo per hiatum terræ subducto.

176. *Ossæam Bœbeida.* Lacum vel paludem Thessaliæ ad radicem Ossæ.

177. *Mirantur opertos.* Vident alter alterius ora subitis tenebris obducta. Florus, IV, 2: « Insignes interdiu tenebræ. »

178. *Galeis.* Non *gladiis.* Circum-

fusam esse noctem galearum nitori.

179. *Defunctosque patres.* Legit Oudend. « Defunctos ululare patres et sanguinis, etc. » Quam lectionem non improbaret Burm. si recte dictum videretur *sanguinis* pro *consanguineorum*, cognatorum ; quare cum Heinsio legit : *et juncti sanguinis umbras.* Cf. I, 111. ED.

180. *Sed mentibus unum.* Qui scelesto et impio furebant voto interficiendi patres fratresque, non potuerunt terreri his monstris ; quin immo fruebantur, et omen hinc capiebant perpetrandi sceleris, quod conceperant. — Hæc de Pompeianis tantum dicta arguunt præced. et seq. versus, non de Cæsarianis, ut voluit Badius ; nam in civili bello utraque pars impia, et Pompeianos aliquando Noster perstringit. ED.

181. *Solamen.* Robur animis addebat, eos erigebat.

183. *Sperabat.* Subaud. sibi ad cædem dari. Sæpius enim Noster

Atque omen scelerum subitos putat esse furores.

Quid, mirum, populos, quos lux extrema manebat,
Lymphato trepidasse metu, præsaga malorum   186
Si data mens homini est? Tyriis qui Gadibus hospes
Adjacet, Armeniumque bibit Romanus Araxem,
Sub quocumque die, quocumque est sidere mundi,
Mœret, et ignorat causas, animumque dolentem   190
Corripit, Emathiis quid perdat nescius arvis.   I.

Euganeo, si vera fides memorantibus, Augur
Colle sedens, Aponus terris ubi fumifer exit,

jugulum pro mortem, cœdem usurpat: vid. IV, 406; V, 63; VII, 593, et al. ED.

185. *Quid mirum*, etc. Sensum cum Burmanno sic expono : si quando homini futura præsagire datum est, quid mirum eos, quos jam vicina mors premebat, quasi fatidico metu correptos fuisse. ED. — *Manebat.* Burm. corrigit *vocabat*, quia propius est periculum. Non male. Cf. tamen Disq. var. ED.

186. *Lymphato.* Lib. I, vers. 496, et Horat. I, 37, 14.

187. *Tyriis Gadibus.* Hodie *Cadiz* ad extremam oram Hispaniæ; quæ fuit colonia Tyriorum.

188. *Araxem.* Armeniæ fluvium. Vult dicere ab occidente ad orientem, quod variat versu seq.

189. *Sub quocumque die.* Sub quacumque cæli plaga.

190. *Ignorat causas.* Male, opinor, Schol. « Nescit esse bella civilia; » nam quis tunc in toto orbe civile bellum ignoraret, præsertim Romanus. Explico : ignorat causas mœroris; sine causa præsente mœret; vel nescit eo die pugnari. ED.

191. *Corripit.* Queritur se sine causa dolere; animum ipse suum castigat, reprehendit. Quidam corrigunt : *animoque dolorem concipit.* Male et frigide. ED.—*Quid perdat.* Libertatem suam, pugna hac in Pharsalicis campis oppressam, ignorans.

192. *Euganeo.* Conferendus Plutarch. qui sic fere in Cæsare : « Patavii, C. Cornelius, divinandi scientia nobilis, quum eo die quo depugnatum est auguria observaret, primo tempus ipsum pugnæ notavit, idque iis qui aderant significavit : deinde ad observanda signa iterum conversus, divino quodam furore afflatus exsiliit, vociferatus: «Vincis, o Cæsar, etc.» Adde Gell. XVI, 18. Patavini autem dicti sunt Euganei, nempe ob nobilitatem generis; Henetis et Trojanis oriundi. Plin. lib. III, c. 20, seu 24. Cf. Sid. Apoll. Carm. IX, 191.

193. *Aponus terris.* Aliis, urbs in agro Patavino : aliis, fluvius. Mihi fons videtur esse, ex Suetonio in Tib. c. 14. — *Fumifer.* De fumo et aura fluviorum omnia nota. Ovid. Metam. I, 571; XIII, 602. BURM.

Atque Antenorei dispergitur unda Timavi,

« Venit summa dies, geritur res maxima, dixit :   195

Impia concurrunt Pompeii et Cæsaris arma. »

Seu tonitrus, ac tela Jovis præsaga notavit ;

Aera seu totum discordi obsistere cælo,

Perspexitque polos ; seu lumen in æthere mœstum

Solis in obscuro pugnam pallore notavit.   200

Dissimilem certe cunctis , quos explicat, egit

Thessalicum Natura diem : si cuncta perito

Augure mens hominum cæli nova signa notasset,

Spectari toto potuit Pharsalia mundo.

O summos hominum, quorum Fortuna per orbem 205

---

194. *Antenorei Timavi.* Fluvius in regione Venetorum , ad cujus fontem Antenor Troja profugus Patavium condidisse fertur. Virg. Æn. I, 242.—Videtur Lucanus Timavum ponere in agro Patavino , quum revera longe inde remotus fluxerit in Japidia ; unde lis orta inter viros doctos, an sit Timavus, qui hodie *Brenta* dicitur. BURM. — *Dispergitur unda.* Septem , aliis novem ostiis in mare exire creditus, qui tamen ipse hodie vix exstat. Martiali XIII, 89, *Euganeus* Timavus dicitur.

196. *Venit summa dies.* E Virgilio desumpsit, Æn. II, 324.

197. *Seu tonitrus.* Sive illud e tonitru et fulminibus adverterit , sive e siderum dispositione , sive e tristi cæli, solis, ætherisque facie.

198. *Aera seu totum.* Sive animadvertit , cælestia corpora pugnare cum mundo ; ac recusare naturæ lege cursum suum torquere. HORT.

199. *Perspexit.* Exacte et penitus consideravit , et cognovit polorum laborem. OUD. — *Seu lumen*, etc. Oudend. legit cum pluribus MSS. *numen*, hoc sensu : sive quis deus , mœstus in æthere , significavit pugnam per obscurum pallorem solis. Sed nullus, opinor, Deus unquam in tali re solem obscuravit, nisi ipse Sol. Sic receptam lectionem expono : sive lumen solis, mœstum in æthere , per obscurum pallorem, pugnam significavit. Libens accedam conjecturæ Burm. corrigentis, *solis, et obsc. pugn. in pall.* ut *notavit* ad ipsum augurem referatur. Cf. Disq. var. ED.

201. *Quos explicat.* Quos ordine disponit se subsequentes. BURM.

202. *Si cuncta mens.* Si omnes homines observassent hæc portenta per peritum augurem.

205. *O summos hominum.* Lucanus *summos homines* vocat, quos Maro « Romanos rerum dominos. » O quanti erant Romani , quantæ supra alias omnes gentes Diis curæ, ut quorum rebus notandis signandisque universum cælum intentum caverit.

Signa dedit, quorum fatis cælum omne vacavit!

Hæc et apud seras gentes, populosque nepotum,

Sive sua tantum venient in secula fama,

Sive aliquid magnis nostri quoque cura laboris

Nominibus prodesse potest, quum bella legentur,   210

Spesque metusque simul, perituraque vota movebunt;

Attonitique omnes veluti venientia fata,

Non transmissa legent, et adhuc tibi, Magne, favebunt.

    Miles ut adverso Phœbi radiatus ab ictu

Descendens totos perfudit lumine colles,   215

Non temere immissus campis; stetit ordine certo

Infelix acies. Cornus tibi cura sinistri

FARNAB. — Melius Schol. capit de Cæsare et Pompeio. Ipse enim Noster V, 343 : « Humanum paucis vivit genus. » Et hoc confirmat versu seq. ubi dicit in cælo nulla nisi Pompeii et Cæsaris fata tractata, quorum Fortuna faciebat sortem universis. ED.

207. *Hæc et apud.* Atque bella hæc ubi posteri acceperint, vel ex traditione tantum, et fama per ora hominum vulgata, vel forte carminis hujus mei labore, si modo is sit qui tantis nominibus prodesse valeat : varie afficientur, spe bona sollicitisque votis Pompeio favebunt; neque enim legent audientve tamquam transacta et præterita, sed cum studio et affectu tamquam præsentia et eventura.

211. *Peritura vota.* Desiderabunt enim frustra lectores, ut Pompeius victor futurus sit. SULP.—Vel melius inania, vana, non existentibus jam bellis. Ut apud Horat. Arte Poetica: *inaniter angit.* ED.

212. *Attoniti.* Hoc sæpe de animo quem turbant et commovent futura. IV, 474 : « Attonitam venturaque fata paventem. » Disq. var.

213. *Non transmissa.* Non peracta, transacta. Sic Claudian. Cons. Mall. 141 : « Nec tibi sufficiat transmissæ gloria vitæ. »—*Adhuc.* Quia lectoribus omnia sunt futura, quia lectores infelicis pugnæ exitum nondum sciunt. WEB.

214. *Miles ut adverso.* Describitur acies Pompeii. SCH.—*Radiatus.* Hoc est, radiis solaribus a fronte percussus. HORT.

215. *Perfudit lumine.* Proinde Cæsar ortum ; Pompeius occasum tenebat. — *Lumine colles.* Armorum fulgore adverso sole lucentium.

216. *Non temere immissus campis.* Prudenter et optimo consilio instructus. Quippe nihil temere facturus Pompeius videbatur.

217. *Infelix acies.* Iniquo fato cessura, et vincenda.—*Cornus tibi cura.* Lentulo quidem dextrum cornu tribuit Appianus, quod Pompeio

Lentule, cum prima, quæ tum fuit optima bello,
Et quarta legione, datur : tibi numine pugnax
Adverso, Domiti, dextri frons tradita Martis.   220
At medii robur belli fortissima densant
Agmina, quæ Cilicum terris deducta tenebat
Scipio, miles in hoc, Libyco dux primus in orbe.
At juxta fluvios, et stagna undantis Enipei,
Cappadocum montana cohors, et largus habenæ   225
Ponticus ibat eques. Sicci sed plurima campi

Plutarchus, uti sinistrum Domitio. Cæsar autem refert Pompeium præfuisse sinistro cornu, in quo erant legiones duæ, prima et tertia, sub initio dissensionis a Cæsare traditæ ex S. C. Quod verisimilius est, ut validissimum exercitus firmamentum objiceretur Cæsari, qui erat in dextro cornu cum Sulla et decima legione.

218. *Optima bello.* Sic Virgil. Georg. II, 447 : «Bona bello cornus,» et Noster I, 425 : « Optima gens flexis in gyrum Sequana frenis. »

220. *Domiti.* Fuit iste L. Domitius ; nam Cn. Domitius a Cæsare stetit, mediamque aciem tenuit. — *Numine adverso.* Recte. Namque Corfinii obsessus, a suis militibus Cæsari traditus et ab eo demissus II, 479 ; Massiliensi classi præfectus et inde victus aufugit, lib. III, extr. hic victus cæsusque est, infra, vs. 600. — *Dextri frons Martis.* Cornu dextrum.

221. *At medii robur.* Mediam aciem tuebatur Scipio, Pompeii socer, cum octo legionibus, quas secum habuerat in Syria cui præfuit; advocatus inde a Pompeio per literas. Adjuncta Cilicensi legione, et cohortibus quas ex Hispania traduxerat

Afranius. « Has firmissimas se habere copias Pompeius existimabat.» Cæsar, B. C. III, 88.

223. *Miles in hoc.* Hic militabat sub Pompeio, sed æquo classicorum et prætoris honore ; pugnæ mox Pharsalicæ reliquias in Africam traduxit, atque ibi dux creatus est contra Cæsarem.

224. *At juxta fluvios.* Robur et fiducia belli in Italis erat. Sociorum copiæ hinc inde ad ostentationem prolatæ. Dextrum cornu muniverat Pompeius Enipeo amne, cui Cappadocas et Ponticos equites adjecisse videtur.

225. *Cappadocum.* Quorum rex fuit Ariarathes. Ipsa regio montosa est, unde opinor poetam Cappadocum *cohortem montanam* appellare ; sive adeo, quod castra sua in collibus, unde descendebant, habuerint. HORT. — *Largus habenæ.* Quia currentibus equis laxiores habenas largiatur, utpote doctus equitandi. SCH. — Virg. Æn. XI, 338 : « Largus opum. »

226. *Sicci.* Maximam partem campi arentis, longe a fluviorum ripis, tenent Tetrarchæ, etc.

Tetrarchæ, regesque tenent, magnique tyranni,

Atque omnis Latio quæ servit purpura ferro.

Illuc et Libye Numidas, et Creta Cydonas

Misit; Ituræis cursus fuit inde sagittis;　　　230

Inde, truces Galli, solitum prodistis in hostem;

Illic pugnaces commovit Iberia cetras.

Eripe victori gentes, et sanguine mundi

Fuso, Magne, semel totos consume triumphos.

　　Illo forte die Cæsar statione relicta,　　　235

Ad segetum raptus moturus signa, repente

Conspicit in planos hostem descendere campos,

Oblatumque videt votis sibi mille petitum

---

227. *Tetrarchæ.* Tetrarcha, qui quartam regni partem habet. Hos cum regibus memorat quoque Cic. Orat. pro Domo sua, cap. 23; pro Balbo, c. 5; et Horat. Sat. I, 3, vs. 12.

228. *Quæ servit purpura ferro.* Summatim omnes purpurati principes subjecti imperio Rom.

229. *Illuc.* Illic stant, quos misit. — *Creta Cydonas.* Sagittarios misit Creta insula cujus Cydon urbs.

230. *Ituræis cursus fuit inde sagittis.* Ituræi populi Cœlesyriæ. Plin. lib. V, c. 23, seu 19; Strab. lib. XVI; Flav. Vopisc. Virgil. Georg. II, 448: « Ituræos taxi torquentur in arcus; » ubi vid. Heyn. Hos populos iterum memorat infra 514: « Tunc et Ituræi, Medique. »

231. *Galli.* Allobroges, qui a Cæs. ad Pompeium profugerant (confer not. ad VI, 268), et alii forte. — Burm. suspicatur hic Galatas sub rege Dejotaro designari, quos cum Europæis Gallis Noster confudit. Ed.

— *Solitum prodistis in hostem.* Cæsarem, contra quem in Gallia olim pugnabatis.

232. *Iberia.* Hispania. — *Cetras.* Scuta brevia lunata. Bene autem *commovit* ob agilitatem quam in cetrarum rotatione et motu præstabant Hiberi. Est enim hoc artis militaris. — *Pugnaces.* Ut Homerus Iliad. A, 32, dixit ἀσπίδα θοῦριν. OUDEND. — Cf. Disq. var.

233. *Eripe.* Fac ut mors eripiat. — Collatas huc omnes undique gentes objice Cæsari, o Pompei, internecione delendas; ita non erunt quibus imperet, de quibus triumphet.

235. *Illo forte die Cæsar.* Cæsar, desperata belli copia, ea nocte tres legiones emiserat frumentatum: ubi vero aciem Pompeii longius a vallo progressam videt, suos convocari jubet, et lætus pugnam apparat. Aliter paullo Cæsar. B. C. III; c. 85. — *Statione relicta.* Egressus castris, signo profectionis dato. BURM.

Tempus, in extremos quo mitteret omnia casus.

Æger quippe moræ, flagransque cupidine regni,   240

Cœperat exiguo tractu civilia bella

Ut lentum damnare nefas. Discrimina postquam

Adventare ducum, supremaque prælia vidit,

Casuram et fati sensit nutare ruinam,

Illa quoque in ferrum rabies promptissima paullum 245

Languit, et casus audax spondere secundos

Mens stetit in dubio, quam nec sua fata timere,

Nec Magni sperare sinunt : formidine mersa,

239. *In extremos casus*, etc. Quo tempore de summa rei dimicaret.

240. *Æger quippe moræ.* Moræ impatientem, et studio certaminis de rerum summa ardentem, tædere cœperat belli protracti.

241. *Exiguo tractu.* Parvus quidem temporis tractus intercesserat, ex quo ad Dyrrhachium pugnaverant ; sed pugnam differri ægre ferebat Cæsar. Vellem, si latinitas ferat, non hic de temporis spatio, sed de ipso *trahendi* belli actu intelligi. Et quidem legitur apud Cic. de Orat. II, cap. 5o : « quanta hæsitatio tractusque verborum ; » an similiter *tractus belli* dici latine possit ? Tunc sic locum exponerem : Cæsar, Pompeii mora vel dilatione pugnæ licet parva pertæsus, jam civile bellum damnabat, non quia scelus, sed quia lentum scelus erat. Sed alterum eodem redit. Burm. *tractum* quoque de spatio locorum dici notat. ED.

242. *Discrimina postquam.* Verum ubi in procinctu ultimum discrimen adesse vidit ; subsedit illi aliquantum ferox animus. Sed hæc malignæ in Cæsarem, ut omnia

Noster, neque enim illi umquam major alacritas et fiducia, ut testantur omnes historici.

244. *Casuram et fati.* Sensit fatalem jam parari alterutri ruinam, quæ jamjam casura nutabat. Sic IV, 393 : « mundi nutante ruina. » Oudend. legit *casuram fatis*, id est, ut fata volunt, fatorum arbitrio. Sed melior est sensus τῷ *et* servato, ut sit : instante periculo, rabies languit. Aliter videretur sibi ruinam præsentire. ED.

245. *In ferrum.* In pugnam : quasi Cæsar delectatus fuisset rabie pugnandi. HORT.

246. *Casus audax.* Mens Cæsaris quæ sibi prospera omnia promittebat, tunc in dubio stetit, ut nec timeret, nec speraret. SCH.

247. *Nec sua fata timere.* Neque enim sua felicitas permisit illi desperare ; neque advertenti Pompeii felicitatem in aliis bellis erat cur valde speraret.

248. *Formidine mersa.* Metu suppresso, spem aperit, ut quæ utilior incitandis militum animis. SCH. Cf. infra not. 342.

Prosilit; hortando melior fiducia vulgo.

« O domitor mundi, rerum fortuna mearum,　　　250

Miles, adest toties optatæ copia pugnæ.

Nil opus est votis; jam fatum arcessite ferro.

In manibus vestris, quantus sit Cæsar, habetis.

Hæc est illa dies, mihi quam Rubiconis ad undas

Promissam memini, cujus spe movimus arma,　　　255

In quam distulimus vetitos remeare triumphos.

Hæc eadem est hodie, quæ pignora, quæque penates

Reddat, et emerito faciat vos Marte colonos.

Hæc, fato quæ teste probet, quis justius arma

Sumpserit; hæc acies victum factura nocentem est.　　260

---

249. *Prosilit.* Ipse Cæsar, dicturus apud milites, cum alacritate ad illos procedit. ED. — *Melior fiducia.* Id est, milites majore fiducia hortabatur, quam incertum eventum dubius secum agitabat. BURM.—Virg. G. I, 286 : « nona fugæ melior. »

250. *O domitor mundi.* Galliæ, Germaniæ, Britanniæ, Hispaniæ, CCCC fere nationibus patriæ additis; ut habet Appianus in oratione quam Cæsari affingit, quam si placet cum hac conferas.—*Rerum fortuna.* Per appositionem.

251 *Adest toties optatæ*, etc. Copia pugnæ, quam toties optavimus, datur: nunc non otiosis votis, sed strenuis gladiis fabricanda est nobis fortuna nostra.

252. *Jam fatum.* Sic IV, 484 : « Accersas dum fata manu. » ED.

253. *In manibus vestris.* Fortunam, virtutem, liberalitatem, fidem Cæsaris, totum denique Cæsarem, quantus est, habetis. FARN. — Melius Schol. In potestate vestra habetis, ut aut Cæsar omnibus imperet, aut extremus fiat omnium. Quantus futurus est Cæsar, ex vestra virtute pendet.

255. *Promissam.* Scil. a vobis; nam dixit lib. I, 388, *Promisere manus.* ED.

256. *Distulimus.* Illis hactenus triumphare de Gallis non licuit; prohibebat enim senatus : quo victo et sub Cæsaris leges redacto, nulla jam erit triumpho mora. Ergo ista dies dabit illis triumphos, qui antea erant *vetiti remeare*; ad quos ducendos remeare ipsi vetabantur. Bene huc Burm. citat Florum II, 11, 17 : « In Africam navigabat bellum. » ED.

257. *Quæ pignora.* Quæ vos hostes declaratos restituat patriæ, conjugibus, liberis; quæ vos stipendiis belloque defunctos militiæ eximat, agrisque donet.

259. *Hæc.* Scil. dies, qua fatum, eventus belli a Diis prædestinatus, testabitur nostrane causa justior sit, an inimicorum.

260. *Factura nocentem.* Decla-

Si pro me patriam ferro flammisque petistis,
Nunc pugnate truces, gladiosque exsolvite culpa.
Nulla manus, belli mutato judice, pura est.
Non mihi res agitur; sed vos, ut libera sitis
Turba, precor, gentes ut jus habeatis in omnes.   265
Ipse ego, privatæ cupidus me reddere vitæ,
Plebeiaque toga modicum componere civem;
Omnia dum vobis liceant, nihil esse recuso.
Invidia regnate mea. Nec sanguine multo

---

rabit eum esse nocentem, qui victus fuerit.

261. *Si pro me.* Vid. I, 378.

262. *Gladiosque exsolvite culpa.* Si enim Dii victoriam dederint, ea testabitur culpam in inimicis esse, ac vos juste gladios strinxisse. Petron. de B. C. v. 121: « Ite, mei comites, et causam dicite ferro. »

263. *Mutato judice.* Neuter pugnantium purus et innocens est, si adversarium judicem habeat.

267. *Plebeia toga.* Intra urbem enim nec dictatores, nec coss. nec alii magistratus in alia veste quam in prætexta fuere: extra urbem paludati. Quoties ergo dictatores propter negotia urbana creati, ii prætextam induebant more reliquorum. Sulla deposita dictatura, et ejus insigni toga prætexta, se togæ communi, id est, puræ reddidit; quod et Cæsar de se hic ait. — *Modicum.* Id est, modeste et sine imperio viventem; in civium turba compositum et latentem. ED.

268. *Nihil esse recuso.* Hic silent omnes præter Schol. intt. Expono: Dummodo vos pleno jure vestro victores utamini, nihil est tam humile quod esse recusem; nulla sors tam misera, tam invidiæ subjecta quam non libens subeam. Nostras MAR-MONTEL, *nihil esse* eodem sensu capit quo Plinius dixit, Epist. VIII, 9: « Illud jucundum, nihil agere, nihil esse. » Sic quoque videtur intelligere Scholiastes, sed obscure notat: « Quasi cogatur ut dux sit, dum illis imperium conferre desiderat. » Hinc sensum eruo: licet mihi valde placeret plebeia conditio, tamen in vestram utilitatem ambitiosus, nolo *nihil esse,* summum imperium retineo. Bonus etiam hic sensus; sed omnino contra auctoris verba MARMONTEL: *je con-sens à n'être plus rien.* ED.

269. *Invidia regnate mea.* Invidiam et odia non detrecto, modo vos regnetis. — *Nec sanguine multo.* Non difficile est (inquit Cæsar apud Appianum) tirones inexpertosque viros ab iis, qui laboribus ac præliis assueti sunt, superari, etc. et hæc de Italis loqui me putate. Sociorum quippe nulla cura aut ratio habenda est, neque enim cum illis pugnandum credite. Mancipia sunt e Syria, Phrygia et Lydia, ad fugiendum serviendumque parata, etc.

Spem mundi petitis : Graiis delecta juventus   270
Gymnasiis aderit, studioque ignava palæstræ,
Et vix arma ferens, et mixtæ dissona turbæ
Barbaries; non illa tubas, non agmine moto
Clamorem latura suum. Civilia paucæ
Bella manus facient : pugnæ pars magna levabit   275
His orbem populis, Romanumque obteret hostem.
Ite per ignavas gentes, famosaque regna,
Et primo ferri motu prosternite mundum ;
Sitque palam, quas tot duxit Pompeius in urbem
Curribus, unius gentes non esse triumphi.   280
Armeniosne movet, Romana potentia cujus
Sit ducis? aut emptum minimo vult sanguine quisquam
Barbarus Hesperiis Magnum præponere rebus?
Romanos odere omnes, dominosque gravantur,

270 *Graiis delecta juventus.* Delicati ac molles Græci, lingua et gymnasticis ludis quam manu et armis promptiores.

272. *Vix arma ferens.* Imbelles Barbari, disciplinæ inexperti et inepti.—*Mixtæ dissona turbæ.* Turba Barbarorum confusa diversarum gentium linguis, quæ res vehementer in prælio victoriæ obest; ubi nulla gens in pugna alterius linguam intelligit. Horr.

274. *Latura.* Sustentura. Non feret tubas, nec clamorem sui ipsius exercitus, primo aciei motu, et tubarum classico. Liv. XXX, 33; Florus, IV, 12, § 15 : « Nec tubam sustinere potuerunt.» Oud.— *Civilia paucæ.* Non adeo multi cives sunt adversus quos dimicandum est, et unde hæc bella dici possint *civilia* ; major pars

pugnæ versabitur in his gentibus externis conficiendis, levandoque orbe his populis qui Romani nominis hostes sunt infensissimi.

277. *Ite per ignavas gentes.* Proculcate ignavas has et infames gentes promiscue hic collectas. — *Famosa;* de quibus tanta jactant. Ed.

280. *Curribus.* Triumphis.—*Unius gentes non esse triumphi.* Non dignas esse, de quibus in unum collectis unus agatur triumphus; nedum de singulis. MS. 7900 *triumphum.*

281. *Armeniosne movet.* Creditisne gentes has externas curare quis Romano imperio præsit ? aut sanguinis sui vel minima impensa laboraturas, ut Pompeius rebus Italicis præficiatur ?

284. *Romanos odere omnes.* Quia eorum diu hostes fuere, ut ait Ta-

Quos novere, magis. Sed me Fortuna meorum 285
Commisit manibus, quarum me Gallia testem
Tot fecit bellis : cujus non militis ensem
Agnoscam? cælumque tremens quum lancea transit,
Dicere non fallar, quo sit vibrata lacerto.
Quod si signa ducem numquam fallentia vestrum 290
Conspicio, faciesque truces, oculosque minaces;
Vicistis : videor fluvios spectare cruoris,
Calcatosque simul reges, sparsumque Senatus
Corpus, et immensa populos in cæde natantes.
Sed mea fata moror, qui vos in tela ruentes 295
Vocibus his teneo : veniam date bella trahenti;
Spe trepido : haud unquam vidi tam magna daturos,
Tam prope me Superos : camporum limite parvo
Absumus a votis. Ego sum cui, marte peracto,

cit. Agric. cap. 32 : « Diutius tamen hostes quam servos. » Ergo non melior eorum fides in Pompeium quam in me : immo gravius eorum dominationem ferunt, a quibus omnia servitutis mala experiuntur, et quos ideo melius novere. ED. — *Gravantur.* Cf. ad V, 258.

285. *Sed me Fortuna meorum.* Pompeius se hostibus victis; at ego me amicis et victoribus, quorum virtus, fides, probitas toties mihi spectata est in Gallicis bellis, credidi.

287. *Cujus non militis.* Tela prope singulorum meorum novi.

288. *Transit cælum.* Volat per aera.

289. *Non fallar.* Certum dicam, etsi non videam jaculatorem. Rem hyperbolice dictam imitatur exaggerando Silius, de Hannibale, IX, 246 : « et se cognoscere jactat, Qua dextra

veniant stridentis sibila teli. » ED.

292. *Vicistis.* Dicit se in vultibus eorum torvis et minacibus oculis jam videre eos futuros esse victores. Hæc vero signa, indicia, numquam se ducem fefellisse.

295. *Mea fata.* Victoriam meam. — *In tela.* Alii *in bella furentes.*

297. *Spe trepido.* Spe nimium commoveor. Post Schol. Oudendorp. jungit præcedentibus et explicat : Mihi spe trepidanti; id est, cujus alacre cor pulsatur, et nimium commovetur. Sensus idem est; sed minus elegans phrasis. Cæterum hic causam addit, quare bella trahat. Trepidatio enim motum impedit. ED.

298. *Tam prope me Superos.* Tam quasi in procinctu præsentes et propitios. Sic *adesse* passim dicuntur.

299. *Votis.* A victoria expetita.

Quæ populi, regesque tenent, donare licebit.   300

Quone poli motu, quo cæli sidere verso,

Thessalicæ tantum, Superi, permittitis oræ?

Aut merces hodie bellorum, aut pœna paratur.

Cæsareas spectate cruces, spectate catenas,

Et caput hoc positum rostris, effusaque membra, 305

Septorumque nefas, et clausi prælia campi :

Cum duce Sullano gerimus civilia bella.

Vestri cura movet : nam me secura manebit

Sors quæsita manu ; fodientem viscera cernet

Me mea, qui nondum victo respexerit hoste.   310

Brevis nos separat hic campus , uti hostes sunt constituti. SCHOL.—*Ego sum*. A spe amplissimorum præmiorum eos accendit.

301. *Quone*. Duplex interrogatio. Quone , id est, quonam, ut X, 99. Qua cæli facie et influxu permissum est Thessaliæ , ut sit tanti certaminis area? Infra, 847.—*Sidere verso*. Qua conversione aut regressione planetæ. SULP. — Male Cortius tentat *merso* , quum siderum conversioni et motibus passim veteres adscribant rerum humanarum vicissitudines. Vid. Florus, II, 8; III , 21. BURM.

304. *Cæsareas spectate cruces.* Videte , quæ me et vos pœnæ et cruciatus maneant , si victi fuerimus. Suetonius, Jul. 30: « Hoc voluerunt, tantis rebus gestis C. Cæsar condemnatus essem, nisi ab exercitu auxilium petissem. » ED.

305. *Caput hoc positum rostris.* Caput hoc meum affixum rostris ; qualia Sullanis temporibus facta vidimus.

306. *Septorum.* Hoc est, Comitii, in quo stans populus Rom. suffragia ferre solebat. *Septa* hæc loca vocabantur in Campo Martio inclusa tabulatis, specie ovilium. Hinc et *septa* pro ovilibus subinde ponuntur; quare per epexegesin addit, *clausum campum.* HORT. — *Nefas.* Significat quatuor legiones in Campo Martio imperio Sullæ trucidatas. Vid. II , 196.

307. *Duce Sullano.* Pompeio crudelitatem Sullæ, cujus magister equitum fuerat, imitari, ut discipulum decet, cupienti. Cf. I , 326.

308. *Nam me secura.* De vobis sollicitus sum ; quid de me faciam certum est : namque hæc dextra , si non victoriam mihi, necem certe dabit.

310. *Qui nondum victo respexerit hoste.* Hoc est , si quis nondum victo hoste respexerit, nempe ut se in fugam det retrorsum adspiciens , videbit quemadmodum me ipse occidam, dolens quod ipse, qui respicit , non intentus sit in prælium. SCHOL. — Cf. Disq. var.

Di , quorum curas abduxit ab æthere tellus,

Romanusque labor, vincat, quicumque necesse

Non putat in victos sævum destringere ferrum ,

Quique suos cives, quod signa adversa tulerunt ,

Non credit fecisse nefas. Pompeius in arcto   315

Agmina vestra loco, vetita virtute moveri,

Quum tenuit, quanto satiavit sanguine ferrum !

Vos tamen hoc oro, juvenes, ne cædere quisquam

Hostis terga velit : civis, qui fugerit, esto.

Sed dum tela micant, non vos pietatis imago   320

Ulla, nec adversa conspecti fronte parentes

Commoveant : vultus gladio turbate verendos.

Sive quis infesto cognata in pectora ferro

Ibit, seu nullum violabit vulnere pignus,

---

311. *Di , quorum curas tellus.* Qui curam convertitis ad terrena et Romanum imperium. — *Abduxit ab æthere.* Removit, ut non solum cælestia consideretis. SULPIT.

312. *Quicumque necesse.* Ille e nobis, qui non cupit sævire in eos cives, qui contra se arma induerint ; qui victis et in suam potestatem redactis parcit. Quod ego usque feci. — Hæc optime adumbravit BRÉBEUF : « Contre la cruauté déclare ta vengeance , Et porte la victoire où tu vois la clémence. » ED.

315. *Non credit fecisse nefas.* Qui adversariis debere credit ignosci, ut non sontibus. De hac clementia Cicer. pro Ligar, c. 6 : « Scelus tu illud vocas, Tubero?... alii errorem appellant, alii timorem. » — *Pompeius in arcto.* Pompeius vero, quum ad Dyrrhachium vos gemini valli angustiis clausos et fortitudinem ve-

stram exercere loco iniquo impeditos oppressisset , ad satietatem cives cecidit. VI, 263.

318. *Ne cædere quisquam.* Nolite hostes fugientes tam insequi, quam oppositos et pertinaciter in acie resistentes invadere.

319. *Civis , qui fugerit, esto.* Fugientes civium et sociorum loco habete. Cæsar quippe multo ante Romæ testatus fuerat, se inter amicos habiturum eos, qui neutram partem sequerentur. Pompeius vero discedens ab urbe in senatu dixerat, eodem se hos habiturum loco, ac qui in castris Cæsaris fuissent.

320. *Sed dum tela micant.* Adversis autem et repugnantibus ne parcite; etiamsi fuerint cognati, fratres, verendi patres.

322. *Gladio turbate verendos.* Ferite faciem venerandorum patrum, ut vulneribus confusi vultus nec

Ignoti jugulum, tamquam scelus, imputet hostis.   325

Sternite jam vallum, fossasque implete ruina,

Exeat ut plenis acies non sparsa maniplis.

Parcite ne castris : vallo tendetis in illo,

Unde acies peritura venit. » Vix cuncta loquuto

Cæsare, quemque suum munus trahit, armaque raptim

Sumpta, Ceresque viris : capiunt præsagia belli;   331

Calcatisque ruunt castris : stant ordine nullo,

Arte ducis nulla ; permittunt omnia fatis.

---

agnosci, nec vobis venerationem movere possint.

325. *Ignoti jugulum, tamquam scelus, imputet hostis.* Etiamsi quis propinquum nullum invenerit quem occidat, cædem ego ignoti cujusvis tanto in beneficio accipiam, quam si mea causa parricidium fecisset. Grot. — Alii exponunt : pro scelere habeat externi hostis jugulum petere, quum magis expediat notos hostes, id est, Italos vel Romanos occidere. Malim Grotii interp. ob sensum verbi *imputare* apud Tacitum frequentis; Hist. I, 38, 55, 71, et al. Vide Disq. var. Ed.

326. *Sternite jam vallum.* Apud Appianum Cæsar : « Ad pugnam exeuntes diruite mœnia, fossas opplete, ut nihil nisi victores habeamus. Videant nos hostes ipsi destitutos castris, sciantque nobis ex necessitatibus injunctum esse, eorum castris potiri, aut in prælio cadere. »

328. *Vallo tendetis in illo.* Tentoria figetis intra vallum Pompeianorum castrorum, unde nunc venit hostilis exercitus a vobis cædendus. *Tendere* pro, tentoria habere, ut

apud Virg. Æn. II, 29 : « hic sævus tendebat Achilles. »

331. *Ceresque viris.* Disciplina erat, numquam milites nisi pransos et corporibus curatis in prælium educere. Schol. « Frumentum singuli et arma sumpserant. » Huc Oudend. citat Veget. l. III, 11; Frontin. II, c. 1; et apposite Val. Flaccus, V, 215 sqq. Legunt alii : *sumpta viris : celeres capiunt*, etc. Non male; sed contra codd. auctoritatem. Ed. — *Capiunt præsagia.* Demoliuntur vallum castrorum, tamquam victoriæ omen capientes Cæsaris verba vs. 328.

332. *Calcatis.* Subversis.—*Ordine nullo, Arte ducis nulla.* Immo instructis optimo consilio ordinibus procedebant. Dextro enim cornu, ubi erat decima legio, præfuit Sulla, et ipse Cæsar contra Pompeium, supra v. 217, restitit : Antonius sinistrum cornu tenebat, ubi legio nona, adjuncta octava : in media acie erat Cn. Domitius. Ne vero a multitudine equitum circumveniretur, Cæsar celeriter ex tertia acie singulas cohortes detraxit, atque ex his quartam instituit, equitatuique opposuit, etc. De B. C. lib. III.

Si totidem Magni soceros, totidemque petentes
Urbis regna suæ, funesto in Marte locasset,   335
Non tam præcipiti ruerent in prælia cursu.

    Vidit ut hostiles in rectum exire catervas
Pompeius, nullasque moras permittere bello,
Sed Superis placuisse diem; stat corde gelato
Attonitus; tantoque duci sic arma timere   340
Omen erat: premit inde metus, totumque per agmen
Sublimi prævectus equo : « Quem flagitat, inquit,
Vestra diem virtus, finis civilibus armis,
Quem quæsistis, adest: totas effundite vires;
Extremum ferri superest opus; unaque gentes   345
Hora trahit. Quisquis patriam, carosque penates,

334. *Si totidem Magni soceros.* Ea celeritate ruebant in prælium, ac si singuli fuissent Cæsares, vel soceri Pompeii; et singuli sibi hac pugna regnum appetiissent.

335. *Locasset.* Scil. Cæsar. Grotius emendaverat *locasses*, hoc est, si quis locasset. Oudendorp. pro *funesto* volebat *Fortuna*; eodem sensu Burmann. pro *suæ* conjicit *Deus.* Sed vulg. defendi potest, quia ipse Cæsar suos in aciem educit. ED.

337. *In rectum exire.* Recta ex adverso in se tendere, pugnæ paratas.

339. *Diem.* Scilicet, quo omnia perderentur. SCHOL.

341. *Omen erat.* Inauspicatum erat et mali præsagii Pompeium, talem virum, bella ac pugnam vicinam timere.— *Premit inde metus.* Supprimit, dissimulat. Virg. Æn. I, 209: « premit altum corde dolorem. »

342. *Prævectus.* Ante ordines mi-

litum vectus. Maluit Burm. *pervectus*, i. e. ex loco, ubi stabat, provectus, et omnes circuiens et agmen totum perequitans. Sed potuit, Pompeius tantum ante primam aciei frontem ire, qui non, ut Cæsar (v. 248) formidine *mersa*, id est, omnino victa et abjecta, *prosilit*, at timorem in corde gelato hærentem celans procedit. ED.

343. *Finis.* Sensus est : quem flagitabat vestra virtus, dies adest, qui finem civili bello tamdiu quæsitum imponat. *Diem* enim pro *dies*, frequens apud poetas constructio. Cf. ad III, 160, et al. ED.

345. *Extremum ferri.* Hodie jam finis est dimicandi. SCH.

346. *Una hora trahit.* Unius horæ prælium tot gentes orbis vocat in periculum vitæ; ut vel succumbant, vel victores patriæ, conjugibus et liberis suis restituantur. HORT. — *Quisquis patriam.* Sibi quisque re-

II.

Qui sobolem, ac thalamos, desertaque pignora quærit,

Ense petat : medio posuit Deus omnia campo.

Causa jubet melior Superos sperare secundos :

Ipsi tela regent per viscera Cæsaris ; ipsi   350

Romanas sancire volent hoc sanguine leges.

Si socero dare regna meo, mundumque pararent,

Præcipitare meam fatis potuere senectam.

Non iratorum populis Urbique Deorum est

Pompeium servare ducem. Quæ vincere possent,   355

Omnia contulimus : subiere pericula clari

Sponte viri, sacraque antiquus imagine miles.

Si Curios his fata darent, reducesque Camillos

---

ditum ad suos ense, in hoc prælio struat.

349. *Causa.* Conscientia, inquit Pompeius apud Appianum, causa est nobis optima ; pro libertate enim et patria pugnamus, jure legum freti, opinione recta, totque, etc. — *Jubet Superos sperare.* Quia bonam causam habemus, ideo sperare debemus bonum eventum. Sch.

351. *Sancire leges.* Ipsi Dii volent leges et libertatem, per Cæsarem prope eversas, rursum stabilire. Hort. — *Hoc sanguine.* Ut firmitatem leges Romanæ Cæsaris sanguine consequantur. Apud Romanos mos erat ut, ubi fœdus fiebat, ibi porca occideretur. Hic autem Pompeius sanguine Cæsaris leges confirmandas dicit. Sch. — De more ad quem alludit Lucanus, vide Liv. I, 24 ; Virg. Æn. VIII, 641. Ed.

352. *Si socero dare.* Si orbis imperium in Cæsarem conferre statuissent Dii ; me certe patriæ libertatis defensorem adeo grandævum e vita sustulissent.

354. *Non iratorum.* Propitios autem Romæ et orbi se ostendunt Dii, quod me in vivis retinere voluerunt.

355. *Quæ vincere possent.* Victoriam conferre.

356. *Subiere pericula.* « Totque præcellentibus stipati viris, quorum pars senatorii ordinis est, pars equestris », etc. Pomp. apud Appian. Reges item, tetrarchæ, dynastæ, multique alii nobilitate et gravitate venerandi.

357. *Sacraque imagine miles.* Non de gregariis militibus, sed de senatoribus, antiqua majorum nobilitate claris, qui duce Pompeio militabant, bene capit Burm. Ed.

358. *Si Curios his fata darent, etc.* Si jam Curius, Camillus, Decii, de quibus dictum, II, 308, 544 ; et VI, 787, in vivis essent, continentissimi illi viri et constantissimi patriæ adsertores, a nostra parte starent. — *Reducesque Camillos.* Resuscitatos, vel ad imitationem Virg. Æn. VI, 825 : « Et referentem signa Camillum. » Sch.

Temporibus, Deciosque caput fatale voventes,

Hinc starent. Primo gentes oriente coactæ, 360

Innumeræque urbes, quantas in prælia numquam

Excivere manus : toto simul utimur orbe.

Quidquid signiferi compressum limite cæli

Sub Noton, et Borean hominum sumus, arma movemus.

Nonne superfusis collectum cornibus hostem 365

In medium dabimus? paucas victoria dextras

Exigit : at plures tantum clamore catervæ

Bella gerent ; Cæsar nostris non sufficit armis.

Credite pendentes e summis mœnibus Urbis

Crinibus effusis hortari in prælia matres : 370

Credite grandævum, vetitumque ætate senatum

Arma sequi, sacros pedibus prosternere canos :

359. *Fatale.* Quos fata saluti suorum reservabant, *lustrales bellis animas*, ut ait Noster lib. VI, 785. ED.

360. *Primo oriente.* De prima parte Orientis, i. e. ex ultima Asia adsunt auxiliares.

361. *Urbes.* Ordo : gentes et urbes excivere tantas manus ad prælia, quantas numquam antea. SCH.

362. *Orbe.* Totius orbis viribus.

363. *Quidquid signiferi.* Ex omnibus populis subjectis Zodiaco, ab extremo Noto ad ultimum Borean, habemus auxilia. — *Compressum.* Omnes enim Zonæ, sub quibus homines sunt, sub Zodiaco circulo constitutæ sunt. SCH.

365. *Nonne superfusis collectum.* Annon facile erit expansa acie et equitatu circumvenire hostes nobis numero longe cedentes? Cæsar habuit cohortes 80, quæ summa erat militum 22,000 : quem numerum Pom-

peius duplo superabat, præter externos. Cæsari erant 1,000 equites, Pompeio 7,000.

366. *Paucas victoria dextras.* Non multi de vobis sunt necessarii ad conficiendam victoriam. Pauci enim sunt, quos occidamus, inimici. Cæterum catervæ plures voce tantum pugnabunt. SCH. — Similiter Valer. Flaccus, VI, 751 : « Marte carent, solisque juvant clamoribus agmen.»

368. *Non sufficit.* Non satis habet militum, ut in eos omnibus armis uti possimus. Sic apud Val. Flacc. VI, 381 : « Ille diu conjectis sufficit hastis. » ED.

369. *Credite pendentes.* Credite matronas Romæ et senatores per ætatem arma sequi non valentes, ipsam urbem timentem ne jugum tyranni subeat, cives jam viventes et postmodo nascituros, me denique cum conjuge et liberis supplicem, si fas est, implorare ope-

Atque ipsam domini metuentem occurrere Romam :
Credite, qui nunc est populus, populumque futurum
Permixtas adferre preces : hæc libera nasci,   375
Hæc vult turba mori. Si quis post pignora tanta
Pompeio locus est, cum prole et conjuge supplex,
Imperii salva si majestate liceret,
Volverer ante pedes. Magnus, nisi vincitis, exsul,
Ludibrium soceri, vester pudor, ultima fata   380
Deprecor, ac turpes extremi cardinis annos,
Ne discam servire senex. » Tam mœsta loquuti
Voce ducis flagrant animi, Romanaque virtus
Erigitur, placuitque mori, si vera timeret.

     Ergo utrimque pari concurrunt agmina motu   385
Irarum; metus hos regni, spes excitat illos.
Hæ facient dextræ, quidquid non expleat ætas
Ulla, nec humanum reparet genus omnibus annis,

ram vestram hodie ad servandam libertatem.

373. *Domini.* Sc. Cæsaris, qui urbi desiderat imperare : generaliter accipimus Romam omnem dominum extimescere. SCH.

• 375. *Adferre preces.* Singularis locutio : apud Phædr. I, 19, *admovere preces.* BURM. — *Hæc libera nasci.* Futura posterorum turba vult libera nasci.

376. *Hæc vult.* Præsens vult libera mori. — *Pignora tanta.* Res, quæ vobis debent esse carissimæ, uxores, senatum, Romam, libertatem vestram et posteritatis.

380. *Ultima fata.* Exsilio, immo ipsa morte fœdiorem gravioremque servitutem deprecor , in senectute

multo magis gravem et sub ipsa vitæ meæ clausula.

381. *Extremi cardinis annos.* Extremus vitæ cardo est senectus, in qua ultima ætas se vertit.

384. *Si vera timeret.* Placuit omnibus mori, si vera erant quæ Pompeius diceret se timere. SCH. — Aliter MARMONTEL, *timeret,* referens ad *virtus,* quæ morti vel certissimæ obviam ire vult. Minus bene. ED.

386. *Metus hos.* Metus tyrannidis Pompeianos; spes summi imperii Cæsarianos.

387. *Hæ facient dextræ.* Hoc prælium eam hominum cædem dabit, cui restituendæ non sufficient omnes anni insequentes, etiam in pace perpetua acti.

Ut vacet a ferro : gentes Mars iste futuras

Obruet , et populos ævi venientis in orbem   390

Erepto natale feret. Tunc omne Latinum

Fabula nomen erit; Gabios, Veiosque, Coramque

Pulvere vix tectæ poterunt monstrare ruinæ,

Albanosque lares, Laurentinosque penates

Rus vacuum , quod non habitet, nisi nocte coacta , 395

Invitus, questusque Numam jussisse, senatus.

Non ætas hæc carpsit edax , monumentaque rerum

389. *Ut vacet.* Etiamsi alia bella non habeat. Sch.

390. *Ævi venentis in orbem.* Temporis insequentis populos, qui in orbem terrarum venturi sunt ; ideoque dicit ipsum tempus in orbem veniens. Ed.

391. *Erepto natale feret.* Pro auferet, tollet e rebus humanis.—*Natale*, an pro die natali: quo nasceretur soboles, si in hoc prælio non tot cecidissent qui generare potuissent : insolentius tamen hic utitur Noster pro nascendi copia, occasione. Burm.— *Tunc.* Post bellum; in ævo veniente. — *Omne Latinum.* Vix fidem inveniet apud posteros nomen et gloriam Italiæ tantam fuisse. Virg. Æn. VI , 776 : « Bolamque, Coramque : Hæc tum nomina erunt, nunc sunt sine nomine terræ. »

392. *Gabios.* Italiæ urbem in via Prænestina, a Roma viginti M. pass. — *Veiosque.* Etruriæ opp. octodecim M. pass. ab Urbe.—*Coramque.* Latii populi inter Velitram et Senam.

393. *Vix tectæ.* Ruinæ pulvere obtectæ vix indicabant ubi fuerint illæ civitates ; id est , vix earum vestigia exstabunt. Conf. I , 25. Flo-

rus, I, c. 16 : « Ita ruinas ipsas urbium diruit, ut hodie Samnium in ipso Samnio requiratur. » Ed.

394. *Albanosque lares.* Longam Albam a Tullo Hostilio eversam dirutamque. — *Laurentinosque.* Laurentum , oppidum Latii maritimum, regiam Latini. — Cf. Heyn. Exc. III, ad Æneid. lib. VII. Ed.

395. *Rus vacuum.* Omnes has urbes desolatas et vastas factas ostendent ruinæ, et loca inculta , nisi quod novi consules in monte Albano celebrent ferias Latinas. — Cf. ad I , 550, et V , 400 sqq. ibique notas. Sed Burm. notat , hic latere aliquid ritus sibi incogniti, quia Latinas ferias, non Numa , sed Tarquinius Sup. instituit. Certe quid velit Noster , non liquet ; crediderim tamen eum in nominibus errasse. Cæterum de Latinis feriis adi Alex. ab Alex. lib. V, c. 7, et Ros. Antiq. rom. IV, 17. Ed.—*Nocte coacta.* Qua cogebatur ipse, vel potius qua coactæ urbes Latii 47 ejus sacri participes conveniant; nam de senatu jam sequitur *invitus*, et nimia sit repetitio, *coactus*, *invitus* et *questus*. Ed.

397. *Non ætas hæc carpsit edax*

Putria destituit : crimen civile, videmus,

Tot vacuas urbes. Generis quo turba redacta est

Humani ? toto populi qui nascimur orbe,   400.

Nec muros implere viris, nec possumus agros.

Urbs nos una capit : vincto fossore coluntur

Hesperiæ segetes : stat tectis putris avitis

In nullos ruitura domus, nulloque frequentem

Cive suo Romam, sed mundi fæce repletam,   405

Cladis eo dedimus, ne tanto in tempore bellum

Jam posset civile geri : Pharsalia tanti

Causa mali : cedant feralia nomina Cannæ,

Et damnata diu Romanis Allia fastis.

Neque has urbes edax vetustas absumpsit. — *Monumentaque rerum.* Sensus est : nec ætas in causa est, cur videamus tot putria monumenta collapsarum urbium.

399. *Tot vacuas urbes. Vastatæ* et sine habitatoribus jacent, culpa belli civilis. — *Generis*, etc. Genus humanum de Romanis vidimus passim a Nostro dici. BURM.

402. *Vincto fossore.* Agros servitia compedibus vincta colunt, dominis civili bello exstinctis. Ad rem facit Tibullus de ergastulariis, lib. II, eleg. 6, 26 : « Crura sonant ferro, sed canit inter opus. »

404. *In nullos ruitura domus.* Ut quæ incolis destituta sit.

405. *Mundi fæce repletam.* Colluvie omnium gentium, externis et ignobilibus, qui orbe ultimo velut mundi fæces remanserant. SCH. — Juven. Sat. III, 61 : « Quota portio fæcis Achææ. »

406. *Cladis eo dedimus.* Capiendum cum Omnib. pro, in tantam

cladem; sed deficior similis locutionis exemplo ; nisi forte apud Livium, XXII, 32, *eoque inopia est coactus Hannibal.* BURM. — *Tanto in tempore.* A pugna Pharsalica, ad nostram usque tempestatem jam nullum potuit civile bellum esse, absumptis quippe civibus. Exaggeratio est poetica ; nam adversus Brutum et Cassium, triumvirale bellum, non pauca hominum millia absumpsit. HORT.

407. *Pharsalia tanti.* Ea in Pharsalicis campis clades sustulit omnem exinde belli civilis segetem.

408. *Cedant feralia nomina Cannæ.* Cladi huic Pharsalicæ cedant Cannæ, quæ sunt *nomina feralia* ; II, 46.

409. *Damnata diu Romanis Allia fastis.* XVII Kal. Sextiles, Alliensis, in fastos, de quibus V, 5, relatus inter atros dies, quod eo die tribuni militum legiones ad Alliam fluvium educentes, a Gallis victi sint et Urbem amiserint. —

Tempora signavit leviorum Roma malorum ;   410
Hunc voluit nescire diem. Pro tristia fata !
Aera pestiferum tractu, morbosque fluentes,
Insanamque famem, permissasque ignibus urbes,
Mœniaque in præceps laturos plena tremores
Hi possent explere viri, quos undique traxit   415
In miseram Fortuna necem ; dum munera longi
Explicat eripiens ævi, populosque, ducesque,
Constituit campis : per quos tibi, Roma, ruenti,
Ostendat quam magna cadas. Quo latius orbem
Possedit, citius per prospera fata cucurrit.   420

Diu. Id est, in perpetuum, vel huc- usque, donec in Pharsalia pugna- retur. Sch.

410. *Tempora signavit.* Fasti lo- quuntur leviores illas clades Allien- sem et Cannensem, tacent hanc Pharsalicam gravem, et memoratu nimis tristem, infandam.

412. *Aera pestiferum tractu.* Suf- fecissent hi, qui in prælio Pharsalico cecidernut . reparandis damnis hu- mani generis e peste, fame, incen- diis, terræ motibus. — *Tractu.* Recte explicat Burm. de aere corrupto, quem trahunt homines, et unde pestilentia orta. Et sic apud Virg. Æn. III, 138, *corrupto cœli tractu* poni posset pro ductu, haustu aeris; ubi tamen vid. Heyn. Ed. — *Morbosque fluen- tes.* Contagiosos, qui urbes exhau- riunt. Hort.

414. *In præceps laturos.* Terræ motus in præceps dantes mœnia *ple- na*, id est, urbes hominibus plenas, sive domos una cum habitatoribus. Cf. similem locum, II, 198 sqq. Oud.

415. *Explere.* Id est, satiare; suffi-

cere tot pestibus. — *Quos undique traxit.* Quos ab omni orbis terræ parte in unam hanc cladem contractos pro- trivit fortuna.

417. *Explicat.* Qui antea in ur- bibus densati habitabant, nunc in acie illos explicat. et in ordines consti- tuit. Burm. — *Ævi.* Burm. intelligit *vitam*; ut fortuna præcipitet fata eorum, qui diutius vixissent, nisi in hoc prælium fuissent tracti, et prolem dedissent reipublicæ. Malim cum Hortensio : victorias et trium- phos, tot sæculorum munera. Confer. enim sqq. versus. Ed.

419. *Quam magna cadas.* Hinc enim Roma videre poterat, quas vi- res habuisset, et quam magnas ami- sisset. Hort. — *Quo latius orbem Possedit.* Fortuna scilicet tua. Sensus est : Non enim, ut aliorum populo- rum fortuna, varia et inconstans, sed semper fida et eundo crescens, quo plures tibi subjecerat populos, eo citius ad summum potentiæ fasti- gium, vix umquam intermisso fa- vore, te provexit. Cf. Disq. var. Ed.

Omne tibi bellum gentes dedit omnibus annis :
Te geminum Titan procedere vidit in axem.
Haud multum terræ spatium restabat Eoæ,
Ut tibi nox, tibi tota dies, tibi curreret æther,
Omniaque errantes stellæ Romana viderent.   425
Sed retro tua fata tulit par omnibus annis
Emathiæ funesta dies. Hac luce cruenta
Effectum, ut Latios non horreat India fasces,
Nec vetitos errare Daas in mœnia ducat,
Sarmaticumque premat succinctus consul aratrum :
Quod semper sævas debet tibi Parthia pœnas,   431
Quod fugiens civile nefas, redituraque numquam

421. *Omne tibi bellum gentes.*
Singulis annis singula bella tibi ad-
jecerunt alias post alias gentes.

422. *Geminum in axem.* Ad septemtrionem et meridiem.

423. *Haud multum terræ.* Resta-
bant Parthi tantum et Indi armis
subigendi, ut ab Oriente ad Occidentem universus terrarum orbis
Romano imperio subjiceretur.

424. *Tibi.* Nam et his gentibus
currit, quæ non sunt sub potestate
Romana. SCH.—*Nox* est luna, *dies*
sol, *æther* omnia sidera fixa et deinde
planetæ, ut dicat omnem orbem sub
sole, luna et sideribus fuisse Romæ
subjectum. Petron. Bell. Civ. 2: «Qua
mare, qua tellus, qua sidus currit
utrumque. » BURM.

425. *Romana.* Romanis subdita.

426. *Sed retro tua fata tulit.* Sed
unus hic Thessalici prælii dies tot
annorum felicia fata subvertit. —
Par omnibus annis. Qui tantum
damnum attulit, quantum utilitatis
omnes anni superiores. SULP.

428. *Fasces.* Consules. Romanum
imperium significat.

429. *Nec vetitos errare Daas.* Neque Scythiæ populis ἁμαξοφορήταις
vagis urbes constituat consul. Conf.
II, 296.

430. *Sarmaticumque premat succinctus consul.* Neque Sarmatis civitatis spatium designet consul habitu
Gabino succinctus; quod fiebat aratro, subjunctis vacca et tauro, sul-
eum ducente ubi mœnia ponerentur.
—Antea autem solebat consul ad gentem subjugatam coloniam deducere.
SCH. — Burmannus hic cogitat de
eversionibus urbium, aratro inducto,
ut solum coli possit, ut sit seges ubi
olim urbs fuerit; sed obstare mihi
videntur præcedd. *in mœnia ducat.* ED.

431. *Quod semper sævas debet.*
Quod Romani non ulti sunt Crassos
cæsos, legiones victas et signa ablata. I, 10. — De constructione vid.
Disq. var.

432. *Quod fugiens civile nefas.*

Libertas, ultra Tigrim, Rhenumque recessit,
Ac, toties nobis jugulo quæsita, negatur,
Germanum Scythicumque bonum ; nec respicit ultra
Ausoniam; vellem, populis incognita nostris!   436.
Vulturis ut primum lævo fundata volatu
Romulus infami complevit mœnia luco,
Usque ad Thessalicas servisses, Roma, ruinas!

   De Brutis, Fortuna, queror. Quid tempora legum 440
Egimus, aut annos a consule nomen habentes?
Felices Arabes, Medique, Eoaque tellus,
Quam sub perpetuis tenuerunt fata tyrannis!

Quod periit nobis libertas, fuga extra Romani imperii terminos avecta, fugiens civile nefas, et numquam reditura.

433. *Ultra Tigrim.* Quasi dicat, ultra terminos imperii Romani. Sed quam infra dicat Germanis et Scythis concessam libertatem, vereor ne *Tanaim*, sit legendum, quem ultra Scythæ, ut trans Rhenum Germani. Ultra Tigrim certe Parthi regem agnoscebant, non autem liberi erant. Itaque opponit Tacitus : « Aerior Arsacis regno Germanorum libertas. » GROT. — Et ipse sibi contrarius esset Lucanus, qui v. 442, populos ultra Tigrim sub tyrannis esse dicit. Nihil tamen mutant MSS. Error forsan auctoris vehementi impetu abrepti. ED.

434. *Jugulo.* Mortis discrimine, dum tyrannos e medio tollere aggredimur. — *Negatur.* Oud. *vagatur.*

435. *Germanum, Scythicumque bonum.* Libertas; bonum quo fruuntur Germani et Scythæ.

436. *Vellem.* Quam libertatem utinam Romani non novissent um-

quam; sed ab Urbe condita ad hæc usque Thessalicæ cladis tempora sub regibus servissent! Sic melius jungi puto quam *incognita Roma*; nam toto loco de libertate, non de Roma queritur : cf. vs. 440 sqq. ED.

437. *Vulturis ut primum.* Ubi augurio captato de nomine novæ urbi imponendo, Remo sex vultures apparuerunt, Romulo duodecim.—*Lævo.* Dicit pro : male ominoso, ob discordiam fratrum, et cædem Remi, quæ civilia bella præmonstrabat futura.OUD.

438. *Luco.* Id est, populo quem adducebat ad lucum. SCH.

440. *De Brutis.* De Junio Bruto libet queri, qui ejecto Tarquinio, ultimo regum, libertatem intulit, quam diu retentam amittere jam grave est. — *Quid tempora.* Quid prodest summa æquitate sub legibus vixisse, et habuisse consules, quorum nominibus numerantur signanturque anni.

442. *Arabes.* Qui semper regibus paruerunt, non pœnam esse putant servitutem.

443. *Perpetuis.* Quibus populis,

Ex populis, qui regna ferunt, sors ultima nostra est,
Quos servire pudet. Sunt nobis nulla profecto   445
Numina; quum cæco rapiantur sæcula casu,
Mentimur regnare Jovem : spectabit ab alto
Æthere Thessalicas, teneat quum fulmina, cædes?
Scilicet ipse petet Pholoen? petet ignibus OEten,
Immeritæque nemus Rhodopes, pinusque Mimantis? 450
Cassius hoc potius feriet caput? astra Thyestæ
Intulit, et subitis damnavit noctibus Argos:
Tot similes fratrum gladios, patrumque gerenti
Thessaliæ dabit ille diem? mortalia nulli
Sunt curata Deo. Cladis tamen hujus habemus   455
Vindictam, quantam terris dare numina fas est :
Bella pares Superis facient civilia divos ;
Fulminibus manes, radiisque ornabit, et astris,

quemadmodum ait Sallustius : « ingenita est sanctitas regii nominis. »
Conf. Virg. Georg. IV, 210.

444. *Ex populis*, etc. Nos omnium
postremi in id jugum ex libertate
incidimus. — Immo pessima est sors
nostra, et omnium miserrima, quos
non in servitutem natos, pudor insuper et ignominia afficit. ED.

446. *Quum cæco rapiantur*. Frustra, ut video, Deos esse credimus,
frustra timemus Jovem, siquidem
hæc scelera non curet vindicare.

449. *Scilicet ipse*. « Feriunt summos fulmina montes. » Sed quid
montes meruere pati? quin Cæsar
potius fulminatur? — *Ipse*. Emphatice : cui opponitur infra, *Cassius
hoc potius feriet caput*. Dignatur
Jupiter ferire montes : curam feriendi Cæsaris Cassio relinquet! ED.

450. *Pinusque Mimantis*. Alii *minantes*; sed Burm. et Oud. sequimur.
Cf. Disq. var. ED.

451. *Astra Thyestæ*. Jupiter, sole
pulso, noctem induxit, et medio
die intulit astra, exsecratus scelus
Atrei in fratrem; cur non idem hic
facit, detestatus præsentia hinc inde
tot parricidia?

452. *Argos*. Mycenas, Argis vicinas, Pelopidarum sedem.

454. *Mortalia nulli*. Dixit v. 445,
Deos non esse : nunc subjicit, si
sint, non curare mortalia. ED.

455. *Cladis tamen*. Hanc scil.
cladem ulciscentur homines. Et pœnas de Diis, quantas quidem fas
est, sument. Nempe Dii plectentur,
quum umbras et manes cœlestibus
honoribus sibi æquatos videbunt. ED.

458. *Fulminibus*. Nam habitu

Inque Deum templis jurabit Roma per umbras.

Ut rapido cursu fati suprema morantem 460
Consumpsere locum; parva tellure dirempti,
Inde manus spectant, vultusque agnoscere quærunt,
Quo sua pila cadant, aut quam sibi fata minentur.
Facturi quæ monstra forent, videre parentes
Frontibus adversis, fraternaque cominus arma, 465
Nec libuit mutare locum : tamen omnia torpor
Pectora constrinxit; gelidusque in viscera sanguis
Perculsa pietate coit; totæque cohortes
Pila parata diu tensis tenuere lacertis.

Di tibi non mortem, quæ cunctis pœna paratur, 470

Jovis in templo Cæsar est constitutus. Accepit et radios ut solis esset simulacrum. SCH.— *Manes.* Animas Cæsarum; ipse Noster, VI, 809 : « Romanorum manes calcate Deorum. » ED.—*Et astris.* Hoc propter stellam crinitam, quæ per septem dies continuo fulsit, credita Cæsaris in cælum recepti anima. Suet. Cæs. cap. 88; Virg. Ecl. IX, 47 ; quin et simulacro Cæsaris stellam in vertice addiderunt.

459. *Inque Deum templis.* Quod ipsis Diis contumeliosum. Horat. Epist. II, 1, 16 : « Jurandasque tuum per nomen ponimus aras. »

460. *Suprema morantem.* Medius enim locus a bello prohibebat.

461. *Consumpsere.* Mutuo cursu transmiserunt. Ovid. Ep. VI, in fin. « Quum mare, quum terras consumpserit ; » id est, peragraverit, transierit. OUD.

462. *Inde manus spectant.* Ubi propius hostem ventum est, adspiciunt quos petant vultus, quæ ipsis

minentur manus. GROT. — *Inde.* Id est, ex intervallo illo spectant *manus*, adversarios paratos, et quærunt agnoscere vultus, quos Cæsar jusserat ferire, aut pila adversariorum, quæ ipsis etiam minabantur mortem, vitare. BURM.—*Quam.* Scil. manum. Vide Disq. var.

464. *Quæ monstra.* Crudeles cædes aut scelera perpetraturi, quæ revera monstra essent.

466. *Mutare locum.* Nec tamen ullus voluit recedere aut progredi. Omnes exanimati stabant et perculsi.

469. *Tensis.* Extensis ad immittendum tela ; sed quia torpebant, eo statu manebant. BURM.

470. *Di tibi non mortem.* Imprecatur poeta æternas pœnas Crastino, qui commisit pugnam. — *Cunctis pœna.* Non enim pœna est mors, quia omnibus hominibus communis. Hanc ergo non imprecatur, sed, quod acerbissimum est, sensum post mortem, scil. malæ conscientiæ morsus, vel, ut alii volunt, sensum doloris. ED.

Sed sensum post fata tuæ dent, Crastine, morti,
Cujus torta manu commisit lancea bellum,
Primaque Thessaliam Romano sanguine tinxit.
O præceps rabies, quum Cæsar tela teneret,
Inventa est prior ulla manus! tunc stridulus aer   475
Elisus lituis, conceptaque classica cornu;
. Tunc ausæ dare signa tubæ; tunc æthera tendit,
Extremique fragor convexa irrumpit Olympi,
Unde procul nubes, quo nulla tonitrua durant.
Excepit resonis clamorem vallibus Hæmus,   480
Peliacisque dedit rursus geminare cavernis:

471. *Crastine*. Erat hic Crastinus in exercitu Cæsaris evocatus, hoc est, emeritus miles, qui in gratiam imperatoris iterum sponte militabat. Is signo dato, « Sequimini me, inquit, manipulares mei qui fuistis, et vestro imperatori quam constituistis operam date... » Simul respiciens Cæsarem; « Faciam, inquit, hodie, imperator, ut aut vivo mihi aut mortuo gratias agas...» Bell. Civ. liv. III, c. 91. Qui mox adacto in os gladio, sic inter cadavera repertus, libidinem ac rabiem qua pugnaverat, ipsa novitate vulneris præferebat. Florus, lib. IV, cap. 2.

474. *Tela teneret*. Dum ipse Cæsar haberet manu telum, quod non emittebat quamquam alias semper sit pugnæ avidus. Burm. hic Lucanum reprehendit; nam nusquam legitur summum ducem commisisse prælium. Sed hoc, ut semper, invidiose dictum. Neque enim intelligas, dum prohiberet emitti tela. ED.

475. *Inventa est*. Promptiorne aliqua manus esse potuit in pugnam, quam ipsius Cæsaris?

476. *Classica*. Classicum est vel ipsa tuba, vel sonus quo milites convocari et ad pugnam etiam excitari solebant: hinc *classicum canere*, pro ad rem quampiam excitare. Et hic *concepta* dictum, ut concipere verba, vota. Burm. conjicit concentaque.

477. *Tendit*. Pro intendit et implet; vel subint. *ad* aut *in*, ut sæpe loquuntur poetæ.

478. *Extremique fragor*. Concurrentium clamor pervenit ad convexa cæli. Sic plerique interpretes; sed melius, ut constet poetæ numerus montium, pervenit ad cacumen Olympi, montis Thessaliæ, qui secundam aeris regionem, in qua nubes et tonitrua, cacumine superat.

479. *Quo*. In quo monte, tonitrua non *durant*, id est, manent, ut IV, 53, *duraturæ pruinæ*. BURM. — Vid. Disq. var.

480. *Hæmus*. Thraciæ mons, VI, 576.

481. *Peliacisque dedit*. Resonum clamorem et Echo geminandum reddiderunt cavernæ Pelii, montis Thessaliæ.

Pindus agit fremitus, Pangæaque saxa resultant,
OEtææque gemunt rupes; vocesque furoris
Expavere sui tota tellure relatas.

Spargitur innumerum diversis missile votis. 485
Vulnera pars optat, pars terræ figere tela,
Ac puras servare manus : rapit omnia casus;
Atque incerta facit, quos vult, Fortuna nocentes.
Sed quota pars cladis jaculis, ferroque volanti
Exacta est? odiis solus civilibus ensis 490
Sufficit, et dextras Romana in viscera ducit.

Pompeii densis acies stipata catervis,
Junxerat in seriem nexis umbonibus arma,
Vixque habitura locum dextras ac tela movendi
Constiterat, gladiosque suos compressa timebat. 495
Præcipiti cursu vesanum Cæsaris agmen
In densos agitur cuneos : perque arma, per hostem

482. *Pindus.* Mons ejusdem regionis. — *Pangæaque saxa.* Mons Thraciæ, 1, 679.

483. *Vocesque furoris.* Milites pugnantes expavere resonos repercussosque undique a montibus suos ipsorum clamores.—Quia vero montes præcedunt, vult Burm. illos expavisse, et mutat *sui*, conjiciens *feri, novi*, vel simile quid; immo vellet *Dii*. Ego profecto malim de militibus capere. ED.

485. *Diversis votis.* Alii certa ferire, alii irrita errare sua tela volunt.

489. *Sed quota pars.* Minima tamen cædes a sagittis et jaculis, multo major a gladiis.

491. *Sufficit.* Satis certus videtur.

492. *Pompeii densis acies.* Clipeis junctis testudine facta, ad ex-

cipienda tela et primum excursum infringendum, constitit acies Pompeiana ex præcepto ipsius. Cf. Cæsar, B. C. III, 91 sq.

493. *In seriem.* Id est, in unum tractum et ordinem. *Jungere* de umbonibus in hac re proprium. Juvenal. Sat. II, 46 : « Defendit numerus junctæque umbone phalanges. »

494. *Vixque habitura locum.* Propter multitudinem et densitatem militum. Æn. X, 432 : « Nec turba moveri Tela manusque sinit. »

495. *Timebat.* Ne juncti nimium invicem se vulnerarent. SCH. — Sic de Curionis exercitu, IV, 779 : « Vixque impune suos inter convertitur enses. » Alii *tenebat.*

497. *Cuneos.* Quos modo *densas catervas* dixit. Vide ad VI, 184.

Quærit iter, qua torta graves lorica catenas
Opponit, tutoque latet sub tegmine pectus.
Hac quoque perventum est ad viscera; totque per arma
Extremum est, quod quisque ferit. Civilia bella   501
Una acies patitur, gerit altera : frigidus inde
Stat gladius; calet inde nocens a sanguine ferrum.
Nec Fortuna diu rerum tot pondera vergens,
Abstulit ingentes fato torrente ruinas.   505

Ut primum toto diduxit cornua campo
Pompeianus eques, bellique per ultima fudit,

498. *Catenas.* Hamos et licia loricæ, quæ conserta est ex annulis seu catenulis.

500. *Hac.* Id est, per ipsam loricam. Transfigebantur enim et arma cum corpore. SCH. — RACINE, *Thébaïde,* V, 3, vs. 47 : «Dans le sein l'un de l'autre ils cherchent un passage. »

501. *Extremum est.* Intima pars. — Et hoc merito obscurum videtur Burmanno, quærenti an summa tantum cutis perstricta intelligatur, an vero ita impactum vulnus, ut ensis exierit per viscera in tergum, quod extremum est hominis. Neutrum placet ; rectius, opinor, Omnib. de letali vulnere quod primum simul et extremum est : quisque uno ictu, etiam per tot arma, vitalia fodiens, alterum non infligit ; adeo Cæsariani in cædem ruunt præcipites! ED.

502. *Una acies patitur.* Pompeiana.—*Altera.* Cæsariana. — *Frigidus.* Cæde intactus.

503. *Stat gladius.* A Pompeiana parte. — *Calet inde.* Contra Cæsarianorum gladii stricti calido sanguine assidue maduerunt. HORT.

504. *Nec Fortuna diu rerum.* Nec fortuna belli erat diu anceps : statim ad Cæsarem inclinavit. — *Pondera vergens.* Momenta utriusque partis non diu librans, *attulit* (sic enim legendum comet) Pompeianis subito et vehementi fato, sive eventu, ruinas. Si *abstulit* retineas, ita capiendum : ut torrens, fluvius, evertens omnia, ruinas secum rapit, ita fortuna, torrente fato, aciem Pompeii in ruinam traxit. BURM. — Vide Disq. var.

505. *Fato torrente.* Præcipiti et declivi instar torrentis.

506. *Ut primum toto diduxit.* Conf. Cæsar, B. C. III, 93 : Equites a sinistro Pompeii cornu, universi procurrerunt, omnisque multitudo sagittariorum se profudit; quorum impetum noster equitatus non tulit, verum paulum loco motus cessit.

507. *Belli per ultima.* Ut mox vs. 523, *latus belli.* Omnib. exponit *extrema*, scil. a tergo hostium ; non male, sed potius cum Oudend. faciam : *Fudit*, scil. cornua per extremum latus, et partem aciei apertam. ED.

Sparsa per extremos levis armatura maniplos
Insequitur, sævasque manus immittit in hostem.
Illic quæque suo miscet gens prælia telo ;   510
Romanus cunctis petitur cruor : inde sagittæ,
Inde faces, et saxa volant, spatioque solutæ
Aeris, et calido liquefactæ pondere glandes.
Tunc et Ituræi, Medique, Arabesque soluti,
Arcu turba minax, nusquam rexere sagittas ;   515
Sed petitur solus, qui campis imminet, aer.
Inde cadunt mortes : sceleris sed crimine nullo

508. *Levis armatura.* Levis armaturæ milites, ferentarii, sagittarii, funditores, balistarii. Veget. lib. II.—*Maniplos.* Manipulus proprie est contubernium militum, qui conjunctis quasi manibus dimicabant: trigesima pars legionis. Sic Farnab. cf. Schol. ad I, 296.

509. *Sævas.* Terribiles, metuendas ; vel quia Barbari erant : vide ad vs. 224 sqq. ED.

510. *Suo.* Quippe diversa sunt arma diversis gentibus : sed idem spectant omnes ut Romanos interficiant.

511. *Inde sagittæ.* A militibus levis armaturæ ex partibus Pompeianis.

512. *Inde faces.* Virgilium imitatur, Æn. I, 150 : « Jamque faces et saxa volant. » Quare nihil mutandum puto ; quanquam recte notet Burm. in præliis, ubi aperto campo committitur acies, nullum esse facibus et saxis locum. Nam quum corrigit *trabes et tela,* id est, sudes et tela graviora tormentis excussa, non video cur etiam *saxa* emitti non potuerint. Immo Noster ait omnibus armis pugnatum esse, ideo et *facibus,*

et *saxis;* cf. v. 510. ED.—*Spatioque solutæ.* Per attritionem aeris intermedii ex veloci motu liquefactæ sunt pilæ plumbeæ in figuram glandium formatæ, et fundis emissæ. Motu autem accensos colliquescere plumbeos sagittarum mucrones fatetur Aristot. lib. de Cælo et Meteor. Cf. Ovid. Met. II, 727.

514. *Ituræi.* Supra vs. 230. — *Soluti.* Sine ducibus, pugnantes quisque pro suo arbitrio. Sic int. Schol. Oudend. mavult, *dissoluti, molles,* ut est l. II, 559. Sed quum hoc sqq. *turba minax* non bene respondeat, malim explicare non servatis ordinibus, quod probare videtur Burmannus. ED.

515. *Turba minax.* Hoc dicit de omnibus istis populis. — *Nusquam rexere sagittas.* In nullum direxere adversas ; sed in aerem misere, unde caderent letiferæ.

517. *Mortes.* Pro : sagittæ mortiferæ. — *Sceleris sed crimine.* Sed scelere vacabant hæ sagittæ ab externis gentibus in Romanos missæ. — *Crimen sceleris* dictum ut *mens animi, virus veneni ;* vel scelus de

Externum maculant chalybem; stetit omne coactum
Circa pila nefas; ferro subtexitur æther,
Noxque super campos telis conserta pependit.　　　5₂0

　　Quum Cæsar metuens, ne frons sibi prima labaret
Incursu, tenet obliquas post signa cohortes:
Inque latus belli, qua se vagus hostis agebat,
Immittit subitum, non motis cornibus, agmen.
Immemores pugnæ, nulloque pudore timendi　　　5₂5
Præcipites, fecere palam, civilia bella
Non bene barbaricis umquam commissa catervis.
Ut primum sonipes transfixus pectora ferro,
In caput effusi calcavit membra regentis,

quo criminari eos et arguere possis. ED.

518. *Externum.* Quia non erant Romani; cui opponitur τὸ *pila*. Male Hortensius legit *extremum* et explicat, quia nemini letale vulnus inflixerunt, sed leniter extrema cuspis sanguine imbuta fuit. Hoc etiam refellit præcedens *inde cadunt mortes.* ED. — *Coactum.* Arabes sponte veniebant ad Romanos perdendos; sed hi coacti fuerunt a ducibus suis ad omne nefas. Sic Burm. sed simplicius mallem jungere *coactum circa pila*, circumscriptum, et ad solos Romanos pertinens. ED.

519. *Æther.* Telorum nube obductus. In umbra itaque, inquit Lacon, pugnabitur.

520. *Conserta.* Hoc est, continua, addensata. Cf. III, 575. OUD.

521. *Metuens.* Timens Cæsar ne exercitus, qui in prima fronte erat, deficeret.

522. *Tenet obliquas.* Quasdam cohortes latenter a tergo reducit et

lateri hostilis exercitus immisit. Hic agitur de Cæsaris quarta acie, quam ex terna acie singulis detractis cohortibus, instruxerat, equitatuique Pompeiano opposuerat, in qua ejus diei victoriam constare compererat.

523. *Latus belli.* Vide supra not. 507. ED. — *Vagus hostis.* Turmatim se explicans et discurrens ad circumeundum aciem Cæsaris. HORT.

524. *Subitum non motis cornibus agmen.* Cohortes illas subsidiarias quartæ aciei, e 3000 peditibus.

525. *Pudore timendi.* Male Farn. « Pompeiani equites auxiliares spernendi, quia fugere non pudebat.» Sensus est: præcipiti fuga abrepti sine ullo pudore quod se timidos et ignavos ostenderent. Maluit Burm. *tenendi*, nullo eos pudore retinente; optimo quidem sensu, sed ita non tam bene se habet *præcipites.* ED.

528. *Ut primum.* Ubi equi Pompeianorum, quartæ illius aciei telis saucii, excusserunt et calcaverunt dejectos suos sessores.

Omnis eques cessit campis, glomerataque pubes 530
In sua conversis præceps ruit agmina frenis.
Perdidit inde modum cædes, ac nulla sequuta est
Pugna : sed hinc jugulis, hinc ferro, bella geruntur.
Nec valet hæc acies tantum prosternere, quantum
Inde perire potest. Utinam, Pharsalia, campis 535
Sufficiat cruor iste tuis, quem barbara fundunt
Pectora; non alio mutentur sanguine fontes!
Hic numerus totos tibi vestiat ossibus agros :
Aut si Romano compleri sanguine mavis,
Istis parce, precor; vivant Galatæque, Syrique, 540
Cappadoces, Gallique, extremique orbis Hiberi,
Armenii, Cilices; nam post civilia bella
Hic populus Romanus erit. Semel ortus in omnes

530. *Pubes.* Oudend. correxit *nubes*, et Schol. explicat *nubem*, *collectam equitum multitudinem.* Sed *pubes* melius cum *sua agmina* congruit. Ed.

532. *Perdidit inde modum cædes.* Non temperatum est a cædibus; non interficiendi modus servatus est. — Vel, non jam cum ratione et arte ulla militandi cædes fit, nulla jam justa est pugna. Conferendus hic Ovid. Fast. V, 304 : « justum Præterit ira modum. » Et simillimo sensu Noster, VIII, 492 : « Sublatusque modus gladiis. »

533. *Sed hinc jugulis.* Jugulantur Pompeiani, cædunt Cæsariani.

534. *Nec valet hæc acies.* Nec sufficiunt Cæsariani conficiendis Pompeianis, utpote quorum multo major numerus.

537. *Non alio.* Utinam nec Roma-no quoque sanguine ruberent fluvii !

538. *Hic numerus.* Barbarorum, externorum. — *Vestiat.* Tegat, spargat agros suis ossibus.

540. *Istis parce, precor.* Istis externis gentibus parce, ut sint, qui, bello finito, civitate donati Romam tueantur. — *Galatæque*, etc. Populi Asiæ juxta Paphlagoniam, Gallo-græci.

541. *Extremique orbis Hiberi.* Occidui orbis incolæ Hispani. Alii explicant *extremi* nominandi casu; id est, ultimæ gentes terrarum, ut Horat. Carm. I, 35, 29 : « Iturum Cæsarem in ultimos Orbis Britannos.» Et Virg. Æn. VIII, 727 : « Extremi-que hominum Morini. » Hoc præ-tulerim, quanquam parvi refert. Ed.

543. *Semel ortus in omnes.* Ubi a paucis trepidari cœpit, omnes in fugam ruunt.

It timor, et fatis datus est pro Cæsare cursus.

Ventum erat ad robur Magni, mediasque catervas :

Quod totos errore vago perfuderat agros,   546

Constitit hic bellum, fortunaque Cæsaris hæsit.

Non illic regum auxiliis collecta juventus

Bella gerit, ferrumque manus movere rogatæ :

Ille locus fratres habuit, locus ille parentes.   550

Hic furor, hic rabies, hic sunt tua crimina, Cæsar.

Hanc fuge, mens, partem belli, tenebrisque relinque,

Nullaque, tantorum, discat, me vate malorum,

Quam multum bellis liceat civilibus, ætas.

Ah potius pereant lacrimæ, pereantque querelæ !   555

Quidquid in hac acie gessisti, Roma, tacebo.

Hic Cæsar, rabies populi, stimulusque furorum,

544. *Fatis datus est pro Cæsare cursus.* In gratiam Cæsaris fata impelluntur; jam ab ejus parte certa stat victoria. ED.

545. *Robur Magni.* Firmissimas copias, quæ erant circa Pompeium, et quibus levis armatura modo circumfusa fuerat. Sic vs. 221, dixit *medii robur belli.* ED.

. 546. *Quod.* Nempe bellum, quod vagum et diffusum fuerat, nunc stabile esse cœpit. — *Errore vago.* Certamine multiplici.

547. *Hæsit.* Retardata est, nutavit.

548. *Non illic regum.* Non hic steterunt reges socii, auxiliares copiæ; sed Romani utrimque milites. —*Collecta.* Hinc *collectitium* Pompeii exercitum vocat Cicero, ad Div. VII, 3.

549. *Rogatæ.* Id est, exoratæ et accitæ ad suppetias ferendas manus non hic pugnabant. — Alii, *togatæ,*

id est, romanæ. Sed *non,* quod præcessit, etiam ad *movere* referendum est, solemni Lucani more. ED.

551. *Hic rabies.* Inter cognatos sævit et debacchatur belli furor et rabies, vel potius hic totus patuit furor Cæsaris et scelerata ambitio, quæ causa tot parricidiorum erat. ED.

552. *Hanc fuge, mens.* Per apostrophen ad seipsum, fingit se prætermissurum horrendam civilis hoc in loco pugnæ faciem, quam tamen maxime et nimium exaggerat.

553. *Me vate malorum.* Sic junctim melius capitur; ut simile quid habeat Homero, Iliad. A, 106, μάντι κακῶν. Vates tamen hic non est qui divinat, sed poeta qui narrat. Alii jungunt *malorum quam multum.* ED.

556. *Tacebo.* Ne questu recrudescat dolor.

557. *Rabies populi.* Per adpositionem. Cæsar, œstrum Bellonæ,

Ne qua parte sui pereat scelus, agmina circum
It vagus, atque animis ignes flagrantibus addit.
Inspicit et gladios, qui toti sanguine manent,   560
Qui niteant primo tantum mucrone cruenti;
Quæ presso tremat ense manus; quis languida tela,
Quis contenta ferat; quis præstet bella jubenti,
Quem pugnare juvet; quis vultum cive perempto
Mutet: obit latis projecta cadavera campis.   565
Vulnera multorum totum fusura cruorem
Opposita premit ipse manu. Quacumque vagatur,
Sanguineum veluti quatiens Bellona flagellum,
Bistonas aut Mavors agitans, si verbere sævo
Palladia stimulet turbatos ægide currus,   -   570

incitator suorum circumquaque percurrit. Oudend. dat *populis*.

558. *Ne qua parte.* Ne alicubi a militibus suis geri bellum civile cessarit. SCH.

560. *Inspicit et gladios.* Advertit quo animo, quibus viribus, quo vultu quisque pugnet. Sic melius quam *conspicit.* Stat. Theb. IV, 134: « Pater ipse cruentis In foribus laudatque nefas, atque inspicit enses. » OUD. —Burman. credit præstare *conspicit,* quod in transitu fit; dum vero *inspicit* moram et plus temporis, quam hic in medio prælio Cæsari dabatur, notet. Sed crediderim tamen hoc poetæ menti magis congruum, et pluribus MSS. defenditur. ED. — *Manent.* Qui madeant ac destillent sanguine. ED.

561. *Qui niteant.* Qui gladii adhuc fulgeant nitore suo, quia acies tantum extrema sanguine tingatur.

562. *Quæ presso.* Quis timide et quasi invitus feriat. — At sic melius

legeretur *prenso.* Immo *tremit* manus, ensem fortiter *premens,* ut vulnus adactum altius descendat. ED.

563. *Contenta.* Quæ intendit, ut magna vi intorqueat. ED. — *Quis præstet bella jubenti.* Quis jussu potius quam voluntate pugnet; illi opponitur *quem juvet pugnare,* quis alacrior in cædem ruat etiam injussus. ED.

565. *Mutet.* Tristis efficiatur, cive prostrato. SCHOL. — *Obit.* Circuit lustrans.

566. *Vulnera multorum.* Suorum. Vulnera sæpe manu occludit, ne totum fundant sanguinem.

567. *Vagatur.* Cæsar ipse, Bellonæ aut Marti similis.

568. *Flagellum.* Quo bellantes instigare fingitur.

569. *Bistonas aut Mavors agitans.* Thracas, a Bistone urbe et stagno, cui bellicosæ genti Mars præsidere creditur.

570. *Ægide.* Scutum seu lorica

Nox ingens scelerum, et cædes oriuntur, et instar

Immensæ vocis gemitus, et pondere lapsi

Pectoris arma sonant, confractique ensibus enses.

Ipse manu subicit gladios, ac tela ministrat,

Adversosque jubet ferro confundere vultus. 575

Promovet ipse acies; impellit terga suorum;

Verbere conversæ cessantes excitat hastæ.

In plebem vetat ire manus, monstratque senatum.

Scit cruor imperii qui sit, quæ viscera rerum;

Palladis. Vide ad VI, 746. Alludere videtur ad solitas inter Martem et Minervam contentiones, quas canit Hom. Iliad. E, 29 sqq. 825 sqq. Φ, 391 sqq. ED. — *Currus.* Id est, equos.

571. *Nox ingens scelerum.* Sunt qui majorem distinctionem ponant post *currus*; sed melius Oudend. et Burm. quos sequimur. *Noctem* intellige horrendam confusionem; quod nullum discrimen sit in interficiendis propinquis et alienis. Burm. conjicit *fax ...scelerum est,* Cæsar scil. ipse. Sed sceleribus tam *nox* quam *fax* convenit, et nihil mutant codd. Possint quoque opponi ignotorum *cædes sceleribus,* id est, parricidiis. ED.

573. *Arma sonant.* Homericum illud expressit, ἀράβησε δὲ τεύχε' ἐπ' αὐτῷ. Id est, sonitum super arma dedere.

574. *Subicit.* Subjicit, subministrat. — Hic Nostrum reprehendit Burm. quod ultra fidem res augeat, ac si Cæsar armamentarium secum circumtulisset. Sed finge eum tela quædam projecta ab humo tollere. ED.

575. *Adversosque jubet.* Acerbat et auget omnia in invidiam Cæsaris, et vocem illam, *miles, faciem feri,*

invidiose explicat, et præter mentem Cæsaris extendit, quam nihil aliud imperaret, nisi ut resistentes ferirent. BURMAN. — Hoc autem consilium fuisse videtur Jano Rutgersio Var. Lect. lib. I, cap. 4: Cæsarem scil. veritum ne suorum militum ardor, conspectis popularibus et propinquis defervesceret, imperasse, ut vultus eorum ferro turbarentur, ne agnoscerentur, et huc faciunt quæ supra vs. 320, et 465; et infra vs. 627. — *Confundere.* Vide ad II, 191.

577. *Verbere conversæ.* Verberat hæsitantes non cuspide, sed ligno conversæ hastæ. ED.

578. *Monstratque senatum.* In quem omnem pugnæ rabiem convertant.

579. *Scit cruor,* etc. Durissima translatio, ut *cruor* imperii dicatur pro viribus: scio *sanguinem sæpe* pro viribus hominis poni; sed *cruorem* (qui proprie e vulnere effluit) numquam ita positum legi. BURM.— An dixit *cruor,* quia jam funditur? Cæterum sic melius intelligi videtur quam cum Hortensio: novit, quorum cæde ipse ad imperium pervenire posset; quibus superstitibus

Unde petat Romam; libertas ultima mundi 580
Quo steterit ferienda loco. Permixta secundo
Ordine nobilitas, venerandaque corpora ferro
Urgentur : cædunt Lepidos , cæduntque Metellos ,
Corvinosque simul, Torquataque nomina , regum
Sæpe duces, summosque hominum, te, Magne, remoto.

    Illic plebeia contectus casside vultus , 586
Ignotusque hosti, quod ferrum, Brute, tenebas !
O decus imperii , spes o suprema senatus ,

difficile foret. Vide Disq. varias. ED.

580. *Unde petat Romam.* A quibus imperium Romanum petat, a quibus extorqueat tyrannidem. HORT. — Sed a vivis , non a cæsis extorquetur imperium. Omnib. explicat *unde* a quo cruore; sed propius est *viscera.* Si *unde* posset sumi pro : per quæ viscera vulnerata ipsam Romam vulneret , res esset expeditior. Nunc ita construerem : scit quo loco steterit ferienda libertas, *unde,* qua sublata , ipsam Romam et summum imperium petat. BURMAN. — Malim : scit *unde* , quo modo , qua parte Romam aggrediatur, sauciet. ED. — *Libertas ultima.* Libertatis propugnatores summi et ultimi.

581. *Permixta secundo.* Equitibus permixtus senatus. Tres enim Romani ordines : patricius, equester, plebeius.

582. *Venerandaque corpora.* Nobiles illustrium familiarum viri cujusmodi paucos enumerat, Lepidos, Metellos, Val. Corvinos, Manlios Torquatos.

584. *Torquataque nomina.* Alii intelligunt *nomina regum* , reges torquatos , duces torquibus ornatos. Alii familiam Manliorum cui cognomen Torquati a torque detracta ,

et regium illud insigne Torquatis convenire volunt. Grotius emendat *legum nomina* , hoc est , liberæ reipublicæ. Ita Torquatos severissimos adsertores legum diceret vel respiceret ad libertatem et consulare imperium , quod Noster *legum* nomine sæpe exprimit. Supra versu 440, et lib. IX, 267, 385, 560. *Nomina* autem *Torquata,* id est, ipsos Torquatos, ut mox vs. 589. Junge , *regum Sæpe duces*; scil. illustres viros, quorum auspiciis reges ipsi sæpe militaverint. Sic VIII , 207, et X , 136 , et III, 288. Et hæc lectio placet ob seqq. *summos hominum* , qui sunt reliqui proceres , præter reges.

585. *Remoto.* Excepto.

586. *Illic plebeia.* Illic Marcum Brutum pl. a. tectum non deprehenderunt Cæsariani, jussi petere viros principes, modo vs. 578.

587. *Quod ferrum.* Quale, quam pretiosum et patriæ vindex! Schol. explicat : ignotus, quia gladium tenebas. Male ; nam alii quoque armati erant. Burm legit *quid* ; et sic exponi potest : cur ferrum tunc inutile tenebas, quo demum tyrannidem adeptus Cæsar interficiendus erat ? Sed in vulgata idem acumen. ED.

Extremum tanti generis per sæcula nomen!
Ne rue per medios nimium temerarius hostes,　　　590
Nec tibi fatales admoveris ante Philippos,
Thessalia periture tua. Nil proficis istic
Cæsaris intentus jugulo : nondum attigit arcem
Juris, et humanum culmen, quo cuncta premuntur·
Egressus, meruit fatis tam nobile letum :　　　595
Vivat, et, ut Bruti procumbat victima, regnet.

Hic patriæ perit omne decus : jacet aggere magno
Patricium campis, commixta plebe, cadaver.
Mors tamen eminuit clarorum in strage virorum
Pugnacis Domiti; quem clades fata per omnes　　　600

589. *Extremum tanti.* Ultime gentis Brutorum a Junio Bruto, qui reges exegit, ortorum : quem tamen absque virili stirpe periisse refert Dionys. Halicarn. Vide Disq. var.

591. *Admoveris ante.* Jam ad I, 680, et VI, 582, cum Virg. et aliis Philippos et Pharsaliam confundit. Ergo nunc ad Philippos quidem, sed nondum *fatales* pugnat Brutus. Optat igitur poeta, ne præmaturam sibi mortem Brutus acceleret, *ante*, id est, tempore inopportuno. ED.

592. *Tua.* Quia tunc eam imperator obtinebis; vel potius Thessalico tuo die, ut hic est Pompeii dies. Quum autem Philippi in Thessalia non sint, possis intelligere : tu quoque Thessaliam tuam habebis, id est, locum tibi tam funestum quam ipsa Thessalia fuit Pompeio; sed cf. not. præced. ED.

594. *Humanum culmen.* Nondum se extulit supra summam dignitatem, supra rerum fastigium, quo usque licet *adscendere*, ut dixit II,

563. Oudend. *Humanum culmen egressus* intelligit, nondum Deum se jactavit. Male ut ostendunt sequentia : *Vivat et regnet*, etc. Sic Velleius II, 40 : « Civium voto major, et per omnia fortunam hominis egressus. » ED.

595. *Nobile.* An vult, gloriosum Cæsari fuisse, quod Bruti manu ceciderit ? sed sane ita gloriosius cecidisset in prælio. Expono igitur : nondum, fato judice, meruit letum, de quo tanta prædicabuntur. ED.

597. *Hic.* Ad descriptionem pugnæ redit.—*Decus.* Nobiles, patricii.— *Aggere magno.* In magno acervo.

598. *Commixta plebe.* Non enim erant omnes patricii conjuncti, sed per legiones et robur Magni, sive cives plebeios, pro suo quisque munere dispersi. Majoris etiam est invidiæ, quod nobilium corpora plebeiis jacuerint immixta, et illi cæca in morte occubuerint, nisi quod tamen eminuerit mors Domitii. OUD.

600. *Pugnacis Domiti.* Vid. II, 479.

Ducebant : nusquam Magni fortuna sine illo
Succubuit : victus toties a Cæsare, salva
Libertate perit : tunc mille in vulnera lætus
Labitur, ac venia gaudet caruisse secunda.
Viderat in crasso versantem sanguine membra   605
Cæsar, et increpitans : « Jam Magni deseris arma,
Successor Domiti ; sine te jam bella geruntur. »
Dixerat : ast illi suffecit pectora pulsans
Spiritus in vocem, morientiaque ora resolvit :
« Non te funesta scelerum mercede potitum,   610
Sed dubium fati, Cæsar, generoque minorem
Adspiciens, Stygias, Magno duce, liber ad umbras
Et securus eo : te sævo Marte subactum,
Pompeioque graves pœnas nobisque daturum,
Quum moriar, sperare licet. » Non plura loquutum
Vita fugit, densæque oculos pressere tenebræ.   616
   Impendisse pudet lacrimas in funere mundi

601. *Nusquam Magni.* Supra 220. Ubicumque victus est Magnus, pariter Domitius vincebatur. SCH.

602. *Salva Libertate.* Patria nondum in servitutem redacta.

603. *Tunc mille in vulnera.* Ipsene multis vulneribus confossus ? an inter saucios omni ex parte et cadentes ? L. vero Domitius ex castris in montem refugiens, quum vires eum lassitudine defecissent, ab equitibus est interfectus. Cæs. de B. C. III, 99.

604. *Venia gaudet caruisse secunda.* Primam enim consequutus fuerat ad Corfinium. Vide II, 512 et quæ ibid. ad vs. 522.

605. *Versantem.* Id est, volventem, ut moribundum. ED.

607. *Successor Domiti.* Εἰρωνικῶς, quia successurum se Cæsari in bellum Gallicum speraverat. GROT.

608. *Suffecit.* Satis fuit, duravit, *in vocem,* nempe ut loqueretur ; et os morientis aperuit in hæc verba.

611. *Genero.* Pompeio adhuc minorem. Causæ nimis favet Lucanus. Vid. B. C. III, 99. OUD.

612. *Magno duce.* Morior tamen liber, te nondum victoriam plene consequuto, nedum summum imperium ; necdum patriam a te oppressam conspiciens. —' *Liber.* Vehementer optabant heroes liberi mori. Sil. II, 367 : « Liberque Acheronta videbo. » Ubi Drak. OUD.

617. *Impendisse pudet,* etc. In

Mortibus innumeris, ac singula fata sequentem.
Quærere, letiferum per cujus viscera vulnus
Exierit; quis fusa solo vitalia calcet;   620
Ore quis adverso demissum faucibus ensem
Expulerit moriens anima; quis corruat ictu,
   Quis steterit, dum membra cadunt; qui pectore tela
Transmittant, aut quos campis adfixerit hasta;
Quis cruor emissus perruperit aera venis,   625
Inque hostis cadat arma sui : quis pectora fratris
Cædat, et, ut notum possit spoliare cadaver,
Abcisum longe mittat caput; ora parentis
Quis laceret, nimiaque probet spectantibus ira,   629

tanta clade, quanta mundi summo imperio grave inflixit vulnus, non libet, non vacat singulas mortes et vulnera, lacrimis luctuque prosequi. — *Funere mundi.* Amplificatio cladis est, quasi in ea mundus concidisset. HORT.

618. *Singula fata.* Diversos casus et diversa mortis genera. HORT.

619. *Vulnus.* Hic pro telo, qui vulnus facit, non male capias. ED.

620. *Vitalia.* Sunt proprie interiora corporis, in quibus maxime vita sita est, ut cor, cerebrum, hepar et intestina, etc. — *Calcet.* Ut VI, 219: «Telumque suo cum lumine calcat;» et Ovid. Met. XII, 390 : «Tractaque calcavit, calcataque (viscera) rupit. » Ultra fidem, ut bene monet Burm. ad Val. Fl. VI, 555. OUD.

621. *Ore quis adverso.* Quis ore adverso receptum in fauces ensem cruore suo expulerit; *anima,* ut apud Virg.«Purpuream vomit ille animam.» Vid. Disq. var. ED. —Ita intercidit Cra-

stinus; supra 471.—*Demissum.* Conditum, conjectum, adactum. Ov. Her. XIV, 5 : « Jugulo demittere ferrum. »

623. *Dum membra.* Quum pars corruit, qua detruncatus est, ut manus, brachium.—*Qui pectore tela Transmittant.* Id est, habeant pectora perforata telo; transitum telis dent per pectus suum, ita ut libera exeant. Dure dictum.

625. *Quis.* Capiendum pro *quibus;* quibus cruor emissus venis, ut aqua emittitur fontibus. BURM.

626. *Cadat.* Int. de cruore emisso in aera, et recidente in hostis arma. BURM.

628. *Abcisum longe.* Ut impius possit eum tamquam ignotum spoliare, neque agnoscatur esse frater. — Ideo *longe* mittit, ne de proximo cujus fuerit appareat. SCH.

629. *Nimiaque probet.* Acute dictum. Nam licet pater sit, quem occidit, persuadet tamen spectantibus patrem non esse, dum illum tam crudeliter, tanta cum ira ju-

Quem jugulat, non esse patrem. Mors nulla querela
Digna sua est, nullosque hominum lugere vacamus.
   Non istas habuit pugnæ Pharsalia partes,
Quas aliæ clades : illic per fata virorum ,
Per populos hic Roma perit : quod militis illic,
Mors hic gentis erat : sanguis ibi fluxit Achæus ,   635
Ponticus, Assyrius; cunctos hærere cruores
Romanus, campisque vetat consistere, torrens.
Majus in hac acie , quam quod sua sæcula ferrent,
Vulnus habent populi : plus est, quam vita, salusque,
Quod perit ; in totum mundi prosternimur ævum.
Vincimur his gladiis omnis, quæ serviat, ætas.   641
   Proxima quid soboles , aut quid meruere nepotes

gulat. Male hic Farnab. conjungit *spectantibus ira nimia*, et explicat : iis, qui spectant cum indignatione , dicit jam lacerum, non *esse* patrem. ED.

631. *Sua est.* Singulari et propria, ut modo vs. 617.

632. *Non istas habuit .... partes.* Formam pugnæ et sortem communem nostrarum cladium non habuit Pharsalica clades.

633. *Aliæ clades.* Ad Trasimenum, Trebiam , Ticinum, Alliam, Cannas, etc. — *Illic per fata virorum*. Ibi numerabantur homines cæsi : hic gentes et populi.

635. *Mors hic gentis erat.* Illic desiderabantur milites, plus minusve; hic tota gens Romana ipsaque patria succubuit. ED. — *Sanguis ibi fluxit Achæus*. Ibi nationis alicujus unius sanguis fusus est, hic cunctarum promiscue.

636. *Cunctos hærere cruores*. In-

gentem Romanorum eædem eo indicat argumento ; quod hærentem barbarorum sanguinem cruor ille impulerit. SULP.

637. *Romanus torrens*. Copia Romani cruoris fluentis. SULP.

638. *In hac acie*. Sic cum Burm. prætuli ob elegantem usum præpositionis; vulgo *ab hac*. ED. — *Quam quod sua sæcula ferrent*. Illa tempora pati possent : nam antea Punicis, modo Sullanis et Marianis præliis populi fuerant attriti. SULP.

639. *Plus est quam vita*. Perit bonum vita et salute pretiosius, scil. libertas, non in præsens modo , sed in posterum conclamata. ED. — *Prosternimur*. Nos scilicet posteri , et omnes qui deinceps futuri sunt. Hinc legendum versu seq. *vincimur* elegantius quam vulgo *vincitur*. ED.

642. *Proxima soboles*. Scil. filii : sic sæpe *proximus annus* pro sequente. *Proximos* pro cognatis, san-

In regnum nasci? pavidi num gessimus arma?
Teximus aut jugulos? alieni pœna timoris
In nostra cervice sedet. Post prælia natis   645.
Si dominum, Fortuna, dabas, et bella dedisses!
    Jam Magnus transisse Deos, Romanaque fata
Senserat infelix, tota vix clade coactus
Fortunam damnare suam. Stetit aggere campi
Eminus, unde omnes, sparsas per Thessala rura,   650
Adspiceret clades, quæ, bello obstante, latebant.
Tot telis sua fata peti, tot corpora fusa,
Ac se tam multo pereuntem sanguine vidit.
Nec, sicut mos est miseris, trahere omnia secum
Mersa juvat, gentesque suæ miscere ruinæ :   655
    Ut Latiæ post se vivat pars maxima turbæ,
Sustinuit dignos etiam nunc credere votis

guine junctis, sumi docuit Periz. ad Val. Max. VI, 9, 1. BURM.

643. *In regnum nasci.* In servitutem sub Impp. — *Pavidi num gessimus arma?* Sensus est. Ita servimus, quasi pavide arma gessissemus, aut texissemus jugulos, occultantes nos sub armis, aut fuga, sicut hi nunc, qui a Cæsare vincuntur. SCH. — Conjicit Burm. *num jecimus arma?* non male. ED.

645. *Post prælia natis.* Si vellet Fortuna nobis, qui post prælia nascimur, libertatem adimere, par erat ut et bellum daret, quo ipsi pro libertate decertaremus.

647. *Transisse Deos.* A se ad Cæsarem. Æneid. II, 326 : « Ferus omnia Jupiter Argos Transtulit. »

648. *Tota vix clade.* Sed quanquam jam omnino victus, ægre ta-

men animum inducebat, ut de fortuna sua desperaret. ED.

649. *Aggere.* Conscendit aggerem, quo melius videret e longinquo quæ damna tulisset, quæ sibi spes relinqueretur.

651. *Quæ bello obstante latebant.* Quas per tumultum et concursum pugnantium prius cernere non licuit.

654. *Nec, sicut mos est miseris,* etc. Neque tamen voluit, quod in rebus deploratis et desperatis solent miseri, omnia secum obruere.

655. *Mersa.* Perdita et obruta, et desperata in pugna. SULP. — Imitatus hæc est Claudian. Ruf. II, 18 : « Insontesque meæ populos miscere ruinæ Everso juvat orbe mori : solatia leto Exitium commune dabit. » Cf. Silius VIII, 334. OUD.

657. *Dignos.* Deos scil. dignos

Cælicolas, volvitque sui solatia casus :

« Parcite, ait, Superi, cunctas prosternere gentes :

Stante potest mundo, Romaque superstite, Magnus

Esse miser. Si plura juvant mea vulnera, conjux   661

Est mihi, sunt nati ; dedimus tot pignora fatis.

Civiline parum est bello, si meque, meosque

Obruat? exiguæ clades sumus, orbe remoto?

Omnia quid laceras? quid perdere cuncta laboras? 665

Jam nihil est, Fortuna, meum. » Sic fatur : et arma,

Signaque, et adflictas omni jam parte catervas

Circuit, et revocat matura in fata ruentes,

Seque negat tanti. Nec deerat robur in enses

Ire duci, juguloque pati, vel pectore letum ;   670

Sed timuit, strato miles ne corpore Magni

Non fugeret, supraque ducem procumberet orbis :

existimare perseveravit, ad quos vota funderet, et preces. HORT.

658. *Volvitque sui solatia casus.* In pectore versavit, secum perpendit, quæ sint casus sui solatia. *Volvit.* Non raro simpliciter occurrit. Vide Disq. var.

659. *Parcite.* Sufficiat iræ vestræ hæc mea calamitas ; vel si ulterius in me animadvertere visum sit, uxorem liberosque meos devoveo pro salute gentium et Rom. Imperii.

662. *Dedimus.* Est hic quasi devovimus. — *Pignora.* In quæ sæviant, si meo sanguine delectantur. SCH.

664. *Exiguæ clades sumus.* Annon satis est clades nostra, nisi et totus orbis nobiscum ruat? — *Remoto.* Excepto, a ruina servato ; cf. sup. 585. ED.

666. *Meum.* Omnia facta sunt

victoris. Non igitur jam mihi noces, perdendo omnia, sed Cæsari.

668. *Revocat.* Receptui canit. Sed confer Cæsarem B. C. lib. III, 94, ibique not. — *Matura.* Maturata, accelerata. Sic lib. IX, vs. 834 : « vires maturæ mortis habere. » ED.

669. *Seque negat tanti.* Negat se tanti esse pretii, ut pro se pereant. — *Nec deerat robur.* Audacia eundi in prælia non deerat Pompeio, nequo vitæ contemptus, sed noluit suos in ruinam et necem secum trahere. — *In enses.* Cf. Æn. IX, 400.

670. *Juguloque pati .... letum.* Vulneribus offerre jugulum vel pectus, et sic mortem oppetere.

672. *Orbis.* Imperium Romanum, cujus omnes vires in hoc prælium convenisse et periisse dicit ; cf. sup. 390, 664, et al. BURM.

Cæsaris aut oculis voluit subducere mortem.

Nequidquam : infelix , socero spectare volenti

Præstandum est ubicumque caput ! Sed tu quoque, conjux,

Causa fugæ, vultusque tui : fatisque negatum   676

Te præsente mori. Tunc Magnum concitus aufert

A bello sonipes, non tergo tela paventem,

Ingentesque animos extrema in fata ferentem.

Non gemitus, non fletus erat , salvaque verendus   680

Majestate dolor , qualem te , Magne , decebat

Romanis præstare malis. Non impare vultu

Adspicis Emathiam : nec te videre superbum

Prospera bellorum , nec fractum adversa videbunt.

Quamque fuit læto per tres infida triumphos,   685

673. *Cæsaris aut oculis voluit.*
Velle potuit præterea necem suam
subtrahere Cæsaris oculis; sed frustra; in fatis namque erat ut caput
ejus Cæsari offerretur; IX, 1035.

674. *Nequidquam.* Quomodo legendus sit locus , hæreo. An *Nequidquam infelix !* scil. voluit ; an
jungendum *infelix caput;* an potius ita ut sit apostrophe ad Pompeium. ED. — *Spectare volenti.* Qui
jam nunc cupit et jubet sibi offerri
tuum caput abscissum , vel simplicius qui tunc quum offeretur, volet ,
gaudebit spectare. ED.

676. *Fatisque negatum.* Vulgo
edd. *probatum ;* sed ex conjectura ;
nam omnes codices *negatum* habent , quo quidem servato sensus
aut intricatus , aut contra auctoris
mentem est. Oudend. tamen sic tentat explicare : fugit Pompeius, quia
a fatis ei negatum est hic in Pharsalia mori, te præsente; nam re-

mota erat in Lesbon. Sin autem conjecturæ standum sit , malim *te haud
præsente.* ED.

678. *Non tergo.* Hæc male convenire cum VIII , 5 , videntur ; sed
vide Disq. var.

680. *Salvaque verendus,* etc. Ita
dolebat, ut servaret tamen majestatem. BURM.

682. *Non impare vultu.* Non im-
mutato propter adversa : eodem, quo
prius tulerat prospera.

685. *Quamque fuit læto.* Sensum vulgo exponunt : Fortuna ut
fuit infida Pompeio in secundis
rebus ; ita in adversis fuit illo minor. Sed cum Gujeto Burm. merito
non capit fortunam infidam in secundis fuisse , quum tunc profecto
fuerit fidissima ; quare conjicit *post
tres.* Ego aliter explicarem : Fortuna infida (solenni epith. vel quia
nunc eum deserit), ut felici, ita
misero minor fuit ; nec eum per

Tam misero Fortuna minor. Jam pondere fati
Deposito securus abis : nunc tempora læta
Respexisse vacat ; spes numquam implenda recessit ;
Quid fueris, nunc scire licet. Fuge prælia dira,
Ac testare Deos, nullum qui perstet in armis,   690
Jam tibi, Magne, mori : ceu flebilis Africa damnis,
Et ceu Munda nocens, Pharioque a gurgite clades,
Sic et Thessalicæ post te pars maxima pugnæ.
Non jam Pompeii nomen populare per orbem,
Nec studium belli ; sed par, quod semper habemus,

tres triumphos insolentiorem , nec per cladem dejectum humilemque effecit , ideoque utrimque victa est. De tribus triumphis vide ad VI , 818, et loca cit. in Indice. ED.

686. *Pondere fati.* Levatus onere imperii , quod tibi fatum commiserat.

687. *Nunc tempora læta*, etc. Antea spes insatiabilis plura semper adquirendi tibi mentem obcæcabat, nec sinebat respicere quanta jam fecisses : nunc autem nihil jam impedit te frui memoria anteactæ felicitatis, et scire ad quod fastigium perveneris. ED.

690. *Ac testare Deos.* Et quum post discessum tuum e prælio Pharsalico major pars cladis contigerit, Deos testes citare licet , eos non tua gratia, sed publicæ libertatis causa in armis perstitisse et cecidisse, qui interierint ; ideoque n ors eorum non magis tibi imputari potest, quam cæteræ clades quæ post mortem tuam in Africa, in Hispania et Ægypto acciderunt.

691. *Ceu flebilis Africa.* Quem ad modum in illis locis post mor-

tem tuam bellum non tua voluntate commissum est, sic etiam, etc. Sch. —Cf. ad I , vs. 39.

692. *Munda.* Vide ad I , 40. — *Pharioque a gurgite.* Quum Ptolemæus, rex Alexandrinus , summum civilis belli scelus peregisset , fœdusque amicitiæ cum Cæsare, medio Pompeii capite sanxisset. Hort. — Potius bellum Alexandrinum intelligit Burm. quod sine dubio fuit appendix belli civilis. Vide Disq. var. ED.

693. *Sic et Thessalicæ.* Conf. not. 690.

694 sqq. Non jam Pompeii nomen , tanta gloria , tanto favore circumdatum , non jam cupido belli populos in prælia trahent contra Cæsarem. Ergo non ut antea *par erunt*, id est, opponentur hinc Cæsar, inde Pompeii nomen et pugnandi libido ; sed tantum Cæsar et libertas. Vel , si mavis, oppone hinc Pompeii nomen , inde studium belli a Cæsarianis partibus. Prior tamen sententia unice placet. Silent omnes, quos vidi, interpretes. ED.

695. *Par.* Vide ad VI , 3. —

Libertas, et Cæsar erunt : teque inde fugato   696

Ostendet moriens, sibi se pugnasse, senatus.

    Nonne juvat pulsum bellis cessisse, nec istud

Perspectasse nefas, spumantes cæde catervas ?

Respice turbatos incursu sanguinis amnes,   700

Et soceri miserere tui. Quo pectore Romam

Intrabit factus campis felicior istis?

Quidquid in ignotis solus regionibus exsul,

Quidquid sub Phario positus patiere tyranno ;

Crede Deis, longo fatorum crede favori :   705

Vincere pejus erat. Prohibe lamenta sonare,

Flere veta populos ; lacrimas luctusque remitte ;

Tam mala Pompeii, quam prospera mundus adoret.

Adspice securus vultu non supplice reges ;

Quod semper habemus. Æternum enim est prælium inter libertatem et tyrannidem. Et hoc non sine periculo sub Nerone dictum erat. ED.

697. *Sibi se pugnasse.* Suæ libertatis tuendæ gratia.

699. *Perspectasse.* Sic Oud. probante Burm. ob vs. 693. Sensus est : « perspexisse, sive usque ad finem spectasse. » Alii habent *Prospectare.* ED. — *Spumantes cæde catervas ?* Oud. distinguit, *nefas ? sp. c. catervas Respice ,* turb. et intelligit catervas prostratorum, quorum sanguis in cæde spumat. Sed melius int. catervas cædentium : præcessit enim *istud nefas,* scil. cives civium sanguine coopertos. ED.

701. *Soceri miserere tui.* Cæsaris, qui parta per tot civium cædem victoria, multo miserior futurus est quam tu victus. — *Quo pectore Romam.* Quo animo, qua conscientia?

703. *Quidquid... patiere.* Hæc jungenda sunt cum *vincere pejus erat ;* hoc sensu : quantacumque sint quæ tibi ex clade incumbent mala, melius tamen fuit vinci, quam vincere in nefario hoc bello. ED. — *Ignotis.* Non antea ab eo visis. Vide Disq. var. ED.

704. *Phario tyranno.* Ptolemæo, VIII, 618.

705. *Crede Deis.* Judicium deorum et longa faventium fatorum series tibi fidem faciant, id quod melius est, e duobus malis minus tibi evenisse. Hic vs. per parenthesin legendus est.

707. *Remitte.* Reprime ; ostende te in clade magnum et invictum. ED.

708. *Adoret.* H. e. veneretur Pompeium tam in adversis quam in secundis rebus. BERSM.

709. *Adspice.* Adi et intuere vultu non humili, et inconcusso animo. Posset tamen aliquis, ob verbum *elige,* præsertim in seq. versu inter-

Adspice possessas urbes , donataque regna,　　　710
Ægyptum , Libyamque; et terras elige morti.
　　Vidit prima tuæ testis Larissa ruinæ
Nobile, nec victum fatis, caput : omnibus illa
Civibus effudit totas per mœnia vires,
Obvia ceu læto : promittunt munera flentes ;　　715
Pandunt templa, domos; socios se cladibus optant.
　« Scilicet immenso superest ex nomine multum ;
Teque minor solo , cunctas impellere gentes
Rursus in arma potes, rursusque in fata redire. »
　« Sed quid opus victo populis, aut urbibus, inquit ?
Victori præstate fidem. » Tu, Cæsar, in alto　　721

pretari : circumspecta, et quære quem morti locum eligas. ED.

710. *Possessas urbes.* Pompeiopolim, II, 579. — *Possessas* ab illis quibus donavisti libertatem, ut suo jure possiderent. Sic Burm. male, ut opinor. Poeta enim vult urbes, quas olim victor intravit, in quibus dominatus est. ED. — *Donataque regna.* Ægyptum Ptolemæo, cui ipse tutor a Senatu datus fuerat, Libyam Jubæ, Tigrani Armeniam, Pharnaci Pontum, Ariobarzani Cappadociam.

711. *Et terras.* E tot terris hanc quam velis elige, ut occumbas. Cf. VIII , 277. Vult autem poeta, ut cogitet Pompeius de loco mortis, non de marte, seu reparando prælio ; quod tamen ille cogitabat. OUD.

712. *Larissa.* VI, 355.

713. *Nobile,* etc. Constantiam atque animi magnitudinem retinens in rebus utcumque adversis.

715. *Obvia ceu læto.* Tanquam victori procedens obviam. Vide Disq. var. — *Promittunt munera.* Officia

sua et opes. Alii dant, *præmittunt munera,* quod Oudend. explicat : Dona per servos publicos aliosve prælata, quæ Pompeio obviam euntes proferrent. Æn. XI, 249 : « Munera præferimus. » Vid. Weber. in Disq. var. ED.

717. *Scilicet.* Loquuntur Larissæi, vel ex eorum persona poeta.

718. *Teque minor solo.* Aliorum opinione æque venerandus ac prius; sua non ita. Sic Farn. quasi sit *tibi soli minor :* admodum frigide. MARMONTEL melius : « Tu n'es encore inférieur qu'à toi-même. » Solum minor, quam tu ipse sc. olim fuisti. Partem quidem virium amisisti; sed tibi vis tanta superest, quantam nemo alius habeat; tu solus nuper majorem habuisti. ED.

719. *Rursusque in fata redire.* Iterum fortunam tentare, redire in priora fata, cf. vs. 686.

720. *Victo.* Mihi, Pompeio.

721. *Victori.* Cæsari. — *Tu, Cæsar.* Apostrophe poetæ ad Cæsarem.

Cædis adhuc cumulo patriæ per viscera vadis :
At tibi jam populos donat gener. Avehit inde
Pompeium sonipes : gemitus lacrimæque sequuntur ,
Plurimaque in sævos populi convicia divos.   725
Nunc tibi vera fides quæsiti, Magne, favoris
Contigit, ac fructus. Felix se nescit amari.

    Cæsar ut Hesperio vidit satis arva natare
Sanguine, parcendum ferro , manibusque suorum
Jam ratus , ut viles animas, perituraque frustra   730
Agmina permisit vitæ. Sed castra fugatos
Ne revocent, pellatque quies nocturna pavorem,
Protinus hostili statuit succedere vallo ,
Dum fortuna calet, dum conficit omnia terror;

---

722. *Cumulo cædis.* In alta congerie cadaverum. — *Patriæ per viscera.* Calcas cadavera senatorum et civium optimorum, qui viscera sunt patriæ. Cf. supr. v. 579. ED.

723. *At tibi jam populos.* Fuga te victorem testatus Pompeius permittit tibi populos. — Sed hoc non est *donare.* Noster autem opponit rabiem Cæsaris magnanimitati Pompeii, qui quum posset redintegrare prælium , suadet suis ut se victori dedant; et ita eos donat Cæsari. ED.

724. *Gemitus lacrimæque sequuntur.* Simul oppidani Pompeium discedentem lacrimis prosequuti fuerunt, atque in Divos, quasi iniquos in hac pugna, multa convicia jecerunt. HORT.

726. *Nunc tibi vera fides.* Hæc adversitas probavit tibi verum amorem eorum, quorum fidem in prosperis exploratam habere non datur; quum plures fortunam quam amici-tiam colant. — *Quæsiti.* Tot laboribus et meritis. ED.

727. *Nescit.* Numquam certus esse potest, se, non suam fortunam, amari. Cicero, Epist. Fam. IX, 16: ut aurum igne, sic benevolentia fidelis periculo aliquo perspici potest. ED.

728. *Hesperio.* Italorum.

729. *Manibusque suorum.* Et hic expressa est Cæsaris crudelitas. Parcit, sed ideo ignoscit , quia non vult suos in occidendo diutius laborare; non quia miseretur inimicis. SCH.

730. *Viles animas.* Utpote plebeios et gregarios milites , nec sibi summum imperium captanti futuros impedimento. — *Frustra.* Sine fructu victoris. ED.

731. *Sed castra fugatos.* Nullum spatium perterritis dari oportere existimans, ne in castra redeuntes, nocte interposita, timere desinerent, milites cohortatus est, ut beneficio fortunæ uterentur, castraque oppugnarent.

Non veritus grave ne fessis, aut Marte subactis   735
Hoc foret imperium. Non magno hortamine miles
In prædam ducendus erat : « Victoria nobis
Plena viri , dixit : superest pro sanguine merces,
Quam monstrare meum est : nec enim donare vocabo,
Quod sibi quisque dabit. Cunctis en plena metallis   740
Castra patent : raptum Hesperiis e gentibus aurum
Hic jacet; Eoasque premunt tentoria gazas.
Tot regum fortuna simul Magnique coacta
Exspectat dominos : propera præcedere miles
Quos sequeris : quascumque tuas Pharsalia fecit ,   745
A victis rapiuntur opes. » Nec plura loquutus
Impulit amentes, aurique cupidine cæcos
Ire super gladios, supraque cadavera patrum,

735. *Non veritus.* Non verebatur ne jam milites fessi graviter ferrent hoc sibimet imperari. Nam gratum hoc illis erat futurum; quia in prædam mittebantur. SCHOL. — *Aut Marte subactis.* Quasi tanto conatui impares forent, et eos jam subegisset, 'id est, vicisset, modo actæ pugnæ labor. ED.

738. *Superest.* Supple : danda ; vel , quasi sit : superest ut officium meum impleam monstrando vobis mercedem. ED.

739. *Nec enim donare vocabo. Monstrare* autem dico ; nam nolo dicere *donare* , quum quisque sibi *dabit,* rapiendo prædam. OUD.

740. *Plena metallis.* Mox vs. 752.

741. *Hesperiis.* Hispanis , quæ cum Italia in sortitione provinciarum Pompeio obtigerant.

742. *Eoasque premunt.* Orienta-

les, Asiaticas divitias tenent conditas. — *Premunt.* Hoc verbum multitudinem et magnitudinem divitiarum exprimit. ED.

743. *Coacta.* Congesta.

744. *Dominos.* Vos; vel nullos nunc habet dominos, fugientibus Pompeianis. ED. — *Præcedere miles.* Præoccupate victos et antevertite quos persequimini fugientes in castra.

746. *A victis rapiuntur.* Nisi præceditis Pompeianos, jam illi rapiunt supellectilem quæ in castris est, quæque vobis victoriæ jure debetur. GROT.

748. *Ire super gladios.* Notat Burm. hic, prælio peracto, nihil amplius negotii cum gladiis esse ; itaque conjicit *galeas* : quas, utpote præcipuum ornamentum militare, si calcares, insignis erat in hostem victum contumelia. *Gladios* autem hic cape, abjectos a victis. ED.

Et cæsos calcare duces. Quæ fossa, quis agger

Sustineat pretium belli scelerumque petentes?   750

Scire ruunt, quanta fuerint mercede nocentes.

    Invenere quidem spoliato plurima mundo

Bellorum in sumptus congestæ pondera massæ :

Sed non implevit cupientes omnia mentes.

Quidquid fodit Hiber, quidquid Tagus expulit auri,

Quodque legit dives summis Arimaspus arenis,   756

Ut rapiant, parvo scelus hoc venisse putabunt :

Quum sibi Tarpeias victor desponderit arces,

Quum spe Romanæ promiserit omnia prædæ,

Decipitur, quod castra rapit. Capit impia plebes   760

---

749. *Quæ fossa.* Nulla mora retinere valet properantes ad mercedem suorum scelerum rapiendam : cuncta perrumpunt. Sch.

751. *Scire ruunt.* Festinant (alii *volunt*) nosse, propter quas opes gesserint bella civilia. Schol.

752. *Invenere quidem.* Captis castris, luxuriam, victoriæ fiduciam, et vanitatem Pompeianorum videre licuit. Cf. B. C. l. III, 96 ; Plut. Pomp. et Cæs. — *Spoliato mundo.* Hoc dictum est in augendam rerum copiam, non autem contra Pompeii laudem, ut vult Burm. vel quia poterant esse justa victi orbis spolia, vel quia se ipse mundus in sumptum belli spoliaverat. Ed.

753. *Bellorum in sumptus.* Quæ ad belli expensas omnes sufficerent. — *Massæ.* Auri et argenti. Cf. VI, 403.

754. *Sed non implevit.* Sc. illa massa, quæ fuit in castris Pompeii, aurum Hispanum et Orientis gaza, uti Cæsar proposuerat supra vs. 740.

755. *Hiber.* Hispanus. Hispania

olim celebris erat fodinis auri, argenti, ferri. — *Tagus.* Lusitaniæ fluvius. Senec. Thyest. vs. 352 : « Quidquid fodit Occidens ; Aut unda Tagus aurea Claro devehit alveo.» — *Expulit.* Alveo suo ejecit et destituit. Alii *extulit*, probante Burm. quia aurum latet in fundo, unde illud scrutantes efferunt. Sed passim fluvii *volvere*, *devehere* aurum dicuntur ; cur non ideo *expellere ?* Ed.

756. *Arimaspus.* Vide III, not. 281.

757. *Ut rapiant.* Quamvis hæc omnia rapiant (sc. quidquid fodit Hiber, etc.), putabunt tamen hæc non respondere meritis belli civilis a se gesti ; sua scelera non satis magno pretio empta esse existimabunt.

758. *Tarpeias..... arces.* Romam ipsam. I, 196. — *Victor.* Miles qui sibi jam addixerat Romam, cujus diripiendæ spe motus omnia Cæsari promiserat. Ed.

760. *Decipitur.* Infra exspectationem suam habet, se defraudatum debito putat, qui diripienda tantum

Cespite patricio somnos; stratumque cubile
Regibus infandus miles premit; inque parentum,
Inque toris fratrum posuerunt membra nocentes :
Quos agitat vesana quies, somnique furentes
Thessalicam miseris versant in pectore pugnam. 765

    Invigilat cunctis sævum scelus, armaque tota
Mente agitant, capuloque manus absente moventur.
Ingemuisse putem campos, terramque nocentem
Inspirasse animas, infectumque aera totum
Manibus, et superam Stygia formidine noctem. 770
Exigit a meritis tristes victoria pœnas ;
  Sibilaque et flammas infert sopor : umbra perempti
Civis adeat ; sua quemque premit terroris imago.

---

castra, non Romam sibi permitti videt. ED.

761. *Cespite patricio somnos.* Tabernaculis patriciorum e recenti cespite constratis. — *Stratumque.* Sc. quod in usum regum ac ducum erat stratum. Cæsar, B.C. III, 96 : « triclinia strata.» Oudend. legit *cassumque,* vacuum, quod insolenter dictum merito putat Burm. ED.

762. *Parentum, Inque toris fratrum.* Quos modo ceciderant; ideoque *nocentes* vocat. ED.

764. *Vesana quies.* Conscientiæ stimulis turbata, ita ut vesani et amentes fiant. ED.

765. *Thessalicam.* Ut hic victoribus somnus furens, sic timidus Corneliæ datur VIII, 45 : « 'Thessaliam nox omnis habet.» OUD. — Alii distinguunt post *furentes,* et pro *miseris* habent *miseri.* Sed magis poeticum videtur ipsos somnos, velut furias facem quatientes, versare

in pectore nocentium omnia ejus diei scelera. ED.

766. *Invigilat cunctis sævum scelus.* Scelerum conscientia vigilat, etiam dum dormiunt. SULP.

767. *Moventur.* Quasi vibrantes gladium, quem tamen non tenent.

768. *Ingemuisse putem.* Crediderim terram hanc nocentem, id est, ubi tot scelera patrata sunt, cum gemitu emisisse occisorum animas, ut interfectores agitarent; crediderim totum aera Manibus infectum et incestatum fuisse, itemque noctem *superam,* quæ super terras est, (supple *infectam*) plenam fuisse territamentis noctis infernæ. ED.

771. Eos exagitat nefanda victoria et quas meruere pœnas infert. ED.

772. *Sibilaque.* Et per somnium iis Furiæ vipereos sibilantesque crines et faces intentare videntur.

773. *Terroris imago.* Imago illius qui eum persequendo terret; vel sim-

Ille senum vultus, juvenum videt ille figuras;

Hunc agitant totis fraterna cadavera somnis;   775

Pectore in hoc pater est; omnes in Cæsare manes.

    Haud alios nondum Scythica purgatus iu ara

Eumenidum vidit vultus Pelopeus Orestes;

Nec magis attonitos animi sensere tumultus,

Quum fureret, Pentheus, aut quum desisset, Agave.

Hunc omnes gladii, quos aut Pharsalia vidit,   781

Aut ultrix visura dies, stringente senatu,

Illa nocte premunt; hunc infera monstra flagellant.

Et quantum poenæ misero mens conscia donat,

Quod Styga, quod manes, ingestaque Tartara somnis,

Pompeio vivente, videt! Tamen omnia passo,   786

Postquam clara dies Pharsalica damna retexit,

plicius : sua quemque terribilis species: sic *pietatis imago*, sup. vs. 320; Virg. Æn. VI, 405; IX, 294; X, 824. Burm. malit *tortoris*, quod in uno cod. invenit; non male; ut apud Juven. Sat. XIII, 195, *animo tortore*. ED.

776. *Pectore in hoc pater est.* Hujus menti obversatur umbra patris cæsi. — *Omnes in Cæsare manes.* Singuli singulorum umbras videbant; sed omnes omnium manes territant Cæsarem.

777. *Nondum Scythica.* Priusquam oraculo monitus Tauricam Dianam in Scythia peteret, ubi a sorore Iphigenia, Deæ sacerdote, agnitus expiatusque est; placatæque furiæ *Eumenides* appellatæ.

778. *Pelopeus Orestes.* Pelopis nepos. Locus ad imitationem Virgilii Æneid. IV, 469 sqq. ED.

780. *Quum desisset.* Scil. insanire; hoc sensu: Non magis exter-

nati erant, aut Pentheus quum Agave fureret; aut ipsa Agave quum furere desiisset, et scelus suum agnosceret. Sic Grotius; sed male, ut opinor, *fureret* ad Agaven refert; et sic perit oppositio. Pentheus furens (cf. Virg. l. c.) et Agave resipiens, maxime externati erant. ED.

782. *Ultrix visura dies.* Qua in senatu a conjuratis confossus 23 vulneribus casurus erat.

783. *Infera monstra flagellant.* Ultrices furiæ et carnifex conscientia.

784. *Et quantum.* Admiratio cum indignatione quadam. — *Donat.* Demit, aufert, deminuit. Alii int. quanta illi poena est se jam videre in Inferis, dum Pompeius adhuc vivit. Male. ED.

786. *Pompeio vivente videt.* Quo mortuo, majoribus furiis exagitaretur. — *Tamen omnia passo.* Sed quamquam multa hac nocte perpessus fuis-

Nulla loci facies revocat feralibus arvis

Hærentes oculos. Cernit propulsa cruore

Flumina, et excelsos cumulis æquantia colles. 790

Corpora , sidentes in tabem spectat acervos,

Et Magni numerat populos : epulisque paratur

Ille locus , vultus ex quo, faciesque jacentum

Agnoscat. Juvat Emathiam non cernere terram ,

Et lustrare oculis campos sub clade latentes. 795

Fortunam , Superosque suos in sanguine cernit :

Ac ne læta furens scelerum spectacula perdat ,

Invidet igne rogi miseris , cæloque nocenti

Ingerit Emathiam. Non illum Pœnus humator

set ob præcedentis diei nefas , tamen in crudelitate perseveravit. Hæc quam parum ad historiæ fidem conveniant, videre in promptu est. ED.

788. *Nulla loci.* Tristis et horrendus stragis adspectus non revocat oculos.

789. *Hærentes.* Quasi libens detinuisset oculos in tam fero spectaculo. ED. — *Propulsa.* Accelerata, auctis cruore fluctibus. ED.

790. *Et excelsos.* Et strues congestorum cadaverum æquatas collibus.

791. *Sidentes in tabem.* Depressos et manantes sanie, et jam putrescentes.

792. *Numerat.* Iu cadaveribus scilicet. SCH.

794. *Nec cernere terram.* Non nudum , sed tectum constratumque cadaveribus solum spectare juvat. Sic Silius XI , 519 : « Et campos abscondit cæde virorum. »

796. *Fortunam Superosque ,* etc. Dum contemplatur acervos cæsorum , in ipsa strage agnoscit For-

tunam et Deos omnes *suos* esse , suarum partium fautores , sibi propitios ; non , ut quidam volunt, agnoscit suos, sibi proprios Deos , Martem et Venerem, quos ante prælium invocaverat ; supra ad vs. 168. ED.

798. *Invidet igne rogi miseris.* Invidet cadaveribus rogum. Est vetus verbi constructio : nam et cum genitivo dici , *invideo tibi gloriæ* , et cum accusat. *invideo tibi gloriam,* testatur Diomedes , lib. I.

799. *Emathiam.* Id est , odorem cadaverum tabidorum in Emathia jacentium ingerit cælo , et illud quoque inficit mixta cæli et terræ corruptione. BURM. — Facit Emathiam unam ex illis terris quæ pestilens habent cælum. Vulgo hypallagen statuunt pro *ingerit cælum nocens Emathiæ* , sive eam inficit. OUD. — *Non illum Pœnus.* Neque illum movet exemplum etiam crudelissimi hostis Romanorum Hannibalis, qui P. Æmilii ad Cannas interfecti cadaver conquisitum honorifice sepeliit.

Consulis, et Libyca succensæ lampade Cannæ   800
Compellunt, hominum ritus ut servet in hoste :
Sed meminit, nondum satiata cædibus ira,
Cives esse suos. Petimus non singula busta,
Discretosque rogos : unum da gentibus ignem ;
Non interpositis urantur corpora flammis.   805
Aut generi si pœna juvat, nemus exstrue Pindi ;
Erige congestas Œtæo robore silvas :
Thessalicam videat Pompeius ab æquore flammam.
Nil agis hac ira : tabesne cadavera solvat,
An rogus, haud refert; placido Natura receptat   810
Cuncta sinu, finemque sui sibi corpora debent.
Hos, Cæsar, populos si nunc non usserit ignis,
Uret cum terris, uret cum gurgite ponti.
Communis mundo superest rogus, ossibus astra

800. *Succensæ lampade Cannæ.*
Rogus ad Cannas ab Hannibale Pœno accensus.

801. *Hominum ritus.* Jus humanum sepeliendi mortuos. HORT. — *In hoste.* Alii dant *in hostes* quod a grammatico profectum pronuntiat BURM.

803. *Cives esse suos.* Ut hæc sit causa non donandæ sepulturæ, quod majore odio cives persequitur Cæsar, quam hostes Hannibal. — *Petimus.* Poeta, ex persona cæsorum.

805. *Non interpositis.* Omnia in unum congesta ita comburantur, ut totam struem eadem complectatur et absumat flamma. ED.

806. *Aut generi si pœna juvat.* Aut si velis Pompeium dolore cruciari, unam omnibus exstrue pyram e silvis Pindi montis et Œtæ, quam

ex æquore prospiciat ille. — *Nemus exstrue.* Ex omnibus Pindi arboribus rogum exstrue : sic VIII, 695, *cineres exstructo monte.* Est tamen durior locutio. An *nemore exstue Pindum ?* BURM.

809. *Nil agis hac ira.* Frustra, inquit, sævis in mortuos, impotentia hac tua animi. Quid enim refert, igne absumantur cadavera, et in cineres redigantur; an humi putrescant tabe, et vermibus conficiantur? HORT.

810. *Placido Natura.* Natura omnia, quæ composuit, in sua elementa rursus dissolvit.

811. *Finemque sui.* Necesse est res omnes ex se ipsis finem habere.

814. *Communis mundo superest rogus.* Ex opinione Platonis in Timæo, et Cic. qui lib. de Natura

Mixturus. Quocumque tuam Fortuna vocabit,   815

Hæ quoque eunt animæ. Non altius ibis in auras,

Non meliore loco Stygia sub nocte jacebis.

Libera Fortunæ mors est : capit omnia tellus

Quæ genuit : cælo tegitur, qui non habet urnam.

Tu, cui dant pœnas inhumato funere gentes,   820

Quid fugis hanc cladem? quid olentes deseris agros?

Has trahe, Cæsar, aquas; hoc, si potes, utere cælo.

Sed tibi tabentes populi Pharsalica rura

Eripiunt, camposque tenent victore fugato.

Non solum Hæmonii funesta ad pabula belli   825

Deorum ait, certa temporum revolutione ex incremento contrariorum incendia et diluvia fieri. Conf. Ovid. Met. I, 256.

815. *Quocumque tuam.* Scilicet, animam.

816. *Eunt.* Sc. animæ, quæ hesterna luce e corpore demigraverant; aliquot enim dies impendere huic itineri credebant. Hesiod. Theog. 720. OUD. — *Non altius ibis in auras.* Anima tua non ibit in cælum, ut vulgo creditum fuit post mortem tuam : sed ad inferos descendet, propter tuam tyrannidem. HORT.— Melius Schol. Hoc dicit, quia in morte nulla discretio est. Omnes animæ simili sorte retinentur.

817. *Non meliore loco.* Videtur hoc addidisse poeta propter incertitudinem veterum notissimam, an anima dissiparetur et in auras iret, an vero ad inferos mearet. OUDEND.

818. *Fortunæ.* Hoc est, a *fortuna.* Mortui ab injuria fortunæ liberi sunt. Similis locutio, IV, 384, *curarum liber,* et Virg. Æn. X, 154 : « libera fati; » et multa alia sunt exempla.

—*Mors est.* Cf. VII, 130. Cunctis enim communis : vita autem fortunæ, a qua regitur, mancipata est. SCHOL. —*Capit.* Edit, consumit tellus, quæcumque genuit. ED.

819. *Cælo tegitur.* « Nec tumulum curo, sepelit Natura relictos. » Hoc Mæcenatis citat Sen. Epist. 92.

820. *Inhumato funere.* Sc. cui hæ gentes pœnas dant,- quod inhumatæ et insepultæ jaceant. HORT.

821. *Quid fugis hanc cladem?* Et quid tandem non capis diuturniorem hujus spectaculi fructum? quin bibis aquas sanguine corruptas, quin uteris aere hoc infesto? Ironice dictum.

824. *Camposque tenent.* Quum ergo Cæsar propter graveolentiam aeris infecti, putredine et fætore cadaverum cogatur discedere; cæsi ibi relicti manent quodammodo camporum possessores. HORT.

825. *Non solum Hæmonii.* Neque solum ad dilanianda devorandaque cadavera in Thessalos campos venere lupi Threicii, sed et ursi, canes, grues, vultures, etc.

Bistonii venere lupi, tabemque cruentæ
Cædis odorati Pholoen liquere leones.
Tunc ursi latebras, obscœni tecta domosque
Deseruere canes, et quidquid nare sagaci
Aera non sanum, motumque cadavere sentit.   830
    Jamque diu volucres civilia castra sequutæ
Conveniunt : vos, quæ Nilo mutare soletis
Threicias hiemes, ad mollem serius Austrum
Istis, aves : numquam se tanto vulture cælum
Induit, aut plures presserunt aera pennæ.   835
Omne nemus misit volucres, omnisque cruenta
Alite sanguineis stillavit roribus arbor.

827. *Pholoen.* Montem Arcadiæ, III, 198. — Sed hic et illic Thessaliæ saltum, ad quem habitabant Centauri, Noster significare voluit: cf. supra vs. 449, et Val. Flacc. I, 140. Vide Disq. var. ED.

828. *Obscœni.* Immundi, sordibus delectati. Alii *obscœnæ*. Cf. ad I, 548, not.

830. *Non sanum.* Cadaveris odore mutatum et corruptum. Sic apud Stat. Theb. IX, 27 : « Catervæ Incestarum avium, longe quibus aura nocentem Aera desertasque tulit sine funere mortes. » — *Motumque cadavere.* Dum teter odor exhalatur, et fœtidæ auræ longius serpunt. ED.— *Sentit.* Omnino dictum de obscœnis animalibus. Oudend. *sensit*, scil. post cladem. ED.

831. *Volucres civilia*, etc. Vultures et volucres aliæ : ὄρροι ἔμψυχοι, quæ et triduo præsagire, et e longinquo odorari cadavera creduntur. Plin. libro X, cap. 6, seu 7.

832. *Vos quæ Nilo.* Grues, de

quibus vide ad V, 711; sed an carnivoræ sint recte dubitat Burm. BUFFON, tom. XXVII, p. 52, ait eas, etsi granivoræ sint, insectis tamen, vermibus, parvisque reptilibus gaudere. ED.

833. *Threicias hiemes.* Vos quæ ineunte hieme a Thracia in Libyam ire soletis, quæ Libya non longe ab Ægypto et Nilo separata est, ad terras illas australes serius profectæ estis. ED. — *Serius.* Hic moratæ, dum prædam de cadaveribus exposcitis. SCHOL.

834. *Numquam.* Numquam tot (*tanto* pro : tam multo) vultures uno loco simul adparuerunt, quam nunc in Pharsalicis campis. OUD.

835. *Presserunt.* Bene; copiam avium indicat. Sic, sup. 742 : « premunt tentoria gazas. » — *Pennæ.* Volucres.

837. *Stillavit.* Sanguis stillabat ab arboribus, quo alites partem prædæ congesserant. Virg. XII, 339: « Spargit rapida ungula rores Sanguineos.»

Sæpe super vultus victoris, et impia signa
Aut cruor, aut alto defluxit ab æthere tabes,
Membraque dejecit jam lassis unguibus ales.   840
Sic quoque non omnis populus pervenit ad ossa,
Inque feras discerptus abit : non intima curant
Viscera, nec totas avide sorbere medullas;
Degustant artus. Latiæ pars maxima turbæ
Fastidita jacet; quam sol, nimbique, diesque   845
Longior, Emathiis resolutam miscuit arvis.

   Thessalia, infelix quo tanto crimine tellus
Læsisti Superos, ut te tot mortibus unam,
Tot scelerum fatis premerent? quod sufficit ævum,
Immemor ut donet belli tibi damna vetustas?   850
Quæ seges infecta surget non decolor herba?
Quo non Romanos violabis vomere manes?

Confer Stat. Theb. II, 673, et Nostrum, inf. IX, 698.

841. *Sic quoque*, etc. Licet tot aves et feræ concurrerent, nondum tamen omnem carnem ita devoratam fuisse ait, ut sola et nuda ossa restarent. Burm.

842. *Inque feras abit.* Nec convertit se in carnem ferarum, quæ illa carne alebantur. Hic, ut sæpius, *non* repetendum est.

845. *Fastidita jacet.* Quod tantus esset cæsorum numerus et multitudo, ut non potuerint omnes depasci. Hort. — *Diesque longior.* Mora temporis.

846. *Emathiis resolutam miscuit.* Putredine corrupta, humum Thessalicam pinguefecit. Corpora enim sive condita fuerint, sive insepulta relinquantur, resolvuntur in terram diuturnitate et longitudine temporis, quod omnia absumit. Hort.

847. *Thessalia, infelix tellus.* Detestatur Thessaliam tam miserandæ cladi dirisque fatis damnatam, ut supra vs. 301.

849. *Quod sufficit ævum.* Quanam ævi diuturnitate poterit elui et aboleri memoria tanti damni?

850. *Vetustas.* Hoc est, rerum olim actarum traditio et memoria, sensim obscurata et deleta, *tibi donet*, in tui gratiam tandem oblivioni tradat tot damna. *Donet* hic dici videtur eodem sensu quo *condonare*, veniam dare. Ed.

851. *Quæ seges surget.* Hoc est, nulla seges in Thessalicis campis surget, quin sit decolor futura et purpureo colore infecta. Hort.

852. *Manes.* Qui ob insepulta

Ante novæ venient acies, scelerique secundo
Præstabis nondum siccos hoc sanguine campos.
Omnia majorum vertamus busta licebit,   855
Et stantes tumulos, et qui radice vetusta
Effudere suas, victis compagibus, urnas :
Plus cinerum Hæmoniæ sulcis telluris aratur,
Pluraque ruricolis feriuntur dentibus ossa.
Nullus ab Emathio religasset litore funem   860
Navita, nec terram quisquam movisset arator,
Romani bustum populi ; fugerentque coloni
Umbrarum campos ; gregibus dumeta carerent ;

corpora his in campis errant, nec nisi justis solutis Styga transvehuntur. Cf. Virg. Georg. I, 493 sqq.

853. *Ante novæ venient acies.* Antequam aboleantur prioris hujus belli civilis vestigia, antequam hæc decolor seges nascatur, hoc eodem campo necdum a priori sanguine siccato, confligent hinc Antonius et Octavius ; inde Brutus et Cassius secundo bello nefario. Quod tamen prope Philippos, urbem Macedoniæ, commissum est, uti dictum ad I, 680.

855. *Omnia majorum.* Quod si omnia Romanorum ossa et cineres velimus eruere e tumulis.

856. *Et stantes tumulos.* Tam integros adhuc tumulos, quam vetustate collapsos. GROT. — *Radice vetusta.* De imis sepulcri fundamentis, quod ob vetustatem corruit, unice capiendum puto ; non autem de radicibus arborum ibi innatis, neque de caprifico, quæ ex hepate hominis enata, etiam saxa penetrat, testibus Juven. X, 145 ; Mart. X, 2,

9. Cf. ad Hor. Ep. V, 17. Videant tamen eruditi. ED.

857. *Victis compagibus.* Solutis vetustate commissuris.

858. *Plus cinerum.* Hyperbolice dictum, quasi in duobus istis præliis plures interfecti Romani, quam omnibus omnino annis mortui fuerint. Incogitanter sane Oudendorp. probat sui Scholiastis explicationem : « Plus cineris quam pulveris habere cœpit Thessalia, et Hæmoniæ sulcis plus cineris aratur quam telluris. » Vide Disq. var. ED.

859. *Ruricolis ... dentibus.* Aratrorum.

860. *Nullus ab Emathio.* Totus hic pendet sensus usque ad v. 868, *Si non prima.* Te, o Thessalia, nemo frequentaret nauta, arator, pastor, nemo habitaret, fugerent omnes tamquam exsecrandum locum, gentium et populi Romani bustum, umbris frequentatum, si non, etc.

862. *Romani bustum populi.* Ipsam terram bustum dicit Romani imperii : per adpositionem.

Nullusque auderet pecori permittere pastor

Vellere surgentem de nostris ossibus herbam; 865

Ac, velut impatiens hominum, vel solis iniqui

Limite, vel glacie, nuda atque ignota jaceres,

Si non prima nefas belli, sed sola tulisses.

O Superi, liceat terras odisse nocentes.

Quid totum premitis, quid totum absolvitis orbem? 870

Hesperiæ clades, et flebilis unda Pachyni,

Et Mutina, et Leucas puros fecere Philippos.

866. *Impatiens hominum.* Inhabitabilis. — *Solis iniqui.* Inter utrumque tropicum, zonæ torridæ subjecta. Cf. V, 23 sq. et Virg. *Æn.* VII, 227.

867. *Nuda.* Desolata, inculta propter frigus, uti in zonis frigidis.

868. *Si non prima.* Si modo tu, ut prima, ita sola fuisses nefarii belli area : sed alia jam loca pari clade damnata te excusatam et scelere hoc absolutam præstant.

869. *O Superi.* Exclamatio ad Superos : ut fas sit odisse eas terras, in quibus tanta damna sunt accepta a populo Romano. Facite ergo ut aliquas possimus odisse, non omnes.

870. *Quid totum premitis.* Desinit hic iterum in acumen scholasticum : dum totum orbem reum facitis, totum simul absolvitis. *Premere* enim oppositum τῷ *absolvere* est reum facere, et affligere etiam in judicio. BURM.

871. *Hesperiæ clades.* I, 40. — *Pachyni.* Promontorii Siciliæ, ubi navali prælio victus est Sext. Pompeius ab Agrippa, auspiciis Augusti.

872. *Mutina.* Cf. I, 41. — *Leucas.* I, 43. — *Puros fecere Philippos.* Romano cruore immaculatos et inexsecrabiles. SULP. — Vel potius omnibus sententiis *absolutos*, ut modo dixit. ED.

IN LIBRUM SEPTIMUM

DISQUISITIONES VARIÆ.

2. *Luctificus Titan.* Cur eodem epitheto sol infamatur, quo Furiarum maxima Alecto apud Virgil. VII, 324 : « *Luctificam* Alecto dirarum ab æde sororum. » Tantum aberat, ut sol *luctificus*, sive causa cladis luctusque fuerit, ut nemo magis mœreret; ac idcirco *tardior* solito exoriebatur, et eclipsin pati optabat, ne cladem et nefas conspiceret. Non repugno tamen, quin *luctificus* sedem hic suam retineat, si non aliud verbum sponte suboriatur, quod et sententiam et compositionem reddat meliorem, et tam simile sit, ut jure librariis fucum fecisse videatur. Lege autem : « *Luciferos* Titan numquam magis æthera contra Egit equos. » BENTL.

3. *Currumque.* Cursumque habet MS. 7900 ; sed I, 541 : « Condidit ardentes atra caligine currus. »

14. *Olim quum juvenis.* Locus Gujeto propter varietatem lectionis suspectus. Legitur enim *æstate* in uno Bersm. Sed sæpissime hæc commutantur. Sensus autem et verba optima sunt, excepto v. *ætate*, quod pro tempore explicant : altera enim explicatio, ut sit hypallage pro *triumpho primæ ætatis*, nullo modo stare potest. Immo est Pompeii ætas, ut sensus sit, quum ea ætate fuisset, qua primum triumphum egerit, verbaque *juvenis* et *ætate* ex æquo posita sint. Intelligit enim poeta quem sæpius innuit (I, 316 ; VIII, 24, 810) triumphum Pompeii ante constitutum tempus actum. VVEB. — *Primi triumphi.* Id est, Africani. Primo enim de Afris triumphavit, deinde de Hispanis. SCH. — Hoc licet verum sit, ut ex Plinio, Plutarcho et aliis constat, videtur tamen auctor solum intelligere de triumpho Hispaniensi. Aliter debuisset dixisse *et post d.* Conf. II, 549 ; VIII, 809 : « Armaque Sertori revocato consule victa, Et *currus*, quos egit eques. » OUD.

16. *Fugax.* MS. 7900 *fuga.* — Rectius. Quia fugit in Hispaniam, bellum movit, et Hispanorum arma in Romanos excitavit.

22. *Magni.* Id est, ingentis. Dubitat Ascensius an *magni* sit nomen pro-

prium, ut ediderunt Stephanus et Gryphius, an appellativum; quod verum est. Magno illi plausui magnum opponit planctum. Oud.

28. *Unde pares somnos.* Omnibonus interrogative legit, ut sit quasi quædam conquestio, ut ipse ait, quod numquam postea hujusmodi quietem habiturus sit Pompeius. Quasi dicas: unde enim postea pares somnos populi, hoc est, populares ac placidos, et noctem æque beatam accipiat, sive exspectet? *Somnos populi*, non quibus populus somniet, sed quales populus agere solet, hoc est, securos et placidos, accipit Micyllus. Quamquam et hi etiam turbulentos et motorios (ut ita dicam) interdum vident; nonnumquam et placidos, ut aurea somnia somnient. Sed quia Pompeius triumphis, et applausibus theatralibus ab adolescentia adsueverat, in hac pugna imminente eosdem se videre existimavit, quasi non dubiam sibi polliceretur vigilans victoriam. Somnia id genus vulgus hominum, qui in talibus versati non fuerunt, non videt: quorum somnia etiam ut vana rejiciuntur, quum regum et magnorum principum ut plurimum a Deo proficisci credantur. Videtur poeta ad somnium Agamemnonis adlusisse, quod exstat apud Homerum, Iliad. lib. II. Hort. — Sed neque Omnibonus neque Hortensius sensum viderunt. *Unde* est optantis, ut illud Ovid. Epist. XII, 84: «Sed mihi tam faciles *unde*, meosque Deos? » Seneca pater controv. XI: «*Unde* talem patrem? » Optat enim, ut contingat populo similis somnus et nox tam beata: quomodo verissime exponunt Scholiastes et Grotius. Male Sulpit. Ascensius, aliique *pares*, hic non ut adjectivum, sed verbum pro *disponas*, vel *parare posses* sumserunt. (MS. quoque 7900 habet *parus*.) Est vir doctus, qui sine interrogatione jungit superioribus hoc sensu. Crastinus dies bellum adferet, quo parabis, sive faciles somnos, et noctem beatam populi, sive quod exitio erit totis gentibus et populis. Quia Lucanus cum aliis poetis sæpius mortem, ut donum et beatum somnum considerat. Vid. ad l. VI, 169; VIII, 395; IX, 208, 211. Non putem. Oudend. — *Unde pares somnos.* Hunc locum usque ad v. *Planxere theatro* damnat Gujetus, ni fallor, propter sensum, qui non satis aptus videtur. Attamen Lucanus in talibus sibi maxime indulget, Pompeioque multum favens, hoc quoque loco quanti eum faciat ostendit. Præterea arcte cohærent illa *unde pares*, etc. Male ab interpretibus intellecta cum prioribus, et respondent verbis *ne rumpite somnos.* Nihil autem in singulis reperitur, quod interpolatorem indicet. Web.

38. *Injussusque puer.* Sponte sua, non imperio parentum aut aliorum. Scaliger malebat, *investisque puer.* Grot. — *Investis*, etiam si codices addicerent, nihil præter ætatem significaret; at illud *injussus* moralem affectum superaddit. Cicero Tuscul. III, 27: «Pueros vero matres et magistri castigare etiam solent; nec verbis solum, sed etiam verberibus, si quid in domestico luctu hilarius ab his factum est, aut dictum, plorare cogunt. » Bentl.

43. *Edere.* Alii *odere.* Ut sit hypallage, q. d. quorum dolor odit gemitus. Virg. Æn. I, 209 : « Spem vultu simulat, premit altum corde dolorem. » *Edere* habent quoque MSS. mei omnes. Si vero quid mutandum esset, malim cum uno Bersm. cod. *egere*, hoc sensu. O miseri, qui tantum gemendo dolorem suum ostendere, et exhibere potuerunt : quorum dolor in gemitu tantum consistere debuit. OUD.

47. .... *Miseri pars maxima vulgi.* Non credo de parte *maxima :* ubi enim disciplina militaris; ubi tantæ multitudini ad consistendum locus? Codex Bersmanni rectissime, *pars ultima.* Et fæx populi, et reges, et senatores extorquebant signum prælii a Pompeio. Juvenalis VIII, 44 : « Nos humiles, inquit, *vulgi pars ultima nostri.* » BENTL.

49. *Magnoque accensa tumultu... Præcipitare cupit.* Hæc ex inferioribus (v. 127, seq.) sumpta et interpolata Gujetus putat. At multum differunt, quæ ibi leguntur; ita ut nostrum locum fulcire potius, quam infirmare videantur. Hoc loco enim milites accensi sunt tumultu magno, pugnam postulantes; ibi autem venia pugnæ data, castra tumultu confusa fremunt. Neque intelligo, cur hæc suspecta sint, quæ Lucani ingenio dignissima optime cum reliquis cohærent, ita ut ne recte quidem sequentia, nisi verbis « Dira subit rabies » positis, stare possint. Singula autem verba optime habent. WEB.

50. *Admovere*, est aliquid vicinum facere, proxime adjungere : hic autem est accelerare, quod gallice dicimus, *hâter le temps de sa mort.* Observata mihi similis loquendi forma, VII, 590, ubi de Bruto : « Nec tibi fatales *admoveris* ante Philippos. » Non absimili sensu Ovid. Met. VII : « Pars animam laqueo claudunt, mortisque timorem Morte fugant, ultroque vocant venientia fata. » Et Seneca Quæst. Natur: lib. V, in f. dixit contra maritima bella cogitantes, « Quid maria inquietamus? parum videlicet ad mortes nostras terra late patet : itaque eamus in pelagus, et vocemus in nos fata cessantia. » BRIOSIUS. — Non audiendus est Rutgers. var. lect. l. I, c. 9, emendans *morti.* Non enim horas *admovet* morti, sed horas mortis sibi *admovet*, id est, accelerat, propinquas facit. Hoc enim est *admovere* : unde *admotum* pro vicino, et propinquo ponitur, IV, 481 : « Nec gloria leti Inferior, juvenes, *admoto* occurrere fato; » V, 471 : « *Admotum* damnare nefas. » Cf. Reposiani Concub. Martis et Veneris. vs. 181 ad Poet. Lat. Min. t. III, p. 342. ED.

63. *Sub jure, togaque.* Dubitat Rutgersius, var. lect. l. I, c. 12, an non melius cum Scholiaste Juvenalis legeretur *jure togato.* Probarem, si MSS. annuerint. Nunc nihil muto. Est enim ἓν διὰ δυοῖν. Cæterum male Lucanus hic Ciceronem inducit suadentem, ut Pompeius prælium ineat : id enim Cicero fecisse non potuit, quem constat semper suasisse, ut

bellum duceret; et invenitur in hoc temerarium prælium ipse Cicero, Epist. ad Div. VII, 3. Oud.

77. ... *Ipsæ sua signa revellent*. Alii codices, *ipsæ tua signa revellent*. Signa enim et castra non exercitus, sed imperatoris dicuntur. Cæsar supra V, 349 : «Quisquis *mea* signa relinquit. » Cato infra IX, 379 : « *Mea* castra sequutis. » Et hic, v. 83, Cicero ad Pompeium : « Propera, ne te *tua* classica linquant. » Vides, si *sua* legas, insolentiam verbi, si *tua* repetitionem. Ut utramque vites, lege : « Ipsæ *sibi* signa revellent.» Bentl. — Sed hoc dictum ut seqq. *si nobis bella geruntur*. Ita ut signa sint reipublicæ, non Pompeii. Ed.

80. *Quocumque velint*. MSS. habent (et 7900) *velim*, ut loquatur Cicero non ex sua tantum, sed et ex senatus persona. Durius tamen mihi videtur *velim*, et nimis longe quæsitum, ac natum potius ex Scholiastis expositione. *Velint*, scilicet *acies*, quæ sua signa revellent, et pugnabunt, vel subaudito generaliore nominativo. Oud.

90. *Sitque hominum magnæ lux ista novissima parti*. Languet hic versus, et plane enervus est inter duas summum exitium significantes dictiones : *involvat una ruina*, et *quo cuncta perirent*. Putem itaque, versum esse spurium, et pro explicatione quasi additum. Eamque opinionem confirmat veterrimus cod. MS. Bouhierii, in quo ne vestigium quidem hujus versus apparet. Oud.—Accedit Schol. Lips. qui nullo verbo ejus versus meminit. Nihilominus verba sincera sunt. Ratio enim allata ab Oudendorpio nulla est. Quis, quæso, in his explicationem agnoscat ? Quam sententiarum similitudinem, nisi forte hanc, quod de ruina populorum in illo, de morte multorum hominum in hoc versu sermo sit ? Quis interpretum his verbis utatur, quæ ipsa quodammodo explicatione egeant ? Immo Lucanus, ut sæpissime, eamdem rem variat; diversa enim sunt, involvere ruina populos, et, lucem esse novissimam magnæ hominum parti, quæ tamen ad unum quod v. seq. legitur, *quo cuncta perirent*, redeunt. Excidit autem versus in cod. Bouh. et duobus Cortii, et fortasse in eo quem Schol. habebat, quippe qui salvo sensu abesse possit, neque sequentia librarium de errore suo admonuissent. Singula non offendunt ; repetitio enim ejusdem verbi in Nostro frequens h. l. minus displicet, quum diversa sit vocum *magnæ* et *Magnum* significatio. *Hominum parti* vero non de Pompeianis, ut Schol. et Burm. explicaverim, quod hoc loco, ubi v. *populos* antecedit neque ullum hujus rei vestigium apparet, fieri non potest; sed de magna populorum parte, qui in pugna Pharsalica dimicabant. Itaque conjectura viri docti non opus est, quæ præterea propter verborum positionem, nec non propter v. *hodie*, displicet, quum mox sequatur *diem*, *quo cuncta perirent. Novissima lux* denique de ultimo die sæpius dicitur, cf. Ovid. Met. I, 772 ; *novissima hora*, Met. IV, 156; *novissima nox*, ib. 531.

Sic *supremus dies*, *summa dies*, cf. Burm. ad Propert. II, 12, 24. VVEB.

93. *Potuit sine cæde subactum.* Immo, ut alii codices, *potui.* Nam *labor belli potuit tradere paci*, omnino durum et subabsurdum esset. BENTL.

94. *Violatæ tradere paci.* Lege *Romanæ*, ut VIII, 427 : *Assyriæ paci.* Tacit. Annal. XII, 29 : « Ne fortuna elati nostram quoque *pacem* turbarent; » et 33, « additis qui *pacem* nostram metuebant. » Ubi plura vide apud Gronovium. Plin. XXVII, 1 : « Alia aliunde ultro citroque in toto orbe portari, immensa *Romanæ pacis* majestate. » BENTL. — MS. 7900 habet *Romanæ*, suprascr. *violatæ.* Oudend. *Romanæ* edidit. ED.

103. *Si modo virtutis stimulis, iræque calore.* Versus non legitur in Bouhier. Richel. et tantum a manu sec. in Oisel. et Voss. 2, unde Heinsius in Advers. I, 16, p. 159, sequentibus *Signa petunt* per interrogationem acceptis, eum deletum vult; sed male. Cdd. enim illi non multum auctoritatis habent, exceptis Voss. 2 et Bouhier. præsertim quum causa erroris in eadem syllaba ab initio hujus et sequentis versus repetita *Si* appareat, atque versus salvo sensu abesse possit. Deinde non video, quid talem versum addere librarium moverit, quem omnes præterea Scholiastæ explicant. Conjungi debent *si modo*, etc. sine dubio prioribus, quum nexus inter ea et seqq. nullus sit, neque verba per se intelligi possint, ut sit *utinam petant signa.* Respondet autem Pompeius iis quæ vs. 45-47 narrata, atque a Cicerone v. 77 et 82 exposita sunt, et laudans quæ prospere ab ipso jam facta sint, cf. vs. 107, inter hæc quoque refert, quod miles tiro nunc impavidus sit : si revera virtute et ira incitati pugnam petant, de quo dubitari possit. Particulæ, *si modo*, *si tamen*, ut Græcorum εἴπερ, indicant rem quæ esse sumitur, sed ita ut, utrum jure sumas nec ne, non dicatur : indicativo conjunctæ: Cic. ad Att. XIII, 19 : « Ea diligenter a me expressa acumen habent Antiochi, nitorem orationis nostrum, *si modo* is est aliquis in nobis, » et Cic. Orat. II, 38 : « In hac arte, *si modo* hæc est ars, nullum est præceptum; » conjunctivo junctæ: Virg. Æn. IV, 109 : « *Si modo*, quod memoras, factum fortuna sequatur. » Respondent igitur *si modo* h. l. verbis quibus effectum est, et possis *petant* scribere, quod majori cum dubio dictum Pompeio aptius fortasse videtur. Indicativus vero recte habet, quo simul indicatur Ciceroni persuasum fuisse milites virtute et ira commotos signa petiisse; conjunctivus enim h. l. rem ex sola cogitatione pendentem exprimeret. Quod ad singula attinet, *stimulus* metaphorice de *virtute* sæpius, cf. I, 120; VIII, 329; *furoris*, V, 118; *irarum*, II, 324, ubi *calor* quoque eodem modo, cf. II, 493 *calida prolatus ab ira.* Neque offendere debemus in mutatione numeri *tiro paveret* et *petunt*; solet enim Noster post substantiva collectiva in singulari et plurali variare, cf. I, 240 seq. 353 seq. VVEB.

106. *Si cominus instent*, etc. Tollius ad Auson. Protrept. pag. 309, *Sic quum minus instent* volebat, quem puto hic significare Cortium. Sed est contra mentem poetæ : qui pericula prope instantia potest differre, ille fortissimus est. Cort. ad Plin. l. IX, Ep. 13, § 17, putat unum omitti oppositum, *Fortissimus ille est*, *Qui promptus metuenda pati, si cominus instent, Et, si non cominus instant, differre potest :* sed non puto ; dicit illum etiam fortissimum, qui, licet promptissimus sit pati metuenda, *tamen* etiam differre potest et nullam pugnandi copiam facere, si hostes cominus instant : dubium etiam, an sub *cominus instent*, debeant, non *hostes* intelligi, sed *metuenda ;* eo sensu : fortissimus ille, qui promptus metuenda præsentia pati, etiam differre potest ; et ita cepit Omnibonus. BURM.

115. *In populos lux ista feret!* Cur, obsecro, *lux ista ?* cur non *hæc lux ?* Nam quum hæc loquitur Pompeius, *lux* erat, et dies ipse, in quo pugnatum est. Supra 45, *Vicerat astra jubar.* Repone : « Pugnetur... in populos *vox* ista dabit! » Omnes signum pugnæ petierant : hoc verbo signum istud dat : *Pugnetur.* Quantum *vox ista*, verbum istud *pugnetur*, dabit hodie malorum! BENTL.

125. *... Et ut victus.* Illud *et*, ut facile animadvertes, redundat et orationem turbat. Corrige, *Laxat ; ut evictus.* Quid, quod *evictus* per se melius hic est quam *victus.* Notat enim, post longum certamen tandem invitum navitam vento cessisse. BENTL.

130. *Mortis venturæ.* Septem libri, quos sequitur Oudend. *Et mors ventura est*, et tunc *in ore est* debet subintelligi ; sed prius *est* deest plurimis. *Venturæ faciesque*, sine verbo substantivo, plurimi. Deinde in *leto* et *morti* variant codices : sed utrum eliges, inepta est tantologia. BURM.

139-150. *Nec gladiis habuere fidem, nisi cotibus asper .... mutavit fulmina Cyclops.* Duodecim hos versus damnat Gujetus, quippe qui interpositi nexum verborum vs. 138 et 151 turbarent. Ita vero particula *tamen* vs. 151 non quadrat, quæ nexum cum superioribus facit hunc : Quamquam his omnibus tantum laboris impendebant, atque ab his salutem sibi sperabant, varia tamen signa infelicem pugnæ exitum notarunt. Id quod Schol. Lips. quoque vidit : « Licet tantum conarentur ad bellum civile, tamen multis modis per signa conata est Fortuna retrahens eos. » — Præterea ratio interpolandi h. l. non apparet, etiamsi plures interpolatores ponamus. Locus autem ipse, sive res, sive verba spectes, optimus Lucanoque dignissimus est, qui studium militum in armis componendis, atque rei futuræ magnitudinem declaraturus, comparatione magnifica, ut I, 34, utitur. WEB.—*Cotibus.* Sane idem lapis dicitur *cos, cotis*, et *cautes :* quia *au* mutatur in *o*. ASCENS. — *Cautes a cotibus* ita distingui possent ; quod *cautes* dixerint, quoscumque crudos lapides, ut ipse Noster III, 507. *Cotes* vero lapides, ad acuendum ferrum aptatos, vel idoneos. Quare præfero hic *cautes*. Acuerunt ferrum in lapidibus quibuscumque, tam cotibus, quam aliis; prout cuique erat facultas. Si cui *cotibus* magis placet, non refragor. Cum hoc adparatu bellico confer Virg. Æn. VII, 630. Silium IV, 12, etc. Oud.

150. *Pallenæa.* Pellena oppidum est in Achaia ad Sicyonem. Pallana vero in Laconia situm, ut Strabo docet. Sed legendum arbitror *Phalenea*, id est, Thessalica, a Phalenis oppido juxta Phlegram, ut Plinius habet. Ibi gigantes sunt fulminati. Sulp.—Quæ vero hoc loco adducit Sulpitius, aut ex corruptis auctorum codicibus citavit, aut ipsius codex postea corruptus est. *Pallenæa* omnibus legendum. Pallena enim Macedoniæ regio, cujus urbes sunt, Potidæa, quæ et Cassandria, Aphytis, Æge, Therambus, Solone, Mendis, Sama, ut Herodotus libro septimo tradit. Ipsa Pallena, olim Phlægra appellata, idem inquit Herodotus. Plinius autem, lib. IV, c. 17, 3. Phlegram subjungit Pallenæ. Phlegræos vero campos in Campania juxta Cumas ponit, lib. III, c. 5, et XVIII, 11. Fabula vero de Gigantibus, haud dubie in Pallenæa regione primum ficta, postea in agrum Cumanum delata, nullam aliam ob causam (ut Strabo inquit, libro V) quam quod terra ipsa Cumana suapte virtute præliorum concitatrix esset: vel quod ibi sulphuris, et ignis, et aquarum calidarum plena sint omnia. Et talibus ignis et aquæ profluviis, Gigantum vulnera fulminibus dejectorum tribuuntur. Glarean.—*Pallenea* legendum, a Pallene. Est autem Pallene oppidum Macedoniæ, sive Thraciæ, quod et Phlegra aliquando dictum fuit, ut Stephanus ex Eudoxo tradit. Et meminit Eustathius in catalogo. Micyll.

152. *Fortuna notas.* Atqui hæc non *fortunæ* provincia est, sed *naturæ*; et sane in quibusdam editis *natura* legitur, ex conjectura, ut opinor. B.

Fortunam sæpe intelligit Lucanus Stoicus fatum æternum, et immobile, sive ipsos Deos. Sic III, 96: « ... habenti Tam pavidum tibi, Roma, ducem *fortuna* pepercit. » Immo de his ipsis prodigiis, vs. 205: « O summos hominum, quorum *fortuna* per orbem Signa dedit, » quum vs. 201 *naturam* dixisset. Oud.

154. *Inque oculis hominum fregerunt fulmina nubes.* Damnatur hic versus ab interpretibus, et sane habet cur displicere possit. Turbat enim structuram, quum in versu 155 ex v. 153 *æther* subjectum repeti debeat. Versus autem per se Lucano dignus est, neque verba singula interpretem produnt. Quis enim per *frangere nubes fulmina* exposuerit *ingestum fulgur?* Dicitur autem sæpissime *frangere nubes* de *fulminibus* a poetis, cf. VI, 692: « fractæque tonitrua nubis; » Ovid. Met. I, 154: « misso perfregit Olympum fulmine; » et Sil. Ital. VI, 608. Immo ipse Lucanus in his, sed variando, ut solet, vv. *obstitit æther* explicat, cf. Wakef. ad Lucret. V, 473. Neque offendere debent *in oculis hominum*, quæ Burm. magis audacter quam vere mutavit; exprimit *in oculis* i. q. ante oculos,

ex adversum oculos, et ita sæpius : cf. Ovid. Trist. II, 526 : «*Inque oculis facinus barbara mater habet;* » Heroid. XXI, 82 : « *Inque meis oculis* candida
Delos erat; » Virg. Æn. X, 515 : « Pallas, Evander, *in ipsis* Omnia sunt
oculis. » Respondent sibi vero quodammodo v. *obstitit* et v. *adversa* seq.
vers. Agnoscunt præterea versum omnes Scholiastæ mei. WEB.

156. *Siphonas.* Alii *Typhones.* Typhones sunt ignes cælestes in modum
serpentium tortuosi, qui, quo ceciderint, universa consumunt. Hos ideo
aquarum avidos dicit, quia in mare sæpe labuntur : sed sciendum est,
esse etiam serpentes aquarum. SCH. — Fiunt Typhones, quum venti arctius
rotati nubem effregerint sine fulmine, et vorticem faciunt, qui typhon,
id est, vibratus, vocatur, ut Plinius ait. Apuleius vero, *si ignitum non
fuerit fulmen*, inquit, *Typhon* vocatur. Typhones venti vorticosi sine
fulmine, seu fulmen non ignitum. Plin. lib. II, cap. 48. — MS. 7900
habet *pythonas :* et exponunt Scholiastæ ignes sub forma serpentum. — *Sy-
phonas* legendum. Olympiodorus in meteoris : ναῦται δὲ σίφωνα (vocant)
διὰ τὸ δίκην τοῦ σίφωνος ἀνασπᾶν τὸ ὕδωρ τῆς θαλάσσης. Clarissime, ita scribendum esse, patet ex addita voce *aquarum*, quæ nequaquam *typhoni*,
sed *syphoni*, seu *tubo* conveniunt. *Typhonem* describit Valer. Flacc. l.
AIII, 130 : « *Typhon* Igne simul ventisque rubens, etc. » OUD.

162—164. *Vixque revulsa solo, majori pondere pressum Signiferi
mersere caput, rorantia fletu, Usque ad Thessaliam Romana et publica signa.* Versus non leguntur in uno Bersm. et pluribus Gujeti ; fe-
fellerat enim librarium v. *signa* in fine versus 161 et 164 repetitum. Sententia et verba suspicionem interpolationis minime movent, sed optime
habent, excepto v. *mersere*, quod ab Oudendorp. aliisque per *inclinavere, depressere* explicatur, ut *signiferi* nominativus sit ; nam signa caput
alius mergere hac significatione dici non possunt. Verum ita vv. *rorantia
... signa* nimis abrupte posita sunt, et novo subjecto *signiferi* intercedente, non modo nexus turbatur, sed repetitio etiam v. *signa* vs. 161,
164 vim suam amittit. Deinde displicet *pressum ;* quid enim h. l. *pressum
caput ?* num forte a signis ? sed quomodo signa caput premere recte dicuntur ? Quapropter scribendum est ex facili conjectura *pressa* pro *pressum*, deleto commate post v. *caput*, et posito post v. *pressa* hoc sensu :
Signa vix evelli poterant, quum majori pondere, quam solitum esset,
fixa et in humo depressa starent. Sic *pressa* quodammodo explicat vv.
vix revulsa, quod Noster amat. Seqq. deinde ita : Signa, quæ rorabant
fletu, mersere caput signiferi, id est, condebant, cooperiebant guttis
caput ; lacrimas effundebant, ita ut caput signiferi obtegeretur, obrue-
retur. Sic *mergere* de aqua ipsa dicitur V, 75, *fluctu terras mergente ;*
Ovid. Ibis 344. Neque offendere debet, quod poeta *signa* dicit ; addit
enim *rorantia fletu*, et fingit signa militum flevisse, ut sæpius simulacra sudasse et flevisse dicuntur, cf. I, 536 sq. Virg. G. I, 480 ; Senec.

Thyest. 703. Denique recte Burm. *Romana et publica signa* explicat ; *et enim* positum est pro *et quidem.* (Cf. not. seq.) VVEB.

164. *Publica signa.* Optime hæc exponit Grotius, et ex parte Scholiastes. Ascensius, Hortensius, aliique cum Schol. hæc verba capiunt; quasi Lucanus voluerit dicere, *signa* fletu rorasse per totum iter in Thessaliam usque. Non sane. Barthius, lib. XI, Advers. c. 10, ex suis membranis volebat *hinc pub. signa;* ut fuerint usque eo Romana; deinde vero publica, seu communia cladi generis humani. Verum signa Pompeiani exercitus non fuerunt toti orbi publica, sed ipsa clades; unde recte cecinit infra, mundi fortunam in eo constitisse prælio. Nec sane umquam ex talibus verbis aliquis id eliceret. *Romana* et *publica* se invicem explicant: suntque *signa publica populi Romani,* ut loqueretur Livius. Immo addit *publica,* ut distinguantur a Cæsarianis, quæ itidem sunt *Romana signa.* Lib. I, 244 : « Ut notæ fulsere aquilæ, Romanaque signa. » OUD. — Sensum puto usque ad hoc prælium fuisse in partibus Pompeii signa Romana et reipublicæ, quæ deinde victo Pompeio, Cæsaris tantum fuere, id est, quasi regia, non reipublicæ, quæ sublata fuit : vel de solis Pompeii signis, quæ partibus reip. et senatus præferebantur, capiendum. Cortius hæc ultima fuisse Romana, et publica signa eo sensu capit; quo Cassius a Tacit. Ann. IV, 34, *ultimus Romanorum* dicitur; quæ interpretatio eodem redit fere quo nostra. BURM.

176. *Bœbeida.* Mscr. tria : *Boetida.* Corrupte, Βοιϐηίδα. Hunc lacum *Ossæum* vocat, quod sit ad Ossam montem. BERSM.

179. *Et cunctas sanguinis umbras.* Quæ, quæso, illæ sunt *sanguinis umbræ?* Credideram *sanguine cassas* fuisse. Virg. Æn. VI, 402 : « antro Æternum latrans exsangues terreat umbras. » Corrige : « Defunctosque patres, et juncti sanguinis umbras. » BENTL. — Possit aliquis suspicari versum interpolatoris esse, quia magna sit in eo lectionum varietas. Nonnulli enim omisso verbo *cunctas* habent *defunctosque ululare patres.* Alii v. 179 : « *Defunctos volitare* » et v. 180 *ululare.* Sed confusa sunt *ululare* et *volitare :* prius autem supra v. *volitare* scriptum atque in priorem versum illatum v. *cunctas* loco movit, eodem modo ut *volitare* copulamque, quæ abesse non potest. Corrigi vero non debent *cunctas sanguinis umbras* pro umbris consanguineorum; respondent enim prioribus, ita ut non modo patrum, sed omnium consanguineorum umbræ apparuisse dicantur. *Sanguis* h. l. pro genere, stirpe, ut sæpissime. *Volitare* denique proprie de umbris dicitur. Tibull. I, 6, 15 : « Hanc volitent animæ circum sua fataque querentes. » Adde Ovid. Amor. I, 6, 13; Met. XIV, 411. *Ululare* de umbris æque bonum est; conf. Ovid. Fast. II, 553; sed hoc loco non quadrat, quum poeta supra v. 175 nocturnis vocibus commemoratis, nunc de visis tantum loquatur. VVEB.

183. ... *Gaudet monstris, mentisque tumultu, Atque omen.* Et mala distinctione et mendo locus hic laborat. Repone ex aliis codicibus : « gaudet monstris; mentisque tumultus Atque omen scelerum subitos putat esse furores. » Suæ *mentis*, sibi male consciæ, *tumultus*, et venturi omen, putat furores esse a faventibus Diis immissos : sic Vulteius IV, 517, suum ipsius ardorem Diis adscribit : « ...totusque futuræ Mortis agor stimulis, furor est. » Cf. Virg. Æn. IX, 185. BENTL. — Huic correctioni favet MS. 7900, *mentisque tumultum* exhibens. ED.

185. *Manebat.* Sic omnes mei recte, præter unum Regium, *movebat :* quod moneo, ne quis arripiat duorum Bersm. Mstorum lectionem, *vocabat. Manebat lux extrema* i. mors imminebat. vs 308 : « Nam me secura manebit Sors quæsita manu. » Virgil. Æn. VII, 596 : « te triste manebit Supplicium. » Horat. I, Carm. 28, 15 : « Sed omnes una manet nox, Et calcanda semel via leti. » Ovidius Metam. IV, 695, et XI, 539. OUD.

194. *Atque Antenorei dispergitur unda Timavi.* Scaliger in Hypercritico, VI, 6, p. 779 : « Neque verum est, quod ait, Timavum esse, ubi est Aponus : nam et fluvius Medoacus haud parum distat ab Apono, et Timavus Virgilianus, Æn. I, 248 :

Unde per ora novem vasto cum murmure montis
It mare proruptum.

At in toto agro Patavino nihil ejusmodi. » Cf. Silius XII, 214; Stat. Silv. IV, 7, extr. Cluverius, « *Ab Apono* centum millia passuum abest Timavus. » Aponus prope Patavium est. Ergo Virgilius in eadem culpa est, qui Timavum et urbem Patavi junxit. Euganei interius illud terræ spatium olim tenebant. Cluverius p. 194. Iterum notatur Lucani imperitia : « Dispergitur unda Timavi. » Atqui Timavus ex septem fontibus ortus, in unum flumen colligitur, et uno ostio in mare exit. Mille fere passus sunt a fontibus ad ostium Timavi. In recessu æstus Timavi fontes dulces sunt et leniter effluunt ; at ubi æstus maris intumuit, tum magno fragore exeunt, et salsi sunt, et adjacentia prata late inundant ad speciem maris. BENTL.

197. *Seu tonitrus ac tela Jovis præsaga notavit.* Inserit post hunc versum Oxoniensis codex primus hæc : « Seu diras vidit volucres concurrere rostris, » verba per se satis bona et loco apta, ubi de augurio sermo est ; præterea apparet ratio cur exciderint in v. *seu* ab initio vs. 197 posito. In singulis autem quid offendere possit non video ; *concurrere* enim repetitum ex vs. 196 in Nostro excusari debet. Similem deinde locum habes I, 558, *dirasque diem fœdasse volucres Accipimus*, et amat poeta ejusmodi plura conferre ; denique Oxon. prim. si non inter optimos,

certe inter meliores referri debet, quare non est, quod de hoc loco dubites. WEB. — *Tonitrus.* Hoc *tonitru* generis est neutri. Hic ut masculinum genus posuit, et non quasi monoptoton declinavit. SCHOL.

198. *Aera. Æthera* MS. 7900, et libri aliquot : probe. *Aera* ab Aldo est, quem cæteri sunt sequuti.

199. *Lumen in æthere mæstum.* Difficilis locus, quo me non satis expedio. Omnes Editores primo distinguunt post *mæstum*, et *notavit* referunt ad augurem, ut *mæstum* sit quartus casus, et subintelligatur iterum *seu*, sive *numen* legant, sive *lumen*. Sed velim exemplum auctoris, qui ita loquatur. Breviter meam dicam sententiam : *notavit* puto hic idem esse, quod significavit, indicavit, Græce ἐσήμαινε; non, ut plerumque et paullo ante et post sumitur, observavit; unde suspectum fit ter repetitum *notavit.* Hoc sensu, si *lumen* cum Grotio, et aliis legas : seu lumen solis mæstum in æthere significavit pugnam per obscurum pallorem. Sed præfero *numen*, uti est in Steph. variis lectionibus et aliis MSS. Hoc sensu: sive numen, vel deus quis mæstus in æthere significavit pugnam per obscurum pallorem solis : vel *numen solis.* (Cf. not. seq.) OUD.

200. *Solis in obscuro pugnam pallore notavit.* Cortii Scholiastes *vacare hanc lineam* indicat; sed Lipsiensis ita explicat : « Seu et aliquem Deum vidit stare in æthere, sive et in pallore solis hoc notavit. » Versus suspectus est : repetitur enim v. *notavit* ex versu 197 et 203 in eadem sede. Suspicionem augent tres MSS. qui versum omittunt. Denique non apparet quomodo verba conjungenda sunt. Burmannus *solis* cum verbis *lumen mæstum* nectit; sed displicet *lumen solis in æthere?* Cur enim *in æthere?* an in terra quoque? Unde Wakef. ad Lucret. IV, 106, sed nimis audacter, *æquore* pro *æthere*, *lumen* pro *numen* et *inobscuro* uno verbo pro *in obscuro* tentavit. Recte sine dubio Oudend. restituto v. *numen* ex optimis et plurimis MSS. locum explicat; *notavit* enim alio sensu minus offendit, verbaque apte cohærent. Comparari cum his possunt I, 234, 235; III, 36; VII, 1-5; et *mæstum numen* cum I, 186, *imago Clara per obscuram vultu mæstissima noctem.* Excidit versus, ut multi, quia sensus sine eo constitit, librarius autem errorem suum non animadvertit; quod v. *vacare* quoque in Cort. Scholiaste indicare videtur. WEB.

212—213. *Attonitique omnes veluti venientia fata Non transmissa legent, et adhuc tibi, Magne, favebunt.* Desunt versus in Oxon. pr. codice negligenter scripto, ut sæpius jam indicavimus; erraverat autem librarius in syllabis iisdem verbi *movebunt* vs. 211 et verbi *favebunt* vs. 213, neque errorem senserat, quum nova sententia in sqq. incepisset, atque præcedentia sensum sine his habuissent. Possunt versus salvo sensu abesse, sed, quum adsint, melius defenduntur ex more Lucani, eamdem sententiam variare amantis, et fere semper Pompeii partibus studentis. Sin verba a Scholiasta Lips. non explicantur, qui difficiliora loca explicare solet, inde nihil sequitur. Neque denique singula, ut repetita vv. *venientia* et *venient* vs. 208; *fata* et *fatis* vs. 206; *legent* et *legentur*, vs. 210, in Lucano versus suspectos reddunt, ut alias videbimus. Cætera quoque bene habent; *attoniti* ii dicuntur, quorum mens belli civilis novitate et magnitudine percussa stupet. Sic supra 134: « attonitus majore metu. » *Fata* autem recte, pro *facta*, quod minus poetice habet cod. Lips. cujus glossa *non transmissa* interpretatur bene *nondum acta*, id est, non præterita, non peracta, transacta. Sic Stat. Silv. I, 4, 124 : « Nemo modum transmissi computet ævi. » VVEB.

217. *Cornus*. Quum sit neutrum monoptoton, masculino genere declinavit, ut supra de *tonitru* fecit. Antiquus genitivus erat *cornuis*, inde contractum *cornus*. Sic et in Arateis Ciceroni genitivus a *genu* et *genus*, sic et *cervini cornus* dixere Plinius et Celsus. GROT.

230. *Itureis* sive *Ituræis*. Itureorum gens a Plinio in Cœlesyria collocatur lib. V, cap. 23. Ithyra urbs alioqui in Tauro monte est, Parthiam versus. Hinc *Ithyræos* arcus, et *Ithyræas* sagittas dicimus, hoc est, Parthicos arcus, et sagittas. Itaque Ithyræos in acie collocatos fuisse, quod præstantissimi sagittarii essent, ut Parthi, aliquis dixerit. Sed *Ithyræis*, hic epithetice exponendum est, ut velocibus, qualibus Parthi valuerunt. Nemo *Ithyræas* sagittas hoc loco Parthicas exposuerit; quod Parthi tum temporis hostes adhuc, ob cædem Crassorum, pop. Rom. essent. Jam *Ithuræis sagittis* dixit, pro eo quod est: inde fuit sagittariis suus cursus e montibus in planitiem. Solent plurimum epitheta duci a gentibus insignibus in arte aliqua. HORT. — *Ituræos* dicit; græce Ἰτουραίους, qui Syri sunt. Non autem quæcumque sagittæ per synecdochen ab *Ithyra*, ignobili Parthiæ urbe, pro velocibus et bonis dictæ. Quo recurrere debuit Hortensius, quia in mentem revocabat Parthos, populi Romani hostes, in exercitu Pompeii esse non potuisse; cf. III, 265, et VIII, 368. Ut dixi, Syrorum sagittas intelligit, qui Pompeium adjuverunt. OUD.

232. *Illic pugnaces commovit Hiberia cetras*. Rideo illas *pugnaces cetras*; etsi epitheton istud rei inanimæ interdum conveniat, ut VIII, 464: « *pugnaci* litora *velo* Vix tetigit; » sed minime cetræ, sive scuto, quæ non pugnat, non certat, non vulnerat, sed a vulnere, quantum potest, defendit: parma enim, pelta et cetra male defendebant corpus, nedum ut *pugnaces* fuerint. Statius Thebaid. VII, 270: « Sævaque difficiles excludere vulnera peltas. » Corrige : « Illic *lunatas* commovit Hiberia cetras. » Livius, XXVIII, 5, « *Pelta*, inquit, *cetræ* haud dissimilis est. » Atqui pelta lunata est ; ergo et cetra. Virg. Æn. I, 494, et XI, 662: « lunatis agmina peltis. » Erit fortasse, qui Bersmanniani codicis lectionem probet

celtas : sed quid est , *commovit Celtas ?* aut quid *Hiberia Celtiberos ?*
Crediderim , illud *Celtas* natum esse ex glossemate , *peltas.* Poteris etiam ·
pulsatas cetras; hoc enim eis moris erat , quum in præliis , tum in festis
et ludis. Silius X , 231: « ac ritu jam moris Hiberi Carmina *pulsata* fun-
dentem barbara *cetra.* » BENTL.

235-249. *Illo forte.... fiducia vulgo.* Quindecim hos versus ab interpolatoribus suppletos Gujetus opinatur; sed causas cur ita sibi persuaserit ,
neque addit , neque divinare possum. Deinde non intelligitur , cur poeta ,
quod in nullo Pharsaliæ loco fecit , ut ad orationem transiret , nomine
ejus , qui loquatur , vel aliis rebus , quæ ad orationem spectent , non præmissis , id in ea operis parte fecerit , quæ maximum momentum habeat ,
et cui plurimum laborem impendisse videatur. Quod multo minus verisimile fit , si locum ipsum consideramus , in quo necessario dicendum
fuit , Cæsarem , hostibus conspectis , ad suos loquutum fuisse. Præterea
sive sententias hujus loci spectes , quæ in Cæsare v. 338—342 et 345—
349 leguntur , collatas cum aliis , sive singula verba et formulas loquendi ,
ut *statione relicta* v. 235; «in extremos quo mitteret omnia casus » v.
239; « casuram fati nutare ruinam » v. 244; et opposita illa : « nec fata
timere , nec Magni sperare sinunt » v. 247 , omnia ex usu loquendi Lucaneo dicta et poeta dignissima sunt. Quare nec de Polla Argentaria h.
l. cogitari debet , præsertim quum illa femina , ut alias docebimus , Pharsaliæ non talem suam operam tulerit , qualis vulgo creditur; nullus certe
exstat locus , ubi id apertis verbis legitur , vel ubi operam et manum ejus
aperte notare possis. VVEB.

257-258. *Hæc eadem est, hodie quæ pignora, quæque penates , Reddat, et emerito faciat vos Marte colonos.* Versus desunt in quibusdam (et
MS. 7900); præterea neque a Lipsii , neque ab Oudendorpii Scholiasta
explicantur. Deinde languere videntur , ubi de Cæsare , non de milite ,
sermo est; denique v. *hodie,* ut dictum est , displicet. Quare versus
damnat Oudend. nec non Cortius , nisi *hodie* corrigas. Male tamen uterque ; licet enim meliores sint libri , qui versum utrumque non agnoscunt ,
h. l. ubi verba librarii negligentia aperte interciderunt , nullam habent
auctoritatem. Fefellit enim librarium v. *Hæc* ab initio vs. 254, 257, 259
repetitum. Neque Scholiastæ aliquid probant ; satis antiquus enim error
fuisse videtur , ita ut in plures libros manarit. Deinde ratio non intelligitur , qua hi versus ab interpolatore orti sint; nam propter v. *triumphum*
additos esse non verisimile est. Sensus autem verborum Lucano dignissimus est ; plura enim h. l. per anaphoram conjuncta sunt, ut infra, qui
locus huic respondere videtur , *credite,* 369, 371 , 374. Cæsar milites
admonet , sibi ab iis promissam esse diem , quæ triumphum præberet ;
sed magis eos commovere debere , quod, victoria recuperata, quisque suos
revisurus et rura accepturus sit. Id quod præ cæteris h. l. commemorari

debebat , quum Cæsar flagitantibus militibus præmia jam prius conces-
sisset; cf. I, 340 sqq. V, 270 sq. 305, 330. Sequentia quoque hæc probare videntur; redit enim poeta ad vers. 254 sqq. in vers. 261 , et ad
vs. 257 sqq. in v. 264, varians ex more suo eamdem sententiam maxime
in orationibus, ubi rhetorem agit. — Restat illud *hodie* , quod sane , ut
nunc scribitur, displicet , et a Burm. licet nimis audacter, tentatur. Possis
fortasse *socii* , ut I , 299 suos adloquitur ; sed recte habet *hodie*, modo
per se sumatur, inter commata positum, ut sit per epexegesin additum
illis , *hæc eadem est* , quod interdum factum videmus. Reliqua denique
aptissima et poeta digna sunt; recte *penates* , quod optimi codd. habent;
sic infr. 346; II, 729 et IX , 230 *penates* et *nati* conjunguntur. *Emerito*
Marte autem , quod in edit. Burm. aberrante calamo vel typotheta in
immerito male mutatum est, ab Oudendorp. bene defenditur; *emeritus Mars*,
i. e. peractus, confectus , cf. Liv. XXXIX, 19 : « Ut P. Æbutio emerita stipendia essent. » Sueton. Cal. 44 :«Commoda emeritæ militiæ.» *Faciet*
denique pro *faciat* legitur in Voss. 1 fortasse non male ; futurum enim
melius convenit Cæsari certa præmia promittenti, quam conjunctivus , et
sæpius Noster præsens atque futurum conjungit, cf. I , 349 : « quæ rura *da-
buntur... aret.* » VVEB. — *Emerito.* Ita melius quam *emeritos.* Hæc dies bello
debellato, colonos vos faciet. GROT. — Certe melius , quam *emeritos*; si
versus non erunt spurii. Nam quid est *Emeritos Marte ?* Ita habent tamen MSS. fere omnes. Male. *Emerito Marte* , id est, emeritis militaribus stipendiis. Sic *emeritum jus* , *emerita mors* Nostro lib. V, 7; III,
622, et passim hoc adject. jungitur substantivis rei. Vid. Senec. Thy. 795;
Agam. 908; Plin. Paneg. c. 15; Claud. Cons. Stil. II , 101 ; in Ruf.
II, 473; in Eutrop. II , Præf. 59. Adde J. F. Gronov. Obs. lib. IV,
9; Heins. ad Ovid. Metam. XV, 186. OUD.

259—261. *Hæc fato quæ teste probet, quis justius arma Sumpserit : hæc
acies victum factura nocentem est. Si pro me patriam ferro flammisque
petistis.* Verba in Thuan. prim. non nisi a man. sec. leguntur ; sed nihil
in iis , quod Lucano indignum sit , neque h. l. quadret video. Recte enim
Cæsar milites exire cupientes fortiter pugnare adhortatur; accedit, quod
vs. 262 sine his mancus foret , quamvis explicari possit ; præterea ratio, cur
exciderint in v. *Hæc* ab initio vs. 257 et 259 posito adest. Sensum totius
loci explicat Schol. Lips. his : « Et in hac die poterit discerni quis *justius
induit arma* ; nam qui vincet , *justius induit*; qui victus erit , reputa-
bitur nocens ; et debetis hoc facere pro me , quum majora jam fecistis,
et hoc dicit; si pro me patriam , etc.»—In singulis nonnulla rectius constitui debent : *probat* pro *probet* non male in Rottend. tert. Marp. et Lips.
c a man. pr. legitur : indicativus enim Cæsari melius convenire videtur ,
quam pro certo hæc affirmet. — In seq. versu *est* a pluribus MSS. Pulmanni , Burmanni et Oudendorp. abest ; sed amat Lucanus *est* in fine
versuum, cf. I, 340 ; III , 234; VI, 124, 494, 561 (ubi male in Marp.

omittitur), 596, 671, 756, 811; præsertim si qua sententia ut h. l. clauditur. Denique *flammaque* pro *flammisque* reposuit Oudendorp. ex Barber.
VVitt. Oxon. et Bersmanno propter sonum *is* ingrate repetitum; sed
talia Lucanus non curat. Quare vulgatam lectionem ex optimis codd.
tueor, Cortii quoque conjectura *flammis patriam ferroque* corrigentis
repudiata, quamvis formula divise poni possit. cf. II, 443 « si ferro popule-
tur et igni. » VVEB.

262. *Gladiosque exsolvite culpa.* Al. *gladiisque exsolvite culpam.*
Exsolvere gladios culpa nihil aliud notat, quam liberare eos culpa, facere, ne in iis sit culpa. Unde etiam interpretes coacti sunt subaudire
pugnando, vel *vincendo*. (Nihil sane subaudiendum, nam dixit *pu-*
gnate. ED.) Sensisse id videtur etiam Bersm. quum dicat, in vulgatis
verbis esse hypallagen. Sed aliud quid intendisse Lucanum, testantur aliorum MSS. libri. Quare sine hæsitatione reposui *gladioque exs. culpam;*
hoc sensu : si aggressi estis patriam ferro flammaque, et inde culpam con-
traxistis, nunc fortiter pugnate et abolete, ac solvite illam culpam gladio, hoc est, jus ferro facite, ut is dicatur innocens, qui vicerit, judice
bello. Similes locutiones adhibet Silius II, 640 : « culpa te solverat ensis. » L. XI, 199 : « Et ferro purgate nefas.» *Exsolvere* dicitur, ut *exsolvere*
metum apud Nostrum V, 259. OUD.

270. *Graiis delecta juventus.* Cave credas, quum hostium virtutem de-
primere cupit, tam honesto vocabulo usurum *delecta*: repone *collecta*,
ut infra 548 : «Non illic regum auxiliis *collecta juventus.* » Undecumque
collecta nullo delectu. BENTL.

272. *Dissona turbæ.* MS. 7900 : *Et mixtæ dissona turba Barbariæ.*
Mavult Oudend. *aut*; ut dicat esse Græculos, vel barbaros, qui sunt in
exercitu Pompeii.

277—278. *Ite per ignavas gentes ... motu prosternite mundum.* Mutat
versuum ordinem cod. Bern. quem mutari non debere sensus totius loci
et particula *et* ostendit. Versum 278, præsertim quum abesse possit, fortasse suspectum dixeris; sed habet talem spiritum, qui Cæsaris orationi
aptissimus non facile a scriba profectus sit. Unde Gujeti quoque opinio
refutari debet, totum hunc locum a vs. 277—280 pro spurio habentis,
quia vss. 276 et 281 cohæreant. Male autem vir doctus nexu, qui revera
est, neglecto, alium, qui nullus est, constituit. Etenim quid est, quod
vs. 276 et 281 conjungat? Immo, postquam Cæsar spem mundi non
multo sanguine peti, et Graiam juventutem vix arma ferentem, barbariem et paucos tantum cives adfore dixisset, recte adhortatur suos : Ite
per has ignavas gentes, et omnes primo ferri motu prosternite. Quod fieri
posse probat: Pompeii enim res non magnopere a milite curari ; se autem,

Cæsarem, a suis amari. In singulis verbis pauca sunt, quæ notem.
Signa legitur in Huls. pro var. lect. et in Thuan. 2 ex solenni errore, cf.
Burm. ad VIII, 25; neque verisimile est , v. *regna*, quod plures et optimi codd. habent, spurium esse. Sæpius autem *gentes* et *regna* a Nostro
conjunguntur, cf. V, 22; VII, 115.

286. *Commisit manibus.* Edd. Romana, Parmens. et Paris. 1512 (et
MS. 7900) *permisit* , ut sæpius loqui amat Noster. Sic hoc libro vs.
108 : « gladio *permittere* mundi Discrimen, » 333, 413; V, 694; VIII,
384. Deinde pro *quorum* prætuli *quarum* (sic MS. 7900). Quia tamdiu
testis erat manuum sive operarum militum suorum, ideo recte noverat,
qua cujusque manu ensis et lancea vibrabatur. Dein ingratus est sonus,
meorum quorum. OUD.

301. *Quone poli motu.* Hæc usque ad vers. 310 *respexerit hoste* ab interpolatore addita videntur Gujeto, fortasse propter sensum verborum et nexum
cum reliquis. Displicere enim possunt verba *Cæsareas...campi;* sed in tali
oratione Cæsar recte de se loquitur, ut infra 376 sq. Pompeius; et sicuti aliis
in locis, cf I, 340 et VII, 264, suam causam posthabet, ita hic quoque bene
in verba *Vestri cura movet* transit. Eodem modo vs. 307 cum I, 326, 330,
335 comparari potest; nec non vers. 309 et 310 cum Cæsaris moribus a Lucano descriptis. Versus 304–306 autem Lucanum exaggerantem pluribusque verbis eamdem sententiam variantem ostendunt, et duplex interrogatio vs. 301 locum ex loquendi usu potius defendit; cf. Oudend. ad h. l.
adde Horat. Serm. II , 2, 107 ; Catull. 64, 180. Neque in reliquis quæ
Lucano indigna sint video. Quod nexum denique attinet, optime Cæsar
ex sententia *vidi numquam tam magna daturos Superos*, in illa *tantum
permittitis oræ* transit; eodem modo ut ex vss. 300 - 307 in vers. 311
sqq. Crudelitate enim Pompeii notata, Dii! vincat, inquit, qui necesse non putat in victos ferrum stringere; quæ, versibus 301-310 deletis,
cum prioribus minus bene cohæreant. WEB.

302. *Thessalicæ tantum , Superi , permittitis oræ.* Post hunc versum
in duobus codd. male adduntur tres hi versus : « Ne vos Hispani mitis
victoria Martis Securos habeat, dedimus quod rura, quod urbes, Et quidquid nobis post Gallica rura negatum. » Nullus enim est nexus horum cum
præcedentibus et sequentibus, et merito ab editoribus inter spuria relata
sunt. Cæsar autem præmia pollicitus recte ad pœnam transit, quæ milites
victos sequutura sit; cui rei servit v. 303, *aut merces , aut pœna paratur.* Illa præterea interpolata displicent propter sensum obscuriorem omisso
v. *hostibus* ad v. *dedimus*, maxime propter vers. *Et quidquid* et propter
singula verba. Orti sunt versus, quum interpolator, monente v. *pœna*,
quod in proximo vers. sequitur, aliquid h. l. deesse existimasset, et hausti

sunt ex IV, 364, 384, ubi Cæsar Pompeianis pœnas remisisse, eosque in urbes sparsisse dicitur. VVEB.

310. *Victo respexerit hoste.* Ex meis tamen numero plures *victum respexerit hostem*, eodem sensu ; scilicet fugerit hostem nondum victum. Fugientes enim, et terga vertentes respicere solent. Alio sensu dixit auctor lib. VI, 185, de Scæva : « .... vincit, quem respicit, hostem, » Hic tamen, ut verum fatear, sensus non satisfacit mihi. Quis in animum sibi inducere potest, quod Cæsar militibus minaretur, se statim manus sibi inlaturum, si quisquam modo e prælio decedens fugam capessat, aut quod statim desperaret de rebus suis, quam primum suos terga dantes vidisset ? Futiles hæ forent minæ, nec fortissimo viro dignæ. Quare merito impense adridet ingeniosa VVaddeli conjectura *qui nudum victore aspexerit hoste*, id est, qui me viderit nudum, id est, militibus meis destitutum, sive cæsis, sive in fugam versis. Licet vero hæc conjectura tantopere adrideat, vel sic tamen nihil temere mutem : potius videtur auctor respexisse ad ea, quæ Mundæ acciderunt : ubi de consciscenda sibi nece Cæsar cogitavit. De eo consilio præter cæteros historicos hæc ait Florus, lib. IV, c. 2 : « Novissime illud inusitatum Cæsaris oculis nefas ; post quatuordecim annos probata veteranorum manus gradum retro dedit. Quod si nondum fugerat, adparebat tamen pudorem magis, quam virtutem resistere. Dicitur in illa perturbatione, et de extremis cogitasse secum, et ita manifesto vultu fuisse, quasi occupare manu mortem vellet. » OUDEND. — Sensus etiam ex vulgata lectione potest plenus esse, et fiduciam ejus testari, quam in militibus habebat, quos numquam terga vertere viderat : nunc vero si in fugam se dare velint, sibi se manus inlaturum minatur. Potest et, *si quis victum respexerit hostem*, quod maxima pars codicum habet, legi et explicari, si quis in acie pugnanti pepercerit, nam pugnantibus infensus, cedentibus parci jussit. Vid. 312, et seq. sed tunc vix conveniunt minæ illæ de sibi consciscenda nece. His omnibus perpensis, et minime satisfacientibus, non aliam viam video, quam si legamus, « ....fodientem viscera cernet Me sua, qui nondum victum respexerit hostem. » Ut militibus minetur necem, nisi hostem occidant et vincant, *respexerit*, hic est pepercerit, servaverit. Posset tamen etiam legi, *qui nondum victo respexerit hoste*, id est, qui de fuga circumspicit antequàm hostis victus sit, eum ego manu mea transfodiam. BURM.

325. *Imputet hostis. Imputet* habent omnes omnino MSS. et edd. priscæ. Alterum *impetat* ex fabrica Sulpitii natum est, quem tamen sequuti etiam sunt Ascensius, Versell. et Gryphius. Recte jam olim explicuit Beroaldus. « Imputate mihi mortes etiam vilium et ignotorum, tamquam interfeceritis cognatos, et scelus propter me feceritis. » Passim apud Lucanum, qui invidiose Cæsarem facit truculentum, inculcat Cæsar militibus, ut credant, omnia scelera, quæ propter ipsum facerent, sibi esse

imputanda. Hinc quum sacram Massiliensium silvam vellet excidi, III, 437 : « Credite me fecisse nefas. » OUD. — VVaddel. Animadv. crit. p. 144, volebat, *ignoti, occultum tamquam scelus*, i. h. et hæc intricatiora; nec congruunt, *ire in cognata pectora*, et *nullum pignus violare*. Sensum puto esse, ut milites hortetur, sine ullo respectu ire in cognatos et ipsos parentes, sed eorum quasi ignotorum jugulos petere. Quod si scelus esse credant, imputent hostibus, qui ad hæc civilia bella coegerunt. Qui sensus ut exire queat, mallem legere, « Seu multo violabit vulnere pignus, Ignoti ut jugulum; tantum scelus imputet hosti. » Viderint acutiores. BURM. — Recte quidem *imputet*, quod codices fere omnes habent, adscivit Grotius, quum priores edili haberent *impetat :* sed a sententia loci aberrat, « cædem ignoti cujusvis tanto in beneficio accipiam, quasi mea causa parricidium fecisset. » Itane vero? Cur ignotus quivis jugulatus par sit fratri aut patri? qua causa? quo consilio? ex hac parte, sententia vel absurda vel nulla est; ex altera, scelesta et nefaria. Vera loci sententia hæc est : Dixerat, terga hostis ne cædite, qui fugerit, civis sit, vel in partibus nostris numeretur. Hosti vero adverso et arma tenenti nolite parcere, seu patri seu fratri incurratis : addit, sive in cognatos inciditis, sive non; *ignoti* hostis jugulum, quem ex armatura non Italum agnoscitis, tamquam scelus imputate. *Imputet tamquam scelus,* hoc est, imputet *sibi,* reputet, tamquam scelus fecerit. Veto, interdico, tamquam scelus puniam; si quis in auxiliaribus occidendis tempus perdat; solos Romanos petite, cæteros contemnite. BENTL.

363. *Compressum.* Variæ lect. Steph. Pulm. et editiones ante Sulpitium sic habent et restitui pro *comprensum.* Dein perperam addunt *est* Pulm. et Bersm. MSS. Pro *cæli,* aliis est *cycli,* id est, circuli. Merito Grotius, licet nihil monens revocavit *cæli. Cycli* voce an usquam Latini bonæ notæ scriptores usi sint, dubito. *Circum,* seu *circulum,* vel *orbem* vocarunt. Cicero de Nat. Deor. l. II, c. 18 : « Ex planis autem circulus aut orbis, qui κύκλος græce dicitur. » OUD.

369. *Credite pendentes .... hortari in prælia matres.* Hi versus in cod. Oxon. ab alia manu additi sunt, sed erroris causa fuit v. *credite* repetitum ab initio v. 371. Sententia autem et verba singula Lucano perquam digna sunt. *E summis* magis poeticum quam *in* quod Voss. habet. VI, 291 : « Super e totis demisit collibus agmen. »

398. *Destituit : crimen civile videmus, Tot vacuas urbes.* Vera hæc distinctio. Perperam autem Aldus, Paris. et Hortensius jungunt *destituit crimen civile,* nec melius exponunt. Dicit Lucanus, ut recte monuit jam Grotius, ætatem edacem hæc non carpsisse; nec reliquisse putria monumenta; sed crimen civile esse tot urbes vacuas, crimen civile causam esse tot vacuarum urbium. Nihil frequentius, quam adpositionem apud poetas esse, quis nescit? Ad *ætatem edacem* quod attinet, conveniens

Senecæ locus est Epist. XII, init. « Quid mihi futurum est, si tam putria sunt ætatis meæ saxa. » OUD.

401. *Nec muros implere viris, nec possumus agros. Urbs nos una capit.* Hanc agri Romani et pæne totius Italiæ solitudinem multi veterum ac recentiorum meminere. Vellem præsertim, si res pateretur, exscribere locum eximii et acutissimi operis, quod nuper edidit vir omnibus litterarum et doctrinæ dotibus præstans, MICHELET, *Introduction à l'histoire universelle.* Ea tantum referam quæ ad Lucani versum pertinent, p. 45 : « La dé-« solation s'étendit... Et Lucain put dire sans exagération *Urbs nos una ca-« pit.* Ce mot est la condamnation de l'Italie. Le désert de Rome, aussi isolée « sur la terre que Venise au milieu des eaux, est le triste symbole des maux « qu'a faits cette vie urbaine (*urbanitas*) dans laquelle s'est toujours com-« plu le génie italien. » Cf. tom. I, pag. 112 ad I, 24. ED.

402. *Vincto fossore.* Omnib. *juncto*, scilicet cum cive juncto rustico coluntur agri. — Vicino, et non longe ab urbibus discedente agricola, sed colente in proximo. SULP.

411. *Voluit nescire diem.* Inquisiverunt tamen in eum viri docti, et quid de eo statuant videre potes in dissertatione J. Bapt. Belli de Thessalici conflictus mense, et die, inserta T. VIII, Thes. Antiq. Rom.

414. *In præceps laturos plena tremores.* Quidam MSS. *timores;* nec aliter Scholiastes, intelligens e mœnibus gradu præcipiti ruentes, vel se dedentes præ timore homines. Sed omnino male. — *Tremorem terræ* pro *motu* sexcenties invenias. Similis locus est apud Nostrum II, 198 sqq. OUD. — Bentleius corrigit, *plana;* « laturos plana in præceps, » ut I, 383 : « in planum effundere muros. » ED.

417. *Explicat.* Dum ipsa fortuna *explicat*, id est, detegit sese, qualis esset; nam prius visa est favorabilis; *eripiens* scilicet, Romæ, *munera longi ævi*, id est, quidquid per tot sæcula contulerat, una hora auferens. BAD. — Hoc igitur prælio fortuna tot sæculorum munera, victorias, et triumphos Romano imperio rursum eripuit. HORT. — Præterea *munera longi ævi* explicat Omnibonus, numerosam multitudinem hominum, qui ad tantum numerum munere longi ævi excreverant. Est vir doctus, qui malit *explicita.* OUD.

419. *Quo latius orbem.* Ut vulgo scribitur; sine dubio auctoris sensus esse debuit, Romam eo citius ruisse, quo plures gentes subactæ ab ea sint, quia in se magna cadunt, nec se ferebat Roma. Sed aliud voluisse patet ex connexione totius loci; nempe Romam uno die perdidisse omnia, quæ tam longi temporis tractu adquisiverat. Neque aliter exponit Scholiastes : « Hoc est, ut cunctis gentibus imperaret, diu factum est, et longo tempore, quod posteaquam consequuta est, celeriter fata felicia cucurrerunt, id est, transacta sunt; ut ad ejus exitium citius veniretur;

ac si diceret : tarde coepit esse felix, et non diu fuit. » Unde videmus,
Scholiastem non legisse *latius*; sed *tardius*. Ut sit, celeriter Roma felix
esse desiit, quia tarde possedit orbem, quum fortuna defatigata tot victoriis diutius Romae adesse noluerit, sed retro pedem uno impetu tulerit.
OUD. — Quid si legatur *quo latius orbem possideas ?* Nam sermo debet
ad Romam continuari ; et hinc inducor fere, ut *latius* retineam hoc
sensu : quo, id est, ut latius possideres et adjiceres gentes imperio tuo, citius
fortuna cucurrit, non in exitium; sed in potentiam et felicitatem excrevit.
Cf. Justin. I, 1. BURM.—Atqui hoc durissime infertur, nisi legeris : «Ostendat
quam magna *cadat.»* Sic passim apud poetas fortuna stare, manere, recedere, ruere, occidere dicitur. Res ex Floro patet, I, 1. BENTL.

429. *Daas.* Alii vetustissimi codd. *Dacas.* Daciam Scythiam Europaeam
vocant, et Thraciae partem, aut certe finitimam. Dacia hodie Valachia
dicitur. Dividitur in Transylvaniam, Zipserlandiam, Rasciam, Serviam,
Septem Castra, et Bulgariam, gens semper Romano imperio rebellis,
tanta belli gloria quondam clara, ut Romani illis annua tributa pen-
derent. Vires gentis Trajanus, capto Decebalo eorum rege, fregit. Glareanus *Daas* hoc loco legendum censet, et recte, priori syllaba brevi,
quae in *Dacus* producitur. A *Dacia* enim *Dacus* deducitur, non *Daca. Dae*
ultra Scythas populi sunt, ut multi alii, quos universos Persae Sacas
vocant, a proxima gente, antiqui Aramaeos. Multitudo populorum in-
numera, et quae cum Parthis ex aequo degat. HORT.

431. *Quod semper*, etc. Pendet hic sensus, nec sequitur quod respondeat, τῷ *quod*, nec etiam referri potest ad praecedens *effectum est :*
ibi enim sequitur, *ut non horreat, ducat*, etc. Hic vero est, *quod
debet :* et videtur nova sententia incipere. An autem ita variare, et has
particulas *ut* et *quod* pendentes ab uno et eodem verbo, diversis modis
jungere liceat, vehementer dubito : certe me exemplum similis constru-
ctionis ignorare fateor. Vid. Drak. ad Liv. VI, 15, ubi quaedam exempla
adducuntur, in quibus *quod* in secundo membro pro *quia* sumitur. Sed
hoc non procedit hic, ubi post *effectum* debet sequi *ut*, jam si *quod*
pro *quia* sumatur, debet causa praecedere effectum, et sensus esset, quia
libertas recessit, effectum ut India non subigeretur; quod hic absonum
esset. Quare hanc stribliginem Lucano adscribamus, qui oblitus se in
prioribus *ut* post *effectum* adhibuisse, hic *quod* subjungit cum indicativo. *Efficere* vero sequente *ut*, obvium est. Vid. ad Quintil. Decl. XI,
7, et Cort. ad Sall. Catil. XXVI, 3. Forte et *quod debet*, etc. posset
continuari ad *vellem populis*, et subintelligi *potius*, vel legi *mallem ;*
mallem Roma incognita fuisses potius, quam, quod debet Parthia poenas,
et libertas recessit ad Germanos, et servisses ad hoc usque tempus, etc.
Forte etiam *quod* hic in initio periodi positum, posset eo modo capi,
et ita referri ad *vellem*, ut saepe poni observarunt viri docti, et in primis

Gronov. ad Liv. XXVII, 7; Munck. ad Hygin. Fab. XVI. Sed tamen exempla ab illis adducta an huc quadrent, dubito. BURM.

434. *Recessit, Ac, toties nobis jugulo quæsita, negatur.* Sic vulgo hic locus editur; bono satis sensu: sed meliorem tamen, et efficaciorem lectionem præbent nobis MSS. Nam primo pro *ac, ha*, id est *ah*, ut clare exhibet Reg. unus. Per deplorabilem exclamationem hæc prioribus subjungit auctor. Deinde pro *negatur*, alii dant *vagatur*. Nec aliter Schol. Voss. « *vagatur*, id est, a nobis recedit et deserit Romam. » Et *vagatur* Germanis, ac Scythis, ut et libertati maxime proprium, et servituti contrarium, cui non vagari licet, quo libet. Immo sic manet auctor in metaphora; utitur enim verbis *fugiens, reditura, recessit, quæsita*, et *respicit*, quæ omnia personæ sunt accommodata. Denique recte Grotius cum primis editoribus, et Scholiaste *incognita* videtur retulisse ad *libertatem*; quum post *nostris*, majorem distinctionem posuit pro commate, ut cæteri faciunt referentes ad Romam, et *populos nostros* de circumjacentibus Romam Italis interpretantes. Male. Dicit auctor: Ah! *vagatur* libertas, nec ultra nos respicit, quam vellem, vel o utinam numquam a nobis cognita! Tunc numquam puduisset nos servire, et tu, o Roma, semper servisses a Romulo usque ad hoc tempus. (Cf. not. seq.) OUD.

436. *Vellem populis incognita nostris.* Forte mollius procederent omnia, si distinctione majore posita post *Ausoniam*, deinde legeretur *mallem* vel *vellem pop. inc. vastis, vulturis*, etc. Utinam ignota arma tua fuissent populis barbaris, et a te subactis! Nam *nostris* faceret sensum absurdum. Idem enim est, ac si dixisset, vellem, Roma, incognita fuisses Romanis; nisi *nostris* pro a nobis subactis gentibus, capias. Acumine suo Lucanus sæpe obscurat sensum, nec satis considerate etiam dicit, *ad Thessalicas ruinas* servisses: si enim Roma mansisset sub regibus, certe non tam late possedisset orbem, sed intra Italiam se continuisset, nec potuisset hoc prælium Thessalicum committi, nec civile inter proceres bellum moveri: sed excusari posset, si per *Thessalicas ruinas*, intelligeret tempus hoc, quo acciderunt ruinæ, quæ tunc non potuissent accidere. Posset alius conjicere, *victis*, vel *cunctis*. BURM.

446. *Numina.* De opinione veterum, Deos esse dubitantium, si immeriti adfligantur, et nocentes impune abeant, plurima collegit Barthius, ad Claudiani locum ex Nostro, ut ille putat, expressum in Rufin. I, vs. 1. OUD.

450. *Pinusque Mimantis.* Omnibonus dat *Pinusque minantes Casus. Hoc potius feriat caput.* Id est, altas pinus: nam quidquid altum est, casum minatur. *Hoc potius feriat caput*, ambigue dixit; sed intelligebat caput Neronis: quum *caput* urbem Romam dicere videretur. — Sulpit. edidit: *Pinusque minantes? Cassius hoc potius feriat c.? Minantes*, id est, altas,

eminentes. *Cassius*, qui cum Bruto in Cæsarem conjuravit, justitia, pie-
tateque motús. Estque major Jovis contemptus, quam si legeris, *casus.* —
Cur vero Lucanus designasset *Pholoen, Œten, nemus Rhodopes* propriis
nominibus, et subjunxisset frivolum illud, et versui fulciendo additum *pinusque minantes?* Non credo. Videtur potius *minantes* ex emendatione,
ut putabatur, in textum irrepsisse; quum *Cassius* in *casus* erat depravatum. Accedo itaque viris doctis, qui ingeniose correxerunt, *pinusque
Mimantis*, montis nempe. Primus ita conjecit Parrhasius ad Claudian.
de Rapt. Pros. III, 347 : «Hæc arma Mimantis Sustinet.» Junxit Rhodopen
et Mimanta, etiam Ovidius, Met. II, 222 : « Et tandem Rhodope nivibus
caritura, Mimasque.» Oud.

452. *Astra Thyestæ Intulit.* Alii legunt *Impulit.* Beroaldus *Abstulit.*
Ut sit, *abstulit Thyestæ astra*, id est, lumen solis; ut per *astra* sol intelligatur, cujus adspectum terris abstulit. Est, et qui legit *impulit*, quod
eodem tendit. Impulit in ortum Jupiter solem, et subitis noctibus damnavit Argos. Hort. — *Impulit* rectum puto, id est, celeriter immisit sidera, et noctem, sole remoto. Lib. IV, 65 : « ... quidquid, cæli fuscator
Eoi, Impulerat Corus. » Ejeci itaque *abstulit.* Nam *astra* pro sole tam
simpliciter capi posse, non credo, licet noverim, *sidus* et *astrum* aliquando a poetis solem et lunam vocari. *Abstulit*, si vel sic retinere
velles, significaret, tantas tunc de die, in quo accidit scelus, fuisse tenebras, ut ne quidem stellas videre potuerint. Sed id minus est, quam noctem
Argis contra naturalem ordinem impulsam esse sole ad ortum reverso. Oud.
— Ego *intulit* ex pluribus prætuli. Ed.

458. *Fulminibus.* Præter Lucani mentem qui sine dubio scripsit *flami-
nibus;* nam inter ampliora fastigia humana sibi etiam *Flaminem* decerni
passum fuisse Cæsarem dicit Suet. cap. 76.

462—464. *Inde manus spectant.* Sic vulgo legunt : *Inde manus spectant .... minentur. Inde manum spectant, tempus quo noscere possent,
Facturi quæ monstra forent.* Nemo non offendit in his versibus, sive
spectes sententiam, sive verba sine vi ac pondere repetita. Lucanus ita
scribere non poterat, nisi inepte; neque Oudendorpii sententia de binis
versibus, quæ, certis argumentis non nititur, hic locum habet. Cur
enim poeta duos versus hic fecerit? cur tales, quorum prior pars iisdem
verbis constat? Alteruter horum versuum sine dubio spurius est; sed uter,
hoc quærendum. MSS. h. l. nihil demonstrant; discrepant enim ita ut,
utrum versum deleveris, codd. in tuam sententiam afferre possis. Quare
ad interna argumenta redeundum est, neque difficile puto viam, qua
locus sanari possit, indicare. Versus 464 enim facilius quam vs. 462 natus
esse potest ex verbis *tempus — possent* explicandi gratia vel ad *agnoscere
quærunt*, vel ad *videre—parentes* additis, et, quum exitum versus for-
tuito præbuissent, ab alio in hexametri numeros redactis. Accedit quod

positio verborum et structura satis dura sit , sive *tempus* absolute sumas
(quod Noster non amat , cf. VIII, 467), sive conjungas verbo *facturi* , de
quo dubito , quum aliam habeat significationem ap. Ovid. Trist. III, 12,
4. Denique verba non multum ad rem faciunt ; cur enim opus scitu
tempus fuisse, quo monstra nosci possent ? Quanto melius illa *agnoscere
quærunt* , quæ cur interpolator addiderit , non apparet ; sed recte poeta ,
ut furorem militum rabiemque ostendat. Præterea melius hæc præcedentibus et sequentibus conjunguntur ; cohærent enim non solum *agnoscere
quærunt* , et *facturi monstra* ; sed respondent etiam sibi *manus spectant*
et *vultus agnoscere quærunt* conjuncta sequentibus *videre parentes*. Accedit postremo Scholiastes Lips. qui vers. 462 interpretatur , versu 464
prætermisso. Habet enim ita : « Procurrunt agmina pari cursu , et illud
spatium ideo medium cito percurrerunt ; et ut hoc factum fuit , ab illo
loco jam proximo spectant manus , in quas cadant , aut quæ in eos cadant , et hoc dicit : aut quam manum fata minentur sibi. » Qui si *tempus quo noscere possent* legisset , locum sine dubio exposuisset. Plura
autem e Scholiastæ verbis in nostro loco rectius constitui debent ; vs. 463
pro *quo* , *qua* , *quæ* , ut in aliis libris , legendum est *quam* , quod
probatur auctoritate Lips. a. b. c. d. Flor. a man. sec. aliisque Pulm. et
Bersm. Posito illo *quam* , necessario *manum* versu proximo sequi debet ;
quare locum ita scribe :

>   .... parva tellure dirempti,
> Quo sua pila cadant , aut quam sibi fata minentur,
> Inde manum spectant , vultusque agnoscere quærunt,
> Facturi , quæ monstra forent.

Qui versuum ordo firmatur auctoritate cod. Florent. Ita omnia optime
cohærent , non solum illa *quam* et *manum spectant* , quod Noster dicere
amat , præposito relativo , cf. Oudendorp. ad VI , 683 , e. Burm. ad IX ,
841 ; sed etiam , quod maxime h. l. placet , *agnoscere quærunt facturi
monstra*. Præterea ita apparet , quomodo tanta librorum varietas orta
sit ; scripserat enim sciolus ille verba *fuit tempus* , *quo noscere possent*
vel *possunt* inter lineas vs. 463 et 464 ; e quibus alius versum formavit,
repetitis vv. *Inde — spectant* ; alius in simili versu offensus vel priorem
vel posteriorem versum omisit , aut in margine scripsit , unde postea , mutato ordine , in locum alienum migravit. Utrumque versum ejici jubet
Heins. in Advers. I , 16. VVEB.

478—479. *Extremique fragor convexa irrupit Olympi : Unde procul
nubes , quo nulla tonitrua durant.* Oudend. versum 479 non desideraret ,
si abesset ; sed neque apparet ratio interpolandi h. l. neque verborum
nexus turbatur , modo recte constituantur. Addit enim hæc Lucanus ex
magniloquentia sua , ut clamorem pugnæ ejusque magnitudinem describat. Tantus , inquit , fuit fragor , ut ipsa in loca penetraret , in quibus

nulla vox antea audita; téndit ad summa Olympi cacumina, quo nulla tonitrua pervenerunt; tendit ad Hæmum, etc. Vides hæc ad descriptionem rei multum facere et cum sequentibus cohærere; sed singula verba depravata sunt, ut v. *quo* indicat, id est, *quem ad locum*, non *quo loco*, cf. supra ad X, 312; unde Cort. *qua.* Ego v. *durant* potius corruptum puto, cujus loco *ruunt*, *penetrant* vel simile quid exspectantur, quum *durare* de tonitru h. l. languidum, neque ex more Nostri videatur. Verbum genuinum, quod, invita diva Critica invenire non poteram, aliis animo lubenti relinquam. WEB.

482. *Pindus agit fremitus.* Alii *gemitus.* Sed ex multis lectionibus restituit bene Oudend. *fremitus;* quum sequatur *gemunt.* Passim legas de *fremitu, gemitu* terræ, etc.

483. *Œtææque.* Sunt qui legunt *Ossææque.* Ossa et Pelion, montes Thessaliæ sunt, ut Olympus Macedoniæ, auctore Strab. HORT. — Eodem res redit. Quare vulgatum servo. Infra, vs. 806: « Nemus exstrue Pindi : Erige congestas Œtæo robore silvas. » OUD.

489. *Sed quota pars cladis jaculis,* etc. In tribus codd. Burmanni et aliis vetustioribus, vss. 510 — 520 ante hunc versum leguntur. Quam transpositionem non negligentia librariorum factam esse, sed de industria ejus qui, nexu vulgati ordinis non intellecto, hæc in quibus de missilibus et de sagittis sermo, cohærere existimasset, ex consensu plurium MSS. apparet. Itaque factum est, ut novus versuum ordo non omni specie careat; nihilominus vulgaris ordo servari debet, quem sensus et nexus totius loci, nec non singula verba tuentur; accedit quod cum narratione Cæsaris B. C. III, 91 sqq. de hac pugna convenit. Præterea versuum ordo a librario institutus in singulis quoque habet, cur displiceat; etenim non intelligitur, quomodo satis apte cohæreant, quæ de Romanis dicta sunt *spargitur diversis votis missile,* et *illic quæque gens miscet prælia.* Deinde v. *illic* aliud quid, ad quod referatur, requirere videtur, neque bene versui 488 conjungi potest. Quanto melior vulgatus versuum ordo, ubi *illic* cum præcedentibus verbis arcte cohæret; dicit enim poeta, levem armaturam maxime gentium exterarum, cf. Cæs. l. l. c. 93, equitem sequutam, impetu in Cæsarianos facto, tela sua sparsisse, quibus permotum Cæsarem subitum agmen emisisse. Bene illa quoque cohærent : *Spargitur innumerum missile* et *Sed quota pars,* etc. hoc modo : Sparsis missilibus multi quidem cæduntur, sed major cædis pars ense fit, quod etiam ex historia constat. Minus bene secundum librarii sententiam conjunguntur : *Nox super campos telis conserta pependit* et *Sed quota pars.* Cur enim particula adversativa? quomodo missilia exterarum gentium Romanorum ensibus opponantur? Immo de Romanis solis sermo est, et Lucanus ex more suo Cæsarianos carpit, quod primi telis armisque Pompeianos adorti sint. WEB.

504—505. *Nec fortuna diu rerum tot pondera vergens Abstulit in-*
gentes fato torrente ruinas. Versus non leguntur in Amstelod. cod. qui
sæpius in hac re errat. Sensus verborum optimus est, neque apparet causa,
quæ interpolatorem hic aliquid addere moverit; deinde possunt quidem
verba salvo sensu abesse, id quod librarium quoque fefellit, sed melius
adsunt, ut præcedentia docent; nexus enim hic est: Cæsar præceps magnam cladem fecit, neque Fortuna, Cæsaris comes, diu cessavit, quin
eum adjuvaret. Cæsar et Fortuna sæpius a Nostro conjunguntur; præterea a sequentibus quoque hæc probantur; amat Lucanus in universum dicta singula exponere. Sensum autem verborum Schol. Lipsiens.
ita explicat: « Et Fortuna non diu vertens tot ponderosas res abstulit a
Cæsarianis, tulit ad se, i. vertit omnia in casum, dando ingentes ruinas
Pompeianis, fato vertente illas ingentes ruinas, vel ut dicatur, abstulit a Cæsarianis dando Pompeianis ingentes ruinas. » Singula verba
accuratius considerari debent. *Vergens* pro *vertens* in pluribus codd. legitur, cf. Heins. Advers. I, 16, p. 162, nec male; sæpius enim *pon-*
dera et *vergere* conjunguntur, cf. Heins. ad Valer. Flacc. I, 289, et
vergere h. l. vim suam habet, quum omnia in summo discrimine fuisse,
et Fortunam Pompeii et Cæsaris res librasse, indicet. Sunt quidem, qui
verbi *vergere* activam significationem negent, nisi ubi sit *fundere liquorem*,
cf. Burm. ad IV, 525; sed aperte in pluribus locis legitur; in aliis dubia
lectio ex solenni errore vv. *vergere*, *mergere*, *vertere* orta est, vel ex
correctione, quia *vergere* active positum librariorum captui non accommodatum fuit. Præterea plura sunt ejusmodi verba, quæ mox neutralem,
mox activam habeant significationem; deinde cur *vergere* activam significationem in certo ritu, in liquoribus fundendis tantum, neque in
aliis rebus habeat, nulla adest causa; sed cf. Gifan. in Ind. Lucret. s. v.
vergere; Heins. ad Ovid. Pont. I, 9, 52, et qui optime de hac re dis-
putavit, Gronov. Observat. II, 7, p. 204 Lips. Optime demonstrat verbi
vergere activam significationem locus Senec. Œdip. 889, ab Heins. in
Advers. II, 10, p. 280 laudatus: « Lenis ad modicum fluens Aura, nec
vergens latus, Ducat intrepidam ratem; » ubi, quantum scio, nulla est
lectionis varietas. — Deinde *abstulit*, a Bentl. et Burm. male tentatum,
de fortuna recte dicitur pro *abducere*, *trahere secum*; conjungi enim
debent, quod totus locus et v. *Nec* ostendit, vv. *Nec diu abstulit*, posito
commate post v. *diu*, ut sensus sit, Fortuna non diu ruinas removit, secum
tulit, respondens superioribus *Præcipiti cursu*, etc. vs. 496. Ita *auferre*
similiter de Fortuna legitur VI, 141; VIII, 207. — Denique *torrente*
fato, non *torquente fato*, ut Bentlei. voluit; *torquere* de fato dici non
puto; sed recte *torrere*, licet singularis hujus verbi sit usus; ponitur enim
h. l. pro *ruere*, *præcipitare*, metaphora sumpta a rapido flumine; quod
torrens dicitur. Similiter de orationis impetu Auson. Epigr. 146, 6: « Torrente lingua perstrepo. » Juvenal. X, 128: « Quem mirabantur Athenæ Tor-
rentem. » VVEB.

508. *Levis armaturæ.* Id est, equites levis armaturæ, qui *Velites* dicuntur : continet autem *manipulus* levis vicenos milites, et aliam turbam scutatorum. *Leves*, qui hastam tantum, gæsaque gererent, vocabantur : hæc prima frons in acie florem juvenum pubescentium ad militiam habebat. Robustior inde ætas totidem manipulorum, quibus principibus est nomen, ut Livius ait lib. VIII, et de iis'poeta intelligit. SULPIT. — Sed Livius, l. c. de hastatis levis quidem armaturæ, sed qui neque equites, neque Velites erant, scribit. Poetæ sensus ex Cæsaris Commentariis planus est. Loquitur enim de Pompeii equitatu, quem in Cæsarianos prorupisse, ait, unaque cum eis levem armaturam sequutam, et sagittarios, et funditores. *Insequitur sævasque manus.* Hæc poeta ex Cæsaris Commentariis bono ordine prosequutus est. Badius male verbum, *Insequitur*, de Cæsarianis exponit, quum de Pompeianis Velitibus, qui equites sequuti erant, intelligatur, deceptus poetæ verbis, *Sævasque manus immittit in hostem*, existimans solos Cæsarianos sævas habuisse manus, non etiam Pompeianos. GLAREAN. — Malim *sævumque* si MSS. addicerent, ut poeta hic etiam ex more Cæsarianos magis notaret. OUDEND. — *Sævasque manus immittit in hostem.* Numquam hoc dixisset de Pompeianis, *sævas* manus. Emendatio ex historia facilis est; corrige : « *lævasque* manus immittit in hostem. » *Lævæ manus* sunt cornu sinistrum. BENTL. — Conf. locus Cæsaris, in nota 506. Sed vereor an *lævas manus* pro cornu sinistro dici possit; mihi certe displiceret. ED.

513. *Calido liquefactæ pondere glandes.* Post hunc v. in solo cod. Bern. inseritur hic versus : « *Illic tortilibus vibrata phalarica nervis,* » illatus ex VI, 198, mutatis *Hunc aut* in *Illic.* Quia in illo loco jacula, sagittæ, saxa, aries, ballista conjuncta essent, ut h. l. sagittæ, faces, saxa, glandes, aliquis, comparato utroque loco, *phalaricam* h. l. deesse ratus, versum jam propter v. *illic* suspectum adscripsit. WEB.

514. *Arabesque soluti.* Alii *soluto Arcu turba minax.* Sed tenso arcu pugnatur, non laxo. Horatius Carm. III, 8, 23 : « Jam Scythæ *laxo* meditantur *arcu* Cedere campis. » Bersmanni codex et nostri omnes, *soluti*, non *soluto.* Corrige : « Arabesque *sonanti Arcu* turba minax. » Virgil. Æn. V, 521 : « arcumque *sonantem.* » Statius Thebaid. I, 658 : « arcusque sonoros. » BENTL.

524. *Immittit.* Retinui hoc. Monendum tamen, variare multum MSS. *Immisit* Pulm. et Bersm. unus. *Emisit* habent Var. LL. Steph. quod non displicet. Perpetuo apud Nostrum, et alios hæc variantur. OUD.

543. *Hic populus Romanus erit.* Si hanc lectionem recipis, ordo erit, *Hic populus erit Romanus;* atqui de tot gentibus non dixisset *hic populus*, sed *hi populi.* Repone : « *Hi* populus Romanus *erunt.* » Sic Bentl. post Heins. non improbante Burm. si MSS. adjuvarent.

549. *Rogatæ.* Si *togatæ* cum Grotio legeris, hoc est, Romanæ, illud *que*, pro *quia*, interpretaberis, ut apud Cicer. « Non solum nobis nati sumus, ortusque nostri partem patria vindicat.» SULP. — Alii intell. *senatores*, contemptim, ut pugnarum imperitos. Male. ED.

560—561. *Inspicit et gladios, qui toti sanguine manent, Qui niteant primo tantum mucrone cruenti.* Versus mutato ordine, qui ex errore in simili initio vers. 560 et 561 ortus videtur, in tribus Voss. uno Oxon. et Richel. leguntur; priorem abesse non posse, jam verbum *inspicit* docet; alterum versum sensus quidem non flagitat, sed defenditur oppositione priorum et sequentium. Vulgatum autem ordinem non mutandum esse probat ratio totius loci, in quo verbum ex more poetarum primum locum tenet; probat oppositio atque particula *et* præcedentia conjungens. In singulis plura sunt notatu digna. Discrepant libri in vv. *inspicit* et *conspicit*; prius placet, quod in omnibus fere codd. cf. Heins. Advers. I, 16, p. 162, Lucano Cæsarem perstringenti melius convenire videtur; cf. Burm. ad h. l. *Toto* in Hamb. tert. et Voss. pr. propter seq. *sanguine* ortum, eodem modo ut *cruento* pro *cruenti* in marg. Hortens. probari non debet, quum sequentibus *primo mucrone* oppositum sit. *Manent* denique recte habet; *natent* ex solenni errore librariorum ortum, h. l. dici non potest, cf. Burm. ad II, 104; *manant* et *madent* aperte vitiosa sunt, et *madeant qui sanguine toti* sine dubio ex correctione verbi *madent*; *manare* autem de gladio dici docet Liv. I, 59: « Brutus cultrum *manantem* cruore præ se tenens.» VVEB.

574—575. *Ipse manu subicit gladios ac tela ministrat, Adversosque jubet ferro confundere vultus.* Versus 575 Cortio suspectus est, ut videtur, propter sententiam ex superiori loco vers. 322 « vultus gladio turbate verendos » male intellecto repetitam. Constat vero Cæsarem hoc stratagemate usum fuisse, cf. Rutgers. var. lect. I, c. 4, et Barth. Advers. VI, 26, p. 504. Deinde si Lucani odium atque invidiam in Cæsarem bene novi, non est verisimile, hæc ab eo prætermissa esse. Versum autem ex superioribus non haustum esse, sensus utriusque loci et singula verba docent. VVEB.

579. *Quæ viscera rerum. Legum* emendatio est nostra, eleganti, ni fallimur, metaphora. Ante, *regum.* Atqui regibus nihil cum senatu, de quo hic sermo. Illi enim seorsim apud sua quisque auxilia. GROT. — Nunc quum in multis MSS. ab Heinsio consultis, et Scholiaste sit *rerum*, nullus dubito, quin illud sit verum, et a Lucani manu. Notissima metaphora. Ut *imperio* dat *cruorem*, sic rebus dat *viscera*, sine quibus *corpus*, ut Noster, et omnes auctores *regnum* et *rempublicam* vocant (de quo supra vs. 406) consistere nequaquam potest. Jam autem si ostendere vellem, *res* pro republica poni, putidus forem. Nihil notius, V, 609; VIII, 278; IX, 253, etc. Illud tamen addendum, quod non parum huc facit, *imperium,*

et *res* conjunctas esse a Nostro quoque, lib. V, 26 : « rerum nos summa sequetur, Imperiumque comes. » Livius lib. III, c. 6, *summa rerum, et majestas imperii.* Sic imperium et senatum jungit Lucanus mox 588; et IX, 207. Senatus autem sunt *viscera rerum*, et *viscera patriæ*, vs. 722; *viscera civitatis* Livio lib. XXXIV, 48; *pectus reipublicæ* Valerio Max. lib. II, c. 2, § 1. Quod olim ipsos Romanos docuit Menenius Agrippa, nobili illa fabula de ventre, ac reliquis corporis membris. WEB. — Burmannus tentat *Scit cor ubi imperii, scit quæ sint*, etc. vel *Scit cor imperii qui sint.* Sed contra codd. nihil mutandum puto. ED.

584. *Torquataque nomina.* Ut Ausonius Parent. XXII, 1 : « Desinite, o veteres, Calpurnia *nomina*, Frugi. » Et Epist. XIX, 7; « Et Caranum, Pellæa dedit qui *nomina regum.* » Quod ultimum vel receptæ hic olim distinctioni patrocinari videtur, *Torquataque nomina regum.* Sed vix potest a me impetrari, ut post *Lepidos, Metellos, Corvinos*, posuisse credam Nostrum *Torquata nomina* pro *Torquatos.* Etsi *Torquatus* inter Pompeii duces erat, ut VI, 285, *Torquato ruit inde minax*, jejuni hoc cujusdam aridique ingenii esset, non Lucani. Quid ergo? aliud tibi ex conjectura suppedito, tam receptæ lectioni proximum, quam sententiæ accommodatissimum : « Corvinosque simul, *tot tantaque* nomina, regum Sæpe duces.» Si *Torquata* retines, id incommodi est, quod non plures quam istos quatuor senatores periisse hic indicas : atqui vel fide historica decem occisi sunt; Lucanus vero rem exaggerans, universum fere senatum cecidisse hic prædicat. Jam vero si *tot tantaque* adsciscis, præter priores illos tres, quotvis alios adsumere potes. *Nomina* autem perinde est ac *viros.* Noster I, 313, et VI, 795, et alii scriptores. BENTL.

587. *Brute.* M. Brutum significat poeta, qui Catonem avunculum habebat : ex ejus sorore Servilia prognatus, cum qua Cæsar stupri consuetudinem habere vulgo credebatur. Quare quum eum in conjuratione in se ruentem videret, καὶ σὺ τέκνον, inquit græce, hoc est, *et tu, fili.* HORT.

589. *Per sæcula.* Dubium est an de præterito, an de futuro Brutum vocet *extremum generis per sæcula nomen*; ut *generis per sæcula* sit antiqui ab initio libertatis Romani, an vero memorandum per longa sæcula, ut antiqui generis ultimum. BURM. — Hoc unice verum puto. ED.

594. *... Et humanum culmen.* Lege ex MS. A, *et humani culmen.* Horat. C. III, 3, 10, « arces attigit igneas. » Asconius Pedian. *Arx sedes tyranni dicitur*, ut sæpe alibi. *Egressus*, ut Statius, « Virtus *egressa* modum.» BENTL. — *Quo cuncta premuntur.* Revocavi hoc verbum, pro quo Grotius, et olim Veneti et Taberius, et vulgo post Grotium dederant *reguntur.* Recte autem omnia premi culmine dicantur, quod cuncta infra se despicit, et superat : atque ita melius manetur in metaphora, quam si legas, *reguntur.* Ovidius Metam. VII, 450 : «Facta *premant* annos.» Statius Silv.

I , 2 , 115 : « quantum Latonia Nymphas Virgo *premit* , quantumque
egomet Nereidas exsto. » Oud.

607. *Successor Domiti.* Aliis *succentor* , id est , fautor ; vel *succensor*
legitur , quia eum instigabat ad bellum. Ecce enim sine te dimicatur. Sch.
— *Successor.* Recte. Res patet ex Suetonio , c. 34 , in Vit. Jul. « L. Domitio , qui per tumultum *successor* (διάδοχος Appiano) nominatus. »
Ipse Cæsar , B. C. I, 6 : « Provinciæ privatis decernuntur.; Domitio Gallia. »

622. *Ore quis adverso.* Vulgo : *ore quis adverso* , demisso *faucibus*
ense Expulerit moriens animam. Sed *expellere animam* non notat mori ,
occidi ; sed occidere. Quare si hæc verba sana sunt , ita erunt capienda ,
quasi moriens Cæsarianus , ense in ipsius os adacto, expulerit tamen animam alicui Pompeiano : foretque ad imitationem Virgilii Æn. IX, 441 :
« ... donec Rutili clamantis *in ore* Condidit *adverso* , et *moriens animam*
abstulit hosti. » — Verum videtur tunc aliquid addi debuisse : præterea
loquitur a versu 619 usque ad vs. 626 de occisis , et tum demum de
occisoribus. Unde olim credebam , invitis licet MSS. scribendum esse
exspuerit : quæ conjectura etiam in mentem venerat Waddelo. MSS. Vos-
siani et tres præstantissimi codd. habent *demissum faucibus ensem.* Oud.—
Expulerit moriens anima, hoc est, sanguine. Ovid. Met. VI, 259 : « ...per ju-
gulum pennis tenus acta sagitta est ; *Expulit hanc sanguis.* » Seneca Œdipo,
1040 : « Ferrumque secum nimius *ejecit cruor.* » Ovid. Metam. XIII, 394 :
« Nec valuere manus infixum educere telum : *Expulit* ipse *cruor.* » Bentl.

623. *Qui pectore tela.* Alii *quis pectore tela Transmittant. Quis* pro
quibus , seu per quorum pectora tela transeant. Nam ipsa missilia *transmittere aliquid* dicuntur. Ovidius Metam. lib. IV, 749 : « ... quantum
Balearica torto Funda potest plumbo medii *transmittere* cæli. » Oud.

658. *Cælicolas , volvitque sui solatia casus.* Ex eadem incuria, quam
sæpius deprehendimus , factum est , ut hic quoque versus in Amstel. cod.
desit , sine quo sensus verborum præcedentium , nisi *divos* pro *dignos* legas ,
quod tamen verisimile non est , non constat. In verbis nihil est , quod
offendere possit , excepto *volvitque* , cujus loco plures Cortii , 3 Burmanni , Reg. primus , Voss. prim. Wittian. et Lips. c, ex glossa *vovit*
præbent , ea significatione ut sit *optare* , cf. Ovid. Met. XIV, 35 : « ut tua
sim , voveo ; » sed h. l. neque ad orationem sequentem , neque ad v.
solatia quadrare videtur , unde Heinsii quoque conjectura in Advers. I,
16, p. 164, *fovit* pro *volvit* scribentis, probari non debet. Cur enim *solatia optare* de Pompeio? qui , ut a Nostro describitur , solatia sui casus
habet. Quare recte *volvit* , quod Schol. Lips. *a* ita explicat : « Et *volvit*
secum solatia sui casus , i. cogitat secum posse restaurare (*leg.* restaurari)
adhuc priorem fortunam. » *Volvere* autem dicitur adjecto alio verbo , quod
interiora notat , cf. quæ Oudendorp. ad h. l. habet. Sic absolute II ,

239 : « Invenit insomni *volventem* publica cura Fata virum; » cf. Virg. Æn. I, 305. WEB.

666. *Jam nihil est, Fortuna, meum? Sic fatur et arma.* Eodem modo in margine Lips. *a* leguntur ; sed omissis vv. *jam meum*, sententia, in qua totius orationis vis et quæ arcte cum præcedentibus cohæret, perit. Deinde transitus ex oratione ad narrationem sine verbo *fatur* vel alio posito non admodum placeret, cf. tamen III, 40, 153 ; IV, 660 ; Æn. V, 47, 140. WEB.

678. *Non tergo tela*, etc. usque ad verba *felix se nescit amari* vs. 727, Gujetus pro spuriis habet, quia initio libri sequentis repugnent. His enim Pompeius non pavens, malis non fractus, majestate verendus describitur ; ibi fragorem nemorum et comitum post terga pavet. Sin Lucanum ejusque studium Pompeii prædicandi recte intellexi, et de utroque loco quæstio esset, uter Lucani esset, sine dubio non hunc, sed alterum, qui ab initio libri sequentis legitur, spurium dicerem. At uterque locus genuinus est, ut omnia, sensus et verba docent, neque revera alter alteri adversatur. Qui enim hic securus sui impavidusque ex pugna aufugit, is postea, minus attonitus, ubi amor vitæ et spes renovandarum rerum rediit, recte pavisse atque trepidasse dici potest ; tanto magis « si scit nondum vile sui sanguinis pretium esse, » Lucan. VIII, 9. WEB.

692. *Pharioque a gurgite clades.* Tacet hic Scholiastes. Interpretes capiunt de cæde Ptolemæi. Ut *clades a gurgite* sit clades maris Ægyptiaci ; sed Waddelus (in Epist. ad Oudend.) scribit : « Quænam est illa clades, quæ Romanis accidit in Ægypto post Pompeium ? Ridiculum videtur intelligere de ipsius Pompeii cæde ; quando poeta loquitur de illis quorum mors imputari non debeat Pompeio. Nec accipi potest de bello Alexandrino, quod non erat pars belli civilis. Apud Florum legimus de sævissima clade, quæ accidit Varo in ipso ostio Oceani, lib. IV, c. 2 : « In ipso ostio Oceani Varus Didiusque legati conflixere. Sed acrius fuit cum ipso mari, quam inter se navibus bellum. Siquidem velut furorem civium castigaret Oceanus, utramque classem naufragio cecidit. » Verisimile igitur est, locum hunc Lucani ab interpolatoribus, quibus non ita nota esset historia Vari, fuisse corruptum ; et *Varique* mutatum esse in *Pharioque*. » Verissime, ni fallor, clades *Vari a gurgite* scil. facta ; ut *injuria ab illo* apud Terent. et similia. Varum enim Pompeianarum fuisse partium, patet ex historicis, et vel ex Nostro, lib. IV. OUD. — Ingeniosa est Waddeli conjectura, quam tamen ne amplectar facit, quod illam cladem a legato Varo denominatam fuisse, non fiat vero simile, quia illa non admodum magna fuerit, nec ejus ipse Cæsar, nec alii multi meminerint, et quam Florus magniloquentia sua vehementer auxit. Quare bellum Alexandrinum intelligendum est, quod sine dubio appendix fuit civilis belli. Ptolemæus enim Pompeii cædem non Cæsari, sed partium fatis dederat:

et in exercitu Ægyptiaco multi erant milites, ut Gabiniani et fugitivi, ut ipse Cæsar nos docet, B. C. l. III, c. 110, qui ad Pharum maxima cum difficultate bellum gestum narrat. Has ergo clades in Phario gurgite, id est, mari ad Pharum, adscribi Pompeio non debere, ait, quasi post fugam ejus partem Pharsalicæ pugnæ facerent; malim vero, *in gurgite*, quamvis parvum referat. BURM.

703—704. *Quidquid in ignotis solus regionibus exsul, Quidquid sub Phario positus patiere tyranno.* In Voss. pr. versus transponuntur, ita ut alteruter eorum pro spurio haberi possit; sed neque in sententia neque in verbis aliquid interpolationem prodit, et varia sedes, ut apertum est, ex verbo *Quidquid*, quod ab initio utriusque versus legitur, orta est. In singulis verbis hæserunt interpretes; Burm. in v. *ignotis*, cujus loco *ingratis* voluit; verum recte *ignotis*, quod non in universum, sed de Pompeio explicari debet, in Ægyptum ipsi incognitam primum veniente, ut poeta verbo *solus* innuit. In versu seq. pro *positus* editt. Brix. et Mediol. *potius* inepte habent, unde fortasse Heins. *posthac*, Burm. *expositus* voluit; utrumque male; conjungi enim debent *positus sub Phario rege*, quod quum alii non intellexissent, *et a* pro *sub* correxerunt, ut in VV. LL. Steph. legitur. *Positus sub tyranno* est, qui tyranno ejusque voluntati subditus, ejus potestati traditus est, ut *sub jure alicujus esse* VII, 63; X, 95, quod alio loco confirmatur IX, 130 de Pompeio: « Rege sub impuro *Nilotica rura tenente ....* cecidit *donati victima regni.*» *Patiere* denique, cujus loco in Lips. c. Rottend. sec. a manu sec. et editt. vett. *patiare*, melius videtur; inest enim certa affirmatio de Pompeii morte, quam poeta, ut reliqua ostendunt, h. l. voluit. WEB.

709. *Adspice securus vultu non supplice reges.* Verbum *adspice* ab initio hujus et versus proximi positum effecit, ut librarius Oxon. 1, sæpius in hac re peccans, hoc quoque loco errarit; sensus autem reliquorum verborum perfectus, ut errorem suum non sentiret. Versus optimus est, multumque ad hunc locum facit, ubi Lucanus Pompeium tranquillo et quieto animo esse jubet, solatio petito ex eo, quod mundus eum adhuc adoret. Itaque sine dubio *securus* legi debet, non *securos*, quod in Reg. 1 a m. pr. Cur enim *securi reges*? immo *securus Pompeius*, ut ex ratione totius loci apparet; eodem modo supra vs. 613 Domitius: « Liber ad umbras et *securus* eo. » Anaphora denique, quam Noster amat, loco maxime convenit, et poetæ animum commotum prodit. WEBER.

715. *Obvia ceu læto: promittunt munera flentes.* Signo quodam hic versus in cod. Lips. notatur, quod suspicionem interpolationis movet. Accedit, quod versus salvo sensu abesse possit, qui tamen genuinus est; signum enim illud locum versus, in inferiori margine scripti, ut in Lips. c IX, 319—321, indicat, neglecti a librario, quia sensus sine eo

constabat. Cæterum, quod singula attinet, male Burm. *Omnia*, quod
ex v. *omnibus* vs. 713 ortum in Lips. *a*, Langerm. et pro var. lect. in
Voss. sec. legitur, pro *obvia* recepit. Cur enim *omnia munera ?* Jam
satis est, si *munera* promittunt. Deinde *ceu læto* non suo loco foret;
cur enim *munera ceu læto* promitterent? Sed recte *obvia ceu læto*, ut in
Schol. Lips. *a* quoque legitur : quamvis esset victus, tamen veniunt ei
obviam omnes. Quod præcedentia quoque verba *effudit totas per mœnia
vires* flagitare videntur; effudit enim Larissa *vires*, ut obviam irent cives.
Denique quæ Burm. ex Cæsare B. Civ. III, 96 de nocturno itinere monuit, rem non decidunt; quis enim Lucanum idem voluisse inde
probaturus sit? Nonne, etiamsi nocturnum tempus concedamus, nuncius
Larissæos de adventu Pompeii certiores fecisse potest, ita ut urbe relicta
obviam iverint. Recte vero *promittunt*, quod in omnibus fere MSS. legitur, modo interpunctionem majorem, ut ab Oudend. factum est, post
v. *læto* ponamus. *Promittunt* defenditur præterea sequente verbo *flentes*,
quod ad v. *præmittunt* minus quadrat, neque verbo *pandunt* conjunctum satis placet. Postremo v. *munera* male a Bentl. correctum est in
nomina, rarissime in libris cum illo confusum, et h. l. ne aptum quidem, ubi eadem sententia in vv. seqq. *socios .... optant.* Recte autem *munera*, quo in universum Larissæorum amor notatur, ita ut sqq. *pandunt*, etc.
bene cohæreant. VVEB.

727. *Felix se nescit amari.* Tunc enim fides amantium esse probatur,
quum adversa oriuntur. Quam felix, inquit, esses, felicitati offerri obsequium
putabas solere, non Magno. At nunc miser factus, quod ante omnes te di-
lexerint, tu cognoscis. Sed hoc poeta generaliter dixit. SCHOL.

735. *Aut marte subactis.* Id est, defatigatis scil. illis Cæsarianis; sive
quum jam Pompeiani subacti prælio viderentur. SCH. — Sulpit. Ascens. et
alii *haud* exhibent, intelligentes *non victos.* Ut VIII, 144, *marte subactum.* Durissimum videtur, victorem exercitum vocari *subactum marte :*
sed nec ad Pompeianos referri potest. An fuit? « .... *fessis, at marte
subactis,* » id est, lege rei militaris coactis. An potius *fessis a marte peracto* vel *subacto*, defatigatis vincendo. OUD. — Corrigit Bentl. *in marte
subactos*, hoc sensu : non grave erat fessis in victos fugatosque ire.

746. *Nec plura loquutus.* Locus sine dubio corruptus est, quod varia
lectio *Sic milite jusso* aperte docet; accedit, quod v. 747 in Voss. pr.
non legitur, quem recte abesse posse negamus. Versu 747 autem posito,
apparet verba *Sic milite jusso* minus bene habere; displicet enim *jusso*,
non quod ita dici non possit, ut Burm. putat, cf. si tanti est, IV, 760;
X, 217; sed propter seq. *impulit*, quod fere idem significat; displicet
quoque *milite*, propter seq. *amentes et cætos*, licet defendi possit. Quanto
melius *Nec plura loquutus* ex mente poetæ Cæsarianis infesti; non pluribus, inquit, verbis opus erat iis, quorum animus jam fuit propensus.

Præterea sæpius ita Lucanus loquitur, II, 490; IV, 544; V, 593. Denique non apparet quid interpolatorem hæc verba addere moverit, nisi quis dicat propter VIII, 453; sed *sic milite jusso* facilius ex glossa oriri poterat. WEB.

747. *Impulit amentes, aurique cupidine cæcos.* Interdum vel in optimis MSS. librarii incuria unum alterumve versum excidisse, docent h. l. Voss. 1 et 2 a man: pr. qui versum a Bentl. et Oudendorp, damnatum omittunt. Ego languorem sentire non possum, et versum necessarium arbitror, quum sine eo structura reliqq. verborum turbata sit. Infinitivus *ire* enim in seqq. verbum rectum flagitet; anacoluthon autem h. l. defendi non potest; deinde versus ex more Lucani probandus est. Cæsarianos ita describere amantis, cf. V, 246, 271, 305; VII, 580, 303. *Cæcos* denique dicit, ut de triumviris I, 87, « *nimiaque cupidine cæci.* »

768. *Ingemuisse putem campos, terramque nocentem.* Sensum explicat Schol. « Et in somno videbantur manus illorum moveri, quum tamen aberat ensis, et tantus terror inerat, quod putare possis campos illos ingemuisse; et hoc exponit, i. terram inspirasse animas, vel ut dicamus campos ingemuisse, et terram inspirasse. In singulis nonnulla considerari debent. *Putem* ex optimis et pluribus codd. defendendum existimo, licet *putant* probari possit ex III, 191; et *putes* positum foret, ut *credas* I, 593 et *velis* IX, 412; sed magis placet *putem*, quod Lucanus in talibus locis amat, cf. V, 610 *crediderim*; VII, 436 *vellem*; VIII, 828 *precer*; IX, 579 *maluerim*; IX, 680 *rear*. Qua in re offendere non debemus, quum sæpius poeta in Pharsalia sé suumque judicium rebus interponat, in hac quoque re a more veterum epicorum recedens, cf. I, 417, 559; IV, 813; VII, 209, 440, 553, 643; VIII, 844; IX, 595, 622, 985. *Nocentes* denique pro *nocentem* a Burm. probatum in Lips. c et Hamb. pr. legitur; sed *animæ* per se intelligi potest, et *nocens terra* de Thessalia, de loco, ubi pugnatum est, rectius videtur, ut infra 798 « *cœloque nocenti* Ingerit Emathiam; » 869 « liceat *terras* odisse *nocentes*, » et IX, 81 « *terræque nocenti* Non hærere queror, » de Ægypto. WEBER.

780. *Desisset.* Scil. insanire. Acute dictum. Majorem enim furorem habuit, quum resipuit; quia tunc se parricidium fecisse cognovit. SCH. — Bersmann. *Desisset;* a sanitate mentis decessisset. — J. Rutgersius Var. LL. I, c. 12, corrigit *ait desævisset* ex lib. V, 303: « nec dum *desævit* ira; » sed omnino probum est *desisset;* quod verbum eodem modo corruptum fuit apud Claudian. in Eutrop. II, 526: « Et rabiem *desisse* dolent. »

785—786. *Quod Styga, quod manes, ingestaque Tartara somnis Pompeio vivente videt!* Versus transponit cod. Florent. sensu et verborum structura vulgarem ordinem et utrumque versum defendente, ut neuter salvo sensu abesse et spurius dici possit. Singula ab editoribus recte constituta sunt: sic *ingesta* ab Heins. Advers. I, 5, p. 46, et a Wakef. ad Lucret. II, 1104; *infesta* in nullo cod. est, sed in editt. veteres, ut Ascensii, 1506, per errorem typographi irrepsisse videtur; *corpora* denique, quod in pluribus, sed non optimæ notæ MSS. legitur, lapsu librariorum ortum, h. l. inter *Styga* et *manes* stare non potest, cf. III, 13, ubi simili modo *Stygiæ tenebræ manesque nocentes* conjunguntur, et paulo post *Tartara* sequitur. WEB.

79⁵. *Fortunam Superosque suos in sanguine cernit.* Quem locum superstitiosus aliquis monachus omisit, quum intelligere non posset, quid sit *Deos in sanguine esse.* Quare factum est, ut versus non legatur in 2 Burm. Reg. 1 et Botther. in Lips. *a* autem a manu sec. et in Voss. 2, 3, et Witt. ad marginem scriptus sit. Accedit quod displicet v. *cernit* ex vs. 794 repetitum, structura turbata præcedentis v. *juvat,* quod infinitivum flagitat, et versus salvo sensu abesse potest. Quæ tamen omnia versum non efficiunt spurium; etenim, quid librarium aliquid hic addere moverit, non apparet; deinde codd. ab Oudendorp. laudati unam familiam constituunt, ita ut consensus eorum, præsertim quum Voss. prim. versum agnoscat, non magni sit momenti. Tum sensum verborum quod attinet, is optime habet, Schol. docente: « Qualis erga eum Fortuna fuit, et quam propitii illi fuerunt Superi in ipso sanguine cernit. » Talis versus nullo modo a librariis, sed ab ipso Lucano profectus est, qui eamdem sententiam, ut solet, variat pluribusque exponit. Sæpe ab illo Fortuna Cæsaris laudatur. Vid. V, 510; VII, 547; IX, 244. Recte deinde *sui Superi,* de quibus supra dixerat, v. 168: « Quos scelerum Superos? quas rite vocasti Eumenidas, Cæsar? » Neque structura turbatur modo punctum post *latentes* ponamus, ut hæc cum v. 797 conjuncta sint. WEB.

820. *Tu, cui dant pœnas ...... hoc, si potes, utere cœlo.* Scholiastes Oudend. non explicat. Absunt præterea versus a codicibus quibusdam; in aliis margini tantum adscripti sunt, unde in cod. Langerm. transpositio vers. 820, 821, 818, 819, contra nexum totius loci orta videtur. In aliis autem et optimis quidem leguntur, neque a Scholiastis meis damnantur, quare, cur deleri debeant, non video causam. Inest enim ironia Lucano propria, quæ in toto hoc loco cognoscitur; neque sensus et verba singula incommodi quid habent. Deinde vers. 823 versus præcedentes flagitat, ut oppositio inter Cæsarem fugientem et populos Pharsalica rura tenentes docet, unde particula *sed,* quæ sine illis scripta esse non posset. Denique ratio, quæ interpolatorem hæc addere moverit, non apparet; facile autem omitti poterant, quum sensus sine iis quodammodo constaret. WEB.

824. **Post hunc versum Gujetus aliquid excidisse putat,** ni fallor, v.

Nec, quod pro *Non* iæ nonnullis MSS. legitur, inductus. Sed *Non solum* vel *Nec solum* conjungunt sequentia prioribus, quæ bene cohærent, ut jam Schol. Lips. his verbis indicat: « Ad ostendendam magnam interfectionem subjungit, tantum fuisse istius aeris odorem, quod *non solum* Bistonii lupi venere, sed etiam leones liquere Pholoen; et jungit adhuc « Trahe has aquas, » quod minime potes, nam tantus fœtor fuit, quod *non solum* Bistonii lupi, etc. » Neque intelligo quid desit, quum a verbb. *tabentes* populi *eripiunt rura* recte transire possit in illa *Non solum*, et aerem pestiferum his bene *describat. Nec* autem priora magis nectit, neque indicium interpolationis esse potest, quum *Nec solum* h. l. sine seq. *sed etiam*, ut interdum fit, cf. IX, 910, positum sit; poeta enim pergit per anacoluthian *Tunc*, etc. unde Scholiastæ sententia probari non debet. WEB.

827. ..... *Pholoen liquere leones.* Lucanum hic in errore versatum putat Brodæus ad Oppian. Cyneg. III, 22, quia leones in Europa non sunt, nisi intra Nessum et Acheloum; sed defendit eum Bodinus, quia universa Peloponnesus etiam inter hos fluvios censeri potest, et Pholoen de monte Arcadiæ capit, quæ omnia frustra et passim falsa. Pholoe enim hic Thessalica intelligitur. BURM.

841. *Sic quoque non omnis populus pervenit ad ossa.* Versus, quem sensus totius loci et seqq. verba abesse non patiuntur, excidit incuria librarii, quam sæpius in cod. Richel. deprehendimus. Neque variæ lectiones versum suspectum reddunt, quum *hic*, *si*, *sic*, sæpius confundantur. *Sic quoque* autem sequentia prioribus bene conjungunt, cf. IX, 528. Sensum loci obscuriorem explicat Schol. Lips. *h*: « Sic quoque i. per tantam multitudinem ferarum et volucrum totus populus non pervenit ad ossa, i. e. non consumptus usque ad ossa, vel non potuit numerari per ossa, quum a tot bestiis distractus esset. » Prior explicatio sine dubio vera est; neque cur *pervenit* mutari debeat causam video, quum *pervenire ad ossa* rectissime dicatur pro *transire*; *mutari in ossa* de iis, quorum ossa devorata carne, relicta sint; sic *venire ad nihilum*, et similia. WEB. — *Sic quoque*, etc. Deest hic versus Richeliano; suspectus etiam Heinsio et obelo notatus. Tolerabilior videretur, si legeretur *decrevit ad ossa* vel *devenit*. De formula *sic quoque* vide ad Val. Flacc. IV, 598. BURM.

851—852. *Quæ seges infecta surget ... vomere manes.* Omissi sunt hi versus in Hamb. 1, qui rarissime in hac re peccat: accedit quod hausti videantur ex inferioribus v. 861 et 865, ubi similis sententia. Verum Noster eamdem sententiam variat, maxime iis in locis ubi animo commotiori ut h. l. loquitur. Deinde facillime omitti poterant, quum sensus sine iis salvus esset. Male autem quidam habent *infesta* vel *infracta. Infecta*, quod Schol. Lips. explicat *venit ab inficere*, quod prope est corrumpere, est id quod *tincta*, *imbuta*, *fucata*; et ita sæpius in Nostro legitur, cf. I, 619; V, 564. *Quæ* pro *quo* in Lips. defendi posset, et ingentem cadaverum numerum exprimeret; sed ortum est propter v. *Romanos*, ut sæpius factum videmus. *Quoad* v. *vomere* indicat nullum esse locum Thessaliæ, qui Romanis manibus careat. Quod ubi de terra Thessalica sermo est, melius videtur. VVEB. — Huc similia quædam afferre juvat, quæ de belli nefaria peste cecinit princeps nostræ ætatis vates BÉRANGER, *La Sainte Alliance des peuples :*

« Chez vos voisins vous portez l'incendie ;

« L'aquilon souffle, et vos toits sont brûlés ;

« Et quand la terre est enfin refroidie,

« La soc languit sous des bras mutilés.

« Près de la borne où chaque état commence

« Aucun épi n'est pur de sang humain.

« Peuples, formez une sainte alliance

« Et donnez-vous la main. »   ED.

858—859. *Plus cinerum ...feriuntur dentibus ossa.* Incaute Virgilium in Georg. lib. I, fin. imitatur; nam qui ante *negatos rogos*, v. 804 dixerat, hic cineres memorat; qui certe ex relictis et putrefactis vel devoratis cadaveribus postea ab aratore non deprehendentur. BURM. — In Voss. sec. versus 859 versum 858 præcedit, copula in v. *pluraque* adversante. Fortasse aliquis versum 859 inde damnaverit, præsertim quum in Richel. desit, et in Florent. post seq. vers. 860 legatur. Nihilominus deleri non debet; etenim non modo non habet, cur displiceat et Lucano indignus sit; ut taceam de ratione, qua hic interpolatus sit : sed apparet etiam, verba *Plus* et *Pluraque* ab initio verss. 858 et 859 errori ansam præbuisse; alius librariorum priorem, alius posteriorem versum omisit; alius omissum addidit; alius additum in margine non animadvertit. Singula recte ab Intpp. constituta sunt. *Feriuntur* sine dubio, quod vel verbum *aratur* ostendit. Sensum totius loci explicat Schol. Lips. a ita : « Et ostendit, quod non potuerunt campi prius siccari; nam quamvis vertamus omnia busta majorum scilicet, et illos *cineres*, quorum ollæ nondum sunt fractæ a caprifico, et quæ jam sunt ruptæ, tamen non tot inveniemus, quot in Emathia. Tangit illud, quod ponebant *cineres* mortuorum in ollis, et post longum tempus nascebatur ibi quædam arbor, qui vocatur caprificus. » Poeta hæc sibi vult : licet, omnibus majorum bustis versis et dirutis, *ossa* et *cineres* dispergamus per agros, plus tamen *cinerum* in arando Hæmoniæ solo vertitur. Quæ Burm. denique de *cineribus* monet, poetæ injuriam faciunt; etenim non de rogi cineribus loquitur, sed de iis, qui in terram mutati arantur. VVEB.

860. *Nullus ab Emathio religasset litore funem.* Gujetus hunc et sequentes versus usque ad finem libri septimi omnium ineptissimos atque ab

interpolatore profectos esse contendit, ut videtur, propter sensum eorum. Verumtamen, ut nihil de ratione interpolandi dicam, quæ h. l. nulla est, omnia Lucanum satis spirant; etenim poetæ non sufficit dixisse, quæ ad vers. 847—859 leguntur; sed sententia, Thessaliam cæde Romanorum commaculatam esse, proposita pergit : .Deserta atque ignota jaceres, si non prima, sed sola nefas belli tulisses; quæ ex more suo vers. 860—865 variat. Neque reliqua Lucano indigna sunt: dictis enim illis, Thessaliam non solam nefas belli tulisse, orationem recte continuat: Cur non licet, Superi! has terras nocentes odisse? Cur terras sceleri damnatas aliis sceleribus alibi patratis absolvitis, sicuti Hesperia, Pachynus, Mutina et Leucas absolverunt Philippos? Etiamsi priora, hæc certe inde a versu 869 ab aliena manu non esse profecta,. plura docent. Dicta enim sunt ex odio illo, quo Lucanus interdum in terras invehitur, ubi vel omnino scelera facta sunt, vel ubi libertas Romanorum periit, ut supra VI, 395 seqq. in Thessaliam ipsam; VIII, 827 seqq. in Ægyptum. Deinde *Superos* in tali re passim alloquitur, cf. IV, 791 ; VII, 302. Denique sæpius rerum post pugnam Pharsalicam gestarum meminit, cf. I, 40—43, 666 seqq. V, 479; VII, 591 ; X, 66, 528. Quæ Gujetus de *Philippis* monet, non spurios, immo genuinos esse versus probant; *Philippi* enim a Lucano modo pro pugna Pharsalica, ut I, 680; VI, 582 ; IX, 271; modo pro pugna, qua Brutus victus est, ut VII, 591, ponitur. Et recte *Philippos* h. l. quo nomine, ut I, 694, utramque pugnam notat. Vides igitur nexum inter hæc, ut non facile ab alio interpolata esse possint; sed præterea in singulis quoque verbis nihil inest, quod interpolationem arguat. Neque in libris MSS. indicium hujus rei reperitur, nisi forte in Lips. qui versus 866 et 867 inter 868 et 869 positos habet. Omnia vero docent vulgarem ordinem non modo rectum, sed verba etiam germana esse, quum in iis sententia primaria insit, quæ sequentia verba prioribus conjungat. WEB.

M. ANNÆI LUCANI

PHARSALIA.

ARGUMENTUM

LIBRI OCTAVI

E SULPITIO DESUMPTUM.

' Octavo, in Lesbum fugiens per devia Magnus
Navigat, et conjux lacrimando abducta relinquit
Deflentem populum : properans tum nauta monetur,
Tendat ut ad Cilices, ubi Sextus, turba ducumque
Decernunt, quo sit dux confugiturus; atroxque
Ægyptus legitur; venientem regia prodit,
Conjugeque et gnato coram confodit Achillas.
Ambustum Cordus truncum clam texit arena.

M. ANNÆI LUCANI

PHARSALIA

LIBER OCTAVUS.

ANALYSIS.

Pompeius fugiens vela flectere jubet in Lesbum, ubi latet
Cornelia; 1 — 54. Dux uxorem adloquitur; 54 — 85.
Verba Corneliæ; 86 — 108. Lesbii Pompeium excipiunt:
ille tamen cum uxore discedit; 109 — 158. Pompeii navi-
gantis sensus, et cum rectore navis sermones; 159 — 201.
Ei obviam fit Dejotarus, quem in exteras gentes mittit
auxilia petiturum; 202 — 243. Pompeii cursus describitur;
qui denique Syedras venit, ubi cum senatu deliberat, apud
quem regem securas sedes obtinere possint; 244 — 262.
Magnus aperit sententiam, qua sibi placere Phraatis regnum
declarat; 262 — 327. A Lentulo rejicitur, qui ad Ptolemæum,
Ægypti regem, confugiendum censet; 327 — 455. In Ægyptum navigat classis, quæ Pelusiacum Nili ostium subit;
456—471. Animos aulicorum invadit timor; quid sit agendum, deliberatur; 472—483. Pompeium leto damnat Pothinus, cui sceleri adsensere omnes; 484—541. Dolor et
indignatio poetæ; 542—560. Magnus, ad Ægyptum adpellens,

in biremem percussorum transit; 560—576. Verba Corneliæ eum incassum revocantis; 577—592. Pompeium salutat
Septimius, quem insectatur poeta; 592—610. Pompeius
confoditur; 610—621. Morientis ducis sensus; 622—636.
Corneliæ dolentis verba; 637—662. Magni caput cervice
avulsum ad Ptolemæum fertur; 663—686. Regis jussu,
Ægyptia arte conditum servatur victori; 687—691. Apostrophe in Ptolemæum, et Pompeianæ sortis deploratio;
692—711. Cordus per noctem truncum Pompeii ad litus
trahit; 712—728. Ejus verba; 729—742. Rogum ex igne
subrepto accendit; 743—758. Cordus exilitatem funeris
hujus deplorat; 759—775. Luce adventante fugit; 775—
780. Poetæ apostrophe ad Cordum, qui ossa recolligit et humo
mandat, nomine inscripto; 780—793. Epilogus poetæ;
794 ad finem.

———————

J AM super Herculeas fauces, nemorosaque Tempe,
  Hæmoniæ deserta petens dispendia silvæ,
Cornipedem exhaustum cursu, stimulisque negantem

1. *Jam super.* Exordium ducit a
fuga Pompeii statim post amissam
pugnam. «Felicem utcumque in malis
Pompeium, inquit Florus, si eadem
ipsum, quæ exercitum ejus, fortuna traxisset. Superstes dignitati suæ
vixit, ut cum majore dedecore per
Thessalica Tempe equo fugeret, pulsus Larissa,» etc.—*Herculeas fauces.*
Dissidia inter Ossam et Olympum,
qua per Tempe exit Peneus in sinum
Thermaicum (V.I, 345) in confini-
bus Thessaliæ et Macedoniæ, Thermopylas dictas a thermis ibi Herculi
sacris.

2. *Dispendia silvæ.* Circuitus,
erroresque cum itineris dispendio,
ut mox vs. 4. *Hæmonia* silva jacet
ad radices Ossæ montis circa lacum
cui nomen *Nesoni.*

3. *Cornipedem exhaustum cursu.*
Equum fessum, neque se promo-
ventem, utcumque stimulis fossum.—
Stimulisque negantem. Alii exponunt,
agens stimulis equum *negantem,* scil.
obsequi : sed melius jungas *stimulis
negantem,* id est, resistentem, non
cedentem, ut apud Stat. Silv. III,
1, vs. 124 : « Et saxa negantia ferro;»
id est, inexpugnabilia. Ubi vide vi-

Magnus agens, incerta fugæ vestigia turbat,
Implicitasque errore vias. Pavet ille fragorem 5
Motorum ventis nemorum; comitumque suorum,
Qui post terga redit, trepidum, laterique timentem
Exanimat : quamvis summo de culmine lapsus,
Nondum vile sui pretium scit sanguinis esse,
Seque, memor fati, tantæ mercedis habere 10
Credit adhuc jugulum, quantum pro Cæsaris ipse
Avulsa cervice daret. Deserta sequentem

ros doctos, et ad Theb. IV, 124. ED.

4. *Vestigia turbat.* Id est, modo hac, modo illac fugiens, non autem una eademque via, fugæ vestigia ita miscet et interturbat, ut insequentibus hostibus per itinerum ambages nulla suppetant indicia. ED.

5. *Pavet ille fragorem.* Virg. Æn. II, 728 : « Nunc omnes terrent auræ, sonus excitat omnis Suspensum. » Horat. Carm. I, 23, 3 : « Non sine vano Aurarum et siluæ metu, etc. » De fugientis terrore vide Stat. Theb. X, 382 ; Sil. Ital. VI, 58 ; Claudian. in Eutrop. II, 451. Ad rem cf. VII, 677.

6. *Comitumque suorum.* Oudend. jungit *qui comitum* hoc sensu : adeo trepidus est, et vitæ suæ timens, ut reformidet quemvis Pompeianum, qui fugientem ducem a tergo, comitem se daturus, sequitur. Sed Burm. exponit, *fragorem* nemorum et comitum, qui *post terga redit,* id est, a montibus quos præterierat, et post terga reliquerat, quasi per Echo repercussus duplicabatur. Durius enim et sine exemplo judicat esse, *qui* pro *quicumque.* Aliquid tamen difficultatis superest; nam sic non habet, quo referatur *exanimat.* Forsan quoque major di-

stinctio poni posset post *suorum* ; ita ut *qui* dicatur pro *ille qui* ; sed fere eodem redit Oudend. explicatio, quam sequor, dum quis meliorem proferat. ED.

7. *Redit.* Alii *venit*; conjiciunt viri docti *ruit.* Sed *redit* forsan de eo dixit, qui, a tergo speculatus, fugæ invigilabat; vel simpl. pro *venit.* ED.

9. *Nondum vile.* Hæc verba primo adspectu jungenda videntur, et hinc optimus oritur sensus. Sed scrupulum movet τὸ *credit* vs. 11, quod indicare videtur errorem Pompeii, qui, *memor tanti fati,* id est, anteactæ fortunæ, et pristinæ magnitudinis, nondum edoctus per recentem casum jam vile esse caput suum, *credit adhuc* se habere cervicem *tantæ mercedis,* tanto pretio rependendam a Cæsare, etc. Hic sensus etiam miserabiliorem Pompeium et casu graviore dejectum ostendit; ut pote qui cum fortuna etiam propriæ magnitudinis pondus amiserit, Cæsari jam non timendus, et nil nisi clementiæ materies. Hoc tamen si longius quæsitum videtur, *credit* poterat significare *pro certo habet.* ED.

12. *Deserta sequentem.* Pompeius adeo omnibus notus et conspi-

Non patitur tutis fatum celare latebris
Clara viri facies : multi Pharsalica castra
Quum peterent, nondum fama prodente ruinas,   15
Occursu stupuere ducis, vertigine rerum
Attoniti; cladisque suæ vix ipse fidelis
Auctor erat. Gravis est Magno, quicumque malorum
Testis adest : cunctis ignotus gentibus esse
Mallet, et obscuro tutus transire per urbes   20
Nomine; sed pœnas longi Fortuna favoris
Exigit a misero, quæ tanto pondere famæ
Res premit adversas, fatisque prioribus urget.
Nunc festinatos nimium sibi sentit honores,
Actaque lauriferæ damnat Sullana juventæ :   25

cuus non potuit celare calamitatem suam, utcumque per deserta fugeret.

15. *Peterent.* Pompeio auxilium laturi, nescientes adhuc eum esse superatum.

16. *Vertigine rerum.* Subita mutatæ fortunæ vicissitudine.

17. *Cladisque suæ.* Vix ipse Pompeius, cladis suæ nuntius, fidem iis comprobavit.

18. *Gravis est Magno.* Cum dolore et rubore obvios excipit in conscientiam et testimonium suæ calamitatis: sequitur ratio.

21. *Sed longi pœnas.* Quo lætior fuerit, eo tristior est fortuna.

22. *A misero.* Male MARMONTEL hæc in genere dicta putat; ad solum Pompeium referenda sunt, qui non modo præsentis calamitatis pondere, sed multo magis etiam pristinæ felicitatis memoria, et priorum fatorum comparatione opprimitur. ED.

24. *Nunc festinatos.* Jam intelligit præcoces sibi honores habitos non esse constantes; fortunam quæ e carceribus festinanter evolarit, sub meta lassatam deficere.

25. *Actaque laurifera.* Triumphum de Hiarba in Africa, quem egit 24 annos natus, Sulla graviter ferente, obstante atque negante triumphum illi decernendum; ut qui hæc gessisset sub alienis auspiciis, idque ante maturam ætatem. — Notandum est a Nostro primum Pompeii triumphum ad Sertorii cladem referri in lib. VII, vs. 14; per errorem videlicet, vel ex Veleio Paterculo, qui primum de Hispaniis triumphum memorat; II, 3o. ED. — *Sullana.* Vel per Sullam, sua triumphi negatione, nobilitata; vel quæ olim Sulla damnabat, nunc vero ipse damnat. Sed simplicior est explicatio : acta, quæ sub Sulla ejusque tempore egit, tam res prospere gestas, quam triumphos. OUDEND.

Nunc et Corycias classes, et Pontica signa
Dejectum meminisse pudet. Sic longius ævum
Destruit ingentes animos, et vita superstes
Imperio : nisi summa dies cum fine bonorum
Adfuit, et celeri prævertit tristia leto,   30
Dedecori est fortuna prior. Quisquamne secundis
Tradere se fatis audet, nisi morte parata ?

    Litora contigerat, per quæ Peneïus amnis
Emathia jam clade rubens exibat in æquor.
Inde ratis trepidum, ventis et fluctibus impar,   ·   35
Flumineis vix tuta vadis, evexit in altum :
Cujus adhuc remis quatitur Corcyra, sinusque
Leucadii; Cilicum dominus, terræque Liburnæ,

---

26. *Nunc et Corycias classes.*
Pudet de tanto gloriæ culmine dejectum meminisse classes Cilicum a
se devictas. — *Corycus.* Mons Ciliciæ et promontorium, in cujus loca
mediterranea Pompeius Cilicas compulit. Cf. II, 578. — *Pontica signa.*
Mithridalis. Cf. I, 336 ; II, 580.

28. *Destruit ingentes animos.* Sic
nocuit magnanimis clarisque viris
vixisse diutius, et in vita post amis-
sum imperium remanere. SULPIT. —
Destruuntur, quæ antea cumulata
sunt ; et hoc eleganter transfert ad
animos longa prosperitate elatos. ED.

29. *Nisi summa dies.* Cf. Ovid.
Met. III, 135 ; Juven. X, 275 et
283, ubi ipse Pompeius testis inducitur. ED.

30. *Prævertit.* Id est, antevenit,
ut Virgil. « Cursuque pedum præ-
vertere ventos. »

31. *Dedecori.* Major enim pudor est
a summis ad extrema venire. SCH. —

Fecimus cohærere cum sequenti commate. Sententia est : Felicitatem, ni
adsit matura mors, ludibrió fermę homines exponere. GROT.

32. *Morte parata.* Instante et quasi
præsenti ; nam viventibus fortunatis
possunt adversa contingere.

33. *Litora contigerat.* Supra vers.
1. — *Per quæ Peneïus.* Per Tempe
usque ad mare iter fecit.

35. *Trepidum.* Non timidum, sed
festinantem ne reprehenderetur e fuga. BURM.

36. *Flumineis vix tuta vadis.*
Navis non bellica, ac ne oneraria
quidem, sed fluvialis et exigua.
GROT.

37. *Cujus adhuc remis quatitur
Corcyra.* Pompeius, cujus præfecti
longe lateque classibus tenebant Corcyram, sinum Ambracium prope
Leucadem, et oram Liburniæ in
mari Hadriatico, olim Cilicum piratarum domitor, III, 228, ipse nunc

Exiguam vector pavidus correpsit in alnum.

Conscia curarum secretæ in litora Lesbi   40

Flectere vela jubet, qua tum tellure latebas

Mœstior, in mediis quam si, Cornelia, campis

Emathiæ stares. Tristes præsagia curas

Exagitant : trepida quatitur formidine somnus ;

Thessaliam nox omnis habet ; tenebrisque remotis,   45

Rupis in abruptæ scopulos extremaque currens

Litora, prospiciens fluctus, nutantia longe

Semper prima vides venientis vela carinæ,

Quærere nec quidquam de fato conjugis audes.

En ratis, ad vestros quæ tendit carbasa portus,   50

Quid ferat, ignoras : sed nunc tibi summa pavoris

in cymba, mox in oneraria vehitur.

39. *Vector.* Ipse Pompeius qui vehebatur. Al. *rector.* — *Correpsit.* Repens, id est, corpus trahens navem intravit. ED.

40. *Conscia curarum.* Scil. litora quibus commiserat conjugem, suam curam. Nam ad Corneliam hoc referri nullo modo posse arbitror. Malit Burmannus *vela conscia curarum* ; id est, navem, quæ testis erat sollicitudinis Pompeii, et vehebat virum simul et nuntium cladis, ad uxorem. ED. — *Secretæ.* Codd. fere omnes *Secreta* ; quod post Burm. mutavi, jubentibus Oud. et Bentleio ; neque enim litorum secreta petiit, sed *Lesbon remotam.* Cf. supra, V, 725. ED. — *Litora Lesbi.* In Lesbo insula, oppidum Mitylene est, ubi initio belli uxorem seposuerat.

41. *Jubet.* Pompeius. — *Latebas.* Ordo est : in qua tellure nunc latebas, Cornelia, mœstior, quam si in mediis campis Emathiæ stares. Sch.

42. *Mœstior.* Vide ipsius Corneliæ rationes V, 767.

43. *Præsagia.* Illam curis tristem agitant. — Vid. VI, 414 ; VII, 186, 331 ; VIII, 571 ; IX, 120. OUD.

44. *Trepida quatitur.* Interdiu sollicita de belli eventu, noctu per quietem Thessalia obversatur menti.

45. *Thessaliam.* Per totam noctem bellum Thessalicum contuetur. Cf. ad VII, 765. ED. — *Tenebrisque remotis.* Oriente sc. die, a primo diluculo.

47. *Nutantia longe.* Quæ videntur nutare, quum vento huc illuc flectuntur, et hac illacve casum minari et navim evertere ex intervallo putes. Sic ipsa navis *nutare* dicitur Claudian B. Gild. 220. Vid. Sil. I, 460 ; V, 506 ; VI, 238. OUD.

49. *Quærere nec quidquam.* Ne forte audias, quod præsaga mens somniabat, aut suspicabatur.

51. *Sed nunc.* Oudendorpius distinctionem ponit post *sinister* ; sed

Nuntius armorum tristis, rumorque sinister,
Victus adest conjux. Quid perdis tempora luctus?
Quum possis jam flere, times. Tunc puppe propinqua.
Prosiluit, crimenque Deum crudele notavit,   55
Deformem pallore ducem, vultusque prementem
Canitie, atque atro squalentes pulvere vestes.
Obvia nox miseræ cælum, lucemque tenebris
Abstulit, atque animam clausit dolor : omnia nervis
Membra relicta labant; riguerunt corda, diuque   60
Spe mortis decepta jacet. Jam fune ligato
Litoribus, lustrat vacuas Pompeius arenas.
     Quem postquam propius famulæ videre fideles,
Non ultra gemitus tacitos incessere fatum
Permisere sibi, frustraque attollere terra   65

melius omnia uno tenore leguntur,
ut sensus sit, per adpositionem; nunc
adversæ pugnæ nuntium, quem accipere summe et unice timebas, ipse
conjux adfert. ED. — *Summa pavoris*,
est id ultra quod pavor non transcen-
derat. Oudend. tamen *summam* exponit *finem*; ut hoc cum seqq. con-
gruat. Judicet lector. ED.

53. *Quid perdis tempora luctus?*
Non debes lugendi tempora metu
consumere. Times, quum jam sit
quod lugeas. GROT. — *Perdere tem-*
pora luctus exponendum esse ait
Burm. inutiliter lugere; lacrimas nihil
proficientes fundere. Ergo ut constet sensus, legendum censet *quid*
prodis, id est, quid differs lacrimas. Sed huic sententiæ vulg. non
repugnat. Contrarium habuimus II,
26 : « Necdum est ille dolor, sed
jam metus. » ED.

54. *Flere, times. Timor* enim de

malis incertis; *luctus* vero de certis
et manifestis. SCH.

55. *Prosiluit.* Cornelia obvia prosiluit. — *Crimenque Deum.* Advertit inclementiam Deorum, conjugis
cladem et fugam. Vel notavit Pompeium deformem, quod erat crimen
Deorum. OUD.

58. *Obvia nox miseræ cælum.*
Caligo oculis oborta est ex animi deliquio, et præ mœrore Cornelia decidit exanimis.

61. *Spe mortis decepta jacet.* Diu
jacet quasi jam letum desideratum se
adeptam putet : at in hoc decipitur :
mox enim ad se et sensum doloris est
reditura. *Decepta* ergo est frustrata,
voto moriendi non potita. ED.

63. *Famulæ videre fideles.* Jam
enim exanimata domina videre non
poterat. SCH.

64. *Non ultra gemitus.* Famulæ
non permisere sibi incusare fati in—

Semianimem conantur heram : quàm pectore Magnus

Ambit, et adstrictos refovet complexibus artus.

Cœperat in summum revocato sanguine corpus

Pompeii sentire manus, mœstamque mariti

Posse pati faciem : prohibet succumbere fatis   70

Magnus, et immodicos castigat voce dolores :

   « Nobile cur robur Fortunæ vulnere primo,

Femina, tantorum titulis insignis avorum,

Frangis? Habes aditum mansuræ in sæcula famæ.

Laudis in hoc sexu, non legum jura, nec arma,   75

Unica materia est conjux miser. Erige mentem,

Et tua cum fatis pietas decertet, et ipsum,

Quod sum victus, ama ; nunc sum tibi gloria major

clementiam ultra tacitos questus, hoc est, temperaverunt sibi ejulatu et vociferationibus lamentorum, Pompeium scil. reveritæ, et ne heræ dolorem accenderent. Cf. 1, 256. — *Fatum.* Alii *fata.*

67. *Ambit.* Amplexatur.—*Adstrictos.* Gelidos, torpore rigentes. Sed riguisse Corneliam satis ex præcedd. et seqq. constare ait Burm. quare *adstrictos* capit pro : pressos arcte ad pectus. Crediderim tamen opponi inter se *adstrictos refovet.* ED.

68. *In summum.* Ad se redire; sanguine, qui in repentina consternatione ad cor refluxerat, se jam remittente atque in extremas partes effundente. *Summum corpus* est cutis, vultus præcipue, qui in deliquio palluerat. ED.

70. *Faciem.* Adspectum; ad quem prius exanimis deciderat.—*Succumbere fatis.* Cedere adversæ fortunæ.

72. *Nobile cur robur.* Pompeius

Corneliæ fractum adversis mariti fatis animum consolatur, et quidem argumentis, quibus in præsenti potest, accommodatis.—*Robur.* Cur frangis animi fortitudinem et firmitatem, primo ictu fortunæ.

73. *Avorum:* Scipionum.

74. *Habes aditum.* Contigit tibi seges et materia æternæ et summæ laudis, quam feminis consequi datur: neque enim feminarum gloria est jus dicere, aut arma ferre; sed fides maritis in infortunio præstita.

77. *Et tua cum fatis pietas.* Si fata dejecerunt e culmine gloriæ Pompeium; tu contra, qua potes pietate eum adjuva. HORT. — *Melius* Schol. *Decertet,* ut vincas fata, si amorem tuum nihil imminuat mutata fortuna.

78. *Quod sum victus, ama.* Quasi dicat, multo magis tibi in adversa fortuna sum amandus, quam in secunda: ut amicus certus in re incerta

A me quod fasces, et quod pia turba senatus,
Tantaque discessit regum manus : incipe Magnum 80
Sola sequi. Deformis adhuc vivente marito,
Summus; et augeri vetitus dolor; ultima debet
Esse fides, lugere virum. Tu nulla tulisti
Bello damna meo : vivit post prælia Magnus,
Sed fortuna perit ; quod defles, illud amasti. » 85
 Vocibus his correpta viri, vix ægra levavit
Membra solo, tales gemitu rumpente querelas :
« O utinam in thalamos invisi Cæsaris issem
Infelix conjux, et nulli læta marito!
Bis nocui mundo : me pronuba duxit Erinnys, 90
Crassorumque umbræ; devotaque manibus illis
Assyrios in castra tuli civilia casus;

cernitur : ita multo magis pia et bona uxor in tristibus. HORTENS.

79. *A me quod fasces.* Erit enim veri amoris argumentum ; et te non viri amasse fortunam, sed ipsum, quem ab aliis desertum sequaris. SULPIT.

81. *Deformis.* Haud decet impendere vivo marito, perinde atque conclamato et mortuo, dolorem extremum et cui nihil addi potest; ne videare vitam æque ac mortem lugere.

82. *Ultima debet.* Ultimum conjugalis fidei officium est luctus; scil. quum periit maritus.

83. *Tu nulla tulisti.* In hac mea clade tu nihil perdidisti, quum supersit conjux. ED.

85. *Illud amasti.* Sed vide ne fortunam meam eversam lugendo, videaris eam, quam me, habuisse cariorem. — Hic interrogationis signum facile admitterem. ED.

86. *Correpta.* Castigata, reprehensa. Ovid. Met. VI, 610: «fletumque sororis Corripuit. » Cf. VII, 191.

88. *O utinam.* Non quod Pompeio Cæsarem præferat : sed idcirco nupsisse vult, quia ipsa infelix talem fortunam Cæsari posset adferre. SCH.

89. *Infelix conjux.* P. Crasso, Marci F. qui cum patre apud Parthos periit, prius nupta : nunc Pompeio. Idem questa inducitur a Plutarcho, in vit. Pomp. p. 658 ed. Paris.

90. *Me pronuba duxit Erinnys.* De infelicibus auspiciis nuptiarum querela, conf. Ovid. Her. II, 117; Senec. Œdip. 644; Medea, 16; Octav. 23. — *Duxit.* Virg Ecl. VIII, 29: « tibi ducitur uxor. » ED.

91. *Crassorumque umbræ.* Patris et filii manes me exsecrati atque devoventes miserunt æque infelici cladis omine in civilia hæc bella.

92. *Assyrios.* Parthicam cladem, I, 11, 105.

Præcipitesque dedi populos, cunctosque fugavi
A causa meliore Deos. O maxime conjux,
O thalamis indigne meis, hoc juris habebat   95
In tantum Fortuna caput! cur impia nupsi,
Si miserum factura fui? nunc accipe pœnas,
Sed quas sponte luam. Quo sit tibi mollius æquor,
Certa fides regum, totusque paratior orbis,
Sparge mari comitem. Mallem felicibus armis   100
Dependisse caput; nunc clades denique lustra,
Magne, tuas. Ubicumque jaces, civilibus armis
Nostros ulta toros, ades huc, atque exige pœnas,
Julia, crudeles, placataque pellice cæsa,
Magno parce tuo. » Sic fata, iterumque refusa   105
Conjugis in gremium, cunctorum lumina solvit

93. *Præcipitesque dedi.* Ego exercitum Romanum in cladem illam præcipitavi. Ego Deos averti a parte senatus, qui justam belli causam habebat. HORT.

95. *Indigne.* Qui hanc infelicitatem, quam adferunt meæ nuptiæ, non merueras. ED. — *Hoc juris habebat.* Tantum potestatis, ut fatalem me conjugem etiam tibi daret viro adeo præcellenti. Quasi Fortuna suum jus solum in homines plebeios, ac non in triumphales habeat.

97. *Pœnas.* A me scil. sed libenter devoveri cupiente pro tua salute.

98. *Quo sit tibi.* Me sublata enim fortuna in melius mutabitur. Ergo me comitem adeo gravem mari immitte, ut piaculum.

100. *Mallem felicibus armis.* Atque utinam me prius devovissem, ante hanc cladem, pro tua victoria; id quia non contigit, nunc denique expia,

purga, clades tuas mea cæde et his inferiis. Distinctionem tollit post *tuas* Oudend. ut hoc referatur ad Pompeium, sic: expia clades omnes, in quibuscumque victus es et jaces, partibus tuis profligatis. Et hoc defendit, quia Julia Romæ solenni funere sepulta rite fuerat; non ergo vagabatur ejus umbra. Vidimus tamen ad III, 12, Juliam *sedibus Elysiis expulsam*; et forsan Noster huic loco adludit, ut in vs. 104. Durum etiam de Pompeio hoc intelligi videtur Burmanno, qui corrigit *jacent*, scil. *clades*, id est, cæsorum reliquiæ. ED.

102. *Ubicumque jaces.* Apostrophe ad Juliam, quam in odium adducens, civili clade ultam fuisse dicit novas Pompeii nuptias. Vide n. præc.

104. *Placata.* Mitior facta. — *Pellice cæsa.* Occisa me, quæ sum pellex tua, et tuo viro conjuncta. Hoc ait invidiose et indignanter in se, et ad

In lacrimas : duri flectuntur pectora Magni,
Siccaque Thessaliæ confudit lumina Lesbos.

Tunc Mitylenæum pleno jam litore vulgus
Adfatur Magnum : « Si maxima gloria nobis   110
Semper erit tanti pignus servasse mariti,
Tu quoque devotos sacro tibi fœdere muros,
Oramus, sociosque lares dignare vel una
Nocte tua : fac, Magne, locum, quem cuncta revisant
Sæcula ; quem veniens hospes Romanus adoret.   115
Nulla tibi subeunda magis sunt mœnia victo.
Omnia victoris possunt sperare favorem :
Hæc jam crimen habent. Quid, quod jacet insula ponto ;
Cæsar eget ratibus : procerum pars magna coibit

Juliæ satisfactionem. Similiter, III, 23 : « Innupsit tepido pellex Cornelia busto. » Ubi vide notam. ED.

107. *Flectuntur.* Commoventur, etsi hucusque durus fuisset et animo invictus. ED.

108. *Siccaque Thessaliæ.* Et commiseratio uxoris hic in Lesbo expressit Pompeio lacrimas, quod non fecit clades in Thessalia accepta.

109. *Tunc Mytilenæum.* Mytilenæos, ut refert Plutarchus, salutatum egressos, et, ut in urbem intraret, orantes, hoc recusato, monuit : uti bono animo essent, et victori parent Cæsari, bono et clementi viro.

111. *Pignus servasse mariti.* Corneliam, uxorem Pompeii, apud nos depositam a bello.

112. *Fœdere.* Societatis et hospitii.

113. *Dignare vel una.* Id est, dignos habeas, in quibus vel una nocte moreris. SCH.

114. *Tua.* I. e. quieti tuæ impensa, quam hic apud nos memorabilem facias secessu tuo. OUD. — Burm. autem legit, *tuum fac, Magne, locum,* id est, adjunge tibi arctius hoc beneficio. Nec *facere locum* ita simpliciter recte dici credit. Sed nota est locutio *fac locum ut revisant;* et breviter dixisse potest pro : fac ut hic locus sit ille, quem revisant. ED.

116. *Nulla tibi subeunda.* Suam urbem aliis anteponendam esse jure hospitii dicunt.

118. *Hæc jam crimen habent.* Nostra hæc civitas jam Cæsari damnata est officii erga te tuamque uxorem; infra 134.—*Quid, quod.* Frequens in argumentationibus locutio, et passim obvia; verbi gratia, apud Virg. Georg. I, 104, et 111. Sensus est: quid dicam, quod hæc insula in medio ponto jacet, ideoque Cæsari ad eam petendam classe opus est, qua caret. ED.

Certa loci : noto reparandum est litore fætum.   120

Accipe templorum cultus, aurumque Deorum

Accipe : si terris, si puppibus ista juventus

Aptior est, tota, quantum valet, utere Lesbo.

(Accipe : ne Cæsar rapiat, tu victus habeto.)

Hoc solum crimen meritæ bene detrahe terræ,   125

Ne nostram videare fidem felixque sequutus,

Et damnasse miser. » Tali pietate virorum

Lætus, in adversis, et mundi nomine gaudens

Esse fidem, « Nullum toto mihi, dixit, in orbe

Gratius esse solum, non parvo pignore vobis   130

Ostendi : tenuit nostros hac obside Lesbos

Adfectus; hic sacra domus, carique penates,

Hic mihi Roma fuit. Non ulla in litora puppim

Ante dedi fugiens, sævi quum Cæsaris iram

Jam scirem meritam , servata conjuge, Lesbon,   135

---

120. *Certa loci.* Ubi omnes scient te certo et noto loco constitisse , statim ad te convenient, qui, si in extrema et ignota terrarum fugias, profecto non sequentur. ED. — *Noto.* Notum autem est hoc litus, quia huc secedisse Corneliam tuam jam olim palam est. Hic ergo vires poteris reparare. ED.

122. *Si puppibus.* Promittunt se juventutem terra marique armaturos.

124. Versus spurius; vide Disq. var.

125. *Hoc solum crimen.* Hoc opprobrium a nobis bene de te meritis averte , ne videaris fidem nostram in adversis rebus suspectam habuisse et damnasse, quam in prosperis approbasti.

128. *Mundi nomine.* Non sui causa gaudet, sed generis humani nomine, quod in tam profligato sæculo fides

aliqua erga miseros supersit, ipse alioqui beneficio non usurus. GROT.

130. *Non parvo pignore vobis.* Cornelia vobis commissa et quasi in pignus fidei data. SULPIT.

132. *Sacra domus.* Quia ut Romæ domus cuique erat tutissimum refugium, ita Cornelia (ideoque ipse Pompeius) in Lesbo habuit *domum sacram*, venerandam, inviolabilem, tanquam templum et asylum, ubi posset secura vivere. BURM.

133. *Hic mihi.* Declarat nusquam se maluisse uxorem seponere, quam apud eos, quorum ædes, domosque pro suis penatibus, adeoque Romæ loco duxerit. HORTENS. — *In litora puppim.* Insolens locutio, sed tamen non facile mutanda, pro : vela dare ad litora. BURM.

Non veritus tantam veniæ committere vobis

Materiam. Sed jam satis est fecisse nocentes :

Fata mihi totum mea sunt agitanda per orbem.

Heu nimium felix æterno nomine Lesbos !

Sive doces populos regesque admittere Magnum,   140

Seu præstas mihi sola fidem : nam quærere certum est

Fas quibus in terris, ubi sit scelus. Accipe, Numen,

Si quod adhuc mecum es, votorum extrema meorum :

Da similes Lesbo populos, qui Marte subactum

Non intrare suos infesto Cæsare portus,   145

Non exire vetent. » Dixit, mœstamque carinæ

Imposuit comitem. Cunctos mutare putares

Tellurem, patriæque solum : sic litore toto

Plangitur; infestæ tenduntur in æthera dextræ;

Pompeiumque minus, cujus Fortuna dolorem   150

136. *Non veritus tantam.* Me vestræ fidei credere non dubitavi, quamquam sic aditum vobis et materiam facilem darem ad victorem placandum et impetrandam exceptæ hospitio Corneliæ veniam.

137. *Fecisse nocentes.* Obnoxios et expositos invidiæ et odio Cæsaris; nunc apud vos morari non debeo, ne nocentiores faciam apud Cæsarem.

138. *Fata mihi totum.* Fortuna mea mihi tentanda est, errando per totum terrarum orbem; dum vel sedem tutam, vel fideles opes invenero, quibus adjuter. HORTENS.

140. *Sive doces.* In utroque es gloriosa, seu tuo exemplo populos alios et reges doces, ut me miserum excipiant hospitio; sive me sola recipis.

141. *Quærere certum est.* Statui

enim experiri omnes gentes, ut sciam apud quas adhuc fas et justitia colantur, quæ vero infidæ sint, et perjuræ. ED.

142. *Accipe, Numen.* Et tu, si quis Deorum etiamdum mihi adsis, exaudi ultimum hoc votum meum : da mihi, etc.

146. *Non exire.* Nam intrare Ptolemæus patietur, ut eum occidat. ED.

147. *Imposuit.* Post bidui moram scilicet. Cæs. B. C. III, 102.—*Cunctos mutare putares.* Crederes Mitylenæos omnes in exsilium pulsos e patrio solo migrasse, in discessu Pompeii et Corneliæ : adeo undique plangebatur ab omnibus!

149. *Infestæ tenduntur.* Tamquam Deos inclementiæ incusantes.

150. *Pompeiumque minus.* Unde pendet ille accusativus? non a *cernens*

Moverat, ast illam, quam toto tempore belli

Ut civem videre suam, discedere cernens

Ingemuit populus : quam vix, si castra mariti

Victoris peteret, siccis dimittere matres

Jam poterant oculis : tanto devinxit amore   155

Hos pudor, hos probitas, castique modestia vultus,

Quod submissa nimis, nulli gravis, hospita turbæ,

Stantis adhuc fati vixit quasi conjuge victo.

   Jam pelago medios Titan demissus ad ignes,

Nec quibus abscondit, nec si quibus exserit orbem,   160

Totus erat : vigiles Pompeii pectore curæ

Nunc socias adeunt Romani fœderis urbes,

---

discedere ; nam non minus discede-
bat, ac Cornelia. Sed ita construerem : populus ingemuit Pompeium
minus, ast ingemuit, scil. magis, illam cernens discedere. Et *ingemere*
casum quartum regere vidimus ad
Virg. Ecl. V, 27. BURM. — Malim
construere : Minus ingemuit cernens
Pompeium discedere, *ast,* quam cernens *illam,* etc. ED.—*Cujus fortuna.*
Dolebant tantum vices et fortunam
Pompeii cæteroquin ipsis alieni ; Cornelia autem eorum *civis* et affinis pæne
facta erat. ED.

  153. *Quam vix.* Hanc servavi lectionem, licet Burmannus, probante
Oud. ex pluribus MSS. dederit *quamvis.... non poterant.* Sed fateor me
istius lect. sensum non assequi ; nam
quamvis oppositionem indicat, quæ
hic profecto nulla est, *ingemuit,
quamvis non poterant dimittere.*
Nisi forte *quamvis si* capiendum pro
etiamsi ; cujus locutionis exempla
me deficiunt. Vulgatam igitur retineo, plano admodum sensu : illam

matres licet parvo tempore cognitam,
adeo jam diligebant, ut etiamsi ad
victorem virum profectura fuisset,
vix sine lacrimis dimitterent. ED.

  157. *Submissa nimis.* In tanta fortuna adeo non elatos gessit spiritus,
ut contra nimis modesta, et obse-
quens videretur. ED. — Opponuntur
hic *submissa,* id est, blanda ; et *gravis,* id est, aspera, imperiosa. BURM.

  158. *Stantis adhuc.* Cornelia stantis fati, id est, cujus fortuna adhuc
erat integra. Hellenismum alii esse
volunt pro *stante fortuna.*

  159. *Jam pelago medios.* Erat
jam solis occidentis sphæræ pars media supra horizontem, pars altera
infra, diem illis deferens, si qui sunt
qui opponunt pedibus vestigia nostris. Cf. III, 41.

  160. *Nec, si quibus exserit orbem.*
Antipodibus, quibus oritur, quum
nobis sol occidit. SULPIT.

  161. *Vigiles Pompeii.* Pompeium
insomnem et sollicitum tenebat me-
ditatio, quos reges, quas gentes socias,

Et varias regum mentes, nunc invia mundi
Arva super nimios soles Austrumque jacentis.
Sæpe labor mœstus curarum, odiumque futuri 165
Projecit fessos incerti pectoris æstus;
Rectoremque ratis de cunctis consulit astris,
Unde notet terras, quæ sit mensura secandi
Æquoris in cælo, Syriam quo sidere servet,
Aut quotus in plaustro Libyam bene dirigat ignis. 170
Doctus ad hæc fatur taciti servator Olympi :
« Signifero quæcumque fluunt labentia cælo,

quas mundi partes adiret. Oudend. male jungit *adeunt pectore;* rectius Dorvillius apud Burm. *vigiles* in *pectore Pompeii.* Cf. 1, 272. ED. — *Adeunt.* Breviter dictum pro : cogitant, an adeundum sit.

163. *Invia mundi.* Deserta Libyæ, zonam torridam et ulterius.

164. *Super.* Id est, ultra, sic 226: « Arva super Cyri. » — *Soles.* Æstus prope intolerabiles zonæ torridæ, quæ inter circulum Cancri est et Capricorni, quo Cæsar non penetrabit. Hæ regiones subjectæ sunt austro. HORTENS. — *Jacentis,* &c. mundi.

165. *Sæpe labor mœstus curarum.* Interdum, ut mentis sollicitudinem et tædium cogitandi de futuris levaret, convertit se ad disputationem de astris et ratione cæli viaque inquirenda a gubernatore navis.

166. *Projecit.* Repulit, abjecit; cf. IX, 951. — *Fessos æstus.* Defatigatas cogitationes.

167. *De cunctis consulit astris.* Et hinc Noster occasionem arripit *cuncta astra* recensendi, inani ostentandæ scientiæ libidine abreptus: quod admodum frigidum esse in tanto rerum dis-

crimine nemo non judicaverit. ED.

168. *Quæ sit mensura secandi.* Percontatur de stellis, ad quas naviget in has vel in illas terras, ad quas stellas dirigat navigationis cursum.

169. *Quo sidere servet.* Quam stellam observans in Syriam naviget.

170. *Quotus in plaustro.* Quota stella ursæ majoris observatur navigantibus in Africam.

171. *Taciti servator Olympi.* Gubernator, qui sidera observat, et sequitur. Bentl. conjicit, *scrutator;* incassum. Sic Palinurus, Virg. Æneid. III, 515, « Sidera cuncta notat tacito labentia cælo. » ED.

172. *Signifero cælo.* Signifer circulus, Zodiacus, qui a philosophis obliquus dicitur; quia Æquinoctialem circulum oblique secat : et is est, qui duodecim illa signa cælestia continet. — *Quæcumque fluunt.* Non observamus stellas in Zodiaco et illa cæli parte, quæ revoluta nobis occidit: sed sidera vicina polo Arctico, qui nobis semper sublimis certos signat cursus, juxta quem maxime fulgent duo sidera Helice et Cynosura.

II.

15

Numquam stante polo, miseros fallentia nautas
Sidera non sequimur : sed qui non mergitur undis
Axis inocciduus, gemina clarissimus Areto,   175
Ille regit puppes. Hic quum mihi semper in altum
Surget, et instabit summis minor Ursa ceruchis;
Bosporon, et Scythiæ curvantem litora pontum
Spectamus. Quidquid descendet ab arbore summa
Arctophylax, propiorque mari Cynosura feretur, 180
In Syriæ portus tendet ratis. Inde Canopos

173. *Numquam stante polo.* Ubi nulla cæli pars stabilis stellas præfert, ad quas dirigatur cursus. Hoc male de planetis interpretatus Scholiastes. ED.

175. *Inocciduus.* Qui numquam occidit. — *Axis.* Axis est linea recta, per sphæræ centrum ducta, circa quam sphæra convertitur. Poli sunt duo puncta, quæ axem sphæræ utrimque terminant. Ille qui nobis in Europa degentibus semper apparet, dicitur borealis vel septentrionalis, et etiam polus arcticus; alter vero polus australis vel meridionalis dicitur et antarcticus. Cf. Virg. Georg. I, 240 sqq. — *Gemina Areto.* Duabus ursis, majore et minore, Helice et Cynosura.

176. *Regit.* Ut non casu, sed ratione id contingat. Locum hunc imitatus esse videtur Val. Flaccus, II, 61. — *Hic quum mihi.* Hoc vult nauta dicere, navigantibus e Lesbo in Bosporon Scythicum aut Thracium, et Pontum, versus septemtrionem, stella polaris ascendit ad Zenith, seu punctum verticale, quod, per « antennas, summam arborem et malum, » intelligit, id est, polus arcticus elevatur. Navigantibus con-

tra in Syriam, versus meridiem : stellæ polares Bootes et Ursa minor descendunt a summitate mali, seu puncto verticali, horizontem versus, hoc est, polus deprimitur, atque elevatur Canopus, fulgida stella in gubernaculo australi navis Argus sideris meridionalis, quæ non videtur nisi Rhodo in austrum pergentibus. « Nusquam invenies, inquit Manilius, fulgere Canopum, Donec Niliacas per Pontum veneris oras. »

177. *Ceruchis.* Cornibus antennarum, ex κέρας et ἔχω

179. *Quidquid descendet.* Id est, quando polus, Arctophylax et minor ursa, a summo malo descendunt, recta excursus est in Syriam. Ab arbore videntur descendere, quum inferiores efficiuntur. Tunc vero quantum deprimitur poli arctici, tantum elevatur Æquatoris, et in austrum tendimus.

180. *Arctophylax.* Qui et Bootes vocatur. Cf. II, 722, et III, 252. — *Cynosura.* Ursa minor, quæ Bootæ opposita est. Cf. ad III, 218, et IX, 540.

181. *Canopos.* Stella australis ingens et clara, nostris regionibus ignota; Berenices crinis dicta : ejus

Excipit australi cælo contenta vagari,
Stella timens Borean : illa quoque perge sinistra,
Trans Pharon; in medio tanget ratis æquore Syrtim.
Sed quo vela dari, quo nunc pede carbasa tendi   185
Nostra jubes? » Dubio contra cui pectore Magnus,
« Hoc solum toto, respondit, in æquore serva,
Ut sit ab Emathiis semper tua longius oris
Puppis, et Hesperiam pelago, cæloque relinquas :
Cætera da ventis. Comitem pignusque recepi   190
Depositum : tunc certus eram, quæ litora vellem ;
Nunc portum fortuna dabit. » Sic fatur : at ille
Justo vela modo pendentia cornibus æquis
Torsit, et in lævum puppim dedit, utque secaret,
Quas Asiæ cautes, et quas Chios asperat, undas,   195
Hos dedit in proram, tenet hos in puppe rudentes.

meminit Plinius lib. VI, c. 22, s. 24, § 7, et Vitruvius, lib. IX, c. 7.

183. *Stella timens Borean.* Metuit ne, Borea nubes impellente, obscuretur. — Immo quia semper ad austrum volvitur, Borean fugere ideoque timere videtur. Sic Virg. Georg. I, 246: « Arctos Oceani *metuentes* æquore tingi. » ED. — *Illa quoque perge sinistra.* Si in sinistram teneas a Canopo trans Pharon, illidetur navis Syrtibus.

184. *Pharon.* Pharus insula est in ingressu portus Alexandrini. Cf. X, 57 et 509. — *Syrtim.* I, 367.

185. *Quo nunc pede carbasa.* Utro? dextro an sinistro veli angulo imo? Cf. V, 428. — *Tendi.* Dirigi cursum.

188. *Ut sit ab Emathiis.* Thessaliam atque Italiam relinque, ad Orientem tendens. — Nec ad Emathiam

vult ire, ubi Cæsar et bellum est, nec ad Italiam, quia pudet venire superatum. SCH.

189. *Pelago cæloque relinquas.* Id est, utere undis et ventis, remo veloque, ut citius ab Hesperia recedamus. Vide Disq. var. ED.

190. *Comitem, pignusque.* Uxorem Corneliam, quam in Lesbo deposueram. HORTENS.

191. *Tunc.* Ante receptam uxorem, erant litora, quæ certe vellem me contingere.

193. *Justo modo.* Pari altitudine et planitie. SULPIT.—*Cornibus.* Antennarum.

195. *Quas Asiæ cautes.* Fretum inter Asiæ litus et Chion insulam a sinistra. Vide Disq. var. — *Asperat.* Vid. Virg. Æn. III, 285.

196. *Hos dedit in proram.* Alterum veli angulum protendit, re-

Æquora senserunt motus, aliterque secante
Jam pelagus rostro, nec idem spectante carina,
Mutavere sonum. Non sic moderator equorum,
Dexteriore rota lævum quum circuit orbem,   200
Cogit inoffensæ currus accedere metæ.

Ostendit terras Titan, et sidera texit.
Sparsus ab Emathia fugit quicumque procella,
Adsequitur Magnum : primusque a litore Lesbi
Occurrit natus, procerum mox turba fidelis.   205
Nam neque dejecto fatis, acieque fugato
Abstulerat Magno reges fortuna ministros :
Terrarum dominos, et sceptra Eoa tenentes
Exsul habet comites. Jubet ire in devia mundi

ducto altero, ut jam vidimus V, 428.
197. *Æquora senserunt motus.*
Motum navis; ut fit ubi contra maris
æstum luctatur nauta. Oud. *motos.*
— *Aliterque secante Jam pelagus
rostro.* Cursu in obliquum mutato.
198. *Nec idem.* Neque procurrente,
ut prius, æquatis antennis navi, majori impetu et fragore prora eruit
fluctus. — *Spectante.* Putat Oudend.
argute hoc dici propter oculum,
quem vel pictum vel cælatum navis
habebat in prora. Vereor tamen an
id acumen quæsiverit Lucanus. ED.
199. *Mutavere sonum.* Aliter sonare cœperunt, ob conversionem navis. SCH. — *Non sic.* Non peritius,
non melius auriga radit metam,
quam hic nauta navem flectit, et superat cautes. BURM.
200. *Dexteriore rota.* A dextra
curriculi parte irruebant currus, ita
ut quum ad metam perventum foret,
sinistro gyro flecterentur; ergo rota

dextra, quæ exterior est, circumver-
titur, et circuit rotam lævam quæ in
hacconversione immobilis, aut saltem
eodem loco et vestigio defixa consistit. Cf. ad rem Virg. Æneid. V,
162 sqq. Oud. *circuit axem.* ED.
201. *Inoffensæ.* Evitatæ et intactæ.
Conf. Horat. Carm. I, 1.
202. *Ostendit terras Titan.* Oriente
sole, terra simul apparuit et nocturna
e conspectu evanuere sidera, quæ
modo gubernator navis Pompeio in-
dicabat. ED.
205. *Occurrit.* Forte melius *ac-
currit;* nam videtur filius cursum di-
rexisse versus Lesbum, ubi, audito
patris abitu, eum insequutus primus
a Lesbo accurrisse dicitur. BURM. —
Natus. Natu minor, Sextus. Cf. IX,
85; Vell. Pat. II, 53.
208. *Sceptra Eoa.* Regna orien-
talia; cf. vs. 213.
209. *Jubet ire in devia mundi
Dejotarum.* Dejotarum regem Gallo-

Dejotarum, qui sparsa ducis vestigia legit.   210

« Quando, ait, Emathiis amissus cladibus orbis

Qua Romanus erat, superest, fidissime regum,

Eoam tentare fidem, populosque bibentes

Euphraten, et adhuc securum a Cæsare Tigrim:

Ne pigeat, Magno quærentem fata, remotas   215

Medorum penetrare domos, Scythicosque recessus,

Et totum mutare diem, vocesque superbo

Arsacidæ perferre meas: Si fœdera nobis

Prisca manent, mihi per Latium jurata Tonantem,

Per vestros adstricta magos, implete pharetras,   220

Armeniosque arcus Geticis intendite nervis:

Græciæ mittit in remotissimas terras minoris Asiæ ad arma sollicitanda.

210. *Qui sparsa ducis vestigia legit.* Qui inter cæteros fugientis Pompeii vestigia erat sequutus. SCH.

211. *Quando, ait, Emathiis.* Pompeii ad Dejotarum oratio.

212. *Qua Romanus erat.* Qua parte, et quousque imperio Romano subjectus est, orbem amisimus. HORT.

213. *Eoam tentare fidem.* Auxilia et opes orientales sollicitare ad arma contra Cæsarem, pro majestate senatus. HORTENS. — *Populosque bibentes Euphraten.* Armeniæ et Mesopotamiæ populos.

214. *Tigrim.* Tigris accolas, qui nondum Cæsaris arma senserunt, nec illius victoriam audierunt. Cf. ad III, 257. ED.

215. *Quærentem fata.* Sc. te quærentem opes, quibus fata mihi repares, ut dixit supra vs. 120. ED.

217. *Totum mutare diem.* Subire aliud cæli clima, ubi propter loci distantiametmundi inclinationem varia-

tur diei ratio.—*Superbo.* Ob recentem suam de Crassis victoriam; I, 10.

218. *Arsacidæ.* Regi Parthorum; Conf. I, 108. Burm. præf. pag. 26, paulo acerbius in Nostrum invehitur quod hic non sibi constet, quum in catalogo libri III plures e Parthico imperio populos in Pompeii partibus recensuerit. Sed tamen lib. III, vs. 264, Parthos proprie dicit bello abstinuisse: quos nunc sollicitat Pompeius, initum olim cum iis fœdus memorans. ED. — *Si fœdera nobis.* Verba sunt Pompeii ad Parthos, quæ Dejotarus deferat. ED.

219. *Per Latium jurata Tonantem.* Per Jovem imperii Rom. præsidem; cf. I, 198.

220. *Adstricta.* Firmata. —*Magos.* Sapientes, sacerdotes, scilicet Chaldæos, qui in Parthia sunt. —*Implete pharetras.* Instruite et parate arma auxiliaria. Cf. VII, 141, 142.

221. *Armenios.* Parthicos intelligit Burm. coll. IX, 237; sed quum Armenii a Parthis per mare Caspium,

Si vos, o Parthi, peterem quum Caspia claustra,
Et sequerer duros æterni Martis Alanos,
Passus Achæmeniis late decurrere campis,
In tutam trepidos numquam Babylona coegi :   225
Arva super Cyri, Chaldæique ultima regni,
Qua rapidus Ganges, et qua Nysæus Hydaspes
Accedunt pelago, Phœbi surgentis ab igne
Jam propior, quam Persis, eram : tamen omnia vincens
Sustinui nostris vos tantum deesse triumphis,   230
Solusque e numero regum telluris Eoæ,
Ex æquo me Parthus adit. Nec munere Magni
Stant semel Arsacidæ : quis enim post vulnera cladis

sicut ab illis Getæ per Pontum Euxinum separentur, forsan Noster voluit laudare bellicam Parthorum artem, comparatam cum ea qua excellunt Armenii et Getæ. Confer Virg. Ecl. X, 59. : « Partho torquere Cydonia cornu Spicula. » ED.

222. *Caspia claustra*. Caspiæ portæ sunt fauces montium Caspiorum inter Medos et Parthos. Sed de aliis furcis seu faucibus Armeniam versus est intelligendum, quum Pompeius illuc non pervenerit ; uti nec ad Alanos Scythiæ Europææ populos, sed Albanos potius, qui Caspiis claustris et Parthis viciniores. Vide Disq. var.

223. *Æterni Martis Alanos*. Qui semper in armis sunt, qui induruerunt assueti bellis. — Burmannus construit *duros Martis* per græcismum frequentissimum poetis. Non male ; contra tamen facit Sidon. Apollin. Carm. II, 364 : « Vandalicas turmas, et juncti Martis Alanos. » ED.

224. *Achæmeniis*. Respice II, 49.

225. *In tutam trepidos*. Non repuli in urbem imperii sedem, non e campis in tuta vos recipere coegi.

226. *Arva super Cyri*. Ultra regnum Persarum, III, 285 ; VI, 449.

227. *Ganges*. Indiæ fluvius ; II, 496. — *Nysæus Hydaspes*. Nysam urbem Indiæ a Baccho conditam præterfluens. Est et Nysa mons Indiæ, unde decurrit Hydaspes. SCH.

228. *Accedunt pelago*. In mare Indicum labuntur. — *Phœbi surgentis*. Propior eram Orienti soli quam sunt ipsi Persidis incolæ.

232. *Ex æquo me Parthus adit*. Par, liber, non triumphatus. Sic Plin. de Parthis : « Ad Scythas pertinent cum quibus ex æquo degunt.» — Burm. vero hic respici putat ad fœdera æquis legibus cum Parthis inita ; male. — *Nec munere Magni*. Neque incolumitatem et pacem semel tantum meo debent beneficio, quia et post victos Crassos, dissuasi ego in senatu, ne bellum Parthis inferretur, durante sc. bello Gallico.

233. *Cladis Assyriæ*. Cf. I, 104.

Assyriæ, justas Latii compescuit iras?

Tot meritis obstricta meis, nunc Parthia ruptis   235

Excedat claustris vetitam per sæcula ripam,

Zeugmaque Pellæum. Pompeio vincite, Parthi;

Vinci Roma volet. » Regem parere jubenti

Ardua non piguit, positisque insignibus aulæ

Egreditur famuli raptos indutus amictus.   240

   In dubiis tutum est inopem simulare tyranno :

Quanto igitur mundi dominis securius ævum

Verus pauper agit! Dimisso in litore rege,

Ipse per Icariæ scopulos, Ephesumque relinquens,

Et placidi Colophona maris, spumantia parvæ   245

---

235. *Obstricta.* Mihi devincta, fidem mihi debens.

236. *Claustris vetitam.* Terminis constitutis intra Euphratem, quem Phraates, quum Tigranem generum suum a Pompeio exposceret, imperii metam et terminum pactus est. — Sed hæc recentiora erant quam ut possint dici *per sæcula* vetiti. Ergo melius Scholiastes : « Alexander victis Parthis finem posuit, quam numquam excederent, Euphratem fluv. et civitatem Zeugma. » Possis cum Burm. *per sæcula* de futuro tempore interpretari ; quod non displicet. ED.

237. *Zeugmaque Pellæum.* Syriæ ad Euphratem oppidum ab Alexandro conditum, et ubi fluvium ponte e navibus domuerat ; catenas in urbe servatas esse suo tempore refert Plin. lib. XXXIV, cap. 15, s. 43. Hinc nomen habuit ; Græce enim ζεῦγμα pons aut quidquid vicem pontis sustinet, quod utramque ripam conjungit. MYCILL. — *Pellæum.* Macedonicum, seu Alexandri ; III, 233. — *Pompeio vin-*

cite. In meam gratiam et partes ; ideoque a vobis Roma cupiet vinci.

240. *Egreditur famuli.* Dejotarus rex Pompeio difficilia mandanti paruit ; atque posito habitu regio, haud melius vestitus quam famulus, egreditur e navi in litus. — *Raptos.* Quasi in re trepida raptim acceptos. Burm. legit *famulo raptos.* ED.

241. *Inopem simulare tyranno.* Regi tutius est adsumere humilem habitum pauperis.

243. *Dimisso in litore rege.* Exposito Dejotaro cum mandatis ad Parthos, in litore Asiatico.

244. *Ipse.* Pompeius. — *Icariæ scopulos.* Burm. non improbaret *Icarii,* scil. maris, quia non per scopulos insulæ, sed juxta poterat navigare. Sed hic intelligi possunt scopuli qui circa insulam jacent. ED. — *Ephesumque relinquens.* Ioniæ in Asia maritimam urbem celebrem.

245. *Placidi Colophona maris.* In imo quippe sinus pulcherrimi est Colophon.

Radit saxa Sami : spirat de litore Coo

Aura fluens; Gnidon inde fugit, claramque relinquit

Sole Rhodon, magnosque sinus Telmessidos undæ

Compensat medio pelagi. Pamphylia puppi

Occurrit tellus : nec se committere muris   250

Ausus adhuc ullis, te primum, parva Phaselis,

Magnus adit; nam te metui vetat incola rarus,

Exhaustæque domus populis; majorque carinæ

Quam tua turba fuit : tendens hinc carbasa rursus

Jam Taurum, Tauroque videt Dipsanta cadentem.   255

246. *Sami.* Maris Carpathii insulæ. *Parvam Samon* forte dicit, ut distinguat a Samo Thracica, quæ an multo major fuerit nescio. BURM.

247. *Aura fluens.* Dicit auctor, Pompeium jam reliquisse insulam Coum; quare de ejus litore fluens aura secunda spirat. Est autem Cos in Carpathio contra Cariam, et illi sinui obtenta, in quo Halicarnassus quondam fuit nobilissima insula; inter quam et Chium Samos media est. Cos Hippocratem dedit principem medicorum; Pythagoræ patria fuit. Hinc prodiit Apelles ille incomparabilis pictor. Templum habuit Æsculapii, vetustissimi omnium medicorum, qui ob dignitatem et excellentiam artis præstantissimæ, divinos honores meruisse proditur. Hanc quoque insulam vinum præstantissimum ferre tradit Strabo. HORT. — *Gnidon.* Extremam Cariæ urbem in promontorio sitam, liberam, forma peninsulæ : hanc Dores habitarunt. — *Claramque Sole Rhodon.* Vide ad V, 50; et conf. Horat. Carm. I, 7, 1.

248. *Sinus Telmessidos.* Sinus ad Telmessum oppidum Cariæ. Apud Strabonem et Stephanum Τελμισσός. Est in confinio Lyciæ et Cariæ. GROT.

249. *Compensat medio pelagi.* Compendium magni sinus facit, recta per medium pelagus navigatione. *Compensare* est, compendifacere. Seneca Hippolyto, 85 : « Qua via longum compensat iter.» — *Pamphylia.* Asiæ Minoris regio Ciliciæ vicina.

250. *Muris Ausus adhuc ullis.* Oppido ulli, vs. 136 supra.

251. *Te primum, parva Phaselis.* Pamphyliæ oppidum : Attaleam dicit Plutarchus Pompeium primum intrasse.

253. *Majorque carinæ.* Pauciores incolæ erant quam comites Pompeii.

255. *Taurum.* Montem Ciliciæ. — *Dipsanta cadentem.* Ciliciæ fluvium de Tauro decurrentem; Omnib. *nascentem* explicat; male. Quum in nomine multum varient MSS. Bormannus suspicatur *Cataracten* fluvium indicari, qui magno sonitu ex monte se præcipitat in mare. Strab. XIV. Nil tamen mutat, et locum sanandum feliciori relinquit. ED.

Crederet hoc Magnus, pacem quum præstitit undis,
Et sibi consultum? Cilicum per litora tutus
Parva puppe fugit; sequitur pars magna senatus
Ad profugum collecta ducem ; parvisque Syedris,
Quo portu mittitque rates recipitque Selinus,   260
In procerum cœtu tandem mœsta ora resolvit
Vocibus his Magnus : « Comites bellique, fugæque,
Atque instar patriæ, quamvis in litore nudo,
In Cilicum terra, nullis circumdatus armis
Consultem, rebusque novis exordia quæram,   265
Ingentes præstate animos : non omnis in arvis
Emathiis cecidi, nec sic mea fata premuntur,
Ut nequeam relevare caput, cladesque receptas

256. *Crederet hoc Magnus.* Num credidisset hoc quondam Pompeius, quum maria hæc profligatis piratis pacasset, hoc sibi usui futurum esse, suæque securitati tunc consultum, ut aliquando tutus posset Cilicum litora sine metu præterire; immo adire, et portus intrare.

259. *Syedris.* Syedræ vel Syedra maritimum oppidum est Ciliciæ Trachææ, portus et navale Selinuntis urbis, ut quidam volunt, sed potius fluvii. ED.

260. *Selinus.* Selinus fluvius est Ciliciæ apud Strabonem. — Ejusdem nominis oppidum est in Sicilia, de quo Virg. Æneid. III, 705; Silius XIV, 200. ED.

261 *In procerum.* Metuens Pompeius celeritatem hostis, ne rebus imparatis superveniret Cæsar, de loco perfugii et secessus deliberavit; ipse Parthiam prætulit; alii Africam et Jubam; Theophanes Lesbius Ægy-

ptum suasit, cujus vicit sententia.

263. *Instar patriæ.* Qui mihi pro patria estis, pondus atque auctoritatem patriæ habentes ; vel qui Romam, senatum et totam denique patriam hic repræsentatis. Cf. I, 199. ED.

264. *Nullis circumdatus armis.* Nullum habens exercitum. SCH.

265. *Rebusque novis.* Burm. e pluribus codd. dat *rebusque meis*, quia *res novæ* Latinis dicuntur, quum quis in tranquilla et composita civitate seditiones et motus excitat. Quidni hoc quoque dicatur de Pompeio qui novi belli, novorum motuum quærit exordia? ED.

266. *Non omnis in arvis.* Etsi in campis Pharsalicis infeliciter pugnavi, non tamen in totum perii : neque ita res meæ afflictæ sunt, ut spes nulla ad reparandum bellum supersit. — Horat. III, Od. 30, 6 : « Non omnis moriar. »

267. *Premuntur.* Non sunt adeo

Excutere. An Libycæ Marium potuere ruinæ
Erigere in fasces, plenis et reddere fastis ;   270
Me pulsum leviore manu Fortuna tenebit?
Mille meæ Graio volvuntur in æquore puppes,
Mille duces : sparsit potius Pharsalia nostras,
Quam subvertit, opes : sed me vel sola tueri
Fama potest rerum, toto quas gessimus orbe,   275
Et nomen, quod mundus amat. Vos pendite regna

prostrata, depressa, obruta, ut nequeam resurgere.

269. *Excutere.* Repellere damnum ut jugum excutitur. — *An Libycæ Marium.* Si Marium post carcerem Minturnensem et latebras in ruinis Carthaginis, (II, 89) fortuna ad septimum provexit consulatum, quid obstat quo minus et me restituat?

270. *Erigere in fasces.* Provehere ad consulare imperium. — *Plenis et reddere fastis.* Annalibus, in quibus acta et anni per consulatus recensentur. HORT. — Sed quomodo *pleni?* Scilicet titulis et consulatibus Marii. Hoc vero nimis exaggeratum Burmanno videtur, quia sex consulatus non implent fastos ; quare tunc mallet *castris.* Pessime, opinor ; nam si quid mutandum foret, proximior sane multorum codd. lectio *fatis.* Sed quum nemo antea plures consulatus gessisset, ut orbem Marii fama, sic fastos nomen ejus implebat. ED.

271. *Leviore manu.* A Cæsare, cujus potentia et vires tantæ non sunt, quantæ Sullæ fuerunt. — MARMONTEL intelligit *manum fortunæ* quæ Pompeium non adeo graviter oppressit. ED. — *Tenebit.* An volet Fortuna, mihi tamdiu favens, me

distinere, vel prostratum tenere? Non tam bene explicaretur : an me, victum et pulsum, imbecilliori manu (Cf. Ovid. ex Pont. III, 1, 96) retinebit, retrahet? ED.

272. *Mille meæ.* Synecdoche hyperbolica. — *Graio volvuntur.* Ad Corcyram enim et in Hadriatico classes illi integræ erant et præfecti.

273. *Sparsit potius.* Extenuat acceptam cladem, ut comitum animos erigat, ne in adversis frangantur : sed ut multo magis recordatione præsentium virium confirmentur. Bene *sparsit* quasi magis fugatæ, quam obrutæ, ejus copiæ.

276. *Nomen quod mundus amat.* Vides et hic Pompeium suo nomine nimis fretum. Conf. 1, 135. — *Pendite regna.* Expendite, deliberate ad quem, tamquam fidelem et viribus præstantem, confugiamus. Male Schol. explicat : « Pendite an adhuc integrum meum sit regnum, quum et vires nobis det Libya, Parthia et Alexandria, et fidem integram custodiant. » Manifestum est enim Pompeium a proceribus consilium petere, ut decernant quodnam trium illorum regnorum firmius et fidelius sit suæ causæ, et dignius quod Romanis rebus succurrat. ED.

Viribus, atque fide, Libyen, Parthosque, Pharonque,
Quænam Romanis deceat succurrere rebus.

« Ast ego curarum vobis arcana mearum
Expromam, mentisque meæ quo pondera vergant. 280
Ætas Niliaci nobis suspecta tyranni est :
Ardua quippe fides robustos exigit annos.
Hinc anceps dubii terret solertia Mauri ;
Namque memor generis, Carthaginis impia proles,
Imminet Hesperiæ, multusque in pectore vano est 285
Hannibal, obliquo maculat qui sanguine regnum,
Et Numidas contingit avos : jam supplice Varo
Intumuit, viditque loco Romana secundo.

277. *Libyen Parthosque.* Per *Libyen*, Jubam, regem Numidarum; per *Parthos*, Phraaten; per *Pharon*, Ptolemæum, Ægypti regem indicat; qui omnes in fide et amicitia populi Romani erant. HORT.—Cf. Vell. II, 53.

280. *Mentisque.* Quo consilia mea inclinent. Videtur expressum in Senec. Med. 391 : «Quo pondus animi verget. » Sil. II, 381 : « Infidas ad Martem vergere mentes. »

281. *Niliaci tyranni.* Ptolemæi, « qui tum puero quam juveni propior regnabat Alexandriæ. » Vell. l. c.

282. *Ardua quippe.* Eximia, certa, in rebus arduis præstita.

283. *Solertia Mauri.* Jubæ, regis Mauritaniæ, qui semper infidus est et astutia fraudulenta. SCH.

284. *Namque memor generis.* Jubam Pœnis oriundum vult poeta, ingenio vafro, perfidia et odio nominis Romani referre Hannibalem. — Juba, inquit Schol. de sorore Hannibalis natus est.

285. *Multus.* Ille nihil cogitat nisi Hannibalem, cujus res gestas et animum erga Romanos æmulari vult. Hannibal autem, per obliquam lineam, erat ex sanguine regio Numidarum. *Maculat* dicit Pompeius, ut Romanus, propter odium Hannibalis, et quasi sit illi hæc consanguinitas suspicionis causa. Male ergo quidam intelligunt Jubam fuisse nothum. Rectius Oudend. putat Hannibalem descendisse ex filia vel sorore cujusdam regis Numidarum, atque inde maternum genus duxisse et sic contigisse avos Numidas. Ut hic *maculat* sic *temeratus sanguis* in Orat. Claudii Imp. ad senatum Rom. apud J. Spon, *Recherch. des Antiq. de Lyon*, pag. 170. *Maculat* autem de Juba dictum vult Burm. Cf. Disq. var. ED.

287. *Jam supplice Varo*, etc. Insolens factus est, quod Actius Varus subsidium ab illo petiisset, et quod, Curione cum exercitu deleto, res Romanas vidisset suis in-

« Quare agite, Eoum comites properemus in orbem.

Dividit Euphrates ingenti gurgite mundum,   290

Caspiaque immensos seducunt claustra recessus,

Et polus Assyrias alter noctesque, diesque

Vertit, et abruptum est nostro mare discolor unda,

Oceanusque suus. Regnandi sola voluptas.

Celsior in campis sonipes, et fortior arcus;   295

Nec puer, aut senior letales tendere nervos

Segnis, et a nulla mors est incerta sagitta.

Primi Pellæas arcu fregere sarissas,

Bactraque Medorum sedem, murisque superbam

Assyrias, Babylona, domos. Nec pila timentur   300

Nostra nimis Parthis, audentque in bella venire,

feriores. Cf. supra lib. IV, 715 et sqq.

289. *Eoum.* Parthiam.

290. *Dividit Euphrates.* Ad vs. 236, supra; et III, 257 sqq. Ultra Euphraten se extendit vasta pars mundi; duo enim maxima imperia orbis, Romanum et Parthicum, dividit Euphrates. ED.

291. *Caspia claustra.* Vide supra ad vs. 222. Dicit ultra claustra Caspia, Medorum scil. et Parthorum, immensum terrarum esse spatium, quo vel tutæ esse vel auxilia conquirere possent Pompeianæ partes. — Cf. ad Senec. Thyest. 374.

292. *Et polus Assyrias alter.* Parthiam, atque Indiam, pro qua videtur Assyriam dixisse, quum nulla sit pars Assyriæ quæ polum Antarcticum videat. Cf. Disq. var.

293. *Et abruptum est.* Et a nostro Oceanus Indicus divisus est, cujus pars mare Rubrum, diversi a nostro coloris. — *Discolor.* Adje-

ctivum est ad mare; *unda* est ablativo casu.

294. *Regnandi sola voluptas.* Regnandi solo studio arma meditantur et capessunt istarum regionum populi.

295. *Celsior in campis sonipes.* Equi illis altiores et ferociores quam nostri.

296. *Nec puer.* Ab ineunte ætate sagittis mittendis instituuntur. — *Letales nervos.* Mox vs. 304.

298. *Primi.* Parthi primi et soli retuderunt impetum Alexandri. — *Pellæas sarissas.* Macedonicas hastas, III, 233. Vide Disq. var.

299. *Bactraque Medorum sedem.* Sibi subjecerunt Medos, quorum urbs Bactra, regia Bactrianæ; et Assyrios, quorum regia Babylon. Vide Disq. var. — *Murisque superbam.* VI, 50.

301. *Nimis.* Hoc voc. languere ait Burmannus. Ego crediderim hic positum pro : non multum; et con-

Experti Scythicas, Crasso pereunte, pharetras.

Spicula nec solo spargunt fidentia ferro;

Stridula sed multo saturantur tela veneno.

Vulnera parva nocent, fatumque in sanguine summo est.

« O utinam non tanta mihi fiducia sævis   306

Esset in Arsacidis! satis nimis æmula nostris

Fata movent Medos, multumque in gente Deorum est.

Effundam populos alia tellure revulsos,

Excitosque suis immittam sedibus ortus.   310

Quod si nos Eoa fides, et barbara fallunt

Fœdera; vulgati supra commercia mundi

Naufragium Fortuna ferat. Non regna precabor,

grueret omnino Gallicæ locutioni: « ils ne craignent pas trop. » Sic IV, 696. ED.

302. *Experti Scythicas.* Ab exemplo Crassorum probat, quantum Parthi viribus et rei militaris peritia valuerint. Fecerunt enim periculum in eo prælio, quo Crassi devicti sunt, nostra pila esse suis sagittis inferiora. *Scythicas* autem eorum pharetras nuncupat, quia sunt Parthi a Scythis oriundi. HORT.

303. *Ferro.* Mavult Oudend. distinguere *ferro Stridula; sed,* etc. De sagittis venenatis cf. Virg. Æn. XII, 857, et Sil. XIII, 197. ED.

305. *Vulnera parva nocent.* Leve utique vulnus letale est a veneno, quo tinguntur sagittæ. — *Sanguine summo.* Qui juxta cutem est. SCH.

306. *O utinam.* Atque utinam mihi non instaret necessitas opem implorandi a Parthis, gente sæva, nostri æmula invidaque, nec habente minus favoris divini.

307. *Æmula.* Invida, et rivalia;

ut *æmula imperii Carthago.* Male quod sequitur Schol. intelligit de multitudine Deorum qui a Chaldæis coluntur. Expono: multus est Deorum in eos favor; valde præsentes sunt illis Superi. Conf. X, 397. ED.

309. *Alia tellure.* Farnab. intelligit: præter Parthos: male. Pompeius ait: Vellem equidem eorum auxiliis non uti. Effundam tamen hos populos. *Alia tellure* dicit ut supr. 292 *polus alter,* et infr. v. 315, *orbe alio.*

310. *Ortus.* Orientis populos.

311. *Quod si nos Eoa fides.* Quod si Parthorum fides, et fœdus inter nos nuper renovatum me fallat; non recuso naufragium dignitatis meæ, vitæ et bonorum, dummodo Fortuna detulerit me extra conspectum nostrorum hominum; vel apud extremas ignotasque gentes, cum quibus nobis nullum commercium est. HORT.

312. *Supra.* I. e. *ultra.* Illo compellar ubi nullus me cognoscit. SCH.

313. *Non regna precabor.* Nec me conferam in regna, quæ a me devicta

Quæ feci; sat magna feram solatia mortis
Orbe jacens alio, nil hæc in membra cruente, 315
Nil socerum fecisse pie. Sed cuncta revolvens
Vitæ fata meæ, semper venerabilis illa
Orbis parte fui : quantus Mæotida supra,
Quantus apud Tanain toto conspectus in ortu !
Quas magis in terras nostrum felicibus actis 320
Nomen abit, aut unde redit majore triumpho?
Roma, fave cœptis : quid enim tibi lætius umquam
Præstiterint Superi, quam, si civilia Partho
Milite bella geras, tantam consumere gentem,
Et nostris miscere malis? Quum Cæsaris arma 325
Concurrent Medis, aut me Fortuna necesse est
Vindicet, aut Crassos. » Sic fatus, murmure sentit

suis regibus reddidi; conf. VII , 710.

314. *Sat magna feram.* Alii *sed;* minus bene. Mihi utcumque perituro satis erit solatii, ibi interire, ubi corpus meum nec crudelitati, nec misericordiæ Cæsaris obnoxium erit. ED.

317. *Vitæ fata meæ.* Quum recordor anteactos annos, hoc me reficit quod in *illa parte,* scil. in Asia, cum maxima felicitate bellum semper gesserim. Hinc enim redux majore triumpho exceptus est; vs. 321. ED.

318. *Quantus Mæotida supra.* Quas victorias et triumphos retuli e Mithridate, Tigrane, etc. ultra Mæotim paludem et Tanain !

321. *Nomen abit...redit.* Pro *abiit, rediit,* quasi dical : in nullas terras, nominis mei splendor magis abiit, quam in has. — *Majore triumpho.* Nam e Mithridatico bello domum reversus, triumpharat uno tempore de

piratis toto mari ejectis; quodque Romanis maris imperium restituisset : quod Asiam, Pontum, Armeniam, Paphlagoniam, Cappadociam, Ciliciam, etc. armis subegisset. Omnibus terris a Mæoti lacu , ad Rubrum mare subactis, merito postea in concione gloriatus est , de rebus a se gestis; quodque Asiam, quam ultimam Rom. imperii provinciam acceperat, finibus longe propagatis, mediam reddidisset. HORT.

322. *Cœptis.* Scil. consilio meo ne invideas , quod ad hostes tuos vertar. ED.

326. *Medis.* Parthis.

327. *Me vindicet, aut Crassos.* Quasi dical , cum Partho milite aut vincemus in ultionem nostram; aut si vincendi sumus, ita hæc communis clades attenuabitur , ut Crassorum mors digna ultione reparetur.

Consilium damnasse viros : quos Lentulus omnes
Virtutis stimulis, et nobilitate dolendi
Præcessit, dignasque tulit modo consule voces :　　330
  « Siccine Thessalicæ mentem fregere ruinæ ?
Una dies mundi damnavit fata ? secundum
Emathiam lis tanta datur ? jacet omne cruenti
Vulneris auxilium ? solos tibi, Magne, reliquit
Parthorum Fortuna pedes ? Quid transfuga mundi　335
Terrarum totos tractus, cælumque perosus,
Aversosque polos, alienaque sidera quæris,
Chaldæos culture focos et barbara sacra

328. *Consilium damnasse viros.* Consilium suum de Parthis adeundis improbari a suis. — *Lentulus.* Orationem hanc Theophani Lesbio adscribit Plutarchus in Pomp.

329. *Nobilitate dolendi.* Nobili dolore et commiseratione. Sic Claud. Bell. Get. 376 : « Non dejecta malis, mista sed nobilis ira. »

330. *Modo consule voces.* Dignas illo viro, qui paulo ante consulatum gesserat. Male Schol. exponit : « Modo dignas, nam fuit postmodum in republica plurimum turbulentus. » Vid. lib. V, init.

332. *Una dies mundi.* Siccine una illa infeliciter in Thessalia pugnata dies damnavit totum mundum in extremam et æternam calamitatem ? — *Secundum Emathiam lis.* Litem dare illi dicebatur prætor, pro quo sententiam proferebat. Hic ἀλληγορικῶς dictum. — Ait Lentulus : An tota causa post hanc cladem excidisti, et Thessalici prælii victoribus nunc lis data est tota, et an non potes tibi aliunde, quam a Parthis auxilium comparare ? Male alii se-

cundum sumunt pro *post.* Litem secundum aliquem dare, pro : causam alicui ut victori addicere, forensis est locutio, et vel ex Lexicis notissima. V. Priscian. c. 977, 1204. OUD.

333. *Jacet omne cruenti.* Nihil ne post acceptam hanc cladem superest auxilii, nullum vulneri remedium ?

335. *Parthorum Fortuna pedes.* Dorvillius acute explicat : Eone ventum est ut in fugaci populo unicam spem ponas ? Simplicius tamen, nescio an verius, alii interpretes : Quorum ad pedes tu supplex accidas, opem imploraturus. ED. — *Transfuga mundi.* Parthos ultra Æquinoctialem statuit, ut sup. 292 Assyrios. *Transfuga* inviose dictum ; quod in ultimas terras vult ire mundi transfuga, tamquam a mundo fugere possit. SCH.

337. *Aversos.* Alii dant *adversos,* probante Burman. ad I, 54. Constellationes infestas, vel potius remotas, non cognitas. Sic *aversa itinera.* Senec. Med. 10 : « Aversa Superis regna. » ED.

338. *Focos et barbara sacra.* Ignem, Deum Chaldæorum.

Parthorum famulus? quid causa obtenditur armis
Libertatis amor? miserum quid decipis orbem,   340
Si servire potes? te, quem Romana regentem
Horruit auditu, quem captos ducere reges
Vidit ab Hyrcanis, Indoque a litore, silvis,
Dejectum fatis, humilem fractumque videbit,
Extolletque animos Latium vesanus in orbem,   345
Se simul et Romam, Pompeio supplice, mensus?
Nil animis fatisque tuis effabere dignum :
Exiget ignorans Latiæ commercia linguæ,
Ut lacrimis se, Magne, roges. Patimurne pudoris
Hoc vulnus, clades ut Parthia vindicet ante   350
Hesperias, quam Roma suas? civilibus armis

339. *Quid causa.* Aut quid libertatis studium præteximus belli causam, si modo Parthis nos servituros projiciamus?

340. *Decipis.* Decipis, inquit, orbem, quum eum vis liberum facere dimicando; si jam ipse servire contentus es. SCH.

341. *Romana regentem.* Res Romanas; imperium.

342. *Horruit auditu.* Scil. Parthus. Quid si vidisset? SCH. — *Captos ducere reges.* Ante triumphalem currum.

343. *Ab Hyrcanis.* Ex remotis Asiæ regionibus, ad Hyrcaniam et Indiam vergentibus. Ordo est : Ab Hyrcanis silvis et ab Indo litore. Hanc synchysin amat Noster, V, 800; VI, 653; quæ tamen hic dura est. Quidam conjungunt *silvis Indo a litore*, ut sint silvæ litoris Indici; neque illud admodum placet. Burm. conjicit: *Hyrcanis, Indorum*

limite, silvis; non quidem melius. ED.

345. *Extolletque animos.* Animum eriget, et collectis viribus bellum faciet Italiæ.

346. *Se simul,* etc. Suis opibus, et populi Rom. viribus æstimatis, quum te supplicem viderit. HORT. — *Mensus.* Expendens animo, ponderans.

347. *Nil animis.* Et quam indignum erit animo tuo et rebus tuis gestis, supplicare Parthis? quorum linguæ quum imperitus sis, lacrimis agendum est, implorandumque fletu auxilium.

350. *Clades ut Parthia.* Ut cladem Pharsalico prælio acceptam prius Parthi vindicent, quam nos Romani cladem ab iis acceptam ad Carras? GROT.

351. *Civilibus armis.* Ut decerneretur inter cives, quis eorum imperaret, vs. 356; sed externos nullo modo in pugnæ fortunam vocare

Elegit te nempe ducem : quid vulnera nostra

In Scythicos spargis populos, cladesque latentes ?

Quid Parthos transire doces ? solatia tanti

Perdit Roma mali, nullos admittere reges, 355

Sed civi servire suo. Juvat ire per orbem,

Ducentem saevas Romana in moenia gentes,

Signaque ab Euphrate cum Crassis capta sequentem ?

Qui solus regum, fato celante favorem,

Defuit Emathiae, nunc tantas ille lacesset 360

Auditi victoris opes, aut jungere fata

Tecum, Magne, volet ? non haec fiducia genti est.

« Omnis in Arctois populus quicumque pruinis

Nascitur, indomitus bellis, et mortis amator.

Quidquid ad Eoos tractus, mundique teporem 365

voluit. Si vero cum interrogationis signo legas, sensus erit : An tibi Roma imperium ducis commisit, ut civilia tantum bella geras; non autem ut ejus gloriam ac magnitudinem tuearis? Minus bene. ED.

352. *Quid vulnera nostra.* Damna bello accepta, quae hostes celare prudentius erat, cur prodis illis?

354. *Quid Parthos transire doces?* Quid occasionem praebes transeundi Euphratem, imperii sui limitem? — *Solatia tanti.* Et quum Roma soletur se post bellum, quod civi potius serviat suo quam regibus externis, per te solatio hoc illa frustrabitur.

357. *Romana in moenia.* Contra patriam.

358. *Signaque ab Euphrate.* Conf. sup. lib. I, 10.

359. *Qui solus regum.* Quando exitus belli erat in dubio, et fata

adhuc celabant, cui victoriam reservarent, Phraates non misit tibi auxilium : an utique credis opem illum tibi victo laturum contra victorem, de quo multa audiit?

361. *Aut jungere fata.* Tecum se in discrimen conjicere. HORT.

362. *Fiducia.* Non adeo suis armis et virtuti confidunt Parthi. OUD.

363. *Omnis in Arctois.* Vegetius, lib. I, cap. 2; Vitruvius, lib. V, et Rob. Valturius, lib. VI, de re militari, cap. 8. Respondet autem ad illud Pompeii supra vs. 295.

364. *Mortis amator.* Ut mori malint, quam fugere. Cf. VI, 246. Oud. dat *Martis*; minus bene.

365. *Quidquid.* Pro quantum. Sic III, 294 : « Quidquid ab occiduis Libye patet arida Mauris. » — *Eoos tractus.* Ubi sunt Parthi quos dicit ignavos. SCH. — *Mundique teporem.* Plagam caeli tepidam.

Labitur, emollit gentes clementia cœli.

Illic et laxas vestes, et fluxa virorum

Velamenta vides. Parthus per Medica rura,

Sarmaticos inter campos, effusaque plano

Tigridis arva solo, nulli superabilis hosti est   370

Libertate fugæ : sed non, ubi terra tumebit,

Aspera conscendet montis juga ; nec per opacas

Bella geret tenebras incerto debilis arcu,

Nec franget nando violenti vorticis amnem,

Nec tota in pugna perfusus sanguine membra   375

Exiget æstivum calido sub pulvere solem.

Non aries illis, non ulla est machina belli :

Haud fossas implere valent; Parthoque sequenti

Murus erit, quodcumque potest obstare sagittæ.

366. *Labitur.* Scil. cælum, ab æquatore ad polum australem.

367. *Laxas vestes, et fluxa.* Quod et mollitiem arguebat apud Romanos. Horat. Serm. I, 2, 25: « Malthinus tunicis demissis ambulat. »

368. *Medica rura.* Scil. planitiem: et hoc auget additis *campos* et *arva.*

371. *Libertate fugæ.* Inter suos, inquit, in pugna insuperabiles sunt in campis planis, non armorum vi, sed alacritate fugæ, qua pugnant. Hunc locum expressit Prudent. Psychom. 193 : « Negata Libertate fugæ. » — *Sed non ubi terra tumebit.* At in locis, quæ collibus assurgunt, deprimunturque convallibus, minimum valent. HORT.

372. *Per opacas tenebras.* Noctis: neque enim noctu fugientem insequi Crassum sustinebant Parthi. — Intelligo silvas et impeditos arboribus saltus; nam nec Romani, credo, nocte pugnare solebant, si excipias nocturnum cum Mithridate prælium. BURM. — Quem sequor. Difficile enim in silvis pugnaret equitatus Parthorum arcu armatus, contra peditem Rom. pila jaculantem. Sed nocte incerta quoque forent pila. ED.

374. *Nec franget.* Non flumina, ubi opus est, tranare didicerunt.

375. *Nec tota in pugna.* Neque vulneratus perseverabit per diem totum æstivum in pugna, pulveris et solis patiens. Cf. Horat. Od. III, 2.

377. *Aries illis.* Cf. III, 490.

378. *Implere valent.* Cratibus, fascibus, terra, trabibus, ad oppugnanda castra.

379. *Murus erit.* Obstabit, sicut murus. Farn. qui legit *sequente,* explicat : Illæsum te præstabit, quidquid

Pugna levis, bellumque fugax, turmæque vagantes,   380
Et melior cessisse loco, quam pellere, miles.
Illita tela dolis, nec Martem cominus umquam
Ausa pati virtus, sed longe tendere nervos,
Et, quo ferre velint, permittere vulnera ventis.
Ensis habet vires, et gens quæcumque virorum est,   385
Bella gerit gladiis : nam Medos prælia prima
Exarmant, vacuæque jubent remeare pharetræ.
Nulla manus illis, fiducia tota veneni est.
Credis, Magne, viros, quos in discrimina belli
Cum ferro misisse parum est? tentare pudendum   390
Auxilium tanti est, toto divisus ut orbe

sagittas arcere valet. Minus bene, quia
Parthorum inscitia arguitur. ED.

380. *Bellumque fugax.* Qaia fu-
giendo pugnant, nec umquam stabile
prælium conserunt; vid. v. 382. ED.

381. *Et melior.* Non enim hoc
agit, ut loco pellat hostem, sed ut
suum deserat locum, et versus in
fugam tutius dimicet. SCH.

382. *Dolis.* Veneno. Vid. v. 388.

384. *Et, quo ferre velint.* Tela,
incertum ubi casura, temere emittere. — *Velint.* Scil. ipsi venti; ut in
illum vulnera veniant, in quem venti
perferre voluerint. SCH.

385. *Ensis habet vires.* Stataria
pugna et cominus gladiis præliari
virorum, hoc est, fortiam est. —
Et gens quæcumque virorum est.
Parthos notat ut effeminatos, imbelles. Sic rex Epiri Alexander, se
in viros incidisse dicebat, Alexandrum Philippi Macedonis filium in
feminas. GROT.

386. *Nam Medos.* Sagittis enim
jactis, quas gerebant, inermes fiunt

in prima parte certaminis. SCH. —
Jubent. Medos. Ut necesse sit his
redire de prælio, antequam finia-
tur. ID. — Sed vide Plutarchum in
Crasso, ubi Romanos hæc spes fal-
sos habuit, aderant quippe cameli
sagittis onusti, unde conversi Parthi
pharetras reficerent.

388. *Nulla manus illis.* Nulla
illis fiducia est in dextris; omnem
spem in veneno, quo illinunt sagittas,
ponere solent.

390. *Cum ferro misisse.* An credis eos esse viros, quos in bellum
non satis habes ferro armatos mittere, sed quos debes mittere cum veneno. II, 599: « Nec in tantæ discrimina mittere pugnæ. » Minus bene
alii *venisse.* OUDEND. — *Parum est.*
Ferro enim adjungitur venenum.
SCH. — *Tentare pudendum.* Tantine
facis tam inhonestum et imbelle auxilium, ut moriare toto orbe a terra
tua divisus ?

391. *Toto divisus.* Vide quæ dixit
Pompeius, supr. 289 sqq.

A terra moriare tua? tibi barbara tellus
Incumbat? te parva tegant ac vilia busta,
Invidiosa tamen, Crasso quærente sepulcrum.

   « Sed tua sors levior, quoniam mors ultima pœna est,
Nec metuenda viris : at non Cornelia letum   396
Infando sub rege timet : num barbara nobis
Est ignota Venus, quæ ritu cæca ferarum
Polluit innumeris leges et fœdera tædæ
Conjugibus? thalamique patent secreta nefandi   400
Inter mille nurus : epulis vesana meroque
Regia, non ullos exceptos legibus horret
Concubitus : tot femineis complexibus unum
Non lassat nox tota marem. Jacuere sorores
In regum thalamis, sacrataque pignora matres.   405

392. *A terra moriare tua.* Resp. ad illud Pompeii, vs. 311.

394. *Quærente sepulcrum.* Non habente sepulcrum; feris alitibusque projecto. Cf. I, 11; Ovid. Art. Am. I, 179. — Tradit autem Plutarchus missum esse in Euphraten Crassi corpus. SCH.

395. *Quoniam mors.* Quoniam mors, ærumnarum requies est et malorum ultimum. Vide ad V, 773, et VII, 470.

396. *Nec metuenda viris*, etc. Viris quidem non metuenda est mors; immo Cornelia eam non timet, sed dedecus, omnium pœnarum gravissimam, cui mox sub rege infando obnoxia fieret : etenim nimis nota est illorum Barbarorum libido. ED.

399. *Innumeris.* Regi quot libet, aliis, quot possunt alere, conjuges habere licet.

400. *Patent secreta nefandi.* Antea post *nefandi* ponebatur τελειον σιγμα, et *patent* intt. exponebant, « in *publico* coeunt. » Ridicule et falsissime ; sensus est : communicantur secreta cum mille feminis, quæ uni servanda erant. OUD.

401. *Inter mille nurus.* Citra discrimen, vago concubitu, cum quibuslibet commiscetur. HORT. — *Epulis vesana.* Rex satur et ebrius nullos horret concubitus, vel legibus interdictos.

404. *Jacuere sorores.* Quin et sorores incestant, et, quod nomen inviolatum debet esse, matres.

405. *Pignora.* Quidam intelligebant filii, et legunt *matrum ;* corrupto sensu et textu. *Pignora* non modo filii dicuntur, sed omnes qui sanguine se proxime contingant. Et *sacrata* hoc de matribus sumendum confirmat.

Damnat apud gentes sceleris non sponte peracti
Œdipodionias infelix fabula Thebas :
Parthorum dominus quoties sic sanguine mixto
Nascitur Arsacides? cui fas implere parentem,
Quid rear esse nefas? proles tam clara Metelli   410
Stabit barbarico conjux millesima lecto.
Quamquam non ulli plus regia, Magne, vacabit
Sævitia stimulata Venus, titulisque virorum.
Nam quo plura juvent Parthum portenta, fuisse
Hanc sciet et Crassi : ceu pridem debita fatis   415
Assyriis, trahitur cladis captiva vetustæ.

406. *Damnat apud gentes.* Œdipodis incesti fabula, toties *agitata scenis* et carminibus, invisas et detestatas facit apud omnes gentes Thebas Bœotiæ, ob infandum scelus regis sui, quamvis ille per ignorantiam admiserit, quod Parthi scienter et sponte. ED.

407. *Thebas.* Oudendorpio placet correctio *tædas;* male omnino; nam magis ad poetæ sententiam facit, si tota gens unius ob incestum damnata sit. ED.

408. *Parthorum dominus.* Et ex hujusmodi incestu sæpe nascitur ipse rex, Arsacis successor; cf. I, 108. — *Sic.* Junge *sic mixto.*

409. *Implere parentem.* Prægnantem facere. Sic Ovid. Met. XI, 265: « Ingentique implet Achille. »

410. *Metelli.* Cornelia, L. Scipionis Metelli filia; II, 349.

411. *Conjux millesima.* Una e tot pellicibus; in turpi grege ignobilis et abjecta. Cf. Disq. var. ED.

412. *Quamquam.* Correctio. Et tamen in nullam feminarum regia libido magis sæviet, quam in Corneliam.

413. *Sævitia stimulata.* Alii *stimulante.* Burmannus vellet corrigere *servitio,* quia non capit quænam sit hæc sævitia in præferenda Cornelia reliquis pellicibus. Infeliciter, opinor; nam maxima sane est sævitia, si tam nobilem feminam iterum atque iterum infami contumelia afficiat. ED. — *Titulisque virorum.* Ut hinc libido ejus magis ardescat, quum consideret, eam tam potentium virorum, i. e. Pompeii et Crassi tenuisse matrimonia. SCH.

414. *Portenta.* Monstrosæ libidinis incitamenta.

416. *Assyriis.* Per antonomasiam: *Parthos* intelligit. HORT. — *Cladis captiva vetustæ.* Cortius tentabat *cladi devota;* sed, an aliquis cladi vetustæ potuit devoveri? Fateor tamen insolentius dictum *cladis captiva vetustæ,* quasi jam olim in clade mariti fuisset capta, vel debuisset capi, et ideo nunc, ut appendix, cladi accedit. BURM.

« Hæreat Eoæ vulnus miserabile sortis;

Non solum auxilium funesto a rege petisse,

Sed gessisse prius bellum civile pudebit.

Nam quod apud populos crimen socerique tuumque

Majus erit, quam quod vobis miscentibus arma,   421.

Crassorum vindicta perit? incurrere cuncti

Debuerant in Bactra duces, et ne qua vacarent

Arma, vel Arctoum Dacis, Rhenique catervis

Imperii nudare latus, dum perfida Susa   425.

In tumulos prolapsa ducum, Babylonque jaceret.

Assyriæ paci finem, Fortuna, precamur:

Et, si Thessalia bellum civile peractum est,

Ad Parthos, qui vicit, eat. Gens unica mundi est,

---

417. *Hæreat.* Grave illud Crassianæ cladis damnum tibi in mentem subeat.

419. *Prius.* Quam Crassum vindicasse.

420. *Socerique.* Etenim quid tibi umquam aut Cæsari magis exprobrabitur, quam inultos fuisse Crassos? ED.

423. *In Bactra.* Sc. in Parthos, quibus subdita sunt Bactra: supra vs. 299. — *Et ne qua vacarent Arma.* Ut omnes imperii Romani vires in hoc bellum intenderentur. Sic II, 56: « Nulla vacet tibi, Roma, manus. » ED.

424. *Arctoum .... nudare latus.* Septemtrionales imperii fines; id est, bellum Gallicum atque Germanicum omittere, subductis inde præsidiis copiisque omnibus, quæ ad exscindendos Parthos concurrerent. Sic Floro III, 5, §4: « Nudum imperii latus. ED. »

425. *Perfida Susa.* Urbs Mediæ, regia vetus Persarum, latrociniis et gentis perfidia famosa.

426. *Ducum.* Crassorum, tamquam illis rogi atque inferiæ. — *Babylon.* 1, 10.

427. *Assyriæ paci.* An significat foedus, quod post cladem cum Parthis fecerunt, ita ut illi Romanis pacem imposuisse videantur? Et sic *Assyria pax* foret *pax cum Assyriis*, vel *ab Assyriis data*, ut supra II, 171, *Sullana pax.* An vero pax qua fruuntur Parthi? et sic Schol. « petimus ut in Parthia bella moveantur. » Malim priorem sensum. ED.

428. *Thessalia.* Pro, in Thessalia.

429. *Qui vicit, eat.* Ut bellum inferat. Respicit vero ad consilium Cæsaris de inferendo Parthis bello, quod ejus nece discussum. BURM. — *Gens unica mundi est.* Utcumque

De qua Cæsareis possim gaudere triumphis. 430

« Non tibi, quum primum gelidum transibis Araxem,

Umbra senis mœsti Scythicis confixa sagittis

Ingeret has voces? « Tu, quem post funera nostra

« Ultorem cinerum nudæ speravimus umbræ,

« Ad fœdus pacemque venis! » Tum plurima cladis 435

Occurrent monumenta tibi; quæ mœnia trunci

Lustrarunt cervice duces; ubi nomina tanta

Obruit Euphrates, et nostra cadavera Tigris

Detulit in terras, ac reddidit. Ire per ista

Si potes, in media socerum quoque, Magne, sedentem

Thessalia placare potes. Quin respicis orbem 441

Romanum? si regna times projecta sub Austro,

Infidumque Jubam, petimus Pharon, arvaque Lagi.

alias infestus, non tamen Cæsari triumphum de Parthis inviderim.

431. *Non tibi.* Per prosopopœiam, umbram Crassi inducit, Pompeio dissuadentem ne fœdus paciscatur cum Parthis.—*Araxem*, I, 19. HORT.

434. *Nudæ umbræ.* Alii *et nudæ*, ut sit genitivus; Oudendorpius malit in dativo sumere, eodem sensu : quæ impedita constructio Burmanno videtur ; ideoque int. *nos, nudæ umbræ*, id est, insepulti *speravimus*, etc. *Cineres* hic sunt ossa, reliquiæ. ED.

435. *Tum plurima cladis.* Hæc ex persona Lentuli.

436. *Quæ mœnia trunci.* Ad quas urbes per ludibrii pompam missa sunt capita ducum : filii caput hastæ præfixum Parthi adequitantes ostenderunt patri : patris caput et manum Surena in Armeniam ad Orodem præmisit Seleuciam, etc.

De his vide Plutarchum in Crasso.

437. *Nomina tanta.* Nobiles et fortes viros.

438. *Obruit Euphrates.* Non male Burmannus sic discernit, ut Euphrates magnus quidem fluvius, sed placidior mersos viros in fundum detulerit ; Tigris vero rapidior cadavera Romanorum militum in alveo fluvii natantia ad terram detulerit et in litus ejecerit. Cf. II, 218. ED.

439. *Ire per ista.* Si per ista loca tam immania, tam barbara, potes te conferre supplicem, id quod tua majestate indignum, profecto potes etiam retro in Thessaliam ire, et Cæsarem placare, quod honestius quam illud, ducendum est, et nullo adeo prope periculo. HORT.

441. *Quin respicis.* Quin respicis potius amicos et socios populi Rom.

443. *Infidumque Jubam.* Vers.

« Syrtibus hinc Libycis tuta est Ægyptus : at inde
Gurgite septeno rapidus mare submovet amnis :　445
Terra suis contenta bonis, non indiga mercis,
Aut Jovis; in solo tanta est fiducia Nilo !
Sceptra puer Ptolemæus habet tibi debita, Magne,
Tutelæ commissa tuæ. Quis nominis umbram
Horreat? innocua est ætas : ne jura, fidemque,　450
Respectumque Deum veteris speraveris aulæ.
Nil pudet adsuetos sceptris : mitissima sors est
Regnorum sub rege novo. » Non plura loquutus
Impulit huc animos. Quantum, spes ultima rerum,
Libertatis habes! victa est sententia Magni.　455

283 supra. — *Petimus Pharon.* Quin petimus Ægyptum? cujus Pharos insula, supra 184. — *Lagi*, lib. I, vs. 684.

444. *Syrtibus.* Cf. I, 367. — *Hinc.* Ad occasum. — *Inde.* Ad ortum, Asiam versus, Nilus septem ostiis in mare infunditur; cf. I, 684.

445. *Rapidus.* Rapiditatem fluminis notat, quod in fluctus exiens æstum maris vincat et submoveat. ED.

446. *Non indiga mercis.* Ut aliquid illuc deferatur : sed omnibus hæc abundat. SCHOL.

447. *Jovis.* Pluviæ; ut quæ a Nilo inundatur. Tibullus de Nilo, I, VII, 25 : « Te propter, nullos tellus tua postulat imbres, Arida nec pluvio supplicat herba Jovi. »

448. *Sceptra puer Ptolemæus.* Resp. ad illud Pompeii, supra v. 281.

449. *Tutelæ commissa tuæ.* Ex historia et numis patet M. Lepidum Ptolemæo tutorem datum a senatu, quum pater ipsi tutorem scripsisset populum Romanum. Amplificat rem more suo Lucanus, quia Pompeii beneficio pater per Gabinium in regnum restitutus omnia Pompeio debebat, idque fatebatur : unde ejus filius sponte a Magno defenderetur, si quid hostile ei supervenisset. OUD. — *Nominis umbram.* Titulum tantum, et imaginariam regii nominis majestatem. Ergo ab illo minus quam ab aliis timendum.

450. *Ne jura fidemque.* In veterum quidem regum aulis non facile inveneris jura, fidem, religionem, ubi periit jam dudum pudor : a regibus novis pietatem expecta. — Magis placet hic sensus quam si cum Burmanno capias veterem Ægypti *aulam*, quæ erat perfida; ideoque legas *spectaveris.* ED.

454. *Impulit huc.* In Ægyptum ut iretur, persuasit. SULP. — *Quantum spes ultima rerum.* Epiphonema : quantum libertatis, παρρησίας adsumunt sibi homines in rebus desperatis. Iidem antea Pompeio obloqui non ausi fuerant.

Tunc Cilicum liquere solum, Cyproque citatas
Immisere rates, nullas cui prætulit aras
Undæ Diva memor Paphiæ, si numina nasci
Credimus, aut quemquam fas est cœpisse Deorum.
Hæc ubi deseruit Pompeius litora, totos   460
Emensus Cypri scopulos, quibus exit in Austrum,
Inde maris vasti transverso vertitur æstu :
Nec tenuit gratum nocturno lumine montem,
Infimaque Ægypti pugnaci litora velo
Vix tetigit, qua dividui pars maxima Nili   465
In vada decurrit Pelusia septimus amnis.

Tempus erat, quo Libra pares examinat horas
Non uno plus æqua die, noctique rependit
Lux minor hibernæ verni solatia damni.

---

456. *Cilicum liquere solum*. E Cilicia solvens in Cyprum insulam trajecit Pompeius ; cf. Cæsar, B. C. III, 102.

458. *Undæ Diva memor Paphiæ*. Hanc sedem Venus prætulit omnibus aliis templis, memor Cyprii maris, in quo nata e spuma maris dicitur. Vide notata ad Senec. Hipp. 274. — *Si numina nasci*. Ἐπανόρθωσις. Si modo nascantur numina, et non sint æterna.

460. *Totos Emensus*, etc. Male, opinor, Burm. vellet *notos ;* pessime Heinsius *tortos*. Sensus est: Totum Cypri latus emensus est usque ad extremam, quod in meridiem excurrit, promontorium. Inde subito cursum in dextram flectit, et recta vastum mare transmittens, obliquos secat fluctus. ED.

463. *Nec tenuit gratum*, etc. Intellige Pharon nocte in excelsissima specula faces in navigantium usum accensas habentem, adeoque nautis gratissimam. Ammian. Marc. XXII, cap. 16: «Turris prælucendi navibus nocturna suggerens ministeria.» Hanc autem Burmannus putat hic *montem* vocari, quia forte in edito insulæ promontorii loco erat, et ipsa turris instar montis altissima, ut infra 695, *pyramida* vocat montem. Cf. Disq. var. ED.

464. *Pugnaci litora velo*. Reluctanti adversus ventum.

467. *Tempus erat*. Erat jam æquinoctium autumnale, sole Libram ingresso. Virg. Georg. I, 208: «Libra die somnique pares ubi fecerit horas.» —*Examinat horas*. Allusum ad examen libræ.

468. *Non uno plus æqua die.* Quæ non diu æqua remanet, nam vix unum tantum diem æquat nocti, deinceps imminuit dies, rependitque

Comperit ut regem Casio se monte tenere, 470
Flectit iter : nec Phœbus adhuc, nec carbasa languent.
Jam rapido speculator eques per litora cursu
Hospitis adventu pavidam compleverat aulam.
Consilii vix tempus erat : tamen omnia monstra
Pellææ coiere domus : quos inter Achoreus 475
Jam placidus senio, fractisque modestior annis
(Hunc genuit custos Nili crescentis in arva
Memphis vana sacris; illo cultore Deorum
Lustra suæ Phœbes non unus vixerat Apis),

noctibus hibernis , quantum deperierat æstivis, post æquinoctium vernum. — *Rependit.* Pensat, reddit.

470. *Comperit ut regem*, etc. Cf. Disq. var. ad vs. 463.

471. *Nec Phœbus adhuc.* Nondum sol occidebat , et venti spirabant : nam sol fit languidus prout occasui propior est, et deficiente vento, vela subsidunt.

472. *Speculator eques.* Legatione Pompeii certiorem factum regem scribunt historici omnes : non speculatu.

474. *Monstra.* Sceleratissimi homines regi a consiliis : Pothinus , eunuchus; Theodorus Chius, rhetor, et Achillas, Ægyptius.—CORNEILLE, *Pompée.* act. II , sc. 2 : « Les monstres de l'Égypte ordonnent de sa vie. » ED.

475. *Pellææ coiere domus.* Domum Pellæam , regiam Alexandrinam vocat : vel ob Alexandrum urbis conditorem; vel propter primum Ptolemæum Lagi , qui Macedo fuerit. Cf. V , 60.—*Achoreus.* Fictitium nomen.

476. *Fractis annis.* Quippe qui

olim calidos et valentes annos habuit (*robustos* supr. 282); nunc autem senio vires fractæ placidiorem fecere. ED.

477. *Hunc genuit custos Nili.* Patria illi erat Memphis , Ægypti quondam regia, ad Nilum sita, *gran Cairo* : ubi puteus erat , in quo notabantur incrementa Nili, Nilometrium.—Vid. *Voyage de Paul Lucas*, t. III , p. 320. OUD.

478. *Vana sacris.* Vanæ superstitionis. Vide quæ Juven. Sat. V, 1. — *Illo cultore Deorum.* Sub ejus sacerdotio.

479. *Lustra.* Lunaria, quæ sunt quinque mensium. *Vivere lustra* dici potest, ut *ætatem*, *annos vivere.* Quamvis vero hic numerus non addatur , non ideo repudiandum, quia notat illud tempus præscriptum Api, quod non semper eodem spatio erat definitum , et ad lunæ rationem exigebatur. *Suæ Phœbes*, quia lunæ sacer erat. BURM. — *Phœbes.* Lunæ , cujus bicornis imaginem Apis bos Dei vice cultus in dextro habebat latere, macula candicante. Conf. Plin. lib. VIII, cap. 46, s. 71;

Consilii vox prima fuit, meritumque, fidemque,   480
Sacraque defuncti jactavit pignora patris.
Sed melior suadere malis, et nosse tyrannos,
Ausus Pompeium leto damnare Pothinus :
  « Jus et fas multos faciunt, Ptolemæe, nocentes. .
Dat pœnas laudata fides, quum sustinet, inquit,   485
Quos fortuna premit : fatis accede Deisque,
Et cole felices, miseros fuge. Sidera terra
Ut distant, et flamma mari, sic utile recto.
Sceptrorum vis tota perit, si pendere justa
Incipit : evertitque arces respectus honesti.   490

Porphyr. lib. de Abst. carn. et Plutarch. de Iside, et infra vs. 831. —
— *Non unus vixerat.* Grandem senectutem ejus sacerdotis periphra-
stice circumscribit. Plurimus hos
eorum, quos colit Ægyptius, pe-
rierat. *Apim* enim bovem, ut Plinius ait, non est fas certos vitæ ex-
cedere annos; mersumque in sacerdotum fonte enecant, quæsituri luctu
alium quem substituant, et, donec
invenerint, mœrent, derasis etiam
capitibus, nec tamen umquam diu
quæritur. SULPIT.

480. *Consilii vox prima fuit.*
Achoreus primus dixit sententiam,
commemoravitque officia Pompeii
erga patrem Ptolemæi.

481. *Pignora.* Quæ Pompeius cum
regis patre fœdera composuisset, Diis
testibus advocatis. ED.

482. *Melior suadere malis.* Qui
melius sciebat consilia malis principibus grata dare, et tyrannorum
mentem dignoscere, ut illorum voluntati subserviret. Alii *malis* exponunt *pessimis consiliis*; alii *in*

malis, etc. Sed nullo modo audiendi
videntur. ED.

483. *Leto damnare.* Id est, occi-
dendum censere.

484. *Jus et fas.* Qui leges divinas
et humanas religiose colunt, sæpius
in perniciem ruunt, et non secus ac
nocentes puniuntur; etiamsi ob servatam fidem eos inani laude vulgus
aliquando prosequatur. ED. — *Quum
sustinet.* Id est, quum fides eos sustentare, sublevare tentat, quos de-
primit fortuna. ED.

486. *Fatis accede Deisque.* Fove
eos quibus Dii et fata favent.

488. *Distant.* Differunt, pugnant.

489. *Sceptrorum vis tota perit.*
Quasi vis regnorum pereat, si justitiæ ratio habeatur, et simul etiam
honesti : e contrario vero regna con-
servari libertate scelerum dicit,
quantumvis sint invisa. HORT.

490. *Arces.* Regna, quæ tutan-
tur custodiæ et arces. Senec. Thyest.
vs. 455 et 641. — *Respectus honesti.* Confer Claudian. IV Consulat.
Honorii, vs. 268.

Libertas scelerum est, quæ regna invisa tuetur,

Sublatusque modus gladiis. Facere omnia sæve

Non impune licet, nisi quum facis. Exeat aula

Qui volet esse pius ; virtus et summa potestas

Non coeunt : semper metuet, quem sæva pudebunt.

Non impune tuos Magnus contempserit annos ;   496

Qui te nec victos arcere a litore nostro

Posse putat. Neu te sceptris privaverit hospes,

Pignora sunt propiora tibi : Nilonque, Pharonque,

Si regnare piget, damnatæ redde sorori.   500

Ægyptum certe Latiis tueamur ab armis.

Quidquid non fuerit Magni, dum bella geruntur,

Nec victoris erit. Toto jam pulsus ab orbe,

Postquam nulla manet rerum fiducia, quærit

491. *Libertas scelerum est.* Conf. Senec. in Herc. Fu. vs. 342 sqq.

492. *Sublatusque modus gladiis.* Crudelitas, cædis modum nesciens. — Nullus enim modus et finis datur gladiis qui semper in omnes stringuntur. Sic VII, 532, *perdidit modum cædes.* BURM. — *Facere omnia sæve.* Tutius sævitur, si libertas audaciorum sævitia reprimitur. Continuanda scelera docet, juxta illud : « Per scelera semper sceleribus tutum est iter, » ut Seneca inquit, Agam. 115. GROT. — Vid. Disq. var.

493. *Quum facis.* Similis formula apud Martial. Ep. I, 47 : « Quum dicis propero, fac si facis, etc. » BURM.

496. *Non impune.* Quasi contemptu annorum regis advenerit.

498. *Neu te sceptris* Potius quam regnum tuum invadat hospes, trade sorori Cleopatræ a te ejectæ.

501. *Ægyptum certe.* Si regnare piget, sorori cede sceptrum, non Pompeio ; quem si recipias, statim hic dominabitur, et Ægyptum in cladem trahet. Quidquid consilii capias, cave saltem ne Romanorum et Cæsaris arma in gentem tuam imparibus viribus provoces. Burm. cogitavit *Ægyptum per se*, ut Pothinus sufficere vires regi jactet, quibus se sine Pompeianorum ope tueatur. Male ob sequentem versum, et contra mentem Pothini, ut patet e vs. 525 sqq. ED.

502. *Quidquid non fuerit Magni.* Quæcûmque gens in Pompeii partibus non fuerit, ejusque quasi propria res ; non illam ut prædæ partem Cæsar occupabit. ED.

504. *Postquam nulla.* Quum nihil spei et opis supersit ad recolligendas vires, quærit et implorat aliena auxilia, ut habeat, cum quibus cadat. HORT.

Cum qua gente cadat : rapitur civilibus umbris. 505

Nec soceri tantum arma fugit ; fugit ora senatus,

Cujus Thessalicas saturat pars magna volucres.

Et metuit gentes, quas uno in sanguine mixtas

Deseruit ; regesque timet, quorum omnia mersit :

Thessaliæque reus, nulla tellure receptus, 510

Sollicitat nostrum , quem nondum perdidit, orbem.

Justior in Magnum nobis, Ptolemæe, querelæ

Causa data est : quid sepositam, semperque quietam

Crimine bellorum maculas Pharon, arvaque nostra

Victori suspecta facis? cur sola cadenti 515

Hæc placuit tellus, in quam Pharsalica fata

505. *Rapitur civilibus umbris.* Exagitatur a manibus eorum , qui bello civili perierunt.

506. *Fugit ora senatus.* Conspectum senatus intelligit P. CORNEILLE, et recte, ut opinor. «Sed, objicit Burm. magna pars occisa erat , magna etiam pars eum comitabatur, ideoque eos fugere non dici potest.» At invidiose loquitur Pothinus , et veritatem parum curat ; immo Cato , Brutus , Scipio , Cicero, Marcellus , totque 'alii insignes, et in partibus principes, viri a Pompeio relicti fuerant , quorum conspectum fugere videri poterat. Male ergo Oudendorp. *ora senatus* capit pro *umbris*, quibus rapitur, quasi bis idem dixerit Lucanus. Male etiam Burmann. vult *ossa* , scil. senatorum in Pharsalico prælio occisorum. ED.

507. *Volucres.* Cf. VII, 831.

508. *Gentes.* Illas, quæ Pompeio auxilia contulerunt. SCH.

509. *Quorum omnia.* Scilicet quorum opes omnes et fortunam hac

pugna adversa evertit. Verbum *mergere* in his amat Noster. Cf. I, 159.

510. *Thessaliæque reus.* Belli in Thessalia male gesti damnatus. Damnatus a Diis clade Pharsalica. Thessaliam et Pharsaliam passim dicit Noster, quum cladem a Pompeio illic acceptam intelligit. OUD.

512. *Justior.* Si queri possit Pompeius fidem ipsi non servatam, nos contra justiorem querelæ causam habemus. ED.

513. *Quid sepositam.* Apostrophe ad Pompeium , quem incusat perturbandi regni pacati : amovendo a se ingratitudinis crimen.

514. *Crimine bellorum.* A bello hactenus abstinuerant (vs. 531), ideoque vacabant belli crimine ; sed adventu Pompeii jam apud Cæsarem argui poterant, quasi de suscipiendo in eum bello cogitassent. ED. — *Pharon.* Ægyptum : a parte totum. HORT.

515. *Cadenti.* Tibi victo, rebus pessum ruentibus.

Conferres, pœnasque tuas? Jam crimen habemus
Purgandum gladio : quod nobis sceptra senatus,
Te suadente dedit, votis tua fovimus arma.
Hoc ferrum, quod fata jubent proferre, paravi   520
Non tibi, sed victo : feriam tua viscera, Magne;
Malueram soceri : rapimur, quo cuncta feruntur.
Tene mihi dubitas an sit violare necesse,
Quum liceat? quæ te nostri fiducia regni
Huc agit, infelix? populum non cernis inermem,   525
Arvaque vix refugo fodientem mollia Nilo?
Metiri sua regna decet, viresque fateri.

517. *Tuas.* Quas ab iis, qui te excipiunt, non levius atque a te exposcet Cæsar. — *Jam crimen habemus.* Alii jungunt *jam crimen habemus, quod,* hoc sensu : Erga Cæsarem jam nocentes sumus, quia tu nobis favisti, quia pro te vota fecimus. Sed bene distinctionem ex antiquis edd. post *gladio* reposuit Oudendorp. ut sensus sit : Jam in te causam criminis habemus, vel jam in nos contulisti labem criminis, quod non nisi cæde tua luere possumus. Nunc autem si pro beneficiis gratiam exspectes, jamdudum satis fecimus, vota pro te faciendo. ED.

520. *Hoc ferrum.* Inviti itaque et salutis nostræ necessitate coacti inferimus cædem tibi, non quasi Pompeio et optime de nobis merito, sed victo, quem tueri non erat nobis tutum. — Innuere autem videtur antea paratum fuisse hoc ferrum in cædem victi, utercumque ad eum fugisset; ideoque addit : utinam victus fuisset Cæsar ! ED.

522. *Rapimur.* Cogimur fortu-

nam sequi, et cum toto orbe in Cæsaris ditionem venire. ED.

523. *An sit violare necesse.* Vulgatam recte defendit Bentl. nam Pothinus ostendit modo spem omnem salutis in Pompeii cæde sitam; nunc quum sui copiam faciat Pompeius, necessario patrandum esse scelus; illud profecto crimini daretur, potuisse et non fecisse. Male ergo Grotius et alii volunt, vocibus transpositis : « Quum sit violare necesse, An liceat? » ED.

525. *Populum non cernis inermem.* Nostrum Ægyptium bellicis laboribus imparem, et vix agrorum culturæ sufficientem, quamquam minimus sit labor, Nilo arva molliente, et fecundante. ED.

527. *Metiri sua regna decet.* Corrigit Bentl. *sua quemque decet,* quia aliter manca est oratio; quem enim decet *metiri?* In genere tamen sic dici posse puto : quum quis aliquid aggreditur, oportet regni sui vires metiatur, neque sibi fucum faciat. ED.

Tu, Ptolemæe, potes Magni fulcire ruinam,
Sub qua Roma jacet? bustum, cineresque movere
Thessalicos audes, bellumque in regna vocare?   53o
Ante aciem Emathiam nullis accessimus armis :
Pompeii nunc castra placent, quæ deserit orbis?
Nunc victoris opes, et cognita fata lacessis?
Adversis non deesse decet, sed læta sequutos.
Nulla fides umquam miseros elegit amicos. »   535
    Adsensere omnes sceleri. Lætatur honore
Rex puer insueto, quod jam sibi tanta jubere
Permittunt famuli : sceleri delectus Achillas.
    Perfida qua tellus Casiis excurrit arenis,
Et vada testantur junctas Ægyptia Syrtes,   540
Exiguam sociis monstri, gladiisque carinam

528. *Tu, Ptolemæe, potes.* Hoc per interrogationem negat, arguens a majori ad minus. Roma, domina rerum, non potest sustentare ruinam Pompeii; multo minus tu poteris. HORT.

529. *Bustum.* Ignem jam deflagrantem iterum excitare, teque immiscere incendio. ED.

531. *Nullis accessimus armis.* Dum omnia integra erant, neutrius fortunam sequi voluimus ; nunc dementia esset victo nos adjungere. ED.

534. *Adversis non deesse decet.* Objici potest decorum esse in adversis rebus non deficere, sed hoc eos tantummodo decet, qui prosperam fortunam sunt sequuti.

536. *Sceleri.* Scelerato Pothini consilio atque sententiæ.

538. *Sceleri delectus Achillas.* Interficiendo Pompeio deligitur Achillas, pædagogus quondam regis, nunc præfectus exercitui.

539. *Perfida qua tellus Casiis.* Ad pedem Casii montis, qua vada et brevia referunt Syrtes vicinas, inter Leptim scil. et Alexandriam. *Perfidam* dici tellurem, ob arenas instabiles, quæ in ipso continenti viatores vexant, Dorvillius putat ; Burmannus autem ob vada et brevia, quæ nautas fallunt. Mallem capere de perfidia incolarum, ut *crudeles terras*, Virg. Æn. III, 44. ED. — *Excurrit.* Extenditur. Oudend. dedit *exsultat*, id est, in altum surgit ; immo, ait Burm. *exæstuat*, quasi coquatur et effervescat calidis arenis : hic tamen vulgatam defendit. ED.

541. *Sociis monstri.* Id est, monstrosi facinoris : alii malunt, sui ipsius, sceleratissimi hominis. Burm.

Instruit. O Superi, Nilusne, et barbara Memphis,
Et Pelusiaci tam mollis turba Canopi
Hos animos! sic fata premunt civilia mundum!
Sic Romana jacent! ullusne in cladibus istis   545
Est locus Ægypto? Phariusque admittitur ensis?
Hanc certe servate fidem, civilia bella;
Cognatas præstate manus, externaque monstra
Pellite, si meruit tam claro nomine Magnus
Cæsaris esse nefas. Tanti, Ptolemæe, ruinam   550
Nominis haud metuis? cæloque tonante profanas
Inseruisse manus, impure ac semivir, audes?

non male conjicit *monstrum*, scil. Achillas. Ed.

542. *O Superi.* Per indignationem exclamatio, quod tantum audeant hominum vilissimi et gens ignavissima. — *Memphis.* Supra, vs. 477.

543. *Pelusiaci.* Vide Disq. var.

544. *Hos animos.* Ut hos animos habeant barbaræ nationes, quæ semper fuere imbecillæ. Sic Juvenal. Sat. I, 89 : « alea quando Hos animos? » — *Sic fata premunt.* Usque adeone totus orbis deprimitur, et romana affligitur majestas, ut de tantis rebus Ægyptus decernat, ut in Romanorum cladibus admittatur, et momentum habeat ensis Pharius! Ed.

547 sqq. *Hanc certe servate fidem.* Optat, ut saltem sibi constent civiles discordiæ, et inceptum nefas, si patrandum omnino sit, non externa monstra, sed cognatæ dextræ peragant, siquidem Pompeius ob gloriam et magnitudinem dignus est, qui manu Cæsaris occidatur. *Cæsaris esse nefas* dixit ut II, 266, « Et scelus esse tuum. » Male autem Schol. hæc

verba *si meruit*, etc. cum sequentibus junxit, hoc sensu : « Si Pompeius nominis sui magnitudine hoc consequutus est, ut victus a Cæsare eumdem faceret criminosum, tu non times exitium dignitatis ne tibi obsit, quum sit et Cæsari nociturum. » Ed.

550. *Tanti nominis.* Cujus tanta fuit fama et laus, ut a Cæsare occidi debuisset, hunc tu interficere non metuis, manum impuram injicere ausus? Web.

551. *Cæloque tonante.* Alii int. quum regnet cælo Jupiter scelerum ultor (Cf. Horat. Carm. III, 5, 1), tu audes manus tuas interposuisse. Male autem Schol. explicat : « contra auguria Diis prohibentibus. » Oudendorp. capit de Pompeii et Cæsaris dissidio, qui cælestis tumultus est; coll. III, 313. Malim Burmannum fere sequutus : Et quum *cælum tonans*, id est, ipsi Superi Pompeium premant, quum non nisi fulmine dejiciendus sit tantus vir, tu, vilis et mollis homo, manu tua Deorum iras adjuvare audes! Ed.

Non domitor mundi, nec ter Capitolia curru
Invectus, regumque potens, vindexque Senatus,
Victorisque gener; Phario satis esse tyranno   555
Quod poterat, Romanus erat. Quid viscera nostra
Scrutaris gladio? nescis, puer improbe, nescis
Quo tua sit fortuna loco : jam jure sine ullo
Nili sceptra tenes! cecidit civilibus armis
Qui tibi regna dedit. Jam vento vela negarat   560
Magnus, et auxilio remorum infanda petebat
Litora : quem contra non longa vecta biremi
Adpulerat scelerata manus; Magnoque patere
Fingens regna Phari, celsæ de puppe carinæ
In parvam jubet ire ratem, litusque malignum   565
Incusat, bimaremque vadis frangentibus æstum,
Qui vetet externas terris advertere classes.

---

553. *Non domitor mundi.* Tibi sacer et inviolabilis esse debuerat, non ideo quod domitor mundi, etc. sed ob id solum quod Romanus erat. Etiamsi tot titulis venerabilis tibi non esset, tamen erat Romanus, quod solum Phario tyranno satis esse poterat. ED. — *Ter Capitolia.* Cf. VII, 685.

554. *Regumque potens, vindexque Senatus.* Vindex libertatis et dux belli a coss. et senatu dictus, sub quo et reges militarunt. Alii *legumque potens*, minus bene.

556. *Nostra.* Romana.

558. *Jam jure sine ullo.* Omni jam impetui exponeris, destitutus auctoritate tutoris, illiusque qui tibi Ægypti regnum confirmabat. Conf. IX, 132.

560. *Jam vento vela negarat.* Appropinquans litori vela collegerat, ne vento inflarentur. ED.

563. *Scelerata manus.* Supra vs. 541. Heinsius, *cohors.* ED.

564. *Celsæ de puppe carinæ.* Burm. ait, quia exigua navis erat, præstare *celsa de puppe.* Male, opinor; namque agitur de Pompeii nave quæ magna erat, et cui opponitur *parva ratis.* Recte igitur dictum *jubet*, quum ostendit mare cymbæ suæ tantum navigabile esse, et periculosum Magni carinæ ob vada litus. ED.

566. *Bimaremque vadis.* Vadis utrimque æstu allisis et fluctu vario impulsis. Hinc Libyco, inde Ægyptio mari inter se collidentibus, propter æstum ostiorum Nili interjecti.

567. *Externas.* Scil. majora navigia quam Liburnas, eas naves quibus Ægyptii illic utebantur. Alii le-

Quod nisi fatorum leges., intentaque jussu.

Ordinis. æterni miseræ vicinia mortis.

Damnatum leto traherent ad litora Magnum.;   570

Non ulli comitum, sceleris, præsagia deerant :

Quippe fides si pura foret, si regia Magno

Sceptrorum, auctori vera; pietate pateret ,,

Venturum tota Pharium, cum classe tyrannum.

Sed cedit, fatis ,, classemque relinquere jussus   575

Obsequitur, letumque juvat. præferre timori.

    Ibat in hostilem præceps Cornelia puppim ,

gunt *excelsas*, quod putem esse interpretamentum. OUD. — *Advertere.* Sic Virg. V, 34, et alibi. Alii dant *appellere*, vel *avertere ;* male. ED.

568. *Quod. nisi; fatorum. leges.* Quod nisi fatale fuisset et divinitus provisum, ut hic Pompeius caderet, multa illum, et omnes illius comites, sceleris præsagia deterruisse poterant. Cf. Virg. Æn. II, 54.

569. *Vicinia mortis.* Rarior locutio pro : mortis decretæ fatis, quasi gladium jugulo intentum ostenderent. BURM.

572. *Quippe fides si pura foret.* Qui erant cum Pompeio, ubi viderunt non regio more, non magnifice Pompeium excipi, sed ad hoc officium paucos una cymba venire, suspectam habuere eam contemptionem, Pompeiumque hortati sunt, uti navem in altum detruderet, dum adhuc extra jactum teli esset.

573. *Sceptrorum auctori.* Cujus suasu et beneficio regnum a senatu Ptolemæo fuerat confirmatum.

575. *Classemque.* Vel majorem navem intellige, vel simpliciter plures naves, quas cum Pompeio fuisse

innuit Lucanus IX, 49 et diserte testatur Plutarch. Alii dant *sociosque relinquere*, sed hoc recte damnavit Oud. Foret enim fraus apertior. ED. — *Jussus obsequitur.* Cf. ad vs. 565. Alii, *subsequitur.* ED.

576. *Letumque juvat præferre timori.* Emori mavult, quam vel suspicari fidem, vel mortem formidare ; ita Juvenal. Sat. VIII, 83 : « Summum crede nefas animam præferre pudori.»

577. *Ibat in hostilem.* Ire parabat comes viro. Salutata (inquit Plutarchus) Cornelia, quæ jam tum mariti exitum lamentabatur, et duos centuriones in scapham ingredi jussit, et ex libertis unum Philippum, servumque Scynen nomine. Inde quum Achillæ comites dextris eum suscipere apparerent, ad uxorem et filium conversus, hos Sophoclis iambos protulit : ὅςις δὲ πρὸς τύραννον ἐμπορεύεται Κείνου ᾽ςί δοῦλος , κἂν ἐλεύθερος μόλῃ. Hoc est : quisquis tyranni domum proficiscitur, fit illius servus, licet liber sit. Hac postrema voce suos alloquutus, cymbam conscendit.

Hoc magis impatiens egresso deesse marito,
Quod metuit clades. « Remane, temeraria conjux,
Et tu, nate, precor, longeque e litore casus   580
Exspectate meos : et in hac cervice tyranni
Explorate fidem. » Dixit; sed surda vetanti
Tendebat geminas amens Cornelia palmas :
« Quo sine me, crudelis, abis? iterumne relinquor
Thessalicis submota malis? numquam omine læto   585
Distrahimur miseri. Poteras non flectere puppim,
Quum fugeres alio, latebrisque relinquere Lesbi,
Omnibus a terris si nos arcere parabas?
An tantum in fluctus placeo comes? » Hæc ubi frustra
Effudit, prima pendet tamen anxia puppe :   590
Attonitoque metu nec quoquam avertere visus,
Nec Magnum spectare potest. Stetit anxia classis
Ad ducis eventum, metuens non arma nefasque;

578. *Hoc magis.* Eo magis virum
sequi contendit, quod aliquam calamitatem reformidat. ED.

579. *Remane.* Inquit Pompeius.

580. *Longeque e litore.* Oudend.
corrigit *a litore*; non male. Sed tamen ipse exemplo Cæsaris B. Gal. IV,
22, vulgatam defendit, *longe e litore*,
propius non accedentes, navi in an-
choris stante. ED.

581. *In hac.* Δειχτιχῶς, in mea :
quod de me fecerit, hoc a tyranno
vobis exspectandum est. ED.

582. *Surda vetanti.* Vetantem audire nolens. Sic Ovid. Am. I, 8, 77 :
« Surda sit oranti tua janua. »

585. *Thessalicis submota malis.*
An me iterum relinquis, quam tanto
dolore, jam semel affecisti, quum me
submoveres e Pharsalia. Cf. lib. V

fin. Male jungas *relinquor malis*, ut
quidam videntur voluisse, hoc sane
sensu : an iterum relinquor obnoxia
tot malis, quot in me ingruerunt ex
Pharsalica pugna. ED.

586. *Non flectere puppim.* Non
divertisse, sed me in Lesbo reliquisse : si me denuo eras a te semo-
turus, neque passurus tecum una
terram aliam tangere.

589. *In fluctus.* Id est, naviganti
tantum me tibi comitem esse vis. ED.

591. *Nec quoquam avertere.* Ita
dolore stupet, ut neque oculos a
cymba, qua vehitur Pompeius, avertere, nec ipsum tamen Pompeium
spectare possit. ED.

593. *Ad ducis eventum.* Classis,
id est, classiarii ipsi quoque timore
aliquo afficiebantur, sed non eodem

Sed ne submissis precibus Pompeius adoret

Sceptra sua donata manu. Transire parantem   595

Romanus Pharia miles de puppe salutat

Septimius : qui, pro Superum pudor! arma satelles

Regia gestabat posito deformia pilo,

Immanis, violentus, atrox, nullaque ferarum

Mitior in cædes. Quis non, Fortuna, putasset   600

Parcere te populis, quod bello hæc dextra vacasset,

Thessaliaque procul tam noxia tela fugasses?

Disponis gladios, ne quo non fiat in orbe,

Heu, facinus civile tibi. Victoribus ipsis

Dedecus, et numquam Superum caritura pudore   605

Fabula; Romanus regi sic paruit ensis,

Pellæusque puer gladio tibi colla recidit,

Magne, tuo. Qua posteritas in sæcula mittet

Septimium fama? scelus hoc quo nomine dicent,

Qui Bruti dixere nefas? Jam venerat horæ   610

Terminus extremæ, Phariamque ablatus in alnum

quo Cornelia; neque enim vim et scelus suspicabantur; solliciti tantum erant de dignitate ducis sui. ED.

596. *Pharia de puppe.* Ad vers. 562 et 563 supra.

597. *Septimius.* Hic fuerat tribunus militum, et in bello prædonum sub Pompeio duxerat ordinem. Cæs. de Bello Civ. III, 104. Hinc *Romanus miles*, quod opponitur τῷ *satelles.* ED. — *Superum pudor!* Cf. Horat. III, od. 5, v. 5 et seq. ED.

601. *Parcere te populis.* Septimium amovendo, qui si prælio interfuisset Thessalico, ingentem editurus fuerat stragem.

603. *Disponis gladios,* etc. Verum

amovisti hunc, ut in omni orbis parte dispositos haberes civilium facinorum ministros.

605. *Numquam Superum.* Non sine deorum inclementiæ nota vulgandum facinus. Cf. V, 59.

608. *Tuo.* I. e. Romano et militis tui; non, ut vult Schol. quia ipse Magnus dedit imperium Ptolemæo; opponuntur enim *Romanus regi*, *Pellæus tuo.* ED.

609. *Scelus hoc quo.* Quo nomine designabunt hoc Septimii scelus illi, qui Brutum Cæsaris tyranni percussorem, appellant *parricidam*; factumque ipsum *nefas?*

611. *Terminus.* Aderat jam Pom-

Perdiderat jam jura sui : tum stringere ferrum
Regia monstra parant. Ut vidit cominus enses,
Involvit vultus; atque indignatus apertum
Fortunæ præbere caput, tunc lumina pressit,   615
Continuitque animam, ne quas effundere voces
Posset, et æternam fletu corrumpere famam.
   At postquam mucrone latus funestus Achillas
Perfodit, nullo gemitu consensit ad ictum :
Despexitque nefas, servatque immobile corpus,   620
Seque probat moriens, atque hæc in pectore volvit :

peio hora suprema, et vitæ terminus.

612. *Perdiderat jam jura sui.*
Erat jam sub alterius potestate. Vid.
not. sup. 577. ED.

615. *Fortunæ præbere caput.* Oudend. *præstare*; quid refert? Sed in
vs. præc. Bentl. corrigit *indignatur*,
quod libens reciperem. De sensu silent omnes intt. An, indignatus quod
caput indefensum, victimarum more,
præbeat? Sed nolim affirmare Lucanum, acuminum captatorem, tam
simpliciter dixisse; forsan voluit : a
Fortuna proditus, ideoque indignans,
non vult ictum recta et aperta fronte
exspectare, ut vir fortis digno cum
hoste colluctatus; sed eam adeo despicit, ut ad vulnera ne oculos quidem
convertat. Sic CORNEILLE, *Pompée*,
act. II, sc. 2 : « Et dédaigne de voir
le ciel qui le trahit. » Hanc interpretationem quoque confirmant seqq.
præcipue v. 620 : « Despexitque nefas. » ED.

617. *Æternam famam.* Fortitudinis et constantiæ hactenus servatæ.

618. *Achillas.* Notandum quod
hic Pompeius ab Achilla occiditur;

alii narrant a Septimio prius percussum. Vid. Plutarch. Pomp. et ipsum
Cæsarem, lib. III, 104, de Bel. Civ. ED.

619. *Nullo gemitu consensit ad
ictum.* Oudend. exponit : non consensit ad ictum aliquo gemitu; hoc
est, non agnovit se ullo modo com-
moveri, aut perturbari. Malim cum
Burm. *nullo gemitu*, sc. edito, consensit ad ictum, quasi sponte se of-
ferret cædi, nullo gemitu dolorem
testatus; quod confirmant sqq. *servat
immobile corpus.* ED.

620. *Despexitque nefas.* Nefarios
interfectores sui, aut facinus eorum
pro vili habuit.

621. *Seque probat moriens.* Magnum morte æque ac vita se præstat.
Oudend. exponit : virtutem suam experitur. Multis verbis Burmannus :
se exegit et examinavit, an par esset
huic calamitati et ostendit moriens
se esse illum Pompeium, quem dum
viveret esse omnes crediderant. Optime VOLTAIRE : « Il prouve en
mourant qu'il est Pompée. » ED. —
Atque hæc in pectore volvit. Atque
hæc secum in animo versat Pompeius moriens.

« Sæcula Romanos numquam tacitura labores
Adtendunt, ævumque sequens speculatur ab omni
Orbe ratem, Phariamque fidem : nunc consule famæ.
Fata tibi longæ fluxerunt prospera vitæ :   625.
Ignorant populi, si non in morte probaris,
An scieris adversa pati. Ne cede pudori,
Auctoremque dole fati : quacumque feriris,
Crede manum soceri. Spargant, lacerentque licebit,
Sum tamen, o Superi, felix, nullique potestas   630.
Hoc auferre Deo : mutantur prospera vita ;
Non fit morte miser. Videt hanc Cornelia cædem,
Pompeiusque meus ; tanto patientius, oro,
Claude dolor gemitus ; natus, conjuxque peremptum
Si mirantur, amant. » Talis custodia Magno   635
Mentis erat : jus hoc animi morientis habebat.

621. *Sæcula Romanos.* O Pompei, ipse enim secum loquitur, puta jam præsentes posterosque omnes observare qua mente mortem oppetas, vel indigne sic Ægyptiis insidiis et perfidia exceptus!

626. *Si non in morte probaris.* Si non probaveris tibi esse in adversis constantiam. Vel *probaris* passive sumendum potius eodem fere sensu quo vs. 621. ED.

627. *Ne cede pudori.* Ne tibi pudori aut dolori sit, quod jussu pueri quem fecisti regem, et manu commilitonis transfugæ occideris : sed crede te ipsa Cæsaris manu cadere.

630. *Nullique potestas*, etc. Neque hanc fortis animi felicitatem mihi auferre in manibus Deorum est.

631. *Vita.* Id est, per vitam, dum manet et adhuc superfutura est anima, homo potest miser fieri ; non autem quum mors miserias prævenit. Male hoc sensu offenditur Burmannus ; nam opponuntur inter se *morte* et *vita*, et ante utramque vocem subaudi potest eadem præpositio, scilicet *a*, quasi dicat Noster : vita, non mors miserum facere potest. Errant igitur qui corrigunt *vitæ*, et qui legunt cum Farn. *non sum morte miser.* ED.

632. *Videt hanc*, etc. Animum confirmat et se ad dolorem eo patientius ferendum hortatur, quod in conspectu suorum occidat. ED.

635. *Si mirantur, amant.* Quum vident me fortem et doloribus invictum, si mirantur potius quam lugent, veri profecto amoris indicium exhibent. ED. — *Talis custodia Magno.* Talem habuit Pompeius moderationem, imperium sui, et constantiam in morte.

At non tam patiens Cornelia cernere sævum
Quam perferre, nefas, miserandis æthera complet
Vocibus : « O conjux, ego te scelerata peremi :
Letiferæ tibi causa moræ fuit avia Lesbos,   640
Et prior in Nili pervenit litora Cæsar.
Nam cui jus alii sceleris? sed quisquis in istud
A Superis immisse caput, vel Cæsaris iræ,
Vel tibi prospiciens, nescis crudelis, ubi ipsa
Viscera sunt Magni; properas, atque ingeris ictus, 645
Qua votum est victo : pœnas non morte minores
Pendat, et ante meum videat caput. Haud ego culpa
Libera bellorum, quæ matrum sola per undas,
Et per castra comes, nullis absterrita fatis,
Victum, quod reges etiam timuere, recepi.   650
Hoc merui conjux, in tuta puppe relinqui?
Perfide, parcebas? te fata extrema petente
Vita digna fui? moriar, nec munere regis.

637. *At non tam patiens*. Gravius ferens conspectum trucidati mariti, quam ipsa necem latura fuisset.

640. *Avia Lesbos*. Quæ cogebat ut eo cursum flecteres, et effecit ut tardius eo pervenires, quo intenderas, sc. in Ægyptum, quo prior Cæsar venit, quem suspicabatur auctorem necis Cornelia, nondum regis infandi scelus esse sciens. BURM.

642. *Quisquis in istud*. Quicumque permissus es a Diis, vel missus a Cæsare ad interficiendum Pompeium.

643. *Vel Cæsaris iræ*. Quisquis occidisti Pompeium, vel irati Cæsaris in gratiam, vel tuæ utilitatis causa.

644. *Nescis crudelis*. Ego illi cor-

sum et vitalia, et quam sibi superesse voluit : tu ingeris Pompeio ictus, parte ea qua voluit mori; quin me interfice; majores luet pœnas, si me truncatam viderit, quam quod ipse jugulatur.

647. *Haud ego culpa*. Neque enim ego vaco culpa, ut quæ sola e feminis Romanis comes fuerim civilis belli.

650. *Victum*. Pompeium fugientem excepi, in Lesbo.

652. *Perfide parcebas*. Qui me deseruisti *comitem supremum iter carpere paratam*. Horat. lib. II, od. 17, 12.

653. *Moriar nec munere regis*. Mortem inveniam, utut Ptolemæi

Aut mihi præcipitem, nautæ, permittite saltum;

Aut laqueum collo tortosque aptare rudentes;   655.

Aut aliquis Magno dignus comes exigat ensem.

Pompeio præstare potest, quod Cæsaris armis

Imputet. O sævi, properantem in fata tenetis?

Vivis adhuc, conjux, et jam Cornelia non est

Juris, Magne, sui : prohibent accersere mortem :   660

Servor victori. » Sic fata, interque suorum

Lapsa manus, rapitur, trepida fugiente carina.

   At Magni quum terga sonent, et pectora ferro,

Permansisse decus sacræ venerabile formæ,

Iratamque Deis faciem, nihil ultima mortis   665.

Ex habitu, vultuque viri mutasse, fatentur

Qui lacerum videre caput : nam sævus in ipso

Septimius sceleris majus scelus invenit actu ;.

istius beneficio illam non impetrarim.

654. *Præcipitem.* In mare.

657. *Pompeio præstare.* Qui Pompeio beneficium hoc præstiterit, ideo duplicem gratiam consequetur; nam poterit hoc Cæsari imputare beneficium, quod manu sua uxorem peremerit inimici. SCHOL. — Quamvis hoc sensu *imputare* sæpius adhibeatur (Cf. VII, 325), malim tamen cum Oudend. exponere : culpam in Cæsaris arma ac sævitiam transferre poterit; præcessit enim *Magno dignus comes,* quod alteri interp. repugnaret. ED.

659. *Vivis adhuc conjux.* Etiam te nondum mortuo, amisi libertatem; negatur mihi jus mortis, ut in potestatem victoris redigar.

662. *Lapsa manus.* Decidit exanimata; ut V, 799. et supra vs. 58.

663. *At Magni quum terga sonent.* Ictibus. Terga et pectora sonant ferro, dum per ossa transiens ensis stridorem et crepitum facit, vel potius ipsa ossa crepit ant. Sic Sil. Ital. I, 402 : « Perque ipsum tegimen crepitantia dissipat ossa. » OUDEND.

665. *Iratamque Deis faciem.* Male præfert Oudend. *aciem* quam viguisse in lacero capite incredibile est; sed in facie et lineamentis capitis etiam abscissi potuisse vestigia iræ manere, docet Florus, I, 18 : « Relictæ in vultibus minæ, et in ipsa morte ira vivebat. » BURM. — Corrigit Bentl. *Certantemque Deis,* forma scilicet. — *Ultima mortis.* Extremum moriendi tempus, et suprema cum morte luctatio. ED.

667. *Lacerum.* Id est, abscissum, decollatum.

Ac retegit sacros, scisso velamine, vultus
Semianimis Magni, spirantiaque occupat ora,   670
Collaque in obliquo ponit languentia transtro.
Tunc nervos, venasque secat, nodosaque frangit
Ossa diu : nondum artis erat caput ense rotare.
At, postquam trunco cervix abscisa recessit,
Vindicat hoc Pharius dextra gestare satelles.   675

　　Degener, atque operæ miles Romane secundæ,
Pompeii diro sacrum caput ense recidis,
Ut non ipse feras ? O summi fata pudoris !
Impius ut Magnum nosset puer, illa verenda
Regibus hirta coma, et generosa fronte decora   680
Cæsaries compressa manu est; Pharioque veruto,
Dum vivunt vultus, atque os in murmura pulsant
Singultus animæ, dum lumina nuda rigescunt,
Suffixum caput est, quo numquam bella jubente

---

669. *Velamine.* Toga, qua faciem involverat; sup.614.—*Vultus.* Spirantis adhuc caput prehendit et crudeliter abscissum ab humeris revulsit. ED.

673. *Nondum artis erat.* Nondum norant-artifices, caput uno ictu, rotato ense amputare. SULP. — Inventa scil. hæc ars est sub Caligula, in cujus vita Suetonius, 32 : « Miles decollandi artifex quibuscumque e custodia uno ictu capita amputabat. »

675. *Vindicat.* Certantibus inter se percussoribus, Achillas sibi vindicat et caput abscissum sumit gestandum. BURM.

676. *Degener.* O Romane degener, eoque vilior quod in tanto scelere ne primas quidem agas partes, ipse vilissimi satellitis satelles ! ED.

679. *Impius ut Magnum.* Ptolemæus, ut Pompeium agnosceret, caput illius a cæde recens contemplatus tractavit.

681. *Pharioque veruto.* Et caput etiamdum spirans et palpitans Ægyptia lancea suffixum est. Hoc telorum genus Volsci et Sabelli gerebant. ED.

682. *Atque os in murmura pulsant.* Movent et impellunt os et linguam, ut murmur ederent, nam vocem nequibant. Sic fere Ovid. Met. X, 52 : « Flebile lingua murmurat exanimis. » BURM.

683. *Nuda rigescunt* Non clausa, immota stant ; aperta, hiantia, quia palpebris non tegebantur, ut solet accidere morientibus. BURM.

684. *Quo numquam*, etc. Farn.

Pax fuit: hoc leges, campumque, et Rostra movebat: 685
Hac facie Fortuna tibi Romana placebas.

Nec satis infando fuit hoc vidisse tyranno ;
Vult sceleris superesse fidem. Tunc arte nefanda
Submota est capiti tabes, raptoque cerebro
Exsiccata cutis, putrisque effluxit ab alto   690
Humor, et infuso facies solidata veneno est.

Ultima Lageae stirpis, perituraque proles,
Degener, incestae sceptris cessure sorori,
Quum tibi sacrato Macedon servetur in antro,
Et regum cineres exstructo monte quiescant,   695

intelligit : pacis semper amans; sed melius forsan Schol. jungit *numquam pax fuit*, id est, quoties jussit Pompeius, statim bellum movebatur. Et sic ejus magnitudo magis apparet ; quippe qui belli et pacis arbiter exstiterit. Cf. IX , 199. ED.

685. *Leges.* Oudend. recepit *reges* contra omnium codd. fidem ; sed hoc vocabulum praeterea cum campo et rostris male jungeretur. Recte igitur Burm. *leges* tuetur, quia ejus arbitrio leges ferebantur et abrogabantur. Potuit enim, ut censet Dorvillius, in suam sententiam *leges*, senatusconsulta, plebiscita, et judicia regere, id est, senatores, populum et equites, qui judices erant. ED.

688. *Fidem.* Monimentum, quo Pompeiam a se occisum fidem faciat. — Alii legunt *sceleri*, hoc sensu : ne fides desit sceleri, sed ut abunde probari posteris posset hoc scelus. Praestat prior lectio. ED.— *Tunc arte nefanda.* Ab intimo capite humor arte educitur.

691. *Infuso facies*, etc. Medicamentis et aromatibus, quibus con-

diuntur cadavera, conservatum est Pompeii caput Caesari deferendum, lib. IX , vs. 1035.

692. *Ultima Lageae stirpis* , etc. Invectiva apostrophe ad Ptolemaeum, ultimum regum Aegyptiorum e progenie Lagi ; I, 684. — *Perituraque proles.* Periit brevi post hoc nefas in pugna contra Caesarem, navigio depresso a fugientibus, et ipse, ut creditur, immersus flumine.

693. *Incesta sceptris cessure sorori.* Sorori Cleopatrae, cujus nuptias a patre consequutus fuerat, ideoque incestae ; vel quia impudica fuit. De hoc loquendi modo *sceptris cessure*, id est, regnum relicture, Oudend. citat Val. Max. I, 5, 4 : « Libenter tibi mea sede cedo ; » Justin. XXIX , 2 ; « cedere se illi regno ; » et Plin. Paneg. c. 94. ED.

694. *Macedon.* Corpus Alexandri Magni quod in immani sepulcri mole servabatur.

695. *Monte.* Non autem montem quemdam certi nominis notat, sed tumulos illos, sepulcra illa regum ,

Quum Ptolemaeorum manes, seriemque pudendam,
Pyramides claudant, indignaque Mausolea :
Litora Pompeium feriunt, truncusque vadosis
Huc illuc jactatur aquis. Adeone molesta
Totum cura fuit socero servare cadaver ? 700

    Hac Fortuna fide Magni tam prospera fata
Pertulit ; hac illum summo de culmine rerum
Morte petit : cladesque omnes exegit in uno
Saeva die, quibus immunes tot praestitit annos :
Pompeiusque fuit, qui numquam mixta videret 705
Laeta malis ; felix nullo turbante Deorum,

quae montis instar ab Ægyptiis exstructa erant, atque a poeta, ut solet,
per singula, per pyramidas et mausolea in sqq. exponuntur, cf. IX, 155.
Virg. Æn. XI, 849. Dempst. ad Rosin. Antiqq. V, 39 p. 631-634. WEB.

696. *Quum Ptolemaeorum manes.*
Quum a Ptolemaeo omnes Ægypti
continua serie post Alexandrum reges
conditos tegant Pyramides. Huc conf.
dictum Augusti apud Sueton. XVIII,
ubi quum Alexandri corpus venera-
tus esset, et consultus, an Ptolemaeorum etiam inspicere vellet, respondit, regem se voluisse videre,
non mortuos. — *Pudendam.* Luxu et
ignavia perditam.

697. *Pyramides.* Cf. Plin. Hist.
Nat. XXXVI, 12 seu 16 sqq. — *In-
dignaque.* Quibus illi erant indigni.
— *Mausolea.* Sepulcra et monimenta
illius aemula, quod Mausolo regi
Cariae ab uxore Artemisia exstru-
ctum erat. De Mausoleo vid. Plin.
XXXVI, 5, seu 4 § 18.

698. *Litora Pompeium feriunt.*
Pompeius, tantus vir, qui tot bene-

ficia in te contulit, ceu vile corpus,
aquis jactatur, et alliditur litori, ne
integrum quidem cadaver! ED.

701. *Hac Fortuna fide.* Sic Pompeio fida fuit ; ad hunc exitum perduxit vitam tamdiu prosperam. *Perferre* enim est, ad constitutum finem
ferre, ut apud Virg. Æneid. XII,
707 : « Totum nec pertulit ictum. »
Male qui dant, *protulit.* ED.

703. *Morte petit.* Hac morte, quasi
jacto telo, illum perculit, et de
summo potentiae et magnitudinis fa-
stigio dejecit. Dura tamen loquutio
petit de culmine, qua poterat signi-
ficari ipsa Fortuna stans in culmine.
Burm. praeferret *morte premit ;* Bentl.
Praecipitat. Malim si quid mutandum, *rapit.* ED. — *Exegit in uno.*
Omnes calamitates et mala, quae antehac fuisset passurus et quae hactenus
fortuna sedulo dimoverat, immisit
simul uno hoc die. SULPIT.

705. *Fuit.* Unus mortalium exsti-
tit, qui vel omnino felix, vel omnino miser fuerit ; ceteris enim laeta
ac mala miscentur. ED.

Et nullo parcente miser! Semel impulit illum·

Dilata Fortuna manu; pulsatur arenis,

Carpitur in scopulis, hausto per vulnera fluctu,

Ludibrium pelagi; nullaque manente figura,   710

Una nota est Magno capitis jactura revulsi.

Ante tamen Pharias victor quam tangat arenas,

Pompeio raptim tumulum Fortuna paravit,

Ne jaceat nullo, vel ne meliore sepulcro.

E latebris pavidus decurrit ad æquora Cordus.   715

Quæstor ab Idalio Cinyrææ litore Cypri

Infaustusque fugæ fuerat comes. Ille per umbras

Ausus ferre gradum, victum pietate timorem

Compulit, ut mediis quæsitum corpus in undis

Duceret ad terram, traheretque ad litora Magnum.   720

Lucis mœsta parum per densas Cynthia nubes

---

707. *Semel impulit... manu.* Hæc si separatim legas, ut videntur fecisse omnes interpretes, mera erit repetitio vss. præcedentium; quare cum sequentibus jungenda arbitror, hoc sensu: Omnes Dii adeo non Pompeio pepercere, ut, fortuna illum semel impellente, statim funditus et miserrime deturbatus est. ED. — *Dilata manu.* Ictu per tot annos dilato; et hoc iterat quod præcedit v. 704; cf. quæ Burm. notat ad IX, 426. ED.

708. *Pulsatur arenis.* Ut vs. 698.

709. *Carpitur.* Consumitur, laceratur; sic *carpere membra*, VI, 551. ED. — *Hausto fluctu.* Quid sibi velit istud hemistich. non comperior, nisi dicat Magnum esse *ludibrium pelagi*, quia fluctus, ut libet, it reditque per vulnera. Sic BRÉBEUF, quod omnino displicet. ED.

711. *Una nota est Magno.* Hoc solum agnoscitur, quod capite caret:

714. *Ne meliore.* Scil. ut Burm. post Omnibon. conjicit, quia *melius sepulcrum* ab ipso Cæsare *victore* parari Pompeio potuisset; qui honor etiam ipsis manibus gravis esset ab hoste habitus. ED.

715. *E latebris.* Ubi latuerat, ut furtim Pompeium sepeliret. SULP. — *Cordus.* Quæstor Pompeii, ut vult poeta. Cf. Disq. var.

716. *Idalio.* Idalus mons Cypri, Veneri sacer. — *Cinyræa.* A rege Cinyra ita dictæ. Vid. Disq. var.

717. *Fugæ fuerat comes.* Videtur ille alia nave venisse, et quum Pompeius emetiretur scopulos Cypri (non enim adpulit sup. 461), se cum aliis adjunxisse Pompeio; nam vix puto eum cum paucis comitibus sca-

Præbebat; cano sed discolor æquore truncus
Conspicitur. Tenet ille ducem complexibus arctis
Eripiente mari : nunc victus pondere tanto
Exspectat fluctus, pelagoque juvante cadaver   725
Impellit. Postquam sicco jam litore sedit,
Incubuit Magno, lacrimasque effudit in omne
Vulnus, et ad Superos, obscuraque sidera fatur :
« Non pretiosa petit cumulato ture sepulcra
Pompeius, Fortuna, tuus : non pinguis ad astra   730
Ut ferat e membris Eoos fumus odores,
Ut Romana suum gestent pia colla parentem,
Præferat ut veteres feralis pompa triumphos,
Ut resonent cantu tristi fora, totus ut ignem

pham illam ingressum, sed occiso Pompeio in litus nocte egressum fuisse. BURM.

722. *Discolor.* Licet parvam lucem emitteret luna, subalbicabat tamen maris facies; ideoque corpus, lividum jam et nigricans, ob diversum colorem conspici potuit. ED.

724. *Eripiente mari.* Refluo, et quasi eripere volenti.

725. *Fluctus.* Veniliam, sive fluxum, qui cadaver sublevaret et expelleret in litus.

726. *Sedit.* Truncus Pompeii, qui tandem in siccum pervenerat. ED.

727. *Effudit.* Mos lacrymas in vulnera fundendi sæpe veteribus memoratus. Stat. Theb. III, 129 : «Vulneraque alta replent lacrimis.» Noster IX, 55. OUD.

728. *Obscuraque sidera fatur.* Ut modo vs. 721.

729. *Non pretiosa*, etc. Non poscit exsequiarum pompam et dona,

qualia funeribus felicium cumulate infunduntur. Cf. Virg. Æn. VI, 224 sq.

730. *Pinguis.* Opponitur τῷ *siccos ignes* inf.

731. *Ut ferat.* Repetendum est e præc. *non petit.* — *Eoos fumus odores.* Arabicos, Indicos, Panchæi turis odores, cum corpore adustos.

732. *Ut Romana suum.* Non ut tamquam pater patriæ efferatur, a nobilissimis civibus feretrum subeuntibus. — Respicit forsitan funus Metelli qui a filiis ad rogum latus est. BURM.

733. *Præferat ut veteres.* Non ut in funebri pompa præferantur rerum gestarum tituli et insignia, non triumphorum suorum imagines.

734. *Cantu tristi fora.* Epicediis et næniis deplorantium ad tibiam. — *Totus ut ignem.* Ut militari more exercitus rogum circumeat. Cf. Virg. Æn. XI, 188.

Projectis mœrens exercitus ambiat armis.   735

Da vilem Magno plebeii funeris arcam,

Quæ lacerum corpus siccos effundat in ignes.

Robora non desint misero, nec sordidus ustor.

Sit satis, o Superi, quod non Cornelia fuso

Crine jacet, subiciqne facem complexa maritum   740

Imperat; extremo sed abest a munere busti

Infelix conjux, nec adhuc a litore longe est. »

     Sic fatus, parvos juvenis procul adspicit ignes,

Corpus vile suis, nullo custode cremantes.

735. *Projectis armis.* Demissis: nam ad terram hastas invertebant. Immo etiam intelligit Lucanus vel arma in rogum, quem ambiebant, jacta (hunc ritum luctus in funere ducis adhibere milites observavit J. Rutgers. var. lect. VI, 19, et Kirchm. de Funer. III, 3); vel, ut Burm. arma protensa, porrecta, quia hic agitur de militari decursione, in qua per speciem et simulacrum pugnæ scutum et ensem in hostes extendunt, intentant. Sic Liv. VII, 10, dixit *projicere lævo scutum.* ED.

736. *Plebeii funeris arcam.* Orcinianam spondam, popularem sandapilam, qua plebeii vilesque efferebantur. Horat. Serm. I, 8, 9 : « angustis ejecta cadavera cellis Conservos vili portanda locabat in arca. » Nobiliores aliter in lectica sive lecto et toro ad rogum odoratum deferebantur et plerumque cum ipso illo feretro in ignem imponebantur.

737. *Siccos effundat in ignes.* In quos nulla conjiciuntur aromata.

738. *Robora non desint misero.* Ligna quibus uratur. — *Sordidus ustor.* Vespillo saltem.

739. *Quod non Cornelia fuso.* Quod non adest mariti funeri Cornelia, quæ virum defleat fuso crine, humum verrens, solo pectus affligens, etc. Cf. Nostrum, II, 31.

740. *Subicique facem.* Subjici facem funebrem, quod officium defuncto præstabant necessitudine devincti, sed aversa facie. Virg. Æn. VI, 223 : « subjectam more parentum Aversi tenuere facem.» — *Complexa maritum.* Notat amentiam doloris, quæ complexa maritum facem subjici jubet, quasi individua a marito simul uri vellet. BURM.

741. *Munere busti.* Dolet Cordus Corneliam ultimum hoc marito officium non præstitisse. Multi legunt *funere,* nec rejicerem; sed B. post discursum longiorem neutrum probat. ED.

742. *Nec adhuc.* Ut posset interesse funeri, si fortuna pateretur.

743. *Juvenis.* Cordus. Cf. Disq. var. sub n. 715 fin.

744. *Vile suis.* Neglectum, non custoditum suis, et incenso tantum igne statim relictum. — *Cremantes.* Recte Burm. in præfatione, p. 42, observat his designari Ægyptii cu-

Inde rapit flammas „ semiustaque robora membris 745
Subducens, „ Quæcumque es„ ait, neglecta, nec ulli
Cara tuo, sed Pompeio felicior umbra,
Quod jam compositum violat manus hospita bustum,
Da veniam : si quid sensus post fata relictum est,
Cedis et ipsa rogo, pateriaque hæc damna sepulcri, 750
Teque pudet, sparsis Pompeii manibus, uri. »
   Sic fatur : plenusque sinus ardente favilla
Pervolat ad truncum, qui fluctu pæne relatus
Litore pendebat. Summas dimovit arenas,
Et collecta procul laceræ fragmenta carinæ   755
Exigua trepidus posuit scrobe. Nobile corpus
Robora nulla premunt, nulla strue membra recumbunt :

jusdam corpus, nam romanum hic *suos* habuisse vix credibile videatur : peccare autem Lucanum contra historiam, quippe quod Ægyptii nec cremare mortuos, nec fodere fas esse putarent, teste Mela I, 9. ED.

745. *Inde rapit flammas.* Ab illo rogo, ex illis ignibus.

747. *Felicior umbra.* Quia rogum nacta es. Male omnino Oudend. qui vult felicem esse umbram, quod ejus bustum ab hospite violetur, scil. ut vir ipso tam longe major iisdem ignibus cremari possit. ED.

747. *Quod jam.* Ignosce mihi rogum tuum violanti. — *Compositum.* Cadaver jam in cineres collapsum et quod sui urna condere neglexerant, subducto reliquo adhuc parvo igne se violare fatetur. Vel potius *compositum bustum* cape de rogo exstructo et parato vili illi cadaveri, quod violat antequam penitus sit igne consumptum. BURM.

750. *Cedis et ipsa rogo.* Hoc statim subjicit, quasi umbra veniam dedisset et annuisset. BURM. — *Damna sepulcri.* Faces rogo subtractas, pyræ reliquias.

751. *Sparsis Pompeii manibus.* Inhumatis, adeoque errantibus per ripas Stygis, ut Æn. VI, 329, vel fluctu jactatis. GROT. — Immo sane, reliquiis ejus hinc inde jacentibus, quam cadaver non modo abjectum sit, sed caput etiam rescissum. ED.

752. *Plenusque sinus.* Ipse sinu vestis, arena, ut verisimile est, strato, pruinas ardentes ferens.

754. *Pendebat.* Quia litus undis est altius, truncus in litore super æstum videtur pendere. ED.

755. *Collecta.* Supra, ad vs. 715.

756. *Exigua scrobe.* Cordus hic sub Pompeio parum profundam facit scrobem, dimotis tantum summis arenis, et ad latera ejus e fragmentis laceræ carinæ parvam struem confi-

Admotus Magnum, non subditus, accipit ignis.

Ille sedens juxta flammas, « O maxime, dixit,

Ductor, et Hesperii majestas nominis una,   760

Si tibi jactatu pelagi, si funere nullo

Tristior iste rogus; manes animamque potentem

Officiis averte meis; injuria fati

Hoc fas esse jubet; ne ponti bellua quidquam,

Ne fera, ne volucres, ne sævi Cæsaris ira   765

Audeat : exiguam, quantum potes, accipe flammam,

Romana succense manu. Fortuna recursus

Si det in Hesperiam, non hac in sede quiescent

Tam sacri cineres : sed te Cornelia, Magne,

Accipiet, nostraque manu transfundet in urnam.   770

Interea parvo signemus litora saxo,

Ut nota sit busti; si quis placare peremptum

Forte volet, plenos et reddere mortis honores ;

Inveniat trunci cineres, et norit arenas,

Ad quas, Magne, tuum referat caput. » Hæc ubi fatus,   775

---

cit, cui ignem admovet. ED. — *Nobile corpus*, etc. Hic hypallagen vident, quia nusquam legimus cadaveri imposita ligna : Burm. malit legere *premit;* cui assentiar. ED.

760. *Una.* Sc. o Pompei, qui quondam solus nominis Romani majestatem expressisti. ED.

763. *Officiis averte meis.* Si tam vile videtur hoc bustum , ut forsan funere carere malles, ignosce tenuitati hujus officii mei; noli advertere funeris exilitatem. — *Injuria fati.* Indignum quidem et pæne inlicitum est, quod sic humaris; sed necessitas fati, quæ in has adduxit angustias, fa-

cit ut hæc sepultura non debeat despici. SCH.

767. *Recursus.* Reditum mihi felicem in Italiam.

770. *Nostraque manu.* Sc. in Italiam translatos et a me acceptos cineres ipsa transfundet. BURM.

772. *Ut nota sit.* Ut denotet locum busti, ut indicio sit quærentibus. Vereor tamen ut bene Burmannus hoc tantum intellexerit de titulo, quo saxum signatur v. 793 : « Hic situs est Magnus. » ED. — *Placare peremptum.* Justa et inferias rite solvere.

774. *Et norit arenas.* Sciat qua

Excitat invalidas admoto fomite flammas.

Carpitur, et lentum Magnus destillat iu ignem,

Tabe fovens bustum. Sed jam percusserat astra

Auroræ promissa dies; ille, ordine rupto

Funeris, attonitus latebras in litore quærit.   780

   Quam metuis, demens, isto pro crimine pœnam,

Quo te fama loquax omnes accepit in annos?

Gondita laudabit Magni socer impius ossa.

I modo securus veniæ, fassusque sepulcrum

Posce caput. Cogit pietas imponere finem   785

Officio : semiusta rapit, resolutaque nondum

Ossa satis, nervis et inustis plena medullis

Æquorea restinguit aqua, congestaque in unum

litoris parte jaceat sepultum corpus, et quo referendum sit caput, quod his cineribus deest. ED.

777. *Destillat in ignem.* Collapsus in cineres.

778. *Tabe fovens.* Adipe, qui nutrit incendium. — *Percusserat.* Hebetaverat, nondum fugaverat, sed, ut fugam pararent, percusserat radiis suis adhuc languidis. BURM.

779. *Auroræ promissa dies.* Sabellicus exponit, ut ab Aurora intelligatur dies promitti illius splendore : quasi legatur *Aurora*, ut habent duo codd. Oudend. sed potest capi *Auroræ* (dativo casu) promissa dies, quæ eam sequi debet ex ordine naturæ. Cf. Disq. var. ED. — *Rupto.* Interrupto, non continuato consummatoque funeris officio.

781. *Quam metuis, demens.* Non potest non exclamare poeta in timiditatem Cordi; qui fugit adventante luce, quasi pœnam ob malam noxam

meritus fuisset. HORTENS. — *Crimine.* Sc. sepulti Pompeii; per antiphrasin. Burm. explicat, violati rogi alterius. Frigide et contra sensum. ED.

782. *Fama accepit in annos.* Scil. ab illo tempore ad poetæ ætatem, et deinceps in omnes annos prædicandum. BURM.

783. *Socer impius.* Ipse Cæsar.

784. *Fassusque sepulcrum.* Confessus, quod sepulcrum Pompeio moliris, exige caput ejus, ut pariter cum corpore contegatur. SCHOL.

785. *Cogit pietas.* Metum tandem Cordo excussit pietas, prorepitque ad absolvendum funeris officium.

787. *Inustis.* Non absumptis igne, sed intra ossa liquefactis.

788. *Æquorea restinguit aqua.* Quæ lacte et vino exstingui perfundique oportuit. Cf. Virg. Æn. VI, 227. De more colligendi ac componendi ossa plura apud Homerum invenias, in primis Iliad. Ψ, 250 sqq. Ω, 791 sqq.

Parva clausit humo : tum ne levis aura retectos

Auferret cineres, saxo compressit arenam :   790

Nautaque ne bustum religato fune moveret,

Inscripsit sacrum semiusto stipite nomen :

Hic situs est Magnus. Placet hoc, Fortuna, sepulcrum

Dicere Pompeii, quo condi maluit illum,

Quam terra caruisse socer? Temeraria dextra,   795

Cur obicis Magno tumulum, manesque vagantes

Includis? situs est, qua terra extrema refuso

Pendet in Oceano : Romanum nomen, et omne

Imperium Magno est tumuli modus. Obrue saxa

Crimine plena Deum : si tota est Herculis Œte,   800

---

789. *Retectos.* I. e. per ventum ablata humo nudatos.

791. *Bustum.* Id est, saxum, quo signabatur busti locus. — *Moveret.* Summum semper scelus habitum fuit, violasse sepulcrum. Lex inquit : ubi corpus mortui hominis condas, locus sacer esto.

793. *Hic situs est Magnus.* Appianus refert aliud inscriptum carmen: Τῷ ναοῖς βρίθοντι πόσῃ σπάνις ἔπλετο τύμ6ου.« Vix caperet templum quem parva recondit arena. » — *Placet hoc.* Acerbus sarcasmus. Val. Max. I, 8, 9 : «Ipsi fortunæ erubescendum rogum. »

794. *Condi maluit.* Optant quidem infensissimi homines ut, quem oderint, insepultus jaceat. Sed tam vile, tam Pompeio indignum est istud sepulcrum, ut malit Cæsar illum sic condi, quam sepultura carere. Aliter enim nescio quid magni haberet ille Pompeii exitus, si omnibus ignotum foret quo evaserint ejus reliquiæ. Et tunc *vagantes* manes, qui non poterant expiari, ut ait Burm.

semper Cæsari graves fuissent. Ed.

795. *Temeraria dextra.* Verba poetæ increpantis Cordum de sepulcro et inscriptione sollicitum : quippe quod Pompeio angustum sit monumentum, cui totus a se triumphatus orbis est tumulus.

796. *Obicis.* Objicis, interponis, ut premantur manes.

797. *Situs est.* Non *hic* (vs. 793), sed in toto orbe, usque ad extremos fines, qua terra *pendet* abrupta et præceps *in Oceano refuso*, diffuso late et extento, ut exponit Heyn. ad hæc verba Virgil. Æneid. VII, 225 : « Si quem tellus extrema refuso Submovet Oceano. » Burm. *pendet* dictum vult, quia undique cincta aquis in medio quasi pendere videtur. Ed.

799. *Obrue saxa Crimine plena Deum.* Terra obrue, o Corde, saxum hoc tuum, Diis potius inclementiæ, quam Pompeio sepulcri notam futuram ; cui si signum hoc amoveas, tota Ægyptus loco tumuli erit, perinde ac mons Œta Herculi, aut Nysa Baccho.

Et juga tota vacant Bromio Nyseia; quare
Unus in Ægypto est Magni lapis? omnia Lagi
Rura tenere potest. Si nullo cespite nomen
Hæserit, erremus populi, cinerumque tuorum,
Magne, metu nullas Nili calcemus arenas.   805

   Quod si tam sacro dignaris nomine saxum;
Adde actus tantos, monumentaque maxima rerum :
Adde trucis Lepidi motus, Alpinaque bella,
Armaque Sertori, revocato consule, victa,
Et currus, quos egit eques; commercia tuta   810
Gentibus, et pavidos Cilicas maris : adde subactam
Barbariem, gentesque vagas, et quidquid in Euro

801. *Nyseia juga.* Cf. ad I, 65.

802. *Magni lapis.* Alii *Magno*, deleto *est.* Cur unus tantum lapis Pompeii memoriam teneat? Immo tota Ægyptus ejus nomine plena, et quasi sacra sit. ED.

803. *Nullo cespite. Cespite* hic de quacumque parte terræ Ægyptiacæ capiendum.

804. *Erremus populi.* Migremus omnes ex Ægypto, eamque universam, tanquam religione et veneratione Diis Manibus Pompeii consecratam, linquamus. — Nolim hunc sensum verbi *erremus* admittere; dubius tamen valde sum, quomodo capiam. An huc illuc eamus incerta quærentes tumuli vestigia? An, quicumque adibunt Ægyptum, non transeant expedito cursu, sed velut errantes in luco, et loci religione detenti vix arenam Pompeio sacram calcare audeant? ED.

806. *Dignaris.* Male Hortensius hæc accipit quasi ad Magnum dicta sint; pergit vero Noster alloqui Cor-

dum, jubetque, ut saltem tot res a Pompeio gestas saxo inscribat, quarum præclara exstant monimenta. ED.

808. *Lepidi motus.* Quos Pompeius oppressit. SCH. — *Alpinaque bella.* Lepidus, Consul improbus, provinciam Galliam citra Alpes armis occupaverat, Marianæ factionis hæres. Lib. II, 547. ED.

809. *Armaque.* II, 549. — *Consule.* Metello, Numidici filio, qui impar adversus Sertorium videbatur.

810. *Currus, quos egit eques.* Cf. VII, 14 et h. lib. 25. — *Commercia.* Quod purgato piratis mari mercandi securitas restituta est. ED.

811. *Pavidos Cilicas maris.* Cf. II, 576. Acute dicit, effecisse Pompeium, ut piratæ timerent maria, in quibus ipsi ante grassabantur. SCHOL. — Vel quia expulsi jam non audent mare tentare; vel quia desueti pavent ad ejus conspectum. ED.

812. *Barbariem.* Barbaras nationes, devicto Mithridate, Ponticos, Armenios, Paphlagonas, Cappado-

Regnorum, Boreaque jacet. Dic semper ab armis
Civilem repetisse togam; ter curribus actis
Contentum patriæ multos donasse triumphos.   815
Quis capit hæc tumulus? surgit miserabile bustum
Non ullis plenum titulis, non ordine tanto
Fastorum : solitumque legi super alta Deorum
Culmina, et exstructos spoliis hostilibus arcus,
Haud procul est ima Pompeii nomen arena,   820
Depressum tumulo, quod non legat advena rectus,
Quod nisi monstratum Romanus transeat hospes.

    Noxia civili tellus Ægyptia fato,
Haud equidem immerito Cumanæ carmine vatis
Cautum, ne Nili Pelusia tangeret ora   825

---

cas. — *Gentesque vagas.* Scythas, Nomadas. — *Quidquid in Euro.* Albanos, Hiberos, Basternas, Syros, Judæos, omnesque gentes Orientales a Mæotide palude ad Rubrum mare.

813. *Dic semper ab armis.* Cf. similia fere ad IX, 199 sq.

814. *Ter curribus actis.* Cf. VII, 685. Non plures tribus triumphis postulasse, per quem toties Roma triumphavit. ED.

816. *Quis capit hæc tumulus?* Quis satis amplus foret inscribendis tot titulis! at ecce miserabile bustum, etc. Vel, nunc vero quis tumulus tanti viri gloriam continet? bustum scilicet miserabile cum ignobili saxo. Burmannus male, opinor, verba sic jungit: miserabile bustum non surgit plenum titulis ullis; quamquam aliter *surgit* displiceat. Vide Disq. var. ED.

817. *Ordine tanto.* Ordo fastorum est continuata series magistratuum et imperiorum, quibus ornatus implevit fastos, ut supra, v. 269. BURM.

819. *Solitumque legi.* Nomenque illius, quod inscribi solebat summis Deorum culminibus, arcubus triumphalibus, nunc juxta terram, in depresso tumulo inscriptum est. — *Arcus.* Male theatra intelligit Bersm. sunt victoriæ monumenta de manubiis hostium facta. OUD.

821. *Rectus.* Nisi inclinet se ad legendum.

823. *Noxia civili tellus.* Apostrophe ad Ægyptum, adjecta imprecatione.

824. *Haud equidem immerito.* Exitium illud Romanis impendere, e carmine Sibyllino interpretati sunt xv viri, si Ptolemæus Auletes a Gabinio, qui tum Syriæ præfuit, ex auctoritate Pompeii et S. C. reduceretur, de qua re Cic. multa in lib. I, Epist. ad Div. Poeta refert ad rem Pompeii præsentem.

Hesperius miles, ripasque æstate tumentes.

Quid tibi sæva precer pro tanto crimine tellus?

Vertat aquas Nilus, quo nascitur orbe, retentus,

Et steriles egeant hibernis imbribus agri,

Totaque in Æthiopum putres solvaris arenas. 830

Nos in templa tuam Romana recepimus Isin,

Semideosque canes, et sistra jubentia luctus,

Et quem tu plangens hominem testaris Osirim:

Tu nostros, Ægypte, tenes in pulvere Manes.

   Tu quoque, quum sævo dederis jam templa tyranno,

Nondum Pompeii cineres, o Roma, petisti: 836

---

826. *Ripasque æstate tumentes.* Id est, fluvium supra ripas tumentem æstate. Cf. X, 228 sqq. Alii *carentes*, quod Gron. nequidquam defendit. ED.

828. *Vertat aquas.* Retorqueat a meatu solito, rediturus illuc, unde descendit, et tunc ibi retineatur. Cf. I, 20.

829. *Hibernis imbribus agri.* Tempestuosis inundationibus: rarissime enim pluit in Ægypto. — Optat poeta, ut æstate Nilus non crescat, nec fecundos reddat agros, et ut ita steriles non tamen recreentur imbre et pluviis per hiemem; sed ut tota Ægyptus dissolvatur in aridas arenas, Æthiopum similes. Male *solvaris* ad eruptionem Nili circa Æthiopiam refert Hortensius. OUD.

831. *Nos in templa.* Nos recepimus sacra vestræ Isidis Romam translata, cui in campo Martio templum constituimus cum novem dierum sacrorum ceremoniis. Erant et plures Isidis ædes. — Cf. Alex. ab Alex. VI, 8, et Rosin. Ant. Rom. II, 22. De hac Dea jam dictum ad VI, 362. ED.

832. *Semideosque canes.* Anubin, Deum canino capite pictum. Cf. Virg. Æn. VIII, 598. — *Sistra jubentia luctus.* Crepitacula ex ære aut argento: adhibita in sacris Isidis, modum luctus indicentia.

833. *Quem tu plangens.* Cujus obitum plangendo, hominem non deum testaris fuisse Osirim, regem Ægypti a Typhone fratre cæsum, ab Iside uxore diu quæsitum. Diod. Sicul. lib. I. De cujus cultu apud Ægyptios disserit Joan. Seldenus Syntagm. I de Diis Syris, c. 2, 3 et 10.

834. *Nostros.* Nobis colendos, tamquam Deos.— *Tenes.* Retines, nec nobis reddis. — *Manes.* Pompeii.

835. *Tu quoque.* Apostrophe ad Romam, immemorem Pompeii et ingratam. — *Tyranno.* Cæsari; cui in numerum Deorum relato Augustus templum consecravit et divinos honores instituit.

836. *Petisti.* Ex Ægypto scil. Romam transferendos. Sic pariter nunc de recuperandis magni Napoleonis ossibus Lutetia personat. ED.

Exsul adhuc jacet umbra ducis. Si sæcula prima
Victoris timuere minas; nunc excipe saltem
Ossa tui Magni, si nondum subruta fluctu
Invisa tellure sedent. Quis busta timebit?   840
Quis sacris dignam movisse verebitur urnam?
Imperet hoc nobis utinam scelus, et velit uti
Nostro Roma sinu : satis o nimiumque beatus,
Si mihi contingat manes transferre revulsos
Ausoniam, si tale ducis violare sepulcrum.   845
Forsitan aut sulco sterili quum poscere finem
A Superis, aut Roma volet feralibus Austris,
Ignibus aut nimiis, aut terræ tecta moventi :

837. *Jacet.* Negligitur, nullo honore colitur. Cave ne *umbram* pro
cadavere accipias; animam notat, quæ
in Deos referri debuit. ED. — *Si sæcula
prima.* Quod si metu Cæsaris, quoad
vixit, hoc officio supersederis, quin
nunc tandem excipis Pompeium tuum.

840. *Invisa tellure sedent.* Ægypto, terra infesta, quia ibi trucidatus
fuerit Pompeius. — *Quis busta timebit.* Eritne aliquis qui busta violare
timeat? *Busta*, hic est humile Pompeii sepulcrum, cujus violati pœnam
se Lucanus non metuere ait. ED.

841. *Urnam.* Ossa semiusta et cineres, quæ urnis condi solita. Alii
umbram hic legunt. — Sed *movere
umbram* vix dici posse puto : nec *urnam* rejiciendum videtur, quia Cordus nulla urna cineres Pompeii condidit. Nam si illi cineres collecti Romam deberent transferri, debuissent
prius condi in urnam, et ita Romam
transportari, quod est *movere urnam*,
alio transferre. BURM. — *Sacris dignam.* I. e. quæ colatur divinis ho-

noribus et suo templo reponatur. ED.

842. *Nobis utinam scelus.* Mihi
honori et pio officio futurum, quod
illi pro scelere habent. Hoc enim præ-
texebant ingrati cives.

843. *Sinu.* Ossa suorum peregre
defunctorum amici solebant in sinu
referre. Cf. Martial. IX, 31 ; Sen. Cons.
ad Helviam, cap. 2; Ovid. Met. XIII,
426; Tacit. Annal. II, 75.

844. *Manes transferre.* Cineres illius transferre in Italiam.

845. *Tale.* Tam humile, abjectum,
et tanto duce indignum. Volunt quidam *Ausonii*; sed cujus gentis sit dux
vix necesse erat addere. ED.

846. *Forsitan.* Erit, credo, tempus, ubi ad avertendam sterilitatem,
pestem, incendia, aut terræ motum,
consulta oracula docebunt Pompeii
ossa et cineres ex Ægypto transferen-
da in Urbem : ita demum cessuram
iram Deorum. Vide V, 109. — *Sulco sterili finem.* Sterilitatis finem.

847. *Feralibus.* Pestiferis ventis.

848. *Ignibus.* Incendiis. Sic in-

Consilio, jussuque Deum transibis in urbem,

Magne, tuam, summusque feret tua busta sacerdos. 850

Nam quis ad exustam, Cancro torrente, Syenen

Ibit, et imbrifera siccas sub Pliade Thebas

Spectator Nili; quis rubri stagna profundi,

Aut Arabum portus mercis mutator Eoæ,

Magne, petet, quem non tumuli venerabile saxum, 855

Et cinis in summis forsan turbatus arenis

Advertet? manesque tuos placare jubebit,

Et Casio præferre Jovi? Nil ista nocebunt

Famæ busta tuæ; templis, auroque sepultus

Vilior umbra fores : nunc est pro numine summo, 860

---

cendia cum terræ motibus junxit jam, lib. I, 493, et VII, 413. Burm. tamen capit de fulminibus, vel de nimio æstu solis, ut IX, 375 : « Nimios metuentibus ignes. » ED.

849. *Transibis.* Revocabere.

850. *Summusque feret.* Cineres feret pontif. max.

851. *Nam quis.* Hæc equidem futura confido; nam interea semper maxima veneratio memoriam tuam sequetur; et quicumque in Ægyptum navigabunt, adoranda quærent tumuli tui vestigia. ED. — *Syenen.* Cf. II, 587; et vide not.

852. *Imbrifera siccas.* Thebas Ægyptiacas, in exusta regione siccas, quamvis subjectæ sint Tauro signo Zodiaci : in cujus humero septem stellæ dictæ Pleiades, seu Virgiliæ, quæ Virg. Æn. I, 744; III, 516, *pluviæ* dicuntur. Unde et illis nomen Hyades. Ovid. Fast. V, 166 : « Navita eas Hyadas Graius ab imbre vocat. » Ab ὕω: pluviam enim ortæ inducunt.

853. *Spectator.* Sc. cupiens spectare Nilum vel ejus fontes. Cf. ad Nemes. Cyneg. 68. — *Rubri stagna profundi.* Maris Erythræi. — Conf. notas ad Senec. Herc. Fur. 903, et Thyest. 371. ED.

854. *Mercis mutator Eoæ.* Qui merces mutat sub sole recenti.

857. *Advertet?* Ita recte MSS. Alii *avertet.* Res *advertere* aliquem dicitur, quum ejus oculos ferit, vel animum movet. Cinis autem forsan turbatus in summis arenis hunc viatorem religione movebit, et jubebit manes placare. BURM.

858. *Casio.* Qui in monte Casio colitur. Vicinum autem Casio monti hoc sepulcrum fuisse monet Salmas. ad Solin. c. 24. — *Præferre Jovi?* Potius visere, quam ejus templum.— *Ista nocebunt.* Utcumque humilia et vilia.

860. *Nunc est pro numine summo.* Fortuna quodammodo ipsa hic cum Pompeio, cui semper faverat, sepulta. GROT. — Vide Disq. var.

Hoc tumulo Fortuna jacens : augustius aris

Victoris Libyco pulsatur ab æquore saxum.

Tarpeiis qui sæpe Deis sua tura negarunt,

Inclusum Thusco venerantur cespite fulmen.

Proderit hoc olim, quod non mansura futuris   865

Ardua marmoreo surrexit pondere moles.

Pulveris exigui sparget non longa vetustas

Congeriem, bustumque cadet, mortisque peribunt

Argumenta tuæ. Veniet felicior ætas,

Qua sit nulla fides saxum monstrantibus illud;   870

Atque erit Ægyptus populis fortasse nepotum

Tam mendax Magni tumulo, quam Creta Tonantis.

---

861. *Augustius*. Saxum hoc Pompeii in litore undis adlisum augustius est, quam *aræ victoris*, i. e. templum Cæsari dicatum.

863. *Tarpeiis qui sæpe Deis*. Sic qui Diis Capitolinis, Jovi, Junoni, Apollini, Minervæ, Marti negarunt sacrificia, iidem venerantur molem terream, cui ab aruspice inclusum est aliquid, quod erat fulminatum. Supra I, 606: « Aruns dispersos fulminis ignes Colligit et terræ mœsto cum murmure condit. » Et apud Plin : « Hominem fulmine exanimatum cremari fas non est : condi terra religio tradidit. » Grot.

864. *Thusco cespite*. Intelligit Broukhus. aram Thusco ritu positam, in qua bidental. Augures celeberrimi ex Etruria. Alii legunt *fusco*, et *numen*; sed male. Ed.

865. *Proderit hoc olim*. Bene tibi cedet, quod tam vile et cito interiturum nactus es sepulcrum, sterneturque tibi ad immortalitatem gradus, ita ut Ægyptiis de sepulcro tuo, nusquam tamen comparente glorienti-

bus, non majorem fidem posteri sint habituri, quam Cretensibus habita est de Jove apud eos sepulto : unde vana et mendax dicitur Creta, quasi vero Dii sint mortales : vide J. Seldenum in Titulis honorum, l. 1, c. 7. Callimach. hym. I, 8: Κρῆτες ἀεὶ ψεῦσται. — *Mansura futuris*. Id est, posteris ; vel futuris temporibus. Alii dant *mans. sepulcri*, quod ex glossa natum, si Oudendorpio credamus. Ed.

867. *Pulveris exigui congeriem*. Horatius Carm. I, 28, 3, melius dixit *pulveris exigui munera*, quam hic *congeriem*.

868. *Peribunt argumenta*. Nihil remanebit, quo tuum corpus usquam sepultum jacere, et te mortuum esse constet. Ed.

869. *Felicior*. Nostra vero infelix, quæ dubitare non potest.

871. *Populis nepotum*. Sc. gentibus futuris. Elegantissima locutio.

872. *Mendax tumulo*. Id est, mendaciter sepulcro Pompeii gloriari videbitur. Cf. not. 865. Ed.

IN LIBRUM OCTAVUM

DISQUISITIONES VARIÆ.

***

27. *Meminisse piget.* Sic vulgo; Bersm. tres *pudet :* quod mutatum non oportuit. Scopus Lucani est ostendere, quantopere puduit Pompeium hujus cladis : quem pudorem auget recordatio pristinarum victoriarum; unde sequitur *Dedecori est Fortuna prior.* Oud.

35. *Trepidum.* Legitur et *Magnum*, unde Burm. jungere olim volebat *magnum altum*, ut *magnum mare*, etc. Mihi etiam placet *Magnum*. Sed de ipso Pompeio malim intelligere. Videtur auctor eleganter captasse nomen Pompeii *Magnum*, ut vehementius lector commoveretur ad tantam Fortunæ vicissitudinem, qua Magnus ille Pompeius cogitur fragili, et parva, et fluviatili nave aufugere : quasi cum Justino diceret, lib. II, c. 13 : « Erat res spectaculo digna, et æstimatione sortis humanæ, rerum varietate mirandæ, in exiguo latentem videre navigio, quem paullo ante vix æquor omne capiebat, etc. » Mox satis ostendit auctor, illum fuisse *trepidum*, v. 39. Oud.

38. *Cilicum dominus.* Nihil mutant libri; sed distinctione posita post *Leucadii*, ut jam veteres ed. Gryph. etc. habent, legerem nova sententia : « Cilicum domitor, terræque Liburnæ Exiguam, etc. » Nam *dominus* vix posset dici, nisi admodum invidiose, quia ex Cilicia deductos colonos in exercitu habuit, lib. VII, 222; aut quia coloniam Pompeiopolim deduxerat : sed domitor vere dici potest, ut lib. II, 594 : « Cilicasque feros, Taurosque subegi. » Cl. Dorvillius suspicabatur eum Cilicas in Illyricum transtulisse, ex lib. IV, 449 : sed hoc verum, si eos inter auxilia Pompeii capiamus, non si sedes ibi fixas accepisse a Pompeio statuamus (vid. et lib. III, 228, et alib.). Forte latet nomen alterius regionis vel gentis, si liceret, *Epiri dominus terræque Liburnæ*, quia Cæsare in Thessaliam quasi fugiente, has regiones ut dominus videbatur obtinere, tunc sensus planior esset : nam, si jam Cilicum dominus posset dici, an etiam terræ Liburnæ recte jungitur? nisi quis cum Hamb. pr. et Rich. e nostris, et tribus Cortii, *Victor*, vel cum sex aliis, *rector* legat, et *terræ Liburnæ Victor*, vel

rector jungat cum quibusdam interpretibus. Liburnia hic latius pro toto Illyrico debet capi, quia inde repulerit quasi Cæsarem, et coegerit in Thessaliam abire, et classe teneret omnem Illyridis oram: aliter numquam, quod sciam, Liburniam tenuit, quæ diu a Romanis subacta fuerat: sed *vector* hic retineri debet, ut privatus enim, et quivis viator et vector in navem correpsit. BURM.

39. *Vector correpsit.* Legit male Sulpit. *rector:* ipse enim non regebat naviculam. Nisi malis nomen *Rector*, cum genitivo, *Terræ Liburnæ* construere, ut sit: *Rector*, sive dominus *terræ Liburnæ.* Cf. not. præc.

48. *Vides.* Alii legunt *videt*, et deinde *audet.* Quod præfero. Concinnior enim videtur oratio, si post primam Corneliæ adlocutionem decore redit ad narrationem, qua per ejus trepidationem abrupta, rursus se ad ipsam convertit. Similis error in vulgatis est, lib. IX, 1062. OUD.

51. ...*Sed nunc tibi summa pavoris.* Repone ipsius sententiæ jussu ac fide: « sed *non*, tibi summa pavoris, Nuntius, etc.» Quid ratis ferat, ignoras: tu id tantum metuis, ne tristis nuntius de victo marito veniat: *Non ita est*, sed quod numquam metueras, ipse adest primus fortunæ suæ nuntius. BENTL.

124. *Accipe, ne Cæsar rapiat; tu victus habeto.* Versus abest a vetustissimis et optimis MSS. cf. Heins. Advers. I, 16, p. 165, nec non ab editt. vett. legitur tantum in Reg. I, Marp. Voss. 6, in marg. Witt. a man. rec. et in nonnullis Pulmanni atque Burmanni. Sine dubio spurius est et textui illatus, vel ex notula ortus ad v. *accipe*, quæ ita habebat: *accipe, ne Cæsar rapiat* vel *habeat*, unde alius versum mutilatum, additis vv. *tu victus habeto*, supplevit; vel, quod ego malim, sciolus aliquis sententiam amplificavit et Lucanum de suo ditatum voluit, quod indicare videtur v. *Accipe* ab initio positum et positio totius versus. Etenim anaphora neque apta in hac sententia, neque, si foret Lucani, post verba *tota....* Lesbo, quibus sententia clauditur, sequeretur. Præterea displicet sententia totius versus; denique verba cum sqq. non satis apte cohærent, quæ melius prioribus conjunguntur. Deleamus igitur versum, quem consensus fere omnium codd. damnat, neque Scholiastæ explicant. WEB.

157. *Submissa nimis.* Nequaquam persuadere mihi possum, ita Lucanum scripsisse, saltem ut vulgo hæc verba distinguunt. *Submissus* dicitur supplex: *nimis* ergo *submissus* est homo humilis, quod dandum vitio præsertim in Cornelia, nobilissima Romana femina. Hinc inf. vs. 595: « Sed ne submissis precibus Pompeius adoret Regna sua donata manu. » Melius itaque dixisset hic auctor, *quod submissa minus*, sed tamen nemini gravis. Quare adquiesco, invitis licet MSS. omnibus, in Heinsii conjectura, *submissa animis.* OUD. — Sed hoc an possit laudi dari Corneliæ recte dubitat Burm. quia *submittere animos* fere notat *remittere* a superbia, ira aut similibus, vel se subjicere ut supplices solent; quare vulg. cum eo retinuimus. ED.

160. *Nec si quibus.* Dubitative dicit, *Si quibus*, quasi dubitet, an usquam, aut ulli sint Antipodes. Nam et hoc apud Macrobium, Augustinum, et Lactantium videre est, quos tamen Geographicorum, et Mathematicorum demonstrationes refellunt. MICYLL.—Rectius non dubitavit auctor VI; 571 : « alta Nocte poli, Titan medium quo tempore ducit Sub nostra tellure diem. » Sed nihil obstat, quo minus auctor, qui captat semper ostendere, et prodere philosophorum sententias, hic noluerit videri hujus incertitudinis, in qua tunc temporis plerique erant, gnarus. Formula autem loquendi in dubitatione est elegans, *si quis, si qua,* etc. OUD.

166. Dorvillius majorem distinctionem ponebat post æstus, ne *labor* diceretur consulere rectorem; sed si curæ adeunt urbes, cur non labor, id est laborans Pompeius, et fessus tot æstibus, consulere quoque rectorem possit a Lucano dici? Cæterum *mæstus curarum* solemni græcismo : vel *odium curarum et futuri* possent conjungi; sed non probo. BURM.

173. *Numquam stante polo.* Ego exponerem : ubi nullus est locus stabilis, unde navis ulla dirigi queat. Quemadmodum de terræ longitudine disputant Geographi. Latitudinis quidem est immobile aliquod principium, nempe polus; longitudinis nullum, nisi in diversis regionibus eodem temporis momento factas eclipses attendamus, quemadmodum Ptolemæus libro primo capite quarto Geographiæ commonstrat. *Polus* igitur hoc loco accipitur pro *cælo,* non quavis cæli parte mobili. Verum autem polum mox subjungit, quum inquit, *Axis inocciduus.* GLAR.

175. *Axis inocciduus,* etc. Cic. de Nat. Deor. II, 41 : « Hunc circum ἄρκτοι duæ feruntur, nunquam occidentes. » Ubi vide quæ notantur. Cf. etiam quæ de hoc Lucani loco exponuntur in tomo VI Poet. Lat. min. p. 271. ED.

. 176. *Hic quum mihi.* Quum e Lesbo ita navigamus, ut identidem polus Arcticus *surgat,* id est, elevetur, videlicet, ut lucidæ illæ duæ stellæ in humeris minoris ursæ (quas χορευτὰς Græcis dictas prodit Hyginus) prope super antennam appareant, tunc iter nostrum est in Pontum, et Bosphorum. Contra, quum e Lesbo ita navigamus, ut idem polus, Arctophylax, et ipsa adeo Cynosura sive ursa minor *descendant* ab summa arbore, tunc, in Syriam tendit ratis. Quasi diceret, si ad meridiem navigamus, polus Arcticus discedit a puncto verticali, quem per malum significat. Contra autem fit, si ad septemtrionem, in Pontum, inquam, divertamus. Haud me latet, quid commentatores super hac re, et scribant, et sentiant, quæ ego plane non intelligo, nec vera esse credo. Quamquam, ut verum dicam, nec difficile fuerit, etiam verum nautæ sensum cavillari, ut quum loquitur de itinere in Syriam, quod quidem non unius rationis est. Ad Gnidon enim usque procedit nautæ Theorema (id autem oppidum Cariæ, in cornu peninsulæ) quamdiu videlicet meridiem versus incedit navis. At post Gnidon, ad

Orientem deinde fit conversio, quæ poli non magnum jam discrimen habet. Verum nauta proxima quæque a Lesbo itinera respexit, non illa jam remotiora, quæ aliam accipiunt rationem. GLAR. — Jos. Scaliger (vide ad Poetas Latinos min. hujus editionis tom. VI, p. 271. sqq. ED.) nautam hic reprehendit, quod dicat navigantibus ad Syriæ portus Arctophylacem descendere ab arbore summa, «quod, inquit vir summus, non fit, nisi extra mare Mediterraneum, puta in Oceano australi. » Intelligit enim *descendere ab arbore summa*, « quum non amplius culminat, sed nave versus austrum provecta, sidus illud declinat versus arcton, » ut commode intelligitur versus occasum. Nam ubicumque culminat Arctophylax, ut in australi Syria, ibi *descendit ab arbore summa*, dum *a vertice devehitur ad occasum*, quod, ut puto, intellexit nauta Lucani, cujus verba crassius exponenda sunt; servat enim decorem Lucanus, et nautam, non Hipparchum aut Aratum inducit argutantem. JAC. PALMER.

189. *Hesperiam pelago, cœloque relinquas.* Dubium an dativi, an ablativi sint. Est vero locutio durior; quomodo enim cælo poterat relinquere Italiam? an observans sidera ab Italia diversum iter ostendentia; an ut tempestatibus, nihil juvante arte gubernandi, permittat naves. Vellem scripsisset *remo veloque relinquas*, nota locutione et proverbii specie. BURM. — Quid, si Lucani verba eodem redeant, *pelago*, id est, remis; *cælo*, id est, velis? Et illud sane magis poeticum est. ED.

195. *Asiæ.* Male quidam habent *Asinæ. Asine* castellum est Spartanorum, quod est in sinu Messenio, qui ab eo *Asineus* dicitur. Eodem modo Omnibonus hunc locum legit, et per mediam Asinam, et Chion navigasse Pomp. accipit, non animadvertens itineris rationem, atque propositum, neque etiam quantum Asiæ litus, et huic vicina Chios a Messenio, aut etiam Laconico mari distet. Non enim in Græciam, aut Occidentem versus navigabat Pomp. sed in Orientem tendebat, « Icariæ scopulos Ephesumque relinquens, et claram sole Rhodon, » ut infra sequitur. Intelligendum ergo inter Asiæ litus, et insulam Chion sinistram versus Rhodon, atque inde in Ciliciam abiisse. MICYLL. — Quod si omnino quis proprium nomen aliquod, aut insulæ, aut urbis legi hic debere contendat, malim ego *Psyriæ* legere, cujus est mentio Odyss. III, in oratione Nestoris, meminitque Strabo magnifice, lib. XIV, in Lesbi descriptione : et situs ejus huic loco non ineptus est, ut legatur : « Quas Psyriæ cautes, et quas Chius asperat undas. » GLAR. — Neque huc facere potest, quod in vetustis Pomponii Melæ editionibus inter Sporadas recenseatur *Asine*. Lib. II, c. 7, § 9. Scribendum enim illic est *Syme*, ut Vossius docuit. Immo vero licet ibi esset lectio *Asine*, nihilo tamen rectius hic diceretur secare Asines, et Chii undas. Immensum enim distant, et interjacent Icaria, Ephesus, aliæque, quas recensebit vs. 244. Beroaldum autem legisse video *Samiæ cautes*; atque ita diserte habet Marp. Cod. Sed et *Samos* post et Chion est

sita, quum debeat esse locus, inter quem et Chion secaret undas. *Asiæ*, quæ
Micylli est conjectura, recipienda quoque non est; nam, præterquam quod
verisimile non est , librarios in tam noto nomine cespitasse, et pro eo minus
notum reposuisse , nimis generale est, ut inter Asiæ cautes, et Chium possit
dici, Pompeium navigasse. Aliud itaque quærendum. MSS. Amstel. exaratum
habet *Sirie,* et in variis Grotii lectionibus est *Syriæ.* Hinc prius amicus meus
scribendum esse conjiciebat *Scyri,* nobilis insulæ, e regione Chii in *Ægæo*
mari jacentis, et scopulis celebris. Statius Achill. II, 17 : « Quum se scopulosa levavit Scyros. » Prope verum. Vel sic tamen hæc longius a Chio sita est.
Quare omnibus rite perpensis, accedo, et ille mecum, verissimæ Glareani
conjecturæ, legentis *Psyriæ cautes. Psyra* enim est insulæ Chio ab Occidente opposita, parva, sterilis, et inculta. Vide Comment. ad Steph. Byzant.
Ψύρα, νῆσος μικρὰ πλησίον Χίου, ἣν ὁ ποιητὴς Ψυρίαν καλεῖ. OUD.

199. *Mutavere sonum.* Nescio quem sonum hic velit; sed puto recte
Heinsium correxisse *sinum,* veli scilicet; quum navis et simul velum latus
mutat. BURM.

217. *Mutare. Totum mutare diem,* dixisse videtur ὑπερβολικῶς, pro, eo
usque versus Orientem proficisci , dum tempus diei propter loci distantiam,
et mundi inclinationem varietur, collatione Occidentis videlicet. Nam
Orientalibus sol citius oritur, atque apparet, quam iis, qui versus Occidentem degunt. Quidam autem pro *mutare, motare* legunt, *diemque* pro
Oriente accipiunt, κατὰ συνεκδοχὴν, eo quod ab Oriente dies procedat, ut
sit sensus : Totum commovere, atque excitare Orientem. Ut poeta alluserit
ad illud Virgilianum : « Flectere si nequeo Superos, Acheronta movebo. »
HORT. — Illud *motare* excogitatum est contra omnes Mstos a Sabellico in
Annotat. Syll. II , in T. I. Thes. Crit. p. 184. Sic autem cum aliis loqui
amat Noster, V, 107 : « Sæpe dedit sedem totas mutantibus urbes, Ut Tyriis. » Supra vs. 147 et II, 137; VI, 271. OUD.

222. *Caspia claustra. Regna* non omnino male scribitur in Voss. *Castra*
est in Oxon. pr. Rectum est *Claustra :* quamvis hoc loco non veræ Caspiæ
Pylæ, seu *Caspiarum claustra,* ut loquitur Tacit. Ann. lib. I, cap. 6, intelligi
debeant, sed Sarmaticæ, ut patet satis ex subjunctis *Alanis,* Sarmaticæ
Europææ populis, de quibus mox agemus : alii fauces versus Armeniam
intelligunt ut vs. 291 : « Caspiaque immensos seducunt claustra recessus. »
Passim omnes munitos, et angustos locos *claustra* vocant. Jam Caspii montes longissimo tractu extenduntur. Valer. Flacc. lib. V, 125 : « Quum redit
ingenti per Caspia claustra triumpho, Massageten, Medumque trahens. »
Cf. mox v. 236. OUD.

223. *Alanos.* Pompeius quum Mithridatem persequeretur, in ultimas, et
ignotas gentes penetravit. Albani , qui ad Caucasum habitant, etiam pacem

petiverunt, ut ait Plutarchus, atque inde scribit, Pompeium in Hiberos, accolas Tauri montis, multo Albanis bellicosiores movisse castra, quippe qui
ne Macedonum quidem armis olim cessissent. Quibus partim cæsis, partim
captis, ipsa gens in deditionem venit, quum rursum Albani defecisse nun-
tiantur. Quos circa Abantem amnem iterum prælio vicit Pompeius, in quo
Cosi regis frater ipsius Imperatoris manu interfectus fuit. Hinc Pompeius
ad Caspium mare, iter flexit, sed regione serpentibus infesta præsenti
conatu excussus in Tigranem belli impetum vertit. Quare crediderim, Lucanum hoc loco Albanos per Alanos significasse, elisa litera *b* e medio per
syncopen, quum dicit : « Quum sequerer duros æterni Martis Alanos.» HORT.
—Non *Alanos* pro *Albanis* per syncopen literæ *b* posuit Lucanus, sed errore suo hanc gentem *Alanorum*, quæ tum primum nomine solo videtur
Romanis innotuisse, ut ferocissima, confundens cum *Albanis*, quos una
cum Colchis, et Hiberis vicit Pompeius. Vide præter alios Florum, lib. III,
c. 5, §. 28. OUD.

225. *Late decurrere.* Alii *discurrere;* quod verbum aptius cum τῷ *late*
convenit, et innuit Pompeius, se sivisse, ut liberi per campos huc illuc
vagarentur. Inepta vero hæc Pompeii oratio est : quasi vero Parthos, si
potuisset, non debellasset, et signa ab illis repetisset. OUD. — Quia *montosa*
hæc regio, *decurrere* retineo, quia ex montibus et eorum angustiis has
gentes in campos decurrere et descendere passum se esse gloriatur Pompeius. BURM.

229. *Propior quam Persis, eram.* Perses Rottend. sec. Credo tamen locum corruptum, licet sensum non ineptum ipsi dent interpretes : nam numquam Pompeius potuit dici propior fuisse orienti soli, quam Persis, seu
Persæ erant : quum ille victo Mithridate in lævum flexerit, versus septemtrionem, et intenderit in Colchida et Albaniam iter suum. Quare inepta
hæc est gloriatio Pompeii, quam ineptior poeta ipsi adscribit. Similis error
lib. III, 230; neque etiam superato Caucaso ad alterum Caspii maris latus
versus orientem eo usque venit, ut propior orienti, quam *Perses* dici potuerit, cujus regnum usque ad fines Indiæ pertinebat. Quia vero Perses re-
fragatur legi metricæ, nec *Persis* recte cum Pompeio componitur, mallem
legere : *Jam propior, quam Parthus eram;* in eo ergo meritum, quod
illas gentes reliquerit Parthis subigendas, quas ipse, ut propior, potuisset
domare. *Parthos* et *Persas* eosdem sæpe a poetis dici, et Parthos hoc tempore exstincto regno Persico dominatos in Oriente nemo nescit. BURM.

241-43. *In dubiis tutum est inopem simulare tyranno. Quanto igitur
mundi dominis securius ævum Verus pauper agit! Dimisso in litore rege.*
Heinsio suspecta sunt, et Burmanno monachici quid spirare videntur.
Possunt salvo sensu abesse; quum tamen adsint, neque in MSS. ullum
vestigium interpolationis appareat (etenim variæ lectiones ex solenni er-

rore librariorum ortæ sunt), hæc defendere malim, quam delere. Meminisse
enim juvat, Lucanum in talibus locis sententias communes amare, sæpius
in tyrannos odio incensum invehi, passimque pauperis vitam cum alia comparatam laudare, cf. I, 166; V, 527 sqq. X, 151 sqq. Quibus considera-
tis apparet monachicum illud h. l. non adesse. Neque singula a Burm.
allata interpolationem arguunt; recte enim *mundi dominis* respectu omnium regum atque Dejotari, qui rex appellatur 212, 238; et inter terrarum dominos vs. 208 refertur. Recte *verus pauper*, quia Dejotarus simulavit inopem. Denique vv. *dimisso in litore rege*, quæ male a Burm.
intellecta cum vs. 240 convenire non videntur, Dejotarum, dimissum a
Pompeio, ad litora pervenisse, in litore fuisse notant, atque bene verbis
ipse per Icariæ scopulos respondent. Quod varias lectiones attinet; *tyrannum* pro *tyranno* vs. 241, et hinc ortum *se inopem* nullo modo defendi
possunt. *Quanto* comparativo conjunctum pro *quantum* hic, II, 517 et
IX, 508 plures MSS. præbent; eodem modo *tanto* VIII, 633; sed II,
225 in v. *multo* res incerta est. Vide de usu vv. *tantum* et *quantum* pro
tanto et *quanto* Burm. ad Ovid. Her. 18, 71; ad Claudian. I Stilich. I,
378, et de v. *multum* Vorst. ad Sulp. Sev. I, 7, p. 23. WEB.

249. *Compensat medio pelagi. Pamphylia.* Priori periodo verba
Med. pel. adscripsimus. Sunt enim opposita, *medium pelagi* et *magni
sinus.* Recte ita distinxisse Grotium liquet, ex Scholiaste, et ipsa ratione.
Pamphylia enim non jacet medio pelago. Sed Pompeius compensat gyrum
magni sinus recta via per medium pelagi. OUD.

251. *Parva Phaselis.* Civitas Pamphyliæ, ubi usus navis illius inventus
est, quam Phaselum dicimus. SCHOL. — Φασηλίς, inquit Stephanus, πόλις
Παμφυλίας, ἡ πρότερον Πιτύουσα, καὶ ὕστερον Φάρσαλος. *Parva* autem cum eodem Vossio capiendum, non de spatio loci, sed paucitate incolarum tunc
temporis: quippe quæ diruta, et deserta erat; quum fuerit olim una ex tribus
maximis Cilicum civitatibus. OUD.

253–54. *Exhaustæque domus populis... Tendens hinc carbasa rursus.*
Similitudo verborum *rarus* et *rursus* in fine vs. 252 et 254 effecit, ut hi versus duo omissi sint in cod. reg. 1, qui sanissimi salvo sensu abesse non possunt, nisi legas *tum* pro *jam*, qua tamen conjectura non opus est, quum
in versibus non insit, cur Lucano recte abjudicentur. Bene *hinc*, non *huc*
vel *hic*, quod alii habent. Hinc, i. e. inde quod ex more poetarum, qui
in hac re motum, non quietem, amant notare, defendi debet; cf. IX, 41.
WEB.

259. *Syedris.* Sic sine dubio scribendum *Syedris* cum Salmasio Plin.
Exercit. p. 542. Adde Dukerum ad Florum, l. IV, c. 2: « Pulsus Syedris,
deserto Ciliciæ scopulo.» Alii *Celendris* ut sit syncope pro Celendtris, de qua

Plin. lib. V, c. 27 : « Regio Celendiritis cum oppido. » Ptolemæus litorale oppidum facit, sicut et *Selinunta*. Aldinus codex, *Synedris* legit, quod Sulpitius irridet. Sunt denique qui intelligant consessum senatorium συνέδριον. Pessime. — Legi debere *Syedris* monuit ad Florum pridem Salmasius, pariterque corrigendum Strabonem, ubi Σύδρη. Σύεδρα sunt apud Stephanum, Ptolemæum, Acta Synodica sub Mena. GROT.

260. *Selinus*. Locus in Cilicia, ubi consilium Pompeius habiturus est. ·SCHOL. — Quidam *Selirus*. Selinus oppidum litorale, quod poeta hic fluvium facit, sicut et Strabo : hic variant manuscripti. Sed vera hæc lectio. Recte hic *Selinus* dedit Sulpitius, ut est inter alios in optimo Voss. primo. Ante *Selinis* et in plerisque MSS. al. *Salinus, Selinys. Selenus* Ascens. et Paris. *Selinus* oppidum, et fluvius quoque in Sicilia. Vide ad Virgil. Æn. III, 705. OUD.

279. *Vobis*. Alii dant *proceres*; sed vix credo Lucanum ita scripsisse ; qui sciebat, non sic a consule, vel senatus principe, aut alio ad senatum quid referente, adpellari solitos fuisse senatores. *Patres* debuisset dicere, ut l. V, et alibi recte loquitur. Verum vox hæc a glossatore prius addita in textum deinceps irrepsit pro *vobis*.

286. *Obliquo maculat qui sanguine regnum. Obliquum sanguinem* caperem de Juba et materno ejus genere, quo inferior fuit, et regium genus maculavit. Etsi vero ignoremus omnem Jubæ originem, forte inter majores ejus aliquis uxorem Carthaginiensem potuit duxisse, ut Syphax, qui Sophonisbam Hasdrubalis filiam habuit, quo victo illa cessisset in matrimonium Masanissæ, nisi increpitus a Scipione eam venenum jussisset bibere. Fingere hinc potuit Lucanus cognationem quamdam Jubæ cum familia Barcarum : nam Juba ex Masanissa descendebat. Quia vero Plutarchus Jubæ II genus ad Syphacem Herculis filium refert, unde etiam Syphax a Romanis victus descendebat, forte poeta sibi licere existimavit hanc cognationem fingere, licet vera non esset. Quidquid sit, in his tenebris, Nostrum innuisse Jubam ex aliqua Barcarum gente descendisse, et ita maculasse regium sanguinem, puto. Addit etiam, *Numidas contingit avos*, quod nunc clarius nobis, quam antiquis interpretibus, adparebit, post editam a Sponio in Erud. Antiq. monum. pag. 149, inscriptionem, unde patet Jubam fuisse filium Hiempsalis, illum Gaudæ, hunc Manastabalis, et istum Masanissæ. Heineccius vero in historiæ Juliæ part. III, pag. 345, Gaudæ filium Hiertam, et in ejus filiis fluctuans, ibi interruptam seriem, et Hiempsalem patrem Jubæ, ex aliquo Masanissæ filiorum, sed incertum quo, susceptum credit. Quidquid sit, si obliquus sanguis debeat sumi pro notho, et spurio, Noster eum, eodem modo ut Jugurtham, non ex legitima uxore, sed ex aliena natum ad Masanissam pertinere indicat. Inepte ergo Lucanus illum, ut ex posteris Carthaginiensium, imminere instar Hannibalis Italiæ fingit, quum ex socio et

amico populi Romani originem trahens, Pompeii causam, ut meliorem, tuendam susceperit, et libertatem restituere conatus sit. Hannibalem ex Numidiæ quodam rege descendere, nullo monumento probari potest, neque de eo potest dici, *regnum maculasse*, ut de Juba rege recte dicitur, si spurius fuerit. Forte etiam non proprie posset sumi Carthaginis *impia proles*; sed quod Afer fuerit, et similis Punica fraude Carthaginiensibus. BURM.

292. *Et polus Assyrias alter noctesque diesque Vertit*. Locum hunc examinat redarguitque Jos. Scal. in Prolegomenis ad Manilium, contra quem sic disserit Jac. Palmerius: hæc hyperbolice dicta, non ad oratorium, aut poeticum dicendi genus, sed ad διδακτικὸν et μαθιματικὸν canonem revocat criticus acer, quasi Pompeius astrologica, aut geographica dogmata senatoribus Romanis insinuaret, non vero ad suam sententiam omnibus oratoriis coloribus eos trahere conaretur. Sed quando id agitur districtius, respondendum est. Dico igitur, posse in eo versu commode intelligi enallagen. *Polus alter noctes vertit*, pro *polus alteras noctes vertit*; eo sensu Parthorum ditio tam late ad orientem extenditur, ut ibi noctes, et dies sint aliæ a nostris, id est, quum nobis est dies, ibi est nox. Dico etiam, sine enallage posse eodem sensu *polum* pro *cælo* sumi ἀρχαϊῶς. *Polus alter* igitur, aliud cælum, hoc est, aliud clima, longinqua regio. Sic *cælum* pro *terra*, seu vivorum regione sumpsit Virgilius lib. VI, Æneid. vers. 896; teste et interprete Macrobio in somnium Scipionis, cap. 3: « Sed falsa ad cælum mittunt insomnia manes. » Sic proverbialiter Horatius, Ep. I, 11, 27: « Cælum non animum mutant, qui trans mare currunt. » BURM.

298. *Primi Pellæas arcu fregere sarissas*. De Alexandro, qui Pellæus sæpe dicitur, capiunt. Atqui ille numquam victus a Parthis, sed ipse Parthos, ut ignobilem tunc gentem, cum reliquis vicinis facile subegit (vid. Justin. XLI, 1); et post ejus mortem Parthia inter provincias adsignata est Nicanori, ut idem, XLII, 4, qui tamen immemor sui, postea datam Stasanori narrat, nisi alterutro loco corruptum sit nomen. Postea Parthi defecerunt a Seleuco, eodem teste, et hunc indicari credo, et *Pellæas sarissas* dici pro Macedonicis, epitheto longe petito, quia Seleucidæ origine Macedones erant: unde et Ptolemæis hoc epitheton ab illis datum fuit; vide h. l. 475 et X, 55, 511 et passim. — Verba *Primi Pellæas* VIII, 298 usque ad vv. *sedibus ortus* 310 ab interpolatore addita esse, Gujetus contendit; at errat, haud considerans in his Parthorum laudem contineri, nec non id, quo Pompeius confisus, ad Parthos eundum esse demonstret. Respondent autem iis Lentuli verba inde a vs. 365—390, quibus Parthorum virtutem, Pompeio laudatam, in vitium vertit. Neque quæ de telis venenatis vs. 304 dicta sunt, rei adversantur; sed nexum cum prioribus efficiunt, fiduciamque Pompeii probant; quare a Lentulo vs. 388 perstringuntur. Gujetus vero hunc quoque versum, et vide quam temere, delevit, qui optime Lentuli sententiam de Parthis ostendens multum ad orationem ejus facit. Error Gujeti ex versu 297 male intellecto natus est. WEB.

II. 19

299. *Bactra.* Improprie admodum *sedes Medorum* dicuntur *Bactra*. Nam quum defecissent Parthi a Seleucidis, duce Arsace, eodem tempore Bactriani jugo abjecto proprios sibi reges crearunt, quorum primus fuit Theodotus (Justin. XLI, 4); cujus filius fecit foedus cum Parthorum rege: neque reperio Parthos Bactriana potitos, quod tamen factum esse potuit; et inde gentes hæ confusæ, ut infr. v. 423 : « ... incurrere cuncti Debuerant in Bactra duces; » id est, in Parthos, sub quibus tunc Bactrianos fuisse verisimile est, regnante Eucratide nimirum oppressos (Justin. XLI, 6); qui tamen ejus filium in regno successisse, ait, nec accurate satis notat, quo tempore Bactriani a Parthis subacti fuerint; et ita deficimur hac historiæ parte (vid. doctissimi Bayeri Historiam regni Græcorum Bactriani, in Eucratide, pag. 86 et sqq.). Jam ut Medi pro Persis sæpe, sic et pro Parthis, qui eos quoque subegerunt sub Mithridate, eodem Justino teste; quum Mardos, Medorum partem, jam subegisset Phraates, unde *Medos* Noster infra, vs. 308, 327 et alibi pro Parthis ponit, ut Horatius etiam et alii, pro Parthis et Persis, quos confundunt, posuerunt: cogitabam etiam, an non potius scripsisset, *Susaque*, *Medorum sedem*, ut infra vs. 425 Susa et Babylonem conjungit, quas urbes, veterum Medorum et Babyloniorum regum sedes, etiam Parthi tenuerunt. Sed quid fluctuamus, et non potius Lucano adscribimus, si quid perperam et non satis ex historiæ fide tradiderit scriptis suis ? et si quis excusare velit, is dicat poetas sæpe de vicinis urbibus aut populis epitheta petere, ut in Virgilio ipso sæpe observat Servius: vid. ad I, 136, 235; II, 197 et sæpius alibi, et Georg. IV, 211, *Medus Hydaspes* dicitur, qui est Indiæ, ubi vide notas. Bactra et Babylonem etiam conjungit Statius, Sylv. IV, 1, 40: sic *Hircanos* poni pro Parthis a Claudiano, Cons. Honor. III, 35, docet Barthius; et *Armenios* supra 221, ubi vide. BURM.

319. *Quantus apud Tanaim toto conspectus in ortu.* Gujetus versum suspectum fortasse inde ortum putavit, quod interpolator præcedentia verba amplificasset. Quod h. l. tamen factum esse verba ipsa negant. Solet enim Lucanus sententiam generalem, quam proposuit, per singula variare et exponere; sic h. l. quæ v. 317 dixerat *semper venerabilis illa Orbis parte fui*; sic infra 365 sqq. et sexcenties. Tum anaphora v. *quantus* in Lucano frequentissima est. Denique in codd. quidem varie sunt scripturæ, sed tales, quibus suspicio interpolationis oriri non debeat. WEB.

364. *Mortis amator.* Msc. *Martis*, h. e. belli; quod placuit ita Grotio, ut in textum receperit. Idque ego quoque præfero, quia videtur Lentuli sententiæ magis inservire, qui dicit, eos amare bella et Martem, sive prælia, et semper pugnandi desiderio teneri, armorum avidissimos, ut ait Livius. Immo quamvis de specialibus septemtrionis gentibus aliquando dicatur, eos facillime subire mortem, ut eam amare videantur, ut I, 461 vidimus, id tamen de omnibus tam generaliter dici nequit; quippe quod est contra humanam naturam. Licet sint *capaces mortis*, ejusque contemptores, non sunt tamen *rapaces*, aut

mortis amatores; et quamvis eam non adeo metuant, ac molles Orientales, mori tamen libenter non cupiunt. Nec enim, quod de sacerdotibus, vel singulis aliquando hominibus refertur, ad totas gentes trahi debet. *Mars, et mors*, ut apud alios sæpissime confunduntur, in primis, in eadem re lib. IV, 146, de Hispanis: « Martis amore feros. » OUD. — Sed *mortis* est in pluribus MSS. ideoque servamus. Et hoc convenire videtur sententiæ Lentuli, qui rem verbis auget, ut magis eluceat oppositio. ED.

397. ...*Num barbara nobis Est ignota Venus*. Alii codices *non* barbara. Recte. Hoc flagitat, quod sequitur, « thalamique patent secreta nefandi. » Non ignota est, thalamique (hoc est, solemni Lucani sermone, *sed* thalami) secreta patent. Si quis *num* quovis pacto hic retineat, tum legendum erit, « thalamique *latent* secreta nefandi? » BENTL.

402. *Non ullos*. *Ullis* MSS. omnes constanter retinent, et eodem redit; si *non* cum τῷ *horret* construas: non horret concubitus, qui aliqua lege sunt prohibiti. Vereor tamen, ut *horret* sit ab ipsa Lucani manu. Certe in quinque libris Pulm. scribitur *audet*: notatque sequentia Scholiastes: « Audet, i. licere sibi credit et filias et sorores stuprasse, quod lege probibetur.» Si tamen alicui *audet* minus placet, conjicere posset, scripsisse auctorem *auget* hoc sensu: Mille illis sunt pellices; at vero quum ebrii sunt reges, augent suos concubitus, qui nullis legibus coercentur, aut quorum nulli sunt excepti ullis legibus saltem regi, qui legibus se solutum putat. OUD.

405. *In regum thalamis*. Ante Grotium edebatur *fratrum*. Quod per se verum quidem foret. Non enim a regibus ille concubitus solis exercebatur, sed et a reliquis civibus. Vide Brisson. de Persarum Rep. lib. XI, p. m. 289, etc. Nihilominus *regum* præfero. Agit Lucanus de illo tantum more respectu regum, et aulæ, ut periculum ostendat, in quo foret Cornelia.

410-411. *Proles tam clara Metelli Stabit barbarico conjux millesima lecto*. Heinsio versus suspectus est, Burm. auctore, hærenti in v. *stabit*. Fortasse quoque v. *millesima* offendit; sed *millesima*, ut sæpissime ap. Lucan. cf. II, 115, 208; VI, 104; VII, 238, notat: inter multas una stabit; uxor amata *inter mille nurus*, cf. 401, millesima pellex erit; quod h. l. multum ad commovendum Pompeii animum facit. Ex eadem causa *stabit* quoque h. l. tueor, quod Burm. nisi pro simplici *erit* poni posse negat, optime ex more meretricum dictum, ut Schol. Oulend. recte monet, cf. Horat. I, sat. 2, 30; Ovid. Trist. II, 310; Am. I, 10, 21; Juvenal. X, 238; Senec. Controv. I, 2; Intpp. ad Petron. c. 14, 16. Plus enim ignominiæ habet, quam simplex v. *esse*. Neque quid in hoc verbo contra usum loquendi Lucaneum sit video. Quod si non sæpius legitur, meminisse juvat, Lucanum bellum civile, non certamina pellicum descripsisse. WEB.

425. *Susa*. Alii *Susis*. Interpretes antiqui temere pronunciant, urbem

hanc tam *Susidem*, quam *Susa* vocatam esse, quem errorem errat quoque
Lsidorus lib. XV Origin. c. 1. « Susis. Oppidum Persidæ aiunt Memnonis fratrem condidisse, dictum autem Susis, quod immineat Susæ fluvio. » Verum
nusquam, quod scio, poetæ, aut historici *Susidem* hanc urbem, sed *Susa* vocant, ut Noster ipse lib. II, 49. Nam quod apud Sidon. Apollin. lib. VII, Ep. 17.
Regi Susidis oræ, et lib. VIII, Ep. 9. *Aulæ Susidis culmen* invenias, est illud adjectivum; vel ubi *Susida* memorant, intelligi debet de Susiana regione. Male autem contra omnes Mstos, et editiones veteres ediderunt *ja-
cerent*. Solet auctor cum plurali, et singulari componere verbum in singulari numero; I, 19: « Sub juga jam Seres, jam barbarus isset Araxes. »
Cf. quoque I, 422. OUD.

441. *Quin respicis orbem Romanum?* Alii capiunt de sociis populi Rom.
quia secum de sociis agitaverat, credo, v. 162; sed in oratione ad proceres,
v. 270 tantum egerat de regibus, a quibus auxilia petere volebat. Forte sublata distinctione, *placare potes si respicis orbem Rom.* id est, si non ad ex-
teros, sed ad Romanos vis te conferre. BURM. — Immo cf. sup. v. 211 sq.

454. *Spes ultima rerum.* Quid est *spes ultima rerum?* Codex Bersmanni
pro *spes sors*, et alter Pulmanni pro *habet habes*. Repone: « Quantum, sors
ultima rerum, Libertatis habes! » Ubi *sors ultima* est, ubi nihil pejus timendum restat, libere et contumaciter agunt et loquuntur. Ovid. Met. XIV,
489: « Sors autem ubi pessima rerum. » BENTL. — Sic malui cum Ascensio
legere in secunda persona, quod poeticum magis est, quam *habet*. Lectionem hanc confirmant MSS.

463. *Nec tenuit gratum.* Explicationem quam dedimus, Lucani mens,
historiæ veritas, locorum situs, postulant. Pompeius a Cilicia profectus, et
Cypron prætervectus trajicere voluit in Ægyptum, et quidem Alexandriam,
Ptolemæi regis sedem, ut illic auxilium ab eo peteret. Verum per reluctan-
tem ventum, et *transversum æstum*, quæ verba notanda, non potuit eo cursu tenere Alexandriam, sive Pharon insulam ei urbi adjacentem. Verum vix
tetigit sive adpulit ad Pelusium, ostium Nili maxime orientale, et Cypro
propinquius. Hic dum in ancoris stetit, audivit, regem non esse Alexandriæ,
sed in monte Casio esse cum exercitu contra sororem bellum gerentem. Hoc
audito statim *flexit iter*, quia nondum ventus, nec dies defecerat; et re-
troegit cursum ad Casium montem, qui jam ipsi a tergo erat, utpote magis
ad orientem, et in regione Cassiotide situs, docentibus omnibus geogra-
phis. Male ergo quidam hic legunt *nec tenuit Casium*. Si per *gratum montem* esset intelligendus Casius, quem præ æstu transverso tenere non potuerat, non debebat a Pelusio *flectere iter*, sed recto cursu ad Casium pergere.
Sed *flexit iter*, quia jam prætergressus fuerat Casium montem; at non ultra
Pelusium versus Pharon navigare potuerat. Ut dixi, rem se habere patet ex
Plutarcho, Dione Cassio, et aliis. Cæsar, B. Civ. III, c. 103. Appian. lib. II,

p. m. 786. Unde Grotio, nisi ex Scholiaste, in mentem venerit, per *gratum montem* intelligi posse Chimæram in Cilicia, a qua profectus erat, et ad quam prius, quam Pelusium, pervenire potuisset, comminisci nequeo. Jam autem, si voluisset Lucanus, quod non fecit, Casium montem indigitare *nocturno lumine*, ea verba non significarent lunæ lumen, aut faces accensas, sed solem nocte in illo monte lucentem. Quod enim alii Antiocheno monti, Noster Ægyptio tribuit; ut patet ex X, 434: «Lucifer à Casia prospexit rupe, diemque Misit in Ægypton primo quoque sole calentem. » Sed, ut dixi, Pharon intelligit promontorium, ut debuit auctor. OUD.

477–479. *Hunc genuit custos Nili.... vixerat Apis.* Suspecta sunt Gujeto et fortasse hinc orta, quod aliquis verba priora amplificasset. Sed solet Lucanus sententiæ alicui aliam ita interponere, ut in parenthesi posita plerumque præcedentia definiat et explicet, cf. II, 375, præsertim ubi viri alicujus primam mentionem facit, VI, 144. Priora enim verba Achorea natum in Memphi, sicuti sqq. sacerdotem fuisse notant. *Lustra suæ Phæbes* Schol. Lips. *c.* per *sacra Isidis* exponit. Sed *vixerat* sine dubio scribendum est, quod plurimi habent, quum *duxerat* potius glossa sit v. *vixerat*, et *lustra vivere* dictum sit, ut *annos vivere.* Totum locum explicat Schol. Lips. *a* ita: « Hunc Achoreum genuit Memphis, quæ etiam colit quoslibet deos; Memphis, dico, *custos Nili*, et per hoc commendat civitatem illam in regione**** (f. inferiori), quia Nilus incipit exire ibi. Et ipse diu sacris devotus fuit; et hoc dicit, *illo cultore deorum non unus Apis vixerat lustra.* Tangit illud breviter: Osiris fuit interfectus et per frusta discerptus a fratre suo Absyrto, quem Isis uxor sua collegit, et instituit illi sacrificium; et hoc fecit post quintum annum; et hoc notat per hoc, quod dicit *lustra.* Alii dicunt in singulis mensibus, nam luna singulis mensibus lustrat totum zodiacum; alii singulis annis. Et in illud sacrificium mittebatur Apis de ipso Nilo, taurus quem vocabant Apim; qui in dextro armo habebat imaginem novæ lunæ, et ideo dicit *suæ Phæbes.* Et si quando ibi erat malus sacerdos, imponebat aliquod tempus, quod non contigit isto ante sacerdote; et hoc notat ubi dicit, *non unus Apis*, sed potius singulis sacrificiis apparebat, et tamen in singulis immolabatur, quod non debet mirum videri, quum beatus Augustinus dicat idem. » Et Schol. Lips. *c:* « Apis dicebatur taurus, qui, postquam XXX vixerat annos, Dianæ immolabatur, et dicit hunc Achoreum plures Dianæ immolasse; » cf. de hoc loco *Jablonsky* Panth. IV, 2, § 10. WEB.

480–481. *Consilii vox prima fuit, meritumque, fidemque, Sacraque defuncti jactavit pignora patris.* Spurius est v. 481 Gujeto, et inde ortus, quod interpolator locum Lucani imperfectum addendo restituere voluerit. Etenim persuasit sibi criticus, loca in Pharsalia esse, quæ poeta, media oratione abrupta, imperfecta nobis reliquerit; sed, licet merito totum opus imperfectum sit, nullus tamen exstat locus, de quo, Lucanum in media oratione desiisse, ut Gujetus h. l. factum putat, certo affirmari possit. Quod quum in aliis locis non sit factum, multo minus h. l., ubi sententia v. 480 ita exit, ut

Lucanus nullo modo substitisse potuerit, etiamsi concedamus, quod Gujetus iunuisse, videtur, Lucanum Achorei orationem exhibiturum fuisse. Sed quæcumque causa poetam moverit orationem Achorei non scribere , posita fortasse in eo, quod, quum invidiam et odium Ægyptiis excitare voluisset, oratio non satis apta ei videretur , Lucanum hanc Achorei orationem dare noluisse, verba Pothini aperte docent. Nihil enim in his præcedenti alicui orationi respondet, quod fere semper fieri solet, neque in habitu totius orationis, neque in singulis verbis, nisi in v. 499, qui tamen v. 481 magis defendere, quam suspectum reddere videtur. Denique v. 481 nihil habet cur displiceat et Lucano indignus sit. Immo singula ex usu ejus dicta sunt, ut v. *jactavit* secundum glossam Lips. repræsentavit; cf. I, 267; IV, 202; V, 701. Recte autem *patris* non *regis*, quum patris h. l. magis ad rem, magis ad animum commovendum faciat. WEB.

483. *Pothinus.* Ita ubique scribendum hoc nomen, non, ut ante fuit, *Photinus.* Est enim Græcum ποθεινός apud Plutarchum, Appianum , alios, non φωτεινός, quod et lex versuum repudiat. Error librariorum videtur inde natus: quod monachis notior fuerit Photinus primus episcopus Lugdunensis sub M. Aurelio martyrium passus. De quo vide Sponium in lib. *Recher. des Antiq. de Lyon*, p. 11, vel etiam Photinus hæreticus, cujus meminit Prudentius Psychom. 796. Nam apud omnes Latinos auctores, ubi hujus nebulonis fit mentio, depravatum nomen in MSS. scribitur. OUD.

487. *Sidera terra ut distant. Terræ* in dativo casu exaratum est, in Bersm. quod prætuli vulgato *terra.* Quintil. Instit. Orat. lib. V, c. 10: «Qua diximus enthymema syllogismo distare. » Ablativo addere præpositionem malunt, nisi notet ipsum , quo res distant, spatium (Cf. Hort. Carm. IV, 9, 29). Dein pro *et flamma* uterque Regius, et Amstel. exhibent *ut*, verissime. OUD.

493. *Nisi quum facis.* Grotius emendabat *dum.* Non opus est emendatione contra Mstos omnes , et *quum* retinendum , eodem fere sensu. Si enim non impune facere sæve omnia licet , nisi quum facis et crudelitatem exercendo alios a puniendo deterres , ut recte interpretes exponunt ; patet , regem semper debere esse in actu crudelitatis, et ut impune sæviat, sævire.

498. *Neu te sc.* Mscr. *neu nos.* Non male ; ut Pothinus se jactet ita , quasi ipse in parte esset regni, quod eum eo quasi communicaverit rex. Hinc certe Pothinus sic alloquitur Pompeium vs. 518: «Quod nobis sceptra senatus, Te suadente, dedit ; » et alibi. Dein *Ægypton* rescripsi ex Vossiano secundo. Mallem autem hic *Niluni* cum MSS. optimis ; et dubito, an in hoc nomine non semper prætulerit auctor Latinam terminationem. Adtendat studiosus lector. OUD.

505. *Rapitur civilibus umbris.* Plerique libri , et codices habent *armis:* mendose.

531. *Nullis accessimus armis.* Hoc an verum sit dubitationem injicit

Cæsar, B. C. lib. II, 111 qui dicit naves longas quinquaginta missas auxilio ad Pompeium, quæ prælio in Thessalia confecto domum redierunt. BURM.

537. *Jubere.* Bene hoc verbum reposuit Grotius. Alii *licere,* quod parum est hoc loco pro majestate regia : *libere* Bersm. unde. Dein rescripsi ego *permittant,* ex MSS. omnibus. OUD.

543. *Pelusiaci Canopi.* Per Nilum, Memphim, et Canopum intelligit totam Ægyptum. A Pelusio, ad fauces usque Canopi, sunt MCCC. stad. A Canopo usque ad Pharon, stad. CL. Canopos oppidum appellatum creditur a Canopo gubernatore navis Menelai, qui illic aspidis morsu interiit. *Glareanus* existimat, *Pelusiaci,* non esse epitheton satis aptum Canopo, quum Pelusium sit, inquit, oppidum ad extremum Nili ostium, Orientem versus. Canopos vero maxime ad Occasum. Scio Persas, pro Medis, Glauci Scyllam, pro, Nisi figurate poni. At *Canopum* accipere epitheton Pelusii, hoc inauditum. Sed hæc, et similia in opere imperfecto facile veniam merentur. HORT.—Recte observant viri docti, non magno judicio, *Pelusiacum Canopo* dari epitheton. Rectius *Pellæum* a finitima Alexandria cum Virgilio Georg. IV, 287 : vel epitheto a conditoris Canopi patria desumpto dixisset e. g. *Therapneum,* ut fecit Statius. Condonandum tamen hoc Lucano, qui *Pelusiacum* generaliter pro Ægyptio videtur sumpsisse ; et idem fecit Avienus Orb. descript. « Et Pelusiaci celebrantur templa Canopi. » OUD.

548—552. *Cognatas præstate manus... impure ac semivir, audes ?* Locus Gujeto spurius : quis tamen eum recte damnaverit, quo neque præcedentia, neque sequentia ullo modo carere possunt ? quænam *fides servanda* foret ? quis ille *non domitor mundi,* et quomodo ex prioribus ad hæc transiverit ? Variæ autem lectiones, ex solenni errore ortæ, absurdæ sunt. Locum genuinum esse apparet, sed difficilior est sensus a glossatore Lips. ex parte ita explicatus : « Vos trucidate, ne a barbaris occidatur ; civilia bella, præstate manus vestras, si a Cæsare dignus est mori ! » Male Bentl. *numinis* propter v. *nomine,* v. 549 et propter sequentia *cælo tonante* correxit ; repetitio enim ejusdem vocabuli, si quibus in locis, hoc certe loco non offendit, ubi poetæ rhetorice loquenti apta est et nexum sententiarum ostendit. Præterea Pompeium vel alium *numen* dici a Lucano non memini. *Cælo tonante* explicat Schol. Lips. per, Jove regnante audes hoc facere, qui vindicabit Pompeium : sed rectius Oudendorp. quod nexus totius loci docet. Hoc enim ante omnia vult, ut externæ manus bello civili se non inserant, cf. II, 289 seqq. IV, 393, ubi *bellum civile* similiter cum *mundi ruina* comparat. Neque denique, quæ Gujetus ad seq. versum monuit, locum damnare possunt ; recte enim Ptolemæus dicitur *impurus,* quia sorori nupsit, ut infra IX, 130 ; X, 362, 63, et *semivir,* quia puer, unde X, 94 *puer* a sorore nominatur, et *semivir tyrannus* IX, 152.

616. *Ne quas effundere voces Posset.* At quia vel sic tamen, si vellet, loqui poterat, Oudend. e MSS. corrigit *vellet.* Burm. autem vulgatam tuetur: « Ut loqui nollet, inquit, poterat efficere, etsi non comprimeret animam. » Facile crediderim hic, ut sæpius, verbum *posse* non pleno sensu poni, et non aliter exponendum ac si dictum fuerit *ne quas effunderet voces.* ED.

620. *Despexitque nefas.* Omnes Pulm. Bersm. et optimi codd. cum edd. primis, exhibent *respexit.* Quod non erat mutandum. In errorem inducti sunt viri docti, quod non adtenderunt *nullo* separatim pro *non ullo* fuisse intelligendum, et dein ἀπὸ κοινοῦ repetendum fuisse *non. Respicere aliquid* pro curare, rationem alicujus rei habere, passim invenias. Phæd. F. 49 : « Nihil respiciens, dum dolorem vindicet. » OUD. — Sed nimis dura foret hæc loquendi ratio, quia, etiamsi *non ullo* dividas, negatio cum priore verbo *consensit* jungi non potest (si modo recte sensum vidimus); ergo, neque cum altero. Bentl. notat : *consensit* et *respexit,* hoc est, favit, obsequutus est ; coll. inf. vs. 645 et IX, 116. ED.

681. *Compressa.* Bentl. mavult ex quibusdam codd. *comprensa;* sed alterum, ait Oud. est longe invidiosius. Displicet quoque illi, *coma* et *cæsaries,* quæ vix differunt, ideoque corrigit *canities.* ED.

703. *Omnes exegit in uno.* Recta lectio, ut patet ex oppositione. Opponitur enim unus dies infelix tot annis felicibus. GROT.—*Imo* e Weidneri codice volebat Modius, Novant. Lect. Ep. 95, sed male.

704. *Immunes. Immunem* Msc. probe. Sic lib. II, 246; VI, 763. Nostri tamen codd. servant *immunes annos,* quod æque probum, et magis poeticum. OUD.

715. *Cordus.* MSS. fere omnes *Codrus.* Quis vero hic *Cordus* fuerit ignotum est. Quæstorem eum hoc anno fuisse, innuit Noster. Male vero Sulpitius, Badius, et Hortensius vocant eum Pompeii libertum. Quis enim umquam *Quæstorem* (qui primus ad honores erat gradus, ut tirones jam sciunt, et hinc dicitur *juvenis* vs. 743) sub libera republica audivit libertum fuisse? Sed hoc ortum est ex eo, quod Plutarchus ultima hæc justa Pompeio præstita dicat a Philippo liberto, quem alii Græco nomine *Codrum* vocatum credebant. Vel *Cordum* in *Codrum* hic corruperunt librarii, quibus illud nomen, ut celeberrimo Atheniensium regi commune, notius erat, quam *Cordus.* Sed, ut dixi, si hic homo libertus vel natione Græcus esset, qui potuit fuisse quæstor? Immo *Romanum* fuisse, patet ex ipsius hominis verbis vs. 766. *Cordi* vero cognomen multis Romanorum gentibus fuit commune; ut *Cremutiæ, Juliæ, Juniæ, Valeriæ.* Hactenus de nomine. Num vero hic *Cordus* fuerit Cypri quæstor, obscurum est, nemine aliquid de eo memorante. C. Sextilium Rufum in Cyprum a Cæsare, fugato ex Italia Pompeio, et urbe Roma ab ipso occupata, jam missum fuisse putat Manutius ad

Ciceronis, lib. XIII, Fam. Ep. 48. At ego malim, cum Pighio in Ann. T. III, p. 451, hoc factum credere post Pompeii obitum, et transmarinis provinciis in Cæsaris potestatem redactis, quæ Pompeio viventi fere omnes adhærebant : atque ita hoc tempore potuit ille Cordus quæstor fuisse Cypri, siquidem *Cypri* vera est lectio. Nihil tamen certi statuo. Forsan ille, licet alius provinciæ quæstor, post cladem Pharsalicam Cyprum devenerat, et inde cum reliquis Pompeii fautoribus Ægyptum petierat, ut fecerunt L. Lentulus, aliique; de quibus vide Cæsar. B. C. lib. III, 102. Plutarch. in Pompeio, p. 661. Oud. — Soli ex Pompeii comitatu una cum eo in Achillæ biremem ierant, Scena servus, Philippus libertus, et Centuriones duo, Plutarcho in Pompeio teste. Ex his quatuor nemo erat *Quæstor*. Addit Plutarchus, libertum istum fragmenta carinæ contulisse ad truncum Pompeii corpus deustulandum : « ei vero supervenisse hominem Romanum, jam senem, qui juvenis olim Pompeio militaverat, » et una cum Philippo rogum composuisse. In hoc *homine Romano*, latet forte ille quisquis est Quæstor, qui prætori suo (ut verisimile est) in exsilio comes fuerat: sed Plutarcho γέρων, *senex*, est, Nostro 743, *juvenis*. WEB.

716. *Cinyræœ Cypri.* Sic dictæ a rege Cinyra qui cum Myrrha filia concubuit, et quibus Adon est procreatus. Quidam dictam Cypron putarunt a Cypro filia, vel, ut alii, filio Cinyræ, Assyriorum primum regis. Vide Meurs. de Cypro, lib. I, c. 2, 9. Beroaldus non *Cypri* legit, sed *Ponti :* quare corruptum *Cyrenei*, quod huc, quocumque modo legas, convenire non potest, ex Mstis mutat in *Cyranei.* OUD.

717. *Infaustusque fugæ.* Oudend. dedit *Infaustus magni.* Multi MSS. *infaustusque fugæ*, quod nos cum Burmanno admisimus. Recte enim notat *Magni* adscriptum a glossatore, ut sciret lector, cujus ille comes fugæ fuerat. ED.

736. *Vilem plebeii funeris arcam.* Jacob. Gutherius, de Jure Manium, lib. II, c. 19: legi vult *funeris aram*, addens, nec enim in arca lacerum corpus ignis consumeret. *Ara* nullum hic sensum habet, qui esset ipse rogus, atque ita bis idem diceret Lucanus. Statim enim sequitur de rogo, quum ait *robora ne desint.* Denique *plebeii funeris ara* esset, ut ita dicam, contradictio. Nam illa vox magnificentius, et sublimius quid denotat, et nisi in funere magnorum heroum illam poetæ usurpant. Vide Serv. ad Virg. Æn. VI, 177. Montfauc. Diar. Ital. p. 202. Spon. *Recherch. des Antiq. de Lyon*, p. 93, et omnino Burmann. ad Valer. Flacc. V, 10 : « robora cædunt Pars silvis, portantque aræ. » OUD. — Hic tamen immerito Oudendorpius carpit illos, qui in plebeio funere *aram* agnoscunt : nam negari non potest quosdam e plebe rogo impositos, ut mox etiam v. 743, et fatendum est etiam plebeiorum rogos *aras* posse dici, quia omnes rogi, qualescumque erant, in formam aræ construebantur ; sed divitum et potentiorum altiores et orna-

tiores erant. Sed *aras* præferri debet, qui illa recto *effundere corpus in ignes* dici potest , non vero *ara*. BURM.

741. *A munere busti.* Ita MS. non *funere.* In *funere,* et *munere* vehementer variant codd. ut utrumque multi agnoscant. Quid autem est *funus busti?* Nihil notius, quam ultima defuncto justa vocari *munus extremum,* vel simili modo. Epist. Sabini I, 25: « tumuli supremum munus. » OUD. — Aliquis tamen regerere posset ultima officia, pompam, exsequias melius notari τῷ *funere :* quum *munus* busti proprie sint illa tantum, quæ in pompa ferebant, ut deinde in rogum conjicerentur : funus autem omnem adparatum ad rogum struendum , exsequias, et etiam ipsa cadavera jam parata aut imposita rogo significet. Ergo *funera busti* sint et ipsum cadaver cremandum et quæ eo pertinent. BURM.

742. *Nec adhuc,* etc. Major alicui dolor oritur ex eo, quod a carissima re non tantum abest, sed ita abest, ut prope tamen sit, nec accedere ei concedatur. Vide Epist. Leandri ad Her. Sic facile defendi hic locus potest. Nihilominus languidus est, et forsan spurius. OUD.

779. *Auroræ promissa dies.* Promittitur dies ab Aurora, quæ eam præcedit, unde *reducere diem* dicitur Virgilio Georg. I, 249, et sæpe. Non valde tamen repugnem, si magis alicui placeat *præmissa,* non ut per hypallagen cum interpretibus vulgaribus explices; sed ut dies intelligatur primum diluculum illud , quod post noctem, adpropinquante e longinquo sole, et nondum rubente aurora , adparet; quam primam lucem describit Ovidius Ep. Her. XIV, 21 : « modo facta crepuscula terris, Ultima pars noctis, primaque lucis erat. » I, Amor. 5 , 5. OUD. — Sed dies non potest significare *crepusculum,* et dies non præmittitur Auroræ, sed Aurora diei. Quare præfero ex cod. Bersm. *Auroræ permixta dies* , ut fuerit crepusculum ita dubium ut nescias sit ne Aurora an jam dies. BURM.

806. *Adde actus tantos. Tantos maximaque,* hoccine placet? *Maxima rerum monumenta,* velles credo potius, *maximarum rerum monumenta.* Codex Bersmanni *Momentaque.* Corrige, « Adde actus *tacitos, momentaque* maxima rerum. » Adde primum actus vitæ ejus tacitos, quæ in pace, in silentio, in curia, in rostris, in campo, consilio suo et auctoritate egit ; quamvis non ita foris clara, maxima tamen rerum momenta : deinde adde (in vss. seqq.) bella ejus et res gestas. Cf. III, 338; VII, 118. BENTL.

816. *Surgit.* Quomodo *surgit* quod tam humile est , ut viator stans rectus legere nequeat? *surgit* de altis et sublimibus dicitur ut infra 866. Repone: « *sordet* miserabile bustum. » Et quid sodes illud est , « Non ullis plenum titulis? » Non tot, non tantis titulis plenum facile caperem ; at non *ullis* plenum non intelligo. Repone : « Non *illis* plenum titulis. » Illis titulis, quos novem versibus numeraverat. BENTL.

860. *Nunc est pro numine summo.* Durissima sane locutio : « Fortuna
tua jacens in tumulo est pro numine. » Nam *tua* non addit Lucanus ; durior etiam si de *Fortuna* in genere sumamus, quam Lucanus nunc non
tantum, sed semper, ut summum numen inducit, et invocat , quæ hoc tumulo includi nequit. Quare ego accedo reliquis viris doctis , hic præ admiratione subita ἀποςροφὴν a Lucano ad Fortunam eam factam , et *jacens*
dici de Pompeio. Nunc, o Fortuna, quis crederet, tam vili tumulo positus
pro summo numine habebitur. OUD. — Mihi quidem non admodum dura
locutio videtur, si dicat *fortuna jacens* pro *fortuna jacentis*, id est, Pompeii tot casibus obruti, cujus memoriam populi colunt et venerantur. ED.

Quamquam nostri non est propositi loca recentiorum
auctorum, qui Lucanum imitati sunt exscribere, piaculo
tamen dignum videretur, si tragœdiam qua Petrus Cor-
NEILLE Nostrum splendide æmulatus , Pompeii mortem
cecinit, silentio prætermitteremus. Neque plurimos tamen
hic versus referre libet, sed quosdam tantum e numero
selectos, qui propius ad Lucani mentem et verba acce-
dant.

POMPÉE.

Act. I, sc. 1.

PHOTIN.

Seigneur, quand par le fer les choses sont vidées,
La justice et le droit sont de vaines idées ;
Et qui veut être juste en de telles saisons
Balance le pouvoir et non pas les raisons [1].
Voyez donc votre force, et regardez Pompée,
Sa fortune abattue , et sa valeur trompée.
César n'est pas le seul qu'il fuie en cet état [2] :

[1] Lib. VIII , vs. 527. [2] *Ibid.* 506.

Il fuit et le reproche et les yeux du sénat,
Dont plus de la moitié piteusement étale
Une indigne curée aux vautours de Pharsale;
Il fuit Rome perdue, il fuit tous les Romains,
A qui par sa défaite il met les fers aux mains;
Il fuit le désespoir des peuples et des princes [3],
Qui vengeraient sur lui le sang de leurs provinces,
Leurs états et d'argent et d'hommes épuisés,
Leurs trônes mis en cendre, et leurs sceptres brisés :
Auteur des maux de tous, il est à tous en butte,
Et fuit le monde entier écrasé sous sa chute.
Le défendrez-vous seul contre tant d'ennemis [4]?
L'espoir de son salut en lui seul était mis;
Lui seul pouvait pour soi : cédez alors qu'il tombe.
Soutiendrez-vous un faix sous qui Rome succombe [5],
Sous qui tout l'univers se trouve foudroyé,
Sous qui le grand Pompée a lui-même ployé?
Quand on veut soutenir ceux que le sort accable,
A force d'être juste, on est souvent coupable [6];
Et la fidélité qu'on garde imprudemment [7],
Après un peu d'éclat traîne un long châtiment,
Trouve un noble revers, dont les coups invincibles,
Pour être glorieux, ne sont pas moins sensibles.

Seigneur, n'attirez point le tonnerre en ces lieux;
Rangez-vous du parti des destins et des Dieux [8];
Et sans les accuser d'injustice ou d'outrage,
Puisqu'ils font les heureux, adorez leur ouvrage :
Quels que soient leurs décrets, déclarez-vous pour eux [9],
Et pour leur obéir, perdez le malheureux.
Pressé de toutes parts des colères célestes [10],
Il en vient dessus vous faire fondre les restes;

3 Lib. VIII, 508.
4 *Ibid.* 532.
5 *Ibid.* 528.
6 *Ibid.* 484 sqq.
7 *Ibid.* 485.
8 *Ibid.* 486.
9 *Ibid.* 487.
10 *Ibid.* 510 sqq.

Et sa tête, qu'à peine il a pu dérober [11],
Toute prête de choir, cherche avec qui tomber.
Sa retraite chez vous en effet n'est qu'un crime [12];
Elle marque sa haine, et non pas son estime;
Il ne vient que vous perdre en venant prendre port :
Et vous pouvez douter s'il est digne de mort [13]!
Il devait mieux remplir nos vœux et notre attente [14],
Faire voir sur ses nefs la victoire flottante;
Il n'eût ici trouvé que joie et que festins :
Mais puisqu'il est vaincu, qu'il s'en prenne aux destins.
J'en veux à sa disgrâce, et non à sa personne [15] :
J'exécute à regret ce que le ciel m'ordonne [16];
Et du même poignard pour César destiné
Je perce en soupirant son cœur infortuné.
Vous ne pouvez enfin qu'aux dépens de sa tête
Mettre à l'abri la vôtre, et parer la tempête.
Laissez nommer sa mort un injuste attentat :
La justice n'est pas une vertu d'état [17].
Le choix des actions, ou mauvaises, ou bonnes [18],
Ne fait qu'anéantir la force des couronnes :
Le droit des rois consiste à ne rien épargner [19];
La timide équité détruit l'art de régner.
Quand on craint d'être injuste, on a toujours à craindre [20],
Et qui veut tout pouvoir doit oser tout enfreindre [21],
Fuir comme un déshonneur la vertu qui le perd,
Et voler sans scrupule au crime qui le sert.........

ACHILLAS.

Qui n'est point au vaincu ne craint point le vainqueur [22].

[11] Lib. VIII, 504.
[12] Ibid. 517.
[13] Ibid. 523.
[14] Ibid. 519.
[15] Ibid. 521.
[16] Ibid. 520 sqq.
[17] Ibid. 494.
[18] Ibid. 489.
[19] Ibid. 491.
[20] Ibid. 495.
[21] Ibid. 492.
[22] Ibid. 502.

....

Le recevoir chez vous, c'est recevoir un maître [23],
Qui, tout vaincu qu'il est, bravant le nom de roi,
Dans vos propres États vous donnerait la loi.

PTOLÉMÉE.

N'examinons donc plus la justice des causes,
Et cédons au torrent qui roule toutes choses [24].

———

Act. II, sc. 2.

ACHORÉE.

Ses trois vaisseaux en rade avaient mis voile bas [1] ;
Et voyant dans le port préparer nos galères,
Il croyait que le roi, touché de ses misères,
Par un beau sentiment d'honneur et de devoir,
Avec toute sa cour le venait recevoir [2] ;
Mais voyant que ce prince ingrat à ses mérites,
N'envoyait qu'un esquif rempli de satellites,
Il soupçonne aussitôt son manquement de foi,
Et se laisse surprendre à quelque peu d'effroi :
Enfin, voyant nos bords et notre flotte en armes,
Il condamne en son cœur ses indignes alarmes [3],
Et réduit tous les soins d'un si pressant ennui
A ne hasarder pas Cornélie avec lui :
« N'exposons, lui dit-il, que cette seule tête [4]
« A la réception que l'Égypte m'apprête,
« Et tandis que moi seul j'en courrai le danger,
« Songe à prendre la fuite, afin de me venger... »

[23] Lib. VIII, 496 sqq.
[24] Ibid. 522.
— [1] Ibid. 560 sq.
[2] Ibid. 572 sqq.
[3] Ibid. 576.
[4] Ibid. 580 sqq.

Tandis que leur amour en cet adieu conteste,
Achillas à son bord joint son esquif funeste [5] ;
Septime se présente, et lui tendant la main,
Le salue empereur en langage romain [6] ;
Et comme député de ce jeune monarque,
« Passez, seigneur, dit-il, passez dans cette barque [7] ;
« Les sables et les bancs cachés dessous les eaux
« Rendent l'accès mal sûr à de plus grands vaisseaux. »
. . . .
Il se lève ; et soudain pour signal Achillas,
Derrière ce héros, tirant son coutelas [8],
Septime et trois des siens, lâches enfans de Rome
Percent à coups pressés les flancs de ce grand homme.
. . . .
D'un des pans de sa robe il couvre son visage,
A son mauvais destin en aveugle obéit,
Et dédaigne de voir le ciel qui le trahit [9],
De peur que d'un coup d'œil contre une telle offense
Il ne semble implorer son aide, ou sa vengeance.
Aucun gémissement à son cœur échappé [10]
Ne le montre en mourant digne d'être frappé.
Immobile à leurs coups, en lui-même il rappelle [11]
Ce qu'eut de beau sa vie, et ce qu'on dira d'elle ;
Et tient la trahison que le roi leur prescrit
Trop au-dessous de lui pour y prêter l'esprit.
Sa vertu dans leur crime augmente ainsi son lustre,
Et son dernier soupir est un soupir illustre [12],
Qui, de cette grande âme achevant les destins,
Etale tout Pompée aux yeux des assassins.
Sur les bords de l'esquif sa tête enfin penchée,

---

[5] Lib. VIII, 562.
[6] *Ibid.* 596.
[7] *Ibid.* 564.
[8] *Ibid.* 612 et 618.
[9] *Ibid.* 614 sqq.
[10] *Ibid.* 619.
[11] *Ibid.* 620 sq.
[12] *Ibid.* 621.

Par le traître Septime indignement tranchée [13],
Passe au bout d'une lance en la main d'Achillas,
Ainsi qu'un grand trophée après de grands combats [14].
On descend, et pour comble à sa noire aventure,
On donne à ce héros la mer pour sépulture;
Et le tronc sous les flots roule dorénavant
Au gré de la fortune, et de l'onde, et du vent [15].
     La triste Cornélie, à cet affreux spectacle,
Par de longs cris aigus tâche d'y mettre obstacle [16].
Défend ce cher époux de la voix et des yeux;
Puis n'espérant plus rien, lève les mains aux cieux,
Et cédant tout-à-coup à la douleur plus forte,
Tombe dans sa galère, évanouie ou morte... [17]
Cependant Achillas porte au roi sa conquête... [18]
     Philippe, d'autre part, montrant sur le rivage
Dans une âme servile un généreux courage,
Examine d'un œil et d'un soin curieux [19]
Où les vagues rendront ce dépôt précieux,
Pour lui rendre, s'il peut, ce qu'aux morts on doit rendre,
Dans quelque urne chétive en ramasser la cendre [20],
Et d'un peu de poussière élever un tombeau
A celui qui du monde eut le sort le plus beau... [21]

CLÉOPATRE.

. . . .

Ce prince d'un sénat maître de l'univers
Dont le bonheur semblait au-dessus du revers,
Lui, que sa Rome a vu, plus craint que le tonnerre,
Triompher en trois fois des trois parts de la terre [22]

[13] Lib. VIII, 669 sqq.
[14] *Ibid.* 684.
[15] *Ibid.* 698 et 708 sqq.
[16] *Ibid.* 637 sqq.
[17] *Ibid.* 661.
[18] *Ibid.* 675.
[19] *Ibid.* 722.
[20] *Ibid.* 789 sq.
[21] *Ibid.* 816 sqq.
[22] *Ibid.* 553 sq.

Et qui voyait encore en ces derniers hasards
L'un et l'autre consul suivre ses étendards ;
Sitôt que d'un malheur sa fortune est suivie,
Les monstres de l'Égypte ordonnent de sa vie... 2³

――――――

Act. III, sc. 1.

ACHORÉE.

. . . .

A ces mots Achillas découvre cette tête [1] :
Il semble qu'à parler encore elle s'apprête ;
Qu'à ce nouvel affront un reste de chaleur
En sanglots mal formés exhale sa douleur [2] :
Sa bouche encore ouverte et sa vue égarée
Rappellent sa grande âme à peine séparée ;
Et son courroux mourant fait un dernier effort
Pour reprocher aux Dieux sa défaite et sa mort [3].
César, à cet aspect comme frappé du foudre,
Et comme ne sachant que croire ou que résoudre [4],
Immobile, et les yeux sur l'objet attachés,
Nous tient assez long-temps ses sentimens cachés ;

. . . .

S'il aime sa grandeur, il hait la perfidie ;
Il se juge en autrui, se tâte, s'étudie ;
Examine en secret sa joie et ses douleurs,
Les balance, choisit, laisse couler des pleurs [5] ;

2³ Lib. VIII, 474.   3 Lib. VIII, 665.
— [1] Lib. IX, 1o33.   4 Lib. IX, 1o35 sq.
2 Lib. VIII, 682.   5 Ibid. v. 1o38.

Et forçant sa vertu d'être encor la maîtresse,
Se montre généreux par un trait de faiblesse :
Ensuite il fait ôter ce présent de ses yeux[6].

————

Ibid. sc. 2.

CÉSAR.

. . . .

Mais quel droit aviez-vous sur cette illustre vie?
Que vous devait son sang pour y tremper vos mains,
Vous qui devez respect au moindre des Romains[1]?
Ai-je vaincu pour vous dans les champs de Pharsale[2]?
Et, par une victoire aux vaincus trop fatale,
Vous ai-je acquis sur eux, en ce dernier effort,
La puissance absolue et de vie et de mort?
Moi qui n'ai jamais pu la souffrir à Pompée,
La souffrirai-je en vous sur lui-même usurpée[3],
Et que de mon bonheur vous ayez abusé
Jusqu'à plus attenter que je n'aurais osé?
De quel nom après tout pensez-vous que je nomme
Ce coup, où vous tranchez du souverain de Rome,
Et qui sur un seul chef lui fait bien plus d'affront
Que sur tant de milliers ne fit le roi de Pont?
Pensez-vous que j'ignore, ou que je dissimule
Que vous n'auriez pas eu pour moi plus de scrupule[4],
Et que, s'il m'eût vaincu, votre esprit complaisant
Lui faisait de ma tête un semblable présent?
Grâces à ma victoire, on me rend des hommages[5]
Où ma fuite eût reçu toutes sortes d'outrages...

[6] Lib. IX, 1064.
— [1] Lib. VIII, 555.
[2] Lib. IX, v. 1073.

[3] Lib. IX, 1075.
[4] *Ibid.* v. 1081 sqq.
[5] *Ibid.* v. 1083.

J'impute à vos flatteurs toute la trahison [6],
Et je veux voir comment vous m'en ferez raison ;
Suivant les sentimens dont vous serez capable,
Je saurai vous tenir innocent ou coupable.
Cependant à Pompée élevez des autels [7] ;
Rendez-lui les honneurs qu'on rend aux immortels ;
Par un prompt sacrifice expiez tous vos crimes ;
Et surtout pensez bien au choix de vos victimes.

Ibid. sc. 4.

CORNÉLIE.

César, de ta victoire écoute moins le bruit ;
Elle n'est que l'effet du malheur qui me suit.
Je l'ai porté pour dot chez Pompée et chez Crasse ;
Deux fois du monde entier j'ai causé la disgrace [1] ;
Deux fois de mon hymen le nœud mal assorti
A chassé tous les Dieux du plus juste parti [2].
Heureuse en mes malheurs, si ce triste hyménée,
Pour le bonheur de Rome, à César m'eût donnée [3] !
Et si j'eusse avec moi porté dans ta maison
D'un astre envenimé l'invincible poison !

. . . .

CÉSAR.

Plût au grand Jupiter, plût à ces mêmes Dieux
Qu'Annibal eût bravés jadis sans vos aïeux,
Que ce héros si cher, dont le ciel vous sépare,
N'eût pas si mal connu la cour d'un roi barbare,
Ni mieux aimer tenter une incertaine foi [4],

[6] Lib. IX, 1087 sqq.
[7] *Ibid.* v. 1090 sqq.
—[1] Lib. VIII, 90.

[2] Lib. VIII, 93.
[3] *Ibid.* v. 88.
[4] Lib. IX, 1095.

Que la vieille amitié qu'il eût trouvée en moi ;
Qu'il eût voulu souffrir qu'un bonheur de mes armes[5]
Eût vaincu ses soupçons, dissipé ses alarmes ;
Et qu'enfin, m'attendant sans plus se défier,
Il m'eût donné moyen de me justifier !
Alors, foulant aux pieds la discorde et l'envie,
Je l'eusse conjuré de se donner la vie[6],
D'oublier ma victoire, et d'aimer un rival,
Heureux d'avoir vaincu pour vivre son égal[7] :
J'eusse alors regagné son ame satisfaite
Jusqu'à lui faire aux Dieux pardonner sa défaite[8] ;
Il eût fait à son tour, en me rendant son cœur,
Que Rome eût pardonné la victoire au vainqueur[9].

———

Act. IV, sc. 1.

PHOTIN.

J'ai mal connu César ; mais puisqu'en son estime
Un si rare service est un énorme crime,...
Justifions sur lui la mort de son rival ;
Et notre main alors également trempée[1]
Et du sang de César et du sang de Pompée,
Rome, sans leur donner de titres différens,
Se croira par vous seul libre de deux tyrans.

PTOLÉMÉE.

Oui, par là seulement ma perte est évitable ;

[5] Lib. IX, 1099.
[6] *Ibid.* 1100.
[7] *Ibid.* 1101.

[8] Lib. IX, 1102 sq.
[9] *Ibid.* 1104.
— [1] Lib. X, 386 sqq.

C'est trop craindre un tyran que j'ai fait redoutable [2] :
Montrons que sa fortune est l'œuvre de nos mains [3] ;
Deux fois en même jour disposons des Romains ;
Faisons leur liberté comme leur esclavage.
César, que tes exploits n'enflent plus ton courage ;
Considère les miens, tes yeux en sont témoins.
Pompée était mortel, et tu ne l'es pas moins... [4]

ACHILLAS.

. . . .

Il nous le faut surprendre au milieu du festin,
Enivré des douceurs de l'amour et du vin [5].
Tout le peuple est pour nous. Tantôt, à son entrée,
J'ai remarqué l'horreur que ce peuple a montrée,
Lorsque avec tant de faste il a vu ses faisceaux
Marcher arrogamment et braver nos drapeaux [6].

———

Ibid. sc. 4.

CORNÉLIE.

. . . . .César, prends garde à toi :
Ta mort est résolue, on la jure, on l'apprête ;
A celle de Pompée on veut joindre ta tête [1].
Prends-y garde, César, ou ton sang répandu
Bientôt parmi le sien se verra confondu.

. . . .

Ma haine avait le choix ; mais cette haine enfin
Sépare son vainqueur d'avec son assassin,
Et ne croit avoir droit de punir ta victoire

[2] Lib. IV, 185.　　　[5] Lib. X, 396.
[3] Lib. X, v. 375 sqq.　　[6] *Ibid.* v. 11 sqq.
[4] *Ibid.* 382.　　　— [1] *Ibid.* v. 348.

Qu'après le châtiment d'une action si noire.
Rome le veut ainsi[2] ;. . . . .
Et tiendrait à malheur le bien de se voir libre
Si l'attentat du Nil affranchissait le Tibre...
Tu tomberais ici sans être sa victime ;
Au lieu d'un châtiment ta mort serait un crime ;
Et sans que tes pareils en conçussent d'effroi,
L'exemple que tu dois périrait avec toi[3].

[2] Lib. X, 340 sqq.   [3] Lib. X, 343.

M. ANNÆI LUCANI

PHARSALIA.

ARGUMENTUM

LIBRI NONI

E SULPITIO DESUMPTUM.

Spiritus in nono Magni petit æthera : pugnæ
Relliquiasque Cato Libyæ transportat in oras,
Et cum Pompeiis Magnum Cornelia luget.
Quem Cato commendans, Cilices castigat, et inde
Per Syrtes agitur, Libycas quoque calcat arenas :
Hammonemque tuens serpentum senta peragrat.
Dux et ab Emathia Trojanam vectus in urbem,
It Pharon, et generi lacrimans pia conspicit ora.

M. ANNÆI LUCANI

PHARSALIA

LIBER NONUS.

———◆◆◆◆◆———

ANALYSIS.

Pompeii anima æthereas sedes petit, quæ describuntur; 1—18.
Catonis egregii sensus exprimuntur, qui Corcyræ reliquias
Pharsalicæ cladis colligit; 19 — 35. Inde in Africam classe
devehitur; 36 — 44. Obviam illi fiunt naves, in quibus erant
Sextus cum Cornelia; 45, — 50. Quæ Ægypti oras deserere
coacta queritur, quod justa viro exsequi non sibi licuerit;
51 — 108. Ejus dolor et luctus describuntur; 109 — 116.
Cneus, filiorum Pompeii natu major, Sextum fratrem de fato
patris rogat; 117 — 125. Respondet Sextus; 125 — 145.
Iratus Cneus in Ægyptum ultionem meditatur, quem motum
compescit Cato; 146 — 166. Omnes lugent Pompeium, cui
Cornelia pompam funebrem et busti simulacrum, quod
potest, præstat; 167 — 185. Cato Pompeium concione laudat; 186 — 217. Tarchondimotum auctorem linquendi Catonis dux notat; 217— 225. Unus e desertoribus Catoni fugæ
causas excusat; 225 — 252. Oratio Catonis, qua seditionem
compescit; 253 — 293. Cyrenam, a qua exclusus fuerat,
expugnat; 294 — 299. Tunc ad Jubam per Syrtes ire contendit; 300 — 302. Syrtium natura describitur; 303 — 318.

Amissa, per navigationis difficultatem, parte classis, cætera pars paludem Tritonos appellitur; 319 — 347. Hujus loci topographia et Hesperidum hortus describitur; 348 — 367. Pompeius in Libya consistit : Cato per arenas iter facturus suos hortatur; 368 — 410. Africæ chorographia et Nasamonum mores; 411 — 444. Procellæ ventorum, quibus arenæ commoventur, describuntur; 445 — 480. Laboriosum militum iter; 481 — 497. Quibus siti laborantibus, ipse sitiens Cato, aqua oblata abstinet; 498 — 510. Templum Jovis Hammonis describitur; 511 — 521. Et silva templo vicina; 522 — 543. Hortantur Catonem comites et præcipue Labienus, ut Hammonis oraculum consulat; 544 — 563. Recusantis ducis insigne responsum; 564 — 586. Catonis in hoc itinere tolerantia, modestia, et ejus laudes; 587 — 604. Fons tandem invenitur, sed serpentum multitudine occupatus; cujus aquam tamen bibit Cato, ne miles undæ, quasi venenatæ, abstineat; 605 — 618. Poeta, in origine Libycorum serpentum quærenda excurrens, Medusam pingit; 619— 658. Hanc a Perseo interfectam narrat, e cujus sanguine natos serpentes; 659 — 699. Quædam ex his monstris memorantur, Aspis; 700 — 707. Hæmorrhois, Chersydros, Chelydri, Cenchris, Hammodytes, Cerastæ, Scytale, Dipsas, Amphisbæna, Natrix, Jaculi, Pareas, Prester, Seps, Basiliscus, Dracones; 707—733. Auli, militis Tyrrheni, a Dipsade morsi; 734 — 760. Sabelli, a Sepe; 761 — 788. Nasidii, a Prestere; 789 — 804. Tulli, ab Hæmorrhoide; 805 — 814. Levi, ab Aspide; 815 — 821. Paulli, a Jaculo; 822— 827. Murri, a Basilisco, et aliorum varia vulnera narrantur; 828 — 838. Romanorum miseriæ et querelæ; 839 — 880. Catonis constantia eos erigit; 880 — 889. Contra serpentum venena opem dant Psylli; 890 — 911. Quorum incantamenta et medicinæ exponuntur; 911 — 941. Romani Leptim ingrediuntur, ubi hiemant; 942 — 949. Cæsar, genero intentus, Trojæ ruinas invisit; 950 — 986. Aras illic erigit, et vota Diis Trojanis facit; 987 — 999. Mox in Ægyptum classe tendit, et Pharon portum septimo die videt; 1000—1007. Occurrit regius satelles caput Pompeii offerens; 1007 — 1013.

Satellitis oratio; 1014 — 1032. Cæsaris, oblato hostis capite,
lacrimæ, quas invidiose perstringit poeta; 1032 — 1063.
Ejus ad satellitem Ægyptium verba, 1064 — ad finem.

———

At non in Pharia manes jacuere favilla,
Nec cinis exiguus tantam compescuit umbram :
Prosiluit busto, semiustaque membra relinquens,
Degeneremque rogum, sequitur convexa Tonantis.
Qua niger astriferis connectitur axibus aer,   5
Quodque patet terras inter lunæque meatus,
Semidei manes habitant, quos ignea virtus
Innocuos vitæ, patientes ætheris imi

1. *Pharia favilla*. In hoc busto
Ægyptio. — *Manes*. Pompeii umbra,
quæ diversa ab anima : hæc enim
jam reliquerat corpus et membra,
quum caput abscinderetur; sed illa cir-
cumvolitabat bustum ; non autem in
tumulo mansit et circa cineres, ut plebeii manes solent. Utramque tamen hic
confundi non enixe negaverim. ED.

4. *Degenerem*. Se non dignum.
— *Sequitur convexa Tonantis*. Bea-
tarum animarum sedem repetit, campos Elysios, de quibus Virg. Æn. VI,
637 sqq. et Senec. Troad. vs. 947. Hos
alii in Hispania, alii in insulis Fortunatis locant. Platonicorum alii in
summo loco tertii ordinis ex ter qua-
terna elementorum divisione, in
cælo scilicet, quod terra ἁπλανὴς dicitur, alii vero in regione proxime
lunam, quam vitæ mortisque confi-
nium esse volunt, etc. Vid. Platon.
ult. de Repub. Macrobius, Somn.
Scipion. I, cap. 11.

5. *Niger*. Obscurus et sine stellis.
Sic dictus, qoia inter verum lumen
cæleste et nostram terram, quasi nox
interjaceat. Gallice *atmosphère*.

6. *Patet*. Plaga ampla et vacua.

7. *Semidei manes habitant*. Ἀν-
δρῶν ἡρώων Θεῖον γένος, quos ἥρωας, id
est, aeris filios córpore solutos emicare
et cum dæmonibus habitare volent
aeris in campis. — *Quos ignea virtus*.
Virg. VI, 130 : « Quos ardens evexit
ad æthera virtus. » Sic quoque Patricius in Epithal. « Celsa petunt
fastigia rerum Semideæ mentes, puro
stirps prosata cælo ; » in Poet. lat.
min. t. III, p. 393. Alludit ad hunc
locum Stat. Silv. II, 7, vs. 107 sqq.
Cf. et Sil. Ital. X, 577. Ad rem Cic.
de Republ. VI, 8. ED.

8. *Patientes ætheris imi*. Cur dicat *patientes*, non video ; nam nullus profecto hic tolerandus labor : et
tamen nimium foret acumen, si intelligamus, virtutem *igneam* fecisse,

Fecit, et æternos animam collegit in orbes.

·Non illuc auro positi, nec ture sepulti   10

Perveniunt. Illic postquam se lumine vero

Implevit, stellasque vagas miratus, et astra

Fixa polis, vidit quanta sub nocte jaceret

Nostra dies, risitque sui ludibria trunci.

Hinc super Emathiæ campos, et signa cruenti   15

Cæsaris, ac sparsas volitavit in æquore classes;

Et scelerum vindex in sancto pectore Bruti

Sedit, et invicti posuit se mente Catonis.

   Ille, ubi pendebant casus, dubiumque manebat,

Quem mundi dominum facerent civilia bella,   20

Oderat et Magnum, quamvis comes isset in arma,

Auspiciis raptus patriæ, ductuque senatus.

ut illi possint habitare astra, quæ ut ait Cicero, de Nat. Deorum, II, 15, « ex mobilissima purissimaque ætheris parte gignuntur, totaque sunt calida et *ignea.* » Ergo *pati* in bonam partem dictum est, ut apud Plaut. Asin. II, 2, 58, et Pœn. III, 3, 82. Nisi forte *ætheris imi* capias pro hacce terra, ubi multa ob virtutem tulere haud impatienter cælesti patria exsulantes. Quod tamen minus bene cum præcedd. et seqq. cohærere videtur. ED.

10. *Non illuc auro positi.* Non illuc semper adscendunt Cæsares aureis conditi loculis, eburneis auratisque elati lectis, unguento, ture cremati, etc. qui mos est referendi Imperatores in numerum Deorum. Herod. lib. IV.

11. *Illic postquam.* Videtur Lucanus imitari Virg. Eclog. V, 56 sq.

13. *Vidit quanta.* Vide Platonis

Gorgiam, et de Rep. atque Cic. loco laudato. — *Sub nocte.* Illic enim verum lumen invenit, præ quo nostra quæ dicitur dies, nox est. ED.

14. *Ludibria trunci.* Vanitatem sepulturæ, ait Schol. ego potius intelligam, cum contemptu despexit Ægyptiorum rabiem, qui corpus ipsius ludibrio projecerant. ED.

16. *Classes.* Quæ integræ adhuc erant circa Corcyram.

17. *Et scelerum vindex.* Et vindicaturus scelestum bellum a Cæsare summæ dominationis studio susceptum, transfudit se quasi per μετεμψύχωσιν in pectus Bruti, Cæsarem interfecturi, et Catonis, qui bellum redintegraturus erat.

19. *Ille.* Cato, cf. II, 285 sqq.

21. *Comes isset in arma.* Ambigua constructio, an *isset in arma*; an *raptus in arma*; an *comes in arma*, ut apud Ovid. Ep. XVIII,

At post Thessalicas clades jam pectore toto
Pompeianus erat. Patriam tutore carentem
Excepit, populi trepidantia membra refovit,   25
Ignavis manibus projectos reddidit enses :
Nec regnum cupiens gessit civilia bella ,
Nec servire timens : nil causa fecit in armis
Ipse sua ; totæ post Magni funera partes
Libertatis erant. Quas ne per litora fusas   30
Colligeret rapido victoria Cæsaris actu,
Corcyræ secreta petit, ac mille carinis
Abstulit Emathiæ secum fragmenta ruinæ.
Quis ratibus tantis fugientia crederet ire
Agmina? quis pelagus victas arctasse carinas?   35
   Dorida tunc Malean, et apertam Tænaron umbris,

6o: « Et comes in nostras officiosa vias. » BURM. — Cf. tamen X , 53o.

24. *Pompeianus.* Causæ omnino Pompeii adhærens : nihil enim jam ab ipso pro libertate timebat. ED. — *Tutore.* Defensore Pompeio. Potest hoc translatum a minoribus (pupillis) accipi. SCH.

27. *Nec regnum cupiens.* Quicumque civile hoc bellum susceperunt , aut regnum affectabant, aut detrectabant jugum, id est, omnes in suam utilitatem pugnavere ; Cato solus pro patria, pro libertate publica. Male igitur Burm. intelligit *servire*, militare sub aliis quibus obsequeretur, ut miles. Neque hic de morte cogitandum, qui stoico semper patet portus ; neque tamen cum Web. opinor dici Catonem servire potuisse, sed modo innuit poeta eum non hoc, ut sibi consuleret, fecisse. ED.

29. *Partes.* Jam omnes, qui con-

tra Cæsarem adhuc stabant , non pro homine, sed pro libertate communi partes facere certum erat. ED.

31. *Victoria Cæsaris.* Id est, Cæsar victor. — *Rapido actu.* Expeditione et celeritate solita.

32. *Corcyræ secreta petit.* Insula in mari Ionio, quæ antea Phæacia vocabatur : hic erat Pompeii classis. — *Mille carinis.* Synecdoche hyperbolica. Numerosa quidem classis erat, ut ex sqq. patet.

33. *Fragmenta.* Cladis Pharsalicæ reliquias.

35. *Arctasse carinas.* Contraxisse, angustum reddidisse. Cf. ad II , 678.

36. *Dorida tunc Malean.* Malea promontorium est Laconiæ, quam incoluere Dores. Sed per *Malean* potest intelligi sinus Maleus, ut Floro dicitur, III, 6, ad quem Cythera sita. Nec semper in locis enumerandis ordinem situs servant poetæ. BURM.

Inde Cythera petit : Boreasque urgente carinas,

Creta fugit : Dictæa legit, cedentibus undis,

Litora. Tunc ausum classi præcludere portus

Impulit, ac sævas meritum Phycunta rapinas   40

Sparsit : et hinc placidis alto delabitur auris

In litus, Palinure, tuum (neque enim æquore tantum

Ausonio monumenta tenes ; portusque quietos

Testatur Libye Phrygio placuisse magistro) :

Quum procul ex alto tendentes vela carinæ   45

Ancipites tenuere animos, sociosne malorum,

An veherent hostes : præceps facit omne timendum

Victor, et in nulla non creditur esse carina.

—*Apertam Tænaron.* In cujus promotorio spelunca erat, per quam aditus patebat ad inferos. Cf. sup. VI , 648.

37. *Cythera petit.* Insulam Peloponnesi, hodie *Cerigo.* — *Urgente.* Flatu rapido impellente.

38. *Fugit.* Præternavigantibus et provectis recedere videtur.—*Dictæa.* Cretensia. Dicte urbs et mons Cretæ. — *Legit.* Non accessit ad Cretam, sed rapide prætervectus est. — *Cedentibus.* Cedit aqua , quum a navi scinditur et repellitur. Ovid. Ep. XVIII , 76 : « Per mihi cedentes nocte ferebar aquas. » OUD.

39. *Ausum classi.* Phycunta, oppidum Cyrenaicæ regionis, cum promontorio contra Tænarum , quia portum Catoni præclusit, expugnavit et militibus suis diripiendum concessit. Meminerunt Plinius IV , 20, § 4; Strabo , lib. XVII.

42. *In litus, Palinure.* Promontorium Cyrenaicæ regionis in Africa. Hoc autem Africæ promontorium

Ptolemæus Παλίουρον vocat. Videtur nominis similitudine deceptus poeta. Forte intelligendum esse portum , quem intravit Æneas tempestate compulsus, Æneid. I, 159, conjicit Burm. tujus opinionis nullam video rationem. Est alioqui in Italia, *æquore Ausonio,* ad sinum Veliensem, promontorium Palinurus, a gubernatore Æneæ sic dictum; Cf. Virg. Æneid. VI, 366 sqq. ED.

43. *Monumenta.* Sepultus ibi , nomen loco Palinurus imposuit.

44. *Testatur Lybie.* Neque Africa minus quam Italia testatur tutos portus placuisse Palinuro atque ab eo nomen accepisse.

45. *Quum procul, etc.* Ibi , conspectis navibus in quibus erant Cornelia et Sextus Pompeius cum suis, Cato dubitare cœpit , utrum Cæsaris essent, an Pompeii.

47. *Præceps victor.* Nota Cæsaris celeritas, faciebat , ut cuncta metuenda essent, et omnis conspecta navis Cæsarem ferre videretur. ED.

Ast illæ puppes luctus, planctusque ferebant,
Et mala vel duri lacrimas motura Catonis.   50
· Nam postquam frustra precibus Cornelia nautas
Privignique fugam tenuit, ne forte repulsus
Litoribus Phariis remearet in æquora truncus,
Ostenditque rogum non justi flamma sepulcri :
« Ergo indigna fui, dixit, Fortuna, marite   55
Accendisse rogum, gelidos effusa per artus
Incubuisse viro, laceros exurere crines,
Membraque dispersi pelago componere Magni?
Vulneribus cunctis largos infundere fletus?
Ossibus, et tepida vestes implere favilla,   60
Quidquid ab exstincto licuisset tollere busto,
In templis sparsura Deum? Sine funeris ullo
Ardet honore rogus : manus hoc Ægyptia forsan
Obtulit officium grave manibus. O bene nudi

50. *Duri.* Stoici, ἀπαθοῦς.

51. *Frustra precibus.* Frustra labo-
raverat retinere Sextum Pompeium
et cæteros in litore Ægyptio, desiderio atque exspectatione trunci conjugis.

52. *Privigni.* Natus enim Sextus ex
Pompeio et Æmilia priore uxore. —
Ne forte. Burmannus mallet *si forte.*
Non male. Sed bene exponit, ideo
noluit fugere, ne, etc. ED. — *Re-
pulsus.* Fluctu sc. relabente a litore
Ægyptio, in æquor delatus. ED.

54. *Ostendit.* Postquam, visa flamma rogi, tandem credere potuit sepultum esse Pompeium. — *Non justi.*
Indigni Pompeio. Vide ad VIII, 755.
— *Justum* opponitur tumultuario,
ut inf. 234, *justas flammas.* BURM.

56. *Accendisse rogum.* De more
luctus, vide lib. II, vers. 21; Cf.
VIII, 740.

58. *Dispersi pelago.* Quæ unda
disperserat; assidue fluctibus verbe-
rati Magni membra. SCH.

59. *Infundere.* Illacrimari vulneribus. Cf. VIII, 727.

60. *Ossibus*, etc. Cf. VIII, 843,
not. Vellet Cornelia sinu abstulisse
ossa et cineres conjugis, quæ in aliquo mox templo deponat. ED.

62. *Sine funeris ullo.* Idem questus erat Cordus, VIII, 729 sqq.

64. *Grave manibus.* Cf. VIII,
761. — *O bene nudi.* Feliciores illi
qui inhumati abjecti, quam Pompeius, cui tam despicatus et vilis contigit ignis, quasi Deorum odio.

Crassorum cineres! Pompeio contigit ignis   65
Invidia majore Deum. Similisne malorum
Sors mihi semper erit? numquam dare justa licebit
Conjugibus; numquam plenas plangemus ad urnas?
Quid porro tumulis opus est, aut ulla requiris
Instrumenta, dolor? non toto pectore portas,   70
Impia, Pompeium? non imis hæret imago
Visceribus? quærat cineres victura superstes.
Nunc tamen hic, longe qui fulget luce maligna,
Ignis, adhuc aliquid, Phario de litore surgens,
Ostendit mihi, Magne, tui... : jam flamma resedit,   75
Pompeiumque ferens vanescit solis ad ortus
Fumus, et invisi tendunt mihi carbasa venti.
Non mihi nunc tellus Pompeio si qua triumphos

66. *Similis.* Non enim Crassum potuerat sepelire, ita nec Magnum. SCH. — *Dare justa.* Sic scribendum, non *busta* ut vulgo circumfertur, quia cætera etiam suprema munera, quæ jam antea enumeravit Cornelia, maritis dedisse volebat. OUD.

68. *Plenas urnas.* In quibus sint mariti reliquiæ; opponuntur cenotaphia, *inanis tumulus*, ut ait Virg. Æn. VI, 505. ED.

70. *Non toto.* Burm. vellet *non totum*, eleganter, inquit, quia licet lacerum corpus sit, illa tamen se integrum in pectore gerere conjugem dicit. Sed hoc acumen non captat Cornelia. Dicit doloris monumentis non opus esse, quum *toto pectore*, id est, *totis animi viribus*, quantum patet animi affectus, Pompeium amplecti et portare debeat. ED.

72. *Victura superstes.* Illa debet marito tumulum exstruere, quæ diu

conjugi superesse cupit; quod ego, quæ mori volo, procurare non debeo.

73. *Maligna.* Non clara, sed tenui (Virg. Æneid. VI, 270); vel ingrata, ut modo vers. 64.

75. *Ostendit.* Flammam rogi in Ægyptio litore surgentem e longinquo adspicit, et adhuc aliquid Pompeii sibi videre videtur. Sed ignis statim exstinguitur, et ipsius recrudescit dolor. Vide Disq var. ED.

76. *Ferens.* Non, ut opinor, auferens; sed mihi Pompeium adhuc referens. — *Solis ad ortus.* Incipiente enim sole desinit conspici, quum flammam lux major obscurat. SCH.

77. *Invisi mihi.* Quia faciunt, ut longius abducta fumum videre non possim. SCH.

78. *Non mihi nunc tellus.* Non ulla tellus Pompeio triumphata, gratior jam mihi est, quam hæc, quæ utcumque nocens, illius ossa habet.

Victa dedit, non alta terens Capitolia currus

Gratior : elapsus felix de pectore Magnus ; 80

Hunc volumus, quem Nilus habet, terræque nocenti

Non hærere queror; crimen commendat arenas.

[Linquere, si qua fides, Pelusia litora nolo.]

Tu pete bellorum casus, et signa per orbem,

Sexte, paterna move : namque hæc mandata reliquit 85

Pompeius vobis, in nostra condita cura :

« Me quum fatalis leto damnaverit hora,

« Excipite, o nati, bellum civile, nec umquam,

« Dum terris aliquis nostra de stirpe manebit,

« Cæsaribus regnare vacet. Vel sceptra, vel urbes 90

« Libertate sua validas, impellite fama

« Nominis : has vobis partes, hæc arma relinquo.

« Inveniet classes, quisquis Pompeius in undas

« Venerit; et noster nullis non gentibus hæres

79. *Terens.* Quasi assiduo transitu. Ter enim triumphaverat.

80. *Elapsus felix.* Non jam, inquit, eum diligo, quod fuit felix; sed quod nunc miser est. Sic supra dixerat Magnus (VIII, 77) : « Et ipsum Quod sum victus, ama. » SCHOL.

81. *Hunc volumus.* Hunc tantum requiro Pompeium, qui in terra Niliaca jacet.

82. *Non hærere.* Queror me non hærere ; i. e. vellem hærere ; hanc enim ob causam Ægyptum diligo, quia Pompeius illic occisus est. SCH.

83. Vid. Disq. var. In *meo MS.* hic versus non exstat. Illud *Si qua fides* longe ineptissimum est. ED.

86. *Condita.* Quæ ego in mente servavi. Catull. de nuptiis Pelei, 231 : « Ut memori tibi condita corde

Hæc vigeant mandata. » Cf. Virg. Æn. III, 388; Phæd. Fab. IV, 1, 18. Burmann. tamen hunc versum ejicit, quasi supposititium. Vide autem Disq. var. ED.

87. *Me quum fatalis,* etc. Repetit Cornelia Pompeii mandata ad liberos, fidei suæ et curæ commissa.

88. *Excipite.* Vis loquutionis notanda, ut supr. v. 24 : « Patriam tutore carentem Excepit. » ED.

90. *Vacet.* Immune sit, labore et periculo vacuum. — *Sceptra.* Reges et urbes liberas commovete.

92. *Nominis.* Mei, quod sufficiet ad partes, ad arma, ad classes et exercitus comparandos.

93. *Quisquis Pompeius.* Uter e filiis, Sextus vel Cneus; sive quis alius Pompeii nomine.

II. 21

« Bella dabit : tantum indomitos, memoresque paterni 95

« Juris habete animos. Uni parere decebit,

« Si faciet partes pro libertate, Catoni. »

Exsolvi tibi, Magne, fidem, mandata peregi.

Insidiæ valuere tuæ, deceptaque vixi,

Ne mihi commissas auferrem perfida voces.   100

Jam nunc te per inane chaos, per Tartara, conjux,

Si sunt ulla, sequar ; quam longo tradita leto

Incertum est ; pœnas animæ vivacis ab ipsa

Ante feram. Potuit cernens tua vulnera, Magne,

---

95. *Bella dabit.* Ad arma excita-
bit gentes quascumque.

96. *Juris habete.* Quod mihi a senatu datum ad gerendum hoc bellum.

97. *Si faciet.* Hoc dubitare non
potest Pompeius ; itaque vellet Burm.
parenthesi adhibita *Hic faciet*, etc.
ut fiduciam in Catone se habere ostendat illum post sua fata partes fa-
cturum. Sed poterat aliquo casu op-
primi Cato, ideoque non male hic
dubitatio ponitur. ED.

99. *Insidiæ.* Blanditiis tuis et his
mandatis de tuendis partibus, quasi
aliqua spes superesset post te salutis,
effecisti ut vivere vellem, te sublato.
BURM.—*Deceptaque vixi.* Dicit Cornelia se, postquam a Pompeio illam
deserente et relinquente in nave decepta fuerit, ideo vixisse et necem
sibi non conscivisse, ne perfidiæ sub-
iret crimen in auferendo mandata,
quæ Pompeio promiserat, se filiis
ipsius traditura. Si enim antea se
occidisset, fidem non solvisset. OUD.

100. *Auferrem.* Hoc est, mecum ad
inferos ferrem, ut ita perirent. Sic
I, 113, Julia « tædas ad manes abstulisse » dicitur ; cf. mox 124. BURM.

102. *Si sunt, sequar.* Nisi et fabula manes sint, jam nunc moriens
te ad inferos sequar. — *Quam longo
tradita leto.* Te sequar, inquit ; jam
enim leto destinata et tradita sum ;
sed quam diu in extremo hoc arti-
culo versanda sit vivax anima incertum est ; attamen interea ab ipsa vi-
vacitate pœnas præcipiam. Virg.
Æneid. VIII, 489 : « Longa sic
morte necabat. » Illud malim quam
si exponas : nescio tamen an hoc fiet
leto, sc. morte naturali, cujus hora
an longinqua futura sit ignoro ; nam
si anima posset longius tolerare vitam, ab illa ipsa pœnas exigerem
ante terminum vitæ meæ. Vide Disq.
var. ED.

103. *Vivacis.* Similia fere sunt quæ
Quintilianus prœmio libri VI habet, ubi *impiam vivacitatem* vocat,
quia filio superstes vivit, et *supersti-
tem tantum ad pœnas* esse queritur,
et his similia multa. BURM.

104. *Potuit.* Sc. anima. Male quidam *potui.* Subint. *si*, ut centies : Si
potuit anima (id est, ego) videns te
interfici, non e vestigio etiam mortem subire (id enim *fugere* notat),

Non fugere in mortem; planctu contusa peribit;   105
Effluet in lacrimas : numquam veniemus ad enses,
Aut laqueos, aut præcipites per inania jactus.
Turpe mori post te solo non posse dolore. »
    Sic ubi fata, caput ferali obduxit amictu,
Decrevitque pati tenebras, puppisque cavernis   110
Delituit : sævumque arcte complexa dolorem
Perfruitur lacrimis, et amat pro eonjuge luctum.
Illam non fluctus, stridensque rudentibus Eurus
Movit, et exsurgens ad summa pericula clamor :
Votaque sollicitis faciens contraria nautis,   115
Composita in mortem jacuit, favitque procellis.
    Prima ratem Cypros spumantibus accipit undis :
Inde tenens pelagus, sed jam moderatior, Eurus
In Libycas egit sedes, et castra Catonis.

sed supervivere ; certe concussa planctu, et contusa peribit. BURM. — Cf. ad II , 335.

106. *Numquam veniemus.* Non erit opus vi extrinsecus : sufficiet dolor internus.

107. *Per inania.* Per aerem. Conf. ad Ovid. Met II, 506. Hæc autem non repugnant, ut monet Burm. cum his quæ infra dicuntur v. 115 , ubi naufragio perire optat ; nam et hic non mortem , sed vim ab ipsa sibi inferendam recusat. ED.

110. *Cavernis.* In interioribus et secretioribus navis partibus. SCH. — De more, quo recenti luctu in publicum non prodibant, vide Cort. ad Plin. IX, epist. 13. BURM.

112. *Perfruitur lacrimis.* Ita lacrimis indulget, ut illis frui et luctum amare in memoriam mariti ;

vel etiam, ut loco conjugis uni luctui per se addicta, videatur. ED. — Acute et ex schola, ubi tales argutiæ frequentes, petitum. BURM.

115. *Contraria nautis.* Moram in Ægyptio litore expetens, naufragium et mortem : quum nautæ abitum et salutem voverent.

116. *Composita.* Ita mori parata , ut jam habitu sepeliendæ jaceret. ED. — *Favitque.* Procellarum vim votis suis adjuvit.

117. *Ratem.* In qua erat Cornelia. — *Spumantibus.* Non propte, seopulos, ut vult Burm. sed propter ventum vehementem , qui v. seq. *moderatior.* ED.

118. *Tenens pelagus.* Qui tunc sibi vindicabat imperium pelagi.

119. *Sedes.* Sic dicuntur castra et loca in quibus diutius hærent mili

Tristis, ut in multo mens est præsaga timore,   120
Adspexit patrios comites a litore Magnus,
Et fratrem : medias præceps tunc fertur in undas.
« Dic ubi sit, germane, parens : stat summa caputque
Orbis, an occidimus? Romanaque Magnus ad umbras
Abstulit? » Hæc fatur : quem contra talia frater :   125
« O felix, quem sors alias dispersit in oras,
Quique nefas audis : oculos, germane, nocentes
Spectato genitore fero. Non Cæsaris armis
Occubuit, dignoque perit auctore ruinæ.
Rege sub impuro Nilotica rura tenente,   130
Hospitii fretus Superis, et munere tanto
In proavos, cecidit donati victima regni.
• Vidi ego magnanimi lacerantes pectora patris :
Nec credens Pharium tantum potuisse tyrannum,
Litore Niliaco socerum jam stare putavi.   135

tes. BURM. — *Catonis.* Qui jam erat ad Palinurum, supra vers. 12.

120. *Tristis.* Non lætus eos videt Cneus: multum enim timet; et in multo timore mens futura præsagire mala nimis callet.

121. *Patrios comites.* Romanos sc. qui ad Alexandriam cum Pompeio navigaverant. SCH. — *Magnus.* Cn. sc. Pompeius, major natu filius Pompeii, quem e Pharsalîca clade elapsum cum Catone in Africam trajecisse refert. In Hispaniam tamen profectum sollicitasse Hiberos et Celtiberos tradit Appianus.

122. *Et fratrem.* Sext. Pompeium, Magni fil. natu minorem. — *Præceps fertur in undas.* Celer navi occurrit. SULP.

124. *Romanaque Magnus.* Res ro-

manas, quæ ab illo pendebant. — *Romana* absolute, ut VIII, 288, 341, al.

126. *O felix.* O te felicem, qui nobiscum non fuisti!

127. *Quique nefas audis.* Neque, ut ego, adspectu trucidati patris læsisti pietatem et venerationem.

129. *Perit.* Pro *periit*; ideo syllaba producitur. Ad sensum, *non* repetendum est. ED.

130. *Impuro.* Incesto, impio, perfido Ptolemæo.

131. *Hospitii fretus.* Confidens Diis hospitii præsidibus, et beneficentiæ, qua sibi demeruerat reges Ægyptios. Cf. ad VIII, 449, not.

132. *Donati victima.* Ab eo scil. cæsus, quem regno donaverat. ED.

135. *Socerum.* Cæsarem : sic Cor-

Sed me nec sanguis, nec tantum vulnera nostri
Adfecere senis, quantum gestata per urbes
Ora ducis, quæ transfixo sublimia pilo
Vidimus : hæc, fama est, oculis victoris iniqui
Servari, scelerisque fidem quæsisse tyrannum.   140
Nam corpus Phariæne canes, avidæque volucres
Distulerint, an furtivus, quem vidimus, ignis
Solverit, ignoro. Quæcumque injuria fati
Abstulit hos artus, Superis hæc crimina dono :
Servata de parte queror. » Quum talia Magnus   145
Audisset, non in gemitus, lacrimasque dolorem
Effudit; justaque furens pietate profatur :
« Præcipitate rates e sicco litore nautæ;
Classis in adversos erumpat remige ventos :
Ite, duces, mecum : numquam civilibus armis   150
Tanta fuit merces, inhumatos condere manes,

nelia, VIII, 64*. — *Jam stare.* Jam advenisse et hanc cædem imperasse.

137. *Per urbes.* Oudend. *urbem*, Alexandriam scil. Teneo *per urbes*, usque ad Alexandriam; neque enim Alexandriæ hoc factum, sed prope Casium montem ad Pelusium, quo adpulit Pompeius. VIII, 464, 539. Vide Disq. var., not. 138. ED.

138. *Sublimia.* Ut conspici possent. Mallet Burm. *Deformia.*

139. *Fama est.* Hæc homines loquebantur servari, ut advenienti Cæsari possent ostendi. SCH. — *Oculis.* Ut pascerentur grato hoc adspectu.

140. *Fidem quæsisse.* Cf. ad VIII, 688.

143. *Solverit.* In cineres verterit.

Cf. VIII, 755. — *Ignoro.* Quod in mari, ex tanto intervallo, nihil certi videre potuerit.

144. *Dono.* Condono, ignosco.

145. *Servata de parte queror.* De capite illius in adventum Cæsaris servato. — *Magnus.* Cf. supr. 121.

146. *Non in gemitus.* Sic Justin. I, 8 : « Tomyris dolorem non in lacrimas effudit. » BURM.

147. *Justaque furens.* Conjunctiva *que*, pro discretiva *sed.* cf. simile quid, I, 252. II, 35.

148. *Præcipitate.* Vidimus vs. 122, Cneum fratri obviam accurrisse; nunc, audita nece patris, ad suos in litore stantes convertitur, hortaturque ut naves subductas citius in fluctus retrahant. ED.

151. *Tanta fuit merces.* Causam

Sanguine semiviri Magnum satiare tyranni.

Non ego Pellæas arces, adytisque retectum

Corpus Alexandri pigra Mareotide mergam?

Non mihi Pyramidum tumulis evulsus Amasis,   155

Atque alii reges Nilo torrente natabunt?

Omnia dent pœnas nudo tibi, Magne, sepulcra:

Evolvam busto jam numen gentibus Isin,

Et tectum lino spargam per vulgus Osirim,

Et sacer in Magni cineres mactabitur Apis,   160

Suppositisque Deis uram caput. Has mihi pœnas

Terra dabit: linquam vacuos cultoribus agros;

Nec, Nilus cui crescat, erit: solusque tenebis

Ægyptum, genitor, populis Superisque fugatis. »

æque piam ac legitimam numquam civilia bella habuerunt, sc. patrem sepelire, et tyrannum occisorem ejus punire. ED. — *Manes.* Pro, cadaver vel reliquias, ut VIII, 844.

152. *Semiviri.* Ut VIII, 552.

153. *Pellæas arces.* Alexandriam scilicet, qua nominata, statim dolore amens, in varia vindictæ genera excurrit. Quod si vocabulum *mergam* huc retrahi non placeat, supple *diruam, evertam*, figura apud scriptores frequenti. Vide tamen Disq. var. ED. — *Adytis retectum.* Cf. VIII, 694.

154. *Mareotide mergam.* Ægypti lacu, de quo Plin. Hist. nat. V, 11, § 4; juxta Alexandriam situs erat, a meridiana urbis parte. Nunc dicitur *Birk-Mariout.* ED.

155. *Pyramidum.* Vide ad VIII, 697. — *Amasis.* Antiquus Ægypti rex, quem Plinius, XXXVI, 17, in pyramide a Sphingis figura appel-

lata, conditum scribit; ubi vide notata. ED.

157. *Nudo.* Insepulto.

158. *Isin.* Vide VIII, 831, et Excurs. ad Tibullum, nost. ed. p. 353 sqq. ED.

159. *Tectum lino.* Osirim a fratre Typhone dilaniatum Isis uxor tela lini recepit: hinc statuæ ejus et sacerdotibus lineæ vestes. Cf. infra X, 175, et Mart. XII, 29, 19. Vide etiam notata ad VIII, 833, et Excurs. ad Tibull, p. 378 sqq. ED.

160. *Apis.* Vide ad VIII, 479. Ad sensum consule Disq. var.

161. *Deis.* Deorum statuis suppositis, quasi rogo, caput Pompeii, quod reservatum est, uram; ut Diagoras Hercule ligneo se calefecit. Sic sæpe *supponere ignem.* Virg. Æn. II, 37: « Subjectis urere flammis. »

163. *Solusque tenebis.* Cf. VIII, 803.

164. *Fugatis.* Nempe templorum

Dixerat, et classem sævas rapiebat in undas.   165
Sed Cato laudatam juvenis compescuit iram.

    Interea totis audito funere Magni
Litoribus sonuit percussus plangatibus æther:
Exemploque carens, et nulli cognitus ævo
Luctus erat, mortem populos deflere potentis.   170
Sed magis, ut visa est lacrimis exhausta, solutas
In vultus effusa comas, Cornelia puppe
Egrediens, rursus geminato verbere plangunt.
Ut primum in sociæ pervenit litora terræ,
Collegit vestes, miserique insignia Magni,   175
Armaque, et impressas auro, quas gesserat olim
Exuvias, pictasque togas, velamina summo
Ter conspecta Jovi, funestoque intulit igni.

et mysteriorum profanatione. CRÉBILLON, *Atrée et Thyeste*, act. V, sc. 8 : « Dont tu viens de chasser et le jour et les dieux. » ED.

165. *Sævas.* Ob tempestatem nondum compositam, et *adversos ventos* (vs. 149.). Oudend. et Burm. mallent *sævus.* At potest etiam intelligi per hypallagen *sævas* pro, ipse Pompeius *sævus*, qui jam horrenda minitatur. Sed prior interp. præstat. ED.

166. *Laudatam.* I. e. et laudavit ipse et compescuit.

169. *Nulli.* Alii *nullo*, sed veteres promiscue in his utuntur; cf. Ovid. Met. X, 502. Ordo est: populos deflere mortem potentis tali luctu, est luctus nulli ævo cognitus. Infinitivus loco substantivi, pro *defletio* talis populorum. Cf. ad h. l. Stat. Silv. I, 4, 50 : « Ignaræ plebis lugere potentes. » BURM.

171. *Sed magis.* Sed major inge-

minatur planctus, ubi visa est Cornelia.

174. *Sociæ.* Africæ, ubi Cn. Pompeius et Cato.

175. *Vestes.* Efferebantur illustres viri apud Rom. in pompam funebrem, conspicui insignibus honorum, quos gessissent. In imaginaria hac sepultura Pompeio suo hunc honorem præstat Cornelia. Illustrium item virorum bustis injecta atque una cremata fuisse arma, et quæ illis in vita fuerant carissima, docet Virgil. in funere Miseni, Æneid. VI, 217, 221.

176. *Gesserat.* Sc. Pompeius. Alii *fecerat*, sc. Cornelia. Notum enim abunde est, uxores maritis, matres filiis, sponsas sponsis pretiosas texuisse vestes. Sed nihil mutandum. OUD.

177. *Pictasque togas.* Palmatas, id est, palmis pictas, quas gerebant triumphantes.

178. *Ter conspecta Jovi.* Jovi

Ille fuit miseræ Magni cinis. Accipit omnis
Exemplum pietas, et toto litore busta   180
Surgunt, Thessalicis reddentia manibus ignem.
Sic, ubi depastis submittere gramina campis,
Et renovare parans hibernas Appulus herbas,
Igne fovet terras, simul et Garganus, et arva
Vulturis, et calidi lucent buceta Matini.   185
   Non tamen ad Magni pervenit gratius umbram,
Omne quod in Superos audet convicia vulgus,

Capitolino olim conspecta, in tribus triumphis, de quibus ad VII, 685.— Quis vero credat Pompeium in bella proficiscentem secum vexisse vestes triumphales? BURM.

179. *Fuit miseræ.* Cornelia hæc habebat, quasi de corpore conjugis collectus esset cinis. SCHOL. — *Accipit.* Corneliæ pietatem etiam cæteri imitati repræsentativa busta et cenotaphia suis quisque amicis qui in Thessalia occubuerant, exstruunt.

181. *Reddentia.* Quasi debitum rogum et sepulcrum manibus defunctorum ad Pharsaliam præstantia, sed igne quovis, non vestibus etiam illorum concrematis, ut vult. Schol. Quomodo enim vestes suorum secum attulissent. ED.

182. *Sic ubi*, etc. Totum litus collucet ignibus, veluti quum Apuliæ pastores et agricolæ campos incendunt et flamma *depascuntur*, ut terram refoveant et gramina faciant pinguiora. Posset etiam *depastis* significare campos pecore depastos, ubi jam deficiunt herbæ. ED. — *Submittere.* Facere ut crescant, reficere, vel in locum substituere, ut apud Virg. Georg. III, 73, *in spem submittere*

gentis. Columella, XI, 2: « Per hosce dies (mense Febr.) prata vel arva purgantur, et in fœnum submittuntur. » ED.

183. *Hibernas.* Hoc dictum vult Hortens. quia per hiemem uruntur agri, et consentire videtur Colum. (Vide not. præc.) Sed Palladius IX, 4, de mense Augusto, ait: « Nunc urenda sunt pascua, ut incensis aridis nova lætius succedant. » Ergo *hibernas* est, quæ per hiemem crescant. Ad rem Cf. Virg. Georg. I, 90. ED.

184. *Garganus, et arva Vulturis.* Montes Apuliæ, in quorum vicinia inclyta erant pascua. Cf. ad Silium, VII, 365; vide et Horat. Carm. III, 4, 9. ED.

185. *Buceta.* Boum pascua. — *Matini.* De quo ad Horat. Carm. IV, 2, 27. ED.

186. *Non tamen ad Magni.* Inter omnia vero quæ vulgus in defuncti Pompeii laudes jactabat, indignam ejus calamitatem et cædem Deorum inclementiæ objiciens; nihil pervenit ad Pompeii umbram gratius, quam funebris oratio a Catone habita.

Pompeiumque Deis obicit, quam pauca Catonis

Verba, sed a pleno venientia pectore veri.

« Civis obit, inquit, multo majoribus impar 190

Nosse modum juris, sed in hoc tamen utilis ævo,

Cui non ulla fuit justi reverentia : salva

Libertate potens, et solus plebe parata

Privatus servire sibi, rectorque senatus,

Sed regnantis, erat. Nil belli jure poposcit : 195

Quæque dari voluit, voluit sibi posse negari.

Immodicas possedit opes; sed plura retentis

Intulit : invasit ferrum; sed ponere norat.

Prætulit arma togæ; sed pacem armatus amavit.

---

188. *Obicit.* Eos incusat de morte Pompeii.

190. *Civis obit.* Obiit vir vere civis, non conferendus quidem cum priscis romanis laude moderationis et justitiæ, sed, etc. — *Multo.* Alii *multum*; et utrumque exemplis defenditur. Vide ad Ovid. Epist. XVIII, 71. ED.

191. *Nosse modum juris.* Impar fuit majoribus in agnoscendo juris modo; id est, se non tam rigide et stricte intra justitiæ fines continuit. Opponuntur inter se *nosse modum juris* et *nulla justi reverentia.* Justissimus visus est inter injustos, et huic ætati exemplo fuit. Nequaquam igitur *cui* referri potest ad Pompeium, quod male faciant multi legentes *nonnulla*; sed ævo jungendum est. ED. — *Sed in hoc.* Micyllus exponit: in hac re utilis ætati nostræ. Ego cum Badio jungerem *in hoc ævo.* ED.

192. *Fuit.* Burm. corrigere vult *subit*, quia Cato dicere debuisset non

fuit, sed est. At sane præteritum est omne tempus, per quod Pompeii mores sæculo suo utiles et exemplo fuere : quare nihil sollicitandum. ED.

193. *Et solus*, etc. Inter tot homines, quos dominandi cupido transversos agebat, solus plebem sibi servire paratam habuit, et tamen privatus mansit. ED.

195. *Regnantis.* Liberi; cuncta regentis, cui et ipse parere videbatur. — *Nil belli jure poposcit.* Neque enim, bello tam potens, in animo habuit vi quidquam sibi poscere.

196. *Quæque dari voluit.* Non enim ita petebat honores, ut ab initio extorqueret, sed a volentibus acciperet. OMNIB.

197. *Retentis intulit.* Plura in ærarium intulit, quam ipse sibi retinuit. Cf. Vell. Paterc. II, 37.

198. *Invasit ferrum.* Suscepit bellum, sed et bello finem dare non recusabat. ED.

199. *Pacem armatus amavit.* Cf. ad VIII, 684.

Juvit sumpta ducem, juvit dimissa potestas.   200

Casta domus, luxuque carens, corruptaque numquam

Fortuna domini : clarum, et venerabile nomen

Gentibus, et multum nostræ quod proderat urbi.

Olim vera fides Sulla Marioque receptis

Libertatis obit; Pompeio rebus adempto   205

Nunc et ficta perit. Non jam regnare pudebit;

Nec color imperii, nec frons erit ulla senatus.

O felix, cui summa dies fuit obvia victo,

Et cui quærendos Pharium scelus obtulit enses!

Forsitan in soceri potuisses vivere regno.   210

Scire mori, sors prima viris, sed proxima cogi.

Et mihi, si fatis aliena in jura venimus,

200. *Juvit.* Libenter acceptum imperium, libens relinquebat. ED.

201. *Casta domus.* Bene Burm. capit de frugalitate, ut apud Stat. Silv. IV, 6, 32, *casta mensa.*

204. *Olim vera fides.* Vera libertas jamdudum temporibus Marii et Sullæ periit, cujus tamen species aliqua retenta est, Pompeio vivente: jam vero illo mortuo, et de specie illa libertatis actum est. — *Receptis.* In Urbem vicissim reversis ad internecionem adversarum partium. Cf. II, 69. — Illorum ergo vita reip. nocuit, hujus interitus. SCHOL.

206. *Regnare.* Nemo hactenus ausus fuit Romæ aperte tyrannidem affectare; sed nunc regni avidos nil pudebit. ED.

207. *Nec color,* etc. Nec imago ulla reipublicæ, nec senatus species. *Frons* est nobis *l'apparence*; Phædr. IV, 1, 16: « Decipit frons prima multos. » Cic. de Fin. II, 24: « In fronte ostentatio, intus veritas.» Cato dicit senatum, amissa auctoritate, ne speciem quidem retenturum; ergo omnino abolebitur. Pessime, opinor, Hort. *frontem* capit pro pudore, verecundia. ED.

208. *O felix.* Eum tempestiva morte felicem appellat; nam si vixisset, in servitutis discrimen potuisset incidere.

209. *Quærendos.* Mortem enim expetere et quærere decorum fuerat Pompeio, utpote victo, ne in Cæsaris ditionem veniret. ED.

211. *Scire mori.* Mortem, stoicum ab omnibus miseriis portum, libenter oppetere, sibique consciscere, hæc prima et potior felicitas; secunda vero est ad mortem cogi; i. e. aliunde illata morte perire.

212. *Venimus.* Si fatis trahimur in alienam potestatem, si eo adducimur, ut posthac nemo nostrum maneat sui juris. ED.

Da talem, Fortuna, Jubam : non deprecor hosti
Servari, dum me servet cervice recisa. »

Vocibus his major, quam si Romana sonarent   215
Rostra ducis laudes, generosam venit ad umbram
Mortis honos. Fremit interea discordia vulgi;
Castrorum bellique piget post funera Magni;
Quum Tarchondimotus linquendi signa Catonis
Sustulit. Hunc rapta fugientem classe sequutus   220
Litus in extremum, tali Cato voce notavit :
« O numquam pacate Cilix ! iterumne rapinas
Vadis in æquoreas? Magnum Fortuna removit :
Jam pelago pirata redis. » Tunc respicit omnes
In cœtu, motuque viros : quorum unus aperta   225
Mente fugæ, tali compellat voce regentem :
« Nos, Cato, da veniam, Pompeii duxit in arma,

213. *Da talem*. Oudend. legit *Fac talem*; sed vulg. bene habet. Cf. VIII, 144 : « Da similes Lesbo populos. » Sensus est : Talis mihi sit Juba, qualis Pompeio Ptolemæus; neque recuso in Cæsaris manus tradi, dummodo me pariter detruncatum Juba servet. ED.

215. *Vocibus his major*. Iterat poeta aliis verbis, quæ expressit supra v. 186.

216. *Rostra*. Pro rostris enim in foro rom. habebantur hujusmodi orationes funebres.

217. *Mortis honos*. Elogium funebre. — *Vulgi*. Ab armis discedere cupientis. Cum Oudend. distinxi post *vulgi* : Burmann. et alii conjungunt *vulgi castrorum*, ut sit plebes, infimi militum. Melius conjunges : *piget castrorum et belli*. ED.

219. *Tarchondimotus*. Cilicum princeps. Vide Disq. var.

220. *Sustulit*. Veteres vexillum ex arce tollebant, ut belli indicium foret; ad quem morem alludit hæc locutio *signa sustulit*. Cf. Cic. Pro Marcello, c. 1, et Virg. Æn. VIII, 1. ED. — *Rapta classe*. Nam primum, ut Cilix et pirata, maritimas copias ad secessionem Tarchondimotus rapiebat. ED.

221. *Notavit*. Quasi ignominia.

225. *In cœtu motuque*. Heins. *motu* capit de variis cogitationibus : melius de tumultu et concursatione militum Burm. — *Aperta*. Reddita ratione consilii sui et secessionis.

226. *Regentem*. Catonem.

227. *Da veniam*. Noli irasci quod te relinquamus; in solam enim Pompeii gratiam arma sumpsimus; et ob id tantum ut illi faveremus, civili

Non belli civilis amor, partesque favore
Fecimus. Ille jacet, quem paci prætulit orbis,
Causaque nostra perit : patrios permitte penates,   230
Desertamque domum, dulcesque revisere natos.
Nam quis erit finis, si nec Pharsalia, pugnæ,
Nec Pompeius erit? Perierunt tempora vitæ,
Mors eat in tutum; justas sibi nostra senectus
Prospiciat flammas : bellum civile sepulcra   235
Vix ducibus præstare potest. Non barbara victos
Regna manent; non Armenium mihi sæva minatur,
Aut Scythicum Fortuna jugum : sub jura togati
Civis eo. Quisquis Magno vivente secundus,
Hic mihi primus erit : sacris præstabitur umbris   240
Summus honor; dominum, quem clades cogit, habebo :

bello et partibus sumus immixti. ED.

229. *Quem paci prætulit orbis.*
Cujus arma et signa sequi, quam pacem, eo deserto, colere, maluit.

230. *Causaque nostra.* Et cum illo,
causa quoque belli, quæ nobis fuit.
ED. — *Patrios.* Imitatio Virg. Æn.
II, 137. BURM.

232. *Quis erit finis.* Conjunge *finis
pugnæ.*

233. *Pompeius.* sc. mortuus. —
Perierunt tempora. Si, inquit, vitam
et ejus fructum per bella perdidimus, saltem in quiete moriamur;
quoniam dari otium non potuit vitæ,
quæ pæne finita est. SCHOL.

234. *Justas flammas.* Rogos. Idem
sunt justæ flammæ ac *pleni mortis
honores,* VIII, 773. Conf. sup. v.
54. ED.

235. *Prospiciat.* Sibi habere spe-
ret, vel sibi præparet, et provideat,
ut apud Liv. IV, 49 fin. « qui sedem

senectuti vestræ prospiciunt. » ED.

236. *Vix ducibus.* Bene *vix:*
nam non totus Pompeius sepultus est,
et quidem miserande : alii vero quum
innumeri sint, sepeliri non possunt.
SULP. — *Non barbara.* Neque enim
servitutem sub Parthis aut Scythis
duram metuo, sed sub Romano levem, et eam subeo libens potius,
quam bella ulterius sequar.

240. *Primus erit.* Nunc quum
Pompeius sublatus est. Alii legunt
Nunc mihi. ED. — *Sacris umbris,*
id est, memoriæ Pompeii summum
tribuam honorem, si, eo sublato, de
belli sorte statim desperem, et accipiam dominum, quem mala mihi fortuna imponit. Non male Oudendorp. minore distinctione post *habebo,* majore post *ducem* posita,
exponit : *dominum* quidem et id
coactus habebo, nullum vero *ducem*;
ut eleganti sensu *dominus et dux* op-

Nullum, Magne, ducem, te solum in bella sequutus,
Post te, fata sequar; neque enim sperare secunda
Fas mihi, nec liceat. Fortuna cuncta tenentur
Cæsaris : Emathium sparsit victoria ferrum.   245
Clausa fides miseris, et toto solus in orbe est,
Qui velit ac possit victis præstare salutem.
Pompeio, scelus est bellum civile, perempto,
Quo, fuerat, vivente, fides. Si publica jura,
Si semper patriam sequeris, Cato, signa petamus   250
Romanus quæ Consul habet. » Sic ille profatus
Insiluit puppi, juvenum comitante tumultu.

---

ponantur, sed et vulg. bene habet. ED.

243. *Fata sequar.* Fortunam atque exitum belli hujus. Alii dant *post tua fata sequar.* — *Secunda.* Scil. victoriam harum partium, vel pristinam libertatem excusso omnino servitio.

244. *Fas.* Egregie hic opponuntur *nec fas, nec liceat.* Gallice verterem : *je ne dois, je ne puis.* Male autem Sulpitius interpretatur *liceat,* quasi miles rebellionis tollat suspicionem; et felicitatem Romano imperio precetur : τὸ *fas* ad solum Pompeium pertinet, quo mortuo, scelus sit et impietas quidquam prosperum sperare; τὸ *liceat* ad eventum spectat; omnia enim Cæsaris fortuna tenentur. ED.

245. *Emathium.* Victoria Cæsaris dissipavit Pompeianos et reliquias cladis Pharsalicæ. Sic Farn. et alii. Sed cur potius Pompeii ferrum fuerit Emathium, quam Cæsaris non video. Immo *ferrum sparsum* pro viribus dissipatis dictum durius videtur. Tentarem igitur contra omnes in-

terpretes sic exponere : « Nihil terrarum tutum est; et ferrum, quod in Emathia vicit, nunc ob victoriam nobis undequaque imminet, intenditur, in omnes mundi partes dominatur; ideoque *clausa fides.* ED.

246. *Clausa fides.* Bello victis negatur sociorum fides. Nullus jam est locus ubi perfugiant. Unus est, sc. Cæsar, qui velit miseros victosque servare, et idem possit. Vult autem solus, nam alii vel timent, si socii, vel oderunt, si milites Cæsaris. Male igitur Burm. conjicit dictum *clausa fides,* pro : finita est nostra fides, quam dedimus Pompeio. ED.

248. *Scelus est.* Si post ejus mortem bella civilia geramus, hoc scelus vocabitur; quæ, quum illo vivente gereremus, fides nominabatur. Videbamur enim ideo pugnare, quod Pompeio vellemus fidem exhibere. SCHOL.

251. *Consul.* Cæsar.

252. *Insiluit puppi.* Propere conscendit navem. — *Tumultu.* Turba confusa.

Actum Romanis fuerat de rebus, et omnis
Indiga servitii fervebat litore plebes :
Erupere ducis sacro de pectore voces :   255
  « Ergo pari voto gessisti bella, juventus,
Tu quoque pro dominis ; et Pompeiana fuisti,
Non Romana manus ? quod non in regna laboras,
Quod tibi, non ducibus, vivis, morerisque, quod orbem
Adquiris nulli, quod jam tibi vincere tutum est,   260
Bella fugis, quærisque jugum cervice vacante,
Et nescis sine rege pati. Nunc causa pericli
Digna viris : potuit vestro Pompeius abuti
Sanguine ; nunc patriæ jugulos ensesque negatis,
Quum prope libertas. Unum Fortuna reliquit   265

253. *Romanis.* Nam remp. et omnem civitatis spem in partibus nunc Catonianis Noster reponit. ED.

254. *Indiga servitii.* In servitutem prona plebs, ut quæ carere servitute nesciat, nec possit ferre libertatem. BURM.

255. *Erupere.* Vel ob iram et indignationem ; vel potius, verbum appositum de voce quasi oraculi ex adyto audita. Cf. ad II, 285 : « Arcano sacras reddit Cato pectore voces. » ED.

256. *Pari voto.* Eodem voto, quo Cæsariani. Tu pro Pompeii dominatu, ut illi pro Cæsaris, non utique pro libertate romana. Sic Farn. recte. Bentl. tamen de una tantum parte dictum vult : « Vos Pompeiani pariter, eodem studio inter vos ; » quem sensum seqq. *tu quoque* satis refellunt. ED.

257. *Pompeiana.* Catonem quidem *Pompeianum* dixit Noster lau-

dans, supra vs. 24 ; sed alio sensu, quia tunc occiderat Magnus. Nunc Pompeianos vocat, id est, Pompeii satellites, non milites romanos. ED.

258. *Quod non in regna.* Nempe tibi displicet bellum, quia non jam tuo labore et periculo alteri regnum facturus es. SCHOL.

259. *Quod tibi, non ducibus.* Quia jam tibi soli, i. e. tuæ libertati adserendæ, non duci, qui cecidit, mors tua vel vita profutura est. ED. — *Quod orbem.* Quia jam nemo est, cui imperium orbis ut adquiras pugnes. ED.

260. *Quod jam tibi.* Quia jam minimo cum labore et periculo temet in libertatem vindicaturus sis, tu ab armis discedis.

261. *Cervice vacante.* Non tantum libera ; sed quasi cupiente jugum ; illis enim deesse videtur res, cui jam longo usu adsuevere. ED.

262. *Sine rege pati.* Sine rege et

Jam tribus e dominis : pudeat! plus regia Nili

Contulit in leges, et Parthi militis arcus.

Ite, o degeneres, Ptolemæi munus, et árma

Spernite. Quis vestras ulla putet esse nocentes

Cæde manus? credet faciles sibi terga dedisse,　　　270

Credet ab Emathiis primos fugisse Philippis.

Vadite securi; meruistis judice vitam

Cæsare, non armis, non obsidione subacti.

O famuli turpes, domini post fata prioris

Itis ad heredem. Cur non majora mereri,　　　275

Quam vitam veniamque, libet? rapiatur in undas

Infelix Magni conjux, prolesque Metelli;

Ducite Pompeios; Ptolemæi vincite munus.

domino esse. Cf. V, 314. — *Causa perieli.* Immo nunc potius est dimicandum; libertatis enim causa agitur et patriæ; vos tamen sanguinem vestrum, quo Pompeium abuti, sine causa uti, passi estis, nunc patriæ negare sustinetis. Possis et hæc *nunc patriæ*, etc, per interrogationem legere. ED.

266. *Tribus e dominis.* Cf. I, 85. — *Plus regia Nili.* Vos denique pudeat ad libertatem nostram tuendam plus profuisse Ptolemæum, qui Pompeium, plus Parthos, qui Crassum sustulerunt.

268. *Ite, o degeneres.* Fugam, capessite, vos a virtute romana, degenerati, indigni nomine romano, qui *Ptolemæi munus* spernitis, hoc est, libertatem, quam, sublato altero e dominis, propiorem fecit; *et arma*, non Ptolemæi, opinor, sed vestra, quibus pugnare potestis. Alii aliter exponunt. Cf. Disq. var. ED.

269. *Quis vestras.* Quum dicit manus eorum non esse nocentes cæde; exprobrat eos minime fortiter pugnasse pro libertate. HORT.

270. *Credet.* Scil. Cæsar. Vulgo intelligunt: quisque credet; et hinc Farn. legit *tibi*; male. ED.

271. *Philippis.* Confundit, ut sæpe, Philippos cum Pharsalo. Cf. not. ad I, 679.

272. *Securi.* Pœnæ scil. a Cæsare irrogandæ: supra enim dixit illos neminem vulnerasse.

275. *Heredem.* Illos comparat cum servis, qui, mortuo domino, ad ejus heredem cum cæteris patrimonii rebus transeunt. ED. — *Cur non majora mereri.* Sed cur non et majora suscipitis scelera, quo ampliora a Cæsare accipiatis præmia, quam veniam et vitam? Cur non Corneliam, juvenes Pompeios, et me proditis et perditis?

277. *Metelli.* Cf. VIII, 410.

278. *Vincite.* Melius de Cæsare meremini, quam ipse Ptolemæus,

Nostra quoque inviso quisquis feret ora tyranno,

Non parva mercede dabit : sciat ista juventus　　280

Cervicis pretio bene se mea signa sequutam.

Quin agite, et magna meritum cum cœde parate :

Ignavum scelus est tantum fuga.» Dixit : et omnes

Haud aliter medio revocavit ad æquore puppes,

Quam, simul effetas linquunt examina ceras,　　285

Atque oblita favi non miscent nexibus alas,

Sed sibi quæque volat, nec jam degustat amarum

Desidiosa thymum : Phrygii sonus increpet æris,

Attonitæ posuere fugam, studiumque laboris

Floriferi repetunt, et sparsi mellis amorem :　　290

qui Pompeii caput ei offerendum servavit.

280. *Sciat.* Alii *sciet;* malo tamen alterum ut in exprobratione vividius. Intelligite tandem, inquit, per pretium, quod vobis pro mea cervice Cæsar rependet, vos bene me sequutos, id est, non indignum ducem, neque hominem nullius momenti. Male, opinor, Farn. explicat *bene,* utiliter. ED.

282. *Cum cœde.* I. e. nos duces occidendo vobis ingens meritum (magnam gratiam apud victorem) comparate. SCH.

283. *Ignavum scelus est.* Ducem deserere scelus tantum et ignavia est; quem si occidas, fortiter saltem et animose aliquid ausus videberis. Eadem fere dixit, V, 322. ED.

284. *Medio revocavit.* Cilicas et plebem militum secedere volentes ad officium et in castra revocat; non secus atque apum examina in alveos reducuntur tinnitu æris Phrygii.

285. *Simul.* Ubi, postquam. —

Effetas. Fetu apum destitutos favos.

286. *Miscent nexibus alas.* Conglobatim volant, Βοτρυδὸν δὲ πέτονται ἐπ'ἄνθεσιν εἰαρινοῖσιν (ut ait Hom. Iliad. II, 89), quod Silius II, 220, significat : *denso volatu connexa.* Ergo hic apes intelligendæ sunt quum volant, non quum pendent, ut apud Virg. Georg. IV, 558. ED.

287. *Amarum.* Hominibus, non apibus, ut Virg. « Et salices carpetis amaras.» SCH.

288. *Phrygii sonus æris.* Virg. Georg. IV, 64 sqq.

289. *Attonitæ.* Synthesis est, quam *examina* præcedat. — *Posuere fugam.* Fugere destiterunt. Ergo Cato fugientes milites voce sua revocavit, ut errantes apes æris sono retinentur. SCH.—Male autem Oudend. distinguere vult post *æris,* ita ut vox Catonis æri Phrygio præsertim compararetur. Immo Cilicas cum apibus confert Noster. ED.

290. *Sparsi.* Scilicet ob negligen-

Gaudet in Hyblæo securus gramine pastor
Divitias servasse casæ : sic voce Catonis
Inculcata viris justi patientia Martis.

    Jamque actu belli non doctas ferre quietem
Constituit mentes, serieque agitare laborum.   295
Primum litoreis miles lassatur arenis.
Proximus in muros et mœnia Cyrenarum
Est labor : exclusus nulla se vindicat ira ;
Pœnaque de victis sola est vicisse Catoni.

    Inde peti placuit Libyci contermina Mauris   300
Regna Jubæ ; sed iter mediis Natura vetabat
Syrtibus : has audax sperat sibi cedere virtus.

liam apum et direptos favos ; vel ex more Lucaneo eadem aliis verbis repetendi, int. *sparsi* per flores. ED.

291. *Hyblæo.* Hybla, Siciliæ mons mellificiis clarus. Virg. Ecl. I, 55.

292. *Divitias.* Apes mellificas.

294. *Jamque actu belli.* Jamque ne per otium ad seditiones relaberentur, militaribus operibus exercuit. Vide Disq. var.

296. *Lassatur arenis.* Exercitatione, vel itinere.

297. *Muros et mœnia.* Sic junxit Virg. Æn. II, 234. Cæsar, Bell. Civ. II, 16 : « Quum pæne inædificata in muris ab exercitu nostro mœnia viderentur. » ED. — *Cyrenarum.* Cyrenæ, vel Cyrene, urbs primaria Pentapolitanæ regionis, quæ hinc Cyrenaica dicitur. De qua vide Ind. Geog. ad Sallust. et Cl. PACHO, *Voyage à la Cyrénaïque.* ED.

299. *Pœnaque.* Non crudeliter usus est victoria ; nullam sumpsit de hostibus pœnam. Sufficiebat Catoni ad vindictam, quod superabat. SCH.

300. *Inde peti placuit.* Ibi, id est, Cyrenis, inquit Plutarchus, quum audiisset Scipionem a Juba susceptum, et una esse Atium Varum cum copiis quem Pompeius Africæ præfecerat ; hieme durante ad eos itinere terrestri contendit. Cf. Paterculus, lib. II, 54, 3.—*Libyci.* Numida erat Juba, sed rex Libycæ gentis, et alibi *Libys* vocatur. Quidam legunt *Libycis*, ut intelligantur Mauri Cæsarienses ad differentiam Mauritaniæ Tingitanæ. OUD.

302. *Syrtibus.* Cf. I, 367. Quibus ex re nomen inditum, ut ait Sallust. Jug. 78 ; scil. a Græco σύρω, *traho*, quia, ut idem addit, ibi « limum arenamque et saxa ingentia fluctus trahunt. » Huc citat Brouckus. Melam, I, 7 ; Solin. c. 27, et Servium ad Æneid, V, 60. Cf. Heyn. Excurs. IV ad Æneid. I, 108 sqq. Priscian. Perieg. v. 187 ad Poet. Lat. Min. t. IV, p. 277. ED. — *Has audax.* Et tamen Catonis virtus nullam viam sibi inviam fore promittit.

Syrtes, vel, primam mundo Natura figuram
Quum daret, in dubio pelagi terræque reliquit ;
(Nam neque subsedit penitus, quo stagna profundi
Acciperet, nec se defendit ab æquore tellus ;   3.6
Ambigua sed lege loci jacet invia sedes :
Æquora fracta vadis, abruptaque terra profundo,
Et post multa sonant projecti litora fluctus ;
Sic male deseruit, nullosque exegit in usus   310
Hanc partem natura sui) : vel plenior alto
Olim Syrtis erat pelago, penitusque natabat :
Sed rapidus Titan ponto sua lumina pascens,
Æquora subduxit zonæ vicina perustæ ;
Et nunc pontus adhuc, Phœbo siccante, repugnat. 315

303. *Syrtes, vel primam*. Poeta in rationem physicam de natura Syrtium inquirendam digreditur. — *Natura*. Vel naturæ molitor Deus, quùm e Chao mundum excitaret, et suam rebus formam daret.

304. *In dubio*. Ita ut possint æque pelago et terræ adscribi ; non omnino mare, neque omnino litus. ED.

305. *Neque subsedit penitus*. Neque enim ibi tellus adeo depressa jacet, ut magna aquæ copia superfundatur, neque adeo surgit, ut eam fluctus non submergant. ED.

307. *Invia sedes*. Inaccessa, quod in eam accessus neutro genere procedendi, vel pede, vel navibus, facilis sit ; neque ibi quisquam sedem possit ponere. ED.

308. *Fracta vadis*. Scil. modo vadosum, modo profundum est mare, et fluctus ex alto venientes, postquam multos arenarum cumulos, ceu *litora*, supergressi sunt, adhuc procurrunt cum sonitu. ED.

310. *Male*. In nostram perniciem, ait Servius, ad Æn. II, 23 ; malim, negligenter, quia nulli usui inservit ; nec mare navigabile, nec ager colendus. ED.

311. *Vel plenior alto*. Hæc opponuntur τοῖς *vel primam*, etc. Nunc conjicit Syrtes olim profundo mari abditas fuisse, quod sensim decrevit solis calore exhaustum. Burm. exponit : majori copia aquæ abundabat quam ipsum pelagus ; sed *plenior* hic dictum videtur pro *plena*, vel certe pro : plenior quam nunc est. ED.

312. *Natabat*. Mersa erat. Sic *rum natant*, Virg. G. I, 372 ; et III, 198. ED.

313. *Lumina pascens*. Cf. sup. I, 415, et VII, 5. ED.

314. *Subduxit*. Attraxit magna ex parte. — *Perustæ*. Torridæ.

315. *Repugnat*. Luctatur adhuc pontus contra solis ardorem, ne Syrtes in siccum litus abeant : ideoque nondum sol vicit. Male, opinor, Burm. jungit *adhuc Ph. siccante*. ED.

Mox ubi damnosum radios admoverit ævum,
Tellus Syrtis erit : nam jam brevis unda superne
Innatat, et late periturum deficit æquor.
  Ut primum remis actum mare propulit omne
Classis onus, densis fremuit niger imbribus Auster, 3₂0
In sua regna furens : tentatum classibus æquor
Turbine defendit, longeque a Syrtibus undas
Egit, et illato confregit litore pontum.
  Tum quarum recto deprendit carbasa malo
Eripuit nautis, frustraque rudentibus ausis   3₂5
Vela negare Noto, spatium vicere carinæ,

316. *Mox ubi damnosum.* Sed postquam per multos annos sensim omnem aquam exhauserit calor solis, tunc terra continens fiet Syrtis. Horat. Carm. III, 6, 45 : « Damnosa quid non imminuit dies? » Dure dictum videtur Burm. *radios admoverit,* sc. propius quam nunc. Sed *admovere* radios, idem est ac *vibrare,* quod sol quotidie facit; sensus igitur erit: ubi per *ævum,* id est, longum tempus sol radiis mare calefecerit, et exhauserit. ED.

318. *Innatat.* Jam brevis est aqua, quæ supernatat vadis. Forte leg. *lente periturum,* id est, sensim, longo temporis spatio decrescit et deficit, aqua deminuta, et vadis siccatis. Sed malus vates fuit Lucanus; Syrtes hodie etiam sunt Syrtes, et eadem natura illis manet. BURM.

320. *Classis onus.* Milites navi vectos. — Immo omnem classem, quæ mari onus est. Vid. Disq. var. ED.

321. *In sua regna furens.* Cum furore incumbens huic plagæ, ubi ipse regnat: intelligit ergo Noster et litus Libycum, et vicinum mare, quæ Austro subjacent. Cf. I, 154; et Horat. qui *ducem* et *arbitrum Hadriæ* hunc vocat. ED. — *Tentatum æquor* eleganter temeritatem mortalium notat, qui ausi fuere mare ingredi. BURM.

323. *Confregit litore.* Id est, interrupit mare, illatis eo arenarum aggeribus, quos poetice *litus* vocat, quia a litore veniebant. GROT. — Cf. I, 498. Burmannus vero non male intelligit ipsum litus, quod, unda recedente, reipsa excurrebat in mare et ei se inferebat, ita ut terra modo fluctibus operta, jam eminens eos *frangere* et repellere videretur. ED.

324. *Quarum.* Sc. classes vel naves e v. 321. Auster eripuit e manu vel potestate nautarum carbasa, quarum navium carbasa deprendit recto, i. e., stanti, ὀρθῷ, ut vocant, malo pendentia; et licet nautæ frustra ausi sint per attractos rudentes *vela negare Noto,* i. e. contrahere vela, et deponere malum, carbasa tamen vi Austri vicere spatium carinæ, et eorum velorum sinus tumuit ultra proram, sive expansus est extra spatium navis. OUD.

Atque ultra proram tumuit sinus. Omnia si quis

Providus antennæ suffixit lintea summæ,

Vincitur, et nudis avertitur armamentis.

Sors melior classi, quæ fluctibus incidit altis,   330

Et certo jactata mari. Quæcumque levatæ

Arboribus cæsis flatum effudere prementem;

Abstulit has ventis liber contraria volvens

Æstus, et obnixum victor detrusit in Austrum.

Has vada destituunt, atque interrupta profundo   335

Terra ferit puppes : dubioque obnoxia fato

Pars sedet una ratis, pars altera pendet in undis.

327. *Si quis.* Dicit et illos victos, qui vela deponere cœperant, et collecta antennæ substringere.

329. *Avertitur.* Hoc est, ab incepto navigationis cursu disjicitur. — *Nudis armamentis.* Spoliata velo antenna. Armamenta proprie sunt instrumentorum quibus in aliqua arte utimur, collectiones. Hinc in navibus *armamenta* dicuntur remi, anchoræ, vela et funes nautici. Gallice *le gréement.* Vid. Disq. var. ED.

330. *Sors melior classi.* Sortem præcipue usurpari de incertis casibus tempestatum observat Wernsdorf. ad Avien. Desc. Orb. terræ, vs. 300, in Poet. Lat. Min. tom. V, p. 157. ED.

331. *Certo.* Certum mare vocat, ubi non erant Syrtes. SCH. — *Quæcumque levatæ.* Quæ leviores factæ succisis malis.

332. *Flatum effudere.* Loquutio desumpta ab equis in cursum effusis et excutientibus frenum, quod eos premit. Et sæpe equo navem comparant poetæ. *Effudere* igitur est, passæ sunt supra se ventum transiisse, nihilque læsisse; quum cæso malo

nihil quatere posset ventus, sed per inanem aera deberet ferri. *Effusa* passim dicuntur vana et inania. OUDEND. — Burm. *effugere* male.

333. *Abstulit has.* Alii aliter jungunt; melius autem sic videtur : has *abstulit,* corripuit, æstus jam *liber,* quia succiso malo non repugnabant inflati velorum sinus, ideoque *ventis contraria volvens,* utpote qui se contrarium, vel undas contrarias ventis impellit. Cf. Ovid. Met. VIII, 472. ED.

334. *Detrusit.* Æstus vento potentior, contorsit naves contra Austrum, frustra obniti tentantem. Non equidem crediderim *detrudere* hic dici pro, submergere, vel subvertere; sed pro, retorquere. ED.

336. *Terra.* Innuit cumulos arenarum, in medio mari, *brevia et Syrtes,* ut ait Virg. Æn. I, 111, quibus inhærent naves impeditæ. ED. — *Dubio fato.* Periculo : quia pars hæret terræ; pars aquis fluctuat. ED.

337. *Pars sedet.* Farnab. intelligit proram; immo puppim e vs. 336, quæ *sedet,* tangit terram immota; dum prora pendet, suspensa undis eminet. ED.

Tunc magis impactum brevibus mare, terraque sævit
Obvia consurgens : quamvis elisus ab Austro,
Sæpe tamen cumulos fluctus non vincit arenæ :   340
Eminet in tergo pelagi procul omnibus arvis,
Inviolatus aqua, sicci jam pulveris agger.
Stant miseri nautæ, terræque hærente carina
Litora nulla vident. Sic partem intercipit æquor :
Pars ratium major regimen, clavumque sequuta est, 345
Tuta fuga, nautasque loci sortita peritos,
Torpentem Tritonos adît illæsa paludem.
    Hanc, ut fama, Deus, quem toto litore pontus
Audit ventosa perflantem murmura concha,

338. *Impactum brevibus mare.* Locus intricatus et incertus ; vide Disq. var. Facile crediderim a vs. 335 ad 344 unam eamdemque rem describi, quamquam plures quoque in hac declamatoria farragine deprehendere possis. *Tunc*, postquam hæsit ratis, mare et terra circum sæviunt, id est, colluctantur, quasi de præda contendant (*sævit* ad utrumque referrem, ut sic minus dure cum *terra* jungatur); et fluctus, *ab Austro*, qui contra æstum incumbens, vs. 333, undas cogit se attollere, *elisus* (*spumam elisam* Virg. Æn. III, 567), violenter retortus in ipsos arenarum obices, sæpius tamen impar est cumulis obtegendis. ED.

341. *Tergo pelagi.* Virg. Æn. I, 110, *dorsum.* RACINE, *Phèdre*, act. V, sc. ult. « Sur le dos de la plaine liquide. » ED. — *Arvis.* Longe a litore, extra conspectum continentis.

342. *Pulveris agger.* Cumulus arenæ, in modum montis congestæ, et ne humidæ quidem.

344. *Litora nulla.* Acute dictum; ut sit mirum eos terræ hæsisse vs. 335, et tamen nullam terram vidisse. ED. — *Partem.* Scil. navium.

345. *Pars ratium.* Naves aliæ, et major quidem numerus, gubernatorum peritia e Syrtibus in altum provectæ, appellebant ostium fluvii Tritonis juxta. Tritonida paludem in Africa Propria. Mela. lib. I, c. 7.

347. *Torpentem.* Ob naturam palustrem. HORT. — *Adit.* Pro *adiit*; ideoque producitur syllaba. ED.

348. *Deus.* Huic paludi præsunt Triton, Neptuni tubicen, et Pallas, quæ Tritonis dicitur, et Tritonia, Virg. Æn. II, 171 et 615. Cf. Plin. V, 4, §9, et quæ ibi notantur. ED.

349. *Perflantem murmura.* Forsan flantem per murmura, sc. æquoris : nemo nescit maris strepitum passim *murmur* vocari. Desunt tamen exempla, quibus hæc verbi significatio confirmetur; et *perflare murmura* pro tuba inspirata sonos edere, capit Forcellin. Vide Disq. var. ED.

Hanc et Pallas amat ; patrio quæ vertice nata 350

Terrarum primam Libyen (nam proxima cælo est,

Ut probat ipse calor) tetigit : stagnique quieta

Vultus vidit aqua , posuitque in margine plantas,

Et se dilecta Tritonida dixit ab unda.

Quam juxta Lethon tacitus prælabitur amnis , 355

Infernis, ut fama , trahens oblivia venis;

Atque insopiti quondam tutela draconis,

Hesperidum pauper spoliatis frondibus hortus.

350. *Hanc et Pallas amat.* Ut quæ ibi primum apparuisse dicitur. Illinc *Pallantias* dicta Callimacho et Plin. et Solin. cap. 27 , palus , quam Triton amnis influit. — *Patrio quæ vertice nata.* E cerebro Jovis nata , Ovid. Fast. III , 841 ; summa quippe aeris regio tribuitur Minervæ , ut media Jovi et infima Junoni.

351. *Terrarum primam.* Intelligit Farnab. Ægyptum omnium antiquissimam , teste Ammiano Marcell. lib. XXII ; sed potius crediderim hic simpliciter dici : primum in Libyam devenit , quia hæc regio cælo proxima est. ED.

353. *Vultus vidit.* In hac palude, utpote tranquillis aquis stagnante, se speculata est.

355. *Quam juxta.* Scil. paludem. Noster tamen cum Plinio non consentit, qui Tritonidem paludem in intimo Syrtis sinu, ad Philænorum aras collocat, Berenicen vero , quam Lethon alluit, in Syrtis extimo cornu, V , 4 , § 3, et 5 , § 1, ubi vide notas. Sed Cl. *d'Anville* , in tabula Orbis Romani, parte Orient. 1764 , prope Berenicen, Tritonis quidem lacum indicat. Tritonidis autem paludem, prope Byzacium ad Syr-

tim minorem ponit. Videant docti. ED.

356. *Infernis.* Hunc credunt ab Inferorum amne Lethæo oriri ; de quo Virg. Æn. VI , 705 , 714 sq. Vide Disq. v. ED.

357. *Insopiti draconis.* Pervigilis draconis, sive ille pastor fuerit custodiens χρύσεα μῆλα, id est , pecora, nativo rutila colore, ut Athenæus vult lib. III, cap. 7 : seu mala citrea Medica, aurea involverit sinuosus amnis, ut Plinius lib. V , cap. 1 , § 3. — *Tutela.* Per adpositionem *hortus tutela*, i. e. hortus qui defenditur. Explicare vero male tentat Burm. *tutela draconis*, hortus qui eum alebat, antequam ab Hercule spoliaretur; vel fluvius tutela, i. e. qui munit et tuetur hortum et draconem. Nam *tutela* passive etiam occurrit apud Horat. Carm. IV , 6 , 33 , et apud Propert. IV , 8 , 3 : « Lanuvium annosi vetus est tutela draconis. » ED.

358. *Hesperidum.* Hesperi filiarum, Ægles, Arethusæ et Hesperethusæ, quarum hortum Solin. cap. 37 ; Virg. Æneid. III, et Plin. lib. V , cap. 5 , in Mauritania Tingitana ponunt. — Cf. vero Plin. nostr. ed. t. II, pag. 429, not. 5 ; et Heyn. Exc. IV ad Virg. Æn. IV , 483. ED. — *Pauper.*

Invidus, annoso famam qui derogat ævo,

Qui vates ad vera vocat! Fuit aurea silva, 360

Divitiisque graves, et fulvo germine rami,

Virgineusque chorus, nitidi custodia luci,

Et numquam somno damnatus lumina serpens,

Robora complexus rutilo curvata metallo.

Abstulit arboribus pretium, nemorique laborem 365

Alcides; passusque inopes sine pondere ramos,

Rettulit Argolico fulgentia poma tyranno.

His igitur depulsa locis, ejectaque classis

Syrtibus, haud ultra Garamantidas attigit undas;

Postquam arbori poma sublata sunt. SCH. — *Spoliatis.* Fructu suo. Vide Disq. var.

359. *Invidus.* Maligni est et invidi *famam derogare*, id est, minuere fidem et auctoritatem eorum, quæ ab antiquitate petuntur, et a poetis tractata sunt. Sic Justin. II, 6: « omnis antiquitas fabulosa est. » Schol. capit *invidus* de ipso horto qui, dum, quæ tunc habuit mala, nunc non habet, facit, ne quis credat, umquam mala aurea procreata. ED.

360. *Ad vera vocat.* I. e. Omnino mendacii insimulat; arguit, quasi semper a vero recederent; et ad verum revocat. ED.

361. *Fulvo.* Recte de pomis aureis. Sic aurum *fulvum* dicitur Tibullo I, 1, 1. ED.

362. *Virgineusque chorus.* Hesperides; modo ad vs. 358.

364. *Robora.* Arbores auriferas.

365. *Laborem.* Tanquam in his malis ferendis nemus pondere laboraret; sic bene Schol. nam curvabantur antea metallo rami, et post *inopes sine pondere* fuerunt. ED.

367. *Tyranno.* Eurystheo, Argivorum regi, qui jussu Junonis Herculi labores imperavit.

368. *His igitur.* Classis pars Syrtibus provecta sub Pompeio non ultra litus Garamantum, appulit meliorem Africæ partem, ubi Varus. — Sic Farn. exponit locum, quem fateor mihi obscurissimum esse; alii omnes silent. *His locis:* quibus? an Tritonis palude? immo quem in locum *ejecta?* Jam vero Garamantes Libyæ interiora incolunt, neque ullum habent litus. Varus autem Africæ provinciam Uticamque obtinebat, et certe altera Syrtis eunti Pompeio transmittenda fuisset. Neque vidimus Catonem ab hoc fuisse separatum; atqui postea semper habuit secum plurimam militum partem; nunc igitur a classe non abest. Alia explicatio tentanda est, quæ vereor an lectori satisfaciat. *His locis*, id est, a Cyrene et vicinis litoribus, ubi *Syrtes*, classis *ejecta* in Tritonis paludem (vs. 347) haud amplius regredi voluit in mare Africanum, sed ibi *mansit*, constitit; quod otium pati

Sed duce Pompeio Libyæ melioris in oris   370
Mansit. At impatiens virtus hærere Catonis
Audet in ignotas agmen committere gentes,
Armorum fidens; et terra cingere Syrtim.
Hæc eadem suadebat hiems, quæ clauserat æquor.
Et spes imber erat nimios metuentibus ignes;   375
Ut neque sole viam, nec duro frigore sævam,
Inde polo Libyes, hinc bruma temperet annus:
Atque ingressurus steriles, sic fatur, arenas:

« O quibus una salus placuit mea castra sequutis
Indomita cervice mori, componite mentes   380
Ad magnum virtutis opus, summosque labores.
Vadimus in campos steriles, exustaque mundi,
Qua nimius Titan, et raræ in fontibus undæ,
Siccaque letiferis squalent serpentibus arva:
Durum iter ad leges, patriæque ruentis amorem.   385

non potuit Cato. Silius XIV, 498, *Garamantide pinu* pro Africana dixit, et I, 142, *Garamantica signa.* Ed.

370. *Pompeio*; filio; sup. 101.— *Melioris.* Hic non puto dictum pro fertiliori Africæ parte. An quia tutior erat quam mare, et illis hospita? Ed.

371. *At impatiens.* Versu 300.

373. *Terra cingere.* Terrestri itinere circuire. *Cingere* quoque noster pro circumire dixit I, 594.

374. *Hæc eadem hiems.* Suadebat enim hiems, quæ periculosum mare fecerat. Alii, omissa distinctione, jungunt *cingere Syrtim suadebat,* improbante VVeb. Vide Disq. var. Ita, inquit Plutarchus, per Africam hiberno tempore suos traduxit, haud multo pauciores decem millibus.

376. *Ut neque.* Spes illorum fuit in pluvia hiemis tempore cadere solita, ut hiemalis illa anni tempestas temperaret viam per brumam, ne nimis calida esset via; per Libyæ polum, calidum scilicet, ne nimio frigore sæva esset. Oud.

379. *Una salus.* Vos qui me sequendo, nullam aliam salutem quæritis, quam ut liberi moriamini. Ed. —*Castra.* Oudend. *Signa.*

380. *Componite mentes.* Parate, et obfirmate.

385. *Durum iter ad leges.* Ad leges tuendas, et ad ostentandum patriæ amorem durum quidem est hoc iter, at gloriosum. Vel in genere dicit: ad libertatem aspera semper et ardua, ad dominum melior et perfacilis via. Hæc tamen potius per ad-

Per mediam Libyen veniant, atque invia tentent,
Si quibus in nullo positum est evadere voto,
Si quibus ire sat est; neque enim mihi fallere quemquam
Est animus, tectoque metu perducere vulgus;
Hi mihi sint comites, quos ipsa pericula ducent,   390
Qui me teste, pati vel quæ tristissima, pulchrum
Romanumque putant : at qui sponsore salutis
Miles eget, capiturque animæ dulcedine, vadat
Ad dominum meliore via. Dum primus arenas
Ingrediar, primusque gradus in pulvere ponam,   395
Me calor æthereus feriat, mihi plena veneno
Occurrat serpens; fatoque pericula vestra
Prætentate meo : sitiat, quicumque bibentem
Viderit; aut umbras nemorum quicumque petentem,

positionem junguntur præcedentibus.
ED. — *Durum iter* dixit etiam Val.
Flacc. I, 565, et *duras vias* Ovid.
Met. VII, 116. BURM.

387. *In nullo positum.* Id est, qui
nulla vota faciant evadendi. SULP.
— *In voto.* Horat. Serm. I, 6, 1 :
« Hoc erat in votis. »

388. *Ire sat est.* Non evadere, neque vincere; nihil enim prosperi
spondeo; sed *ire* tantum, et mecum
tyrannidem fugere. ED.

389. *Tecto.* Dissimulato. Cf. IV,
701. — *Perducere.* Deludere, vel
detinere. — *Producere*, quod alii
præferunt non reprobarem; sed *perducere* majorem fiduciam notat, ut
non modo inducat in loca illa arden-
tis Libyæ, sed totam Libyam per-
agrare, et ad destinatum locum ducere
se velle indicet. Et opponitur τῷ *ducent* v. seq. BURM.

390. *Ipsa pericula ducent.* Hoc est,

inducent, delectabunt; qui sponte
sequi volent. Quod confirmat seq.
capitur. BURM.

391. *Vel quæ.* Etiam quæ sunt
maxime aspera et periculosa.

392. *Romanumque putant.* Romano, id est, forti viro dignum .— *At
qui sponsore salutis.* Ille autem qui
a me vult sibi vitam et incolumitatem
ante promitti. SCHOL.

393. *Animæ.* I. e. vitæ.

394. *Ad dominum.* Cæsarem, libertatis oppressorem. — *Meliore via.*
Prona, facili, in qua nulli sunt
exantlandi labores. ED. — *Dum primus.* Ego vero, dummodo primus
ingrediar deserta, dummodo a nullo
vestrum antevertar, neque calorem
pati, neque serpentibus occurrere recuso. ED.

398. *Prætentate.* In me, agmini
vestro præeuntem, prima quæque in-
gruent discrimina; ergo agite, et

Æstuet; aut equitem peditum præcedere turmas,. 400.

Deficiat; si quo fuerit discrimine notum

Dux, an miles eam. Serpens, sitis, ardor, arenæ,

Dulcia virtuti : gaudet patientia duris.

Lætius est, quoties magno sibi constat, honestum.

Sola potest Libye turba præstare malorum, 405

Ut deceat fugisse viros. » Sic ille paventes

Incendit virtute animos, et amore laborum,

Irreducemque viam deserto limite carpit;

Et sacrum parvo nomen clausura sepulcro

Invasit Libye securi fata Catonis. 410.

    Tertia pars rerum Libye, si credere famæ

---

omnes casus, quibus vos obnoxii esse possetis, meo periculo explorate. Minus bene, opinor, intelligunt: meæ patientiæ exemplo experimini, an vobis pericula tolerabilia sint. ED. — *Sitiat.* Siti non resistat, queratur se sitire; et mox *æstuet,* calori cedat, æstum non toleret. ED.

401. *Deficiat.* Desistat ab ingrediendo pedibus; longius procedere recuset, seque viribus exhaustum queratur, si me videat equum conscendere. ED.

403. *Gaudet patientia duris.* I. e quicumque patientes sunt, gaudent sibi graviora contigisse, quæ tolerent. SCHOL. — Cf. Sil. I, 533.

404. *Lætius est.* Omnis virtus quo circa difficiliora versatur, eo laudabilior est et major. SULPIT.

405. *Turba.* Alii *turbam.* Pharsalia quidem ingloriose fugerunt, quasi mortem timentes; si vero fortiter adeant tot mala, quibus Libya referta est, tunc patebit eos non periculi, sed servitutis metu fugisse, et

gloriosa fiet fuga virorum tantos casus pro libertate subeuntium. ED.

406. *Paventes.* Non admodum eleganter *incendere paventes.* Sed *paventes* non semper timidos et formidolosos notat, et eo sensu dixit quo *pavidos* Virg. Æn. V, 575, i. e. sollicitos gloriæ cupiditate; et sic Barth. ad Stat. Theb. IV, 137, docet *pavorem* non dedecere acres et generosos animos, primo videlicet adgressu periculi. BURM. — Quidam MSS. habent *calentes;* sed *paventes* prætuli, quia vulgarium militum animis plus convenit: nam omnes non erant Catones. OUD.

408. *Irreducemque.* Per quam non ipse erat rediturus. SCH.

409. *Et sacrum parvo.* Et Libye clausura illum tam nominatum virum in parvo sepulcro, invasit mortem Catonis nihil timentis, ut hostis invadit hostem. Ibi enim moriturus erat Cato. SCH.

411. *Tertia pars rerum Libye.* Si vulgarem admittas orbis divisionem,

Cuncta velis : at si ventos cælumque sequaris,
Pars erit Europæ; neque enim plus litora Nili,
Quam Scythicus Tanais primis a Gadibus absunt :
Unde Europa fugit Libyen, et litora flexu   415
Oceano fecere locum : sed major in unam
Orbis abît Asiam. Nam quum communiter istæ
Effundant Zephyrum, Boreæ latus illa sinistrum
Contingens, dextrumque Noti, discedit in ortus,
Eurum sola tenens. Libycæ quod fertile terræ est, 420
Vergit in occasus; sed et hæc non fontibus ullis
Solvitur : Arctoos raris Aquilonibus imbres
Accipit, et nostris reficit sua rura serenis.
In nullas vitiatur opes; non ære, nec auro

Africa est tertia orbis pars. — Cf. Sallust. Jug. cap. 17, et Prisciani Perieg. vs. 15, in Poet. Lat. Min. t. IV, p. 255. ED.

412. *At si ventos.* At si ventorum cælique revoluti rationem sequaris, Africam complectitur Europa.

413. *Litora Nili.* Neque enim Nilus qui Africam, in divisione tripartita, ab Asia disterminat, remotior est a Gadibus, in ora extremæ Hispaniæ, quam Tanais fluv. qui cum Euxino, in quem prolabitur, Europam ab Asia dividit.

415. *Unde Europa fugit Libyen.* Ad quas Gades, Europa separatur ab Africa. — *Fugere Libyam* videtur Europa, quod ab interluente medio mari interraneo revulsa sit.

416. *Sed major in unam.* Et tamen Asia est major orbis terrarum pars, quam Europa conjuncta Africæ.

417. *Abit.* Pro *abiit.* — *Communiter istæ*, etc. Quum *istæ*, id est

Europa et Africa, communiter *Zephyro* vento occidentali subjaceant, *illa*, videlicet Asia, latus sinistrum Boreæ tangens, ad dextrum vero Noti latus se extendens, orientalem omnem partem occupat et sibi soli totum Eurum vindicat. ED.

418. *Effundant.* Cf. not. ad v. 332 et ibi Disq. var.

419. *Discedit.* Extenditur.

420. *Libycæ quod fertile.* Libyes pars occidua fertilior est, sicca tamen. Plin. libro V cap. 2.

422. *Arctoos.* A Septemtrione immissos.—*Aquilonibus.* Boreas enim, qui nobis serenus est, illis pluviam inducit; ex Italia enim sublatæ vento nubes deferuntur ad Africam. Cf. Stat. Theb. VIII, 411.

423. *Nostris serenis.* Cf. Val. Flacc. I, 332.

424. *In nullas vitiatur opes.* Non habet metalla, quibus terra corrumpitur.

Excoquitur; nullo glebarum crimine, pura,   425

Et penitus terra est. Tantum Maurusia genti

Robora divitiæ, quarum non noverat usum;

Sed citri contenta comis vivebat, et umbra.

In nemus ignotum nostræ venere secures;

Extremoque epulas mensasque petivimus orbe.   430

At quæcumque vagam Syrtim complectitur ora

Sub nimio projecta die, vicina perusti

Ætheris, exurit messes, et pulvere Bacchum

Enecat, et nulla putris radice tenetur.

425. *Excoquitur.* Venæ enim metallorum ustam et aridam terram et sterilem arguunt. Sic melius intelligi opinor quam cum Burm. glebas in fornacibus coctas, ut inde aurum secernatur. Ed. — *Crimine, pura.* Nocentes sunt glebæ, quæ aurum pariunt, tot scelerum causam. Alii legunt *crimine dives*, probante Oud. Ed.

426. *Penitus.* Usque in interiora, pura et simplex terra est, sine ulla metalli admixtione. Ed. — *Tantum Maurusia genti.* Tantum Mauritaniæ divitiæ sunt citri arbores, quarum tamen usum non noverunt ultra quam umbris foliorum gaudebant: nostris vero in summo pretio et honore sunt lectuli et mensæ e citro. Martial. epigr. XIV, 89. — Vide Plin. lib. XIII, cap. 29, edit. nost. t. V, p. 209.

429. *Secures.* Male quidam de magistratibus Romanis explicant. Melius Oud. i. e. a nobis excisæ primum ad mensas et alia sunt arbores.

430. *Extremoque orbe.* E Mauritania. — *Epulas.* Esculenta et poculenta intelligit Farn. sed *epulas mensasque*, ἐν διὰ δυοῖν, est capiendum pro *epulares mensas*, ut modo *comis*

et *umbra*, i. e. umbra frondium. B.

431. *At quæcumque.* Orientalis vero Africæ pars, Syrtes complexa, zonæ torridæ subjecta aut vicina, solis æstu exusta, in totum sterilis est. — *Vagam.* Instabilem.

432. *Sub nimio projecta die.* Quæ in meridiem excurrit, ubi dies, i. e. sol nimius ardore. *Projecta* contemptum et vilitatem quamdam exprimit. Cf. VIII, 442.

433. *Bacchum.* Vites siccitate enecat, interficit.

434. *Nulla putris radice tenetur.* Schol. de terra, quæ non putris est, accipit. Burm. vellet ad Bacchum referri τὸ *putris*, et legi *videtur*, hoc sensu: « putrefacta ideo vitis et uvæ tam putres, flaccidæ, et minime succosæ, ut nullum vinum inde exprimi possit; » vel *tenetur*, ut vitis non coalescat, nec radices, quibus hæreat terræ, agat. Melius vulgo interpretes explicant de terra quæ, quum sit putris, soluta in pulverem *nulla radice* occupatur, vel continetur, nihil gignit, quod radices habeat. Nam humiditatem arboribus et plantis necessariam esse omnino constat. Ed.

Temperies vitalis abest ; et nulla sub illa   435
Cura Jovis terra est; natura deside torpet
Orbis, et immotis annum non sentit arenis.

   Hoc tam segne solum raras tamen exserit herbas,
Quas Nasamon gens dura legit, qui proxima ponto
Nudus rura tenet, quem mundi barbara damnis   440
Syrtis alit; nam litoreis populator arenis
Imminet, et, nulla portus tangente carina,
Novit opes : sic cum toto commercia mundo
Naufragiis Nasamones habent. Hac ire Catonem
Dura jubet virtus. Illic secura juventus   445
Ventorum, nullasque timens tellure procellas,
Æquoreos est passa metus : nam litore sicco,
Quam pelago, Syrtis violentius excipit Austrum,

435. *Nulla sub illa.* Jupiter pluvius non respicit illam terram aridam. BURM. — Vel potius Deus qui omnia alit et fecundat, *vitalem temperiem* huic terræ negavit. Vide autem Disq. var. ED.

437. *Orbis.* Illa orbis terræ pars. — *Immotis.* Incultis, inaratis. — *Annum non sentit.* I. e. proventum annuum, annonam, ut vult Burm. quod bene cum *immotis* congruit : cf. III, 70. Farnab. anni vices et vires non experitur. ED.

438. *Segne.* Infecundum. — *Exserit.* Effert, producit; vid. Disq. var.

439. *Nasamon.* Nasamones, vicini Syrtibus, a Cyrenaica ad occasum. Cf. ad Poet. Lat. Min. tom. IV, p. 413, et Sil. I, 408, et III, 320. Alii in mediterraneis locant. Cf. Curt. IV, 7, et nost. Ed. t. I, p. 258 not. ED.

440. *Nudus.* Pauper. — *Mundi damnis; nempe naufragiis,* ex v.

444; quorum præda sunt omnes qui incidunt in Syrtes.

442. *Et nulla portus.* Et quamvis nulla carina ad eorum portus intret, habent opes, sc. quas rapiunt e navibus ad Syrtes adlisis.

443. *Commercia.* Omnia enim illic inveniuntur, quæ de diversis gentibus solent comparari. SCH.

445. *Illic secura juventus.* Atque hic Romani securi jam, uti credebant, ventorum, experti sunt graviores procellas in terra, quam quæ in æquore timentur. — Ad rem confer quæ notavit vir Cl. BURNOUF, ad Sallust. Jug. cap. 79 ; et inf. Disq. var. ED.

447. *Nam litore sicco.* In plana enim et exposita regione juxta Syrtes, violentius furit Auster, quam in pelago ; majores hic arenarum quam ibi aquarum, fluctus concitans.

448. *Excipit.* Alii *accipit* ; sed male. Cf. VI, 339.

Et terræ magis ille nocet. Non montibus ortum
Adversis frangit Libye, scopulisque repulsum   450
Dissipat, et liquidas e turbine solvit in auras :
Nec ruit in silvas, annosaque robora torquens
Lassatur : patet omne solum, liberque meatu
Æoliam rabiem totis exercet arenis.

At non imbriferam contorto pulvere nubem   455
In flexum violentus agit : pars plurima terræ
Tollitur, et numquam resoluto vertice pendet.
Regna videt pauper Nasamon errantia vento,
Discussasque domos; volitantque a culmine raptæ
Detecto Garamante casæ. Non altius ignis   460
Rapta vehit; quantumque licet consurgere fumo,
Et violare diem, tantum tenet aera pulvis.

449. *Non montibus ortum.* Non habet illa pars Africæ montes, scopulos aut silvas, quæ venti impetum frangant, et ideo dissipatum, neque jam turbines agentem, in vacua ætheris spatia resolvant. — *Ortum.* Scil. Austrum; quum furere incipit.

452. *Ruit.* Sc. Auster.— *In silvas.* Quia ibi nullæ sunt. ED.

453. *Lassatur.* Sc. non lassatur.— *Patet.* Sc. in planitiem. ED.

454. *Æoliam rabiem.* Ventorum ex Æoli antro ruentium rabiem.

455. *Non imbriferam.* Nubes enim non imbrifera, quæ ex arenis constat. GROT. — *Contorto pulvere.* I. e. in turbinem acto. Sic *pulvereus turbo* apud Claudianum de Bell. Getico, vs. 457. BURM.

456. *In flexum.* Senec. Nat. Quæst. VII, 7, § 3 : « Varie concurrunt, alii in ortum, alii in occasum, omnes in flexum. » Vide etiam quæ notantur ibidem ad capitis 5 princ. ED.

457. *Et numquam.* Ordo est : pendet, vertice numquam resoluto. Dicit enim hunc verticem pulveris, qui erigitur, vento jugiter flante sustineri, non cadere. SCH.

458. *Regna videt.* Urbes et terram quam possidet, vel casas et tuguria. Ut Virg. Ecl. I, 70 : *mea regna videns* de paupere tugurio. Videtur hanc vocem captasse Lucanus, ut populi paupertatem simul indicet ; et ipse *regna errantia* exponit per *discussas domos.* OUD.

460. *Detecto.* I. e. sine tecto, nudo; nam culmina casarum rapuit ventus. BURM.

461. *Rapta vehit.* Quæcumque rapuit, favillam, flammam, fumum ipsum, ignis in majorem latitudinem non evehit.

462. *Et violare diem.* Obscurare lucem diei nube facta.

Tum quoque Romanum solito violentior agmen
Aggreditur, nullusque potest consistere miles,
Instabilis raptis etiam, quas calcat, arenis.   465
Concuteret terras, orbemque a sede moveret,
Si solida Libye compage, et pondere duro
Clauderet exesis Austrum scopulosa cavernis :
Sed quia mobilibus facilis turbatur arenis,
Nusquam luctando stabilis manet; imaque tellus   470
Stat, quia summa fugit. Galeas, et scuta virorum,
Pilaque contorsit violento spiritus actu,
Intentusque tulit magni per inania cæli.
Illud in extrema forsan longeque remota
Prodigium tellure fuit; delapsaque cælo   475
Arma timent gentes, hominumque erepta lacertis
A Superis demissa putant. Sic illa profecto

463. *Violentior*. Ventus. Alii *violentius*.

464. *Nullus*. Ne robustissimus quidem, ex tot millibus. *Nullis* præfert Oudend. Sed arenæ non egent hoc epitheto. BURM.

465. *Instabilis raptis*. Impos standi, quod rapiat ventus ipsas arenas, quibus insistere conatur. ED.

466. *Concuteret terras*. Sc. ventus. — *Orbemque a sede moveret*. Illam terrarum partem, Libyam, dimoveret e loco, subverteret.

467. *Si solida Libye*. Si Africæ solum duratum foret vel scopulosum, simulque in cavernis *exesis*, ideoque vastis ventos sub *duro pondere* saxorum, premeret. *Duram compagem* dixit Claudian. R. P. II, 171. ED.

470. *Stabilis manet*. Funditus est firma, nec concutitur, quia nusquam vento reluctatur, et summæ arenæ flatibus cedunt.

472. *Spiritus*. Ventus. — *Actu*. Impulsu.

473. *Intentus*. Continuus, non intermittens. FARN. — Melius Sch. ab intendendo dicit Intentum, qui in altum ire contendit. Ad rem cf. Sil. III, 526. — *Magni*. Cælum magnum ut Stat. Theb. X, 451, *magnum æthera*. BURM.

474. *Illud in extrema*. In illorum inclinat sententiam, qui opinantur illa, quæ ita per pluviam decidunt, vi ventorum in sublime evecta e longinquis locis ferri, atque inde decidere.

477. *Sic illa profecto*. Ita fortasse ancile illud quod Numæ tempore e cælo decidisse creditur, aliunde huc vento delatum est.

Sacrifico cecidere Numæ, quæ lecta juventus .
Patricia cervice movet : spoliaverat Auster
Aut Boreas populos ancilia nostra ferentes.   480

    Sic orbem torquente Noto, Romana juventus
Procubuit, metuensque rapi, constrinxit amictus,
Inseruitque manus terræ : nec pondere solo,
Sed nisu jacuit, vix sic immobilis Austro,
Qui super ingentes cumulos involvit arenæ,   485
Atque operit tellure viros. Vix tollere miles
Membra valet, multo congestu pulveris hærens.
Adligat et stantes adfusæ magnus arenæ
Agger, et immoti terra surgente tenentur.
Saxa tulit penitus discussis proruta muris,   490
Effuditque procul miranda sorte malorum :
Qui nullas videre domos, videre ruinas.
Jamque iter omne latet : nec sunt discrimina terræ
Ulla, nisi ætheriæ, medio velut æquore flammæ.

---

478. *Sacrifico.* Sacrorum et religionis institutori. — *Lecta juventus*, etc. Salii, sacerdotes Martis, e patriciis lecti. Cf. I, 603.

480. *Nostra.* Quasi non sua, sed jam ancilia nostra portarent. SCH. —Hoc forsan acutius; malim, *nostra*, i. e. quæ nunc sunt nostra. ED.

481. *Orbem.* Arenas, terram Libycam, ut supra, vs. 466.

482. *Rapi.* De vento proprie *rapere* dicitur. VVEB.

484. *Nisu.* Conatu addito, ne pondus non sufficeret. Alii *nixu.*

485. *Qui super.* Nempe super milites romanos sic procumbentes. Vid. Disq. var.

488. *Et stantes.* Non ipsos solos qui procumbebant. — *Adfusæ.* Aggestis arenæ cumulis, et tenacissimo sabulo, sublata terra facit, ut progredi non possint, et immobiles circumjecto aggere teneantur.

490. *Saxa tulit.* Auster. Vide Disq. var.

491. *Miranda sorte.* Quod hoc miraculi fuerit, ipse versu seq. exponit. ED.

492. *Qui nullas.* Illo enim saxa perlata sunt, ut nesciretur unde decidissent. SCH.

493. *Jamque iter omne latet.* Viarum scil. signis arena obrutis et confusis.

494. *Ætheriæ flammæ.* Stellæ velut navigantibus observatæ. Inter

Sideribus novere viam : nec sidera tota 495
Ostendit Libycæ finitor circulus oræ,
Multaque devexo terrarum margine celat.

  Utque calor solvit, quem torserat aera ventus ,
Incensusque dies, manant sudoribus artus;
Arent ora siti. Conspecta est parva maligna 500
Unda procul vena; quam vix e pulvere miles
Corripiens, patulum galeæ confudit in orbem,
Porrexitque duci. Squalebant pulvere fauces
Cunctorum : minimumque tenens dux ipse liquoris
Invidiosus erat. « Mene , inquit, degener, unum , 505
Miles, in hac turba vacuum virtute putasti?

Syrtes, quamvis terra pergentibus, iter sideribus destinatur, nec aliter cursus patescit. Cf. Solinus, cap. 40 ; Curt. VII , 4.

495. *Nec sidera tota.* Quia quædam sidera apud nos videntur, quæ ibi non sunt. Sch. — Sed nulla pars cuncta ostendit. Int. non exhibent totam constellationem, ex qua solent viam cognoscere nautæ. Oud.

496. *Finitor circulus.* Horizon ille ab ὁρίζω : terminat enim et dividit superius hemisphærium ab inferiori. Vide Senec. Nat. Quæst. V, 17.

497. *Devexo margine.* Inclinato, sub terra demerso. — *Marginem* extremitatem orbis dicit. Sch.

498. *Utque calor solvit.* Simul atque aer venti agitatione refrigeratus, increscente die incaluit. — *Torserat.* Respondet hoc verbum *turbini* et *vertici*, ut sup. *orbem torquente Noto;* nam venti turbant aera. Burm. — Non opinor : *torquere* opponitur τῷ *solvit;* gallice : *le vent avait condensé*

l'air; quod et ex physicis patet. Ed.

499. *Incensusque dies.* Plurimi *exarsitque :* sed *incensus* mihi satis placet. Cf. IV , 68. Burm.

500. *Maligna.* Ut supra vs. 73.

502. *Patulum galeæ confudit.* Alii: *galeæ convexum infudit :* nihil muto. Vid. Disq. var. *Confudit*, quia pulvis cum aqua erat commixtus; vel quia omnem simul aquam hauserat et infuderat. Ed. — De ritu militum e galea bibentium cf. Propert. III, 11, 8; Claudian. Cons. Hon. III, 49; Stat. Theb. III, 663. Oud.

504. *Minimumque.* Videtur Burm. probare *nimium*, quod quidam habent. Melius vero opponitur *minimum* τῷ *invidiosus.* Bene Schol. « et quum Cato parum aquæ, nescio quid, accepisset, grandi tamen invidia miles laborabat. » Ed.

505. *Degener.* Vel nimis esse acerbam hanc objurgationem, vel hunc militem, antequam duci afferret aquam, prius bibisse credit Burm.

II.

23

Usque adeo mollis, primisque caloribus impar

Sum visus? quanto poena tu dignior ista,

Qui populo sitiente bibas! » Sic concitus ira

Excussit galeam, suffecitque omnibus unda.　　　510

　　Ventum erat ad templum, Libycis quod gentibus unum

Inculti Garamantes habent : stat sortiger illic

Jupiter, ut memorant, sed non aut fulmina vibrans,

Aut similis nostro, sed tortis cornibus Hammon.

Non illic Libycae posuerunt ditia gentes　　　515

Sed *degener* est miles, quia duci injuriam facit; nec vere Romanus, qui Catonem mollem et in tolerandis malis tam cito victum putaverit. ED.

5o7. *Primis caloribus.* Alia et majora etiam toleranda esse militibus innuit. ED.

5o9. *Bibas.* Ignominiosum enim foret, inter tot fortissimos viros, solum videri mollem et sitis impatientem. Dignum stoico effatum! ED.

51o. *Suffecitque omnibus.* Burm. exponit : « Suffecit unda istius fontis, ex quo deinde omnes sitim sedavere, excepto Catone qui noluit bibere; quod tamen vix credibile ex tam maligno fonte totum exercitum bibere potuisse! » Haec omnino falsa esse ostendunt vs. 5o1 et 5o9, neque ibi plus aquae fuisse, quam ad sitim unius sedandam. Bene ergo Oudend. adducit exemplum Alexandri apud Frontin. Strateg. I, 7, 7: « Oblatam sibi a milite aquam, spectantibus universis effudit, utilior exemplo temperantiae, quam si communicare potuisset. » Hic autem Lucaneum acumen agnoscas licet: unda, quae potata vix uni suffecisset, postquam effusa est, omnibus suffecit, quia sitim, exemplo ducis

confirmati, constantius toleravere. ED.

511. *Ad templum.* Situm, ut volunt, in ea regione, ubi nunc *Siwah*, a Paraetonio meridiem versus. Vide notas ad Curt. IV, 7, tom. I, p. 254 et 257. ED. — *Unum.* Non alibi in Libya oraculum inveniebatur; nempe quia unicum illis numen Jupiter; inf. 518. Eb.

512. *Garamantes.* Quos Ptolemaeus inter fontem Bagradae fluvii et paludem Nubam collocat. Cf. ad IV, 334. — *Sortiger.* Qui dat oracula, sortes aperit consulentibus. Vulgo *corniger*; inepte ob sequentia; sed ex consensu codd. In nostro tamen regio 79oo legitur *sortiger*, quod multum dubitavi an reciperem, ut pote a nullo alio auctore usurpatum. Recepi tandem, quum id in Forcell. Lexico citatum viderim: et profecto non tam a vulgata lectione recedit quam τὸ *certior* ab Oudend. et Burm. adoptatum. ED.

514. *Nostro*: Capitolino. — *Similis.* Ob formam; non quia pauper, ut vult Burm. — *Tortis cornibus.* Jupiter, arietina forma cultus; sup. IV, 673; ibique not. Aliam Dei effigiem exhibet Curt. l. cit. ED.

Templa, nec Eois splendent donaria gemmis.

Quamvis Æthiopum populis, Arabumque beatis

Gentibus, atque Indis unus sit Jupiter Hammon,

Pauper adhuc Deus est, nullis violata per ævum

Divitiis delubra tenens : morumque priorum   520

Numen romano templum defendit ab auro.

Esse locis superos testatur silva per omnem

Sola virens Libyen ; nam quidquid pulvere sicco

Separat ardentem tepida Berenicida Lepti,

Ignorat frondes : solus nemus abstulit Hammon.   525

516. *Donaria* Scil. loca in quibus dona reponuntur. Vide Serv. ad Virg. Georg. III, 533. Oud.

517. *Beatis.* Divitibus, Felicis Arabiæ incolis. Horat. Carm. I, 29, 1.

518. *Indis.* Hic intellige populos ad Nili originem sitos, cum Æthiopibus sæpius confusos. Vide ad Tibull. II, 3, 57, et IV, 2, 20; Virg. Georg. II, 116; IV, 293, ibique Heyn. Ed. — *Unus sit.* Verum non Indis tantum, sed et Phrygibus jam olim cultum fuisse Hammona canit Val. Flacc. II, 482. Oud. — At Lucanus ait Jovem ab illis, non solis, sed solum, coli. Ed.

519. *Nullis violata.* Sic Juvenalis Sat. XI, 116: « Fictilis et nullo violatus Jupiter auro; » ubi vide quæ notantur, et ibid. ad vs. 111. Ed.

520. *Morumque priorum.* Priscæ simplicitatis numen.

521. *Romano templum.* Ne polluatur auro templum, more romano. — Quæ præcedunt, unice veram hanc interpretationem arguunt. Burmannus tamen ait rectius intelligi : « corrumpi se non patitur id numen, aut ejus sacerdotes, ut Alexander olim

fecit. » Sed quis hic corruptor? Immo conjicit *romano ab ense*, ut ipsa paupertas causa sit, cur Romani illud nondum spoliaverint. Hæc omnia infeliciter. Ed.

522. *Esse locis Superos testatur.* Non quia silvis numina inesse credebat antiquitas, ut int. Farn. Sed quia ibi « non sine miraculo lucus viret, » ut ait Solin. c. 40. Cf. Curt. IV, 7, § 16. Ed.

523. *Nam quidquid.* Reliqua omnis regio inter Leptin Minorem, quæ Libyphœnicum Africæ urbs est et Pentapolitanam regionem (quam *Berenicida* vocat a Berenice una e quinque urbibus) arbores non habet.

524. *Ardentem. Tepidæ* Lepti, i. e. moderatioris caloris, opponitur *ardens* Berenicis. Male igitur Heinsius *arentem.* Burm.

525. *Abstulit.* Sic repono pro *extulit*, male intrusum a Grotio contra MS. Recte dicitur abstulisse Hammon nemus, quod sibi soli vindicavit arbores, quæ per totam regionem deberent crescere, ut monuit quoque Schol. Oud. — Sic *auferre nomen*, IV, 23.

Silvarum fons causa loco , qui putria terræ
Adligat, et domitas unda connectit arenas.
Sic quoque nil obstat Phœbo , quum cardine summo
Stat librata dies : truncum vix protegit arbor;
Tam brevis in medium radiis compellitur umbra! 530

　　Deprensum est hunc esse locum, qua circulus alti
Solstitii medium signorum percutit orbem.
Non obliqua meant, nec Tauro Scorpius exit
Rectior, aut Aries donat sua tempora Libræ,
Aut Astræa jubet lentos descendere Pisces. 535
Par Geminis Chiron, et idem quod Carcinos ardens
Humidus Ægoceros : nec plus Leo tollitur Urna.
At tibi, quæcumque es Libyco gens igne dirempta,
In Noton umbra cadit, quæ nobis exit in Arcton.

526. *Silvarum fons causa loco.* Causa cur locus hic silvas habeat, est fons, qui, etc. Cf. ad Plin. II, 106, ibique not. Ed. — *Putria terræ.* Solin. l. c. « Humoris nexibus humum astringit , favillam etiam in cespitem solidat. »

528. *Sic quoque.* Et quamvis silva sit, non tamen arcet solem. — *Cardine summo.* Medio cælo perpendiculariter. Cf. II , 587.

529. *Truncum vix protegit arbor.* Arboris frondes vix opacant truncum.

531. *Circulus.* Tropicus æstivus (qui Proclo est vertici proximus) tangitur a Zodiaco. Vide Disq. var.

533. *Non obliqua meant.* Sc. signa, ut nobis. Sic Virgilio *obliquus signorum ordo* dicitur Georg. I , 239. Vide Disq. var. — *Tauro Scorpius exit.* Recte et æqualiter ascendunt descenduntque opposita sibi in Zo-

diaco signa, quæ omnia , ut sibi respondent , enumerat.

535. *Aut Astræa.* Virginem indicat , signum æstivum , Piscibus, hiemali signo, oppositum. Hort.

536. *Par Geminis Chiron.* Sagittarius, Geminis objectus. Hort. — — *Et idem quod.* Lucani sensus est , in sphæra recta hæc signa sibi invicem opposita æquales habere adscensiones. Oud. — *Carcinos.* Καρχῖνος, Cancer , æstivi solstitii signum.

537. *Ægoceros.* Αἰγόχερως, Capricornus. — *Leo tollitur.* Apud nos Leo altioribus circulis fertur quam *Urna,* i. e. Aquarius : quod negat in illa regione contingere. Sch.

538. *At tibi , quæcumque es ,* Iis vero, qui a nobis dividuntur torrida zona, aut quorum *zenith* Sol Cancrum versus transierit , umbra projicitur in Austrum , ut nobis in Arcton. Vide Disq. var.

Te segnis Cynosura subit; tu sicca profundo   540
Mergi plaustra putas, nullumque in vertice semper
Sidus habes immune maris, procul axis uterque est,
Et fuga signorum medio rapit omnia cælo.

    Stabant ante fores populi, quos miserat Eos,
Cornigerique Jovis monitu nova fata petebant :   545
Sed Latio cessere duci : comitesque Catonem
Orant, exploret Libycum memorata per orbem
Numina, de fama tam longi judicet ævi.
Maximus hortator scrutandi voce Deorum
Eventus Labienus erat. « Sors obtulit, inquit,   550
Et fortuna viæ, tam magni numinis ora,

---

540. *Te, segnis Cynosura.* His gentibus segnior esse et occidere videtur Ursa minor, quæ quidem, quum polo vicinior sit, tardius moveri videtur, et sub horizonte est, VIII, 180. — *Tu sicca.* His Ursa major, quæ nobis maris immunis est, hoc est, non occidit, subit horizontem mari mergi visa.

541. *Vertice.* Sublimis pars cæli, sive *Zenith.* OUD. — Virg. Georg. I, 242.

542. *Immune maris.* Sic Ovid. Met. XIII, 293 : « Immunemque æquoris Arcton. » Cf. Virg. l. c. vs. 246. — *Axis uterque est.* Polus uterque, Arcticus atque Antarcticus : *procul* dictum est respectu v. *vertice,* ita ut notet locum ab utroque polo distare, atque in medio orbe esse. Hoc sequentia accuratius exponunt, unde Schol. *quia es quasi in medio mundi.* VVBB.

543. *Et fuga signorum.* Medius inter utrumque polum circumvolvitur Zodiacus. — *Fuga signorum.*

Revolutio signorum, quæ fugere observantibus videntur in occasum, omnia sidera secum trahit, ut adventante luce, jam minus minusque appareant : ita inter utrumque axem rapitur volviturque Zodiacus. HORT.

544. *Stabant ante fores populi.* Aderant ex Asia et Oriente populi ad limen templi Jovis Hammonis, oracula consulturi : qui tamen Catoni cesserunt, si quid vellet.

545. *Nova fata.* Petebant ut fatum sibi *novum,* incognitum, Jovis oraculo panderetur. Vel *nova* significat, quæ adhuc non habent; quia non consulunt nisi de rebus incertis et sollicitis. ED.

549. *Maximus hortator.* Comites, et Labienus maxime, Catonem orant, ut celebris hujus oraculi fidem experiatur, consulatque de ejus belli eventu.

550. *Labienus.* De quo vide lib. V, 346.

551. *Ora.* Oracula, vocem fatidicam.

Consiliumque Dei : tanto duce possumus uti
Per Syrtes, bellique datos cognoscere casus.
Nam cui crediderim Superos arcana daturos,
Dicturosque magis, quam sancto vera Catoni?   555
Certe vita tibi semper directa supernas
Ad leges, sequerisque Deum. Datur ecce loquendi
Cum Jove libertas : inquire in fata nefandi
Cæsaris, et patriæ venturos exoute mores :
Jure suo populis uti, legumque licebit,   560
An bellum civile perit. Tua pectora sacra
Voce reple : duræ saltem virtutis amator
Quære quid est virtus, et posce exemplar honesti. »
   Ille Deo plenus, tacita quem mente gerebat,
Effudit dignas adytis e pectore voces :   565
« Quid quæri, Labiene, jubes? an liber in armis
Occubuisse velim potius, quam regna videre?
An sit vita nihil? si longa, an differat ætas?

553. *Bellique datos.* I. e. dictos, prædictos, a fatis destinatos. *Dare* enim vates et oracula dicuntur pro *loqui.* Virg. Æn. I, 382 : « Data fata sequutus. » BURM. — Ostend. *ratos,* i. e. fixos, certos, quia sequitur *daturos,* et *datur :* repugnant codd. ED.

554. *Arcana daturos.* Junge autem *vera* cum *arcana :* cui magis vera arcana declarabunt Dii, quam Catoni. ED.

556. *Supernas.* Divinas; philosophiam scilicet.

558. *Inquire in fata.* Exquire, explora quam sortem habiturus sit Cæsar. Similis locutio apud Ovid. Met. I, 148 : « Patrios inquirit in annos. »

559. *Excute.* Coge Deos ut dicant, an suis legibus et libertate victuri sint populi; an frustra bellum civile fiat, et tyranni sint dominaturi.

563. *Quære.* Conjunge, *saltem quære,* nempe a Jove. — *Exemplar honesti.* Ut te doceat Deus quæ sit summa et perfecta honesti regula. ED.

565. *Dignas adytis e pectore voces.* Conf. Senec. controv. lib. I, procem. « Erratis nisi illam vocem non M. Catonis, sed oraculi creditis. » Et vide Lucret. I, 737.

566. *An liber in armis.* An hæc, quæ jamdudum constant, nequæ opus habent oraculo consulto? potiorne scil. sit mors quam servitus? etc.

568. *Si longa.* Vita quidam per se

An noceat vis ulla bono? Fortunaque perdat
Opposita virtute minas, laudandaque velle 570
Sit satis, et numquam successu crescat honestum?
Scimus, et hoc nobis non altius inseret Hammon.
Hæremus cuncti Superis, temploque tacente
Nil facimus non sponte Dei : nec vocibus ullis
Numen eget; dixitque semel nascentibus auctor 575
Quidquid scire licet. Sterilesne elegit arenas,
Ut caneret paucis, mersitque hoc pulvere verum?
Estne Dei sedes, nisi terra, et pontus, et aer,
Et cælum, et virtus? Superos quid quærimus ultra?

nihil est; at si longior ætas fuerit, an ideo majoris pretii æstimanda quam brevis. MARMONTEL legit *sed longam differat ætas*, et interpretatur *differre* pro *morari*, quasi hæc vita felicioris alius sit mora et exspectatio, et *ætas* sumatur pro vita longa. Dura sane constructio. Lectio incerta est; vid. Disq. var. ED.

569. *Vis ulla.* Scio enim nullam vim nocere posse sapienti, nec fortunæ minas contra virtutem valere.

571. *Et numquam.* Sic infr. 594 : « Successu nuda remoto Inspicitur virtus. » Et Senec. « Scit tempore honesta non crescere. »

572. *Et hoc nobis.* Neque hoc melius et plenius Jovis ipsius oraculum nobis ingerat, quam nos scimus.

573. *Hæremus cuncti Superis.* Inest nobis anima, divinæ particula auræ; « Est Deus in nobis... sibi quisque profecto Est Deus; » et vel tacente oraculo, Deum sequimur et fato paremus.

575. *Dixitque semel.* Et nobis omnibus nascentibus inseruit Deus

scientiam recti, atque discrimen boni ac mali.

576. *Sterilesne elegit.* Melius sic Oud. quam vulg. *nec legit.* — *Arenas.* An elegit sibi arenosum hunc Libyæ locum, unde fata promeret paucis? — Hæc imitatus est VOLTAIRE, *Sémiramis*, Act. I, sc. 5 extr.: « Comme si, loin de nous, le Dieu de l'univers N'eût mis la vérité qu'au fond de ces déserts. » Idem, *Dictionnaire Philos.* art. *Epopée* : « Mettez ensemble tout ce que les anciens poètes ont dit des Dieux, ce sont des discours d'enfans en comparaison de ce morceau de Lucain. » ED.

578. *Estne Dei sedes.* Ellipsis τοῦ *alia.* Ullane alia Dei sedes est, quam universum, et mens sapientis? GROT.

579. *Superos quid quærimus.* Si quidquid videmus Deus est : si omnia, quæ sub cælo sunt, opificis præsentiam et magnitudinem testantur, cur in loco quodam certo Superos esse putamus, ubi quærendi sint, et consulendi?

Jupiter est quodcumque vides, quodcumque moveris.

Sortilegis egeant dubii, semperque futuris   581

Casibus ancipites : me non oracula certum,

Sed mors certa facit : pavido, fortique cadendum est.

Hoc satis est dixisse Jovem. » Sic ille profatur,

Servataque fide templi discedit ab aris,   585

Non exploratum populis Hammona relinquens.

    Ipse manu sua pila gerit; præcedit anheli

Militis ora pedes : monstrat tolerare vapores,

Non jubet; et nulla vehitur cervice supinus,

Carpentove sedens : somni parcissimus ipse est,   590

Ultimus haustor aquæ; quum tandem fonte reperto

Indiga cogatur latices potare juventus,

580. *Quodcumque moveris.* Adverbialiter, pro *in quodcumque*, in quamcumque partem. Sic *quidquid* lib. VIII, 365. Retineo tamen *quocumque* OUD.

581. *Sortilegis.* Qui per sortes futura promuntiant. VOLTAIRE, *Dict. Phil.* art. *Epreuve.* ED.

582. *Ancipites.* Qui exspectant eventus, antequam de agendi ratione deliberent, parati semper fortunam sequi. ED.

583. *Mors certa.* Ego vero, quum sciam cunctis serius ocius subeundam esse mortem, nihil curo varios vitæ casus, nec de his nogis Deos interrogo. ED.

584. *Hoc satis est, etc.* Omnes ad mortem tendimus ; et scimus. Nullis igitur aliis oraculis opus est, ut honeste vivamus, et de meliori cogitemus vita. ED.

585. *Servataque fide.* Salva oraculi fide; non diminuta aut derogata

Jovis ibi culti fide, non expertus an vera diceret.

586. *Non exploratum.* A se. — *Populis.* Orientalibus, ut supra 544. Burm. capit de stulta et imperita turba. Non assentior. ED.

587. *Præcedit anheli.* Supra v. 394.

588. *Vapores.* Vehementem calorem. Cf. Claudian. Cons. Olybr. 131. Hic erat vulgo *labores.* OUD.

589. *Nulla vehitur* Non lectica, non curru. Hanc quoque laudem tribuit Trajano Plin. Paneg. c. 14; Cf. Silius, I, 245, de Hannibale. OUD. — *Supinus.* Desidis et arrogantis signum. Suet. Aug. c. 16. Pro dormiente etiam accepit Juvenal. Sat. XIV, 190. BURM.

591. *Quum tandem fonte reperto.* Quum enim post longum iter fontem ægre invenissent, ultimus omnium accedebat. ED.

592. *Cogatur.* A Catone, inquit Burm. Malim : cogatur, quia indiga

Stat, dum lixa bibat. Si veris magna paratur

Fama bonis, et si successu nuda remoto

Inspicitur virtus, quidquid laudamus in ullo 595

Majorum, fortuna fuit. Quis Marte secundo,

Quis tantum meruit populorum sanguine nomen?

Hunc ego per Syrtes, Libyæque extrema triumphum

Ducere maluerim, quam ter Capitolia curru

Scandere Pompeii, quam frangere colla Jugurthæ. 600

Ecce parens verus patriæ, dignissimus aris,

Roma, tuis; per quem numquam jurare pudebit,

Et quem, si steteris umquam cervice soluta,

Nunc olim factura Deum. Jam spissior ignis;

et siti pressa. ED. — *Potare.* Aviditatem e siti notat.

593. *Dum lixa bibat.* Cato non modo post milites, sed etiam post lixas sitim sedat. — *Si veris bonis.* Hominibus vere bonis.

594. *Successu remoto.* Ut fortunam nemo respiciat. — Nepos, in Thrasyb. I : « Si per se virtus sine fortuna ponderanda est. » OUD. — Cf. VII, 585.

595. *Quidquid laudamus.* Quidquid laudamus in ullo viro ex majoribus nostris patet fuisse fortunam prospere succedentem, non meram virtutem, quæ in Catone hic tantum visa fuit. OUD.

596. *Quis Marte secundo.* Quis victoria et hostium cæde tantam gloriam est assequutus, quantam Cato continentia et tolerantia?

598. *Hunc ego per Syrtes.* Malim ego, inquit poeta, hanc Catonis per Syrtes fugam triumphalem, quam Pompeii tres triumphos per Romam; VII, 685; aut Marii de Jugurtha triumphum. — *Triumphum.* Quem

ducit laude patientiæ ac virtute. SCH.

600. *Frangere colla Jugurthæ.* Quia statim post triumphum, in carcerem detrusus est, ibique strangulatus, ut quidam volunt. Vide notas ad Sallust. nost. ed. p. 333. ED.

601. *Parens verus.* Non vero illi, quos ob potentiam servili adulatione hoc nomine salutas, et quibus aras ponere soles. ED.

602. *Per quem.* Tamquam numen. — *Pudebit.* Tangit hic pudendum Romanis morem, qui diu ad aram sive columnam Cæsaris jurare perseverarunt, teste Suetonio, Cæs. 85; et Horatii turpem erga Augustum adulationem, Epist. II, 1, 16. Cf. VIII, 861. BURM.

603. *Et quem.* Et quem, si unquam, excusso domino, dabitur tibi tui juris esse, in Deorum numerum referes.

604. *Nunc olim.* Grot. tunc, minus bene. Cf. Virg. Æn. IV, 627. — *Factura* supp. *es,* quod habent quidam, sic : *Deum es.* — *Spissior*

Et plaga, quam nullam Superi mortalibus ultra 605
A medio fecere die, calcatur; et unda
Rarior : inventus mediis fons unus arenis
Largus aquæ; sed quem serpentum turba tenebat,
Vix capiente loco. Stabant in margine siccæ
Aspides , in mediis sitiebant Dipsades undis.   610

　　Ductor, ut adspexit perituros fonte relicto,
Adloquitur : « Vana specie conternite leti,
Ne dubita, miles , tutos haurire liquores :
Noxia serpentum est admixto sanguine pestis :
Morsu virus habent, et fatum in dente minantur : 615
Pocula morte carent. » Dixit; dubiumque venenum
Hausit : et in tota Libyæ fons unus arena
Ille fuit, de quo primus sibi posceret undam.

ignis. Calor major, æstus violentior.

605. *Quam nullam.* Ultra quam Dii nullam posuere. Vide Disq. var.

606. *A medio die.* Præ medio die, explicant vulgo : malim , ad meridiem : nullam magis meridionalem plagam habitabilem esse putabant antiqui. ED.

609. *Vix capiente loco.* Ut tanta esset multitudo serpentum , quam capere fontis spatia non valerent. SCH. — *In margine siccæ.* Adeo diversa species aspis et dipsas , ut hæc aquatilis sit, illa terrestris.

610. *Aspides.* Serpentum genus , quo icti torpere et somno exstinguuntur; inf. 701. — Tres aspidum species facit Galenus : χερσαίας , χελιδονίας et πτυάδας. Χερσαῖαι dictæ , quæ in mediterraneis degebant , quum chelidoniæ circa ripas fluminum colerent, et præcipue Nili. — *Dipsades undis.* Dipsas serpens,

quemcumque morsu læserit , siti enecat; ἀπὸ τοῦ διψάω; hinc Situla dicta.

611. *Perituros fonte relicto.* Siti, nisi ex illo fonte biberent.

612. *Vana specie.* Quum non sit timendum ab aquis, quas non inficiunt veneno, sed a morsu solo, quo virus suum nostro sanguini admiscent.

613. *Tutos.* Sanos; nihil periculi habentes.

614. *Pestis.* Venenum. — *Admixto sanguine.* Hypallage : id est, quum admiscetur sanguini. ED.

615. *Fatum.* Mortem. Cf. VIII , 305. In dente minæ mortis, sive vis mortifera consistit. ED.

616. *Pocula.* Sine periculo hauriri potest aqua in qua natant. — *Dubiumque venenum.* Aquam; quam reliqui tanquam venenatam horruerant.

618. *Primus.* Cf. sup. 591.

Cur Libycus tantis exundet pestibus aer

Fertilis in mortes, aut quid secreta nocenti   620

Miscuerit Natura solo, non cura laborque

Noster scire valet : nisi quod vulgata per orbem

Fabula pro vera decepit saecula causa.

    Finibus extremis Libyes, ubi fervida tellus

Accipit Oceanum, demisso sole calentem,   625

Squalebant late Phorcynidos arva Medusae,

Non nemorum protecta coma, non mollia succo,

Sed dominae vultu conspectis aspera saxis.

Hoc primum natura nocens in corpore saevas

Eduxit pestes : illis e faucibus angues   630

Stridula fuderunt vibratis sibila linguis,

Femineae qui more comae per terga soluti,

Ipsa flagellabant gaudentis colla Medusae.

---

619. *Cur Libycus.* Cur Libya serpentibus abundet, non ita in promptu causa est, nisi forte adhibenda sit fides fabulae de Perseo referente Medusae caput; Ovid. Metam. IV, 771. Sed Nicander Titanum sanguini id tribuit.

620. *Secreta.* Arcana, incognita.

621. *Nocenti.* Quia proferat pestes; sic inf. 629 : « Natura nocens. »

623. *Fabula pro vera.* Hoc tantum scimus pro vera causa, fabulam in omni aevo praevaluisse. ED.

625. *Demisso.* Occiduo, prono.

626. *Squalebant.* Jacebant inculta. — *Phorcynidos Medusae.* Filia fuit Phorci seu Phorcynos et Cetus. Hesiod. Theogon.

627. *Non mollia succo.* Alii *sulco,* et exponunt non apta ad sulcos aratro faciendos, vel non aratro versa et aegre mollita. Lectionem Voss. I se-

quor. *Succus* est naturalis terrae humor et optime opponit *mollia succo,* τοῖς *aspera saxis.* Hinc « solum succosum » Columell. II, 17. Cf. Virg. Georg. I, 90. OUD.

628. *Dominae vultu.* Medusae, quae visa omnia vertebat in saxa.

629. *Hoc in corpore.* In Medusa, namque Minerva crines ejus in angues convertit, quod in suo templo fuerat a Neptuno stuprata.

630. *Pestes.* Angues, colubros. — *Illis e faucibus.* Nempe e faucibus Medusae. An ipsa ex ore angues sibilantes emittebat? An potius *fauces,* ut vult Burm. pro exteriore et superiore parte colli capiendae? ED.

632. *Soluti.* Scil. angues, quo more capillos habent feminae, soluti et sparsi per terga.

633. *Gaudentis.* Oblectantis se de tali motu. ASCENS.

Surgunt adversa subrectæ fronte colubræ,
Vipereumque fluit depexo crine venenum.   635

    Hoc habet infelix, cunctis impune, Medusa,
Quod spectare licet; nam rictus, oraque monstri
Quis timuit? quem, qui recto se lumine vidit,
Passa Medusa mori est? rapuit dubitantia fata,
Prævenitque metus : anima periere retenta   640
Membra; nec emissæ riguere sub ossibus umbræ.
Eumenidum crines solos movere furores;
Cerberus Orpheo lenivit sibila cantu;

634. *Adversa.* Surgunt colubræ in ipsum caput, vel posteriorem Medusæ partem, subrectæ adversa fronte, ut possint impune videre eam partem, non os et vultus. BURM. — Hæc non ut vs. 652, sed simplicius dicta crediderim. Nam postquam dixit Noster angues in collo et tergo Medusæ solutos volvi, addit alios in ipsa fronte erectos surgere. Opponuntur enim *colla* et *fronte*, *soluti* et *subrectæ*, *flagellabant* et *surgunt*. Male igitur Oud. *aversa*, ex conjectura edidit. ED.

636. *Hoc habet.* Vulgo exponunt: hanc solam partem, crines scil. (venenum int. Schol.) habet infelix Medusa, quæ impune spectari possit. Alii : hoc habet infelix, id est, dolendum, hoc dolere potest, quod, etc. Ego aliter sentio; nam quod in seqq. deprenditur putidum acumen, hinc pendere opinor. Locum igitur sic exponerem : infelix Medusa, tot monstris circumdata, hac sola parte, id est *adversa fronte* spectari potest *impune*, sine metu et horrore. Et statim causam addit poeta, *nam ora quis metuit?* quia tam cito in saxum ver-

titur spectator, sine dolore, sine ullo mortis sensu, ut illi *impune* esse videatur. Sic de homine fulgurito Seneca, bene a Bentleio citatus, Nat. quæst. IV, c. ult. : « Sed non erit cogitationi locus. Casus iste donat metum : nemo umquam fulmen timuit, nisi qui effugit. » ED.

639. *Mori est?* Sensu mortis affici. sic Farn.—Malim, exhalare animam, spiritum extremum emittere : sequitur enim *anima retenta* et *umbræ non emissæ.* ED. — *Dubitantia fata.* Dubitationem et moram mortis, ut lib. III, 645.

641. *Sub ossibus umbræ.* Sc. illæ tenues corporis imagines, quæ vita defunctum corpus derelinquebant ex opinione Veterum. Nunc vero inclusæ quasi sepulcris non emittuntur. Male putat Schol. Lucanum hic *umbras* indifferenter pro spiritu et anima collocasse. ED.

642. *Eumenidum crines.* Furiæ anguicomæ conspectu quidem inducunt furorem : sed non mortem. VII 178.

643. *Cerberus Orpheo.* Cf. Horat. Carm. II, 13.

Amphitryoniades vidit, quum vinceret, Hydram :

Hoc monstrum timuit genitor, numenque secundum

Phorcys aquis, Cetoque parens, ipsæque sorores 646

Gorgones: hoc potuit cælo pelagoque minari

Torporem insolitum, mundoque obducere terram.

E cælo volucres subito cum pondere lapsæ;

In scopulis hæsere feræ; vicina colentes 650

Æthiopum totæ riguerunt marmore gentes.

Nullum animal visus patiens, ipsique retrorsum

Effusi faciem vitabant Gorgonos angues.

Illa sub Hesperiis stantem Titana columnis

In cautes Atlanta dedit : cæloque timente 655

644. *Amphitryoniades vidit.* Hercules impune vidit Hydram, quam contudit.

645. *Genitor.* Suus, nempe Phorcys. Hic confert poeta Medusam cum aliis monstris, ut ejus terrorem amplificet. — *Numenque secundum.* Idem Phorcys, Φόρκυς, Deus marinus, Neptuni filius et illi proximus : pater Gorgonum ex Ceto Nympha, seu, ut alii volunt, monstro marino.

646. *Ceto.* Sic melius quam *Cetos.* Hesiod. in Theog. Φόρκυϊ δ' αὖ Κητὼ γραίας τίκι. OUD. — *Sorores Gorgones.* Sthemio et Euryale sorores Medusæ, quæ Gorgonum sola mortalis erat.

647. *Hoc potuit.* Hoc monstrum, id est, Medusa. — *Cælo pelagoque.* Male interpretes explicant pisces et aves per metonymiam. Cf. supra VI, 463 sqq.

648. *Torporem insolitum.* Hoc est, in saxa vertere. — *Insolitum* dixit, quia alias in perpetuo motu

sunt cælum et mare. OUD. — *Obducere,* Sic retineo. Mundo obducitur terra, i. e. arcte involvitur, premitur, si cælum et pelagus torpore indurata sunt. Hoc non ita capiens Oudend. tentat *abducere.* Vid. Disq. var. ED.

649. *Cum pondere.* Quia subito in saxa mutatæ.

650. *Hæsere feræ.* Saxeæ scil. factæ; namque ubi steterant, ibi fixæ sunt. SCH.

651. *Riguerunt marmore.* Obduruerunt in saxum.

652. *Visus patiens.* Potest, illa visa, vivere.

653. *Angues.* Anguineæ comæ.

654. *Illa sub Hesperiis.* Illius caput gestans Perseus, Atlanta regem Mauritaniæ in saxum vertit, ad Occidentem prope Herculis columnas Calpen et Abylam. Ovid. Metam. IV, 656. — *Titana.* De gente Titanum: fuit enim Japeti filius, Japetus autem unus e Titanibus.

655. *Cæloque timente.* Quo tem-

Olim Phlegræos, stantes serpente, gigantas,
Erexit montes, bellumque immane Deorum
Pallados e medio confecit pectore Gorgon.
    Quo postquam partu Danaes, et divite nimbo
Ortum Parrhasiæ vexerunt Persea pennæ   660
Arcados, auctoris citharæ, liquidæque palæstræ,
Et subitus præpes Cyllenida sustulit harpen,
Harpen alterius monstri jam cæde rubentem,
A Jove dilectæ fuso custode juvencæ :
Auxilium volucri Pallas tulit innuba fratri,   665
Pacta caput monstri : terræque in fine Libyssæ

pore, in Phlegræis campis Gigantum turba magnum terrorem intulerat Jovi. Cf. ad IV, 593, et VII, 145.

656. *Stantes serpente.* I. e. pedibus serpentinis insistentes, anguipedes. Sic Val. Fl. II, 28, de Typhœo: « Torquentemque anguibus undas. » Notanda incuria poetæ ingrate *stantem, stantes* repetentis. ED.

657. *Erexit montes.* Eos in saxa vertit, et ita auxit montes, quos illi alios aliis superstruxerant.—*Deorum.* Nihil opus conjicere *ferorum; bellum Deorum* est bellum Diis illatum.

658. *E medio.* Alii *in medio;* parum refert. Gorgon e pectore Palladis pugnavit, quia illic erat posita. — *Confecit.* Finivit : perfecit ut omnes Gigantes se visa in lapides verterentur et cessarent contra Deos pugnare. SCH.

659. *Quo postquam.* Ad Gorgadas scil. insulas maris Atlantici, Gorgonum domos. De quibus consule Exc. ad Plin. nost. t. II, p. 883. ED. — *Partu.* Filium Danaës et Jovis in auream imbrem conversi. Cf. ad Ovid.

Met. IV, 696; Terent. Eun. 585; Horat. Od. III, 16. ED.

660. *Parrhasiæ pennæ.* Talaria Mercurii, qui Arcas perhibetur. Parrhasium antem Arcadiæ opp. est.

661. *Arcados auctoris,* etc. Periphrasis Mercurii. Sic Horat. *Curvæ citharæ parentem* canit; Carm. I, 10. — *Liquidæque palæstræ.* I. e. unctæ, nempe oleo, ceromate : vide Markl. ad Stat. Silv. III, 1, 158.

662. *Subitus præpes.* Perseus subito volucer. — *Cyllenida sustulit Harpen.* Falcatum Mercurii gladium. Ovid. Met. V, 176 : « Cyllenide confodit harpe. »

663. *Harpen.* Ἀναδιπλώσις. — *Alterius monstri.* Argi centoculi, cujus custodiæ Juno Io tradiderat. Ovid. Metam. I, 624 sqq.

664. *Dilectæ juvencæ.* Ius mutatæ in juvencam, quam Jupiter amabat. Ovid. lib. cit. vs. 611. HORT.

665. *Innuba.* Virgo, casta. — *Fratri.* Perseo Jovis filio, ut ipsa Pallas de Jove nata.

666. *Pacta caput monstri.* Cly-

Persea Phœbeos converti jussit ad ortus,

, Gorgonis averso súlcantem regna volatu :

Et clypeum lævæ fulvo dedit ære nitentem,

In quo saxificam jussit spectare Medusam,   670

Quam sopor æternam tracturus morte quietem

Obruit haud totam. Vigilat pars magna comarum ,

Defenduntque caput protenti crinibus hydri :

Pars jacet in medios vultus, oculique tenebras.

Ipsa regit trepidum Pallas , dextraque trementem 675

Perseos aversi Cyllenida dirigit harpen,

Lata colubriferi rumpens confinia colli.

   Quos habuit vultus, lunati vulnere ferri

peum senelam specularem concessit
Perseo, et pugnæ rationem docuit,
ea conditione ut Medusæ caput ad
ipsam perferret. — *Terræque in fine
Libyssæ.* In ultima Africa ; supra ,
not. 659.

668. *Averso ... volatu.* Oud. *meatu.*
Volabat aversa facie ne Medusam
contueretur ipsam, sed ita ut ejus
imaginem in clypeo videret.

669. *Et clypeum lævæ.* Totam fabulam vid. apud Ovid. Met. IV,
781 sqq.

670. *Saxificam.* Quæ saxa facit.

671. *Æternam quietem.* Letalem
illi somnum illaturus.

672. *Comarum.* Colubrorum, quos
pro crinibus habuit.

673. *Protenti crinibus.* Mallet Oud.
prætentis; nil muto. Hydri protenti
crinibus defendunt caput; non, ut
vult Oud. Hydri defendunt caput crinibus. Hydri, ut Noster dicit, nunc
magna comarum pars sunt et proten-
duntur crinibus, quia adversa fronte
subriguntur , ut v. 634 dixit. ED.

674. *Pars. Scil.* colubrorum. — *Jacet.* Resoluta somno , in mediam faciem seu frontem. Sic Ovid. l. c.
« Dumque gravis somnus colubros
ipsamque tenebat. » OUD. — *Oculique tenebras.* Somno solutum oculum. Sic Micyll. melius quam Schol.
qui intelligit de usu unius luminis
Gorgonibus communi. Dormientem,
non cæcam vult Noster. Cf. III, 735. ED.

675. *Trementem.* Alii *tremente :*
sed Perseus ipse trepidus est, non
Pallas. Immo trementem harpen dirigit; sc. in dextra trepidi Perseos tre-
mulam et micantem. Cf. VI, 237;
Virg. Æn. XI , 645; XII , 94? OUD.

677. *Lata.* Cur *lata* dicat, nulla
singularis est ratio. BURM. — Sed in
monstro cuivis parti corporis vasti-
tas a poetis tribuitur ; neque ulla
conjectura, *secta* Heinsii, *fœda* Burmanni, vel *lenta* Gujeti vulgata lectione magis placet. ED.

678. *Lunati vulnere ferri.* Harpes,
falcati ensis quasi forma ferri cornua
lunæ referentis.

Cæsa caput, Gorgon! quanto spirasse veneno
Ora rear! quantumque oculos effundere mortis!   680
Nec Pallas spectare potest; vultusque gelassent
Perseos adversi, si non Tritonia densos
Sparsisset crines, texissetque ora colubris.
Aliger in cælum sic rapta Gorgone fugit.

    Ille quidem pensabat iter, propiusque secabat   685
Æthera, si medias Europæ scinderet urbes;
Pallas frugiferas jussit non lædere terras,
Et parci populis. Quis enim non præpete tanto
Æthera respiceret? Zephyro convertitur ales,
Itque super Libyen, quæ, nullo consita cultu,   690
Sideribus Phœboque vacat: premit orbita solis

680. *Oculos.* Sed v. 674, dixit *oculi*, quia unum oculum habebat Gorgon: unde Burm. conjicit *oculis offundere*, sc. spectantium. Sed ego potius poetam incuria lapsum crediderim; nam sibi respondent *vultus*, *ora*, *oculos.* ED.

681. *Gelassent.* Gelu obriguissent in saxum. Sic Stat. Theb. IV, 717: « Gelant venæ. »

682. *Adversi*, Alii, *aversi*. Emphatice. Sed vide Oudendorp. in disq. var.

683. *Sparsisset.* Sc. super ora Medusæ.

684. *Aliger.* Perseus alatus. — *Rapta Gorgone.* Medusæ capite rapto.

685. *Ille quidem pensabat iter.* Perseus parabat pensare iter i. e. magis compendiosum facere. Cf. infra 1002, et VIII, 249. Oudend. autem cum Schol. metiebatur iter suum; cogitabat qua via iter institueret; minus bene, opinor. ED. —

Propiusque secabat, i. e. viam aeriam breviorem secare meditabatur.

686. *Scinderet.* Transvolaret, transiret per medium.

687. *Lædere terras.* Sanguineis guttis in serpentes conversis: vide supra 619.

688. *Parci.* Ne Medusæ caput a Perseo alite gestum suspicientes in saxa mutarentur. — *Populis.* Opponitur Libyæ desertis. — *Præpete tanto.* Tanto alite, sc. Perseo.

689. *Zephyro convertitur ales.* Zephyri secundi flatu avertitur in Libyæ deserta; Zephyrus enim flat ab Occidente; male igitur Schol. *Zephyro*, id est, in Zephyrum convertitur. ED.

691. *Phœboque vacat.* Quia inculta est et nihil gignit, tota relicta est solis æstui, vel, ut ait Markl. ad Stat. Silv. V, 2, 54, occupatur et usurpatur a nulla alia re quam sideribus et sole. Sic VIII, 801, *juga tota vacant Bromio Nyseia.* ED. —

Exuritque solum; nec terra celsior ulla
Nox cadit in cælum, lunæque meatibus obstat,
Si flexus oblita vagi per recta cucurrit
Signa, nec in Borean, aut in Noton effugit umbram.
Illa tamen sterilis tellus, fecundaque nullo 696
Arva bono, virus stillantis tabe Medusæ
Concipiunt, dirosque fero de sanguine rores,
Quos calor adjuvit, putrique incoxit arenæ.

Hic, quæ prima caput movit de pulvere tabes, 700
Aspida somniferam tumida cervice levavit.
Plenïor huic sanguis, et crassi gutta veneni
Decidit; in nulla plus est serpente coactum.
Ipsa caloris egens gelidum non transit in orbem

Orbita solis. Iter sub Zodiaco ab utroque Tropico obliquans Æquatorem. — Vide Markl. ad Stat. Silv. III, 3, vs. 55. ED.

692. *Nec terra celsior ulla.* Nox celsior, seu major umbra, ex Africa efficitur, quia Africa sub Æquatore altior est omni alia terra. Vide Disq. var. ad hunc locum.

694. *Si flexus oblita vagi.* Quoties Luna, quæ ad quinque gradus ab Ecliptica utrimque deflectit quandoque, jam non ita deviat. — *Per recta cucurrit.* Ad differentiam signorum obliquorum. Sunt autem signa recta : Cancer, Leo, Virgo, Libra, Scorpius, Sagittarius.

695. *Effugit umbram.* Deflectendo enim ab Ecliptica Luna umbram terræ præterit, effugit. Cf. ad VI, 503.

696. *Nullo bono.* Male alii *nulli*; male etiam Cortius *nullo* ἀρχαϊκῶς pro *nulli*, nam *fecundus* non regit dativum rei. *Bonum* hic dicitur de om-

nibus, quæ non modo ad victum, sed ad delicatum et lautiorem cibum pertinent. BURM.

697. *Virus.* Id est, pestilentem naturam concipiunt et aera in mortes fertilem, ut sup. 620; vel simplicius excipiunt et fovent venenum, dirasque Medusæi sanguinis guttas, quas mox fecundavit calor. ED.

700. *Tabes.* Scil. animata et putri ex arena edita.

701. *Aspida somniferam.* Sup. v. 610, et Markl. ad Stat. Silv. III, 2, 119. — *Tumida cervice.* Illis enim colla intumescunt, quum ictum meditantur. Vide ad Plin. Nat. Hist. VIII, 35, ubi inter multa de aspide, hanc esse colubrum *Haje* contendit Vir doctiss. CUVIER, in nost. ed. tom. III, p. 414, not. 10. ED.

702. *Plenior huic.* Ad eam informandam major sanguinis et veneni copia *coacta*, absumpta est. ED.

704. *Caloris egens.* Quo non po-

II.

Sponte sua, Niloque tenus metitur arenas.　　　705

Sed quis erit nobis lucri pudor? inde petuntur

Huc Libycæ mortes, et fecimus aspida mercem.

　At non stare suum miseris passura cruorem,

Squamiferos ingens Hæmorrhois explicat orbes;

Natus et ambiguæ coleret qui Syrtidos arva　　710

Chersydros, tractique via fumante Chelydri;

Et semper recto lapsurus limite Cenchris;

Pluribus ille notis variatam pingitur alvum,

Quam parvis tinctus maculis Thebanus Ophites;

Concolor exustis, atque indiscretus arenis　　715

Hammodytes; spinaque vagi torquente Cerastæ;

Et Scytale sparsis etiam nunc sola pruinis

---

test carere. — *Gelidum in orbem.* Non transit in gelidas orbis partes, nisi capta et asportata venalis.

705. *Niloque tenus.* Quia ultra non vadit. Sch.

707. *Huc.* In Italiam vehendæ. — *Et fecimus aspida mercem.* Quia ex Libya petita, in Europa pretio venditur. *Emitur ad mortem aspis,* inquit Solin. cap. 40.

708. *At non stare.* Profluxu sanguinis, quos percussit, occidit. — *Suum.* Scil. hominum, miserorum.

709. *Hæmorrhois.* Sic dicta ex αἷμα et ῥέω, *fluo.* — *Orbes.* Gyros et sinuosa volumina. Hort.

711. *Chersydros.* Terra et aqua degens, amphibium serpentis genus: unde et nomen ex χέρσος, terra; καὶ ὕδωρ, aqua; similis seq. Chelydro. — *Fumante.* Graveolente et fumum emittente, qua serpit. — *Chelydri.* Δρυΐνας Nicandro, Theriac. 35. Virg. Georg. II, 214; III, 415.

712. *Et semper recto.* Non in spiras sinuosus. Hunc Nicander Cenchrenam vocat.

713. *Pluribus ille notis.* Serpens, milii instar maculis distinctus (græce κέγχρον, milium, dicitur), magis variegatus, inquit poeta, quam marmor in Bœotia (immo Thebis Ægyptiis) effossum, quod *Ophites* dicitur, quia maculis instar serpentum distinguitur.

714. *Thebanus.* Unde Memphites vocatur. Vid. Plin. lib. XXXVI, cap. 11, nost. ed. Ed.

716. *Hammodytes.* Serpentis genus, arenæ concolor. Ex ἄμμος arena, et δύω ingredior. — *Torquente.* Flexuosa et vacillanti instar naviculæ. — *Cerastæ:* cornuti. Vide ad VI, 679, et Plin. VIII, 35, ubi adi notas nost. ed. tom. III. p. 412. Ed.

717. *Scytale sparsis.* Scytale præfulget tergi varietate. In hoc tamen squamarum nitore hiemales exu-

Exuvias positura suas; et torrida Dipsas;

Et gravis in geminum surgens caput Amphisbæna;

Et Natrix violator aquæ, Jaculique volucres;   720

Et contentus iter cauda sulcare Pareas;

Oraque distendens avidus spumantia Prester;

Ossaque dissolvens cum corpore tabificus Seps.

Sibilaque effundens cunctas terrentia pestes,

Ante venena nocens, late sibi submovet omne   725

Vulgus, et in vacua regnat Basiliscus arena.

Vos quoque, qui cunctis innoxia numina terris

vias prima ponit. Solin. c. 40, et Nicander in Ther. — *Etiam nunc sola.* Aliæ enim serpentes vere tantum exuunt se.

718. *Torrida Dipsas.* Sitim morsu inducens. Sup. vs. 610.

719. *Gravis in geminum,* etc. Amphisbæna consurgit in caput geminum, quorum alterum in loco suo est, alterum in ea parte qua cauda, etc. Solin. c. 40. Plin. lib. VIII, 23, s. 35. Ex ἀμφὶ et βαίνω, quod utraque ex parte ingrediatur, nomen habet Amphisbæna.

720. *Natrix violator aquæ.* Ὕδρος, serpens aquaticus, aquam veneno inficiens; qui si eam non venenatam, ut vult Noster, sup. vs. 612, at certe impuram efficit. Vide Disq. var. ED. — *Jaculique volucres.* Jaculi serpentes subeunt arbores, e quibus se vibrant et quasi missili evolant tormento. Solin. et Plin. locis citatis et infra vs. 822.

721. *Contentus.* Modestior enim, quam præcedentes, qui terra non se continent. ED. — *Cauda sulcare.* Cæteri iter facere solo ventre consuerunt. Pareas, serpens pedibus duobus,

quos prope caudam habet, ambulat.

722. *Oraque distendens.* Infra 791. — *Prester.* Ἀπὸ τοῦ πρήθω, ardeo.

723. *Ossaque dissolvens,* etc. Infra 776, et allusum ad etymon, παρὰ τὸ σήπειν, putrefacere. De quo Solin. l. c. Ictu sepis statim putredo sequitur. — Vide ad Poet. Lat. Min. nost. ed. t. VII, p. 555, not. 14. ED.

724. *Cunctas terrentia pestes.* Sibilo omnes fugat serpentes, inquit Plin. lib. VIII, cap. 21, s. 33, ubi vide notas.

725. *Ante venena nocens.* Plin. VIII, c. cit. « Necat frutices non contactos modo, verum et adflatos. » Id. lib. XXIX, cap. 19 : « Basilisci, quem etiam serpentes ipsæ fugiunt, qui hominem, vel si adspiciat tantum, dicitur interimere. »

726. *Vulgus.* Eleganter, ut Basilisco, regii nominis serpenti, opponatur. BURM. — *Regnat Basiliscus.* Candida in capite macula quasi quodam diademate insignitus.

727. *Vos quoque qui cunctis.* Non solis Chaldæis, ut Voss. I habet pro glossa, sed apud omnes orientales, ipsosque Græcos et Romanos : qui

Serpitis, aurato nitidi fulgore Dracones,
Pestiferos ardens facit Africa, ducitis altum
Aera quum pennis, armentaque tota sequuti   730
Rumpitis ingentes amplexi verbere tauros.
Nec tutus spatio est elephas; datis omnia leto;
Nec vobis opus est ad noxia fata veneno.

    Has inter pestes duro Cato milite siccum
Emetitur iter; tot tristia fata suorum,   735
Insolitasque videns parvo cum vulnere mortes.
Signiferum juvenem Tyrrheni sanguinis Aulum
Torta caput retro Dipsas calcata momordit.

draconis specie semper quoddam numen latere credebant. Vid. Spanhem. de Præst. Num. p. 125, seqq. OUD. — Cf. III, 421. — *Innoxia numina.* Ἀγαθοὶ δαίμονες, quos Latini *genios* vocant. Solinus enim tradit, ora draconibus adeo parva, ut mordere non possint. Præterea innoxius eorum morsus, quod veneno careant. Ideo veteribus in deliciis et oblectamentis fuerunt. SALMAS.

729. *Ducitis altum.* Badius *ducere aera pennis,* explicat volare, quia ducant secum ingentem partem aeris magnitudine alarum. Burm. vero *cum* pro præpositione habet et interpr. *ducitis* i. e. attrahitis aera *cum pennis,* i. e. avibus, quas haustu raptas absorbetis (ut est apud Plin. VIII, 14 not. 5). Sed quia *serpitis* præcedit, erroris ansam hoc Burmanno præbuit. Sensus vero Lucani sic planus: dracones qui in cæteris regionibus serpunt innoxii, in Africa sunt infesti et volantes. Nec obstat quod isti volantes dracones sint fabulosi; non semper physicam veritatem adeo curant poetæ, quibus

multoties *error communis facil jus,* ut Jcti loquuntur. ED.

730. *Armentaque.* Volatu insequimini armenta. Strab. lib. ult. Nicand. Ther.

731. *Verbere.* Spiris et cauda. Draco majorem vim habet in cauda quam in dentibus. Hanc speciem generi *boarum* vel *pythonum* adscribit CUVIER. Cf. Plin. loc. cit. not. 3, et cap. 13, n. 1. ED.

732. *Nec tutus spatio est elephas.* Spatium elephantis dixit de magnitudine ac mole illius belluæ. Ut Juvenal. Sat IV, 39: *spatium admirabile rhombi.* Cf. Ovid. Met. III, 56. SALMAS. — *Elephas.* De modo insidiarum et certaminis confer Solinum cap. 38 et 43; Plinium, lib VIII, cap. 11 et 12 (ubi vide rem a Doct. CUVIER explosam). Cf. Philostrat. lib. III, vit. Apollon. et Ælian Hist. anim. XIII, 8.

733. *Nec vobis opus.* Sensus est, dracones non veneno, sed magnitudine sua, viribus suis, quæ amplexi sint, necare. WEB.

737. *Signiferum juvenem, etc.*

Vix dolor, aut sensus dentis fuit; ipsaque leti

Frons caret invidia; nec quidquam plaga minatur. 740

Ecce subit virus tacitum, carpitque medullas

Ignis edax, calidaque incendit viscera tabe.

Ebibit humorem circum vitalia fusum

Pestis, et in sicco linguam torrere palato

Cœpit: defessos iret qui sudor in artus   745

Non fuit, atque oculos lacrimarum vena refugit.

Non decus imperii, non mœsti jura Catonis

Ardentem tenuere virum, quin spargere signa

Auderet, totisque furens exquireret agris,

Quas poscebat aquas sitiens in corde venenum.   750

Ille vel in Tanain missus, Rhodanumque, Padumque,

Arderet, Nilumque bibens per rura vagantem.

Accessit morti Libye, fatique minorem

Famam Dipsas habet terris adjuta perustis.

Poeta dilatat vires horum serpentum, in militibus Catonis vulneratis.

739. *Leti frons.* Hæc conjungit Farn. et explicat ex v. 736: vulneris species, vel os, et, ut vocant, orificium erat pusillum et contemnendum. Melius forsan Bentleius post Schol. « Ipsaque frons caret invidia leti. » Sic Veget. de fundis I, 16: « Et sine invidia sanguinis, hostis lapidis ictu intereat. » Attamen de fronte vulneris cf. Senec. Hipp. 281. Ilic hæsit Burmannus. ED.

743. *Ebibit humorem.* Vitalem absumit humorem et sitim letalem inducit. Schol. putat hic ad nomen *Dipsas* alludi.

746. *Non fuit.* Quia inaruerat. — *Lacrimarum vena.* Sic et de unda latenti *vena* dicitur. Gallice *le sac*

lacrymal; refugit, in sicco linquit, neque liquorem subministrat. ED.

747. *Non decus imperii.* Non Aquila quam gerebat, non auctoritas Catonis continuit in officio Aulum siti flagrantem.

748. *Spargere.* Projicere.

751. *Ille vel in Tanaim.* Amplificatio morbi, et sitis non exstinguendæ.

753. *Accessit morti Libye.* Sitis pestem auxit æstus regionis torridæ, qui Dipsadis vires adjuvit.— *Fatique minorem.* Male Oudend. famam habet minorem, quam potentiam necandi. Dicit Lucanus, quia regionis æstu adjuta sit Dipsas, hoc aliquid illius famæ detraxisse, quæ inde minus noxia habita sit, quam si sola vi propria nocuisset. ED.

Scrutatur venas penitus squalentis arenæ: 755

Nunc redit ad Syrtes, et fluctus accipit ore;

Æquoreusque placet, sed non et sufficit, humor:

Nec sentit fatique genus, mortemque veneni;

Sed putat esse sitim : ferroque aperire tumentes

Sustinuit venas, atque os implere cruore.   760

    Jussit signa rapi propere Cato : discere nulli

Permissum est hoc posse sitim. Sed tristior illa

Mors erat ante oculos : miserique in crure Sabelli

Seps stetit exiguus, quem flexo dente tenacem

Avulsitque manu, piloque adfixit arenis.   765

Parva modo serpens; sed qua non ulla cruentæ

---

755. *Scrutatur.* Aulus. — *Venas.* Si in illis inveniat aquæ scaturigines. SCH. — Cf. not. 746. — *Squalentis.* Udæ, lutosæ. ED.

756. *Redit ad Syrtes.* Non longe igitur a litore maris iter habebant, et jam ad majorem Syrtim forsan pervenerant, ut pote quos Psylli (v. 890) adjuverint. ED. — *Fluctus.* Salsos, marinos.

758. *Mortemque.* Burm. conj. *moremque*, i. e. vim solitam veneni, quod probarem, nisi in vulg. consentirent MSS. Potest et *mortem* hoc sensu capi: nec sentit eam esse mortem, quam solet venenum dare. ED.

759. *Tumentes venas.* Sanguine fervido, vel ingurgitatione aquæ marinæ. Dipsadis morsus comites (inquit Dioscorides lib. VIII) sunt tumor quidam solutus, sitis contenta vehementer, numquam explebilis, etc. Conf. quoque Nicand.

60. *Os impl ere cruore.* Sanguinem suum bibere.

761. *Signa rapi propere Cato.* Quæ projecerat Aulus modo vs. 748; vel agmen statim abire jussit. — *Discere nulli.* Noluit quemquam hoc scire, sitim tales effectus habere, scil. qua sanguinem suum haurire cogat, ne sitim nimium timerent; nam eis restabat adhuc multum sicci itineris peragrandum.

762. *Illa.* Tristior siti et morte Auli.

763. *Mors.* Sc. militis Sabelli, quam ecce narrat.

764. *Seps.* Sup. 723. — *Stetit.* Inhæsit mordens. — *Flexo dente.* Ideo *tenacem* quia flexo dente, i. e. incurvo, hamato, unde tenacius cruri adhæsit. Sic passim *uncos, aduncos* dentes poetæ colubris dant. Alii *fixo*; male. ED.

766. *Parva modo serpens.* Mole et magnitudine corporis non ita magna. Schol. « *modo*, i. e. quantitate corporis. » — *Sed qua non ulla.* Nota construi *ulla* cum ablativo, ut *alius* in his : « Non alius sapiente, non alius Lysippo, » de quibus vid. Voss.

Tantum mortis habet : nam plagæ proxima circum
Fugit rapta cutis, pallentiaque ossa retexit.
Jamque sinu laxo nudum est sine corpore vulnus.
Membra natant sanie; suræ fluxere; sine ullo   770
Tegmine poples erat; femorum quoque musculus omnis
Liquitur, et nigra destillant inguina tabe.
Dissiluit stringens uterum membrana, fluuntque
Viscera : nec, quantum toto de corpore debet,
Effluit in terras; sævum sed membra venenum   775
Decoquit : in minimum mors contrahit omnia virus.
Vincula nervorum, et laterum textura, cavumque
Pectus, et abstrusum fibris vitalibus; omne
Quidquid homo est, aperit pestis : natura profana

de Constr. c. 14. Expono : nulla tam parvi corporis tantam vim veneni habet. OUD. — Vide autem Disq. var.

767. *Plagæ proxima.* Vulneri vicina.

768. *Rapta cutis.* Plures *rupta*; minus bene : nam sic manere posset. *Rapta* autem est : ex ossibus et carne subducitur, vi veneni absumpta. Cf. Stat. Theb. V, 597.—*Pallentia ossa.* Albida. Ita capere licet, primum et subito palluisse, simulque ossa nudata fuisse : dum tecta enim erant, pallentia videri non poterant. BURM.

769. *Sinu laxo.* Orificio vulneris dilatato. Sic I, 614, *laxum vulnus* et Seren. Samon. c. 63, *sinum ulceris* dixit. BURM. — *Sine corpore.* Sine carne. Vulnus enim est, quo caro læditur, quæ nunc nulla apparet. Paullo aliter, v. 814 : « Totum est pro vulnere corpus. »

772. *Liquitur.* Dissolvitur et defluit. Alii *linquitur* minus apte, quum de ipsa putredine seu tabe loquatur.

BERS.—*Destillant,* alii *distillant.* Cf. VIII, 777; et Virg. Georg. III, 281. ED.

773. *Dissiluit.* Dissoluta est cutis, viscera continens. — *Stringens uterum.* Nota nunc *uterum* dici *ventrem hominis*; cujus aliud exemplum non vidi. ED.

774. *Quantum debet.* Scil. effluere in terram. Antequam enim humi cadat corpus, membra jam vi veneni corrosa et consumpta sunt; et ex toto corpore nihil superest nisi virus, et illud quidem minimum. ED.

777. *Laterum textura.* Costæ. Hic supplendum est verbum, ut *effluunt, dissolvuntur* : dura tamen constructio. Alii legunt *contexta*, quod, si codd. fide niteretur, facile admitterem. Vide Disq. var. ED.

779. *Profana morte.* Non *sorte.* Rectius *profana* dicitur mors naturæ secreta patefaciens, et sacra etiam violans, ut exponit Schol. Ovid. Am. III, 9, vs. 19 : « Omne sacrum mors importuna profanat. » BURM.

Morte patet : manant humeri, fortesque lacerti;   780

Colla caputque fluunt. Calido non ocius Austro

Nix resoluta cadit, nec solem cera sequetur.

Parva loquor; corpus sanie stillasse perustum :

Hoc et flamma potest : sed quis rogus abstulit ossa?

Hæc quoque discedunt, putresque sequuta medullas 785

Nulla manere sinunt rapidi vestigia fati.

Cinyphias inter pestes tibi palma nocendi est :

Eripiunt omnes animam, tu sola cadaver.

   Ecce subit facies leto diversa fluenti.

Nasidium Marsi cultorem torridus agri   790

Percussit Prester. Illi rubor igneus ora

Succendit, tenditque cutem, pereunte figura,

Miscens cuncta tumor toto jam corpore major :

Humanumque egressa modum super omnia membra

---

782. *Cadit.* Sic codd. Grotius dat *cadet.* — *Sequetur.* Male Heinsius *soli cera liquetur.* Ut *cera sequax* , et manum ejus qui tractat, et quasi ducit, sequi dicitur , ita et solem liquefacientem sequi cera potest dici. BURM.

784. *Potest.* Sc. efficere ut corpus stillet. — *Sed quis.* Interrogatio negans. Sc. nullus rogus ossa ipsa consumpsit; hoc autem veneno rapaci consumuntur.

785. *Sequuta.* I. e. contagium putredinis a medullis passa.

786. *Vestigia fati.* Ut, nullis membris adparentibus , an perierit aliqua nesciatur. SCH.

787. *Cinyphias pestes.* Libycas serpentes, a Cinyphe Africæ fluvio , in ora nunc Tripolitana. Græce Κίνυψ; unde Oud. scribit *Cinyphias*, quem sequor. Virg. Georg. III , 312.

ED. — *Palma.* Tibi vis maxima ; eodem sensu quo *famam fati* supr. dixit, vs. 753.

788. *Cadaver.* Nam et reliquias consumit : quod mortis genus *letum fluens* v. seq. vocat. ED.

789. *Facies.* Nempe leti ; illi contraria, quippe quæ tumefaciat. ED.

790. *Torridus.* Adludit ad ἔτυρσα Presteris. Cf. 722. BERSM.

791. *Illi rubor.* Prester quem percusserit, ille distenditur, enormique corpulentia necatur extuberans. Solinus cap. 40.

792. *Pereunte figura.* Ut inflatum jam non cognoscas eumdem esse ; latet quippe ita mersus conglobato corpore , ut agnosci nequeat.

793. *Miscens cuncta.* Sc. lineamenta oris et partes corporis confundens. — Male Schol. *toto corpore* explicat ;

Efflatur sanies, late tollente veneno:

795

Ipse latet penitus congesto corpore mersus;

Nec lorica tenet distenti corporis auctum.

Spumeus accenso non sic exundat aheno

Undarum cumulus; nec tantos carbasa Coro

Curvavere sinus. Tumidos jam non capit artus

800

Informis globus, et confuso pondere truncus.

Intactum volucrum rostris, epulasque daturum

Haud impune feris, non ausi tradere busto,

Nondum stante modo, crescens fugere cadaver.

Sed majora parant Libycæ spectacula pestes.

805

Impressit dentes Hæmorrhois aspera Tullo,

Magnanimo juveni, miratorique Catonis.

---

tumor *per totum corpus*. Intell. tumor *major corpore*, id est, pars nova ex tumore accedens, major erat quam totum corpus; et sic membra humanum modum egrediuntur. Vide Markl. ad Stat. Silv. V, 3, 154. ED.

795. *Late.* In latitudinem. — *Tollente.*Pro, se tollente. Schol. *pollente.*

796. *Ipse.* Nasidius. — *Congesto.* Extra modum tumido et quasi congerie quadam inflato.ED. — *Mersus.* Abditus in hoc tumore.

797. *Tenet.* Coercet, continet. — *Auctum.* Incrementum tumefacti corporis.*Sulp.*— Noster dicit vi tumoris loricam esse divisam. SCH.

798. *Exundat.* Intumescit bulliens aqua. — *Aheno.* Accensum dicit ahenum, quod ignis subjecti calore rubet, vel maxime incaluit. Cf. Virg. Æn. VII, 464. ED.

799. *Nec tantos.* Neque tantum tument velorum sinus vento turgidi.

800. *Jam non capit.* Ut supra lo-

rica, sic nunc corpus, immo informis hæc moles, vi augmenti distensa rumpitur. ED.

801. *Truncus.* Jam non nisi truncus, et moles confusi ponderis. *Truncus* recte, nam, ubi sit caput, jam non adparet.

802. *Intactum.* Junge *intactum rostris*, i. e. quod volucres tangere non auderent.

803. *Haud impune feris.* Epulas scil. venenatas, et feris quoque et alitibus exitiosas futuras.

804. *Nondum stante modo.* Etiam post mortem immodice intumescens cadaver. *Modus* et hic, ut supra, pro quantitate, augmento corporis. — *Fugere.*Sc. socii, milites, et insepultum deseruerunt. ED.

805. *Lib. pestes.*Serpentes.vs. 787.

806. *Hæmorrhois.* Supr. v. 708.

807. *Miratorique Catonis.* Imitatori vel studioso.Senec. Cons. adHelv. c. 9, §. 8: «Tu vive Bruto miratore

Utque solet pariter totis se effundere signis
Corycii pressura croci, sic omnia membra
Emisere simul rutilum pro sanguine virus. 810
Sanguis erant lacrimæ: quæcumque foramina novit
Humor, ab his largus manat cruor : ora redundant,
Et patulæ nares; sudor rubet; omnia plenis
Membra fluunt venis : totum est pro vulnere corpus.

At tibi, Leve miser, fixus præcordia pressit 815
Niliaca serpente cruor : nulloque dolore
Testatus morsus subita caligine mortem
Accipis, et socias somno descendis ad umbras.

contentus. ▫ Cf. Stat. Silv. V, 2, 76.

808. *Utque solet... pressura croci.*
Sic per totum ejus corpus cruor effluxit, ut solet in sparsionibus theatralibus crocus, vino aut aqua dilutus, e syphonibus et tubis latentibus ejaculatus diffundi. Vide Martial. de Spect. ep. 3, 8. Apul. Miles. lib. X; Senec. controv. proœm. lib. X; Lips. de Amphitheatro c. 16. — *Signis.* E statuis quoque emittebatur imber hic odoratus, χρόχος ὁ ῥαινόμενος GROT.

809. *Corycii pressura croci.* Corycus, mons Ciliciæ, sub quo de gigantis pressi cruore flumen exire dicitur, in quo crocum gignitur. SCH.—Vid. Disq. var.

811. *Sanguis erant lacrimæ.* Vide quæ notavimus ad III, 638. — *Novit.* Dicitur humor *nosse* foramina, per quæ exire solet, sive manifeste, ut os, oculi, nares, etc. sive latenter, ut pori omnes. ED.

812. *Redundant.* Sc. sanguine.

814. *Pro vulnere.* Obscurius dictum. Sed bene explicant Scholia : tot vulneribus confectum, ut quasi unum

sit vulnus in corpore. BURM. — Ut ex vulnere, sic ex toto corpore fluit sanguis. *Tout son corps n'est qu'une plaie.* Cf. Ovid. Met. XV, 529; Ibis, 346; Stat. Theb. V, 598. ED.

815. *Leve.* Nomen alius militis, quem serpente ictum canit. HORT. — *Fixus.* Coactus, congelatus. Recte igitur *pressit*, stante sanguinis cursu, et circa præcordia coalescente. ED.

816. *Niliaca serpente cruor.* Niliaca serpens, id est Ægyptia, proprie aspis, vel *Niliaca* propter Cleopatram, quæ aspide admota sibi necem conscivisse creditur : vel quod Ægypti reges solebant diademata figuris aspidum discriminata gestare : vel denique quod limo gaudeat.

817. *Testatus morsus.* Ostendens se morsum fuisse; quia non questus est; aspida enim *somniferam* Noster vocavit supra 701. ED.

818. *Socias somno.* Hæc quidam jungunt, et interpretantur ut *consanguineus leti sopor,* apud Virg. Æn. VI, 278. Sed Burm. melius : descendit ad umbras sociorum quo-

Non tam veloci corrumpunt pocula leto,
Stipite quæ diro virgas mentita Sabæas   820
Toxica fatilegi carpunt matura Sabæi.

Ecce procul sævus sterilis se robore trunci
Torsit, et immisit (Jaculum vocat Africa) serpens:
Perque caput Paulli transactaque tempora fugit.
Nil ibi virus agit: rapuit cum vulnere fatum.   825
Deprensum est, quæ funda rotat, quam lenta volarent,
Quam segnis Scythicæ strideret arundinis aer.

Quid prodest miseri Basiliscus cuspide Murri
Transactus? velox currit per tela venenum,
Invaditque manum: quam protinus ille retecto   830
Ense ferit, totoque simul demittit ab armo:

rum mortes jam descripsit poeta, et aliorum quos præterit. Hic enim vox *Somno* genus mortis indicat, quæ abesse nequit. Alii legunt *Stygias*, in quo millies apud poetas occurrente epitheto facilis error fuit. ED.

819. *Non tam veloci.* Non tam præsentem inferunt mortem venena, quæ Sabæi decerpunt ex arbore referente virgas, unde tus colligitur.

820. *Stipite quæ diro.* Hic quidam male putant designari *taxum*, unde volunt oriri *toxicum*; vide ad VI, 645 not. et Plin. XVI, 20. Sed *toxicum* h. l. accipe pro veneno quolibet. De verbo autem *Sabæas* vide Disq. var. ED.

821. *Fatilegi.* Quia in his virgultis fata leguntur. SCH.

822. *Ecce procul sævus.* Supra v. 720 et VI, v. 677. — *Se robore.* Ὑπαλλαγὴ, e trunco roboris.

823. *Torsit.* Apte, adludens ad nomen serpentis. ED.

824. *Fugit.* Id est, omnino trajecit.

825. *Nil ibi virus agit.* Neque enim tam veneno, quam ipso vulnere interfecit; mors enim rapuit eum simul ac vulnus adactum est.

826. *Deprensum est.* Sc. experimento, quod serpens hic dedit, compertum est, glandes e funda, sagittas e Parthi arcu lentas et segnes esse, si Jaculo comparentur.

828. *Quid prodest.* Si etiam post mortem venenum ejus diffunditur, sup. 725. Quod hic de Basilisco, hoc etiam de torpedine fertur. — *Cuspide.* Hoc de telo diverso atque ense debet capi: aliter si ipso illo, quo transfixerat Basiliscum, telo etiam manum amputasset, jam virus etiam in reliqua membra ab infecto illo ense per vulnus serpsisset. — *Murri.* Et hoc nomen militis apud Sil. I, 377.

830. *Retecto.* I. e. Stricto, e vagina educto, et ita nudato.

831. *Simul.* Male aliis placuit sc-

Exemplarque sui spectans miserabile leti,
Stat vivus pereunte manu. Quis fata putaret
Scorpion, aut vires maturæ mortis habere?
Ille minax nodis, et recto verbere sævus,   835
Teste tulit cælo victi decus Orionis.

   Quis calcare tuas metuat, Salpuga, latebras?
Et tibi dant Stygiæ jus in sua fila sorores.

   Sic nec clara dies, nec nox dabat atra quietem,
Suspecta miseris in qua tellure jacebant.   840
Nam neque congestæ struxere cubilia frondes,
Nec culmis crevere tori : sed corpora fatis
Expositi volvuntur humo, calidoque vapore
Adliciunt gelidas nocturno frigore pestes;

mel. *Simul* est, eodem ictu ferit et amputat. — *Toto ab armo.* Scil. a brachio. Dubitat Burm. quid sit *totus armus*, et sat ingeniose conjicit *tuto.* Sed vulgata indicat omnino manum exsectam fuisse. ED.

832. *Spectans.* Agnoscens ex manus pereuntis exemplo, quo genere mortis fuisset periturus, nisi eam propere gladio decidisset. — *Miserabile.* Quod Oudendorpius *mirabile* velit et locis adductis probat, credo frustra esse. In aliis enim locis justa potest mirandi causa apparere, sed hic miserandi quod manu abscissa truncus staret Murrus. BURM.

833. *Stat vivus.* Sic dedi cum Burm. quia hæc oppositio plane ex Lucani ingenio est. Oud. *tutus.* ED. — *Quis fata putaret.* Quis crederet Scorpium adeo parvum tantas habere vires accelerandæ mortis. HORT.

835. *Recto.* Ictu caudæ recto.

836. *Teste tulit cælo.* Habet cæ-

lum, in quo recepti sidus ejus fulget, clarum testem virium suarum in Orione interficiendo.

837. *Salpuga.* Sic Isidorus; sic Plinius, ut quidam volunt, in lib. XXIX, 29; quamquam ibi Hard. *Solpugam* dederit; quam Plin. vocat, « formicarum genus venenatum; » meminit etiam VII, 43. ED.

838. *Et tibi.* Et tamen efficis, ut Parcæ vitæ fila secent hominibus; id est, vim mortiferam habes. ED.

839. *Sic.* His periculis et malis.

840. *Suspecta.* Scil. tellure. Ut sit trajectio Lucano frequens : *suspecta miseris ipsa terra, in qua cubabant.* Oud. *Suspectam,* minus bene.

842. *Nec culmis crevere tori.* Neque enim in regione deserta suppetebant frondes aut culmi ad toros exstruendos. — *Fatis.* Serpentum morsibus letiferis exposita corpora habentes. ED.

844. *Gelidas nocturno.* Serpentes,

Innocuosque diu rictus torpente veneno 845
Inter membra fovent : nec, quæ mensura viarum,
Quisve modus norunt, cælo duce : sæpe querentes :
« Reddite, Di, clamant, miseris, quæ fugimus, arma,
Reddite Thessaliam. Patimur cur segnia fata
In gladios jurata manus? pro Cæsare pugnant 850
Dipsades, et peragunt civilia bella Cerastæ.
Ire libet, qua Zona rubens, atque axis inustus
Solis equis : juvat ætheriis adscribere causis
Quod peream, cæloque mori. Nil, Africa, de te,
Nec de te, Natura, queror : tot monstra ferentem, 855
Gentibus ablatum dederas serpentibus orbem ;
Impatiensque solum Cereris, cultore negato,
Damnasti, atque homines voluisti deesse venenis.
In loca serpentum nos venimus : accipe pœnas,

innocuos propter frigus nocturnum, allicit corporis humani calor.

846. *Fovent.* Dormientes inscii refovent nocituros. Cf. ad Phædr. IV, 18, 3. — *Quæ mensura viarum.* Illud mali accedebat, ut nescirent itineris finem et modum. HORT.

847. *Cælo duce.* Stellis observatis, monstrantibus viam. Vide supr. 493.

848. *Arma.* Sc. pugnam et bellum, ut armis mortem subeamus.

849. *Segnia fata.* Cur nos qui belli sacramento adstricti in gladios juravimus, sine gladiis morimur, tam lenta et ingloria morte occumbentes? VVEB.

851. *Dipsades.* Supra 718. — *Cerastæ.* Vs. 716.

852. *Ire libet.* Quin eamus potius ad loca torridiora. — *Zona rubens.* Zona torrida, et Solis intra Tropicos

meatui subjecta regio. — *Inustus.* Adustus. Vide Disq. var.

853. *Ætheriis causis.* I. e. cæli intemperiei mortem meam malo adscribere, quam serpentibus.

854. *Cælo.* Per cælum, quod me vicino igne absumat. — *Nil, Africa, de te.* Neque enim Africa in culpa, quam serpentum nutricem Natura desolatam esse et incultam voluit : sed nos, qui huc advenimus, Diis iratis et numine sinistro.

856. *Ablatum orbem.* Desertum, inhabitabilem ; et quo privaveras gentes, ut a solis serpentibus coleretur.

858. *Venenis.* Nullos hic voluisti vivere homines, ne a serpentibus venenatis occiderentur. ED.

859. *Accipe pœnas.* Nostræ temeritatis pœnas sume, o Deus, quisquis es.

Tu quisquis Superum commercia nostra perosus ,   860

Hinc torrente plaga, dubiis hinc Syrtibus orbem

Abrumpens, medio posuisti limite mortes .

Per secreta tui bellum civile recessus

Vadit ; et arcani miles tibi conscius orbis

Claustra petit mundi. Forsan majora supersunt   865

Ingressis : coeunt ignes stridentibus undis,

Et premitur natura poli. Sed longius ista

Nulla jacet tellus, quam fama cognita nobis

Tristia regna Jubæ. Quæremus forsitan istas

860. *Commercia nostra perosus.* Quia iter hoc et transitum vetuisti.

861. *Dubiis,* sic *incertæ* Syrtes, in Propert. II, 7, 71 ; cf. sup. 304, 307. — *Orbem.* Alii legunt *oram.* Separans a cæteris hanc regionem serpentum , quam inter Syrtes et torrida deserta collocasti. SULPIT.

862. *Mortes.* Serpentes mortiferos, ut passim *pestes.* ED.

863. *Per secreta.* Et jure optimo nobis hoc evenit , qui civilis belli reliquias velimus transferre per regiones a te semotas et homini negatas , secreta tua scrutaturi.

864. *Tibi conscius.* Qui solus tecum cognoscit arcanum hunc orbem, cæteris præterea ignotum. Burm. cum Heinsio probat *sibi,* quia sciebant milites se in hæc loca pestifera ingressuros. Perperam. ED.

865. *Claustra mundi,* ubi orbis terrarum clauditur Oceano Atlantico; ubi terrarum finis. HORT.—*Majora ,* i. e. graviora , quam modo sustinuimûs, patiemur ideo fortasse , quia secretum orbem sumus ingressi. SCH.

866. *Coeunt ignes stridentibus undis.* Ubi cælo devexo et prono, sidera

merguntur in occidentali Oceano, ex opinione Posidonii philosophi , quem poëtæ vulgo inservientes sequuntur, opinati occidentem solem in æquore stridere more ferri candentis in aqua tincti. Juvenal. S. XIV, 279 : « sed longe Calpe relicta Audiet Herculeo stridentem gurgite solem. »

867. *Et premitur natura poli.* Arcticus polus depressior occultatur. Et quo longiores recessus Africæ petimus, hoc magis deprimitur, et æstus hic augetur. HORT. — Si cui durius dici videtur *natura poli* pro polo, non refragabor. An voluit significare in his regionibus, cognosci posse quid sit *natura poli,* quia hic cæli et terræ communis terminus est? Mallem forsitan cum Cortio legere, *premitur natura polo,* id est, terra cælo. ED.—*Sed longius ista.* Ultra hanc terram non est alia , excepta Mauritania, regno Jubæ, qua forte hæc serpentibus damnata terra clementior est.

869. *Quæremus.* Forsitan tanta ulterius patiemur, ut istas terras incipiamus desiderare , quas nunc horremus serpentibus repletas. SCH.

Serpentum terras : habet hoc solatia cælum ;　　870
Vivit adhuc aliquid. Patriæ non arva requiro,
Europamque, alios soles, Asiamque videntem.
Qua te parte poli, qua te tellure reliqui,
Africa? Cyrenis etiam nunc bruma rigebat.
Exiguane via legem convertimus anni?　　　　875
Lnus in adversos axes; evolvimur orbe;
Terga damus ferienda Noto : nunc forsitan ipsa est
Sub pedibus jam Roma meis. Solatia fati
Hæc petimus : veniant hostes, Cæsarque sequatur
Qua fugimus. » Sic dura suos patientia questus　880
Exonerat : cogit tantos tolerare labores
Summa ducis virtus, qui nuda fusus arena
Excubat, atque omni Fortunam provocat hora.
　　Omnibus unus adest fatis : quocumque vocatus

870. *Solatia.* Quidam explicant; quod non funditus interiimus omnes. Sed male. Quæ sint solatia dicit, sc. vivere *aliquid,* nempe serpentes: ultra autem ne ipsam quidem vitalem auram esse. ED.

872. *Europamque.* Europamque Asiamque videntem alios meatus solis. Hæc enim surgentem, illa occidentem videt solem. Omnia ista, inquit, non requiro , sed ipsa Africa ubinam est?

874. *Cyrenis.* Sup. 297. Modo quum Cyrenis essemus , hiems erat, unde nobis tam subito æstus? tam brevi intervallo mutavimus legem anni , ordinem tempestatum.

876. *Adversos axes.* Antarcticum polum vulgo intelligunt. Sed nihil mirum a septemtrione venientes ire ad meridiem. Immo dicunt se venientes a septemtrione trajecto jam po-

lo meridionali ire ad septemtrionem. Sed hic forte præstaret *aversos;* nisi dictum capias respectu hujus poli quem nunc tangere sibi videntur. ED. — *Orbe.* Nostri orbis parte, horizonte nostro egredimur.

877. *Noto.* Qui nobis prius adversus erat et a pectore, ut flans a meridie ventus. Et hoc manifeste ostendit dicere militem se jam ire ad septemtrionem. Hinc statim addit se forsan ad antipodas venisse. Cf. X, 49. ED.

878. *Solatia fati.* Nihil opus reponere *fatis,* quod probat Oud. Sic enim II, 91 , et VIII, 315.

880. *Dura patientia.* Militis , id est , ipse miles patiens dura.

881. *Exonerat.* Confer Ovid.Trist. IV, 3, 38.

883. *Fortunam provocat.* Vid. ad X, 21 not.

884. *Omnibus fatis.* Omnium suo-

Advolat, atque ingens meritum, majusque salute 885
Contulit, in letum vires; puduitque gementem
Illo teste mori. Quod jus habuisset in ipsum
Ulla lues? casus alieno in pectore vincit,
Spectatorque docet magnos nil posse dolores.

Vix miseris serum tanto lassata periclo 890
Auxilium Fortuna dedit. Gens unica terras
Incolit a sævo serpentum innoxia morsu
Marmaridæ Psylli: par lingua potentibus herbis:
Ipse cruor tutus, nullumque admittere virus,
Vel cantu cessante, potest. Natura locorum 895
Jussit ut immunes mixti serpentibus essent.
Profuit in mediis sedem posuisse venenis;

rum militum doloribus et morti adest unus Cato. — *Vocatus.* Al. *vocatus.*

885. *Ingens meritum. Ægris* contulit aliquid majus quam ipsam salutem, nempe fortitudinem et constantiam contemnendæ mortis, eique ultro forti animo occurrendi. Oud.

887. *Illo teste.* Catone præsente, morientes gemere puduit.—*In ipsum.* In Catonem. Quomodo enim potuisset dolor illum vincere, qui spectator tantum, dolorem vincebat in aliis. Male Bersm. hoc de moriente cepit, et *alieno* ad Catonem refert. Ed.

888. *Alieno in pectore vincit.* Ipse in militum animis vincit malum, dum constantiam ipsis adspirat, et dum adstat edocens fortem virum non dolere, neque affectibus jus esse in virtutem.

890. *Lassata.* Lassatam dicit fortunam inferendo discrimina. Schol.

891. *Gens unica.* Supra Garamantas Psylli fuerunt, contra noxium

virus muniti incredibili corporis firmitate: soli morsibus anguium non interibant, etc. Solinus cap. 40; Herodot. lib. IV; Plin. VIII, cap. 25, s. 38; qui tradit eorum olfactu fugari serpentes, ut et olfactu Tentyritarum crocodilo s.

892. *Innoxia.* Passiva significatione, ut apud Sallust. Cat. 39; ubi vide not. 4. Ed.

893. *Marmaridæ Psylli.* Incolæ regionis Marmaricæ. A. Gell. VI, 11. — *Par lingua potentibus herbis.* Ad incantandos serpentes (vs. 914) vel ad exsugendum venenum (vs. 933). Plin. N. H. XXVIII, 3: « Terrori sunt serpentibus; tactu ipso levant percussos, suctuve modico. »

894. *Tutus.* Non vitiatur veneno.

895. *Vel cantu cessante.* Etiam citra incantationem, veneno non obnoxii sunt.

896. *Immunes.* Illæsi, nullum periculum a serpentibus timentes.

Pax illis cum morte data est. Fiducia tanta est
Sanguinis : in terram parvus quum decidit infans,
Ne qua sit externæ Veneris mixtura timentes,　　　900
Letifica dubios explorant aspide partus.

　　Utque Jovis volucer, calido quum protulit ovo
Implumes natos, solis convertit ad ortus :
Qui potuere pati radios, et lumine recto
Sustinuere diem, cæli servantur in usus;　　　905
Qui Phœbo cessere, jacent : sic pignora gentis
Psyllus habet, si quis tactos non horruit angues,
Si quis donatis lusit serpentibus infans.

　　Nec solum gens illa sua contenta salute;
Excubat hospitibus, contraque nocentia monstra　　910
Psyllus adest populis. Qui tunc Romana sequutus

---

898. *Pax illis cum morte data est.* Non voluit dicere Noster, illos non mori, sed cum illo genere mortis, pacem illis fato et dono Deum concessam; venena illis mortifera non esse. Gronov. conjicit *illa*, quod Schol. vehementer confirmat. Sed contra scriptos, et satis patet de quo mortis genere agatur, quum præcedat *venenis.* Alii intelligunt *morte* pro *serpente*, metonymice ut supra v. 862; minus bene. ED.—*Fiducia tanta.* Adeo certo sciunt sanguinem suum proprie et privatim a venenis immunem esse, ut etiam in prole sua recens edita vim ejus experiantur.

899. *Quum decidit.* Sc. ex utero matris, modo partum enixæ. Hoc testatur Solin. c. 40.

901. *Dubios.* Suspectos. Cf. Silius, 1, 413 et X, 111; *veros* contra nidos vocat Stat. Silv. III, 5, vs. 58.

902. *Jovis volucer.* Quam rem ele-

gantissime expressit Claudianus in Præfat, III Consul. Honorii Aug. Cf. Plin. X, 3, § 3. — *Calido.* Male quidam *valido.* Cf. ad VI, 676.

904. *Lumine recto.* Gallice *d'un œil fixe.* Claudian. l. c. « *recto* flammas imperat *ore pati.* »

905. *Cæli in usus.* i. e. ad volatum, ut discant volare et uti cælo. Male quidam jungunt *diem cœli*, et explicant lucis claritatem. Claudian. l. c. « Sustinuitque acie nobiliore diem. » Poetice magis etiam dictum fuerit si capias *cæli in usus*, scil. in usum Jovis ad portandum fulmen; quod aquilæ munus est. Cf. Sil. X, 109. ED.

906. *Jacent.* i. e. occiduntur; cf. Ovid. Met. II, 268; vel projiciuntur ut pereant. — *Sic pignora gentis*, etc. Agnoscit pro suis, ut natos suscipit.

910. *Excubat hospitibus.* Etiam in gratiam hospitum, quibus subve-

Signa, simul jussit statui tentoria ductor,

· Primum quas valli spatium comprendit arenas

Expurgat cantu, verbisque fugantibus angues.

Ultima castrorum medicatus circuit ignis :　　　915

Hic ebulum stridet, peregrinaque galbana sudant,

Et tamarix non læta comis, Eoaque costos,

Et panacea potens, et Thessala centaurea :

Peucedanumque sonat flammis, Erycinaque thapsos,

Et larices, fumoque gravem serpentibus urunt　　920

niat, vigil. Cf. Markl. ad Stat. Silv. II, 7, 130.

912. *Simul jussit.* Simul ac castra metari jussit Cato.

915. *Ultima*, etc. suppl. deinde. — *Medicatus ignis.* Odore et suffitu herbarum adversus noxia animalia efficacium.

916. *Hic.* In bocigne crepat. — *Ebulum.* Græce χαμαιακτὴ quasi pumila sambucus. — Cf. Plin. XXV, 71, et nost. *Flore de Virgile.* ED. — *Peregrinaque galbana.* Exoticum gummi. Dat galbanum Syria in monte Amano e ferula, quam ejusdem nominis resinæ modo stagonitin appellant, etc. sincerum si uratur, fugat nidore serpentes. — Plin. lib. XII, cap. 25, seu 56. Vide Exc. II ad ejusdem lib. XXIV, cap. 13, et *Flore de Virgile.* ED. — *Sudant.* Igne liquefactæ.

917. *Et tamarix.* Tamarix, seu myrica. — *Non læta comis.* Humilis scil. et tenuis. Consecrabatur in tumulis pauperum, ut cupressus in divitum. SCH. — Sensum etiam posses trahere ad ea Plinii verba, lib. XXIV, 41 : « Vulgus infelicem arborem appellat, quoniam nihil ferat. » ED. — *Eoaque costos.* Indica et Arabica.

Nomen etiam retinet in officinis *costus.* Tertia est quoque species syriaca : sed nulla costi veri species recentioribus cognita esse videtur, teste SPRENGEL. Vide notam. 2 ad Plin. XII, 25. ED.

918. *Potens.* Respicit ad ἔτυμον : παρὰ τὸ πᾶν et ἀκεῖν. — Virgilio dicitur odorifera, Æn. XII, 419; vide Plin. XXV, 11. ED. — *Thessala centaurea.* Græce κενταύριον μέγα, falso pro Rapontico habitum a multis. — *Thessala* autem dicuntur, quia a Chirone Thessalo inventa habentur. Plin. XXV, 14; Virg. Georg. IV, 270. ED.

919. *Peucedanum.* Stataria herba, seu feniculum porcinum. Plin. XXV, 70. — *Sonat.* Eodem sensu ac supra stridet. De sonitu flammæ et incendio adscripto cf. Virg. Æn. II, 301. — *Erycina.* Quod in Sicilia nascatur. Eryx autem mons Siciliæ. — *Thapsos.* Sic nominata quod in Thapso insula primum inventa fuerit. — *Thapsia* seu *ferula* quoque dicitur. Plin. XIII, 43. ED.

920. *Larices.* Græce λάριξ; similis est piceæ, unde et earumdem nomina ab auctoribus confunduntur. —

Abrotonum, et longe nascentis cornua cervi.

Sic nox tuta viris. At si quis peste diurna

Fata trahit, tunc sunt magicæ miracula gentis,

Psyllorumque ingens et rapti pugna veneni.

Nam primum tacta designat membra saliva, 925

Quæ cohibet virus, retinetque in vulnere pestem.

Plurima tum volvit spumanti carmina lingua,

Murmure continuo, nec dat suspiria cursus

Vulneris, aut minimum patiuntur fata tacere.

Gallice *le mélèze*. Cf. Plin. XVI, c. 19. ED. — *Gravem*. Lucret. IV, 124: « Abrotonique graves. »

921. *Abrotonum*. Abrotonum mas est et femina: serpentes fugat, ait Plin. XXI, cap. 92. ED. — *Longe nascentis*. Procul ab Africa nascentis. Cervos, inquit Plinius (VIII, 32 seu 50) Africa propemodum sola non gignit. Tamen aliter putavit Virg. in Æn. I, 184, ubi vid. notam. Male quidam explicant longe nascentis, pro diu viventis, vivacis, quod latinum non est. Burmann. conjicit *crescentia*, non felicius, ut opinor. ED. — *Cornua cervi*. Singulare abigendis serpentibus, odor adusto cervino cornu. Plin —XXVIII,42,1.ED.

922. *Sic nox*. Per has suffumigationes et odores, milites nocte a serpentibus tuti fuerunt. HORT.— *Peste diurna*. Si quis percussus a serpente interdiu contraxit venenum letale.

923. *Tunc sunt miracula*. Tunc magis enitet ars, qua pollent, et oritur certamen Psyllos inter et venenum, quod illi *rapere*, tollere, vincere conantur. ED.

925. *Designat*. Proprium in hac re verbum, ubi quis linea ducta aliquid notat, aut formam operis describit. Ovid. Fast. IV, 825. Forte melius foret *tractu salivæ*. BURM.— *Saliva* Ophiogenas saliva contra ictus serpentum mederi, tradit Plin. lib. VII, cap. 2, § 5, et plura de saliva, lib. XXVIII, cap. 4, seu 7.

926. *Cohibet*. Includit, nec ultra permittit serpere, retinetque pestem in eo scilicet loco, ubi inflictum est vulnus. SCH.

927. *Spumanti*. Nempe ob motus linguæ rapiditatem. *Volvere* autem *carmina* præcipue in sacris magicis locum habet. Sed quamquam recte intelligam, linguam spumare ob continuitatem murmuris, non admittam cum Burm. hic *murmure* regi a *spumanti*, ut VII, 699, *spumantes cæde catervas*. Simplicius videtur; volvit carmina per linguam cum murmure. ED.

928. *Nec dat suspiria*. Neque incantatorem respirare permittit *cursus vulneris*, veneni celeritas. Sic supra « Velox currit per tela venenum. »

929. *Fata*. Mors accelerans non permittit ut vel tantillum Psyllus carmen intermittat.

Sæpe quidem pestis nigris inserta medullis   930
Excantata fugit : sed si quod tardius audit
Virus, et elicitum, jussumque exire repugnat;
Tunc superincumbens pallentia vulnera lambit,
Ore venena trahens, et siccat dentibus artus,
Extractamque tenens gelido de corpore mortem   · 935
Exspuit; et cujus morsus superaverit anguis,
Jam promptum Psyllis vel gustu nosse veneni.

Hoc igitur levior tandem Romana juventus
Auxilio , late squalentibus errat in arvis.
Bis positis Phœbe flammis , bis luce recepta,   940
Vidit arenivagum surgens fugiensque Catonem.

Jamque illis magis atque magis durescere pulvis
Cœpit, et in terram Libye spissata redire :
·Jamque procul nemorum raræ se tollere frondes;

930. *Nigris.* Nempe per venenum
illis insertum.

931. *Audit.* I. e. obsequitur carminibus Psylli. Cf. III, 594. OUD.

932. *Elicitum.* Carmine.

933. *Lambit.* Cf. supra 893.

934. *Dentibus.* Levi morsu de-
terget.

935. *Mortem.* Venenum letale.

936. *Et cujus morsus.* Quin et
gustu veneni dignoscere valent, a
quo serpente quis fuerit ictus. — *Superaverit.* Id est, cujus serpentis morsus vicerit ac dejecerit hunc militem.
HORT.

938. *Levior tandem.* Minori cum
periculo, magis levata : sic gallice
dicimus *allégée.*

939. *Late errat.* Quod prius non
audebat , metu serpentum. ED.

940. *Bis positis.* Ponit luna flam-

mas, quum decrescit et evanescit. Duo
menses elapsi sunt, dum Cato arenas
Libyæ peragraret. Rem auget Noster;
sed scriptores cæteri inter se non
consentiunt : Strabo ait triginta dies,
Plutarchus septem tantum in hoc itinere absumptos fuisse. ED.

941. *Arenivagum.* Per deserta vagantem. Vox inusitata aliis. — *Surgens.* Scil. quum primo *se lumine
cornua complent*, ut ait Virg. Æn.
III, 645. ED.

943. *In terram.* Terra eleganter
opposita est arenoso et pulverulento
solo ; vs. 426. — *Spissata.* Ante
enim resoluta erat in pulverem.
Nunc autem fit durior. SCH.

944. *Raræ se tollere frondes.* Signa mitioris ingenii soli ; quam nemora et mapalia , dudum non visa,
in conspectu haberent. HORT.

Surgere congesto non culta mapalia culmo. 945
Quanta dedit miseris melioris gaudia terræ,
Quum primum sævos contra videre leones!
Proxima Leptis erat, cujus statione quieta
Exegere hiemem, nimbis flammisque carentem.

Cæsar ut Emathia satiatus clade recessit, 950
Cætera curarum projecit pondera, soli
Intentus genero : cujus vestigia frustra
Terris sparsa legens, fama duce tendit in undas,
Threiciasque legit fauces, et amore notatum

945. *Congesto.* Culmo et stipula tectæ casæ et tuguria. Frustra quidam hoc tentant. Cf. Virg. Ecl. I, 69. — *Non culta.* Bene Burm. explicat, incondita, non arte facta et instructa. Cf. IV, 678. Si quid mutandum, mallem ejusdem conjecturam *non multa;* respondet enim bene τῷ *raræ frondes*, et hoc, ut ipse ait, « ex vastis illis cultiora loca ingredientibus convenit, ubi, priusquam ad vicos et urbes veniant, raræ arbores et pauca mapalia occurrunt. » Sic Virg. Georg. III, 340, et Sil. XVII, 90. Nihil tamen sollicitandum puto. ED.

946. *Quanta dedit.* Libya scilicet, ait Sulpitius; malim cum Omnib. *hoc* quod videre leones, eis gaudia injecit. Vide Disq. var. ED. — *Melioris gaudia terræ.* Gaudebant, visis leonibus, meliori terræ appropinquasse, quam quæ nunc ab iis relicta esset. VVEB.

947. *Contra videre.* Crucifixos ante urbes, ut alii absterreantur. Sic Sulpitius, pessime. Vult Noster exercitum maxime gavisum esse, visis leonibus, etiam *sævis,* quos alii metuerent: spes enim erat loca magis

culta, et in quibus armenta pasci possint, prope adesse. OUD.

948. *Leptis erat.*Minor. Libyphœnicum Africæ urbs.—*Quieta.*Alii (e quibus ms. 7900) *quietam,* minus bene, quia hiems suum habet epitheton.*Quieta* vero *statio* ut I, 408 *tuta.* BURM.

949. *Exegere.* Sic *exacti menses* et alia; vide ad II, 577. BURM.

950. *Cæsar ut Emathia.* Cæsarem poeta per Troadem circumducit, ut fabulandi ansam feliciorem captet. — *Satiatus clade.* Respicit auctor, quæ scripsit VII, 795.

951. *Projecit.* Sic VIII, 166.

952. *Frustra.* Quia per terram non fugerat. SCH.

953. *Sparsa legens.* Quærens an sparsa et incerta (VIII, 4) vestigia deprehendere possit. ED. — *Fama duce.* Acceperat enim in Orientem eum fugam intendisse. — *Tendit in undas.* Ad mare descendit. Vide autem not. seq.

954. *Threicias fauces.* Volunt interpretes hic designari Bosporum Thracium; male profecto, ut e vs. 958 patet. Cæsar enim, ut ipse tradit Bell. Civ. III, 102, Pompeium us-

·Æquor, et Heroas lacrimoso litore turres,   955

Qua pelago nomen Nepheleias abstulit Helle.

Non Asiam brevioris aquæ disterminat usquam

Fluctus ab Europa, quamvis Byzantion arcto

Pontus, et ostriferam dirimat Chalcedona cursu,

Euxinumque ferens parvo ruat ore Propontis.   960

Sigæasque petit famæ mirator arenas,

Et Simoentis aquas, et Graio nobile busto

Rhœtion, et multum debentes vatibus umbras.

que ad Amphipolim persequutus est, et inde trans Ægæum in Asiam ad Ephesum navigavit. *Threiciæ* igitur *fauces* sunt Hellesponti angustiæ ad extremam Chersonesum non procul Sesto. ED. — *Amore.* Leandri et Herus; quorum miseros amores nemo non audiit. Cf. Virg. G. III, 258 sqq. ED. — *Notatum.* Notum, insignitum, celebre ob amorem. Male quidam explicant infame; *morte* quidem Leandri infamatum fuit, non autem *amore.* ED.

955. *Heroas turres.* Turrim enim habitabat Hero; Cf. Musæum, vs. 32, et quæ notata sunt ad Stat. nost. ed. t. II, p. 681. ED. — *Lacrimoso litore.* Sesti, ad Hellespontum, ubi tam misere periit puella. ED.

956. *Nepheleias.* Helle, filia Nepheles et Athamantis. — *Nomen abstulit.* Quia cum Phryxo fratre novercæ insidias fugiens, ariete quo vehebatur delapsa, et submersa, mari vetus suum nomen abstulit, ut illud postea diceretur Helles pontus.

957. *Brevioris aquæ fluctus.* Hic enim fretum angustissimum, septem nempe stadiorum, Europam ab Asia dividit. Cf. Ovid. Met. XI, 195.

958. *Byzantion.* Nunc Constan-

tinopolim, ad Bosporum Thracium sitam, ubi et angustissimæ sunt fauces. ED.

960. *Euxinumque.* Cf. III, 277. — *Ferens.* Tanquam onus; quia aqua Euxini multa et magna luctatur in Propontida intrare per Bosporum Thracium et inde *parvo ore,* i. e. Hellesponto, *ruit* in Ægæum magno impetu. Sic *ruentes* undas dixit Stat. Ach. II, 390. BURM. — At non totum Hellespontum Noster designare potest per verba *parvo ore,* quo angustiores esse ait fauces Threicias, nam et ipsæ sunt Hellesponti pars. Locum igitur indicat quemdam, fortasse ad Lampsacum, ubi Hellespontus incipit. ED.

961. *Sigæasque.* Litus Trojanum, a Sigæo promontorio, Achillis tumulo, nobile. — *Famæ mirator.* Veterem hujus loci famam admiratus.

962. *Simoentis.* De quo ad Virg. Æn. I, 100.

963. *Rhœtion.* Rhœteum promontorium, Ajacis Telamonii sepulcro nobile. Mela lib. I, 18.—*Multum d. v. umbras.* Manes et sepulcra Achillis et Ajacis, Homero aliisque poetis decantata. — Cur non Hectoris quoque et Priami? Immo ob præceden-

Circuit exustæ nomen memorabile Trojæ,
Magnaque Phœbei quærit vestigia muri. 965
Jam silvæ steriles, et putres robore trunci
Assaracie presser domos, et templa Deorum
Jam lassa radice tenent; ac tota teguntur
Pergama dumetis : etiam periere ruinæ !
   Adspicit Hesiones scopulos, silvasque, latentes 970
Anchisæ thalamos : quo judex sederit antro :
Unde puer raptus cælo : quo vertice Nais
Luserit Œnone : nullum est sine nomine saxum!
Inscius in sicco serpentem pulvere rivum

tia crederem facile hic etiam eversas cum populis urbes innui. ED.

965. *Phœbei muri*. Quo Phœbus et Neptunus mercedem cum Laomedonte pacti Trojam cinxerant.—*Quærit*. Quia non apparet; VI, 154. ED.

966. *Silvæ steriles*. Infecundæ arbores, et dumeta, utpote in loco inculto. Possis etiam ex seqq. intelligere *steriles*, comis spoliatas, situ putrescentes, truncis jam vetustate procumbentibus. ED. — *Putres robore*. Sic *putri robore*, III, 414. ED.

967. *Assaraci*. Qui Priami et Anchisæ avus fuit. Vide ad Virg. Georg. III, 35. ED.—*Domos*. sc. regiam.

968. *Lassa radice*. Posset conjici *cassa*, i. e. putri. Sed *lassa* recte, quia ægre per fundamenta templorum repunt et vix super ruinas exeunt. Cf. Senec. Œd. 536. BURM.

969. *Pergama*. Non arcem tantum, sed *totam* urbem intelligo. — *Periere ruinæ*. Ipsa vestigia civitatis deleta sunt.

970. *Hesiones scopulos*. Scopulum, cui Hesione, filia Laomedontis,

sorte exposita ceto a Neptuno immisso, alligata fuerat, quam tamen Hercules liberavit.

971. *Anchisæ thalamos*. Silvas in quibus Anchisen Venus dignata est concubitu. Quidam post *latentes* distinguunt, et intell. umbrosam Anchisæ domum quæ « secreta arboribusque obtecta recessit;» Æneid. II, 300. Minus bene ; nam non tantum loca designat, sed simul tangit historias et res illic gestas fictasve. OUD. — *Judex*. Paris, ubi de forma trium Dearum judicat.

972. *Puer raptus cælo*. Ganymedes, filius Trois, ab aquila Jovis in cælum raptus. — *Quo vertice Nais*. Quo monte, sc. Ida, Œnone, quæ nympha erat, se Paridi indulserit. Vide Ovid. epist. V.

973. *Nullum est sine nomine saxum*. Nullus in Troade mons, scopulus, aut promontorium, caret suo monumento, sua fama.

974. *Inscius*. Cæsar. — *Serpentem*. Segniter fluentem, quia jam exaruerat. Cf. Homer. Iliad. XX, 73, et Horat. Epod. XIII, 13.

Transierat, qui Xanthus erat : securus in alto   975

Gramine ponebat gressus; Phryx incola manes

Hectoreos calcare vetat. Discussa jacebant

Saxa, nec ullius faciem servantia sacri ;

« Herceas, monstrator ait, non respicis aras? »

    O sacer, et magnus vatum labor, omnia fato   980

Eripis, et populis donas mortalibus ævum!

Invidia sacræ, Cæsar, ne tangere famæ :

Nam, si quid Latiis fas est promittere musis,

Quantum Smyrnæi durabunt vatis honores,

Venturi me, teque legent : Pharsalia nostra   985

Vivet, et a nullo tenebris damnabitur ævo.

    Ut ducis implevit visus veneranda vetustas,

975. *Qui Xanthus erat.* Nobilem olim, nunc vix apparentem Xanthum Troados rivulum. — *Securus.* Nulla religione aut loci veneratione motus Cæsar figebat gradum, nescius ibi latuisse sepulcrum et reliquias Hectoris, donec ab incola Phryge admonitus agnosceret.

978. *Sacri.* Templi aut aræ, ut respiciat ad seq.

979. *Herceas aras.* Jovis Hercei, aram, juxta quam Priamus occisus est. Dictus est Herceus Jupiter ab ἕρκος, quod inter aulam et parietem ejus ara esset. Cf. Virg. Æn. II, 506. Juven. X, 268. — *Monstrator.* Nempe hic, qui modo Cæsari ostenderat sepulcrum Hectoreum.

980. *O sacer.* Exclamatio miranda in laudem poeseos, quæ omnibus his monumentis, sepulcris, aris, templis diuturnior, virtutem reddit vivacem et dignos laude viros vetat mori.

981. *Ævum.* Immortalitatem. Cf. I, 447, ubi *longum ævum.*

982. *Invidia sacræ famæ.* I. e. veterum heroum, quos Homerus et alii poetæ æternæ famæ mandaverunt, gloriæ ne invideas; nam tu pariter meis carminibus vives. ED.

984. *Smyrnæi vatis.* Homeri, quem suum inter alias civitates sibi civem vindicat Smyrna.

985. *Venturi.* Nepotes, posteri. — *Me teque.* Meos versus et tuum nomen. — *Pharsalia nostra.* Opus hoc nostrum illo nomine inscriptum. ED,

986. *Vivet.* Sic : « Non omnis moriar » Horat. dixit in celeberrima illa oda (III, ult.) quam imitati sunt Ovid. Met. XV, 871 sq. et nostras LEBRUN, lib. VI, od. ult. Cf. quoque cum hoc locus alter VII, 205 sqq. ED. — *Tenebris damnabitur.* Abolebitur. Alii leg. *damnabimur*, sc. Nos, nostra memoria ; sed vulgatam tuentur plurimi MSS. ED.

987. *Ut ducis.* Postquam Cæsar satis perlustrasset hæc venerandæ antiquitatis monumenta.

Erexit subitas congestu cespitis aras,

Votaque turicremos non irrita fudit in ignes :

« Dî cinerum, Phrygias colitis quicumque ruinas, 990

Æneæque mei, quos nunc Lavinia sedes

Servat et Alba, lares, et quorum lucet in aris

Ignis adhuc Phrygius, nullique adspecta virorum

Pallas, in abstruso pignus memorabile templo,

Gentis Iuleæ vestris clarissimus aris   990

Dat pia tura nepos, et vos in sede priori

Rite vocat : date felices in cætera cursus :

Restituam populos. Grata vice mœnia reddent

Ausonidæ Phrygibus, romanaque Pergama surgent. »

   Sic fatus, repetit classes, et tota secundis   1000

Vela dedit Coris, avidusque urgente procella

988. *Congestu.* I. e. *congerie*, acervatione. Cf. IV, 74 et supr. v. 487.

989. *Non irrita.* De consilio, quod Jul. Cæsar olim inierat, migrandi Ilium, vid. Sueton. Cæsar. c. 79, et notas ad Horat. Carm. III, 3.

990. *Di cinerum.* Manes et umbræ, vel Dii indigetes Trojæ in cineres versæ. ED.

991. *Mei.* A quo originem ego duco, I, 196, et seq.

992. *Servat Alba.* Adludit ad Virg. Æn. I, 6 : « Inferretque Deos Latio. »

993. *Ignis.* Vestæ; quem memorat, I, vs. 199. — *Adhuc Phrygius.* Numquam exstinctus, ex quo ab Ænea in Italiam translatus est ille ignis, qui Virgilio, Æn. II, 297, *æternus* dicitur. ED.

994. *Pallas.* Palladium, simulacrum Palladis Trojanæ, in templo Vestæ adservatum tamquam pignus imperii, quod viris conspici nefas.—

De Penatibus, Palladio et Vesta vide Excurs. IX ad Virg. Æn. II, tom. II, p. 337, nost. ed. ED. — *Memorabile.* I. e. quod celebretur in omne ævum; posteritate dignum. BURM.

995. *Gentis Iuleæ nepos.* Ego, Julius Cæsar, ab Iulo Æneæ filio originem ducens Virg. Æn I, 288.

996. *Priori.* Pristina, antiqua in sede invocat.

998. *Restituam populos.* Non capienda hæc quasi Cæsar urbem restituisset, quæ jam ante ejus tempora erat condita, sed quia Iliensibus multa attribuit, quæ memorat Strabo, lib. XIII. BURM. — *Grata vice.* Invicem excitaturi et condituri sunt Romani urbes in Phrygia; ut Phrygii condiderunt in Italia, HORT.

999. *Romanaque.* A Romanis condita.

1001. *Urgente procella.* Ope venti vehementioris. ED.

Iliacas pensare moras, Asiamque potentem
Prævehitur, pelagoque Rhodon spumante relinquit.
Septima nox , Zephyro numquam laxante rudentes,
Ostendit Phariis Ægyptia litora flammis.   1005
Sed prius orta dies nocturnam lampada texit,
Quam tutas intraret aquas. Ibi plena tumultu
Litora , et incerto turbatas murmure voces
Accipit : ac dubiis veritus se credere regnis,
Abstinuit tellure rates. Sed dira satelles   1010
Regis dona ferens, medium provectus in æquor,
Colla gerit Magni , Phario velamine tecta ;
Ac prius infanda commendat crimina voce :
« Terrarum domitor, Romanæ maxime gentis,
Et, quod adhuc nescis, genero secure perempto ; 1015
Rex tibi Pellæus belli pelagique labores

1002. *Iliacas pensare moras.* Redimere moram quam in ruinis Ilii fecerat. — *Potentem.* Vide Markl. ad Stat. Silv. V, 2, 56.

1004. *Septima nox.* Appianus tribus diebus pelago profectum, eum Alexandriam pervenisse tradit. HOAT. — *Zephyro numquam.* I. e. eumdem semper habens ventum , quem supr. vs. 1001, ex septemtrione flantem dixit. Quod si flasset Zephyrus, ab occidente ventus, *laxavisset rudentes,* i. e. vela ex adverso impellens, et ipse mollior ideo laxiores rudentes, tardioremque simul navigationem effecisset. ED.

1005. *Ostendit.* Appropinquanti per noctem, ignes e Pharo Ægyptum Cæsari indicavere. Vide ad VIII, 463, not. ED.

1006. *Lampada texit.* Phariam facem , quæ noctu lucet, obscuravit.

1007. *Tutas aquas.* Portum Alexandriæ. — *Plena tumultu.* Quæ fuerit tumultus causa omittit Lucanus. Neque plane patet hic agi de tumultu, quo Cæsar jam nave egressus pæne oppressus est, B. C. III , 106; sed trepidabant ut in spe post magnum scelus incerta. ED.

1010. *Satelles.* Unus ex Ægypti monstris; seu Achillas, seu Theodotus rhetor.

1011. *Regis dona.* A rege missum caput Pompeii et annulum , ut refert Plutarchus , cujus insigne erat leo ensem gestans.

1015. *Quod adhuc nescis.* Alexandriæ primum de Pompeii morte cognovit Cæsar. Plut.

1016. *Pellæus.* Ægyptius. Cf. V, 60; VIII, 692 et X, 86.

Donat, et, Emathiis quod solum defuit armis,
Exhibet : absenti bellum civile peractum est.
Thessalicas Magnus quærens reparare ruinas,
Ense jacet nostro : tanto te pignore, Cæsar,   1020
Emimus; hoc tecum percussum est sanguine fœdus.
Accipe regna Phari, nullo quæsita cruore :
Accipe Niliaci jus gurgitis : accipe quidquid
Pro Magni cervice dares; dignumque clientem
Castris crede tuis, cui tantum fata licere   1025
In generum voluere tuum. Nec vile putaris
Hoc meritum, facili nobis quod cæde peractum est.
Hospes avitus erat; depulso sceptra parenti
Reddiderat. Quid plura feram? tu nomina tanto
Invenies operi, vel famam consule mundi.   1030
Si scelus est, plus te nobis debere fateris,

1017. *Donat.* I. e. eximit, amovet
a te, ut VII, 784. Alii int. confert
laborum mercedem; minus bene. ED.

1018. *Absenti.* Tibi.

1019. *Quærens reparare.* Causam
dat cædis plausibilem, et rei accom-
modam, ut grata sit victori. HORT.

1021. *Emimus*, ut noster sis, ut
tuam nobis gratiam conciliemus.

1022. *Phari.* Alexandriæ vel Æ-
gypti. — *Cruore* sc. tuo et tuorum.

1023. *Niliaci jus gurgitis.* Ægypti, quam Nilus inundat, imperium.
— *Accipe quidquid.* H. e. quæ tu
ipse largiri velles pro morte Pompeii,
nos tibi offerimus et donamus, quum
a nobis sit occisus. SCH.

1024. *Dignum castris.* Partibus
tuis. Hoc enim audaciam et potentiam arguit, tanta de genero tuo de-
crevisse et exsequi potuisse. ED.

1025. *Licere.* Hoc quidem sensisse Cæsarem dicit Lucanus, non
vero ut Ptolemæo gratiam habeat,
sed ut irascatur id tyranno licuisse,
non sibi. Cf. v. 1053. ED.

1027. *Facili cæde.* Non debuerat
facilis Ptolemæo Pompeii cædes esse,
quia, propter merita ejus in patrem
suum, illi parcere debuisset. Sed tamen ut Cæsaris rebus studere videtur, contempto jure hospitalitatis,
amicum paternum non veritus fuit
interficere. HORT.

1028. *Hospes avitus.* Cf. sup. vs.
131, et not. ad VIII, 449.

1030. *Vel famam consule mundi.*
Si non invenias quo nomine hoc
factum appelles, require famam quo
nomine mundus hoc regis nostri
factum appellet: officium certe, immo beneficium. HORT.

Quod scelus hoc non ipse facis.» Sic fatus, opertum
Detexit, tenuitque caput. Jam languida morte
Effigies habitum noti mutaverat oris.

Non primo Cæsar damnavit munera visu,   1035
Avertitque oculos : vultus, dum crederet, hæsit :
Utque fidem vidit sceleris, tutumque putavit
Jam bonus esse socer; lacrimas non sponte cadentes
Effudit, gemitusque expressit pectore læto,
Non aliter manifesta potens abscondere mentis   1040
Gaudia, quam lacrimis : meritumque immane tyranni
Destruit, et generi mavult lugere revulsum,
Quam debere caput. Qui duro membra senatus
Calcarat vultu, qui sicco lumine campos

1032. *Hoc non ipse facis.* Quod sceleris invidiam, nos subierimus, non tu, cui prodest. ED.

1035. *Non damnavit.* Non aversatus fuit, non rejecit. ED.

1036. *Avertitque.* Pro: nec avertit; repete *non*, ut sæpe alias. — *Dum crederet, hæsit.* Donec exacte cognosceret esse Pomp. caput, toto vultu inhæsit, intentis oculis contemplatus est. ED.

1037. *Fidem vidit sceleris.* Vidit, comperit, vere peractum esse scelus. — *Tutum.* Nam si adhuc vixisset Pompeius suæ clementiæ Cæsarem pœnituisset. Simile quid apud Terent. Hecyr. III, 14.

1038. *Bonus esse socer.* Præ se ferre pietatem et naturam boni soceri. — *Non sponte cadentes.* Hæc Noster in Cæsaris invidiam. Aliter Appianus, Plut. et Val. Max. V, 1. Cf. etiam CORNEILLE, Sup. p. 305. ED.

1040. *Potens.* Sic recepimus e MS 7900. Olim vulgabatur *putans*, scil. se posse abscondere. — *Abscon-*dere gaudia. Sic Tacitus, de Domitiano, Agric. c. 43: « Dissimularet gaudium. » ED.

1041. *Quam lacrimis.* Immo et indignatione in Ptolemæum et minis dolorem suum, sive verum sive fictum expressit. — *Meritum immane.* Horrendum et detestabile facinus, quo se de Cæsare bene meritum putat. ED.

1042. *Destruit.* I. e. ex mente Lucani, injustissime Cæsarem æstimantis, lacrimatur Cæsar, ut Ptolemæi erga se meritum nullum sit, et ita se gratia liberet, quam tyranno habiturus esset. Male *Schol.* interp. *destruit*, vituperat et accusat. Cf. ad VIII, 28. ED. — *Et generi.* Luget Pompeium, ne capitis ejus pretium rependat; non per pietatem, sed per avaritiam et ingratitudinem, lacrimatur. ED.

1043. *Membra senatus.* Cf. VII, 598. — *Duro vultu.* Non moto, tranquillo.

1044. *Sicco lumine.* Siccis oculis, id est, non lacrimantibus. Hor. Carm. I, 3, 15.

Viderat Emathios, uni tibi, Magne, negare   1045
Non audet gemitus. O sors durissima fati!
Hunecine tu, Cæsar, scelerato marte petisti,
Qui tibi flendus erat? non mixti fœdera tangunt
Te generis; nec nata jubet mœrere, neposque:
Credis apud populos, Pompeii nomen amantes,   1050
Hoc castris prodesse tuis. Fortasse tyranni
Tangeris invidia, captique in viscera Magni
Hoc alii licuisse doles, quererisque perisse
Vindictam belli, raptumque e jure superbi
Victoris generum. Quisquis te flere coegit   1055
Impetus, a vera longe pietate recessit.
Scilicet hoc animo terras atque æquora lustras,
Necubi suppressus pereat gener. O bene rapta
Arbitrio mors ista tuo! quam magna remisit

1046. *Non audet.* Hoc in laudem Pompeii dictum, qui adeo carus et venerabilis gentibus erat, ut ipse Cæsar, tam durus homo, et victor, *non auderet* eum non flere. Et statim exclamat poeta in duram fati legem, quod permisit Pompeium tam scelerato bello peti a Cæsare, qui mox victum hostem et occisum lugere cogeretur. Hinc patet seqq. *non mixti, etc.* sine interrogatione esse legenda. Lucanus enim Cæsari exprobrat quod ambitiose et ad ostentationem, nullo vero pietatis sensu, lacrimas emiserit. ED.

1048. *Generis mixti.* Sic *junctus sanguis*, I, 111. — *Nata neposque.* I. e. eorum memoria. Julia enim ejusque partus interierant. Cf. ib. n. ED.

1051. *Hoc.* Sc. has lacrimas tibi fore utiles, populos castris tuis con-

ciliaturas. — *Fortasse.* Aliam denique causam lacrimarum subjicit, quæ Cæsaris crudelitatem hyperbolice exaggerat: nempe quasi doleret alius manu, non sua, captum et obtruncatum fuisse Pompeium ED.

1054. *E jure.* Ex potestate et arbitrio victoris, qui pejora morte forsan inflixisset.

1057. *Scilicet.* Ironice. An forte tanta cum celeritate Pompeium persequutus es, ne in aliqua orbis parte periret is, quem tu ut generum tuum servari velles. — *Lustras.* Cf. V, 347; de transfuga Labieno. ED.

1058. *Necubi.* Ne alicubi. — *Suppressus.* Interceptus. Vide Disq. var. — *O bene rapta.* O quam bene tibi erepta est Pompeii vitæ necisque potestas: ne tum ipsi, tum Romæ dedecori foret eum a te vita donari.

Crimina Romano tristis Fortuna pudori,   1060

Quod te non passa est misereri, perfide, Magni

Viventis! Necnon his fallere vocibus audet,

Adquiritque fidem simulati fronte doloris :

  « Aufer ab adspectu nostro funesta, satelles,

Regis dona tui: pejus de Cæsare vestrum,   1065

Quam de Pompeio meruit scelus. Unica belli

Præmia civilis, victis donare salutem,

Perdidimus. Quod si Phario germana tyranno

Non invisa foret, potuissem reddere regi,

Quod meruit; fratrique tuum pro munere tali   1070

Misissem, Cleopatra, caput. Secreta quid arma

1060. *Romano pudori.* Quum jam tot ac tanta essent, quæ Romanos pudere deberet, pepercit Fortuna, quamvis acerba, quum non voluerit istud quoque dedecus aliis accedere, scil. Magni Cæsarem misereri. Markl. ad Stat. Silv. V, 5, 46, pro *tristis* legit *mitis,* sensu postulante, ait; quod non liquet. ED.

1061. *Perfide.* Exquisitum epitheton ad falsas lacrimas Cæsaris perstringendas.

1062. *Viventis.* Jam hoc atrox et intolerabile Cæsarem mortui Pompeii misereri; multo crudelius, si viventis. ED. — *Fallere.* Absolute: non Ægyptios tantum, sed omnes, sed orbem universum. — *Audet.* Alii legunt *audes;* male. Noster redit ad narrationem. ED.

1063. *Adquiritque fidem.* Conatur, ut fidem mendacio faciat, ut credatur verus esse dolor iste, quem fronte simulavit. ED.

1064. *Satelles.* Cf. ad vs. 1010.

1066. *Scelus.* Jam a primis verbis

Ptolemæi factum *scelus* nominat: sed et *meritum* expendit, quod Theodotus objecit v. 1027. Meruistis, inquit, de me pejus quam de Pompeio: huic vitam, mihi clementiæ decus eripuistis. ED. — *Unica belli.* Hoc, ex persona Cæsaris quidem, sed ex veritate historica vel invitus Lucanus adserens cum Cicerone consentit, pro Marc. 3. ED.

1067. *Donare.* Recte dicit *donare,* nam jure victos occidere victori licebat. ED.

1068. *Perdidimus.* Ego perdidi. — *Germana.* Soror Ptolemæi Cleopatra, quam infra nominat.

1069. *Non invisa.* Quæ inimicitiæ Ptolemæo cum sorore intercederent, patet ex rogatione Cleopatræ ad Cæsarem, inf. X, 85. — *Reddere regi.* Illi parem referre gratiam : sororis scil. caput pro hac cervice Pompeii.

1071. *Secreta.* I. e. separata ; a *secerno.* Quidam dant *scelerata* quod hic minus convenit. Quid cogebat eum, bellum aliud a civili diversum movere, et ita se inserere bello inter me et

Movit, et inseruit nostro sua tela labori ?

Ergo in Thessalicis Pellæo fecimus arvis

Jus gladio? vestris quæsita licentia regnis?

Non tuleram Magnum mecum Romana regentem : 1075

Te, Ptolemæe, feram? frustra civilibus armis

Miscuimus gentes, si qua est hoc orbe potestas

Altera, quam Cæsar; si tellus ulla duorum est.

Vertissem Latias a vestro litore proras :

Famæ cura vetat, ne non damnasse cruentam,   1080

Sed videar timuisse Pharon. Nec fallere vos me

Credite victorem; nobis quoque tale paratum

Litoris hospitium; ne sic mea colla gerantur,

Thessaliæ fortuna facit. Majore profecto,

Quam metui poterat, discrimine gessimus arma : 1085

Exsilium, generique minas, Romamque timebam :

Pompeianos, a quo secretus erat, quod non ad illum attinebat. Sic *secretius*, separatim, Columell. XII, 2. BURM.

1073. *Ergo in Thessalicis.* Quasi vero victoria mea Thessalica, regi Ægyptio jus fecerit impune Pompeium occidendi.

1074. *Quæsita.* Hic est pro, adquisita. An vobis parta licentia est ista perpetrandi, quia nos vicimus Pompeium? BURM.

1076. *Feram.* Nam hoc est Romana regere, de viro tanto ultima decernere.

1078. *Quam Cæsar.* Nam ideo susceptum est civile bellum, ut nemo par mei, et potestas in toto orbe una tantum superesset. ED. — *Tellus ulla.* Ulla regio, ulla pars terræ; vel tellus usquam in ulla parte. ED.

1079. *Vertissem proras.* Fugerem

certe litus hoc, scelus vestrum detestatus, nisi famæ meæ consulerem, ne arguerer timuisse vos potius quam damnasse.

1082. *Credite victorem.* Sensus planus; constructio ambigua. Possis ita jungere, nec vos credite, hoc me *fallere*, hoc a me non percipi, scil. paratum fuisse, etc. Sed melius, opinor, interp. nec credite me a vobis falli, nunc quum sim victor; colitis enim, quia vici; sed tale parabatur hospitium, si superatus essem. ED.

1084. *Thessaliæ fortuna.* Victoria mea in Pharsalia. — *Majore.* Ergo majoris, quam putabam, periculi aleam in campis Pharsalicis inii! Nam belli vices tantum timebam, nescius hic stare Ptolemæum, fugientis carnificem futurum. ED.

Pœna fugæ Ptolemæus erat. Sed parcimus annis,

Donamusque nefas : sciat hac pro cæde tyrannus

Nil venia plus posse dari. Vos, condite busto

Tanti colla ducis; sed non, ut crimina tantum   1090

Vestra tegat tellus : justo date tura sepulcro,

Et placate caput, cineresque in litore fusos

Colligite, atque unam sparsis date manibus urnam.

Sentiat adventum soceri, vocesque querentis

Audiat umbra pias. Dum nobis omnia præfert,   1095

Dum vitam Phario mavult debere clienti,

Læta dies rapta est populis : concordia mundo

Nostra perit : caruere Deis mea vota secundis,

Ut te complexus, positis felicibus armis,

Adfectus a te veteres, vitamque rogarem,   1100

1087. *Pœna.* Ut aliquis dicitur *portus, præmium.* BURM. — *Annis.* Pueritiæ regis, qui vixdum sui juris est, scelus imputamus ; vel quod alieno consilio sit admissum ; et condonamus.

1089. *Nil venia plus.* Nullum se majus præmium accipere posse, quam veniam SULP.

1091. *Tegat.* Jubet non contentos esse subito et tumultuario sepulcro, sed justos honores manibus Pompeii haberi.

1093. *Unam sparsis manibus urnam.* Divisi corporis collectos cineres una urna et tumulo condite.

1094. *Querentis.* Sc. soceri, mortem ejus deplorantis ac dolentis.

1095. *Dum nobis.* Dum omnia, quam me tutiora credit.

1096. *Phario clienti.* Ptolemæo, qui Pompeii cliens nunc dicitur quod ejus beneficio regnum accepit.

SCHOL. — Supra vs. 1028, *hospes.*

1097. *Læta dies rapta est populis.* Salutis datæ, reditionis in gratiam, et concordiæ in æternum.

1098. *Perit.* Ablata est. — *Caruere Deis.* Deos faventes non habui, Dii mea vota non exaudivere, qui semper optaverim in gratiam tecum redire. ED.

1099. *Felicibus armis.* Victricibus.

1100. *Adfectus a te veteres.* Amorem pristinum, et ut velles vitæ a me donatæ munere frui. Male Oudend. quamvis probante Burmanno, vult ante *vitam* repeti *veterem,* scil. vivendi consuetudinem et usum. Si hoc verum sit, non tam emphatice debuisset rejici *tuam,* sine quo omne hujus loci παθὸς periret; hoc enim singulare et conspicuum est Cæsarem a Pompeio ipsius Pompeii vitam rogare. Quod confirmat sequens *fe-*

Magne, tuam; dignaque satis mercede laborum
Contentus par esse tibi. Tunc pace fideli
Fecissem, ut victus posses ignoscere Divis;
Fecisses, ut Roma mihi. » Nec talia fatus
Invenit fletus comitem, nec túrba querenti   1105
Credidit : abscondunt gemitus, et pectora læta
Fronte tegunt, hilaresque nefas spectare cruentum,
O bona libertas! quum Cæsar lugeat, audent.

cisses, nempe ipse vivendo. ED.

1102. *Par esse tibi*. Vide I, 125.

1103. *Ut victus*. Ut non esset, cur cladem tuam Deorum inclementiæ imputares. Nam te, etsi victum, parem mihi fecissem. — *Divis ignoscere* est, patienter ferre quæ jubent, vel non amplius accusare, et criminari ob cladem acceptam. Cf. II, 93.

1104. *Ut Roma mihi*. Ut, propter te, o Pompei, a me servatum, Roma mihi ignosceret quod arma induissem. — *Nec talia fatus Invenit*. Neque tamen tam pia loquutus, ullum hominem invenit, qui fletum illius suis lacrimis prosequeretur.

1105. *Fletus comitem:* quia flenti nemo credebat. Vid. II, 346.

1106. *Abscondunt*. Timent enim ne, explorandi animos eorum causa, misericordia fingatur a Cæsare. - *Pectora læta*. *Læta* conjunge cum *fronte*, pectora autem tristia; et hoc sqq. firmant, ubi *hilares* et *lugeat* opponuntur.

1107. *Nefas spectare*. Caput Pompeii nefarie abscissum.

1108. *O bona libertas*. Ironica admiratio, quod audeant manifesto lætitiam exprimere, quum Cæsar tristitiam vultu præferat : sed in hoc ipso dissimulant. ED.

IN LIBRUM NONUM
DISQUISITIONES VARIÆ.

5. *Astriferis axibus.* Axes hoc loco pro circulis posuit planetarum; ideoque addidit *astriferis.* Nam re vera in axe non sunt astra. SCH. — Recte intelligit Scholiastes; *circulus* dicitur Ovid, Metam. II, 516. Immo idem vocat *axem*, Trist. IV, 462 : « Pæne sub ejusdem sideris axe jacet. » Claudian. Mallii Consul. 275 : « Manlius igniferos radio descripserat axes. » *Noctivagi axes* ipsæ vocantur stellæ Claudiano in Prob. et Olybr. Cons. 242.

6. *Quodque patet,.. meatus.* Cortius sequentia *Semidei* usque ad *fecit,* includit parenthesi. Ego tamen cum Gronovio *patens* præferrem et conjungerem cum *habitant. Patens* dici pro loco amplo et vacuo docet locus Flori, lib. III, 5, ubi *arcanum patens* dicit. BURM. — Dubito tamen valde, an hæc vera sit Lucani manus. Nam videtur nimis longa fore continuatio unius periodi, usque ad vs. 10 : ac putem potius, Lucanum post *sequitur convexa Tonantis,* finita periodo, descriptionem facere illius loci, eorumque, qui eum inhabitant. Idque patere videtur ex versu 10 : ubi e contrario illos nominat, qui illuc non perveniunt. OUD. — Possis tamen nihil mutare si jungas; *qua niger,* etc. *et qua* manet habitant illud spatium quod patet, etc. Sed nimis longam et intricatam sic esse periodum facile concedo. ED.

8. *Innocuos vitæ.* Alii *vita,* quod Oudendorpius probavit, ne concurrerent hic plures genitivi. *Vita,* i. e. dum viverent. Genitivus vero non repudiandus, quia concurrunt duo genitivi, qui reguntur a diversis adjectivis. Quod eo minus est molestum, quum etiam conjungantur genitivi sæpe, quorum alter a genitivo, etiam nullo adjectivo interjecto, pendeat : ut X, 402 : « pars maxima turbæ Plebis erat Latiæ. » BURM.

32. *Corcyræ secreta petit, ac mille carinis.* Versus in marg. Cod. Lips. *c* legitur, et fortasse propter similitudinem priorum syllabarum in *Corcyræ* et *Colligeret* vers. 31, excidit, ita ut sensus, qui sine eo quodammodo constat, errorem adjuvaret; sed seqq. verba *ratibus tantis* versum genuinum esse aperte docent. *Ac* sine dubio recte habet; *qua* enim ex conjectura ejus

ortum est, qui syllabam ultimam in v. *petit* produci non posse putaverit.
Scribe *petiit*, ut ultima per synisesin producatur, cf. Oudendorp. ad IX,
430 *petiimus ab orbe*; adde V, 522; X, 64 et sæpissime ap. alios. Denique nimis audacter Bentl. *Liburnis* pro *carinis* reposuit, causa non suffi-
ciente, cf. III, 647, 650, 654 *carinæ*; 692, 697, 702 *undæ*. WEB.

36–37. *Dorida tunc Malean, et apertam Tænaron umbris, Inde Cythera
petit : Boreaque urgente carinas.* Uterque versus deest in uno cod. Bersm.
et nonnullis Gujeti. Sed recte abesse non potest, quum verba *Creta fugit*
absolute posita mire dicta forent, atque reliqua sine his omni nexu carerent. Causa erroris fuit v. *carinas* in fine vs. 35 et vers 37 repetitum. In
verbis singulis nonnulla considerari debent : pro *Malean* in aliis vitiose
Maleon, in Lips. c *Maleam* legitur ; amat Noster græcam formam in nominibus propriis, cf. Oudendorp. ad VIII, 431; IX, 159; Burm. ad I, 577
et X, 181. In seqq. male vv. ll. Steph. *per apertam* pro *et apertam* habent ;
in poetis enim, ut Burm. recte notat, locorum ordo non semper justus est ;
praeterea *per*, ortum sine dubio ex proxima syllaba *per* in *apertam*,h. l. scribi
non potest. Neutrum *apertum* denique, quod legitur in Thuan. 2, pluribus
exemplis probatur, cf. Sen. Troad. 402; sicut forma masculina *Tænarus*,
cf. Senec. Herc. Fur. 663; Valer. Flacc. I, 365 *patentem*; sed omnes libri
tuentur femininum *apertam*, quod licet uno tantum exemplo confirmari
possit, Apulei. Met. I, init. *Tænaros Laconica*, tamen in Nostro, qui rariora captat, retinendum videtur, fortasse positum, ut regionem Tænari
notaret. WEB.

73. *Nunc tamen hic.* Pro *nunc*, ex meis quidam *non*, rectius, intelligendo
an, ut vs. 153 : non sciebat enim certo Cornelia, illo igne uri Pompeium ;
sed dubitabat, sperabatque. Consule vs. 62 et 141. Vel scribe *num* : certe
nunc locum habere nequit, nisi nota interrogationis addatur, ut feci ; sed
et *num* confidenter reposui. OUD.

75. *Resedit.* Quidam *residit.* Sed fere omnes codd. retinent *resedit*; quod
non temere putem cum Grotio mutandum esse in *residit* præsenti tempore.
Nam fumus adhuc restat, et paullatim demum vanescit, licet flamma jam
sit exstincta, et *resederit. Sedere* cum compositis passim dicitur flamma.
OUD.

80. *Gratior : elapsus felix de pectore Magnus.* Post hunc versum spurius irrepsit in Cortii duobus codicibus MSS. hic : « Quam manet Ægyptus,
quæ Magni possidet artus. » Versus inficetus ex interpretatione comparativi
gratior ortus, sed post illa *elapsus... magnus* se tueri nequit. WEBER.

83. *Linquere si qua fides Pelusia litora nolo.* In loco turpissime a librariis inquinato (cf. Intpp. ad 73, 80, 87, 100), non mirum est, si spurium

versum expellimus, auxiliantibus MSS. quorum multi ap. Cortium, Heinsium in Advers. I, 18, p. 185 et Burm. et alii versum omnino non agnoscunt; alii in margine manu alia scriptum habent; alii sedem ejus mutant, ut nonnulli Oudendorpii atque Cortii, et duo Berm. Quæ omnia versum merito suspectum faciunt : accedit quod a Schol. Lips. non explicatur. Magis vero quam hæc ipse versus originem suam testatur. Turbat enim, quamcumque ei sedem tribuas, structuram reliquorum sensus h. l. languidus et otiosus. VVEB.

86-87. *Pompeius, vobis in nostra condita cura : Me quum fatalis leti damnaverit hora.* Prior versus, suspectus Cortio, expungitur a Burm. quum languidus sit; sed ab omnibus MSS. servatur, licet salvo sensu abesse possit. Lucanus autem sæpius in ejusmodi rebus sibi indulget; neque abundat versus, quum Cornelia, filium adhortatura, recte addat, sibi hæc credita esse a Pompeio : ut seqq. vs. 98 *exsolvi — peregi* et vs. 100 *commissas voces* quodammodo rem confirmare videntur. Quod singula attinet, bene *vobis* legitur ex optimis Codd. quum *nobis nostro* ingratum sit, neque h. l. quadret; illa enim mandata filios Pompeii, non Corneliam attinent. Denique in formula loquendi : *condita in cura nostra* non hærendum est, quum sit poetica, et pluribus exemplis probari possit.—Versus 87 non legitur in Cod. Putean. duobus Cortii, in margine tantum Cod. Bouher. et potest salvo sensu abesse; sed ratio addendi neque in illo, neque in hoc apparet, immo causa, cur exciderit. Fefellit enim librarium similitudo verborum *cura* et *hora* in fine utriusque versus; singula autem verba optime habent. *Me* recte ab initio versus ponitur, quum vim h. l. habeat; sic I, 340; VII, 254. *Fatalis hora* (ita enim scribendum est, Codd. omnibus suffragantibus, quum *fatali* propter proximum *leto* ortum sit), eadem est, quam poeta VIII, 610 *extremam* dixit, et mortem secundum leges naturæ et fati significat. Denique *damnaverit*, cujus loco Cod. S. Germ. male *dignaverit* habet, dictum est ut VIII, 483 : « *Ausus Pompeium* leto damnare Pothinus; » cf. ib. 570 et II, 733, ubi eadem est lectionis varietas. VVEB.

100. *Ne mihi commissas auferrem perfida voces.* Deest versus in Regio primo, legitur in marg. Bouher. a man. sec. additus est ante vs. 99 in Voss. 4, et abest a tribus Cortii, si diversi sunt ab iis. Sensus quodammodo sine eo stare posset, sed hoc ipsum librarios in errorem induxit, ut, quum præcedentia non recte perpendissent, versum omitterent; cur enim illa *decepta vixi?* neque ratio adest, cur interpolator aliquid hic addiderit. Singula autem optime habent, quorum sensus ab Oudendorp. bene explicatur. *Auferre* sine dubio intelligi debet, ut Burm. ex locis allatis probat. VVEB.

102. *Quam longo tradita leto.* Nescio horam mihi fatalem a Superis destinatam, exponunt plerique interpretes. Sed an hæc sententia his verbis

contineatur, ego quidem non video. *Longum letum* diceretur pro morte, quæ diu post adventura sit: in futuro itaque tempore; cujus locutionis exempla desidero; (vel morte quæ longe adhuc distat; *longus* pro *longinquus* est apud Sil. III, 422, ubi vide notas. ED.) Badius παραφράζει: *Incertum est quam* i. e. quantum longo *ævo* i. vitæ ego *tradita*, i. commissa a Deo. Hoc est: certo scio, quod te sequar, sed quando, nescio. At tum debuisset dixisse *sæclo*, vel *longæ luci*. Posset conjici *luctu* pro *luctui*, sensu perspicuo. Interim rectius ex his verbis, si sana quidem sunt, hanc elicit sententiam Omnibonus. Vita mihi instar mortis est: ea vero quam longa futura sit, incertum est; sed si diuturnior fuerit, pœnas ab ipsa anima sumam nimium vivaci. *Letum* igitur posuerit pro vita instar leti, quæ verius mors est, quam vita. Sic *mori curis, dolore*, etc. non raro poetæ usurpant. OUD. — Malim vero scribere *fato*; ut sit incertum quamdiu fata mihi vitam sint datura. BURM.

121. *Aspexit patrios comites a litore Magnus.* Qui hic *Magnus* vocatur, est Cnæus Pompeius, Magni filius. Scio equidem vel in Caligulæ et Claudii ætate cognomen *Magni* in familia perseverasse; vix tamen crediderim Nostrum, quum alterum filium, VI, 420, et IX, 85, Sextum prænomine suo vocat, non et hunc itidem Cnæum appellasse, ne in ambigui vitium incideret. In libris scriptis fere semper *Gnæus* scribitur, non Cnæus, et nonnumquam in inscriptionibus. Facile autem fuit librariis *Gnæus* in *Magnus* commutare. Repone igitur: « Aspexit patrios comites a litore *Gnæus*.» et iterum v. 145: « Cum talia· *Gnæus* audisset. » BENT. — Quid tamen mirum, si filium natu majorem patris cognomine designet poeta, præsertim quum hoc cognomen in familia postea manserit? ED.

124. *Orbis, an occidimus? Romanaque Magnus ad umbras.* Additus est versus ab alia manu in Cod. Florent. nec non v. *Abstulit* in charta erasa scriptum: unde colligere licet, verba *an occidimus... Abstulit* a librario omissa fuisse. Sensus reliquorum, posito interrogandi signo post v. *Orbis*, sine his bene haberet; sed, ut taceam de metro, quod claudicaret, nulla apparet ratio, qua versus interpolatus sit, qui optime ad rem faciens, jam propter opposita cum prioribus defendi debet. Pro *Orbis* Lips. *a* non male variam lectionem *Urbis* habet; sed magis placet *Orbis*, ex Lucani magniloquentia, cf. VII, 53 de Pompeio: *orbis Indulgens regno*, et ita sæpius de *orbe Romano*, cf. VIII, 441. *Occidimus* explicat Scholiast. Lips. *a* : « Ubi deberet dicere, an occidit caput orbis, sc. Pompeius, dixit id quod sequitur, nam illo mortuo, occidimus et nos. » WEB.

131. *Hospitii fretus Superis.* Oudend. *Hospitiis.* Potest junctum accipi *hospitiis fretus Superis*, i. Diis hospitalibus. SCH. — Potest esse dialysis, id est distinctio; vel *Superis*, i. e. hospitalibus Diis fretus: vel *Superis* pro supernis hospitiis, i. e. superioris temporis OMNIB.—Vulgata lectio *hospitii*

fretus Superis a Sulpitio est orta, quam Badius, Stephanus, aliique dein receperunt, per *Superos hospitii* intelligentes Θεοὺς ξενίους, sive Deos hospitales, de quibus vide Tomasinum de Tesseris, cap. 6, etc. Verum num illi Dii possint latine vocari *Superi hospitii* sc. tutores, ut supplent interpretes, vehementer dubito. Aliud etiam olim fuisse lectum, patet ex Scholiaste et Omnibono, nempe ita *Hospitiis fretus, Superis, et munere*, i. e. confidens hospitalitatis jure, quam cum Ptolemæo olim exercuerat, et Diis, qui ipsi propitii semper antehac fuerant, et munere, etc. Vel junctim *hospitiis superis*, vel *auspiciis*, ut est in meo codice. *Hospitia supera* cum Omnibono interpretor, hospitia olim culta, et superioris temporis. De ipso hospitii loco Virgil. III, Æn. init.: « Hospitium antiquum Trojæ.» Oud. —Vulgata recta et vera. *Superi hospitii* dicantur eadem ratione qua *Superi scelerum*, lib. VII, 168, ubi vide. Burm.

138. *Sublimia.* Veram lectionem esse puto *deformia*, et τὸ *sublimia* a librario profectum, qui ex similibus locis id arripuit, ubi de hoc more agitur. Cf. Valer. Max. lib. IX, c. 4. Nam non credo potuisse in mentem venire scribis, ut pro *sublimia* darent nobis *deformia*. Cæterum si lectio *urbes* vel *urbem* vera est, ineptire videtur Lucanus: nam libro superiori, ubi cædem Pompeii describit satis operose, nihil dicit de hac contumelia. Nec vero filius, qui cum matre in navi mansit, potuit vidisse caput pilo gestatum per *urbem*, sive per *urbes*. Et unde scivit Alexandriam latum caput, qui statim post cædem patris in altum se dedit? Et unde hanc famam excepit, qui nec in Ægyptium litus exiit, nec in aliud ullum ubi posset hoc audire? Ideo legendum puto *gestanda per urbes.* Burm.

153. *Pellæas arces.* Cortius conjicit *arcas*, nec male; ut lib. VIII, 736, « plebeii funeris arca. » Sed si hoc placet, malim *Pellæis arcis adytisque.* Quum vero omnes libri consentiant in *arces*, annon possent hic intelligi, per *arces*, sepulcris impositæ moles? Sed potius est ut ipsum conditorium intelligat, quod servabat corpus Alexandri, quæ arca fuit. Burm.

159,160. *Et lectum lino spargam per vulgus Osirim, Et sacer in Magni cineres mactabitur Apis.* Sequitur vs. 159 in Voss. pr. Bouher. Witt. et Edit. Ascens. versum 160, neque legitur in Amstel. et suspectus videtur, ut est Guieto, propter verbum *et* iteratum, quum facile hic aliquid additum esse possit. Quæ tamen causæ non sufficiunt; in sententia et verbis nihil inest, quod interpolatorem prodat. *Et* iteratum neminem, qui morem Nostri novit, cf. supra VII, 666, offendet; sed effecit, ut vers. 159 exciderit, et in alium locum migrarit; denique talia accumulari ex more Lucani est, ut taceam, quod *Isis, Osiris* et *Apis* sæpissime ita conjunguntur, cf. VIII, 831 sqq.; Ovid. Met. IX, 690 sqq.; Amor. II, 13, 11 sqq. Vulgatum autem ordinem servandum esse docet res ipsa et mos poetarum. Neque variæ lectiones ita comparatæ sunt, ut versus suspectos reddant; pro *lino* unus

Bersm. *Nilo* habet, Guieto probatum; utrumque vero verbum commutatum ostendunt Ovid. Amor. II, 2, 25; de Art. Am. I, 77. Præterea Osirim non in Nilo, sed in Abato insula sepultum fuisse constat, cf. Serv. ad Virg. VI, 154; unde fortasse aliquis *limo* ex Cod. Rottend. sec. probarit, quam *Abatos* secundum Serv. l. l. insula limosæ paludis sit; verum, quum a sec. manu correctum sit, neque insula ipsa limosa dicatur, *lino* probo, præsertim quum usus ejus in sacrificiis Isidis et sepulturis Ægyptiorum satis notus sit; cf. Dempst. ad Rosin. Antiqq. II, 21, p. 264; Gierig. ad Ovid. Met. I, 747. *Scindam* deinde pro *spargam* in Turr. a manu sec. male habet, et ex conjectura scioli cujusdam ortum videtur; *spargere* enim de cineribus Osiridis, vel potius de frustis ejus, cf. Serv. ad Virg. Æn. IV, 609, optime dicitur, cf. II, 119; V, 684; VIII, 629, 751; IX, 1093; X, 22. — *Per vulnus*, quod in pluribus legitur, h. l. ineptum est; recte *per vulgus*, quia apud Ægyptios scelus fuit, cineres mortuorum, multo magis Deorum spargere; *vulnus* et *vulgus* autem in libris facile confundi poterant. In vs. sequenti *At* pro *Et* ferri non potest, quum oppositio justa non adsit. *Sacer* deinde, quod Heins. male pro *scelesto* cepit, propria significatione positum est; etenim licet sacer sit Apis, licet Deus Ægyptiorum, tamen mactari debet, ut justas pœnas Pompeio solvat. Recte porro *mactabitur*, non *jactabitur*, quod Burmanno placuit; majorem enim iram indicat *mactare* Apim, quam *jactare* Apim, qui certum tempus vivit, cf. Plin. H. N. VIII, 46. Magnus, Pompeii manes piaturus, Apim mactare vult. *Jactabitur* ex conjectura Ascensii vel alius viri docti ortum videtur, qui verba *mactabitur in cineres* bene conjungi posse non putaret. Recte vero *mactare in cineres*, quod tamen non idem est ac *super cineres*, ut vulgo explicant, vel pro dativo *cineribus*; in h. l. habet significationem dirigendi: mactare ita Apim, ut cruor ejus in cineres defluat. Similiter Virg. Æn. I, 736: « in mensam *laticum* libavit *honorem* », coll. VIII, 279; Val. Flacc. IV, 17: « inque *vagi* libavit tempora *nati*. » Neque denique, cur *cineres in tumulos*, quod Markl. ad Stat. Silv. V, 3, 68 jubet, mutari debeat, causam video; immo minus placet *tumulos* de Pompeio, cf. vs. 151, nisi explicas, ut sint tumuli, quos Magnus exstruere vult. — Sensum totius loci exponit Schol. Lips. *a* ita : « *Et* Osirim spargam; et qui nunc mactatur in sacrificio Osiridi, mactabo in sacrificio Pompeii. Quod dicit tectum lino, tangit, quod frustatim fuit divisus a fratre suo, et post Isis, uxor sua, collegit eum et sepelivit. » VVER.

170. *Mortem populos deflere potentis.* Gujetus hic aliquid deesse putat, ubi omnia aptissime cohærent. Infinitivus enim non est gerundii loco, sed, ut sæpissime, pro substantivo *fletus*, *luctus* positus, bene præcedentibus vv. conjungitur, ut recte Schol. Lips. *a* explicat: «Quid sit illud quod dicit carere exemplo, subjungit, totos populos deflere mortem potentis, nam solent potius lætari. » Unde Schol. Lips. *c.* quoque: « Quia raro contigit enim subditos mortem domini sui deflere. » De usu infinitivi autem loco

substantivi cf. Sanct. Minerv. T. I, p. 596 seq. ed Bauer. Arntzen. ad Cat. Dist. XXIV, 2. WEB.

219. *Quum Tarchondimotus.* Multi habent *Quum Tarcho in motu*, ex conjectura Grotii, qui explicat; (edit. prima) in medio animorum motu signum secessioni dedit. Frigidius ante: *Cum Tarchon motus*; quod exponit Schol. *Tarchon* dux piratarum Cilicum. *Motus*, iratus. Grotius postea mutavit sententiam quum vidisset in MS Puteaneo, adscriptum esse in margine, *al. dimotus*: quod viam præit ad veram lectionem *Tarchondimotus*; ita enim nominatur hic Cilicum princeps Ciceroni ad Atticum lib. XV, ep. 1, et Floro; ac Græce Dioni Ταρχονδίμοτος. OUD.

224. *Redis.* In Regio primo, et Amstel. scribitur *redi*; ut jubeat quasi per increpationem, et ignaviæ eorum opprobrium, eos redire ad piraticam; quoniam illis Pompeius non erat jam metuendus; si nollent se sequi. Confer vs. 268: *Ite o degeneres* etc. Sed et vulgata non temere loco movenda. OUD.

250. *Signa petamus. Sequamur*, reponit Oudend. venustissima inquit repetitione, et quia *signa sequi* nostro familiaris est locutio, II, 519. Sed recte Burm. præfert *petamus*, cum majore parte codicum. Jam sequebantur signa Catonis, sed ab illis transire volebant ad signa Cæsaris, cui rei *petere* melius convenit. ED.

253. *Actum Romanis.* Hic, et qui hunc proxime sequitur versus, non leguntur in uno MS; eosque et Modius inducit. A recentiore etiam manu adscripti sunt tantum margini MSS; Buber. Wittii, et Marpurg. Salvo quoque sensu abesse illos posse fateor. Quia tamen in longe plurimis, et inter eos optimis Vossianis et Regiis comparent, et genium Lucani satis redolent, non temere ausim illos proscribere, et spurios declarare. Videntur potius prius inducti ab eo, qui credebat, nimis multum Cilicibus hic tribui, quod, illis abeuntibus, actum foret de rebus romanis. Verum bene advertendum, non jam solum Cilicas, sed omnem juventutem, et plebem (i. e. vulgares milites, seu castrorum plebem; vide lib. VI, 144; VII, 160) etiam romanam, discessionem cogitare; ut diserte addit auctor, et jam ante vs. 225, dixerat, omnes viros in cœtu et motu fuisse. His ergo Catonem linquentibus, et servitium libertati armis parandæ præponentibus, de rebus romanis in Africa actum fuisset ex Lucani sententia. Si tamen delere hos versus malis, per me licet. OUDEND. — Utrumque versum defendendum existimo, qui ab aliis iisdemque optimis MSS. agnoscuntur, sicuti a Schol. Lips. c: « Actum i. finitum videbatur esse de romano imperio; nam omnis plebs fervebat in litore indiga servitii, i. cupida ut serviat Cæsari. » Deinde causa interpolationis non apparet; facile vero versus omitti poterant, quum sensus reliquorum verborum sine iis constaret. Denique sensus loci et singula Lu-

cano dignissima sunt, qui partim in seditiosos invehitur, indigos servitii eos appellans, partim Catonem celebrat, qui tantum effecerit, ut Romanas res servarit, haud trepidus fremente castrorum discordia. Neque quæ poeta antea vs. 217 et 225 dixit, officiunt; repetit enim Noster quæ nexus poscat. Quod singula attinet, *fuerat* h. l. non quadrat; cur enim plus quam perfectum? Immo *fuit* dici debebat et ne hoc quidem satis recte, licet defendi possit; nondum enim actum fuit de Romanis, nam plebes adhuc fervebat; sed actum fuisset, nisi Cato amorem patriæ et libertatis oratione sua reduxisset. Quare hæc sequentibus conjungas, posito semicolo post v. *plebes*, et *fuerit* pro *fuerat* scribe sensu aperto. *Fuerit* in *fuerat* abiit propter seq. *et — fervebat*; sed recte *fervebat*, quia actio infecta indicatur; *et* autem eleganter h. l. dictum est pro *sic* vel *nam*. *Pubes* denique pro *plebes* ex Cod. ut videtur, dedit Bentl. sed male; sæpius enim *plebes* de militibus, qui, ut h. l. ducibus vel aliis opponuntur, cf. VI, 144; VII, 598, 760; X, 403. VVEB. — Sed *fuerat*, eodem sensu quo *fuisset*, hic bene habet. Sic Virg. Æneid. IV, 603 : « Verum anceps pugnæ *fuerat* fortuna. » ED.

268. *Ite, o degeneres, Ptolemæi munus et arma Spernite. Spernite*, aiunt Interpretes, *munus Ptolemæi*, hoc est *libertatem* Pompeii nece vobis donatam. Immo ordo est, *ite, o degeneres, munus Ptolemæi*, per epexegesin. Nimirum Ptolemæus dederat Ægyptias naves, has ipsas quibus tum præerat Pompeius filius. Appianus Civil. II, c. 71, dicit : « Sexaginta naves a Cleopatra et Ptolemæo missas, Corcyræ subsedisse » Has porro a Corcyra Cato in Libyam duxit. Sed Cæsar Civil. III, 3: « Naves longas, quarum erant auxilio quinquaginta missæ ad Pompeium, quæ prælio in Thessalia facto domum redierant. » BENTL. — Hæc, etsi vera sint, nihil faciunt ad rem : nec quidquam frigidius sit, quam mentionem hic fieri navium a Ptolemæo concessarum. Immo supra dixit contulisse aliquid in leges et Ptolemæum et Parthos : sc. ab his occisum esse Crassum; ab illo, Pompeium. ED.

288. *Phrygii sonus increpet æris.* Sunt, qui legant, *Phrygii sonus ut crepat*, i. e. postquam sonus *Phrygii æris*, tubæ; sed quia ad Corybantia æra i. pelves revocantur, nihil mutem. VERSELL. — Vulgo *tum si s. increpat*. Quod agnoscunt quatuor MSS. Palm. Editiones vero Romana, Parmens. Aldi, et Colinei habent *Phrygii sonus increpat.* Heinsius ideo ex librorum vestigiis ad Silium Ital. XIV, 373, hoc modo correxit : *Phrygii sonus increpet æris*; subintelligendo *si* : quam particulam eleganter omitti sæpius docuerunt Viri docti. Vide J. F. Gronov. Observ. L. II, c. 2: IV, 20, et Broukhus. ad Tibull. L. I, 7, 43; supra L. IV, 213. Eamque emendationem ut verisimillimam facile admisi, et optimis MSS. comprobatam. Nam licet meorum nullus habeat *increpet*, ita tamen in suorum duobus esse testatur Bers. et nihil est frequentius, quam vocalium *a* et *e* mutatio. OUD.

295. *Constituit.* Sc. Cato. Et erit ordo : *Jamque mentes quietem ferre non doctas actu belli,* et serie laborum agitare constituit. SCHOL. — Explicat Ascens. statuit, et proposuit, mentes militum, doctas actu belli i. assuetas bello, non ferre quietem, et agitare, sup. eas, serie i. continuatione laborum. Et causam subjicit, quia si conjungas *doctas non ferre,* tunc nescias quid eos facere constituerit, et si dicas *serie agitare laborum,* vacabit *que;* unde mavult dicere : *constituit non ferre* i. e. ut non farant, et agitare i. ut agitent. Mirifice hic se torquet Ascens. et tandem videtur legere *seriemque agitare;* ut sat multi habent. Verum *serie* retinet, et optime construit Scholiastes. Ex militari, et omnibus prudentibus ducibus observata, disciplina, Cato quoque decrevit agitare, sive exercere actionibus bellicis, et laboribus quotidianis mentes militum, qui quietem ferre non didicerunt, et in otio semper solent esse seditiosi. Scio, quomodo defendi possit *seriem* ut scilicet bis repetatur *agitare* duabus vicinis sibi significationibus, *agitare mentes militum,* et ipse *agitare seriem laborum.* Ego tamen malim cæteros optimos Codd. et viros doctos sequi, legendo *serie;* quod confirmant sequentia. OUD.

301. *Natura vetabat.* Non video rationem, cur Grotius verbum *vetabat* mutaverit in *negabat.* Rectum est *vetabat;* quare revocavi ex cæteris omnibus MSS. Ovid. Ep. XIII, 131 : « Quo ruitis, Danai : ventos audite vetantes. » OUD.

319-21. *Ut primum remis actum mare.... tentatum classibus æquor.* Hi versus leguntur in margine inferiori Lips. *d,* et desiderantur in duobus Cortii, si diversi sunt ab illo; in tribus aliis Cortii omittitur versus ultimus; sed neque duo priores, neque ultimus salvo sensu abesse possunt. Poeta enim, Syrtibus descriptis, Catonem eas intrasse, et quomodo eas intraverit dicere debet, ut factum est vs. 319 et 20; deinde *turbine defendit* prioribus sine his recte conjungi non possunt, quum id quod Auster defenderit, requiratur. Denique, ut nihil dicam de optimis libris et Scholiastis, qui hos versus agnoscunt, non apparet, qua ratione a librario orti et inculcati sint, qui, si qui alii, poeta nostro dignissimi sunt, et jam propter vv. *in sua regna furens* defendi debent. Versus sine dubio exciderunt negligentia librarii, errantis in v. *æquor,* quod in fine vs. 318 et 321 positum est, vel, si versum 321 solum spectas, in similitudine vv. *Auster et æquor* in fine hujus et præcedentis versus. Quod singula attinet, plura h. l. notanda sunt. Variant libri in vv. *actum* et *ictum,* nam reliqua ex errore orta sunt; Bentl. probat *ictum* de mari, cf. II, 458, quam *acta* semper sit navis, cf. II, 683; III, 536; sed *actum* de mari quoque dici, probant Oudendorp. et Burm. ad h. l. Discrimen illud omnino falsum et ex Lucano tantum haustum videtur; utrumque enim dicitur *ictum mare* et *icta navis,* cf. Ovid. Met.XI, 507 de nave « sæpe dat ingentem fluctu latus icta fragorem; » Trist. I, 10, 8; Burm. ad Valer. Flacc. IV, 48; Heins. Advers. I, 18, p. 186. Male autem Oudendorp. *mare* accusativo casu accipit, quum positio verborum no-

minativo esse aperte doceat; neque exempla ab Oudendorp. laudata officiunt. Recte enim h. l. additur *remis actum mare*, ut sit remis propelli-
tur classis, cf. VII, 789; neque causam, cur dici non possit, quod natura
undarum probet, video. *Propulit* vero recte, cf. Burm. ad Propert. I, 8,
13, quum *protulit* ita non dicatur, neque *pertulit* Hulsii h. l. quadret.
Denique in v. *classibus* vs. 321 et in vv. *classis onus* vs. 320 variat Lucanus, qui mox pluralem, mox singularem ponit, cf. II, 707; 711; III, 1;
47; V, 408, 458. WEB.

329 sqq. *Vincitur et nudis avertitur armamentis*, etc. In singulis plura
notari debent. *Nudis*, cujus loco in Lips. duobus *nudus* metro claudicante
legitur, recte habet; *nuda* armamenta sunt, quæ vela non habent; sic
nudos ramos I, 139 et multa alia. *Classis* deinde pro *classi* legitur in
Thuan. pr. sæpissime autem uterque casus in libris confunditur, cf. Oudendorp. ad I, 193. Qua in re tenendum est, dativum utpote magis exquisitum probari debere, ubi notio ejus, quæ est attribuendi, præpolleat, et
verbi ad aliquam rem relatio major sit, quam substantivi; unde dativus
plerumque verbo conjungitur; sed meminisse juvat, poetas sæpius in hac re
variasse, ut orationem exquisitam et a pedestri sermone diversam redde-
rent. — In seqq. *est* post v. *mari* in multis Burm. et pluribus licet non
optimis Oudendorp. nec non in Lips. duobus legitur, neque male; Lucanus enim verbum substantivum alii verbo per copulam conjungere solet, cf.
III, 461; IV, 454; V, 63; 298; alia est res, ubi participium, omisso verbo
substantivo, priori loco positum est, ut IV, 205 et V, 373. — *Effudere* denique, cujus loco in Voss. 1 pro var. lect. *effugere* legitur, improbat Burm.
de nave dici posse negans; sed recte vela, primum vento tumentia, postea
cæsis arboribus laxa, ventum quasi effundere et emittere dicuntur. Quo
verbo constituto, melius quoque *prementem* quam *frementem* videtur, metaphora sumpta ab equis, ut recte jam Oudendorp. monuit; sic dicitur *silva
a Borea pressa* I, 390. WEB.

338–40. *Tunc magis impactum brevibus mare... cumulos fluctus non
vincit arenæ.* Guieto versus suspecti sunt, quia magna in his scripturæ
diversitas, cf. Heins. Advers. I, 18, p. 186, sensusque ex superioribus haustus et repetitus sit. Mihi quoque consideranti verba displicent, neque negari potest similia prioribus continere; sed poeta in talibus rebus variare
eamdemque rem vario modo describere amat. Sensum totius loci explicat
Schol. Lips. *a* ita: « Magis est impactum mare, quia est brevius, et terra consurgens sæpe est obvia ipsi mari, et quamvis multum devoret fluctus, tamen
adeo creverat arena, quod non poterat superare tumulos arenæ. » Vides Scholiastam plura aliter legisse ac nunc scripta sunt. *Impactum brevibus mare* bene Intpp. receperunt, quum *impactis* indeque *impacti* propter *brevibus*; *brevius* autem et inde *brevis* propter v. *mare* orta sint; quæ
omnia locum a librariis intellectum non esse testantur. *Impactum brevi-*

bus *mare* est impulsum, illisum, actum in vel ad vada, cf. Oudend. ad h.
l. *brevia* enim sunt loca vadosa, *brevia vada*, ut habet Senec. Agam.
572; absolute Virg. Æn. I, 111, ubi cf. Heyne; Tacit. Ann. I, 70; XIV,
29, ubi alii tamen *litus* non male addunt; Val. Fl. II, 615, *breves aquæ*,
et similiter Lucan. supra 317 *brevis unda*, quo ex loco Bentl. nimis audacter, neque satis recte α incertum brevius mare terraque lædit » (lædat
ex errore typographi) correxit. *Sæpe*, fortasse ex seq. *sæpe* ortum, h. l.
stare nequit, nisi quis, quod unus neque optimus Marp. habet, *consurgit*
pro *consurgens* legat; sed vel sic locus propter seq. *sæpe*, quod poeta, ut
puto, alio modo dixisset, displicet. Neque magis probari debet Burm. conjectura α impactæ brevibus; mare terraque sævit, » in qua v. *rates* omissum displicet. Locus sine dubio corruptus est; quare ego quoque *terra repellit, recussit* tentabam, ut mare accusativi loco esset; sed hæc nimium a
literis recedunt, neque admodum placent. Videtur Lucanus, ut solet, ex-
quisite h. l. loquutus fuisse. *Sævit*, licet de undis furentibus aliisque similibus rebus, de terra h. l. dici non potest; quomodo enim terra vim suam
exserens furorem ostenderit, nisi forte in terræ motu? sed h. l. de arenis
fluctuantibus atque turgentibus sermo est. Accedit quod *sævit* in paucis
neque optimis Codd. legitur pro *sæpe*. Scribendum existimo *sepit*, quod ex
sep7 in *sepe*, male intellecto compendio et in *sevit*, commutatis *v* et *p*, transiit. *Sepire* enim optime h. l. de tumulis arenarum, mare vel vadosa loca
vallantibus, dicitur, cf. Curt. VI, 5: « Jugum montium, præaltæ silvæ, ru-
pesque inviæ sepiunt. » Similiter Virg. Æn. I, 112 de Euro : « aggere cingit arenæ. » V. *sepit* restituto, bene opponuntur *impactum brevibus mare*
et *terra*, quæ veluti aggere mare *sepit*, *obvia consurgens*. Bene nunc quoque sequentia cum prioribus cohærent, neque copula *que* opus est, quæ a
Lucano in singulis rebus enumerandis sæpe omittitur, cf. ad IX, 716. Cohærent autem ita : Terra in locis vadosis mare cumulis arenæ ita cingit,
ut fluctus, quamvis elisus sit ab Austro, cumulos superare non possit. Recte
etiam *ab Austro elisus*, quod non nisi de septa unda explicari potest,
quum æstus Austro contrarius sit, cf. vs. 334; *elisus* autem, non *illisus*,
quod Cort. sine causa mutavit, cf. II, 437; VI, 56; VII, 476. WEB.

349. *Perflantem murmura*. Quid est *perflare murmur ?* non satis ego
intelligo. In tribus Pulm. et aliis MSS. est *litora*. Suprascripto tamen
murmura, in Hulst. *perstantem*. Latet aliquid minus sanum, quod vidit
Heinsius legens *marmora* i. e. æquora. *Perflare marmora* ergo idem esset,
quod ait Virgil. Æn. VI, 171 : «dum personat æquora concha. »Hac constructione *perflare* utitur idem Æn. I, 83, de ventis : « Et terras turbine perflant.»
Cf. Silius Ital. Lib. XI, 582. Verum tamen quo minus credam, hanc locutionem probam esse, facit tum *marmoris* vox, tam simpliciter pro æquore non
poni solita, tum præcedens vox *ponti*. Quæ enim hæc foret loquendi ratio :
« Pontus audit Tritona, perflantem pontum » i. e. se ipsum ? Eodem jure
possemus ex MSS. admittere *litora*. Nisi et *litore* jam præcessisset. Quare

putem potius *perflantem* corruptum esse ex veriore composito *proflantem*.
OUD. — Hanc correctionem probat quoque Bentl. — Sed *proflare murmura* neminem dixisse puto, nec dicere potuisse, quum *proflare sonum*, *auras*, etc. rectum sit. Puto ideo *murmura* adripuisse librarios, qui non considerantes verbum perflare et scientes murmura conchæ et tubæ tribui (Sil. XIV, 374) ideo *proflare* substituerint quia *perflare murmur* esset absurdum. Jam vero *marmora* simpliciter dicitur, et licet pontus præcedat, marmorque sit idem, hoc fieri tamen vindicari potest variis poetarum locis, qui non veriti talia synonyma cumulare et ipse Oudendorp. hanc cumulationem agnovit ad II, 435. BURM.

355. *Lethon.* Videtur hunc locum Silius, perpetuus Lucani imitator expressisse I, 236 : « Infernæ populis referens oblivia Lethes. » Nam errore forsan nominis utrique fluvio tam Afro, quam Hispano adscripserunt veteres oblivionis vim. Unde factum, ut Interpretes *Lethes* vocem sanam hoc loco esse crediderint. Sed ab aliis hic fluvius nominatur *Lethon*, vel *Lathon*. Unice verum est *Lethon*; quam lectionem, ab Is. Vossio ad Melam, Lib. I, c. 8, jam approbatam in textum recepi. OUD.

358. *Spoliatis frondibus.* Alii *spoliatus.* Male, si quid video. Nam præterquam quod langueret versus, et *pauper* esset plane otiosum; hortus ab Hercule non spoliatus est frondibus, aut arboribus; sed illæ sunt spoliatæ malis; unde pauper factus est hortus; quia *abstulit arboribus pretium*, ut ait vs. 365. Hinc in nummis pingitur Hercules manu sua poma ab arbore decerpens, pendente ex ea Ladone serpente mortuo. OUD. — Parum referre arbitror, quum idem sensus effici possit; nisi quod, si *spoliatis* legas, debeas subintelligere *pomis suis*; nam si *frondibus* simpliciter capias, rami deberent intelligi, et ita *spoliatis* vel *spoliatus* frondibus notaret ramos detractos vel succisos, quod non factum ab Hercule patet ex v. 366. Et hoc verbum, si nude ponatur, debet aliquid præcessisse, unde intelligi possit, qua re sit spoliata arbor, aut, ut hic, hortus. Quare ego in *spoliatus* pronior essem, et tot exempla veterum poetarum, qui duplici epitheto usi fuere, in primis si unum esset participium, me non deterrerent : ideo enim pauper erat, quia spoliatus. Sed *frondes* me male habent : forte scripserit Lucanus *fructibus* vel *fœtibus*. Cumulavit autem Lucanus tria epitheta, II, 209. BURM.

373. *Armorum fidens et terra cingere Syrtim.* Versus in uno Cortii non legitur, qui, quum cætera quodammodo constarent, facile omitti poterat, sed accuratius consideranti versus necessarius videbitur. Requiritur enim, quid Cato suadente hieme facturus sit, neque sufficiunt illa *in ignotas ag. c. gentes*; deinde ratio interpolandi h. l. non apparet; denique vv. ipsa proba et Lucano digna sunt. Quod singula attinet, Heins. male semicolon post *fidens* ponit, ut reliqua cohæreant; conjungi debent *audet*

committere et *cingere Syrtim*, quod sensus verborum et mos Lucani, sententiam aliquam explicare amantis, postulant. WEB.

377. *Inde polo Libyes, hinc bruma temperet annus.* Forte scripserit, distinctione majore posita post *sævam*, quod ad *metuentibus* referendum : « Inde solum Libyes, hinc brumam temperat annus. » Ut sensus sit : spes erat imbrem forte casurum, metuentibus nimium calorem, ut etiam non metuentibus viam sævam, aut a sole aut a frigore. Nam *inde* i. e. a sole, sive a calore solis, annum temperat solum Libyes arenosum et ardens : hinc vero annus, i. e. tempus anni, temperat brumam, quæ hic non tam frigida est, ut in aliis orbis partibus. BURM.

385. *Durum iter ad leges, patriæque ruentis amorem.* Varii distinguent hæc editores. Mihi placeret : « Durum iter ad leges. Patrisæque... amore, etc. » Nam non video quomodo dici possit ad leges et amorem patriæ durum iter institui nunc, quum certe amor patriæ, quem antea jam habere insitum animis deberent, eos ad hæc dura debuerit incitare. Sed amore patriæ quo eos duci ponit, non debent recusare hoc iter. Quod si minus placet, solenni vocum *amor* et *honor* permutatione legendum: « Durum iter ad leges, patriæque ruentis honorem. » BURM.

409-10. *Et sacrum parvo nomen clausura sepulcro, Invasit Libye securi fata Catonis.* Guietus utrumque versum damnat, utpote illatum a librario, qui aliquid deesse ratus, v. *Libye* addiderit explicando. Salvo sensu uterque versus abesse potest; sed mirum videri debet, librarium, ubi nihil deest, aliquid, quasi deesset, intulisse. Deinde sententia versus cum Lucano optime convenit, qui talia in posterum eventum indicare et innuere solitus, similia aliis quoque in locis de Catone laudat. Tum singula verba, ut *clausura sepulcro*, cf. VIII, 697, 789; *sacrum nomen*, cf. VI, 311; IX, 255, 555; et *securi Catonis*, cf. II, 241; *invasit*, cf. II, 315, Lucanum probant. WEB.

419. *Discedit in ortus.* Hæc lectio Grotio debetur. Vulgo erat, ut cæteri habent MSS *descendit*, solenni variatione, jam sæpius monita. In uno Pulm. est *distendit*, forsan verius pro distanditur, sive distendit se. OUD.

435-36. *Temperies vitalis abest, et nulla sub illa Cura Jovis terra est.* Cortio verba *et nulla — terra est* suspecta sunt, ut videtur, propter repetitionem *et nulla* e vers. 434, vel propter sonum ingratum *nulla sub illa*. Utrumque in Nostro non offendit, cf. de ingrato sono, quæ supra ad VII, 259 (in Disq. var.) diximus. Quid præterea locum suspectum reddere possit, non video, quum verba apta sint, neque in Mss. interpolationis indicium appareat. Locum explicat Schol. « Jupiter non curat de hac terra, i. e.

hæc terra non habet temperiem aeris. » Etenim non de pluviis hoc loco sermo est, neque *Jupiter* pro *aere* simpliciter ponitur, ut Heins. in Advers. I, 16, p. 182 putat, sed *temperies vitalis* ex more poetæ variatur, ita ut Jupiter is sit, qui vitam præbeat, Ζεὺς a ζῆν. Recte autem Omnibonus *sub* per *in* explicat; neque intelligo, cur Burm. in h. l. hæserit, quum *sub* sæpissime a poetis pro *in* dicatur. Conferri possunt e Nostro IV, 465; V, 609; VI, 646; VII, 817; X, 66. Neque tamen *sub* idem est quod *in*; sed simul indicat, rem aliquam in media alia, et pro rei natura alia obrutam esse. Sic h. l. *vitalis temperies* in media terra non fuisse dicitur. VVEB.

438-41. *Hoc tam segne solum raras tamen exserit herbas, etc.* Exciderunt versus in Lips. *c*, quum v. *arenis*, quod in fine vers. 437 et 441 legitur, librarium in errorem induxisset; sed qui salvo sensu abesse non possunt, et arctissime cum sequentibus cohærent, recte ab alio in margine additi sunt. In singulis pauca sunt notatu digna. *Tamen*; cujus loco Edit. veteres male *tantum* exhibent, recte exponit Schol. Lips. *a* ita: « Quamvis sit ibi tantus calor, tamen sunt ibi aliquæ herbæ, unde vivit Nasamon populus, sed non inde tantum vivit, sed de rapina, quam facit in Syrtibus, et hoc est quod dicit, *Quæ barbara Syrtis alit damnis mundi*, i. de his quæ mundus ibi perdit. » *Colit* deinde ex Voss. 1 pro *legit* recte Burm. refutat; *legere herbas* sæpius dicitur, cf. VI, 442; similiter VII, 756 de auro: « Quodque legit... Arimaspus arenis; » et quadrat optime ad v. *rarus*. Ordinem denique verborum *quem mundi* Cort. sine causa mutavit. VVEB.

445. *Illic secura juventus... Æquoreos est passa metus.* Cum hoc Lucani loco plures conferre, operæ sane pretium foret. Præstat tamen, et animo meo unice arridet hic memoriam revocare magnæ illius et clarissimæ expeditionis, qua Galli sub initium hujus sæculi Ægyptum et Syriam victoriis lustravere. Cujus gloriæ interpretes haud impares fuere, par nobile vatum, cui nemo, quascumque partes sequatur, ingenii palmam negaverit, BARTHÉLEMY et MÉRY : *Napoléon en Egypte*, ch. V, vs. 45 sqq.

> Ainsi pense la foule, et pourtant résignée
> Elle suit du désert la route désignée,
> Et les jeunes soldats cherchent aux premiers rangs
> Leur jeune chef, à pied, parmi les vetérans;
> Il marche le premier : son plumet tricolore
> Brille aux yeux des soldats, comme ce météore,
> Qui, dans ces vieux déserts, sous un ciel ténébreux,
> Vers les vallons promis entraînait les Hébreux.
> . . . .
> Le soldat cherche en vain des ondes salutaires;
> La fièvre de la soif embrâse ses artères,
> Et le souffle rapide exhalé de ses flancs,
> Aspire chaque fois le sable aux grains brûlans.

Sur le flanc des chameaux les outres entassées,
Par l'importune soif vainement sont pressées ;
Et les coursiers cherchant l'humidité des eaux,
Dans l'arène embrâsée enfonce leurs naseaux.

Quelquefois cependant l'instinct du dromadaire
Hume, en pressant le pas, le puits qui désaltère,
Saumâtre réservoir au voyageur offert,
Comme une coupe étroite oubliée au désert ;
Pareils à ces troupeaux qui des plaines brûlées
Accourent en brâmant aux sources des vallées,
Les légers cavaliers mêlés aux fantassins,
Précipitent leurs pas vers ces tièdes bassins,
S'y plongent tout vêtus, et d'une onde abondante
Eteignent le brasier de leur poitrine ardente.
Hélas! leurs compagnons, qui par de lents efforts,
Mourans, se sont traînés vers ces humides bords,
Sollicitent en vain, pour leur bouche flétrie,
Une dernière goutte à la source tarie ;
Et tandis que leurs doigts, pressant le noir limon,
D'un reste de fraîcheur raniment leur poumon,
D'autres plus effrénés dans un accès de rage,
Egorgent les chameaux, compagnons du voyage,
Et leurs avides mains, qu'instruit le désespoir,
Des intestins sanglants fouillent le réservoir.
. . . .

Quelle nuit! du milieu de ces plaines fatales,
De lugubres échos sortent par intervalles ;
C'étaient les derniers sons, les soupirs déchirans,
Qu'à leurs tristes amis adressaient les mourans,
Lamentables adieux qu'une bouche flétrie
Mêlait avec effort au nom de la patrie.
Mais le chef de l'armée, escorté de flambeaux,
Secourable génie au milieu des tombeaux,
Sur ces couches de deuil que la fièvre désole
Allait semant partout sa magique parole :
« Soldats, c'est un combat que nous livrons-ici ;
« Le désert a lassé notre corps endurci ;
« Nous vaincrons le désert : une telle victoire,
« Vétérans de Lodi, manquait à votre histoire :
« L'excès du mal annonce un avenir plus doux ;
« Vos tourmens sont les miens, et j'ai soif comme vous. »
Et ces mots consolans, où son âme est empreinte,
Rallumaient dans les cœurs une espérance éteinte.

Soudain le chamelier, enfant de ce désert,

A montré le midi de tourbillons couvert :

« Voyez—vous, a-t-il dit, cette arène mouvante !

« Le Simoun ! le Simoun !... » Ce long cri d'épouvante

Glace les bataillons dans la plaine arrêtés ;

Et l'Arabe s'enfuit à pas précipités.

Il n'est plus temps ; déjà le vent de flamme arrive ;

Il pousse en mugissant son haleine massive,

Etend sur les soldats son immense rideau,

Et creuse sous leurs pieds un mobile tombeau :

La trombe gigantesque, en traversant l'espace,

Du sol inhabité laboure la surface ;

Et son aile puissante, au vol inattendu,

Promène dans le ciel le désert suspendu.

Ainsi planait la mort dans la nue enflammée,

Ainsi le vent de feu grondait sur une armée,

Quand les Perses vainqueurs, de dépouilles couverts,

Du saint temple d'Ammon profanaient les déserts :

Sacrilèges fureurs ! sous la dune brûlante,

Le Kamsim étouffa leur armée insolente ;

Et, vingt siècles après, les peuples musulmans

Des soldats de Cambyse ont vu les ossemens.

Qui plura desideret, ipsum poema perlegat, ubi multa admiratione digna inveniet. Cf. *Victoires et Conquêtes des Français*, tom. IX; et plurimas ad hanc Ægypti expeditionem pertinentes historias. Ed.

449. *Non montibus ortum.* Mendose vulgo hic circumfertur locus, cui, membranarum ope et ductu, integritatem, ni fallor, reddidimus. Scribe igitur, clarissimo sensu : « Excipit austrum, Et terræ magis ille nocens, non montibus ictum Adversis frangit Libyes; scopulisque repulsum Dissipat, et liquido se turbine solvit in auras; Nec ruit in silvas. » Auster nocet terræ, quia ictum suum (vel si legas *ortum*, vel initium suum, vel se ortum) non frangit in adversis montibus Libyes, neque se scopulis repulsum dissipat, aut dissolvit : quia illius vis numquam rotatione diffringitur, etc. Ventus enim quum a monte repellitur, facit turbinem, quem *liquidum* vocat, metaphora ab aquarum vertice, vel ab undante fumo, et igni ducta. Oud. — *Ictum* nusquam vidi ; nec montibus ici ventum umquam legi, sed montes vento. *Libye* autem si mutes in *Libyes*, non video nominativum τοῦ *frangit :* nam Syrtis huc attrahi nequit : nec auster, nisi subintelligas *se frangit.* *Liquidus* autem *turbo* valde est suspectus, nec ullum adduci locum video, qui eo nos ducat. Forte ita constituendus versus : *at liquidas se turbine solvit.* Burm. — Sed post nominativum *Libye*, quomodo fiat *auster* nominativus τοῦ *solvit ?* Nihil mutandum puto. Ed.

II.

454. *Rabiem exercet arenis.* Rott. *habenis*, quod amplexus est Cortius; ut sit translatum ab equis laxo freno currentibus. Hi enim *effundere se*, et *effusis habenis* currere dicuntur. Vide Virg. Georg. III, 104 et passim. Ventos Æolii antri carcere emissos per campos instar effusi equi ruere, passim fingunt poetæ. *Totas habenas* itidem dixit noster II, 500. OUD. — Si quid mutandum sit, malo cum Heinsio *motis exercet arenis*, nam ventus illas siccas arenas movet, ut in mari fluctus. BURM. — Nihil vero hic mutat MSS. 7900; nec mutatione opus. ED.

474. *Extrema... longeque remota.* Maluit Versell. *externa*, putans redundare *extrema* et *longeque remota*. Sed an Lybie æque non est *externa tellus* Romanis, ac alia? Malui itaque *extrema* i. e. ut addit auctor pro explicatione, longius remota, quam in qua erant. Passim vocantur Lucano, aliisque *extrema terrarum*, quæ a Romanis tam longe aberant, ut fere iis essent incognita: ut sæpius propter crebram harum vocum mutationem monendum fuit. OUD.

479. *Patricia cervice movet.* Ego *tulit* præferrem: nam revera manu, non cervice movebant ancilia Salii, et nescio an latine dici possit *cervice movere arma*, sed cervice gerere, ut I, 603, *portare collo*: sed quia *movere* ancilia est propria in hac re locutio, posset legi, *quæ lata*, etc. lata i. e. *portata cervice*. BURM.

485-488. *Qui super ingentes cumulos...Adligat et stantes adfusæ magnus arenæ.* Miro modo libri h. l. fluctuant; nihilominus versus genuini sunt, aperta fluctuationis ratione. Omittit Richel. vs. 485, vel quia librarius in v. *arenæ* errabat, vel ex alia causa nos latente; sequentia versum abesse non patiuntur. Plures Mss. Burm. Voss. quart. et Witt. *ingentis* pro *ingentes* habent; sed, si *ingentis* genitivus est, rectius *ingentes*, quia *cumulos* notio est primaria, et genitivus *arenæ* eam tantum definit, ita ut adjectivum ad v. *cumulos* pertineat, quod positio verborum et paulo post verba *magnæ arenæ agger* ostendunt. Ex eodem fortasse loco Heins. hic *ingestæ* pro *ingentes* voluit; sed *ingestæ* parum ad rei descriptionem facit, et in v. *involvit* quodammodo jam inest. *Cumulos*, quod in omnibus, excepto Voss. primo, legitur, de arenis solenne videtur, cf. Lucan. IX, 340, ubi unus Oxon. *tumulos.* Virg. G. I, 105; nam in locis ab Oudend. allatis alia est res. Differt autem *cumulus* a *tumulo*, ita ut in hoc notio altitudinis sola spectetur, a tumendo i. e. excedendo e planitie; in illo autem præter hanc altera accedat cumulandi, ubi editum aliquid congerendis et coacervandis pluribus rebus consideratur. *Viros* in sequenti versu Micyll. male explicat de Psyllis, quod poeta sine dubio alio modo dixisset. (Micylli nota est: « ad historiam Psyllorum alludit, quæ gens Nasamonibus vicina, quam aliquando Austro perquam valido atque diutino vexaretur, contra illum tanquam hostem profecta, congestu arenæ tota oppressa, eoque pacto interiisse dicitur, ut auctor est Herodotus libro IV, et meminit Aul. Gellius libro X, cap. 11. ») *Viros* i. e. Romanos; neque offendere debet seq. v. *miles*, ita enim saepius transit poeta. Sic *viri* de *militibus* pluribus in locis dicuntur, cf. VII, 738, et supra vs. *471* eosdem *viros* nominat. — Vs. 487*juvat*, quod in Voss. primo pro *valet* legitur, loco non est accommodatum; *valet* autem optime rei magnitudinem describit. — *Et* ante v. *multo* in Lips. *c* sine dubio ex ultima syllaba v. *valet* ortum metra turbat; *multo*, quod Bentl. sine justa causa in *multi* corrigi jussit, fortasse inductus loco VIII, 867, eadem ex ratione defendi debet, qua supra *ingentes* vidimus; similiter II, 678: « aggere multo *surgit opus*.»—*Congestu* autem ut infra vs. 988 dictum est, neque infirmatur auctoritate Turriani praebentis *conjectu*, quod pro *congerie, coacervatione* ex Lucret. III, 199; V, 417 probari possit; sed seriori tempore pro *jactu, conjectione* tantum dictum videtur. Versu *488 et stantes* recte; quum *stantes* h. l. oppositi sint *jacentibus* vs. 482; illi prae multitudine congestae arenae surgere non poterant, sed etiam *stantes* ab arenae cumulis tenebantur; quare neque *adstantes*, ut in Rottend. tert. legitur, ortum ex seq. *adfusae*, neque Heinsii *exstantes* placet. *Adfusae* denique propter v. *stantes* melius videtur, quam *effusae*, quod in Oxon. uno, Amstelod. Turr. et velt. Edd. legitur; exprimit enim arenas, Austro torquente, ad milites delatas et accumulatas fuisse; qua re *adfixus* quoque, quod Cod. Lips. *a* pro var. lect. praebet, improbo. WEB.

490–492. *Saxa tulit penitus discussis proruta muris*, etc. Versus hos contra Bentl. defendo. Subjectum ad v. *tulit* sine dubio est Auster, de quo h. l. sermo est, ut v. 486; neque obficit quod plura interposita sunt (Cf. supr. Disq. var. ad VII, 154). Deinde quis poetae et maxime nostro, quod domos in illa regione attinet, fidem non habeat, quarum supra quoque v. 459 meminit. Denique cur de arena tantum sermo sit, neque de saxis, non intelligo; primum miles nisu jacuit, vix immobilis Austro; tum Auster ingentes arenae cumulos involvit; denique saxa tulit atque effudit; vides quomodo omnia cohaereant et gradatio insit. Neque meliorem nexum inter *arenam* et *iter omne latet* video, quam inter arenarum cumulos, saxis procul effusis conjunctos, et sequentia *iter omne latet*. Nihil de ratione interpolationis h. l. neque de Mss. dicam; sed de variis lectionibus ex solenni errore scribarum ortis. Vers. 490 sine dubio *discussis* ex optimis nec non pluribus Mss. scribendum est, i. e. huc illuc in diversas partes dissipatis, ut supra vs. 459, quocum bene seq. *Effudit* convenit. *Miseranda* autem h. l. parum vel nihil ad rem fecit; verum *miranda*, respectu Austri, cujus vim mirati sunt, qui non domos, sed ruinas earum viderunt. Quod formam accusativi *domus* denique attinet, cf. Oudend. ad VI, 28; at neque hic neque in locis allatis certa est scriptura. WEB.

494. *Ulla, nisi aetheriae, medio velut aequore, flammae*. Hic versus suspectus est Oudendorpio. In quibusdam codicibus vel in margine scribitur,

vel prò glossa insertus est. Possis suspicari ortum ex interpretatione verborum *sideribus novere viam*, sed hunc versum recte defendit VVeber. Nam verba si spectas, *ulla* non bene abesse quum verbo *omne* respondeat: denique mos est Lucani variare sententiam. Burmannus conjiciebat : *nec dant*, sed hæc conjectura neque necessaria est, neque placet, quum, cur flammæ discrimina dare debeant non intelligatur. Scholiastes explicat : « Quia nulla patebat semita, nec aliqua viarum cognitio, nisi per sidera, veluti essent in medio æquore. » ED.

497. *Devexo margine*. Notandum, quod marginem genere masculino dicit. SCHOL. — Non Lucanus solus, sed Ovidius, Statius, aliique in masc. gen. dixerunt. OUD.

499. *Incensusque dies*, etc. Olim legebatur :

> Exarsitque dies ; jam mundi spissior ignis,
> Jam plaga, quam nullam Superi mortalibus ultra
> A medio fecere die, calcatur, et humor
> In Noton omnis abit ; manant sudoribus artus :

Quos versus ab Aldo in Editionem illatos, sed a Grotio recte ejectos, ex vers. 604 sqq. plures Mss. male repetunt. Agnoscit eos quoque Ms. Lips. *c* adposito tamen v. *vacat*, quod infartos esse notat. Locus a sciolo quodam fortasse adscriptus fuit, ut similitudinem, quæ inter vers. 498-501, et 604-608 intercedit, ostenderet ; hinc in textum irrepsit, additis et mutatis nonnullis, quæ metrum flagitabat. Inde scriptum est *Exarsit* pro *Incensus*, quod defenditur alio loco Lucani IV, 68 : « Incendere diem nubes oriente remotæ ; » inde additum est v. *mundi*, quod hoc loco nihil ad rem faciens auctorem suum prodit ; inde illata vv. « et humor in Noton omnis abit, » quæ respondent vv. *et unda rarior*, fortasse ex Ovid. Metam. XV, 246 hausta : « Tenuatus in auras Aeraque humor abit. » Sed totus locus aperte huc non quadrat, nexum sententiarum et verborum turbat, neque infra deesse debet. VVEB.

500-503. *...Conspecta est parva maligna Unda procul vena... patulum galeæ confudit in orbem, Porrexitque duci.* Locum corruptum et interpolatum esse, magna librorum variatio ostendit, quorum alii *Sustulit et*, *Contulit et* pro *Corripiens* ; alii *conversum*, *convexum* pro *patulum* præbent ; reliqua enim *qua visa*, *quam visam* pro *quam vixe*, et *infudit*, *effudit*, *diffudit* pro *confudit*, sine dubio ex errore librariorum orta sunt. Accedit quod vs. 502 in margine Hamb. pr. legitur, ita ut ab alia manu additus et reliqua correcta videri possint. Quæ recte constituere facile est, quum, qua ratione versus interpolatus sit, non appareat, nec non sensus loco aptus et verba bona sint. Consentiunt plerique iique optimi Codd. in lectione « Corripiens, patulum galeæ confudit in orbem, » atque recte. *Sustu-*

Et enim ex glossa ad v. *Corripiens* ortum seriusque in textum illatum, addito *et*, ut metrum constaret, minime poeticum est; sed *corripiens*, id est
celeriter arripiens, hauriens, h. l. aptissime dicitur, militis studium indicans. Neque opus est *e pulvere* mutare in *cum pulvere*, quod Bentl. et
Burm. tentarunt, licet conjectura facillima sit, et a sequenti v. *confudit*,
quod scholion in Lips. e *cum pulvere miscuit* explicat, probari videatur;
præpositio enim *con* in v. *corripiens* et *confudit* militem non paullatim sed
simul omnem undam hausisse atque infudisse exprimit. Male itaque Burm.
in pulvere. Conspiciens, quæ post vv. *conspecta est*, etc. nullo modo placent. *Patulum* denique tueor, non *convexum* vel *conversum*; etenim non
intelligo, cur *patulum* a librariis cum v. *convexum* commutatum vel ejus
loco illatum sit; *convexum* autem et *conversum* ex errore, ut videtur, ortum explicat verba « in patulum orbem galeæ. » Voluit enim glossator:
« confudit in concavum galeæ; » sed, ut fieri solet, *concavum* et *convexum* permutavit. Sic *patulus* sæpius de rebus dicitur, cf. Virg. Cir. 369
patula testa; Ovid. Met. VIII, 675 *patula canistra*. VVEB.

512. *Sortiger Hammon. Certior* receptum est Oudendorpio post Vossium
et Heinsium, nec repugno; quia Servius explicans illa Maronis, lib. II,
141, « conscia numina veri, » dicit Varronem hos deos *certos* vocare; quia
Dei proprii singulis actibus præsunt; et hinc quum plures sunt oraculorum
præsides, Hammonem certiorem dicit esse aliis. Alio paullum sensu, sed
non multum alieno, dicit Valer. Maxim. I, 1, 8 : « Non duobus, nisi *certis*
diis, una sacrificari solere; » quo sensu et hic posset capi, quum tot Joves
ubique colantur, ut incerti sint cultores, quem Jovem colant, hic sit certus.
Ita Cicero, de Nat. Deor. III, 16, fatetur se nescire quem Herculem colat :
ita de Jove idem dici potest, qui hic cultus certior est reliquis majestate,
oraculis veris, etc. BURM.

515-518. *Non illic Libycæ posuerunt ditia gentes Templa... unus sit
Jupiter Hammon.* Cod. Oudendorp. quem sæpius in hac re notavimus,
hos quoque versus salvo reliquorum sensu omittit; accedit quod locus talis
est, quo librarii sua addere soleant; præterea sufficiunt, quæ infra vs. 519
sequuntur. Nihilo minus versus damnare non ausim, quorum verba optima, neque Lucano, qui pluribus eamdem rem variare amat, indigna sunt.
Deinde vv. *pauper adhuc deus est* melius versui 517 quam vs. 514 conjunguntur; denique, quod maxime h. l. valet, causa adest, cur versus exciderint; erravit enim librarius in v. *Hammon*, quod in fine vs. 514 et 518
legitur. In singulis nonnulla rectius constitui debent; male Cort. *iHi Libycæ
gentes* correxit, *illi* fortasse propter vs. 512, ubi est eadem vox; sed sæpius
ita in nostro, neque dativus h. l. satis placet, ubi templi situs describitur.
Libyæ, quod in uno tantum Hamb. et Edit. Venet. legitur, loco IV, 669
defendi possit, ubi sine dubio *Libyæ* ex melioribus libris reponendum est;
sed adversantibus Mss. optimis nihil muto, præsertim quum forma adjec-

tivi *Libycus* sæpissime in nostro legatur, nisi a Cortio mutata, cf. supra 511 et infra 707, 805. Denique Brios. in Epist. ad Palmer. p. 964 Edit. Oudendorp. Lucanum cum Curtio et Diodoro Siculo de Hammone diversa tradentibus conciliare studet; puto frustra et opera perdita, quum alia h. l. sit ratio Lucani, cur pauperem fecerit Jovem, ac Diodori et Curtii. WEB.

529. *Truncum vix protegit... compellitur umbra.* Hæc sumpta ex inferiori loco X, 305 putat Gujetus: sed licet in utroque de umbra sermo sit, quis alterutrum spurium dixerit, qui per se invicem explicent et tueantur? Verba per se placent et loco apta sunt. *Compellere* proprie dictum est, ut sit diversas umbræ partes in unum locum cogere, quod sæpissime legitur. WEB.

531. *Deprensum est.* Poetica quædam hyperbole videtur esse. Neque enim Catonem alibi aperte legimus, ad ea usque loca, quæ sub æquinoctiali directo sita sunt, venisse, neque etiam Hammonis templum, aut Garamantas, de quibus hoc loco intelligendum, sub ipso æquinoctiali positos fuisse. Nam e verbis Strabonis, lib. ult. in descript. Berenices, apparet illum ne ultra tropicum quidem progressum esse, quando Syrtis major, quam circuisse cum exercitu dicunt, partibus etiam aliquot citra eumdem tropicum desinat, ut quidem geographorum tabulæ indicant. Nisi vero et hoc loco valere illud dicendum, quod vulgo dici solet, nihil distare ea, quæ parum distant, videri. MICYLL. — *Circulus alti solstitii.* Id est, æquinoctialis, in quo contingunt duo alta solstitia sub æquinoctiali existentibus, qui quum semper habeant æquinoctium, habent quatuor solstitia, videlicet duo alta in principio Arietis et Libræ, quia sol directe transit supra ipsorum capita: et duo ima in principio Cancri et Capricorni, quia tunc sol maxime removetur a recta linea capitis eorum. SULPIT. — Æquinoctialis intersecat zodiacum in principio Arietis et Libræ. Perinde ac si dicas, idem tropicus æstivus, et æquinoctialis est, secundum veterum Græcorum traditionem, qui tropicum æstivum quemlibet eum intellexerunt, qui proxime ad verticem habitationis accessisset. Ita enim et Proclus de potestate Circulorum. Et ad hunc modum etiam illud accipiendum, quod idem poeta dicit VI, 338: « Rapidique leonis Solstitiale caput. » MICYLL. — Hæc, de Syrtibus, et Garamantibus sub æquatore, exponit Sulpitius, quum poeta de Hammonis templo loquatur, quod non magis, quam Syrtes ad meridiem, sed orientalius est. Garamantes vero, ultra Hammonem magis ad Austrum emoti. Atqui nullus eorum locorum æquatorem attingit: immo et Syrtes, et Hammonis templum citra tropicum Cancri sunt: Garamantes etiam longe citra æquatorem. Joannes a Busto, *Circulum alti solstitii* hoc loco æquinoctialem exponit, sed *signorum circulum*, zodiacum. Cæterum, nisi Hammonis templum sit sub æquatore, quod haud scio, an quisquam alius idoneus auctor tradiderit, omnia hæc theoremata, magnifica aliis visa, magis ad ostentationem adducta sunt, quam ad historiæ veritatem. Quod vero Sulpitius subnectit,

« omnia signa, inquiens, his, qui sunt in æquinoctiali circulo, recta oriuntur, et occidunt : iis vero, qui sunt extra, partim recta, partim obliqua,» id
sane de Æquinoctiali non prorsus ita habet. Quadrantes quidem Zodiaci
quatuor punctis, duobus solstitialibus, duobus æquinoctialibus, adæquan-
tur ascensionibus. Quadrantum tamen partes variantur. Quatuor signa,
quæ bina sunt, ad solstitialia puncta, Gemini, Cancer, item, Sagittarius, ac
Capricornus, recte oriuntur. Major enim æquatoris pars cum eis oritur, reliqua octo oblique. Declarat hoc jam nominatus Joannes a Busto, ex quo
pleraque sua de verbo ad verbum in hac materia sublegit Sulpitius. Ejus
tamen verba non omnia satis intellexit. At enim dicet aliquis, Poeta ipse
idem dicere videtur, quod Sulpitius, *Non obliqua meant.* Ibi ego, *Non
obliqua,* exponendum puto, ut nobis, in obliqua sphæra. Est tamen obliquatio quædam etiam sub Æquatore, ut experimento quivis, sumpto in
manum astrolabio, videre poterit. Et ipse Joannes in singulis zodiaci qua-
drantibus hoc diligentissime ostendit. At signa opposita argute hic descripta
sunt, quæ concedimus æquales habere ascensiones. Sed apud astronomiæ
peritos, pluribus non est opus. Item, quod nulla sidera immunia sint maris, illis, qui sub æquatore habitant, quia procul axis uterque est, ut inquit poeta. Quod Sulpitius exponens, Remotissime, inquit, quia ipsi sub
æquinoctiali sunt, neutrumque vident. Hæc ille : Ad quod ego, tam
utrumque eos videre polum, quam neutrum, et tam neutrum, quam
utrumque : siquidem sub æquatore consistunt. Postremo Cynosura segnis,
scilicet apud illos, inquit Badius. Sed ego puto, non minus nobis, quando
æquali tempore minus spatium percurrit. Multo plura hic dici poterant ab
eo, qui magis se ostentare cupiat, quam cum lectoris fructu rem prosequi.
GLAREANUS.

533. *Non obliqua meant, nec Tauro Scorpius exit,* etc. Joseph. Scaliger in Proleg. ad Manilium (in Poet. lat. Min. tom. VI, p. 190) : « Luca-
« nus, inquit, quum legisset apud illos rudiores priscæ matheseos magis-
« tros sub recta sphæra zodiacum ad verticem esse, et omnia signa propte-
« rea oriri recte (quod utique falsum est, quum obliquatio quædam sit
« etiam sub æquatore): sciret autem sub tropico Cancrum culminare,
« omnium signorum borealissimum, hinc putavit totum quoque Zodia-
« cum μεσουρανεῖν, et consequenter omnia signa recte oriri. » Hoc loco,
quando de astrologicis quæstio est, melius erit verbis insignis satis astrologi
Johannis de Sacrobosco respondere. Ille sic in sua sphæra : « Est enim
regula : quilibet duo arcus Zodiaci æquales, et æqualiter distantes ab aliquo quatuor punctorum jam dictorum, æquales habent ascensiones; et ex
hoc sequitur, quod signa opposita æquales habent ascensiones; et hoc est,
quod dixit Lucanus, lib. IX. » Citat deinde versus supra dictos; deinde
subjicit : « Hic dixit Lucanus, quod existentibus sub æquinoctiali signa
opposita æquales habent ascensiones, » ad quæ sic commentatur Clavius
Bambergensis : « Non enim voluit Lucanus omnia signa in sphæra recta,

recte : et nullum oblique oriri , ut perperam interpretantur Sulpitius , et
omnes interpretes Lucani. Hoc enim falsum est ; sed solum voluit , nullum rectius oriri , vel obliquius suo opposito , quamvis quædam ibi recte
oriantur, quædam oblique. » Ad hæc ne verbum quidem addam , quum
satis superque pateat, sententiam Poetæ cum summis astrologis concordare.
PALMER. — Cf. ad rem Manil. lib. II, 485 sqq. in Poet. Lat. Min. t. VI,
p. 319; lib. III, 346, p. 403 sqq. et Exc. ad p. 613. ED.

538. *At tibi, quæcumque es, Libyco gens igne dirempta*. Intelligit manifesto gentes ultra tropicum Capricorni ad austrum longius remotas.
Nam si, quod vult Scaliger, intellexisset gentes statim ultra tropicum Cancri habitantes, non dixisset, *gens quæcumque es*. Per *Libycum* autem
ignem zonam torridam procul dubio intelligit, quam Ptolemæus, et alii
geographorum filii Libyæ interiori conterminam faciunt, et quam eo sæculo omnes inhabitabilem credebant, ideoque usus est voce *dirempta*,
multum inter eas terræ desertæ, et inhabitabilis esse innuere volens.
PALMER.

567. *Regna videre*. Tamquam hæc sola Catonis pœna sit , si alios videat servientes ; nam ipse non potest subjugari. SCHOL.

568. MS 7900 : *An sit vita nihil, sed longa? an differat*. An aliquid
intersit parum vixisse , vel plurimum? Quidquid longum est , ad aliquem
finem respicit, ideo nihil est. SCH. — *Sed longam differat ætas*. Longam differt ætas, hoc est, producit; non tamen mutat. Scitum est stoicum,
ut et cætera. Seneca : *Non est vita major quæ longior*. Et alia in hanc
sententiam Epist. LXXIII. An potius, *longæ differat ætas*? Longæ vitæ
ætas differt, non bonitas. Cicero de Finibus , III : « Stoicis non videtur
optabilior nec magis expetenda beata vita, si sit longa , quam si brevis. »
Seneca libro de Brevitate vitæ : « Quomodo fabula, sic vita, non quamdiu,
sed quam bene acta sit, refert. » Et Epist. LXXIV : « Utcumque fortuna se
gessit, sive illi senectus longa contingit, sive citra senectutem finitus est,
eadem mensura summi boni est, quamvis ætatis diversa sit. » Cf. LXXVIII,
et XCIII. Ego vulgatiorem lectionem, donec certi simus de vera, retinui.
Sed longa an sine interrogationis nota habent nonnullæ Edd. et MSS. mei.
Forsan tunc rectius scribemus. « An sit vita nihil , si longa? an differat
ætas : » Et certe alio sensu non cepit Scholiastes. Juvat etiam VVittian.
Cod. in quo *nisi longa?* Vel etiam possis ita legere, ut ingeniosissime conjecit VVaddelus : « An sit vita nihil, sit longa? an differat ætas, » i. e. an
pro nihilo habenda sit vita, quamvis sit longissima? An e contrario plurimum intersit, multos an paucos annos vivas. OUDEND. — Heinsius tentabat, *se longa an differat*, i. e. extendat. Alius apud Cortium, *nihil nisi
longa, an deserat ætas* : et multa alia. Incertior ex his sum quam antea.
Cogitabam sublata interrogationis nota post *ætas* : « Si longam deferat

ætas, an noceat vis ulla bono? Fortunae perdat; etc. » et deinde *laudanda ne :* si quis diu vivat, an vi possit cogi in servitutem, an fortuna ei frustra minas intendat. Videant alii et dent meliora. Gujetus, *an letum differat ætas,* i. e. an longa vita sit dilatio mortis. BURM.

590. *Somni parcissimus ipse est, Ultimus haustor aquæ.* Gujetus ex inferiori v. 617 hæc inculcata putat, haud considerans Catonem in itinere molestissimo ita optime describi. Hic vero et v. 617 ita sibi respondent ut alter alterum tueri potius quam infirmare videatur. Recte autem *somni : parcus* enim fere semper a scriptoribus et poetis genitivo, nunquam ablativo, conjungitur, nisi præpositione addita. Ipse denique recte h. l. ponitur, ubi oppositio est inter Catonem ducem et milites. WEB.

592. *Cogatur latices potare juventus.* S. Germ. *Conatur,* quod recipit Cortius. Forte *contatur,* cunctatur sc. miles reverentia ducis, quem primum bibere fas esse putat. *Laticis* quidam pro varia lect. habent et dubium facit an *indiga laticis* ut sup. 254 et *potare* absolute, an *indiga* absolute et *potare latices* explices. BURM. — Sed hæc, *indiga mercis, servitii,* continuo sibi jungit auctor, non separat. OUD.

593. *In ullo Majorum, fortuna fuit.* Alii legunt: *In illo majorum fortuna :* quidquid nos laudamus *in illo,* i. in Catone, ut virtutem, fuit *fortuna,* i. felix eventus *majorum.* Ita sensus foret : ea omnia, quæ in Catone laudantur, in majoribus non fuisse effecta virtutis, sed fortunæ. At vulgatum præstare puto, nisi aliud quid lateat. OUD.

605. *Quam nullam.* Durissime sic legitur: verum Lucanus supra quoque dixerat, eos jam fuisse sub æquinoctiali, ubi medio die non jaciebatur umbra. (In MS. 7900 est, *qua nullum diem.*) Vehementer mihi arridet lectio Voss. 2: « qua nullam Superi mortalibus umbram. OUD. — Hanc lectionem probat Burm. et in textum recepit. Alii *qua nullam ultra,* id est, ulteriorem; quod ut latinum sit vereor. ED.

615. *Et fatum in dente minantur.* Versus legitur in margine Cod. Bouher. et salvo sensu abesse potest, sed qui ab omnibus Mss. probatur, damnari non debet. Quod singula attinet, optime *in* ante v. *dente* a vv. dd. restitutum est, quod, ut sæpius, propter syllabam ultimam in v. *fatum* excidit ; sed neutiquam abundat, immo suam habet significationem, ut VIII, 305, qui recte a Bentleio laudatur; adde IV, 61, 62. *In* enim in his et similibus causam alicujus rei in aliqua re ita positam, ut appareat et cognoscatur, notat; quare hoc quoque loco aptius *in* videtur quam solus ablativus. *Minatur* vero displicet propter præcedens *habent,* et *minantur* optime habet : sæpius ita dictum, cf. IX, 237, 740. WEB.

619. *Exundet. Exsudet* multi solenni permutatione. Sed *exsudare* melius terræ, quam acri convenit. BURM.

631. *Linguis, femineæ qui more comæ.* Difficillimus, sed corruptus hic locus est, ex quo me non expedire potui, donec vidi distinctionem vulgo male positam esse. *Solutæ* unus Bersm. tres Pulm. unde putem non ad *angues* hæc esse referenda, sed ad seq. *colubræ:* hoc modo : « ... sibila linguis. Femineo quæ more comæ per terga solutæ Ipsa flagellabant gaudentis colla Medusæ, Surgunt. » Primum describit auctor angues, qui in vultu Medusæ erant, et ex ore illius sibila efflabant; unde rictus et ora hujus nemo impune videre potuit. Dein ait, ab aversa fronte surrexisse angues, sive colubras, quæ solutæ per ejus terga in morem comæ *femineum,* vel *femineæ,* colla ejus flagellabant; ab ea autem parte impune Medusam spectari potuisse. Ut clarior esset Lucani sensus, posset ille versus *surgunt* poni ante *femineo.* Quocumque te vertas, si vulgata, in quibus post *Medusæ* distinguebatur, vis retinere, sensum non reperies idoneum. OUD. — Sed bene referri potest *qui* ad *angues,* quod præcedit. Potuit dicere poeta et angues in faucibus Medusæ sibila vibrare, et angues more femineæ comæ in ejus terga effundi. ED.

648. *Mundoque abducere terram.* Obducere Grotius, quem, ut solet, vulgo sequuti sunt, edi curavit: quasi Lucanus voluisset dicere, tam horrendum hoc fuisse monstrum, ut id metuerent Dii, et cælum suum obtexerint terra, ne illud viderent. Aliter enim hæc non intelligo: nam *obduci* ea dicuntur, quæ tegunt. At vero MSS. mei, retinent *abducere:* i. e. Hoc potuit terram i. e. omne, quidquid terrenum et molle est, abducere et subtrahere mundo, et totum in saxum quasi unum convertere. OUD. — Burm. quoque probat *abducere,* conferens cum v. 525; sed ratio alia est. *Obducere* est tegere, operire, ut sup. vs. 169; cf. ad IV, 31, et apud Flor. IV, 1, *castra vallo obducere,* id est, circumdare. Sic quoque dicuntur trunci arborum *cortice obduci,* Cic. Nat. D. II, 47. Cur non item terra, quæ solida est (non mollis, ut vult Oud.) præ aere et pelago, recte dicatur *obduci mundo,* si, quæcumque liquida circumfunduntur, indurescant, eamque veluti cortice involvant? ED.

664. *A Jove dilectæ,* etc. Inepta et frigida hæc est periphrasis præcedentis *alterius monstri,* et plane otiosa, ac pro explicatione sine dubio per lectorem, vel librarium quemdam addita: pro spurio itaque versu omnes et Weber habuerunt. Scripserat enim glossator explicaturus *alterum monstrum, Fudit Argum custodem Ius, a Jove dilectæ juvencæ,* unde alius versum, quem nunc habemus, composuit. Hoc probant verba *ab Jove dilectæ* quæ glossatorem, minime poetam, sapiunt. Et auctoritas librorum accedit. Deest enim in Puteano, in quinque Cortii et in Vossiano? In primo a recentiore manu insertus est inter duos priores versus, et in antiquissimo item Buherii Codice tantum conspicitur in margine. Variæ quoque lectiones τοῦ *fuso* aliquantum ostendunt ab aliena hæc esse largitione.

673. *Protenti crinibus. Protentis* legas in duobus Bersm. *Portentis*

Pulm. duo. Est vir doctus, qui legat *portenti* i. e. monstri Medusæ. Malim ego *prætentis*, ut *prætendere velum*, et alia passim dicuntur, quibus quid tegitur. OUD. — Sed vide notam nostram, ubi vulgata lectio defenditur. ED.

678. *Lunati vulnere ferri.* Corrupte *limati* præferunt alii: nisi quod in quibusdam suprascriptum est *hamati*. Quod prætulit Rutgersius, Var. Lect. lib. III, c. 3. Locis ab eo adductis adde Ovidium Met. IV, 719: « Inachides ferrum curvo tenus abdidit hamo. » OUD.

681. *Gelassent.* Sulpitius aliique, qui hoc verbum active exponunt, debuerunt subintelligere ora Gorgonis; et certe nominativum sæpe omitti, quum satis ex sensu pateat, inter Grammaticos constat. Malim tamen cum plerisque interpretibus, passive capere. OUD.

682. *Perseos adversi.* Modius, Novant. LL. Ep. XXIV, probat *aversi*, quia præcessit vs. 676 *Perseos aversi.* Sed errat vir doctus, nam in his vocibus Mstorum auctoritatem, qui semper in illis variant, parum curo. *Aversus Perseus* vs. 668, 676, recte Perseus dicitur. Vultum enim avertit, et retro flexum a Medusa habuit, dum illius caput nondum amputasset : sed, hoc peracto, vultum advertit, sive ad eam convertit Perseus, ignarus, Gorgonis caput etiam post amputationem tantæ potentiæ esse, ut in saxum aliquem possit mutare. OUD.

684. *Aliger in cœlum sic rapta Gorgone fugit.* Legitur versus in Lips. *a* post sequentem, ubi nullo modo stare potest; neque tamen hac ex re pro spurio haberi debet, licet quodammodo abesse possit. Hæc ipsa enim causa fuit, ut versus omissus alieno loco appareat, quamquam nexu totius loci defenditur. Quod singula attinet, male verborum ordo *sic rapta*, propter rhythmum, ut puto, mutatus est, cf. supra ad VII, 369; *sic* enim non ad v. *Gorgone*, sed ad v. *rapta* pertinet; *fugit* autem, quod verbis *in cœlum* conjungi debet, optime velocitatem Perseos, Gorgone interfecta iter accelerantis, exprimit. WEB.

686. *Scinderet urbes.* Thuan. 3 *adscenderet.* Insolens mihi videtur, *scindere urbes medias*, ut *scindere nubem, aera*; quare ego *adscenderet* probarem, quia Europa ad septemtrionem ex Africa venienti, ille vero altior semper a Veteribus habitus. BURM. — Hunc vero sensum refutant seqq. *nec terra celsior ulla*, quod de Libya manifeste dicitur. ED.

691 - 95. *Premit orbita solis....... in Noton effugit umbra.* Hæc a Polla Argentaria, vel ab alio addita esse, ut locus imperfectus suppleretur, contendit Gujetus. Sed nullus exstat Pharsaliæ locus, de quo, ut de pluribus Virgilii, certo dici possit, poetam in medio versu desiisse. Nec hoc fecit IX, 732. Omnino autem in Lucano non eæ sunt rationes, quas Virgilium in formandis et expoliendis versibus habuisse constat. Certe hic locus non

talis est, qui imperfectus relictus sit, nexu sententiarum hæc docente. Cohærent enim v. *premit*, etc. cum prioribus ex more Lucani, qui, ipse sui inter-
pres, id quod dixisset, variata oratione exponit, ut h. l. *nullo consita cultu*
per sqq. *premit orbita solis* explicat. Deinde vv. *illa tamen*, etc. et maxime
v. *tamen* male verbis *nullo consita cultu*, sed optime vv. *premit umbram*
conjunguntur. Inepta enim repetitio in proximo versu *sterilis tellus*, etc.
quum jam dixisset *nullo consita cultu*; recte autem, interpositis his versibus, illa ita cohærent : Licet ibi premat orbita solis exuratque solum, ita
ut sterilis ibi sit tellus, arva tamen illa virus stillantis Medusæ concipiunt.
Tum locus ipse, si sententiam spectas, Lucano dignissimus est; amat enim
poeta, ut constat, doctrinam suam in rebus astronomicis præ se ferre, et
sæpius in locis alienis ostendere. Quare, licet hæc sine detrimento sensus
abesse possint, et fortasse rectius supra v. 435 sqq. addita essent, non ausim tamen damnare. Qnod singula denique attinet, in his quoque nihil,
quod Lucano indignum sit, invenies, modo recte constituantur. Comma
post v. *solis* deleri debet, quum *premit* et *exurit* conjunctim ad v. *solum*
pertineant et *premit* h. l. absolute positum displiceat. Sequentia *nec terra*, etc.
addit poeta, ut, quomodo sol illam terram premere possit, comprobet. Etenim ostendit, in nulla terra celsiorem, altiorem noctem in cælum cadere,
quam hic; unde apparet, *celsior* minime corrigi debere, quum in eo sententiæ cardo sit. Quæ enim terræ pars, secundum veterum rationes, umbram longius porrigat, et in cælum extendat, pro terræ et solis certo statu,
illa soli propior sit, necesse est. Explicationi serviunt, quæ Cic. de Div. II,
6, 17, habet Bene autem Burm. comparat VI, 570 *alta Nocte poli*; ibi
enim est *alta*, quia *poli* est *nox*; sed h. l. *celsior*, quia a medio terræ.
Probatur præterea quodammodo verbo *obstat*, quod non nisi de extrema
terræ umbra dictum esse potest, ut sqq. quoque ostendunt, *si luna* scil. *per
recta signa cucurrit*. Difficilior est res in sequentibus. Possis suspicari, in
his verbis, sed alio modo, probari, quod supra dixisset, solum premi et
exuri a sole, si legitur *umbra*, quod plures MSS. habent. Ubi enim umbra
rerum nunquam flectitur, neque in Boream, neque in Noton, cf. II, 587,
ibi sol rectos mittat radios, necesse est. Sed displicet sententia, quæ, licet
aliis in locis defendi possit, h. l. languet. Tum membra non satis accurate
sibi responderent; præterea singula verba minime probari possunt. Cur
enim *effugit* de *umbra*? cur non *extenditur*? quod solenne est in hac re,
cf. X, 237; cur *umbra*? quum antea *nox* dixisset, quæ repetitio displicet,
præsertim quum *umbra* per se ne satis recte quidem dictum sit. Recte itaque
Intpp. *effugit umbram* ex optimis et plurimis MSS. receptum explicarunt.
Recte nunc sensus verborum cum prioribus cohæret, et singula verba quadrant. Verba *flexus oblita vagi* autem offendere non debent, quum poetæ et
maxime Lucanus id, quod affirmative dixissent, per negationem repetere
soleant. WEB.

716. *Hammodytes spinaque vagi torquente Cerastæ*. In catalogo an-

guium non mirum, si qui versus, ut numerus anguium integer esset,
interpolati sint; sed omissa sunt potius nonnulla, ut in Voss. uno factum
videmus, in quo versus 716, sine dubio genuinus, non legitur. Error librarii inde natus est, quod sensus verborum sine his quodammodo constaret, quamvis accuratius consideranti necessaria apparebunt. Etenim *concolor... arenis* ad Ophiten parvis maculis tinctum non quadrant, sed novum
anguium genus describunt; denique causam non video, cur poeta *Cerastas*
nobiles praetermiserit, infra vs. 851 et VI, 679 commemoratos. Conjunctio
autem deest, saepius a Nostro in pluribus rebus enumerandis omissa, cf. III,
174, 179, 184, 215, et Oudendorp. ad I, 155. Caeterum de *Hammodyte* cf.
Solin. c. 27 (al. 40), ubi Salmas. WEB.

718. *Torrida Dipsas.* Forte alludit ad fabulam, quae est apud Nican-
drum, qua dicitur Jupiter aliquando νεότητα, hoc est, juventutem hominibus dono dedisse, quam illi impositam asello in terras deferre voluerunt.
Caeterum quum asellus siti premeretur, forte ad fontem venit, quem serpens
asservabat. Quum igitur sitis impatiens esset, neque tamen eamdem levare
posset propter aquae custodem, pactus est cum serpente, ut quod in tergo
vehebat, illi daret, atque ipse biberet. Atque ita factum, ut serpentes quidem perpetuo rejuvenescant, senectute abjecta; ipse autem, qui fontem as-
servarat, siti ea laboret, qua ante asellus afficiebatur. Auctor fabulae So-
phocles citatur, ἐν κωφοῖς. MICYLL.

720. *Et Natrix violator aquae.* Quod hoc Lucanus dixit, Priscianus,
lib. V, p. 656 Putsch. et Phocas p. 1700, masculini generis esse putant.
Verum si est a *nando* masculinum esse non potest: hujusmodi enim
verbalia in *ix*, semper feminina sunt: et *Natrix violator* erit dictum figurate, vel respiciendo ad *serpens*, vel potius ut Juno loquitur apud Virg.
Aen. XII, 159: «auctor ego audendi.» Cic. de Div. I, 15: «aves, quibus
auctoribus.» Cf. Ovid. Fast. V, 191; Senec. Med. 979. FORC. *in Lexico.*

723. *Ossaque dissolvens cum corpore tabificus Seps.* Versus spurius est
Cortio, ni fallor, propter simile hujus et praecedentis versus initium *Oraque distendens* et *Ossaque dissolvens.* Cur vero poeta sepa, vers. 764 com-
memoratum, h. l. in enumerandis serpentibus praetermisisset, non apparet.
Deinde Isidor. queque Orig. XII, 4 p. 1124 Godofr. cf. et p. 1123, versus
meminit. Similes vel easdem voces ab initio proximorum versuum in Pharsalia repetitas esse, plura exempla docent, cf. I, 184, 186; IV, 752, 755;
V, 166, 169 et alibi. Quae omnia ex negligentia Lucani in componendis
versibus explicanda non correxerim. In reliquis autem verbis quid Lucano
indignum, non video. *Dissolvens*, ut *solvere* VI, 88; VII, 809, de *tabe*;
tabificus, ut V, 111 de aere; *pectore* pro *corpore* e correctione in Voss.
uno ortum est, verbo *corpore* non intellecto. *Corpus* enim h. l. non est sepis, sed ejus quem seps momordit; et v. *ossa* singulatim dictum vim tabi-
fici sepis ostendit. Monosyllabon denique fine versus hunc in modum po-

situm neutiquam offendit, cf. Herm. Elem. Metr. II, 26, p. 342; multo minus in Lucano, cujus incuria hac in re satis nota est, licet simile exemplum in Pharsalia non legatur. WEB.

766. *Sed qua non ulla cruentæ Tantum mortis habet.* Cortius quia in ed. Veneta reperit *quam*, conjecit *ad quam*, quia *ad* comparationi inservire noverat. (Terent Eunuch. II, 3, 69.) Sed durior hæc locutio. Nec etiam vulgata *qua* satis ex more ponitur. Nam ut pendeat a *non ulla*, mihi non fit verisimile, nisi exemplis magis ad rem probari mihi videam. Quippe qui longam τοῦ *alius* vel *non alius* credo esse rationem. Rectius quis caperet, *tantum* hic vim habere τοῦ *plus* : qua nulla plus mortis habet; sed et hic deficior exemplis; quare potius *quam* retineo, quod debet construi cum *tantum* hoc ordine: Sed tantum mortis habet, quam non ulla. BURM. —Ausim vero conjicere Lucanum construxisse *tantum* cum ablativo : nulla tantum mortis habet qua, sc. hac sepe. Certe eadem ratio valere hic potest quam in cæteris comparativis. ED.

777. *Vincula nervorum et laterum textura cavumque... Quidquid homo est, aperit pestis : natura profana Morte patet.* Offendunt in h. l. nominativi, qui a quo pendeant verbum non habent. Qua de causa Oudend. vv. *cavumque* et *natura* pro spuriis habuit, recte tamen a Burm. refutatus, quum neque in MSS. interpolationis vestigium appareat, neque versibus ipsis, sive sententiam sive singula verba spectes, Lucano indignum quid inveniatur. At ne corruptus quidem est locus; neque Burmanni conjecturæ h. l. admodum placent, quum parenthesis (*aperit pestis matura*) vel (*aperit pestis*) per se intellecta nihil ad locum faciat. Præterea Lucani singularis loquendi ratio ita turbatur, qui paucis verbis priora per ἀνακεφαλαίωσιν comprehendere solet. Sic h. l. sententiam vv. *vincula... pestis* repetit in verbis *Natura... patet*, unde apparet, non punctum, sed colon potius post v. *pestis* ponendum esse. Ex eadem causa verba *Vincula*, etc. haud dubie verbo *aperit* conjungenda sunt. Etenim eodem modo ut poeta in versibus prioribus illud *membra natant* per singula exposuit, et sententiæ clausulam *in minimum... virus* addidit, quæ verbis *natura... patet* respondet : sic illud *quidquid... pestis* in singulis partibus ostendit. *Vincula*, etc. nominativi per anacoluthon, ut recte monuit Oud. cum v. *aperit* cohærent, neque video, cur de hac re dubitari vel solœcismus quæri possit. Exempla, ut constat, plurima in auctoribus leguntur, cf. Sanct. Minerv. IV, c. 11, T. II, p. 383 ed. Bauer. Lucanum autem anacolutha admisisse, etiamsi exempla rem non declararent, vel ex tota ejus sentiendi dicendique ratione et ingenio, quod torrentis instar exundat atque modum sæpius excedit, demonstrari potest. Anacolutha in Lucano observata vide ap. Burm. ad III, 46, 663; adde VIII, 244, quæ ex rei natura probanda sunt. Ubi enim plures res numerantur, poeta effervescens et verborum priorum oblitus structuram facile mutat. Sic h. l. v. *quidquid* interpositum, quod cum pronomine *illum* III, 44 comparari potest, præcedentia

quoad sensum comprehendit, et quoad structuram verbo *aperit* accommodat; modo, ut jam ab aliis factum est, post v. *virus* puncto et post v. *vitalibus* semicolo posito, *illud* cum Dorvill. quod sæpissime ita omittitur, ad v. *aperit* intelligamus. Quod singula attinet, tueor *junctura* cum plerisque et optimis Codd. cf. Oudend. et adde Heins. Advers. III, 1, p. 383; Ovid. Met. II, 375. *Tunc exta* neque per se dici potest, neque h. l. aptum est; supra vs. 774 enim dixerat *ruunt viscera. Omne* denique et *omen* ex solenni errore librariorum confunduntur, cf. supra VI, 813. VVEB.

808. *Totis se effundere signis Corycii pressura croci.* De sparsione croci theatrali multa docemur ex antiquis auctoribus, per latentes facta fistulas; non ex signis. Ex hoc tamen loco Lipsius (Dissert de Amphith. c. 16.) et Scaliger (ad Prop. IV, 1, 14) pronunciaverunt odoratum hunc imbrem per theatrum non modo ex fistulis sparsum fuisse, sed etiam ex signis, et statuis undique perforatis, quales ad ornatum plurimas ibi fuisse constat. Verum huic opinioni refragantur alii viri docti, et locum corruptum autumant. Quare Gevartius Lect. Papin. p. 55, legendum putat *tignis* i. e. per omnia pulpita, cui conjecturæ meum adsensum neutiquam præbeo. Probabilior multo est Vossii, et N. Heinsii (Epist. ad Gronov. 381) conjectura rescribi jubentium *sinis :* et certe favere eis videtur Scholiastes, de qua voce videndus Priscian. c. 714, et alia loca quæ adscripserat libri sui margini Broukhusius. Verum quum *sinus*, sive *sinum*, vel urceus sit vas ventris rotundioris, nec oblongum, dubito valde, an pro Siphonibus, vel fistulis hæc vasa sumi, vel usurpari possint. Quare adhucdum hæreo, licet animus ad lectionem τῶν *sinis* inclinet. OUD. — Cortius voluit *lignis.* Latet sine dubio aliquid, vel vas vel machina, vel tubi vel conchæ, qualia ex lacunaribus in triclinia solebant crocum, flores et similia effundere. Cf. Ovid. Fast. III, 336, 360. Forte simile vas, quo hodie etiam olitores solent hortos irrigare, quod desinit in latum caput plenum foraminibus, ex quibus aqua exit. Si *signis* placet, intelligenda simulacra quædam, ut Sileni, et aliæ statuæ in usu domestico ad aquam effundendam. De theatris hic non puto cogitandum, in quibus tritum crocum, non ejus succus, solebat spargi, ut ex Plinio patet : « tritum ad theatra replenda » (lib. XXI, cap. 17 not. ed.) BURM. — Sed succum quoque in theatrorum usu fuisse, multi auctores docent, e quibus Spartianus in Hadriano : « crocum per gradus theatri *fluere* jussit » quod de croco trito nemo intelligat. Lucret. II, 416: « Et quum scena croco Cilici perfusa recens est. » Et aqua crocata pro rosacea veteres uti solebant. Optime autem ad locum facit Senec. Ep. XC : « Hodie utrum tandem sapientiorem putas, qui invenit quemadmodum in immensam altitudinem crocum latentibus fistulis exprimat, etc. » ED.

810. *Rutilum pro sanguine virus.* In aliis est *rutilo :* ut lib. I, 615 et sic Ovid. Met. V, 83 : « rutilum vomit ille cruorem. » Sed optimus MS. (7900) exhibet *rutilatum sanguine virus* verissime : nam virus pro sanguine non

est emissum; sed una cum omni sanguine, quo commixtum venenum rutilatum est. OUD.

820. *Virgas mentita Sabæas.* In Sabæa Arabiæ regione, nascitur turea
virga, ex qua colligitur tus, sed alia etiam virga nascitur, ad similitudinem illius, quæ legentes tus plerumque fallit, quia acerrimum et teterri-
mum venenum producit. Dicit ergo: venenum hujus virgæ, quamvis sit
acerrimum, tamen majorem vim non habet, quam Aspidis venenum. OMNIB.
—Pro*Sabæas* Scaliger emendat *Sabinas;* scil. has, quas Sabinis auctoribus
Romani magistratus usurpavere. At has ferme ex betula fuisse ait Plinius.
GROT.—Ego tamen ausus non sum Scaligeri conjecturam invitis MSS omnibus recipere, præsertim quum non opus sit *toxicum* hic capere proprie; sed pro
quovis acri veneno. Ne tamen bis repetatur hæc vox, sequens potest videri esse
corrupta. Certe in antiquissimo Cod. Buher. legitur *Sagitæ;* immo diserte
Glossator Voss. sec. ait in aliis scribi *Saitæ,* i. Ægypti populi. Ampliandum
censeo. Sunt multa venena, quæ salubrium herbarum figuram mentiuntur.
Conf. Virgil. Ecl. IV, 24: « et fallax herba veneni. » OUD. — Locum de-
speratum relinquit quoque Burmaanus: videntur autem fere omnes Scaligerum sequuti. Sed, ut recte monet Bentleius, *herbæ* dicuntur *Sabinæ,* non
virgæ; Virg. Cul. 403; Ovid. Fast. IV, 741. At *Sabæa* virga, turea virga
recte, et auctoritas MS 7900 hoc tuetur. Ergo cum aliqua verisimilitudine
Bentl. conjicit *Suevi.* Certe Lucani patruus Senec. in Med. 713: « succos
legunt lucis Suevi nobiles Hercyniis. » ED.

828. *Prodest Basiliscus transactus.* Carpit hæc, quasi minus latina, J.
C. Scaliger in Hypercrit. c. 6, auctoremque dicere debuisse ait, « Basiliscum esse transactum. » Exemplo Ovidii Epist. Her. I, 47, Oudend. Lucanum defendere conatur; quod equidem non redarguo, quamquam locutio non
omnino sit similis. Nam in Ovid. est « *mihi* quid prodest. » Bentleius occasionem corrigendi arripit: *misero transactum cuspide Murro.* Haud felicius. ED.

831. *Ense ferit.* Hic iterum dum mira narrare satagit Lucanus, plus ingenio quam sensui communi indulget. Fingamus enim basiliscum hasta
vel alio telo a Murro transfixum, hoc certe dextra perficit, quæ currente per
telum veneno infecta fuit. Fingere ergo simul debemus sinistra strinxisse gladium et dextram amputasse, quod an fieri tam subito posset, aliis expenden-
dum relinquo. Vero propiora finxisset, si alii amputandam manum præbuisse Murrum nobis dedisset. BURM.

852-854. *Ire libet qua zona rubens atque axis inustus... nil Africa de
te.* Versus Gujetus deletos vult, ni fallor propter v. *inustus* male intellectum. Totus autem locus, ut recte Schol. Lips. c notat, ironice dictus cum
superioribus ita cohæret: Cur segnia fata a serpentibus patimur, neque,

quæ nos decet, mortem pugnæ; quia scilicet placuit cælo serpentibusque causam mortis adscribere, non Cæsari. Ita, interrogatione in vers. 849 ex more oratorum posita, hæc responsionem continent, neque recte abesse possunt. Singula vero verba proba atque Lucano digna sunt, ut *zona rubens*, cf. X, 274, cujus loco Cort. male *rubet*, quum *est* h. l. ut sæpissime, omissum sit; neque melius Heinsius *statque* pro *atque*, adversante usu loquendi, correxit. *Axis inustus* denique non est *non ustus*, non autem valde ustus, ut glossa Lipsiensis explicat, sed ut IV, 675, *exusta Zonæ calentis* et supra 314, *zonæ perustæ*. WEB.

893. *Psylli.* Psylli a Psyllo rege dicti, cujus sepulcrum in parte Syrtium majorum est, ut ait Plinius, lib. VII, 2: « Horum corpori ingenitum fuit virus exitiale serpentibus, et cujus odore sopirent eas. Mos vero liberos genitos protinus objiciendi sævissimis earum, eoque genere pudicitiam conjugum experiendi, non profugientibus adulterino sanguine natos serpentibus: hæc gens ipsa quidem prope internecione sublata a Nasamonibus, qui nunc tenent eas sedes. » Hæc Plinius: quem etiam de Marsis lege VII et XXVIII libris. SULPIT.

924. *Psyllorumque ingens et rapti pugna veneni.* Versus in Cod. Bouher. et Voss. sec. non legitur, salvoque sensu abesse potest; accedit quod Oudend. Cod. *cura* pro *pugna* habet, ita ut versus ab interpolatore ortus et summarii loco videri possit; displicet denique v. *Psyllorum* post v. *gentis*, nec non v. *ingens.* Nihilo minus verba genuina sunt; Lucanus enim, ut sæpius, verbum *miracula* in sequentibus *pugna veneni et Psyllorum* explicat; præterea membrorum æqualitas v. *Psyllorum* post v. *gentis* repetitum flagitat, ut sit « pugna Psyllorum et rapti veneni; » *ingens* vero a Nostro aliisque pro *insignis, eximius* sæpe dicitur, cf. III, 719; VII, 679. Quod varietatem lectionis denique attinet, non facile glossator *pugna rapti veneni* dixerit, ut v. *cura*, vel a correctoribus vel ex interpolatione ortum, ostendit; sed recte pugna de rebus inanimis, cf. II, 453, « pugnatque minaci Cum terrore fides; » VIII, 464, « pugnax velum; » Ovid. Her. XIX, 120; Valer. Fl. VIII, 373, « pugnat hiems. » Excidit autem versus, quia sensus reliquorum librarium de errore non admonuisset. WEB.

946-47. *Quanta dedit miseris melioris gaudia terræ, Quum primum sævos contra videre leones.* Mirum in modum Burm. ipse h. l. se torquet, qui cum Gujeto versum utrumque prius pro spurio habuit, tum, mutata sententia, audacter *tum primo... vidisse* vel *Quinta* (sc. dies lunæ) pro *Quanta* scribi jubet. Quod neque per se placere, neque h. l. stare posse primus intuitus ostendit. Quod structuram v. *dedit* attinet, neque *Lybie* subjectum est, quod Sulpitius vult; interposita enim sunt *Jamque.... culmo;* neque versus præcedentes, quod Burm. putat, adversante usu loquendi, ut nihil dicam de nexu inter verba *Quum primum* et *Leptis erat.* Neque v. de-

dit absolute positum est ; sed subjectum suum sine dubio in versu seq.
quum... *leones* habet, quod Ascensius recte monuit, ita ut versus loco substantivi sit, « adspectus leonum dedit gaudia melioris terræ. » Sententiam
Lucano dignissimam esse bene ostendit Oudend. h. l. neque in singulis video, quid indignum sit. *Vitæ* h. l. acumen sententiæ turbat, atque ex conjectura ejus, qui *terræ* non intellexerat, ortum videtur. WEB.

954. *Amore notatum.* Celebre, infame explicatur participium *notatum.*
Non male. Multo tamen elegantius in nonnullis MSS. exhibetur *natatum.*
OUD. — Sed deberet probari *amore natari* recte dici: nam hoc vel præ amore,
propter amorem notare debet, vel, si *Amore* legas, a Cupidine natatum intelli-
gemus. Heinsius olim conjecerat *ab amante natatum*, quod licet tolerari possit,
ipse delevit rursus. Nil ergo mutandum puto. Quidam mutaverunt forte quia
notare semper aliquid maculæ aut infamiæ inferre putaverant. Sed et simpliciter, pro insignire, distinguere aliqua nota ab alia re, significat. Cf. Ovid. Fast.
II, 382; Trist. III, 13, 17. Sed significet jam infamatum, id et hic potest
ferri, quia submerso Leandro infame æquor sit factum. Et huic sensui favet
locus Ovid. Trist. III, 10, 41. BURM.

958-60. *Quamvis Byzantion arcto Pontus et ostriferam dirimat Chalcedona cursu, Euxinumque ferens parvo ruat ore Propontis.* Versus 960
Gujete suspectus et additus, salvo sensu abesse potest. Sed si singula verba
spectas, nihil inest, quod indignum Lucano interpolatorem nobis notet.
Optime enim dicitur *ferens* de Propontide, quæ more fluviorum, aquas
Euxini (cf. III, 577) ad mare Ægæum perfert, cf. I, 434; III, 235. *Furens* h. l. propter v. *Euxinum* ferri non potest; *ruere* autem optime de rapidis undis dicitur ut II, 216. *Parvo* est idem quod *arcto*, quod glossa
Lips. habet. WEB.

963. *Rhœtion.* Apud alios plerosque Latine *Rhœteum*, Græce ῥοίτιον,
penultima longa scriptum legitur. In sola autem Strabonis editione alias
ῥήτιον, alias ῥοίτιον, ubique per *i*, breve in penultima scribitur, quæ varietas ipsam scripturam suspectam facit, et dubitari potest, utrum hoc quoque
Rhœteum, Latino casu, *e* longa in penultima, legendum sit; quando hoc
quoque modo versus constabit, ultima syllaba cum sequenti vocali elisa, et
id ipsum Latinorum exemplis confirmo, atque usitatum magis fuerit. MICYLL.
— Videretur itaque hic potius scribendum *Rhœteum* : ut clare exhibet unus
Palm. Verum aliquando ex ε fit etiam ι breve, ut ex Τυνδαρεῖος, *Tynda-
rius.* Valer Flacc. I, 166 : « Tyndariusque puer. » OUD.

964. *Exustæ nomen memorabile Trojæ.* Inepte hic Lucanus captat lu-
xuriandi de Trojæ excidio occasionem, quasi Cæsari festinanti vacaret illa
omnia circuire et inspicere de quo nihil Cæsar scribit, sed sibi, relictis rebus omnibus, persequendum Pompeium existimasse; de B. C. III, 102, et
præternavigasse Troada apparet ex cap. 104, ubi quamprimum Asiam venit,

Ephesum dicit adpulisse, Noster etiam 1002 Asiam praetervexisse dicit. BURM. — Vere, si ad historicam fidem respicias; sed si ad poeticam rationem, falso. Neque adeo a via quam reipsa secutus est, sic Caesar aberrasset. Atque utinam Lucanus numquam gravius peccavisset! ED.

985. *Me, teque*. Hic multa loca congerit Burm. ut ostendat, ordinem in *te meque* non esse mutandum et id non arrogantiae tribuendum, sed a consuetudine Latini sermonis postulari. Immo in hac re prior nominari debet poeta, sine quo nullus est heros. ED.

998. *Restituam*. Ante hunc versum hic exstabat: « Constituam sparsas acies, replebo ruinas. Rest. pop.» In Voss. prim. Lips. duobus, Barb. Thuan. tert. a man. sec. et quinque Cortii, si diversi sunt, legitur. Offendit syllaba *re* in v. *replebo* pro longa posita, quam *te* fere semper in Pharsalia ante *pl* brevis sit; Verum recte Weichert. in epist. de spur. vers. p. 116 sqq. versum nullo modo abesse posse, sed incuria librariorum excidisse ostendit; praeterea nulla interpolandi ratio apparet. De syllaba *re* itaque ante *pl* ancipite in Lucano non licet dubitare. WEB.

1031. *Plus te nobis debere fateris, Quod scelus*. Desunt in Cod. Bernensi, ita ut reliqua sine his justum metrum partim excedant nisi deleveris *est*, partim intelligi non possint. Accedit quod erroris causa aperte latet in verbo *scelus* v. 1031 et 1032 repetito. Sensum glossa Lips. ita explicat: quia innocentem te fecimus. Quod singula attinet, in Cod. Oudend. verborum ordo mutatur: legitur enim *nobis plus te*, probante Oudend. Sed male: etenim non *nobis* h. l. vim habet, sed τὸ *plus*, quod ad praecedentia refertur; neque *te* et *nobis* juxta posita offendunt; ita enim saepius in Nostro; neque sine vi; cf. I, 203, 279; II, 560; III, 24. WEB.

1052. *Tangeris invidia*. Msc. 7900 *angeris*. — Non dubitandum est, quin *angeris* scripserit auctor. *Tangunt* jam praecessit. Cf. lib. II, 64: « miseros angit sua cura parentes; » et passim alii. OUD.

1057. *Hoc animo*. Per ironicam interrogationem haec esse legenda satis ex sensu patet; quare cum quibusdam Editionibus post *gener* interrogationis notam, quae exsulabat, adposui. Deinde *necubi* legunt, et exponunt *ne alicubi, ne usquam*: et recte. Sed quam velim mihi exemplum dari alterum, ubi *nec* in composito producitur. *Necunde, necesse, necopinus* semper corripiuntur. OUD. — Sed *ne* non *nec* hic producitur, ut in *ne qua, ne quis, ne quando*, et *necunde* etiam produci debet. Interrogationis vero notam non admisi, nam *scilicet* affirmativum, non interrogativum est. ED. — *Suppressus*. Bene Burm. conjicit capi posse pro intercepto, ut apud Sueton. Aug. XXXII, etc. quo sensu naufragi et ejecti in litus supprimebantur, et saepe in ergastula et servitutem solebant detrudi, ut ita apud juris-consultos, lib. III, § 4, ff. ad leg. Corn. de sicariis, et passim.

1081. *Vos me.* Oud. rescribit *vosmet* , et sic habet MS. 7900. Sed abest hoc ad comicos, inquit recte Burmannus. ED.

1104. *Fecisses ut Roma mihi. Nec talia fatus.* Excidit versus in Cod. Lips. *c,* quum v. *Fecissem* vs. 1103 librarium in errorem induxisset ; sed recte ab alia manu in margine additus est, sine quo oppositio inter hæc et præcedentia periret ; sequentia autem plane alium, quam quem poeta voluit, sensum præberent. Quod singula attinet, male in Oxon. pr. *Fecissesque* legitur, propter syllabæ *es* quantitatem, ut videtur, additum, aperte tamen turbata oppositione, quæ inter *Fecissem* et *Fecisses* est. VVEB.

M. ANNÆI LUCANI

PHARSALIA.

·ARGUMENTUM

LIBRI DECIMI

E SULPITIO DESUMPTUM.

Intrepide decimo victor, per templa vagatus,
Admittit regem ; Cleopatraque supplicat ipsi.
Pax fit, et immenso celebrant convivia sumptu;
Ostentantur opes. Consultus Achoreus ortus,
Nile, tuos aperit cursusque. Pothinus Achillam
Ductorem in Latium mittit; qui pugnat ab alta
Obsessus cum rege domo ; noctuque per æquor
Classe Pharon vectus, metuens se immittit in undas.

M. ANNÆI LUCANI

PHARSALIA

LIBER DECIMUS.

ANALYSIS.

Quamvis Ægypti populos sibi infensos sentiat, Cæsar templa
Deum et Alexandri tumulum adit; 1 — 19. In hunc invehitur poeta; 20 — 52. Hospitans in regia Cæsar, obsidem habet
Ptolemæum; 53 — 56. Cleopatra ex Pharo turri, ubi custodiebatur, evadit, et ad Cæsarem penetrat; 56 — 58. Hanc
exsecratur et malorum Romæ originem detestatur poeta; 59
— 67. Ejus illicitos amores cum Cæsare perstringit; 68 — 82.
Cleopatræ verba ad Cæsarem; 83 — 103. Placatus Cæsar precibus et magis vultu Cleopatræ, hanc cum fratre in gratiam
reducit; 104 — 107. Splendidas Cæsari epulas dat Cleopatra; 108 — 135. Cleopatræ eximius cultus et divitiæ; 136
— 154. Tunc epularum luxus describitur; 155 — 171.
Quibus finitis, Isidis sacerdotem Achoreum Cæsar rogat de
Nili ortu cursuque; 172 — 192. Achoreus respondens veterum falsas opiniones de Nilo diluit; 193 — 261. Denique
suam sententiam profert; 262 — 331. Interea de occidendo
Cæsare cogitat Pothinus; 332 — 344. Qui in societatem sceleris Achillam advocat per famulos; 344 — 356. Verba Pothini; 353 — 398. Pars Achillæ copiarum e romana plebe

constat; 398 — 421. Achillæ milites regiam circumdant,
sed ne Ptolemæus in tumultu pereat, interficiendo Cæsare
in lucem posteram supersedent; 421 — 433. Obsessus in regia Cæsar latitat; 434 — 460. Regem tamen secum ubique
deducit; 461 — 467. Missi de pace ad Achillam interficiun-
tur; 467 — 478. Obsidione terra marique regia premitur;
478 — 491. Cæsar obsidentium navibus injicit ignem, quo
vicina tecta comburuntur; 491 — 503. Populo sic distracto,
Cæsar cymba aufugit et Pharon subit; 504 — 515. Pothino
caput amputari jubet; 515 — 519. Achillam Arsinoe, soror
Ptolemæi, sua manu trucidat; 519 — 529. Novus Ægyptiorum dux Ganymedes Cæsarem urget acriter; 529—ad finem.

UT primum terras, Pompeii colla sequutus,
Attigit, et diras calcavit Cæsar arenas,
Pugnavit fortuna ducis, fatumque nocentis
Ægypti, regnum Lagi Romana sub arma
Iret, an eriperet mundo Memphiticus ensis   5
Victoris, victique caput. Tua profuit umbra,

1. *Pompeii colla sequutus.* Scil.
præmonstrante iter nave Theodoti,
qui Pompeii caput a rege missum
Cæsari obtulerat. Cf. IX, 1010.

2. *Diras.* Propter Pompeium ibi
trucidatum. — *Arenas.* Litus Æ-
gypti.

3. *Ducis.* Cæsaris. — *Fatumque.*
Notanda hic oppositio inter fortunam
et fatum, ex qua colligi potest hanc
esse prosperæ, hoc vero adversæ sortis conditionem. *Pugnavit* autem (sic
pugna IX, 924) hic significat, anceps hæsit, vel potius colluctata est
fortuna Cæsaris cum fato Ægyptiorum, utrum ipsa vinceret, an vince-
retur. ED.

4. *Lagi.* Vide ad libr. I, 684.

5. *Mundo* hic simpliciter pro *orbi*,
non, ut sæpe alias, pro imperio romano. ED. — *Memphiticus ensis.*
Gladius Ægyptiorum, quo Pompeium
interemerant. HORT.

6. *Tua profuit umbra.* Cæsari
profuit cædes Pompeii, ut hinc monitus sibi caveret ne in easdem insidias incideret. Grotius autem sic:
Pompeii honori hoc Dii dederunt,
ne populi Romani esset Ægyptus
post ipsius mortem, quod futurum
fuerat, nisi Cæsar populo Rom. imperium omne cum libertate ademis-
set. — Sed nec Grotium sequor, nec
versum 8 genuinum puto. ED.

Magne; tui socerum rapuere a sanguine manes

[Ne populus post te Nilum Romanus haberet.]

   Inde Parætoniam fertur securus in urbem .

Pignore tam sævi sceleris, sua signa sequutus.   ɪo

Sed fremitu vulgi, fasces et jura querentis

Inferri Romana suis, discordia sensit

Pectora, et ancipites animos, Magnumque perisse

Non sibi : tum vultu semper celante timorem,

Intrepidus Superum sedes, et templa vetusti   ɪ5

Numinis, antiquas Macetum testantia vires,

   Circuit; et nulla captus dulcedine rerum,

Non auro, cultuque Deum, non mœnibus urbis,

---

7. *Rapuere a sanguine*. Eripuere rædi; hoc dictum est, ut I, 549; VII, 746 ; IX, 459. VVEB.

8. *Nilum*. Vide Disq. var.

9. *Inde*. Id est, postquam appulit, v. 1. — *Parætoniam fertur*. Alexandriam, a Parætonio portu et oppido Ægypti, non longe ab Alexandria. Sic VIII, 543, *Pelusiacum Canopum* dixit, satis longe petito epitheto ex more poetarum. Cf. III, 295. — *Securus*. Alii exponunt *otiosus*: alii, munitus septusque suis cohortibus. Sed *securus* opponitur versibus ɪɪ sqq. Intell. igitur : Cæsar nihil timens, putansque Ægyptios ex nefanda Pompeii cæde trepidantes et hoc pignore sibi devinctos, nihil in se machinari posse : sed mox sensit, etc. ED.

10. *Sua signa sequutus*. MS. 7900 dat *sequutam*, scil. urbem; et sic post Grot. edidit Oudend. Quum vero urbs statim Cæsari inimica fuerit, malo *sequutus*, quod significat tantam fuisse ejus securitatem, ut

non cum militibus suis intraret oppidum, sed præmissis signis , cum lictoribus tantum procederet. ED.

11. *Fremitu vulgi*. Cf. Cæsar, de Bello Civ. III, c. 106. — *Fasces et jura*. Bene hæc conjunguntur, ut fere semper; nam tribunal et jurisdictionem suam sic inferebat Ægyptiis Cæsar.

13. *Magnumque perisse*. Pompeium non ab Ægyptiis cæsum in suam gratiam.

14. *Vultu celante timorem*. Quamquam suspicaretur sibi strui insidias, nihil tamen unquam timoris in ejus vultu deprehensum est. ED.

17. *Dulcedine rerum*. Burm. intelligit epulas et lauta convivia; sed male, ut opinor; nam hic tantum agitur de templorum magnificentia, de urbis monumentis, quæ miracula Cæsarem detinere non valent. ED.

18. *Cultuque Deum*. Non cupiditatem visendi sacra Deorum Ægyptiacorum intelligit; sed thesauros sacros et statuas et ornamenta templo-

Effossum tumulis cupide descendit in antrum.

   Illic Pellæi proles vesana Philippi   10

Felix prædo jacet ; terrarum vindice fato

Raptus : sacratis, totum spargenda per orbem,

Membra viri posuere adytis : Fortuna pepercit

Manibus, et regni duravit ad ultima fatum.

Nam sibi libertas unquam si redderet orbem ,   25

Ludibrio servatus erat , non utile mundo

Editus exemplum, terras tot posse sub uno

Esse viro. Macetum fines, latebrasque suorum

rum. Cf. ad lib. VIII , 121. BURM.

19. *Effossum tumulis.* In tumulorum usum. — *Antrum.* Σῆμα dictum, ut ait Strabo XVII. Ibi Alexander sarcophago aureo conditus servabatur. De hoc sepulturæ genere vide *Dictionnaire des sciences médicales,* art. *hypogée.* ED.

20. *Illic Pellæi,* etc. Varia et omnino contraria de Alexandro veterum ac recentiorum judicia obiter recensentur inf. in Disq. var. ED.

21. *Felix prædo jacet.* Conf. de felicitate Alexandri Apul. lib. I, Florid. « Fortuna sua major fuit : successusque ejus amplissimos et provocavit ut strenuus, et æquiparavit ut meritus, et superavit ut melior : solusque sine æmulo clarus, adeo ut nemo ejus audeat vel sperare virtutem, vel optare Fortunam. » — *Terrarum vindice fato.* Morte, quæ sola potuit vindicare terras ab illo subactas. Male Barth. distinguit post *terrarum,* ut sit *prædo terrarum,* et vindex fatum absolute dicatur. Sed cf. Ovid. Met. IX, 241 : « timuere Dei pro vindice terræ. »

22. *Sacratis.* Vide Disq. var.

23. *Fortuna pepercit.* Veniam visa est dare Alexandro , quia tumulum manibus non denegavit.

24. *Duravit ad ultima.* Fatum, quo per totam vitam, et in regnando præsertim usus fuerat, perseveravit post mortem ita , ut etiamnum in tumulo adoretur, quem populi, si renasceretur libertas, projicerent sane et ludibrio haberent. Alii male exponunt, regnat adhuc in tumulo. Farn. autem int. *ad ultima,* ad eversionem regni Ægyptii , et ultimos Ægypti reges. ED.

25. *Sibi.* Burm. jungit *redderet orbem sibi,* id est, in antiquum statum restitueret. Possis etiam int. *sibi redderet,* id est, a tyrannis reciperet et sibi vindicaret; quod verborum ordini magis consentaneum est. ED.

26. *Non utile mundo.* Pessimo enim exemplo unus homo tot regna subegit, et sub jus imperiumque suum coegit. HORT.

28. *Latebrasque suorum.* Similiter de Mithridate Cic. pro lege Manil. 3 : « ita regnat, ut se non Ponto, neque Cappadociæ latebris occultare velit, sed emergere e patrio regno ,

Deseruit, victasque patri despexit Athenas :

Perque Asiæ populos fatis urgentibus actus   30

Humana cum strage ruit, gladiumque per omnes

Exegit gentes : ignotos miscuit amnes,

Persarum Euphraten, Indorum sanguine Gangen :

Terrarum fatale malum, fulmenque, quod omnes

Percuteret pariter populos, et sidus iniquum   35

Gentibus. Oceano classes inferre parabat

Exteriore mari. Non illi flamma, nec undæ,

Nec sterilis Libye, nec Syrticus obstitit Hammon.

Isset in occasus, mundi devexa sequutus,

atque... in Asiæ luce versari. » ED.

29. *Despexit Athenas.* Cum vi dictum; nam neque contemnendæ adhucdum erant Athenæ, et ex illis victis maximam sibi gloriam conflaverat Philippus : sed hos parum se dignos hostes judicavit Alexander, quem fata rapiebant in ingentes Asiæ populos. ED.

32. *Ignotos.* Quia in extremis Asiæ regionibus siti, et Europæ hominibus nunquam antea cogniti erant illi amnes ED.

33. *Persarum.* Sanguine scil. miscuit, turbavit, fœdavit.

34. *Fatale malum.* Ipse Alexander erat malum et fulmen.

35. *Sidus iniquum.* Velut pestilentis influentiæ sidus terris. Cf. v. 89.

36. *Oceano,* etc. Omnes interpretes intell. Indicum mare, quod terras ambit ad orientem et ad meridiem. « Sed, inquit Burm. quis nescit Oceanum esse exterius mare ? et deinde, si sit appositio, sine dubio tunc *Oceano* ablativus casus esse debet, quod non convenit τῷ *inferre.* » Hinc vir

doctus locum vitiosum pronuntiat. Mihi autem secus videtur, novam interpretationem afferenti. Oceanus enim Romanis notus et proprie dictus, est *occidentalis,* ad Gades et circa Galliæ oras (ut I, 370, 411 ; V, 598, etc.) ad quem Græca vel Romana classis pervenire non poterat nisi per *internum* mare. Mirum igitur si quis huc (cf. v. 39), naviget *exteriore mari,* id est, Asiæ latus et omnem Africam circumeundo. Alludit Noster ad iter Nearchi, de quo Curtius, IX, 10. ED.

37. *Flamma.* Æstus solis.

38. *Sterilis Libye* Iter per deserta Libyæ ad Jovis Hammonis templum supra Syrtim majorem. — *Syrticus.* Licet longius absint Syrtes ab Hammoniaca regione ; et Virg. Æn. I, 51, dixit *Gætula Syrtes.* BURM.

39. *Mundi devexa sequutus.* Non Africam hic designari arbitror, quæ tamen mundi pars *devexa* dicitur; cf. et III, 250. *Antipodas* innuit, per quos ad occasum descendisset Alexander, orbe toto terrarum circuito. ED.

Ambissetque polos, Nilumque a fonte bibisset :   40

Occurrit suprema dies, naturaque solum

Hunc potuit finem vesano ponere regi :

Qui secum invidia, qua totum ceperat orbem,

Abstulit imperium; nulloque hærede relicto

Totius fati, lacerandas præbuit urbes.   45

Sed cecidit Babylone sua, Parthoque verendus.

    Pro pudor! Eoi propius timuere sarissas,

Quam nunc pila timent, populi : licet usque sub Arcton

Regnemus, Zephyrique domos, terrasque premamus

Flagrantis post terga Noti; cedemus in ortus   50

Arsacidum domino : non felix Parthia Crassis

---

40. *Ambissetque polos.* Vel proprie dictum; scil. Arcticum et Antarcticum polum circumivisset : vel figurate, adiisset, et sub leges suas redegisset. Confer Curt. VII, 8, § 12. ED. — *Nilumque a fonte.* Id est, rem nulli adhuc concessam perfecisset. ED.

41. *Occurrit.* I. e. prævenit, præoccupavit mors.

43. *Invidia.* Qui eadem invidia, qua vivus non tulerat imperii æmulum; ita moriens nec uni reliquit imperium, quasi invidens alteri tantam magnitudinem.

44. *Relicto.* Male alii post *relicto* distinguunt; nam *hærede totius fati* hic interpretatio est τῶν *abstulit imperium.* ED.

45. *Lacerandas præbuit urbes.* Inter duces suos dividendas. Sic Liv. XLV, 9 : « Inde morte Alexandri distractum in multa regna, dum ad se quisque opes rapiunt, lacerantes viribus. » De divisione regni vid. Q. Curt. X, 5, 12.

46. *Sua.* In suam potestatem reda-

cta Babylone Parthorum metropoli et regia. — *Parthoque verendus.* Parthis formidandus; quod indignum videtur romano quidem viro, quum Parthi tamdiu Romanis formidandi fuerint. ED.

47. *Eoi.* Parthos designari puto, qui ab Alexandro domiti (cf. tamen VIII, 298), *propius,* quia victor ubique aderat, ejus arma timuere. Possis tamen *Eoos* int. extremi orientis populos ultra Parthiam, quos lacessivit et terruit Alexander, Romani autem nunquam adierunt; quod Noster indicat opponendo sarissas pilis. ED.

50. *Flagrantis post terga.* Quia ultra meridiem jam processimus : cf. ad VIII, 877. ED.

51. *Arsacidum domino.* Rex Parthorum solus obstat quominus ad Orientem proferamus imperium. Oudend. int. Alexandrum *Arsacidum* victorem et dominum : qui sensus posset seqq. defendi; nam subjici videtur causa cur Romani

Exiguæ secura fuit provincia Pellæ.

Jam Pelusiaco veniens a gurgite Nili

Rex puer , imbellis populi sedaverat iras ,

Obside quo pacis Pellæa tutus in aula 55

Cæsar erat : quum se parva Cleopatra biremi,

Corrupto custode Phari laxare catenas ,

Intulit Emathiis ignaro Cæsare tectis;

Dedecus Ægypti, Latii feralis Erinnys ,

Romano non casta malo. Quantum impulit Argos 60

Iliacasque domos facie Spartana nocenti ,

Hesperios auxit tantum Cleopatra furores.

Alexandro cedere debeant. Sed vide Disq. var. ED.

52. *Exiguæ*. Indignum sane quod parva Macedoniæ urbs plus potuerit quam Crassi cum imperii Romani viribus ; immo *secura fuit provincia*, id est, in ea secure versati sunt victores, adeo domita et depressa gens erat, quæ nunc gloriatur nostris cladibus! ED.

53. *Pelusiaco*, etc. A Casio monte prope Pelusium. Cf. VIII, 463, 470.

54. *Rex puer*. Ptolemæus. — *Iras*. Tumultum Alexandrinorum : supra ad versum 11.

55. *Obside quo tutus*. Quia cum illo obside Cæsar se in regiam contulerat, satis confisus rege præsente se ab injuria inimicorum tectum fore in aula Alexandrina; VIII, 475.

57. *Corrupto laxare*. Quem pretio adduxerat ut sibi laxaret catenas, quibus Alexandrinus portus claudebatur. Alii capiunt de carcere, quo ipsa custodiebatur; sed si Cæsarem, B. C. III, 107 audiamus, tum Cleopatra copiis suis præerat., Corippus

Africanus tamen, III, 17 : « Quas « supplex Cleopatra dedit , quum « vincula fratris Frangeret, et rupto « pallens custode veniret. » ED.

58. *Emathiis*. Ut modo vs. 55, *Pellæa aula*. Male alii, Cæsaris in Emathia victoris. — *Ignaro Cæsare*. Cf. Plut. Cæs. 48, et Dion. Cass. XL, cujus locum vide in Cæs. nost. edit. t. II, p. 326, not. 2. ED.

59. *Latii Erinnys*. Cf. Virg. Æn. II, 573. Hanc ita vocat, quia causa fuit belli inter Augustum et Antonium, et ejus adulteria in Romæ *malum* , perniciem et dedecus evaserunt. ED.

61. *Spartana*. Helena, Spartæ regina, in mutuam perniciem traxit *Argos* (Græciam) , et Trojam, rapta ob *faciem*, pulchritudinem. — *Nocenti*. Sic mox *facies incesta*, v. 105; et v. 137 *formam nocentem*. ED.

62. *Hesperios furores*. I. e. bellum civile. Sic *furor Romanus*, III, 249. Male quidam intelligunt de amoribus Cleopatræ cum Cæsare et Antonio.

Terruit illa suo, si fas, Capitolia sistro,
Et Romana petit imbelli signa Canopo,
Cæsare captivo Pharios ductura triumphos :   65
Leucadioque fuit dubius sub gurgite casus,
An mundum ne nostra quidem matrona teneret.
Hoc animi nox illa dedit, quæ prima cubili
Miscuit incestam ducibus Ptolemaida nostris.
Quis tibi vesani veniam non donet amoris,   70
Antoni? durum quum Cæsaris hauserit ignes
Pectus : et in media rabie, medioque furore,
Et Pompeianis habitata manibus aula,
Sanguine Thessalicæ cladis perfusus adulter
Admisit Venerem curis, et miscuit armis   75

63. *Si fas.* Supplendum *dicere*,
notat *Palairet* in Thes. Ellips. lat. ad
hanc vocem. ED. — *Capitolia.* Cf.
Horat. Carm. I, 37.—*Sistro.* Sistrum,
crepitaculum ex ære aut argento tin-
nulum, per cujus laminam incurvam
ungulæ trajectæ erant: quod crispante
brachio, agitatum redderet argu-
tum sonum. Cf. Virg. Æn. VIII, 696,
et Propert. III, 9, 41.

64. *Petit.* Adeo temeraria, ut cum
imbellibus Ægyptiis et vilissima Canopi plebe Romanos aggredi auderet. De Canopo cf. VIII, 543; Juven.
Sat. I, 26 et VI, 85. — Producitur
syllaba contractione, pro : petiit.

65. *Cæsare.* Augusto. — *Captivo.*
Vult Schol. hic esse ambiguitatem
verbi, *captus* amore, et *captivus*
in triumpho ductus.

66. *Leucadio gurgite.* Cf. I, 43.
Apud Leucadem anceps fuit fortuna,
an totus orbis redigeretur in potestatem mulieris, ne Romanæ quidem;

quod sano minus indignum fuisset.
Cf. Senec. Benef. V, 16, 7. ED.

68. *Hoc animi.* Hanc illi audaciam et spem injecit prima illa nox,
quæ incestam Ptolemæi filiam Cæsari in cubili conjunxit, Antonio
postea miscendam. ED.

70. *Quis tibi.* Aversio ad Antonium,
cujus mollitiem poeta excusat ab
exemplo majori : si Cæsar hoc sibi
permisit in armis, cur non Antonius
in otio? HORT.

72. *Media rabie.* Belli nempe civilis; menses novem ibi moratus.

73. *Habitata manibus aula.* Vel
quia adhuc Pompeii caput in aula
erat, vel quia inulti manes in ædibus
errare videbantur, vindictam repos-
centes. Male Burm. conjicit *agitata.*
Quid enim ad Cæsaris amorem *agi-
tari* Ptolemæum? non item, ibi *habitare* manes Pompeii inultos. ED.

75. *Admisit curis.* I. e. inter curas:
quæ constructio dura videtur. BURM.

Illicitosque toros, et non ex conjuge partus?
Pro pudor! oblitus Magni, tibi, Julia, fratres
Obscæna de matre dedit : partesque fugatas
Passus in extremis Libyæ coalescere regnis,
Tempora Niliaco turpis dependit amori,   80
Dum donare Pharon, dum non sibi vincere mavult.

   Quem formæ confisa suæ Cleopatra sine ullis
Tristis adit lacrimis, simulatum compta dolorem
Qua decuit, veluti laceros dispersa capillos,
Et sic orsa loqui : « Si qua est, o maxime Cæsar,   85
Nobilitas, Pharii proles clarissima Lagi,
Exsul in æternum sceptris depulsa paternis,
Si tua restituat veteri me dextera fato,
Complector regina pedes. Tu gentibus æquum
Sidus ades nostris. Non urbes prima tenebo   90

---

76. *Non ex conjuge partus?* Filium Cæsarionem susceptum ex Cleopatra muliere barbara.

77. *Magni.* Cui filia Julia nupta fuerat. I, 111 sqq.

78. *Partesque fugatas.* Pompeianas, sub Scipione, Catone, etc.

79. *Coalescere.* Vires colligere.

81. *Donare Pharon.* Cleopatræ, quam fratre interfecto postea præfecit Ægypti regno.

82. *Sine ullis.* Cleopatra quidem tristis adiit Cæsarem, sed sine ulla lacrimarum profusione; nam hoc obstitisset formæ, qua confidebat. Alio itaque modo simulabat dolorem, sed compto et concinno, quatenus ejus formam decuit; veluti neglecta et soluta coma : nam ex sensu Ovidii, A. A. III, 153 : « Et neglecta decet multas coma. » OUD.

83. *Compta.* Ornata, non ut læta mulier, sed quantum decuit, quæ dolorem fingebat. Construe *compta, qua,* quatenus *decuit dolorem simulatum.* BURM.

84. *Veluti laceros.* Quæ comam ita diffuderat, ut laceri viderentur capilli.

86. *Pharii proles.* Ego regina, filia Ptolemæi, proles Lagi. Cf. VIII, 692.

88. *Si tua restituat,* etc. Heinsius legit *Ni tua,* et jungit ea cum *exsul in æternum;* sed nihil mutandum contra codd. Vulgatam bene defendit Burm. hoc sensu : *si* me restituas, quæ depulsa fui, et nunc sum exsul, tunc *regina,* hoc vero nomine, complector pedes. ED.

89. *Æquum.* Salutare, me in jus meum redditurum. Cf. supra vs. 35.

Femina Niliacas : nullo discrimine sexus
Reginam scit ferre Pharos. Lege summa perempti
Verba patris, qui jura mihi communia regni,
Et thalami cum fratre dedit. Puer ipse sororem,
Sit modo liber, amat; sed habet sub jure Pothini   95
Adfectus, ensesque suos. Nil ipsa paterni
Juris habere peto : culpa, tantoque pudore
Solve domum; remove funesta satellitis arma,
Et regem regnare jube. Quantosne tumores
Mente gerit famulus, Magni cervice revulsa!   100
Jam tibi (sed procul hoc avertant fata!) minatur.
Sat fuit indignum, Cæsar, mundoque tibique,
Pompeium facinus meritumque fuisse Pothini. »

91. *Nullo discrimine.* Non aliquid inter sexum distat aut interest in summa potestate exercenda ; Ægyptii reginis sic obsequi consueverunt ut regibus. SCH.

92. *Summa verba.* Testamentum patris, quo ex æquo cum fratre hæres relicta sum, necnon conjux illius.— *Lege.* Videtur Cleopatra hoc testamentum obtulisse Cæsari ut legeret.

93. *Jura thalami.* Hæc et *jura tori* sæpe apud poetas ; cf. Ovid. Ep. IX, 195 ; Amor. XI, 45, et inde *jura connubialia, jugalia*, etc. Male igitur qui legunt *thalamos.* BURM.

94. *Cum fratre.* Voluit ut fratres matrimonio jungerentur : ideo VIII, 692, Noster hanc dicit *incestam.*

95. *Sit modo liber.* Dicit Ptolemæum in sua potestate non esse : nam amaret sororem, si non alii, nempe Pothino, obsequeretur.—*Amat.* Hoc prætuli ex MSS. in quo major inest confidentia, Cleopatræ verbis digna.

Alii multi dant *amet.* Cf. VIII, 635.

96. *Ipsa.* I. e. sola : nihil mihi uni postulo ; neque sola in patris hæreditatem venire volo. Vid. Disq. var.

97. *Culpa, tantoque pudore.* Sr. dedecus est et culpa, ut pro arbitrio servorum regnetur.

98. *Satellitis arma.* Achillæ præfecti regii a Pothino sollicitati contra Cæsarem : infra vs. 398 ; vel potius ipsius Pothini.

99. *Quantosne tumores.* Quantum fastum gerit in pectore, ob Pompeium interfectum. — *Quantosne.* Duplici interrogatione. Sic supra VII, 301.

101. *Minatur.* Alii *minantur.* Non male ; et tunc non solus Pothinus, sed alii qui cum eo sunt, intelligendi. BURM.

102. *Fuit indignum.* Cf. Virg. Georg. I, 491, et infr. 406; item supra VII, 74. BURM.

103. *Facinus meritumque.* Indi-

Nequidquam duras tentasset Cæsaris aures :

Vultus adest precibus, faciesque incesta perorat.   105

Exigit infandam, corrupto judice, noctem.

    Pax ubi parta duci, donisque ingentibus empta est,

Excepere epulæ tantarum gaudia rerum :

Explicuitque suos magno Cleopatra tumultu

Nondum translatos Romana in sæcula luxus.   110

Ipse locus templi, quod vix corruptior ætas

Exstruat, instar erat : laqueataque tecta ferebant

Divitias, crassumque trabes absconderat aurum.

Nec summis crustata domus, sectisque nitebat

gnum fuit *mundo*, Pompeii cædem, tantum *facinus*, a Pothino patratam; indignum *tibi*, quod ille immane *meritum* ad te referre visus sit. ED.

104. *Nequidquam.* Frustra, inquit, sua blandiloquentia tentasset Cæsarem. Flor. IV, 2 : « tentavit oculos ducis. »

105. *Vultus adest.* Id est, commendat et patrocinatur. — *Perorat.* Gujetus *perorans* volebat, qui nove dictum putat pro *persuadet :* sed et advocati *adsunt* et *perorant;* sic facies, quæ muta est commendatio. BURM.

106. *Exigit.* Sc. Cleopatra, (non facies incesta, ut vult Schol.) totam noctem transigit cum Cæsare, inter ipsam et fratrem judice.

107. *Pax ubi parta.* Compositis inter se rebus et reconciliata fratri Cleopatra, exstruitur convivium. — *Duci.* Ptolemæo, ut vulgo exponunt. Vide Disq. var.

108. *Excepere epulæ.* Id est, ob gaudium ex tantis rebus tam feliciter compositis, epulæ statim apparatæ sunt. *Tantæ res,* sunt simultates

finitæ, pax inter Cleopatram et fratrem decreta, illique dimidia pars hæreditatis paternæ reddita : hinc ob lætitiam mulier Ægyptia omnem fastum explicat. Miror valde cur hic se torserint interpretes. Vide Disq. var. ED.

109. *Explicuit.* Notat omnem supellectilem epularem, vasa aurea et argentea deprompta ex armariis et exposita fuisse in ministerio et abacis, ut solent merces etiam explicari, et oculis ementium proponi. BURM. — *Tumultu.* Strepitu et murmure ministrorum. Hoc magnificentiam epularum auget.

110. *Sæcula.* Hic ut plerumque dictum de temporibus quibus vivitur tunc, et etiam moribus temporum. Cf. IV, 816; V, 111. BURM.

111. *Ipse locus templi.* Domus regia referebat majestatem templi, melius exstructa atque exornata quam ædem sacram possint exornare seriora sæcula, atque adeo corruptiora.

113. *Crassum aurum.* Laminæ aureæ, superpositæ trabibus.

114. *Nec summis crustata,* etc.

Marmoribus; stabatque sibi non segnis achates,   115

Purpureusque lapis; totaque effusus in aula

Calcabatur onyx : ebenus Mareotica vastos

Non operit postes, sed stat pro robore vili

Auxilium, non forma domus : ebur atria vestit,

Et suffixa manu foribus testudinis Indæ   120

Terga sedent, crebro maculas distincta smaragdo.

Fulget gemma toris, et iaspide fulva supellex :

Domus nitebat marmoribus, non quidem in crustas sectis, ita ut *summa* essent, id est, superficiem tantum parietis induerent : ideoque totus páries e solido marmore et pretiosis lapidibus erat. Brios. in edit. Oud. p. 965 vult *nec* dici pro *nec tantum.* Burm. conjicit *nec solidis,* vel *nec lamnis.* Vide Disq. var. Ed.

115. *Stabatque.* Cum marmore, in columnis. Alii volunt *que esse* pro *sed,* ut I, 252; non marmor, sed achates inerat. Equidem non adsentior. Ed. — *Sibi.* Per se solidus, non incrustatus.—*Non segnis.* Burm. post Heinsium intelligit : non vilis, non obtusi coloris, quia *segnis* proprie est *sine igne.* Mallem cum Briosio, quia ad fulturam domus, non tantum ad ornamenta, ut vulgo, inserviebat; cf. vs. 118. Ed. — *Achates.* Plin. XXXVII, 10; Solin. 12.

116. *Purpureusque lapis.* Porphyrites; Plin. lib. XXXVI, cap. 7, vel Sardus. — *Effusus in aula.* Pavimenta sternuntur Onychite marmore. Martial. lib XII, epigr. 50:«Calcatusque tuo sub pede lucet Onyx.»

117. *Ebenus Mareotica.* At Ægyptus non fert ebenum, sed Æthiopia: hinc viri docti pro Mareotide (IX, 154) designari volunt Meroen (inf.

303), et bene conjiciunt *Meroetica,* vel *Meroitica.* De *Ebeno* vide Excurs. ad Plin. XII, 8, nost. ed. t. V, p. 108. Male edd. hic scribunt *hebenus;* nam græce est ἔβενος. Ed.

118. *Non operit.* Non incrustamento, aut tessella ornati postes, sed ex solida ebeno facti, quæ hic in trabes elaborata est, ut apud nos lignum *vile,* vulgare, non pretiosum. Ed. — Sic apud Ovid. Amor. I, XI, 28, *vile acer.* Burm.

119. *Non forma.* Non ad ornamentum domus, sed ad ejus auxilium et columen. — *Atria vestit ebur.* Cf. ad Claud. R. P. I, 243.

120. *Suffixa.* Oudend. edidit *suffecta,* et sic MS. 7900. Unde sensus foret : super imposita foribus putamina testudinis, manu artificis variegata. Sed Plin. IX, 13, ea dicit in laminas secari; quare tessellatum opus et foribus incrustatum indicari credo; et bene *suffixa.* Cf. Virg. G. II, 463; Senec. Benef. VII, 9; Juven. XI, 94. Ed.

121. *Smaragdo.* Fere omnes *Zmaragdo;* quod contra auctoritatem Prisciani defendit Oudend. Athenæus autem III, c. 46, legendum esse contendit μαράγδον. Ed.

122. *Et iaspide fulva supellex.* Heins. legit *stat iaspide fulta supel-*

Strata micant; Tyrio quorum pars maxima fuco
Cocta diu, virus non uno duxit aheno;
Pars auro plumata nitet; pars ignea cocco,   125
Ut mos est Phariis miscendi licia telis.

    Tum famulæ numerus turbæ, populusque minister :
Discolor hos sanguis, alios distinxerat ætas;
Hæc Libycos, pars tam flavos gerit altera crines,
Ut nullis Cæsar Rheni se dicat in arvis   130
Tam rutilas vidisse comas : pars sanguinis usti
Torta caput, refugosque gerens a fronte capillos.

lex, et intelligit abacum, ubi vasa et alia erant exposita. Oudendorp. autem, improbante Burm. supellectilis nomine vestem stragulam designari putat. Veteres quidem hoc nomine complectebantur non modo tapetas, quibus insterni solent lecti, sed etiam culcitræ et toralia. Vide Paulum, in Digest. lib. XXXIII, tit. 10. ED. — Cf. Disq. var.

123. *Tyrio fuco.* Purpura Tyria quæ maxime nobilis. Coquebatur enim succus, et lana mergebatur ut *virus*, id est, tincturam ebiberet. Vide Plin. IX, 60 et seqq. ibique confer notata. ED.

125. *Pars auro plumata.* Partim intertexta auro, et *in plumam* (Virg. Æn. XI, 770) acupicta. *Plumas* a veteribus dici rotundas notas ex auro vel purpura, in modum plumarum factas, quibus vestes intexebantur et variabantur, ait Forcell. ED.—*Ignea cocco.* Partim splendida coccino colore : vide quæ ad Martial IV, 24.

126. *Phariis telis.* Telarum perfectione celeberrima fuit Ægyptus, præcipue alta (*Haute Egypte*) ubi optimæ fiunt in urbe *Siout,* vel *Siut.*

ED. — *Licia.* Sunt fila, quibus, in telis, textrices implicant stamina. Accipiuntur nonnunquam pro ipsis staminibus. HORT.

127. *Tum famulæ,* etc. Heins. *stat fam.* quod certe subintelligendum. Oudend. *tunc.*

128. *Discolor hos sanguis.* Hoc de colore, non de gente et populo diverso, capiendum. Sic Æthiopas mox *sanguinis usti.* Cf. Ovid. Met. II, 235; et Senec. de Brev. vitæ, c. 12 : « vinctorum greges in ætatum et colorum paria diducit. »

129. *Libycos.* Nigros. Hos distinguere videtur a cæsarie torta Æthiopum, de qua vs. 132. ED.

130. *Ut nullis.* Id est, in omni Germania, ubi populi rutila cæsarie sunt præsignes. Cf. Tacit. Germ. cap. 4. Pauci codd. dant vulgat. lectionem *nullas.* ED.

132. *Torta caput.* Hic *caput* pro cæsarie dictum videtur, nam nolim jungere *torta caput capillos,* quia sic *gerens* plane abundaret. Metonymiam hanc plane assumpsimus : *tête frisée.* Mart. lib. de Spect. epigr. 3, vs. 10 : « tortis crinibus Æthiopes. »

Nec non infelix ferro mollita juventus,

Atque exsecta virum : stat contra fortior ætas,

Vix ulla fuscante tamen lanugine malas.　　　　　135

　Discubuere toris reges, majorque potestas

Cæsar : et immodice formam fucata nocentem,

Nec sceptris contenta suis, nec fratre marito,

Plena maris rubri spoliis, colloque, comisque

Divitias Cleopatra gerit, cultuque laborat:　　　　140

Candida Sidonio perlucent pectora filo,

Quod Nilotis acus compressum pectine Serum

Solvit, et extenso laxavit stamina velo.

Dentibus hic niveis, sectos Atlantide silva

ED. — *Refugosque.* Rejectos in cervicem, in supera reflexos.

133. *Ferro mollita juventus.* Castrata: spadones scil. et eunuchi.

134. *Exsecta.* Emasculata. — *Virum.* Virilitatem. — *Stat contra fortior ætas.* MARMONTEL intell. alios spadones jam maturæ ætatis; male, ut ostendit τὸ *contra.* Immo stant contra alii juvenes, non castrati ideoque robustiores, sed in quibus cautum, « ne prima genas lanugo nitentes Spargeret, et pulchræ *fuscaret* gaudia formæ, » ut ait Stat. Silv. III, 4, 65, ubi vide Markl. ED.

136. *Toris.* Alii *illic.* — *Reges.* Ptolemæus et Cleopatra. — *Majorque potestas.* Et illis major Cæsar.

137. *Fucata.* Quasi fuco adulterata ac depicta. HORT.

138. *Nec sceptris.* Vide Disq. var.

139. *Maris rubri spoliis.* De mari Rubro Seuec. Thyest. vs. 372: « Et gemmis mare lucidis Late sanguineum; » ubi vide notas. ED.

140. *Laborat.* Gravatur, oneratur

magnitudine et numero gemmarum. Male quidam exponunt : sollicita est de cultu.

141. *Sidonio... filo.* Amictu e tenuissimis filis. Cf. Mart. IV, 19. Hanc quoque purpuram tenuem *sindonem* dicebant. Cf. Pollux, lib. VII, cap. 16.

142. *Nilotis.* Ægyptia. Cf. Mart. X, 6. — *Compressum.* Oud. *percussum,* quod non displiceret; sed *compressum pectine* potest capi de stamine per subtemen densato; quod solvebant, quæ acu pingunt vela, et ita stamina laxabant dum varias figuras inserunt; quod dum faciunt expandunt et extendunt velum. BUAM. — Cf. ad Poet. Lat. Min. t. III, p. 401, vs. 47 sqq. et ad Senec. Thyest. vs. 379. ED.

143. *Solvit.* Ut rariora essent fila, discrevit. — *Stamina.* Non enim tunicas, sed vela texta more Gallorum. SCH.

144. *Dentibus hic niveis.* Tunc apponuntur mensæ, rotundæ, pedibus eburneis sustentatæ. Similiter Juven. XI, 122 sq. « latos sustinet

Imposuere orbes; quales ad Cæsaris ora   145

Nec capto venere Juba. Pro cæcus, et amens

Ambitione furor, civilia bella gerenti

Divitias aperire suas, incendere mentem

Hospitis armati! non sit licet ille nefando

Marte paratus opes mundi quæsisse ruina :   150

Pone duces priscos, et nomina pauperis ævi

Fabricios, Curiosque graves : hic ille recumbat

Sordidus Hetruscis abductus consul aratris,

Optabit patriæ talem duxisse triumphum.

    Infudere epulas auro, quod terra, quod aer,   155

Quod pelagus, Nilusque dedit, quod luxus inani

---

orbes Grande ebur... dentibus ex illis, etc. » ubi vide quæ notantur; cf. et ad Poet. Lat. Min. t. V, p. 379, Excurs. IV. ED. — *Atlantide silva*. Mauritaniæ silvis, ubi citros; IX, 426. ED.

145. *Ora*. Conspectum.

146. *Juba capto*. Burm. monet præstare *cæso* vel *victo*, quia Juba non venit in manus Cæsaris; immo mutuis cum Petreio vulneribus occubuit. Jubæ mensas memorat Plin. XIII, 29. Forte *capto* defendi potest, quia jamjam *capiendus* erat, et ejus omne regnum *cepit* Cæsar. ED.

147. *Civilia bella gerenti*. Potest enim et has invadere, qui talis est, ut bella gerat civilia. SCH.

150. *Ruina*. Vox illa mihi suspecta est et videtur repetita ex lib. I, 150. Forte scrib. *rapina*, hoc sensu : etiamsi non adesset vir paratus sibi illas opes rapere, sed tamen poterat tangi cupiditate illas in triumpho populo Romano ostendendi. Dubium autem est *mundi opes*, an

ruina mundi; hoc, si vulgata placet, præferrem; si *rapina*, alterum; ut v. 169. Vid. Claud. in Ruf. 194. BURM.

151. *Duces priscos*. Continentes et incorruptissimos viros.

152. *Fabricios*. Cf. III, 160. — *Curiosque graves*. Cf. VI, 787. — *Hic ille recumbat*. Si huic mensæ accumberet ille consul, etc.

153. *Sordidus Hetruscis*, etc. Quintius Cincinnatus, qui agrum trans Tiberim fodiens a legatis Dictator salutatus est. Liv. lib. III. Dionysius vero consulatum illi ita oblatum scribit. Alii hic Serranum intelligunt. Ut Virg. Æn. VI, 845, « te sulcos, Serrane, serentem. »

155. *Epulas, quod*. Per adpositionem. Nempe epulis profudere, quodcumque, etc. — *Auro*. Aureis vasis. *Quod terra, quod aer*. Mensæ illatum fuit, ferarum terrestrium et volatilium omne genus. HORT.

156. *Pelagus*, etc. Comprehendit sic et marinos pisces et fluviatiles.

Ambitione furens toto quæsivit in orbe,

Non mandante fame; multas volucresque ferasque

Ægypti posuere Deos : manibusque ministrat

Niliacas crystallus aquas : gemmæque capaces 160

Excepere merum, sed non Mareotidos uvæ,

Nobile sed paucis senium cui contulit annis

Indomitum Meroe cogens spumare Falernum.

Accipiunt sertas nardo florente coronas,

Et numquam fugiente rosa : multumque madenti 165

158. *Non mandante fame.* Sed gula et ambitioso luxu, Nunc omnes post *fame* distinctionem referunt, quæ antea post *orbe* erat. Nescio an bene; nam saltem excusatio fuisset Ægyptiis si fames coegisset, ut suos Deos epulandos apponerent. ED. — *Multas volucresque ferasque*, etc. Quas Ægyptii pro Diis coluerunt, uti pisces, Ibin, etc. vide quæ ad Sat. XV Juvenal.

160. *Crystallus aquas.* Crystallinum gutturnium : « Dant famuli manibus lymphas, « Virg. Æn. I, 701. —*Gemmæ.* Cf. Juv. VI, 305.

161 sqq. *Sed non Mareotidos uvæ.* In hoc luxu non vina Ægyptia apponebantur, sed externa, et ideo pretiosiora; immo petita ex Italicis vitibus; quo major Cæsari honos fieret. Ergo *Falernum* proprie dicitur; quod licet alias *indomitum*, diu acerbum, et austerum (cf. Pers. sat. III, v. 3), paucis tamen annis Meroes calor senescere et asperitatem exuere cogit. Alii minus bene, opinor, intelligunt vinum non ex ripis Mareotis, IX, 154, sed ex insula Meroe (inf. 303), ubi Falernæ vites. Cf. not. 163. De *uva Mareotide* vide ad Virg. Georg. II, 91, et ad Plin. XIV, 4,

§ 15. Cf. Athenæus, I, 25 ; et MALTEBRUN, *Journal des Débats*, mens. August. anno 1825. ED.

163. *Meroe.* In Meroen insulam meridionalis Ægypti vina ideo deferuntur, ut nimio sole cocta, licet multorum annorum non sint, tamen vetustissima judicentur. SCH. — *Spumare*, i. e. defervescere et despumare, ut tranquillum et liquidum fiat. — *Falernum.* Hortensius non capit proprie ; sed in genere de vino generoso. Conjicit quoque Burm. forte ab Ægyptiis Falernas vites translatas in Mareoticam regionem, quæ ibi vinum generosius ipso Italico, et quod paucioribus annis senium contrahebat, producebant. Sed eas *celerrime ubique degenerare* affirmat Plin. loco citato. ED.

164. *Sertas.* Participium est, et flores indicat; nam proprie *serta* de floribus, *coronæ* de frondibus fiant. SCHOL. — *Nardo florente.* Qui frutex est folio parvo densoque, in unguentis principalis, ut ait Plin. XII, 26, ad quem locum vide Exc. VII, in nost. ed. t. V, p. 16. Ad rem confer Horat. Carm. II, 11, vs. 14 sqq. et ibi notas. ED.

165. *Numquam fugiente.* Perenni,

Infudere comæ, quod nondum evanuit aura
Cinnamon, externa nec perdidit aera terra ;
Advectumque recens vicinæ messis amomum.
Discit opes Cæsar spoliati perdere mundi,
Et gessisse pudet genero cum paupere bellum,   170
Et causas Martis Phariis cum gentibus optat.
    Postquam epulis Bacchoque modum lassata voluptas
Imposuit, longis Cæsar producere noctem
Inchoat adloquiis : summaque in sede jacentem
Linigerum placidis compellat Achorea dictis :   175
« O sacris devote senex, quodque arguit ætas

---

per totum annum in Ægypto florente. Celeberrimæ fuerunt rosæ Alexan-
drinæ. Cf. Mart. VI, 80. Oudend.
tamen putat hic reprehendi luxum
Cleopatræ curantis omni anno sibi
rosas præberi. Burmannus vero putat hoc verbum *fugiens* proprietate
quadam dici de frugibus, plantis, pomis, etc. quæ amittunt vim, odorem, ut gallice *passé*. Hinc rosa *non
fugiens* esset explicanda, recens, fra-
grantissima, non flaccida et inodora.
Ego tamen malim priorem sensum
sequi, ut sit *rosa nunquam deficiens*,
quam contra Horat. Carm. II, 3, vs.
13 *nimium brevem* vocat. ED.

167. *Aera.* I. e. odorem, ut IV,
438 ; translatum enim ex sua ubi nascitur terra, in externam, odorem na-
tivum nondum perdiderat. Alii legunt *externæ aera terræ*, in qua scil.
natum sit.

168. *Vicinæ messis amomum.* In
vicina Assyria et Media natæ. Multa
fuit de amomo veterum obscuritas :
sed videtur fuisse idem ac Arabum
hamama. Vide Plin. XII, 28, nost.

ed. t. V, pag, 42, ibique notata. ED.

169. *Discit opes.* Ab Alexandrino
hoc luxu. — *Perdere.* Per luxuriam
consumere : male Cortius *spernere*. ED.

170. *Pudet.* Quia intelligit se ex
Pompeio victo numquam tales divitias relaturum fuisse.

171. *Et causas Martis.* Oudend.
vult *Marti* ; i. e. ad bellandum ; sed
dubium foret an Mars Deus, an bellum esset. BURM.

172. *Postquam epulis.* Imitationem Virgilianam hic quidam vident
(Æn. I, 216) : sed omnino alia res est :
illic famem tantum cibis fugabant,
hic vero epulis se ad lassitudinem one-
rant. ED.

174. *Summa in sede.* Ut honora-
tissimum.

175. *Linigerum.* Sacerdotem Isidis xylinis vestibus indutum. Vide ad
IX, 159. — *Achorea.* Vide VIII,
475.

176. *Sacris.* Cultui Deorum. —
Arguit. Ætas hæc tua, quia senex
esse meruisti, probat te ad curam
numinum pertinere. SCHOL.

Non neglecte Deis, Phariæ primordia gentis,
Terrarumque situs, vulgique edissere mores,
Et ritus, formasque Deum : quodcumque vetustis
Insculptum est adytis, profer, noscique volentes   180
Prode Deos. Si Cecropium sua sacra Platonem
Majores docuere tui, quis dignior umquam
Hoc fuit auditu, mundique capacior hospes?
Fama quidem generi Pharias me duxit ad urbes,
Sed tamen et vestri : media inter prælia semper   185
Stellarum, cælique plagis, Superisque vacavi,
Nec meus Eudoxi vincetur fastibus annus.

177. *Primordia.* Originem Ægyptiorum mihi edissere.

179. *Formasque Deum.* Quid significent variæ formæ, sub quibus Ægyptii Deos colunt. ED.

180. *Insculptum est.* Burmannus prætulit *inscriptum*, ut de omni scriptura capiatur; sed male; nam de vetustissimis adytorum inscriptionibus, non de chartis vel membranis hic agitur. ED. — *Noscique volentes.* Gloria quippe et celebratione gaudent, infra vs. 197.

181. *Sua sacra.* Hic tangit mysteria Ægyptiorum sacerdotum. — *Platonem.* Plato in Ægyptum ad prophetas et sacerdotes profectus arcana et disciplinas eorum edidicit.— Cf. Cicero, de Republ. I, 10, ibiq. notæ, in nost. ed. Philosoph. t. V, p. 120. ED.

182. *Quis dignior.* Si Platoni, Atheniensi quidem, hæc arcana majores vestri aperuerunt, vos quoque mihi sane hospiti et Romano aperire potestis, quo nullus unquam fuit dignior. ED.

183. *Hoc fuit auditu.* Insolens loquendi modus recte videtur Burmanno, si construas *dignior auditu*, supinum, pro *qui audiat hoc.* Sed possis *hunc auditum*, id est, disciplinam traditam intelligere. ED. — *Mundique capacior.* Qui mundi causa noscendis magis aptus sit.

184. *Generi.* Pompeii, qui huc profugisse dicebatur.

185. *Vestri.* Quorum scientias scire percupio : astronomiam maxime, cui inter arma vacavi semper.

187. *Eudoxi vincetur.* Eudoxus iste fuit Cnidius, auditor Platonis, qui cum Chrysippo medico in Ægyptum profectus, anni rationem reversus Græcis tradidit, et Ephemeridas scripsit. Laert. lib. VIII; Strabo lib. XIV; Columel. lib. X. Hujus autem fastis, id est, rationi anni Cæsar dicit suam anni correctionem non cessuram. Vide Disq. var. —*Fastibus.* Hanc locutionem, quamquam *fastis* usitatior sit, tuetur Prisc. col. 711; cf. ad Poet. Lat. Min. t. IV, p. 503, not. 7. De re autem Burmanno non ad-

Sed quum tanta meo vivat sub pectore virtus,
Tantus amor veri, nihil est quod noscere malim
Quam fluvii causas per sæcula tanta latentes,   190
Ignotumque caput : spes sit mihi certa videndi
Niliacos fontes; bellum civile relinquam. »

   Finierat, contraque sacer sic orsus Achoreus :
« Fas mihi magnorum, Cæsar, secreta parentum
Prodere, ad hoc ævi populis ignota profanis.   195
Sit pietas aliis, miracula tanta silere :
Ast ego cælicolis gratum reor, ire per omnes
Hoc opus, et sacras populis notescere leges.

   « Sideribus, quæ sola fugam moderantur Olympi,
Occurruntque polo, diversa potentia prima   200
Mundi lege data est. Sol tempora dividit anni,

senlior, qui hoc ineptum pronunciat. Quamquam enim Cæsar post bella demum composita fastos correxerit, quidni liceat poetæ fingere eum, alioqui facundum et doctum hominem, plura jam meditatum fuisse ex iis quæ postea confecit ? E D.

188. *Vivat sub pectore.* Ex Virgilio, Æn. IV, 67. Burmannus conjicit *quanta meo,* et *virtutem* exp. fortitudinem. An *virtus* hic est bona et honesta cupido ? E D.

191. *Spes sit.* Suppl. *si,* ut notat sub h. voc. *Palairet* in Thes. Ellips. lat. E D.

193. *Sacer.* Sacris devotus, sacerdos.

194. *Fas mihi.* Cf. Virg. Æn. II, 157. — *Parentum.* Int. priores Ægyptios qui ante Achorea sacris præfuerant. B URM.

195. *Profanis.* Non initiatis.

196. *Pietas.* Superstitiosus timor

qui deos sic a se lædi posse putat.

198. *Hoc opus.* Int. mundi et naturæ, cujus notitiam omnes habere, gratum Diis dicit.

199. *Sideribus.* Nempe septem planetis (id ex opinione Veterum) vis diversa a prima lege mundi adsignata est. — *Fugam.* Celerem revolutionem cæli. — *Moderantur.* Temperato cursu et certis vicibus motuum cælestium modum aperiunt et regunt.

200. *Occurruntque polo.* Nam planetæ adverso motu, ab occasu scil. in ortum, retardant motum, quo decima sphæra ab ortu in occasum recte decurrens reliquos orbes secum trahit.— *Diversa potentia.* Manil. Astron. I, 814 : « Sunt alia adverso pugnantia sidera mundo, etc. » et V, 5 sqq. Cf. etiam Plin. II, 5, §4. E D.

201. *Sol.* Medius planetarum, tempora, i. e. varias anni tempestates

Mutat nocte diem, radiisque potentibus astra
Ire vetat, cursusque vagos statione moratur.
Luna suis vicibus Tethyn, terrenaque miscet.
Frigida Saturno glacies, et zona nivalis   205
Cessit : habet ventos, incertaque fulmina Mavors :
Sub Jove temperies, et numquam turbidus aer :
At fecunda Venus cunctarum semina rerum
Possidet : immensæ Cyllenius arbiter undæ est.
Hunc ubi pars cæli tenuit, qua mista Leonis   210
Sidera sunt Cancro, rapidos qua Sirius ignes

dividit, terrarum simul et cæli rector.

202. *Mutat nocte diem.* Ex veterum opinione, qui τοὺς τῶν πλανουμίνων ςηριγμοὺς, a sole fieri credebant. — *Radiisque potentibus.* Solem, inquit Sulpitius, cæteri planetæ venerari videntur, ut regem. — *Astra ire vetat.* Non planetas, sed alias stellas fixas, quæ nisi certus sub Ecliptica sol staret cæli vertigine raperentur. Nec enim de sole stationario in centro systematis planetarii aliquid innotuisse veteribus verisimile est. Sed de stationibus planetarum Plin. lib. II, cap. 12 sqq.

204. *Luna.* Æstum maris lunæ *vicibus*, crescentis ac decrescentis, tribuerunt veteres. — *Terrenaque.* Mare reciproca agitatione nunc accedens litora, nunc recedens. Cf. I, 409 sqq.

205. *Frigida Saturno.* Virg. Georg. I, 336, *frigidam Saturni stellam* vocat; et Plin. II, 6, § 5, ait: « Saturni sidus gelidæ ac rigentis esse naturæ. » ED.

206. *Cessit.* In ipsius est potestatem tradita. SCH. — *Mavors.* Dictus quoque Ἡρακλέους ἀστὴρ : cf. Plinii

loc. proxime cit. ibique notas. ED.

209. *Cyllenius.* Mercurius. Hoc sidus etiam nonnunquam Apollinis appellatur, medium inter Venerem et Solem. Mercurius, inquit, præsidet aquis. Ideo quando est in ea parte cæli ubi Cancri et Leonis constellationes adeo vicinæ sunt, ut mixtæ videantur, et quædam stellæ sint ambigui juris; cui parti cæli Sirius proximus est, scil. prope Colurum, per Ægoceri et Cancri principia transeuntem; cui Cancro *Nili ora* seu fontes dicuntur subjacere, licet id lateat, et non penitus cognitum sit; tunc. etc. PALMER. — *Undæ est.* Fluminum, adeoque Nili. « Cessit Mercurio locus imbrifer, » ut ait Avienus.'

210. *Hunc ubi.* Quum Mercurius in Julii principio, pervenit ad extremum gradum Cancri, tum arbiter undæ Mercurius laxat fontes fluminis directe subjecti, facitque effervescere, non secus ac luna motu suo tumefacit mare : modo vs. 204.

211. *Sirius.* Sirius est stella magna et lucida in fronte canis. Hujus exortu amplissimæ vires in terra sen-

Exserit, et varii mutator circulus anni

Ægoceron, Cancrumque tenet, cui subdita Nili

Ora latent : quæ quum dominus percussit aquarum

Igne superjecto, tunc Nilus fonte soluto   215

Exit, ut Oceanus lunaribus incrementis

Jussus adest ; auctusque suos non ante coarctat,

Quam nox æstivas a Sole receperit horas.

« Vana fides veterum, Nilo, quod crescat in arva ,

Æthiopum prodesse nives. Non Arctos in illis   220

Montibus, aut Boreas. Testis tibi sole perusti

tiuntur. Tum poetæ nonnunquam *Sirium* pro æstate usurpant. HORT.

212. *Mutator circulus anni.* Int. procul dubio Colurum solstitiorum, qui jure *mutator* dicitur, quando uno sui puncto æstatem adultam facit, altero profundam hyemem. PAL. — Male alii Zodiacum, alii Meridianum explicant. ED.

213. *Ægoceron, Cancrumque tenet.* Quum ille circulus, quem lacteo circulo coincidere ait Macrob. Somn. Scip. I, p. 47, per Cancri et Capricorni principia transeat, jure dicitur *eos tenere.* PALM.

214. *Dominus aquarum.* Mercurius ; vs. 209.

215. *Fonte soluto.* Omnes aquas effundens. Nilus crescere incipit nova luna post solstitium ; sole Cancrum transeunte, modice ; Leonem, abundantissime ; in Virgine, residet, ut ait Plin. V, 10, § 8. — De causis vero hujus incrementi. conf. Herod. Euterpe, lib. II, n. 19; Solin. c. 34 et 45 ; Strabo lib. ult. Diod. Sic. lib. I ; Seneca lib. IV, Nat. Q. cap. 2; Marcel. lib. XXII; Heliod. lib. IX; Philo lib. I, de vita Mosis ; Card. de Sub-

tilit. lib. II , et XXI ; Jul. Cæs. Scal. Exercit. 47. — Vide Disq. var.

216. *Exit.* Proprie de fluviis dictum, quum abundant extra ripas. Cf. Serv. ad Virg. Georg. I, 116.— *Ut Oceanus.* I. e. eodem modo quo Oceanus crescente ac decrescente luna, magis minusve accedit receditve reciproco suo æstu.

217. *Auctus coarctat.* In totum revocatur intra ripas. *Auctus* dicit incrementa, ut Plinius, loc. cit.

218. *Nox æstivas.* Notatio æquinoctii autumnalis, VIII, 467.

219. *Vana fides veterum, Nilo.* E septem causis inundationis Nili, quas ponit Noster, secunda hæc Veteribus, Anaxagoræ, Euripidi, et aliis gravissimis auctoribus placuit. Sed et hanc opinionem refutat Jo. Bapt. Scortia lib. II, de Nili incremento, cap. 12.

220. *Non Arctos in illis.* Nesciit Lucanus, ut veteres, recessum a circulo Capricorni ad Antarcticum æque se habere quoad frigus, ac nostrum a circulo Cancri.

221. *Testis tibi.* Argumentum sumit de Æthiopia non venire in Ni—

Ipse color populi, calidique vaporibus Austri.

Adde, quod omne caput fluvii, quodcumque soluta

Præcipitat glacies, ingresso vere tumescit

Prima tabe nivis: Nilus neque suscitat undas   225.

Ante Canis radios, nec ripis alligat amnem

Ante parem nocti, Libra sub judice, Phœbum.

Inde etiam leges aliarum nescit aquarum;

Nec tumet hibernus, quum longe sole remoto

Officiis caret unda suis; dare jussus iniquo   230.

Temperiem cælo, mediis æstatibus exit,

Sub torrente plaga; neu terras dissipet ignis,

Nilus adest mundo, contraque incensa Leonis

Ora tumet: Cancroque suam torrente Syenen,

Imploratus adest; nec campos liberat undis,   235

lum nives, quia illic semper calidus aer sit, nec nives admittat, et, quod de colore Æthiopum hominum comprobatur, semper eos calore solis torreri. SCH.

223. *Adde quod.* Aliam causam addit Lucanus, quod in cæteris fluminibus incrementum e liquefactione nivium fiat vere primo, in Nilo autem media æstate: sed hoc populis versus Antarcticum sitis vernum tempus est.

225. *Tabe.* Solutione.

226. *Ante Canis radios.* Ante exortum caniculæ, in mense julio: sole Leonem ingresso. — *Nec ripis.* Neque se intra ripas coercet.

227. *Libra.* Cf. VIII, 467. Iterat quæ jam dixit sup. vs. 217 sq. et mox eadem repetet 236: neque satis eum excusari credo, quod garrulus senex inducatur. ED.

228. *Aliarum nescit aquarum.*

Aliorum fluminum, quæ hieme crescunt, æstate decrescunt.

230. *Officiis caret unda suis.* Officium Nili est arva irrigare: hoc autem præstare non necesse est, et inutilis foret unda ejus, quum sol longe removetur: ideo hieme se ripis tenet. — *Iniquo.* Ferventissimo et arva torrente.

232. *Torrente plaga.* Zona torrida. — *Ignis.* Calor excandescens. *Dissipare* bene dicit de calore, qui terras siccat et in pulverem dissolvit.

233. *Adest mundo.* Ad refrigerium et temperiem subvenit Ægypto. — *Contra.* Defensor enim terrarum et adversarius Leonis, se erigit.

234. *Suam torrente Syenen.* Sibi subjectam. Syene enim ἄσκιος est, quum certam partem Cancri sol detinet. Cf. II, 587 et VIII, 851. Vide inf. Disq. var. ED.

235. *Imploratus adest.* In auxilium quasi advocatus.

Donec in autumnum declinet Phœbus, et umbras

Extendat Meroe. Quis causas reddere posset ?

Sic jussit Natura parens decurrere Nilum :

Sic opus est mundo. Zephyros quoque vana vetustas

His adscripsit aquis, quorum stata tempora flatus, 240

Continuique dies, et in aere longa potestas :

Vel quod ab occiduo depellunt nubila cælo

Trans Noton, et fluvio cogunt incumbere nimbos :

Vel quod aquas toties rumpentis litora Nili

Assiduo feriunt, coguntque resistere, flatu. 245

Ille mora cursus, adversique objice ponti

236. *Declinet.* Recte; nam signa autumnalia et hiberna infra æquatorem jacent; ideo et inferiora dicuntur. Vide not. ad vs. 227. Supplendum *se* contendit *Palairet* in Thes. Ellips. lat. collato Ovid. Met. VII, 88. ED.

237. *Meroe.* In qua ins. torridæ zonæ subjecta, breves aut nullæ rejiciebantur umbræ, inf. 305. —*Donec extendat umbras*, i. e. donec ἄσκιος esse desinat, quod fit sole in autumnum inclinante, quam in Virginem transit. Plin. H. N. lib. II, c. 74 tradit apud Meroen, quæ a Syene quinque millibus stadiorum abest, bis anno umbras absumi, sole duodevicesimam Tauri partem, et quartam decimam Leonis, obtinente. — *Quis causas.* Sc. cur Nilus et crescat et undas campis revocet: hoc seqq. tentat explicare. ED.

238. *Decurrere.* MS. 7900, *discurrere*, quod sit divagari per campos et inundare. Cf. ad VIII, 224. Idem vero sensus in *decurrere*

239. *Zephyros quoque.* Primam causam ventis adscribit etiam Herodotus, non quidem Zephyris, qui flant

ab occasu, sed Etesiis aquilonibus. Vide Disq. var.

240. *Adscripsit.* Tamquam causam Nili incrementis. — *Stata.* In dies certos constituta et redeuntia, ut apud Stat. Theb. I, 666, *stata sacra.* ED. — *Flatus.* Casu secundo. Dicit certa esse tempora, quibus hi venti flant, et aliquot per menses perseverant.

241. *In aere.* Sic plurimi codd. Oudend. edidit *in aera.*

242. *Ab occiduo cœlo.* Unde Zephyri spirant. Hoc Democriti placitum est.—*Depellunt.* Oud. *pellunt tot.*

244. *Vel quod aquas.* Hoc Thaleti visum est; quia venti assiduo flatu ferientes (Sen. Thyest. 578) undas Nili et resistere cogentes, istius cursum et exitum morantur. — *Toties rumpentis litora.* Intelligit septem ostia per quæ Nilus in mare exit.

246. *Adversique objice ponti.* Quasi Libycum mare assiduo impulsu suo et violentia aquarum feriat septem ostiorum Nili litora et onerct ea ratione omnes ejus alveos aquis, ad inundationem usque. HORT.

Æstuat in campos. Sunt qui spiramina terris
Esse putent, magnosque cavæ compagis hiatus.
Commeat hac penitus tacitis discursibus unda
Frigore ab Arctoo medium revocata sub axem, 250
Quum Phœbus pressit Meroen, tellusque perusta
Illuc duxit aquas, trahitur Gangesque, Padusque,
Per tacitum mundi: tunc omnia flumina Nilus
Uno fonte vomens non uno gurgite perfert.

« Rumor, ab Oceano, qui terras alligat omnes, 255
Exundante procul violentum erumpere Nilum,
Æquoreosque sales longo mitescere tractu.

« Nec non Oceano pasci Phœbumque polumque
Credimus: hunc, calidi tetigit quum brachia Cancri,

247. *Sunt qui.* Quarta incrementi Nili causa, sed absurda, quam tamen Memphitici sacerdotes tradebant et eos sequutus Diogenes Apolloniates. — *Spiramina terris.* Canales et meatus subterraneos.

249. *Tacitis.* Secretis, nemini visis.—*Unda.* Fluvii, ut mox versu 252.

250. *Frigore ab Arctoo.* Nempe quasi calore tunc nimio flumina a Septemtrione ad Austrum reducantur. — *Medium revocata sub axem.* Sub Æquatorem aut torridam zonam, ubi sunt Nili fontes.

251. *Phœbus pressit Meroen.* Meroen premit sol quum obtinet quartam decimam Leonis partem; not. 237.

252. *Duxit aquas.* Ennius hæc de Nilo ait; quod per æstatem sol ab inferioribus aquam supra revocet, et hinc eo tempore Nilus increscat. SCHOL.

253. *Per tacitum mundi.* Per secretos meatus illos subterraneos. —

Tunc omnia flumina Nilus. His fluminibus augentur Nili fontes, sed his non sufficit unus Nili alveus, adeoque exundat fluvius.

255. *Rumor ab Oceano.* Alii sunt, qui opinantur feruntque Nilum ab illo Oceano, qui terras ambit, exæstuante, incrementum aquarum capere, fluctus vero marinos salsuginem amittere atque dulcescere longo cursu. Hanc opinionem examinat atque rejicit Scortia de Nilo, lib. II, c. 11. — *Alligat.* Ad hoc verbum conf. notata ad Claud. in Ruf. II, 113. ED.

258. *Nec non Oceano.* Alia opinio. Sidera aquis pasci, ut, I, 415, et IX, 313: aquarum itaque a sole in Cancro attractarum partem a sideribus non digestam in Æthiopia deorsum noctu decidere, atque hinc Nilum crescere. Hæc est Herodoti sententia. Vide Scort. de incremento Nili, II, cap. 19.

Sol rapit, atque undæ plus, quam quod digerat aer, 260
Tollitur; hoc noctes referunt, Niloque refundunt.

« Ast ego, si tantam jus est mihi solvere litem,
Quasdam, Cæsar, aquas post mundi sera peracti
Sæcula, concussis terrarum erumpere venis,
Non id agente Deo, quasdam compage sub ipsa 265
Cum toto cœpisse reor, quas ille creator,
Atque opifex rerum certo sub jure coercet.

« Quæ tibi noscendi Nilum, Romane, cupido est,
Et Phariis, Persisque fuit, Macetumque tyrannis; ﮞ
Nullaque non ætas voluit conferre futuris 270
Notitiam : sed vincit adhuc natura latendi.

260. *Quam quod digerat.* Citat disgreget Servius ad *Æn.* I, 608, *Polus dum sidera pascet.* « Quamvis, inquit, physici pasci aquis marinis sidera, i. e. ignes cælestes dicunt; secundum quod Lucanus ait: *atque undæ plus, quam quod disgregæ aer.»* Ubi ipsum *pasci* ostendit legisse Servium *digerat.* Metaphora est a cibis; qui sumpti digeruntur in corpore; sic ubi plus aquætollitur, quam quod aer potest capere et digerere, debet refundere. BURM.— Cf. VI, 88.

262. *Ast ego.* Ego reor alios fluvios e venis vi concussis erupisse ante orbem conditum; alios accepisse ortum et leges certas a Deo in ipsa mundi creatione : Nilum autem hanc incrementi legem a prudenti Deo etiam tum accepisse. Hanc tanquam universalem causam a Nostro positam, ut et ab Aristide in oratione Ægyptiaca, pro levi refutat Jo. Baptista Scortia de natura et incremento Nili, lib. II, cap. 1. Refutatis deinde variis aliorum opinionibus docet, cap.

XVII, Nilum aquis pluviis crescere.

263. *Peracti.* Id est, conditi, perfecti; ut ita sæpe Suetonius hoc verbo utitur. Vide ad Ovid. Epist. V, 41. BURM.

265. *Non id agente.* Heinsius *non agitante,* vel *adigente* malebat. Sed vulgat. interpretatur Burm. Illas sponte erumpere; alias incepisse cum toto, i. e. cum rerum universitate, sed certis limitibus illas a creatore coerceri. — *Compage sub ipsa.* In prima mundi coagmentatione.

268. *Quæ tibi noscendi.* Enumerat Cæsari reges, qui eodem studio cognoscendi originem Nili tenebantur : ut reges Ægyptiorum, Persarum, Macedonum; denique omnis ætatis mortales operam dedisse, ut ejus rei cognitionem posteris traderent. HORT. — Vide in Disq. var. recentiorum opiniones de Nili fontibus. ED.

269. *Et Phariis,* etc. Sesostri, Cambysæ, Alexandro.

270. *Futuris.* Posteris.

271. *Vincit adhuc.* Pro simplici

Summus Alexander regum, quos Memphis adorat,
Invidit Nilo, misitque per ultima terræ
Æthiopum lectos : illos rubicunda perusti
Zona poli tenuit; Nilum videre calentem.   2·5
Venit ad occasum, mundique extrema Sesostris,
Et Pharios currus regum cervicibus egit :
Ante tamen vestros amnes Rhodanumque, Padumque,
Quam Nilum de fonte bibit. Vesanus in ortus
Cambyses longi populos pervenit ad ævi,   280
Defectusque epulis, et pastus cæde suorum,
Ignoto te, Nile, redit. Non fabula mendax

nondum innotuit. Quia ea est Nili natura, ut ejus origo lateat, ideo *vincit* hactenus omnes investigationes. ED.

273. *Invidit.* Quod lateret. — *Terræ Æthiopum.* i. e. Æthiopiæ. Sic melius junges quam *Æthiopum lectos,* viros ex Æthiopibus electos.

275. *Calentem.* Burm. Vult *cadentem,* ut ad cataractas penetraverint. Nilus enim etiam calet in inferiore Ægypto : missi autem ab Alexandro ad zonam torridam pervenerunt.

276. *Sesostris.* Cf. Plin XXXIII, 15, § 2; Val. Flac, V, 419; Justin. I, 1, 6; II, 3, 8 sqq. De hoc rege BOSSUET, *Hist. Univ*, p. III, 3 : « beaucoup plus digne de gloire, si la vanité ne lui eût pas fait traîner son char par les rois vaincus. » De eo præclara fingit FÉNÉLON, *Télémaque,* lib. II. ED.

278. *Ante tamen.* Neque tamen invenit Nili magis quam vestrorum fluv. fontes. Notatio τοῦ ἀδυνατοῦ. Vid. not. sq.

279. *Bibit.* Sesostris si pervenit in Europam non ultra Thraciam et Scythiam penetravit. Sed quum omnia de Sesostris victoriis dubia, si non fabulosa sint, Lucanus sibi ad Padi et Rhodani fontes extendere licuisse putavit. Si liceret *bibit* pro *bibisset* sumere, salva res esset; et certe tempus pro tempore ponit Virg. Æn. IV, 419; XI, 112 et 912. BURM. — *Vesanus.* Motæ enim fuit mentis Cambyses, de quo BOSSUET dixit; « le plus insensé de tous les princes. » De eo vide Herod. lib. II, 1 ; Justin. I, cap. 9. ED.

280. *Cambyses.* Persarum rex, Cyri F. qui patris imperio adjecit Ægyptum. — *Longi ævi.* Μακροβίους Æthiopas vocat Herod. lib. III; vid. Plin. lib. VI, cap. 35, § 12.

281. *Pastus cæde.* Deficiente Persarum in itinere commeatu, ingens fames exercitum invasit : unde decimum quemque militem sorte ductum edebant, etc. Hoc quoque ex Herodoto transsumptum lib. III.

282. *Non fabula mendax.* Fabula, quantumvis mendax, nihil tamen de origine tua commenta est; non ausa

Ausa loqui de fonte tuo est; ubicumque videris,
Quæreris; et nulli contingit gloria genti,
Ut Nilo sit læta suo. Tua flumina prodam,   285
Qua Deus undarum celator, Nile, tuarum
Te mihi nosse dedit. Medio consurgis ab axe,
Ausus in ardentem ripas attollere Cancrum :
In Borean is rectus aquis, mediumque Booten :
Cursus in occasum flexu torquetur, et ortus,   290
Nunc Arabum populis, Libycis nunc æquus arenis :
Teque vident primi (quærunt tamen hi quoque) Seres,
Æthiopumque feris alieno gurgite campos :

est ignotum fontem tuum describere.

285. *Suo.* Sc. apud se nato; nam in Æthiopia et in Ægypto peregrinatur Nilus, aliunde ortus. Hoc non satis intelligens Burmannus, conjicit *novo*, eodem sensu; sed perperam. Ed.

286. *Qua.* Quatenus, ut sup. vs. 84.

287. *Medio consurgis ab axe.* A meridie (innuit autem polum antarcticum) in septemtrionem recto cursu defertur Nilus, nisi quod sinuoso flumine modo Arabiam, modo Libyam ex æquo alluat.

288. *Ausus in ardentem.* Alveo quidem contentus, a Cataractis, quæ sub Cancro sunt, ante per arenosa et squalentia fluens, quandoque se terra condens, et post dierum aliquot itinera erumpens. Plin. V, 10.

289. *Is.* Defluis. — *Rectus aquis.* Directe adversum Borean. — *Booten.* De quo ad II, 722, et III, 252.

290. *Cursus.* Defluit quidem Nilus a meridie in septemtrionem, sed non recta omnino via; adeoque nunc

læva in Occidentem, nunc dextra in Orientem excurrit. Mihi tamen videtur *rectus* pugnare cum *flexu torquetur.* Ed.

291. *Arabum populis.* Aut Noster erravit, ratus Nilum in Arabiam quoque excurrere, aut hic Arabes sunt Æthiopiæ populi Arabico sinui propiores, quod verius puto. Vide etiam not. seq. Ed.

292. *Primi te vident.* Apud eos enim primum apparet. Sulp. — *Seres.* Indiæ populus, ut Orosio lib. III, cap. 24. Cf. supra I, 19. Sed Noster pro gente Æthiopica sumpsit, ut doctissime ostendit Palmerius in apologia contra Scaligerum; vide infra in Disq. var. Ed.

293. *Feris gurgite.* Sic IV, 405 : « Ferit unda Salonas.» Oud.—*Alieno gurgite.* Non suo; cf. vs. 285; sic quoque v. 299. Burmann. *alienum* gurgitem explicat, qui in adversa mundi parte, apud Antipodes, in altero hæmisphærio nascitur. Sed hoc longius quæsitum, in versu seq. senex ipse refutat : nam si *orbis ter-*

Et te terrarum nescit cui debeat orbis.

« Arcanum natura caput non prodidit ulli,   295
Nec licuit populis parvum te, Nile, videre,
Amovitque sinus, et gentes maluit ortus
Mirari, quam nosse, tuos. Consurgere in ipsis
Jus tibi solstitiis, aliena crescere bruma,
Atque hiemes adferre tuas : solique vagari   300
Concessum per utrosque polos ; hic quæritur ortus,
Illic finis aquæ. Late tibi gurgite rupto
Ambitur nigris Meroe fecunda colonis,
Læta comis ebeni : quæ, quamvis arbore multa
Frondeat, æstatem nulla sibi mitigat umbra :   305
Linea tam rectum mundi ferit illa Leonem !

rarum nescit, cui debeat Nilum, ne-
sciunt et antipodes. ED.

294. *Debeat.* Cui terræ adtribuat
fontem tuum. SCH.

295. *Arcanum caput.* Fontes Nili
ignotos, de quibus inter doctos nondum convenit ; ita ut novis investi-
gationibus suscipiendis nuperrime
apud nos pecunia publice irrogata
sit. ED.

296. *Parvum.* Nascentem.

297. *Amovitque.* Scil. natura. —
Sinus. Hic notantur cavernæ, ex
quibus oriri creditur. BURM.

299. *Solstitiis.* Solstitio æstivo
exundas ; vide sup. 215 sqq. — *Aliena bruma.* Per brumam, et hiberno
tempore crescunt fluvii ; Nilus vero
aliter : exit, quum *bruma aliena* est,
quum hiems nondum adest ; vel exit
afferens brumam tempore alieno, ut
alienis mensibus apud Virgilium, G.
II, 149. ED.

300. *Hiemes adferre tuas.* Incre-

mentum, quasi hibernum. *Hiemes*
vocat abundantiam aquarum, quam
in nostro orbe tempore fere hiberno
experimur. Vide supra vs. 278 sqq.

301. *Per utrosque polos.* Per terras longe ab utraque Æquatoris parte
recedentes ad utrumque polum. —
Hic quærit. ortus. Apud nos ad Arcticum sitos, de origine tua quæstio est.

302. *Illic finis aquæ.* Apud An-
tarcticos, de exitu et ostiis quæritur.

303. *Ambitur Meroe.* Non ambiri
Meroen *rupto,* id est, diviso Nili
gurgite contendunt recentiores geographi, sed a duobus diversis fluviis
allui ; ita ut, quam insulam veteres
credidere, non nisi peninsula sit.
Vid. ad Plin. V, 10, § 4, ibique not. ED.

304. *Ebeni.* Supra, 117.

305. *Nulla sibi mitigat umbra.* Ibi
enim semper super eam sol est ; unde
umbram habere non potest ; II, 587.

306. *Linea tam rectum,* etc. Illa
regio linea tam perpendiculari soli in

Inde plagas Phœbi, damnum non passus aquarum,
Præveheris, sterilesque diu metiris arenas,
Nunc omnes unum vires collectus in amnem,
Nunc vagus, et spargens facilem tibi cedere ripam. 310
Rursus multifidas revocat piger alveus undas,
Qua dirimunt Arabum populis Ægyptia rura
Regni claustra Philæ. Mox te deserta secantem,
Qua dirimunt nostrum Rubro commercia ponto
Mollis lapsus agit : quis te, tam lene fluentem, 315
Moturum tantas violenti gurgitis iras,

signo Leonis subjacet. Cf. IX, 530, et vide Disq. var.

307. *Plagas Phœbi.* Zonam torridam. — *Damnum.* Diminutionem aquarum etiam in tanto solis attrahentis calore non patitur.

308. *Metiris.* Pervagaris.

309. *Collectus in amnem.* Modo in uno amne, omnibus suis aquarum viribus collectis, decurrit : modo vagus egreditur ripas suas, quæ facile undarum impetui cedunt. HORT.

311. *Rursus multifidas.* Paullo post redit aqua in alveos suos, ubi Ægyptus, inquit, ab Arabia dividitur. — *Piger alveus.* Quia, ut ait Seneca, Nat. Quæst. IV, 2, circa Philas primum ex vago et errante colligitur, magnus magis quam violentus; et aquas sine tumultu, leni alveo ducit. ED.

312. *Arabum populis.* Sic haud dubie scribendum, non *populos*, quod quidam volunt. Arabes autem pro Æthiopibus hic ponuntur. Cf. sup. v. 291. ED.

313. *Regni claustra Philæ.* De hac insula vide quæ notantur ad Senecam in loc. citato, nostræ edit. tom. V,

p. 417; et infra in Disq. var. ED.

314. *Qua dirimunt nostrum.* Versus hic varie tentatus Burm. et Oud. spurius videtur. Web. vero levi mutatione legit, *quæ dir. nostrum Rub. comm. ponto*, id est, quæ separant nostra, nostrorum civium, commercia a commerciis rubri maris. Seneca quidem loc. cit. « arenasque, per quas iter ad commercia Indici maris est, prælabitur; » ubi vide notas nost. ed. t. V, p. 418. Et hunc patrui locum imitatus videtur Noster, sed verbis, si sana sint, admodum obscuris. Quare, dum quis meliora proferat, conjecturæ Weberi standum, vel servata vulgata intelligendum : *qua* illa scil. deserta *dirimunt*, prohibent Ægyptiorum commercia cum rubro mari, commeantiumque itineri obstant. Desunt tamen exempla quibus defendam locutionem *nostrum commercia.* Nec minor difficultas si *nostrum pontum* legas, et de mari Mediterraneo capias : quomodo enim commercium quod regiones vulgo inter se jungit, per hæc deserta Mediterraneum mare a Rubro separet, non intelligo. ED.

Nile, putet? sed quum lapsus abrupta viarum
Excepere tuos, et præcipites cataractæ,
Ac nusquam vetitis ullas obsistere cautes
Indignaris aquis; spuma tunc astra lacessis; 320
Cuncta fremunt undis; ac multo murmure montis
Spumeus invictis canescit fluctibus amnis.

Hinc, Abaton quam nostra vocat veneranda vetustas,
Terra potens, primos sentit percussa tumultus,
Et scopuli, placuit fluvii quos dicere venas, 325
Quod manifesta novi primum dant signa tumoris.
Hinc montes Natura vagis circumdedit undis,

317. *Abrupta viarum.* Abrupti scopuli qui fluminis viam impediunt, ejusque vortices concitant. Plin. V, c. 10. ED.

318. *Præcipites cataractæ.* De his vide quæ notata sunt ad Senec. Nat. Quæst. IV, 2, § 4; et infra Disq. var. ED.

319. *Nusquam vetitis.* Atque indignaris ullas cautes obsistere tuis aquis, nusquam alibi inhibitis.

321. *Multo murmure montis.* Quia per montium angustias coactus eluctatur, et vires suas concitat, ut ait Seneca. Cf. vs. 327. ED.

322. *Invictis.* Passim *vinci*, *superari* undæ dicuntur, quarum impetus frangitur; igitur invicti fluctus sunt, qui nullo obice frangi, vel cursu prohiberi possunt. OUD.

323. *Hinc.* Infra Philas. — *Abaton.* Ἄβατον, id est, inaccessum, ideoque sanctum et religiosum. Illam petram nullis nisi antistitibus calcari ait Seneca Nat. Quæst. IV, 2, § 7. ED. — *Vocat...* Præfert Voss. *colit* et Oudend. explicat: quam nostri sacerdotes longævi, vel simpliciter venerandi

colunt. Non enim Ægyptii *Abaton* vocant; sed Græci.

324. *Terra.* Sic omnes MSS. Melius forsan Salmas. conjicit *Petra*, quod verbum apud Senecam occurrit. — *Potens.* i. e. virtute insigni prædita, quam jactabant sacerdotes Ægyptii. Male alii *patens*, quod qua specie dici possit non video. BURM. — *Tumultus.* Senec. loc. cit. « illa primum saxa auctum fluminis sentiunt. »

325. *Et scopuli.* « Post magnam deinde spatium duo eminent scopuli; Nili venas vocant incolæ, » ut ait Senec. l. c. Fontes ergo venasque Nili inter Syenen et Elephantinen Ægyptii constituebant in medio duorum eminentium saxorum. Vide Salmasii Plin. Exerc. p. 439.

326. *Signa tumoris.* Hic *tumorem*, pro mole aquæ posuit. SALMAS. — Seneca: « Hinc jam manifestus novarum virium Nilus, alto ac profundo alveo fertur, ne in latitudinem excedat, objectu montium pressus. Circa Memphim, etc. »

327. *Hinc montes.* Grotius post

Qui Libyæ te, Nile, negant : quos inter in alta
It convalle tacens jam moribus unda receptis.
Prima tibi campos permittit, apertaque Memphis   330
Rura, modumque vetat crescendi ponere ripas. »
   Sic velut in tuta securi pace trahebant
Noctis iter mediæ : sed non vesana Pothini
Mens, imbuta semel tam sacra cæde, vacabat
A scelerum motu. Magno nihil ille perempto   335
Jam putat esse nefas : habitant sub pectore manes,
Ultricesque Deæ dant in nova monstra furorem.

Salm. legit *Hos montes;* male. Non enim pergit de scopulis loqui, sed de montibus qui sunt post hos scopulos. Ita clare Seneca; vid. sup. not. 326. — *Vagis.* Quæ, ut pote crescentes, evagari conantur. ED.

328. *Libyæ te, Nile, negant.* Oud. *negent.* Libyam hic proprie dictam intelligo, in quam ne divertatur Nilus, impediunt montes. Si quis tamen de Africa capere velit, nihil obstabit; quoniam plures veterum Asiæ Ægyptum adscribunt; vid. Mela I, 9; Plin. V, 9. ED.

329. *It convalle.* Locus varie editus; Oudendorpium sequimur, et Burm. nisi quod hic dedit *ut alta In convalle,* sensu paulum impedito. Vide Disq. var. ED. — *Moribus receptis.* Recepta tranquillitate, qua prius ire consuerat; cf. 315. ED.

330. *Prima Memphis.* Senec. l. c. « Circa Memphim demum liber, et per campestria vagus, per totam discurrit Ægyptum. »

331. *Crescendi.* Jam non obstant ripæ quominus effundatur. Sic 1, 82 : « Crescendi posuere modum.» ED.

332. *Sic velut in tuta pace.* Pa-

cem quidem et veniam Ptolemæo concesserat Cæsar, sup. vs. 107. Sed arma nondum posuerant imperiosi regis satellites.; neque ideo *tuta,* pax erat; vide Cæs. Bell. C. III, 108. ED.

333. *Noctis iter mediæ.* Jam plurimam noctis partem his colloquiis consumpserant. Alio sensu *noctis iter* Virg. Æn. X, 162. ED.

334. *Tam sacra.* Exsecrabili, detestabili Pompeii cæde. SCH. — Heinsius volebat *scelerata.* Sed *sacra* propter hospitii jura violata dicitur. Hinc Virg. Æn. III, 56, *sacra fames;* et Horat. Sat. II, 3, 181, *sacer esto.* ED.

336. *Jam putat esse nefas.* Interfecto jam Pompeio, omnia sibi licere existimabat; ergo novum scelus animo agitabat. HORT. — *Habitant.* Hic, ut sup. 73, Burm. mallet *agitant;* minus bene. — *Manes.* Umbra Pompeii, ideoque sceleris conscientia inhæret, incumbit.

337. *Deæ ultrices.* Sc. scelerum. Diræ et furiæ infernales. Cf. Virg. IV, 469.—*Dant in nova monstra furorem.* Excitant hominis animum ad novum furorem, et immane scelus in Cæsarem audendum, quod nunc *nova*

Dignatur viles isto quoque sanguine dextras,

Quo Fortuna parat victos perfundere Patres;

Pœnaque civilis belli, vindicta Senatus,   340

Pæne data est famulo. Procul hoc avertite fata

Crimen, ut hæc Bruto cervix absente secetur:

In scelus it Pharium Romani pœna tyranni,

Exemplumque perit. Struit audax irrita fatis,

Nec parat occultæ cædem committere fraudi: 345

Invictumque ducem detecto marte lacessit.

Tantum animi delicta dabant, ut colla ferire

Cæsaris, et socerum jungi tibi, Magne, juberet!

Atque hæc dicta monet famulos perferre fideles

Ad Pompeianæ socium sibi cædis Achillam,   350

Quem puer imbellis cunctis præfecerat armis,

monstra appellat, ut et alibi. HORT.

338. *Dignatur.* Ipse Pothinus dextram suam viliumque sociorum, Achillæ videlicet et Theodoti, manus dignas æstimat, quæ *isto quoque*, id est, Cæsaris, ut modo Pompeii, sanguine perfundantur. Male, opinor, Burm. *Dignetur* sc. fortuna, ut sit quasi indignatio. ED.

339. *Victos perfundere Patres.* Nam postea in senatu Cæsar occisus est, ab iis quos vicerat, et quibus ignoverat.

340. *Pœnaque civilis belli.* Patrum et Bruti dextris, ereptæ libertatis vindicibus futuris, pæne præripuerat Cæsaris cædem famulus Pothinus. — *Vindicta.* Oppositio est. Pœna civilis belli, seu mors Cæsaris est vindicta senatus. OUD.

342. *Bruto.* M. Bruto Cæsaris interfectore futuro. Cf. VII, 586.

343. *In scelus it Pharium.* Pœna a Cæsare tyranno sumenda Romanis adscriberetur sceleri Ægyptiorum, et tyrannicidæ gloria atque exemplum prope periret. — Vide supra pag. 310.

344. *Struit audax irrita fatis.* Quidam *fata*; male. Audax Pothinus ea molitur, quæ in fatis erat ab eo non perfectum iri. ED.

345. *Cædem committere fraudi;* h.e. per fraudem tutius et certius ad hanc cædem grassari. Cf. infr. 482: et sic Claudian. in Eutrop, I, 87: « Occulto crimen mandare susurro.»

346. *Detecto marte.* Palam, et aperta vi.

347. *Delicta.* Scelera, quæ hactenus impune patraverat. ED.

349. *Monet perferre.* Pro, ut perferant. Eadem locutio apud Virg. G. I, 457; et Æn. X, 439.

Et dederat ferrum, nullo sibi jure retento,
In cunctos, in seque simul. « Tu mollibus, inquit,
Nunc incumbe toris, et pingues exige somnos;
Invasit Cleopatra domum : nec prodita tantum est, 355
Sed donata Pharos. Cessas accurrere solus
Ad dominæ thalamos? nubet soror impia fratri;
Nam Latio jam nupta duci est : interque maritos
Discurrens Ægypton habet, Romamque meretur.

   « Expugnare senem potuit Cleopatra venenis : 360
Crede, miser, puero : quem nox si junxerit una,

352. *Et dederat ferrum.* Et cui dederat potestatem necis et vitæ in omnes. ED.

353. *Tu mollibus.* Verba Pothini ad Achillam : ex obliquo segnitiem illius arguens, Achillam ad cædem Cæsaris excitat.

354. *Pingues.* Idem epitheton usurpat Ovid. Am. I, 13, 7; et BOILEAU, *Lutrin*, ch. I princ. : « *S'engraissaient* d'une longue et sainte oisiveté. » ED.

355. *Domum.* Regiam.

356. *Sed donata Pharos.* MARMONTEL intelligit : donata Romanis; male, opinor. Dicit Pothinus : non tantum Ægyptus prodita et Cæsari tradita est, sed eam ipsam sibi a Cæsare donandam Cleopatra procuravit. Itaque *dominam* vocat. ED.—*Cessas accurrere solus.* Num tu solus, quum omnes ad dominæ nuptias concurrunt, non aderis? Vel, cur non, relicto exercitu, statim accurris? Prior tamen explicatio, quæ simplicior, magis arridet. *Solus* Farnab. exponit, etiamsi solus esses, neque tali exercitu instructus; alii : quia solus es et sine exercitu. Silent Oud. et

Burmannus; hic tamen probat *occurrere.* Dorvillius exponit, quasi Pothinus Achillæ exprobret famulatum, ut qui munus cubicularii obire deberet. ED.

357. *Nubet.* Oud. *nubit;* illud præfero; nam argumenti vice utitur, unde probet illam nupturam fratri suo, quia jam Cæsari nupta est, per stuprum scilicet. BURM. — Efficiet enim Cæsar ut illa Ptolemæo concilietur.

359. *Discurrens.* Sarcasmus est in Cleopatram, quæ duos maritos eodem tempore habere volet, et ex priore legitimam dotem Ægyptum, ex altero, ut meretrix, mereri Romam. BURM.

360. *Senem potuit.* Cæsarem; sic dictum respectu adolescentis Ptolemæi. — *Venenis.* Philtris, veneficiis amoris, illecebris et lenociniis formæ.

361. *Crede, miser, puero.* Quum captus sit Cæsar jam senior, confide puero, et in eo spem pone. Minus bene Oudend. recepit *puerum;* nam de Ptolemæo non sollicitus est Pothinus, sed Achillam hortatur, ut suæ ipsorum saluti consulat. ED. — *Junxerit.* Si semel cum Cleopatra concubuerit.

Et semel amplexus incesto pectore passus
Hauserit obscœnum titulo pietatis amorem,
Meque, tuumque caput, per singula forsitan illi
Oscula donabit. Crucibus, flammisque luemus,   365
Si fuerit formosa soror. Nil undique restat
Auxilii : rex hinc conjux, hinc Cæsar adulter :
En sumus, ut fatear, tam sæva judice sontes.
Quem non e nobis credet Cleopatra nocentem,
A quo casta fuit? per te, quod fecimus una,   370
Perdidimusque nefas, perque ictum sanguine Magni
Fœdus, ades : subito bellum molire tumultu ;
Irrue : nocturnas rumpamus funere tædas,
Crudelemque toris dominam mactemus in ipsis
Cum quocumque viro. Nec nos deterreat ausis   375

363. *Titulo pietatis.* Id est, quum sub velamine amoris fraterni, qui pius ac sanctus est, Cleopatræ in amplexibus incestis amorem flagitiosum hauserit Ptolemæus. Male Farn. exponit : incestum velaverit conjugii nomine. Cf. Ovid. Epist. VI, 130 sqq. ED.

366. *Si fuerit formosa soror.* Hoc languidum putat Burm. quia jam esse formosam scire poterant ; et mallet *subeat* pro *fuerit* ; male. *Si* autem pro *quod* usitatum est. — *Nil undique.* Quocumque nos vertamus : malit Burm. *denique*, id est, post omnia circumspecta ; sed parum interest. ED.

368. *Sæva judice sontes.* Contra nos excitat Cæsarem et Ptolemæum ; jam sontes, jam damnati ejus judicio sumus. ED.

370. *A quo casta fuit.* Cum quo consuetudinem non habuerit. Hic impotentem carpit Cleopatræ impu-

dicitiam : mirum tamen hoc ex eunuchi persona. Ideo mallem : per quorum custodiam servata est ejus castitas. ED. — *Per te.* Obtestandi formula. Id est, *te* obsecro *per nefas*, eædem scilicet Pompeii, a nobis simul perpetratam. ED.

371. *Perdidimusque.* Male collocavimus, nullum consequuti illius præmium ; nisi et novum hoc scelus adjungamus. — *Ictum sanguine Magni.* Allusum ad morem faciendi fœderis, sanguine medio victimarum fuso, ceu libamine.

373. *Nocturnas tædas.* Sic vocat quas unaquaque nocte Cleopatra carpit duplicis hymenæi delicias. ED.

375. *Cum quocumque viro.* Sive cum Ptolemæo, sive cum Cæsare. — *Nec nos deterreat.* Occupat quod objici posset, quo a cæde deterrerentur : Cæsarem tot bellis semper victorem et fortunatum esse.

Hesperii Fortuna ducis : quæ sustulit illum ,

Imposuitque orbi, communis gloria nobis;

Nos quoque sublimes Magnus facit. Adspice litus ,

Spem nostri sceleris; pollutos consule fluctus

Quid liceat nobis; tumulumque e pulvere parvo   380

Adspice Pompeii non omnia membra tegentem.

Quem metuis, par hujus erat. Non sanguine clari ;

Quid refert? nec opes populorum, ac regna movemus :

Ad scelus ingentis fati sumus. Adtrahit illos

In nostras Fortuna manus; en altera venit   385

Victima nobilior : placemus cæde secunda

377. *Communis gloria nobis.* Hujus gloriæ, qua Cæsar, Hesperius ille dux, in fastigium evectus est, nos quoque participes sumus.

378. *Nos quoque sublimes.* Nobis quoque Pompeius gloriæ fons et origo : hunc enim Cæsar devicit, nos interfecimus. — *Litus.* In quo cæsus est Pompeius, ubi jacet sepultus.

379. *Spem nostri sceleris.* Quod jubeat nos sperare idem posse in Cæsarem. — *Pollutos fluctus.* Pompeii sanguine.

380. *Tumulumque e pulvere.* Unde noverat Pothinus hæc, quum furtivo rogo crematum, tumulo etiam furtivo condiderit Cordus, VIII, 713, et IX, 142? Si autem resciverit, cur non sceleris monumenta abolevit? Burm. — Cur abolevisset, qui scelere gloriatur, sibique inde laudem adsciscit? Ed.

382. *Quem metuis, par hujus erat.* Burm. hic *par* pro substantivo capit, ut ad VI, 191, et VII, 695, desumpta locutione a gladiatorum paribus; sed dubito an sic *par* de uno tantum ex adversariis dici possit. Cæterum adjectivus *par*, similis, æqualis, recte

cum genitivo jungitur; vide Cic. in Pis. 4; Phæd. IV, 15, 6. Ed. — *Non sanguine clari.* At nos, inquies, non sumus genere clari, et hominum principes.

383. *Quid refert?* Objectionem solvit. At neque nos (quod illi fecerunt) sollicitabimus populos et reges in nostra auxilia, et ad exsequendum quod proposuimus : ipsi per nos sufficimus.

384. *Ingentis fati.* Id est, ingens pondus dedit fortuna, primas partes Dii servavere nobis, quorum scelera de rebus humanis et totius mundi sorte decernant. Sic ego locum hunc intelligendum censeo, quem alii aliter exponunt. Ed. — *Adtrahit illos.* Pompeium et Cæsarem nobis fortuna tradit. Sed Micyll. « populos ultro nobis fortuna conciliat; » quod falsum esse sequentia satis arguunt. Ed.

385. *En altera venit.* Ecce, post occisum Pompeium, altera victimarum nobis objicitur, et major quidem, quia Cæsar, victo et sublato æmulo, jam solus mundo potitur. Ed.

386. *Cæde secunda.* Rituale ver—

Hesperias gentes; jugulus mihi Cæsaris haustus

Hoc præstare potest, Pompeii cæde nocentes

Ut populus Romanus amet. Quid nomina tanta

Horremus, viresque ducis, quibus ille relictis　　390

Miles erit? nox hæc peraget civilia bella,

Inferiasque dabit populis, et mittet ad umbras,

Quod debetur adhuc mundo, caput. Ite feroces

Cæsaris in jugulum : præstet Lagæa juventus

Hoc regi, Romana sibi. Tu parce morari :　　395

Plenum epulis, madidumque mero, Venerique paratum

Invenies : aude : Superi tot vota Catonum,

Brutorumque tibi tribuent. » Non lentus Achillas

Suadenti parere nefas : haud clara movendis ,

bum: quando priore cæde litatum non sit. Metaphora a sacris.

387. *Jugulus mihi.* Cæsaris invisi cæde conciliabimus nobis Romanos, infensos ob interfectum Pompeium. — *Haustus.* Sic Virg. Æn. X, 314: «Latus haurit apertum.» Scн.

388. *Nocentes.* Nos Ægyptios.

389. *Nomina.* Famam, et vanum nominis decus.

390. *Quibus ille relictis.* Multi codd. *relictus,* et forte quis putet rectius Cæsarem relictum a militibus privati et gregarii militis loco futurum dici, quam si ille eos relinquat. Sed tamen præfero *relictis,* scilicet *viribus,* id est, exercitu extra urbem : si solum intueamur, miles tantum erit. Burm.

391. *Nox hæc peraget.* Una hac nocte, interfecto Cæsare, finem imponemus bello civili. Hort.

392. *Inferiasque dabit.* Cæsarem, tanquam sacrificium umbras cæsorum populorum placaturum.

393. *Debetur.* Scilicet fatis ita ferentibus. Turrian. *debemus,* multo melius mea sententia; ut se debendi reos faciant. Burm. — *Caput.* Cæsaris. — *Feroces.* Animosi et audaces; tu et milites tui.

394. *Lagæa juventus.* Ægyptii milites hoc facinus exsequantur in regis sui gratiam, qui sic Cæsaris imperio eximetur; Romani (vs. 403) in suam, ut libertatem patriæ occiso Cæsare asserant. Ed.

397. *Superi.* Dii tibi concedent gloriam patrandi facinoris, quod Catoni et Bruto maxime in votis est. Oudend. et Bentl. malunt ex aliis codd. *Superos,* id est, precibus et votis Catonum, Dii tibi favebunt. Vulgata tamen magis placet. Ed.

398. *Non lentus.* Sic vulgo; multi quoque codd. *non segnis,* quod recepit Oud. non male. Ed.

399. *Haud clara,* etc. Clara signa sunt, quæ tuba dabantur, ut classicum. Virg. Æn. III, 519. Burm.

Ut mos, signa dedit castris, nec prodidit arma   400
Ullius clangore tubæ; temere omnia sævi
Instrumenta rapit belli. Pars maxima turbæ
Plebis erat Latiæ; sed tanta oblivio mentes
Cepit, in externos corrupto milite mores,
Ut duce sub famulo, jussuque satellitis irent,   405
Quos erat indignum Phario parere tyranno.

    Nulla fides, pietasque viris, qui castra sequuntur,
Venalesque manus; ibi fas, ubi maxima merces:
Ære merent parvo; jugulumque in Cæsaris ire
Non sibi dant. Pro fas! ubi non civilia bella   410
Invenit imperii fatum miserabile nostri?
Thessaliæ subducta acies in litore Nili

400. *Prodidit arma.* Id est, signum dedit arma capiendi, ad quod clamabant milites *arma, arma.* Burm. — Simplicius, silentio et clam processit, ne adventum ejus hostes præsentirent. Ed.

401. *Temere.* Non servato more, sine ordine, quod festinationem arguit. Ed.

402. *Pars maxima.* Has enim copias constare e militibus Pompeianis quos Gabinius Alexandriam transduxerat, refert Cæsar Bell. Civ. III, 103 et 110. Ed.

403. *Sed tanta.* Cf. Horat. Carm. III, 5, 5 sqq. ubi vividior indignatio, et sublimiora carmina. Ed.

405. *Duce.* Achilla.

406. *Parere tyranno.* Quos ipsi regi Ægyptio parere fuisset indignum, ut pote Romanos; illius famulo obedire non pudet. Malit Oud. *queis*; sed vulgatam exemplis recte defendit Burm. Ed.

408. *Ibi fas, ubi maxima merces.* Ubi pretium, ibi jus vident: sibi fas putant ea agere quæ maxime lucro sunt: hinc *venales manus.* Hæc in genere dicta sunt; quæ sequuntur, peculiariter et per oppositionem. Ed.

409. *Ære merent parvo.* Contraria hæc inter se videntur: *maxima merces* et *as parvum.* Quod ut vitaret Waddel. adduxit *ære merent pravo.* Sed sensum puto esse, scelera pleraque admitti spe maximæ mercedis et præmiorum: hos autem milites romanos, Ægyptiis parentes, stipendia accepisse parva, ideoque illos non in suam utilitatem, ut nimirum ita ostenderent, se mereri majora jure stipendia, occidisse Cæsarem; sed furore illo civilium bellorum instinctos, hoc dedisse Ægyptiis, non sibi. Burm.

410. *Ubi non civilia bella.* I. e. materiam civilium bellorum; milites per quos exerceantur. Milites Ro-

More furit patrio : quid plus te, Magne, recepto
Ausa foret Lagæa domus? dat scilicet omnis
Dextera, quod debet Superis; nullique vacare   415
Fas est Romano. Latium sic scindere corpus
Diis placitum : non in generi, socerique favorem
Discedunt populi; civilia bella satelles
Movit, et in partem Romanam venit Achillas.
Et nisi fata manus a sanguine Cæsaris arcent,   420
Hæ vincent partes. Aderat maturus uterque;
Et districta epulis ad cunctas aula patebat

mani qui non interfuerant prælio Pharsalico, hic tamen in Ægypto civili sanguine manus imbuere parant. Cf. VIII, 601.

413. *Patrio.* Sc. ut cæteri Romani bellis civilibus immixti. — *Recepto.* Si hospitio excepissent te, Pompei, et tuerentur armis?

414. *Lagæa domus.* Hæc quomodo cum præcedd. et seqq. cohæreant, vix intelligo. Noster enim dicit ibi quoque civile bellum arsisse, romana acie utrimque constituta : quid ad rem *Ægyptiorum audacia?* nisi objurgatio sit, quod illi *ausi fuerint* Romanos Romanis opponere. Vel int. *quid plus ausa foret* quam hi nunc audent : non melius. ED. — *Dat scilicet omnis.* Omnis ubique romana dextra se immiscet bello huic civili, ita volentibus Superis.

415. *Vacare.* Abstinere bello civili.

416. *Latium sic scindere.* Ita Diis visum res Rom. et vires unitas divellere et dissolvere factionibus.

419. *In partem Romanam.* Sic vulgo, et exponunt : transiit ad partes Romæ et senatus. Quod, quum hoc loco non bene quadret, e multis

codd. viri docti reposuerunt *Romani*, id est, Pompeii, cujus partes suscepit; et sic interpretantur Oudend. et Burm. Recte autem Weber hoc in verbo non inesse observat; itaque ipse intelligit de quocumque romano cujus locum Achillas suscepit; coll. vs. 416. Nunc vero cur vulgata ejiciatur, non video : *partem romanam*, est, partem cuilibet Romano a fatis attributam, partem suam in civili bello, quasi Romanus, obtinuit: vel potius, partes ipse fecit inter Romanos, factionem suam in rebus romanis habuit, quomodo Cæsar et Pompeius; non enim in Achillæ partes transiere milites romani, sed ipse in eorum factionem venit, eique præfectus jam *pars* rerum romanarum fuit. ED.

420. *Et nisi fata manus.* Et nisi fatis reservatus esset Cæsar interficiendus Romæ; hic certe ab his fuisset oppressus.

421. *Aderat maturus uterque.* Pothinus intra, Achillas extra urbem, *maturo* sceleri paratus. ED.

422. *Districta.* Occupata, variis rebus distracta et impedita, quum

Insidias; poteratque cruor per regia fundi
Pocula Cæsareus, mensæque incumbere cervix.
Sed metuunt belli trepidos in nocte tumultus,   425
Ne cædes confusa manu, permissaque fatis
Te, Ptolemæe, trahat. Tanta est fiducia ferri!
Non rapuere nefas : summi contempta facultas
Est operis : visum famulis reparabile damnum,
Illam mactandi dimittere Cæsaris horam.   430
Servatur pœnas in aperta luce daturus :
Donata est nox una duci, vixitque Pothini
Munere Phœbeos Cæsar dilatus in ortus.

   Lucifer a Casia prospexit rupe, diemque
Misit in Ægyptum, primo quoque sole calentem : 435
Quum procul a muris acies non sparsa maniplis,
Nec vaga conspicitur, sed justos qualis ad hostes

nullæ jam forent excubiæ et custodia. Sulpit. et al. *destricta.*

425. *Metuunt.* Sc. conjurati, Achillas et Pothinus.

426. *Ne cædes confusa.* Ne qua
forte et ipse rex Ptolemæus in tumultu nocturno pereat. — *Manu.* Capio
pro turba hominum, non pro manu
incerta per noctem, ut fit vulgo. Oud.
— Capio pro ictu, telo quo petitur
aliquis. Sæpe apud Nostrum, Virg.
et alios *manu* pro pugna, ferro, occurrit. Cf. VIII, 708. Burm. — *Permissaque fatis.* Temeraria et im-
prudens.

428. *Non rapuere nefas.* Non itaque raptim et ex improviso aggressi
sunt facinus. — *Contempta facultas.* Spreta est occasio summæ rei
perficiendæ, scil. occidendi Cæsaris.

429. *Famulis.* Achillæ et Pothino

eunucho; emphatice, ut eos tam viles
opponat Cæsari. Ed.

430. *Dimittere.* Omittere et hanc
occasionem negligere.

433. *Dilatus in ortus.* In lucem
sequentis diei cædem differre placuit.

434. *Lucifer.* Notatio Auroræ. —
Casia... rupe. Monte Casio, qui ad
orientem Alexandriæ est. Cf. VIII,
463. — *Prospexit.* Nempe in planitiem Ægypti subjacentem; nam
prospicere est etiam *ex alto videre.*
Cf. Burm. ad Ovid. Epist. V, 63;
Markl. ad Stat. Silv. II, 2, 45.

435. *Primo quoque sole.* Apud
nos sol fervet in meridie. Apud
Ægyptum etiam mane. Sch.

437. *Justos.* I. e. acie instructa
prælium exspectantes, aut offerentes.
Burm. — *Qualis.* I. e. collecta et
rectis ordinibus instructa.

Recta fronte venit : passuri cominus arma,
Laturique ruunt. At Cæsar mœnibus urbis
Diffisus, foribus clausæ se protegit aulæ,   440
Degeneres passus latebras. Nec tota vacabat
Regia compresso; minima collegerat arma
Parte domus : tangunt animos iræque, metusque;
Et timet incursus, indignaturque timere.
Sic fremit in parvis fera nobilis abdita claustris,   445
Et frangit rabidos præmorso carcere dentes.
Non secus in Siculis fureret tua flamma cavernis,
Obstrueret summam si quis tibi, Mulciber, Ætnam.

    Audax Thessalici qui nuper rupe sub Hæmi,
Hesperiæ cunctos proceres, aciemque senatus,   450
Pompeiumque ducem, causa sperare vetante,

439. *Laturi. Arma ferre* hic est aggredi, ut Virg. Æn. II, 216 : « auxilio subeuntem ac tela ferentem. » OUD. — *Passuri* et *laturi* opponuntur, ut hostium arma in se missa excipiant, et ipsi etiam inferant tela. BURM.

441. *Degeneres latebras.* Sic IX, 4, *degenerem rogum* dixit. — *Nec tota vacabat.* Neque suffecit parva Cæsaris manus tuendæ toti regiæ. Regia hic absolute pro palatio et aula. — Int. adeo premebatur, ut jam non tota regia illi *vacaret*, in ejus potestate foret, sed ab hostibus partim occuparetur, *minimamque* ipse partem obsessus obtineret. ED.

444. *Et timet incursus.* Amplificatio præcedentis versus : *iræ*, quia indignatur se timere; *metus*, ab incursu hostium.

445. *Sic fremit.* Indignatur, instar leonis cavea inclusi, clathros

mordicus prehendentis; furitque non secus atque Ætna, lib. V, 99, si quis foramina illius obstruere laboret. — *Claustris.* Heinsius *clathris* volebat; sed vulgata etiam bene habet.

448. *Summam Ætnam.* Nempe os gurgitis, qui in montis vertice hiat, et unde erumpunt flammæ. In Ætna autem fornaces habere Vulcanus creditur. ED.

449. *Qui nuper.* Cæsar, qui nuper in Pharsalicis campis nimium ausus est, nimium speravit; jam trepidat. — *Rupe sub Hæmi.* Thessalicum vocat, quamquam sit Thraciæ mons, solita permutatione. Cf. I, 680. An vult Noster simpliciter dicere : in campis ad Hæmum; vel innuit Cæsarem in colle stetisse, unde hostes prospectaret? ED.

451. *Causa sperare vetante.* Iniqua, nec felicem exitum promittente.

Non timuit, fatumque sibi promisit iniquum,
Expavit servile nefas, intraque penates
Obruitur telis; quem non violasset Alanus,
Non Scytha, non fixo qui ludit in hospite Maurus. 455
Hic, cui Romani spatium non sufficit orbis,
Parvaque regna putat Tyriis cum Gadibus Indos,
Ceu puer imbellis, ceu captis femina muris,
Quærit tuta domus; spem vitæ in limine clauso
Ponit, et incerto lustrat vagus atria cursu: 460
Non sine rege tamen; quem ducit in omnia secum,
Sumpturus poenas et grata piacula morti;
Missurusque tuum, si non sint tela, nec ignes,

Prior enim Cæsar arma susceperat. Cf. VII, 349.

452. *Fatum iniquum*. Injustam victoriam; sc. in civili bello et de libertate.

453. *Servile nefas*. Scelesta Achillæ, satellitis regii, arma valde timuit.

454. *Obruitur*. Cf. Virg. Æn. II, 424. Hic vero est pro, obsidetur, et undique premitur, quod seqq. probant. Male igitur quidam volunt *obtruitur*. ED. — *Alanus*. Vide not. ad VIII, 222, 223.

455. *Non fixo*. Non Mauri inhospitales, qui per lusum et exercendi gratia hospites, pro scopo positos, sagittis configunt.

456. *Romani... orbis*. Hic cui non suffecit Romanum imperium ab Indis in Oriente usque ad Gades in Occidente, insulam in qua colonia Tyriorum: « omnes terræ quæ sunt a Gadibus usque ad Gangem, » ut ait Juven. X, 1; cf. et ibid. v. 168.

458. *Ceu puer imbellis*. Burmann.

hic non sine causa Lucanum reprehendit, qui adeo timidum et trepidantem Cæsarem in his angustiis deprehensum finxerit. Sed hæc poetæ Pompeiano et antitheseos sectatori condonandum. Cæterum *suum Cæsari* reddit vs. 490. ED. — *Captis muris*. Ceu femina in urbe ab hostibus expugnata.

459. *Tuta domus*. Fidas, si quæ sint, latebras. — *In limine clauso*. Jam non armis confidit, nec vim vi tentat repellere, sed fores claudit, et nullam nisi in hoc munimento spem habet. ED.

461. *Ducit in omnia*. Scil. loca, vel potius, in omnes casus; ut apud Virg. Æneid. II, 675: « et nos rape in omnia tecum. » ED.

462. *Poenas*. A rege. — *Grata piacula*, i. e. suæ morti expiationem Ptolemæi cæde facturus. SCH.

463. *Missurus*. Quasi missili aliquo, si defuerint tela vel ignes, capite Ptolemæi usurus.

In famulos, Ptolemæe, caput. Sic barbara Colchis

Creditur ultorem metuens regnique, fugæque,   465

Ense suo, fratrisque simul cervice parata,

Expectasse patrem. Cogunt tamen ultima rerum

Spem pacis tentare ducem; missusque satelles

Regius, ut sævos absentis voce tyranni

Corriperet famulos, quo bellum auctore moverent. 470

     Sed neque jus mundi valuit, neque fœdera sancta

Gentibus : orator regis, pacisque sequester,

Æstimat in numero scelerum ponenda tuorum,

Tot monstris Ægypte nocens. Non Thessala tellus,

Vastaque regna Jubæ, non Pontus, et impia signa

464. *Famulos*. Achillam et alios. —*Sic barbara Colchis*. Non secus ac Medea insequentem patrem, aurei velleris proditi vindicem, morata est, fratrem Absyrtum discerpendo dispergendoque. Vide ad Sen. Med. 44; Cic. pro lege Manil. 9.

466. *Ense suo*. Nempe ensem tenens paratum, fratremque secum trahens, cujus cervicem, si necesse foret, subito abscissam tardando patri obviam projiceret. ED.

467. *Cogunt tamen*. Junge *cogunt ducem* : nempe Cæsarem. — *Ultima rerum*. Angustiæ et ingruens periculum. Missi a rege ad Achillam Serapion et Dioscorides, quos ille, prius quam audiret, aut, cujus rei causa missi essent cognosceret, corripi ac interfici jussit.» Cæs.B.Civ. III, 109.

469. *Voce tyranni*. Regis Ptolemæi nomine locuturus, et non sine exprobratione interrogaturus qua auctoritate auderent movere bellum. ED.

471. *Jus mundi valuit*. Jus gentium, quo sacrosancti sunt legati.

472. *Sequester*. Mediator, legatus.

473. *Æstimat*. Legatus interfectus facit æstimare, jus mundi et fœdera sancta inter multa tua scelera referri, in ordine tot scelerum tuorum numerari debere. WEB.—Vel, legatus interfectus *æstimat* quæ *ponenda* sint, id est, dat specimen et æstimationem (*donne la mesure*) omnium scelerum, quæ committere possis : ab uno discenda omnia. Vide Disq. var. ED.

474. *Monstris*. Monstrosis facinoribus. — *Thessala tellus*. Innuit bellum in campis Pharsalicis profligatum; non pugnas gigantum contra Jovem, ut nonnulli voluerunt. ED.

475. *Vastaque regna Jubæ*. Significat, quidquid contra Cæsarem ausus est Juba, vel oppresso Curione, sup. IV, 687 sqq. vel in Africano bello, I, 39. ED. — *Pontus*. Burm. legere jubet *Rhenus*, quasi probabile non sit, Lucanum bis de Pharnace, quem tam facile vicit Cæsar, memorare, neque belli istius Gal-

Pharnacis, et gelido circumfluus orbis Hibero
Tantum ausus scelerum, non Syrtis barbara, quantum
Deliciæ fecere tuæ. Premit undique bellum,
Inque domum jam tela cadunt, quassantque penates.

   Non aries uno moturus limina pulsu,   480
Fracturusque domum; non ulla est machina belli;
Nec flammis mandatur opus : sed cæca juventus
Consilii, vastos ambit divisa penates,
Et nusquam totis incursat viribus agmen.
Fata vetant, murique vicem fortuna tuetur.   485
   Necnon et ratibus tentatur regia, qua se
Protulit in medios audaci margine fluctus

---

lici fere decennis mentionem fecisse. Sed hic bella tantum civilia aut cum his conjuncta notare videtur Lucanus; neque ideo necesse erat in recensione scelerum belli Gallici meminisse. ED.

476. *Circumfluus orbis.* Hispania; de qua jam supra VII, 15, dixit : « Gentes, quas torrens *ambit* Hiberus; » ubi hæsit BURM. Hic vero silet cum omnibus intt. Equidem crediderim innui Hispaniam, cætero qui mari succinctam, ita Hibero transversim secari, ut ideo undis circumflua et quasi insula dici possit. ED.

478. *Deliciæ.* Delicati isti famuli atque eunuchi. Florus, IV, 2 : « Ne virilia quidem portenta, Pothinus atque Ganymedes.»—*Tuæ.* O Ægypte tot sceleribus fœcunda! ED.

479. *Inque domum.* Sc. regiam. Cæsar, B. C. III, 111, 112.

480. *Non aries uno,* etc. Oppugnationem domus, quam Cæsar te-

nebat, describit. — Ariete non usi sunt. De ariete cf. III, 490.

482. *Nec flammis mandatur opus.* Nec incendium parant. — *Cæca juventus.* Expers consilii. Sic *cæcus fati* apud Sil. II, 206. BURM.

483. *Divisa.* Dispersa, diffusa : quod explicari posset ex illis Claudiani, in Rufin. II, 360 : « Diviso stat quisque loco. » BURM.

485. *Fata vetant.* Cæsaris Fortuna hostibus ademit consilium, illique præstitit incolumitatem.— *Murique vicem.* Fortuna Cæsari pro muro est.

486. *Ratibus tentatur regia.* Cf. Cæsar, B.C. lib. III, 111 et 112, ubi ait regiæ partem habuisse aditus ad portum et ad reliqua navalia.

487. *Protulit.* Producta erat. Solebant enim dignitatis causa super stipites, sive super columnas, seu super continuam terram manibus comportatam, solaria componere deducta in fluvium. SCH.

Luxuriosa domus. Sed adest defensor ubique

Cæsar, et hos aditu gladiis, hos ignibus arcet;

Obsessusque gerit (tanta est constantia mentis!)   490

Expugnantis opus. Piceo jubet unguine tactas

Lampadas immitti junctis in bella carinis.

Nec piger ignis erat per stuppea vincula, perque

Manantes cera tabulas; et tempore eodem

Transtraque nautarum summique arsere ceruchi.   495

     Jam prope semiustæ merguntur in æquore classes,

Jamque hostes, et tela natant: nec puppibus ignis

Incubuit solis; sed quæ vicina fuere

488. *Luxuriosa domus.* Vel propter comessationem nocturnam ita a Lucano descriptam: vel (quod rectius) propter magnificentiam regiæ eximio splendore structæ.

489. *Aditu.* Male quidam *aditus,* cf. II, 495.

490. *Constantia mentis.* Hæc repugnant iis quæ præcedunt de pavore et trepidatione Cæsaris, vs. 458; sed ibi de primo tumultus impetu loquebatur; nunc autem, postquam dixit fata pro Cæsare pugnare vs. 485, quid mirum si dicat etiam constantiam ipsi rediisse? Ed.

491. *Expugnantis.* Quum ipse obsessus esset, ita pugnabat, quasi obsessor. Sch. — *Tactas.* Illitas pice liquefacta. Alii *tinctas;* sed illud amat Lucanus, IX, 925, et vide Burm. ad Ovid. Fast. IV, 740. Similis est locus supra III, 681. Ed.

492. *Junctis in bella.* Burm. intelligit, quæ ad hanc regiæ oppugnationem, vs. 486, junctæ et densatæ erant. Oudend. vero, quæ junctim sibique contiguæ jacebant in portu ad bellorum usum et propugnatio-

nem portus. Sic Claud. in Rufin. II, 95: « Hi *junctis* properant portus munire *carinis.* » Posteriorem sensum potius sequor, collato Cæs. B. C. III, 111, qui ait hic stetisse quinquaginta naves longas, aptas instructasque omnibus rebus *ad navigandum;* ac præterea duas et viginti, quæ *præsidii* causa Alexandriæ esse consueverant. Ed.

493. *Stuppea vincula.* Funes nauticos et tabulas pice unctas.

495. *Summi ceruchi.* Ceruchus est funis rudens, antennarum cornua firmans, suasque habens in puppi ansas, quibus religatur: alii ipsas antennas sic dictas volunt a cornibus quæ habent. Cf. VIII, 177.

497. *Nec puppibus.* Dum Cæsar coactus suæ saluti consulere classem incendio amoliretur, longius a navali grassatus ignis celeberrimam Ptolemæi Philadelphi bibliothecam, in qua septingenta millia voluminum condebantur, absumpsit. Cf. Plut. in Cæs. 49; Dio, XLII, 38; Amm. Marc. XXII, 16. Cæsar autem ipse silet.

Tecta mari longis rapuere vaporibus ignem ;
Et cladem fovere Noti , percussaque flamma   500
Turbine , non alio motu per tecta cucurrit ,
Quam solet ætherio lampas decurrere sulco ,
Materiaque carens , atque ardens aere solo.
    Illa lues clausa paullum revocavit ab aula
Urbis in auxilium populos. Nec tempora cladis   505
Perdidit in somnos , sed cæca nocte carinis
Insiluit Cæsar, semper feliciter usus
Præcipiti cursu bellorum , et tempore rapto.
Tunc claustrum pelagi cepit Pharon : insula quondam
In medio stetit illa mari , sub tempore vatis   510
Proteos ; at nunc est Pellæis proxima muris.

---

499. *Tecta.* Sc. domus et ædificia urbis navalibus proxima , flammis longe se extendentibus , ignem concepere. ED.

5o2. *Quam solet*, etc. Cf. I, 532 sqq. Virg. Æn. II , 593; V , 527. De facibus æthereis earumque *prærapida celeritate*, Senec. Nat. Quæst. I, 1, qui existimat ignes ejusmodi existere aere vehementius trito. Unde intelligendum hic , facem nulla alia materia, sed solo aeris motu excuti. ED.

5o4. *Lues.* Incendium. Ita Virg. Æn. V, 682: « lentusque carinas Est vapor, et toto descendit corpore pestis.» — *Revocavit.* Multitudinem a regiæ obsidione ad incendium restinguendum.

5o5. *Nec tempora cladis.* Neque incendii tempus ita impendit somno , ut sibi deesset.

5o6. *Cæca nocte.* Dixit v. 434, orto die hanc pugnam incepisse ; ergo per totum diem protractam fingit. Longe aliter Cæsar rem narrat. Cf. Sueton.

c. 64. BURM. — *Carinis.* Quas in usum suum servaverat.

5o7. *Insiluit.* Cf. III, 626. — *Feliciter usus.* Similiter fere BOSSUET , *Orais. fun. de la reine d'Angleterre*: « Qui ne laissait rien à la fortune de ce qu'il pouvait lui ôter par conseil et par prévoyance ; mais au reste si vigilant, si prêt à tout , qu'il n'a jamais manqué (*tempore rapto*) les occasions qu'elle lui a présentées.» ED.

5o9. *Claustrum pelagi.* Hæc enim insula, ait Cæsar, Comm. III, 112, objecta Alexandriæ portum efficit : cf. mox 513, et supra 57. — *Insula quondam.* Mela, lib. III, cap. 7 : « Pharos Alexandriæ nunc ponte conjungitur, olim, ut Homerico carmine (Odyss. IV, 354) proditum est, ab iisdem oris cursu dici totius abducta, etc. »

5a1. *Proteos.* Qui rex Ægypti fuit tempore belli Trojani. Diod. Sic. et Herodot. lib. II. — *At nunc est,*

Illa duci geminos bellorum præstitit usus :
Abstulit excursus et fauces æquoris hosti ;
Cæsaris auxiliis aditus et libera ponti
Ostia permisit. Nec pœnas inde Pothini   515
Distulit ulterius; sed non qua debuit ira ,
Non cruce, non flammis, rapido non dente ferarum :
Heu facinus! cervix gladio male cæsa pependit;
Magni morte perit. Necnon subrepta paratis
A famulo Ganymede dolis pervenit ad hostes   520

etc. Cæsar, B. C. III, 112 : « A superioribus regibus in longitudinem pass. nongentorum in mare jactis molibus , angusto itinere , et ponte cum oppido conjungitur. »

512. *Bellorum præstitit usus*. Duplicem utilitatem , duo commoda , quæ bellantibus maxime prosunt. Sine causa Oudend. correxit *ad bellum*; quoniam, inquit, *usus belli est* bellandi experientia et militiæ exercitium. Numquid vero hinc colligendum dici non posse *bellorum usus*; Gallice, *avantages, ressources de la guerre?* ED.

513. *Excursus*. Facultatem egrediendi. — *Fauces*. Quasi os portus; Gallice: *un goulet*. Conf. II, 680. ED.

514. *Auxiliis*. Alterum hoc est commodum, quod ex occupata Pharo Cæsar percepit. Ipse testatur, de B. C. III, 112 : « quibus rebus effectum est, ut tuto frumentum auxiliaque ad eum supportari possent. » Hinc vulgata lectio firmatur. Vide Disq. var. ED.

516. *Distulit*. Scil. Cæsar: nomen enim ex præcedentibus supplendum est. Non distulit pœnas, sed statim sumpsit. — *Qua debuit ira*. Hæc ad Cæsarem unice referenda puto, qui

Pothinum quidem mactavit, sed non quo debuit supplicio, non cruce, non flammis, non etc. Itaque locus omnis bene habet, quem frustra torquent interpretes. ED.

517. *Rapido*. Alii *avido*, ut VI, 487, alii *rabido*; Oudend. *rapuit*, quod non necesse erat ; nam omnia hæc a voc. *distulit* pendere possunt. *Rapidus* est qui rapit, discerpit. ED.

518. *Heu facinus!* Versum spurium existimat post Heins. Oudendorpius; Burm. retinet , et in parenthesi ponit, ut *perit* vs. 519, referatur etiam ad versum 517; male. ED. — *Male cæsa*. Caput Pothino male cæsum, id est, non penitus abscissum, pependit a cervice , ut Senec. Agam. 901 : « Pendet exigua male caput amputatum parte. » BURM. — Et hoc congruit cum VIII, 672, ubi dicit difficile fractum esse Pompeii collum. Possis tamen, ut magis etiam hæc mors cum Pompeii exitu conferatur, locum sic exponere : caput cæsum *male*, indigne, nimis præclaro mortis genere, gladio *pependit*, adfixum est. Hoc tamen longius quæsitum. ED.

519. *Magni morte*. At Pompeius gladio in pectus adacto occisus est.

Cæsaris Arsinoe : quæ castra carentia rege

Ut proles Lagæa tenet, famulumque tyranni.

Terribilem justo transegit Achillea ferro.

Altera, Magne, tuis jam victima mittitur umbris !

   Nec satis hoc Fortuna putat : procul absit, ut ista 525

Vindictæ sit summa tuæ : non ipse tyrannus

Sufficit in pœnas, non omnis regia Lagi.

Dum Patrii veniant in viscera Cæsaris enses,

Magnus inultus erit. Sed non auctore furoris

Sublato cecidit rabies ; nam rursus in arma   530

Auspiciis Ganymedis eunt, ac multa secundo

Prælia Marte gerunt : potuit discrimine summo

Cæsaris una dies in famam et sæcula mitti.

Oud. — Semianimi vero et spiranti colla abscissa sunt VIII, 670, ita ut inde periisse dici possit. Web. — *Subrepta.* Arsinoe filia Ptolemæi minor, quam eunuchus Ganymedes οὐ πάνυ φρουρουμένην, ἐς τοὺς Αἰγυπτίους ὑπεξήγαγε, negligentius custoditam furtim ad Ægyptios traduxit, ut tradit Dio Cass. XLII, p. 203. Ed.

522. *Proles Lagæa.* Ut pote e stirpe regia, et filia regis nunc captivi, imperium in castris obtinuit. Ed.

523. *Achillea ferro.* Accusativus Græcus ab Ἀχιλλεὺς, vel Achilla nominativo Ionio in prima decl. ut Xerxea, Herod. lib. VII.

524. *Altera victima.* Ptolemæum, qui paullo post interiit, hic designari vult Farnab. sed male, ut probat v. *ipse* in vs. 526. Prior victima fuit Pothinus, qui necem Pompeii suaserat, VIII, 484 ; altera, Achillas, qui perfecerat, ibid. vs. 618. Ed.

526. *Vindictæ sit summa.* Ut nullus postea in tui ultionem mactetur ; quippe adeo non hæ sufficiunt victimæ, ut nec ipse rex, nec tota stirps regia sanguine suo scelus expiare possint. Ed.

528. *Dum patrii.* Donec ipse Cæsar a Patribus romanis interfectus in curia cadat, data Pompeii manibus victima. — *Patrii.* Hic sunt romani enses, popularium, non externorum : vide Virg. Æn. XII, 736. Sic Burm. sed prior præstat sensus. Ed.

530. *Cecidit rabies.* Achillas enim auctor et dux belli fuerat ; quo occiso, jam cessare rabies debuerat ; sed in ejus locum successit Ganymedes, et Ægyptios ad pugnam pariter secum traxit. Ed.

533. *Cæsaris una dies.* Hæc ad seqq. referunt omnes intt. ut sit sensus : « Vel unum illud Cæsaris summo cum discrimine factum meretur in omne ævum propagari. »

Molis in exiguæ spatio stipantibus armis,

Dum parat in vacuas Martem transferre carinas   535

Dux Latius, tota subiti formidine belli

Cingitur; hinc densæ prætexunt litora classes,

Hinc tergo insultant pedites : via nulla salutis;

Non fuga, non virtus, vix spes quoque mortis honestæ.

Non acie fusa, nec magnæ stragis acervo   540

Vincendus tunc Cæsar erat, sed sanguine nullo.

Captus sorte loci pendet, dubiusne timeret,

Optaretne mori; respexit in agmine denso

Possis tamen etiam ad præcedentia referre : multos successus habent Ægyptii, et una dies hujus belli, quod Cæsarem in discrimen summum perduxit, in æternam eorum famam sufficeret. Forsan tamen prior explicatio præstat. ED.

534. *Molis.* Cf. ad vs. 511. — *Stipantibus armis.* Id est, militibus armatis circum ducem stantibus, et in arctum compressis. Male Oudend. si per codd. liceret, *stipatus ab armis;* sed correctione opus esse non censeo. ED.

535. *Martem transferre.* Dum milites navibus impositos trajicere in Pharon et propugnare pararet, eruptione hostium subita compulsus in scapham, a multis Ægyptiorum navibus petitus in mare se conjecit, ac per ducentos passus natans ad suos evasit incolumis, elata læva, ne libelli, quos tenebat, madefierent. Cf. ad rem Suet. Cæs. 64, ibique notas; Plut. Cæs. 49; Dionem, XLII, 40; Oros. VI, 13, etc.

536. *Subiti.* Oud. *subitus* ex uno codice Vossiano recepit, et unice

verum arbitratus est, ut *matutinus Æneas* et similia sexcenta. Sed sexcentis ego quoque exemplis vulgatam lectionem defendere possim, quæ simplicior videtur. Plures etiam MSS. *subito;* minus bene. ED.

539. *Non fuga, non virtus.* Suppetunt, præsto sunt. — *Spes mortis honestæ.* Quam pugnando possit oppetere, nam ne pugnare quidem poterat, in his angustiis deprehensus. ED.

542. *Captus sorte loci pendet.* Obsessus atque loci iniquitate pressus, in dubio erat utrum fugeret an mortem fugæ præferret.

543. *Respexit in agmine denso,* etc. Subiit illius animum memoria et imago Scævæ, qui unus in mediis hostibus fortiter Dyrrhachii sustinuit Pompeii copias, victoriamque ejus moratus est. Vide lib. VI, vs. 141 sqq. — Forsan et hic *respexit* proprio sensu capi possit, ut forte, oculis conversis, Scævam (quem ad Epidamnum corruisse mortuum nequaquam constat) inter suorum, quos secum licet paucos habebat, et hos-

Scævam perpetuæ meritum jam nomina famæ
Ad campos, Epidamne, tuos; ubi solus apertis   645
Obsedit muris calcantem mœnia Magnum.

tium densam agmen, pugnantem viderit. OUD.

545. *Epidamne*, *tuos*. Ad II, 624.
— *Apertis*. Dirutis, vel æquatis cadaverum strue, ut lib. VI, 180, *cadavera* dicit *murum admovisse*.

546. *Obsedit muris*. Propugnavit
castellum sibi creditum, unum ex iis,
quibus Cæsar Pompeium ad Dyrrhachium circumvallare instituit, lib.
VI, vs. 29 et 125. — *Mœnia*. Vallum
dirutum et solo æquatum. « Jam
Pompeianæ celsi super ardua valli
Exierant aquilæ, » lib. VI, 138. —
Et recte dicit Noster *solus obsedit
Magnum*; nam solus fortiter pugnando effecit, ut Pompeius se ob-

sidione non posset exsolvere. ED.

Lucani Supplementum, ab Anglo
Thoma Maio conscriptum, subjicere
operæ pretium duximus, quamquam
multis e partibus imperfectum opus,
doctrinæ quidem, pauca tamen emi-
nentis ingenii indicia præstare videatur. Neque scio an Lucanus usque ad
Cæsaris mortem carmen unquam trahere voluerit, qui *bella* tantum *per
Emathios campos* gesta se aggredi
professus sit: immo hic quoque finem
Commentariis de Bello Civili facit
ipse Cæsar; quem forsitan sequutus est
Lucanus, nisi quod aliqua de Pompeii ultione concludendo subjecerit.
Pauca igitur deesse putaverim. ED.

IN LIBRUM DECIMUM

DISQUISITIONES VARIÆ.

8. *Ne populus post te Nilum Romanus haberet.* Versus merito ab Intpp. damnatur; etenim quoquo te verteris, sive Ascensii et Sulpitii sententiam sequutus, ubi neque sensus, quem isti volunt, neque nexus in verbis inest; sive cum Omnib. Cort. Bentl. *amaret* legens, quod aliquot MSS. (e quibus 7900) habent, versus languidus erit atque ineptus. Quid illa h. l. « rapuere manes, ne populus Nilum haberet? » immo putaverim, ut Ægyptus in potestatem populi Romani veniret. Quid *Ne … amaret?* an Cæsare ab Ægyptiis occiso Romani Nilum amaverint? Hæc inepta neque Lucano digna sunt; præterea *amaret* aperte ex conjectura ortum est. Locum sine dubio corruptum et interpolatum ostendunt plurimi atque optimi Mss. Cortii, Oud. Burm. in quibus versus deest; alii, quorum in margine legitur; alii, (e quibus Mss. 7900) in quibus versum 6 sequitur; probat silentium Scholiastæ Oudend. indicant denique variæ lectiones : « Nec quisquam, habebit, habebat; » et verba in Lips. « Nec populum post te Romanum Nilus habebit. » Præterea ratio interpolandi apparet; ortus enim est versus ex interpretatione vv. *regnum …. iret* in margine ita scripta : « Num vel populusne postea Nilum Romanus haberet; » vel, quod malim, ex his : « Ut populus postea Nilum Romanus haberet. » Denique salvo sensu abesse potest. Attamen si hunc versum, non eodem jure septem priores delebimus, quod Gujetus fecisse videtur, qui, versu nono et sqq. cum fine noni libri conjunctis, initium decimi libri versu 1000 ponit. Præterquam enim quod initium novi libri ita minime justum foret; nam nullus Lucani liber in vv. *Sic fatus* incipit, licet in Virgilio ita sit; obstant quoque versus ipsi, qui aperte a versu 950 usque ad finem libri totum aliquid efficiunt. Recte autem novus liber ab adventu Cæsaris in Ægypto incipit, sicuti liber quartus ab adventu Cæsaris in Hispania; cf. initium libri V. Denique causa, quæ Gujetum, ut aliud initium statueret, movisse videtur, nulla est; etenim ne unum quidem adest interpolationis indicium, sed sensus verborum Lucano dignus, qui Ægyptum odit vs. 2, 3; sententias de Fortuna similes pluribus in locis habet, et talia, ut de Pompeio vs. 6, amat. WEBER.

9. *Parœtoniam.* Stephanus Παραιτόνιον, inquit, πόλις πλησίον Ἀλεξαν-δρείας, ἣν Ἀμμώνιαν καλοῦσιν : i. «Paretonium urbs est non procul ab Alexan-dria, quam vocant Ammoniam. » Unde notandum *Parœtoniam* antepe-nultima brevi proferri, quum, si codex sit verus, a Stephano per ω scri-batur, sed et *Sidonius* a Marone variatur. Vide ad lib. I, 675.

20. *Proles vesana Philippi.* Plura de Alexandri ingenio retulit et ad examen revocavit V. C. SAINTE-CROIX, *Examen critique des historiens d'Alexandre*, pag. 500 sqq. Ibi inter cæteros præsertim memorantur Ar-rianus VII, 28 sqq. nimius Alexandri laudator; Q. Curtius X, 5, ejus æstimator magis candidus; quibus adde Plutarch. Alex. vit. et De Alex. fortuna vel virtute; Justin. XII, 16. Vide etiam in eodem opere p. 523 sqq. quidquid in Sacris Scripturis ad regem Macedonum pertineat. Præterea Nostrum æmulatus est Juvenalis, Satir. X, v. 168 sqq. Et utrumque imitatus videtur BOILEAU, sat. VIII, 100 sqq. XI, 75; epist. V, 45. Inve-nies quoque in nostra Q. Curtii editione tom. II, pag. 481, vividam quam-dam rerum ab Alexandro gestarum repræsentationem et quasi tabulam, a scriptore pæne divino adornatam, BOSSUET, *Hist. universelle*, Part. III, cap. 5; cujus confer etiam *Orais. fun. de Louis de Bourbon, prince de Condé*, in princ. Adde MONTESQUIEU, *Esprit des lois*, X, 14; BARTHÉLEMY, *Voyage du jeune Anacharsis*, cap. 82; CHATEAUBRIAND, *Itinéraire de Paris à Jérusalem*, Part. I, tom. I, p. 223 edit. 1831; ejusdem *les Mar-tyrs*, lib. XI, t. I, p. 325. ED.

21-24. *Felix prœdo jacet... ad ultima fatum.* Locus Gujeto male suspe-ctus, quia verba *vindice fato* sequentibus *fortuna pepercit* repugnare puta-vit. Burm. bene sic explicat : « Alexander fuit raptus in flore ætatis, vin-dice fato, sed Manibus ejus pepercit fortuna et tumulum dedit in adytis Alexandriæ, quum ejus membra spargenda fuissent per totum orbem. » *Spargenda*, etc. cur ex inferioribus *nam sibi Libertas*, etc. hausta forent, non video. Recte deinde *sacra adyta* dicit antrum in usum tumulorum ef-fossum, quia ex more Ægyptiorum nemo sepulcra regum aliorumque adire debebat. Cf. VIII, 694; IX, 153. WEB.

29. *Victasque patri.* Cortius *metasque* conjiciebat, quia in uno suo co-dice invenerat : sed an Athenæ fuere metæ Philippo, qui totam Græciam, si Lacedæmona excipis, subegit, et dux Græciæ electus fuit, vid. Justin. IX, 4 et 5 ; et qui tunc non credebat sibi metas positas, sed bellum in Persas me-ditabatur, et, præmissis jam in Asiam ducibus, inceperat, sed interfectus inte-rim reliquit gerendum Alexandro. BURM. — Sed tamen ipse non feliciter Burmann. tentat mutare *despexit* in *depressit.* ED.

50. *Cedemus in ortus.* Thuan. 4 cum aliis codd. probat *in ortu.* Quod præcedentia exigunt. Ita enim hic poeta noster argumentatur conferens im—

perii Romani magnitudinem, in occidentem, meridiem et septemtrionem late prolatam , cum Parthorum regno, quod totum orientem occupavit, ut cæsis Crassis effecerit, ut in oriente Romani cederent Parthis. Hinc vero exclamatio illa *pro pudor!* quia pudere deberet Romanos a Parthis vinci, qui olim obscurissimi inter orientis populos et velut vulgus sine nomine, præda semper victorum fuere; ut Justin. lib. XL, cap. 1; sed deinde imperrarunt gentibus, sub quarum imperio olim fuerant, et hinc ab Alexandro subactam fuisse dicit provinciam, a qua nullus metus erat, ne postea rebellaret. BURM.

51. *Arsacidum domino.* Per Arsacidum dominum non debet Alexander, sed Parthorum rex, qui Romanorum victor fuit, intelligi. Alexandri enim tempore nullus Parthorum rex fuit, quippe provincia erat regni Persici Parthia, nec Arsacidæ tunc noti, qui ab Arsace primo rege nomen habent. Is autem a Syriæ rege Seleuco Callinico, diu post Alexandri mortem defecit. Vid. Justin. XL, 4. Nec magnifice certe extolleret Alexandrum, si eum Parthorum dominum vocaret, populi eo tempore vilissimi, cujus imperium nullus successorum Alexandri dignabatur, teste eodem Justino : sed Romanis pudorem debere incutere ait, quod Macedoniæ exiguæ provincia secura, a qua nullus metus olim erat, Romanis toto oriente repulsis, latissime fines protulerit. BURM.

67. *An mundum ne nostra quidem.* Clara lectio, quæ explicatione non eget ; sed monendum, in Vossiano secundo scribi *in medium*, cum glossa *in commune.* Locum sanum puto ; sed ex his variationibus conjicere quis posset, num legi debeat: « In medium, ne nostra orbem. » Vide ad lib. I, 88 : « orbemque tenere In medium ; » ex quo loco forsan huc irrepsit. OUD. — Sed quantum video, tunc diversus sensus exiret, ne Romana matrona orbem teneret, de quo numquam dubitatum. Quæ enim matrona inhiavit imperio. Sed hæc Ægyptia conjux Antonii, ne matrona quidem, i. e. ne ex lege quidem et jure Romano uxor, sed meretrix, occupasset orbem, si vicisset. Ita mox 76 *non conjux*, et invidiose Virgil. Æn. VIII, 688 *Ægyptia conjux*, non Romana et addit *nefas.* Et hinc mulieres regnare moris fuisse apud Ægyptios jactat infr. v. 90 Cleopatra. *Ne* vel *nec quidem* necessario hic requiritur. Si *eadem matrona* legas, decus additur Cleopatræ, quam hoc nomine indignam censuit Lucanus. BURM.

71. *Antoni.* Hic forsan juvabit lectorem exscribi verba nostratis BERNARDIN DE S. PIERRE, de Antonio et Cleopatra, *Études de la nature*, 1 : « L'amour ne résulte que des contrastes : et plus ils sont grands, plus il a d'énergie. C'est ce que je pourrais prouver par mille traits d'histoire. On sait par exemple avec quelle ivresse ce grand et lourd soldat de Marc-Antoine aima et fut aimé (sic) de Cléopâtre, non pas de celle que nos sculpteurs représentent avec une taille de Sabine, mais de la Cléopâtre que l'histoire nous dépeint, petite, vive, enjouée, courant la nuit les rues d'Alexandrie dégui-

sée en marchande, et se faisant porter, cachée parmi des hardes, sur les
épaules d'Apollodore, pour aller voir Jules-César. » ED. — *Hauserit ignes
pectus.* Edidit Grotius *ignis*, quod confirmatur Msto uno Bersm. et aliis.
Non male. Vigil. III, Georg. 106: « exsultantiaque haurit Corda pavor. »
Stat. lib. I, Theb. 537 : « pallorque ruborque Purpureas hausere genas. »
Haustus medullis Hannibal Silio lib. I, 345 : et similia sæpe. Verum quum
optimi Codd. retineant *ignes*, nihil mutare erat necesse. Ovidius Metam. X,
252 : « Haurit Pectore Pygmalion simulati corporis ignes. » OUD.

84. *Qua decuit.* Alii *quem*, vel *quam*; minus bene. — *Dispersa capillos.* Bentl. reponit *disposta capillos*, i. e. capillos quidem quadam eum
cura compta, sed veluti laceros, ut cura ipsa negligentiam simularet: *dispersa* enim rem veram, non simulatam notaret. Claud. R. P. I, 55. Sed etsi
multa exempla aggeret, durius diceretur : *mulier disposta capillos*, nec
hoc juvant codices. Immo *veluti* ad utrumque *dispersa* et *laceros* referri
potest. ED.

96. *Juris habere peto.* Plures MSS (inter quos 7900) *inire* : De cujus
lectionis veritate non dubito : *inire* est, adire, arripere, et manus in hæreditatem sibi debitam injicere : nam vulgata lectio *habere* nimis aperte
glossam sapit. Posset quoque *adire* legi, ut *adire hæreditatem*, etc. dicimus.
Sed ignoro adhuc exemplum, quo horum verborum *inire* et *adire* significa-
tus huic loco satis conveniens adfirmari possit. Sed ponatur inter singularia
Lucani. Convenit Cleopatræ menti, se nihil juris paterni velle habere,
sed petit ut ex testamento æquo jure cum fratre regnet, ut ejus conjux.
BURM. — Hæc vero adhuc mendosa videntur Bentleio : non vult dici *Ipsa
nihil petit*, quæ jam nunc æquam imperii partem cum fratre petit. Ergo reponit « nihil ipse paterni juris habere petit; » et sequentia sic explicat :
Solve domum tanto pudore. Quo pudore? quod ego exsulo? immo quod regni vim exercet, non rex, sed famulus. Hæc recte, sed correctio nimis violenta et contra sensum est. ED.

106. *Exigit infandam, corrupto judice, noctem.* Quid hoc monstri est?
Exigit, consumit noctem, stupro scilicet : at nondum cœna adornabatur,
quod mox fit magno apparatu; et longis sermonibus producitur, versibus
sequentibus usque ad 431. Quale vero illud : *judice noctem?* Mœcho potius et adulteroòpus, quam *judice*. Quid autem, an prior Cleopatra et non
rogata noctem Cæsaris petebat? Immo venerat Cleopatra, partem regni di-
midiam postulans, ex testamento patris : hac dote eam uxorem dicere Ptolemæus jubebatur a patre ; sed famulorum suasu eam expulerat, atque armis insectabatur. Illa totam rem Cæsari judicandam detulit. Jam repone :
«.Exigit infandam corrupto judice *dotem.* » *Exigit dotem*, hoc est, poscit a
Cæsare atque obtinet. *Infandam* autem *dotem*, quia Romanorum moribus incestæ erant nuptiæ fratris cum germana sorore. *Corrupto judice,*

quia (ut supra) frustra Cæsarem appellasset, nisi *vultus et facies* plus quam causa judicem commovisset. *Exigere dotem* passim apud Jurisconsultos habes: ut chartæ parcam, Brissonium consule voce *Exigere.* Ovid. Fast. VI. 594: « Et caput et regnum facio dotale parentis; Si vir es, i, dictas exige dotis opes. » BENTL. — Cf. infra not. ad vs. 108.

107. *Pax ubi parta duci.* Fateor, me hoc parum intelligere. Per *ducem* vulgo intelligunt Ptolemæum, cui Cleopatra a Cæsare pacem procuraverit; sed eam sibi potius peperit, quam fratri, ut satis patet ex historia. Dein tam simpliciter posita vox *dux* pro rege, num Latina sit, dubito. Quapropter ego malim Cæsarem intelligere, et non legere *parta*, sed *pacta*, ut est in uno Bersm. ubi Cæsar pepigit pacem, quæ empta est a Cleopatra donis ingentibus. Vel potius leg. (ut Bentleius et Orvillius scribunt) *ducis*; ubi pax ducis, ejusque gratia a Cleopatra parta, et empta est donis ingentibus: quamquam et sic ad utrumque tam Ptolemæum, quam Cleopatram potest referri. Tunc temporis enim Cæsar pacem quoque fecit inter illos ea lege, ut Cleopatra consors esset regni, etc. OUDEND.

108. *Epulæ tantarum gaudia rerum.* In Vossiano secundo pro varia lect. additur *positarum. Epulæ positarum rerum* essent adpositæ epulæ, ut crebro verbum *poni* adhibetur in mensæ et ferculorum descriptione. Male autem Oudend. conjicit *pactarum.* «Gaudia rerum pactarum » est lætitia, quam capiebant ex pace, cæterisque rebus inter ipsos pactis. Perperam autem Badius construit *epulæ, gaudia rerum*, per adpositionem, *excepere* scilicet convivas. Sed hoc nibil elegantiæ habet. Mallem : « Excepere epulas lautarum gaudia rerum; » hilaritas aut etiam concubitus, qui *gaudia* millies dicuntur, sequuti sunt epulas. Male vero *gaudia rerum* jungunt, ut in indice. Hæc *gaudia* verbo tantum uno indicat, et generatim hoc posito, in illo concubitu describendo excurrere pudor Lucanum vetabat, sed hoc simpliciter et breviter dicto, in describendo apparatu et ipsis epulis multos consumit versus usque ad 322. Vel construi posset, posita vulgata lectione *epulæ lautarum rerum* excepere gaudia, ut prius concubuerint, et epulum illud tanto apparatu, postero die datum : nam vix vero simile eodem momento Cleopatram, quæ modo eruperat custodiam in Pharo, et se intulerat in domum Cæsaris, et eum oratione ex forma sua in amorem traxerat, et exegerat noctem, statim epulas ita paratas habuisse. Sed semper parata ad concubitum, quo pacem sibi quum peperisset et emisset, parat epulas sequenti die magnificentissimas. BURM. — Jam supra in notis hæc omnia frustra videri docuimus. ED.

114. *Nec summis crustata domus.* Aliud latere puto epitheton, sed nihil succurrit. Forte duo genera marmorum expressit *tessellata* et *sectilia*, ut Sueton. Cæsar. 46, et quia Casaubonus docet tessellata ex laminis marmoreis fuisse, posset aliquis audacior me legere, *Nec lamnis*, ut et Horat. et alii

pro lamina dicunt *lamnam*. Quare quum verosimile videatur non intelle-
ctam vocem librarios corrupisse, fere jam inducor ita scripsisse Lucanum et
maxime etiam loco Senecæ, de Benef. l. IV, c. 6, ubi *lamina graciliores
crustæ* occurrunt. Non ergo ex his crustis et laminis, sed ex solido omnia et
pretioso lapide fuisse narrat poeta. BURM.

122. *Fulget gemma toris, et iaspide fulva supellex : Strata micant,
Tyrio quorum pars maxima fuco*, etc. Oudendorp. sibi videtur veram lectionem reperisse hoc modo : « Fulcit gemma toros et iaspide fulva supellex
Strata toris, Tyrio cujus, etc. » Sed quomodo fulcit toros supellex strata
toris? — Locum interpolatum esse variæ librorum scripturæ docent, quorum plurimi et optimi alium versum post v. 122 addunt : « Hic torus Assyrio cujus pars maxima succo » vel *fuco*, vel *cocco;* alii versuum ordinem
mutant, ita ut v. 125, 123, 124, 126 se excipiant ; alii interpunctionem in
v. 123 mox ante, mox post *Tyrio* ponunt ; unus adeo apud Hort. versum
124 omittit. Schol. Lips. eodem modo legit, et utrumque vers. ita conjunxit
ut verba *strata micant Tyrio* præcedentia explicarent ; sine dubio inepte ,
neque poetice. Quis enim poetarum eadem verba sine vi repetat *Assyrio
succo* et *Tyrio; cujus pars maxima* et *quorum pars maxima?* quod illi
quoque sensisse videntur, qui versuum ordinem, sed male mutarunt, versu
Strata, etc. inter vs. 125 et 124, vel versu *Hic torus*, etc. ante versum 126
collocato. Alterutrum versum alterius explicationem esse, omnia docent ;
sed uter, hoc quærendum est. Verbum *Strata* possit v. *torus* explicare,
quum proprie *pars maxima tori cocta diu* dici non possit ; sed recte aliquis contenderit , v. *micant* non facile ab interprete aliquo ortum esse.
Deinde plura sunt, quæ priorem versum *Hic torus*, etc. suspectum reddant ; primum v. *Hic*, quod male h. l. positum est sine repetito *hic* vel opposito *illic*, ut mos est poetarum ; deinde v. *torus* repetitum ; tum ellipsis v.
est vel *erat*, quum neque omissum neque positum verb. *est*, sed potius v.
stat vel simile aliquid exspectes. Denique *hic torus* facile ex glossa *micat
torus*, vel ex alia ejusmodi glossa ad v. *strata* oriri poterat; qua posita alius
novum versum formavit. Deleamus igitur quæ plures quoque Mss. non
agnoscunt, verbaque genuina *Strata micant*, etc. tueamur. Recte enim
poeta post *toros* et *supellectilem stragula* commemorat, quæ *micant*, ut
omnia ejusmodi *micare* dicuntur. Neque nimis abrupte posita sunt vv.
Strata micant, quod Oudend. putat, modo sequentibus conjungantur ,
commate post. v. *micant* posito; solent autem poetæ rem aliquam ut. h. l.
propositam per singula explicare, verboque *pars* in hac re uti, cf. VII ,
486; X, 129; 131. In sequentibus lege *fuco*, licet *succo* quoque defendi
possit ; sed *fucus* proprium est in hac re vocabulum : cf. Oudend. ad h. l. et
adde Val. Fl. I, 427 ; Ovid. Met. VI, 222 ; Heins. Advers. I, 19, p. 194,
qui locum nostrum male tentavit reponendo *lentum* pro *quorum. Lentum*
enim in nonnullis, qui versum spurium habent, ortum est ab interpolatore, ut versus simillimi differrent ; præterea *lentum* verbis *cocta diu* con—

junctum non satis placet. Denique *duxit* proprie in hac re dicitur pro *haurire, accipere*, cf. Barth. Advers. III, 11, p. 130; Casaub. ad Pers. p. 274; Burm. ad Ovid. Met. VIII, 760; quibus adde Virg. E. IX, 49. WEB.

138. *Nec sceptris contenta suis*, etc. Versus, quem cod. Oudend. non habet, salvo sensu abesse possit; sed ratio interpolandi non apparet, neque versus poetæ ingenio indignus est. Lucanus enim sæpissime in Cleopatram invehitur, regni cupiditate flagrantem, cf. supra 64, 65, et aliena connubia petentem 60, 68, 106, 374. Conjungi autem debent *immodice fucata* et *nec contenta*, etc. ita ut in vs. 138 causa insit, cur Cleopatra immodice fucata sit, nempe regnum Romanum et maritum Cæsarem affectans. Hæc, ut solet Noster, per singula in seqq. exponit. Pro *sceptris* in uno Bersm. et Voss. pr. legitur *sceptro*; sed *sceptra* in plurali numero poetarum est, neque memini in Lucano *sceptrum* legere. WEB.

167. *Multumque madenti Infudere comæ*, etc. Huc etiam afferre juvat operis jam supra laudati locum haud absimilem, neque Lucaneo inferiorem. Solemnes epulas, quibus præfuerit Cæsar ille noster, iisdem in regionibus, sic describunt BARTHÉLEMY et MÉRY, *Napoléon en Egypte*, *Chant IV*, prope ad finem (pag. 95).

> Mais le héros français, conquérant politique,
> Contemple froidement la foule fanatique,
> Qui, mêlée aux soldats sous les portiques saints,
> Sert d'instrument aveugle à de vastes desseins.
> Il sort de la mosquée, et le dévot cortège
> Le suit à son palais que tout un peuple assiège.
>   Là les chefs du Divan, les Agas, les Cadis,
> Autour des chefs français en long cercle arrondis,
> Admirent d'un festin la pompe orientale;
> Devant chaque convive avec ordre on étale
> Les salubres boissons que permet le Coran;
> Puis l'onctueux pilau coloré de safran,
> Le cédrat savoureux, la grappe parfumée
> Que jaunit le soleil sous les ceps d'Idumée,
> Le doux fruit du palmier tiède du sol natal,
> Et le moelleux sorbet qui ternit le cristal.
>   Et pendant que les Turcs, suivant l'antique usage,
> Inondent de parfums leur barbe et leur visage,
> Que le café brûlant par l'esclave apporté
> Sur le front du convive épanche la gaîté,
> Les Almé, de l'Egypte agiles bayadères,
> Aux longs cheveux flottans, aux tuniques légères,
> Secouant les grelots des mauresques tambours,
> De leurs corps gracieux dessinent les contours.   ED.

172. *Postquam epulis, Baccboque modum lassata voluptas.* Ut ostenta-
ret poeta rerum Ægyptiacarum et naturalium scientiam, inepte, meo judicio,
hic colloquium Cæsaris cum Achoreo interjicit et in eo tot versus consumit,
quum magis decuisset, Cæsarem amore recenti Cleopatræ inflammatum et
vino epulisque exhilaratum, ut v. 396, sermones amatorios mutasse cum
Cleopatrá fingere et a mensa in thalamos deducere, et Achillam tunc consilia ópprimendi Cæsarem in ipso lecto Cleopatræ agitasse, nobis narrare.
Sed lassuth et exhaustum prioris noctis voluptate Cæsarem nunc lentum et
frigidum amatorem, et putide curiosum maluit indicáre, seque ut sæpius
scholasticum quam poetam probare voluit. Non ita Virgilius nobis convi-
vantes Æneam et Didonem describit; sed cithara suá Iopam inducit canen-
tem: « Errantem lunam solisque labores, Unde hominum genus, etc. » et
vario sermone in multam noctem Dido trahebat et bibebat amorem; nec
Dido nisi expugnata a Venere, Cupidine et Junone et post longam cunctationem
et certamen inter pudicitiam et Æneæ hospitis amorem deducitur in thalamos: hic Cleopatra impudentissima meretrix primo conventu, ut vulgaris
mulier, rogat noctem et obtinet, et deinde epulis excipit amatorem, ut las-
sum reficeret. Sic catulos canibus similes. BURM.

187. *Eudoxi.* Eudoxus ad cursum suum post octo annos solem reverti
dixit, et esse annum magnum; annum vero in trecentos quinquaginta et
quinque dies partitus est, quum ante ea tempora nulla certa annorum ratio
in Græcia fuisset. J. autem Cæsar, ex consulto Sosigenis peritissimo ævi
sui mathematico, annum astronomicum solarem constituit dierum 365 et
horarum 6, quod verum excedit minutis circiter 11. Igitur veteri obser-
vationi adjecit decem dies, ut annum civilem CCCLXV dies efficerent, et ne
quadrans deesset, quarto quoque anno unus dies intercalaretur.

199. *Sideribus, quæ sola fugam moderantur Olympi.* Physici dicunt,
septem stellas, quarum nomina dies tenent, contra cœlum niti; quæ si non
occurrerent, in immensa raperetur, et præcipitaretur tanta vertigine. Quatuor autem modis retardantur sidera; aut quando in altissimis apsidibus
currunt, aut quando retrograda sunt, aut quando stationaria, aut quando
anomala, quum per latitudinem vagantur Signiferi. Item concitantur tribus
modis; aut quando propinquant terris, aut quando impelluntur radio solis,
et celerius currere videntur, aut quando per rectam lineam sui circuli currere videntur. SCHOL.—Hunc versum et sequentia usque ad vv. *receperit horas* vs. 218 Gujetus pro spuriis habet, quippe quæ versibus 262—67 repugnent. Possunt salvo sensu abesse; sed primum non apertum est, cur reliqua delenda sint, quum vs. 210—215 tantum adversari videantur. Deinde
omnia, ut ipse Gujetus profitetur, facilia et expedita sunt. Denique male
Gujetus in his causam inundationis Niliacæ quærit, quæ tempus potius,
quo Nilus ripas excedat, ut par est, indicant. Certa et fixa sunt, inquit,
æternis legibus tempora anni; dividuntur per sidera, et prouti singula sidera oriuntur, varia quoque naturæ visa apparent. Sic quando Cyllenius,

dominus aquarum, certam ætheris partem tenet, Nilus e fonte suo exit.
Quæ quum dixisset, recte pergit varias de incrementis Nili opiniones enu-
merare, refellere, suamque interponere. Quare non video, quid sibi in his
repugnet. VVEBER.

215. *Tunc Nilus fonte soluto Exit.* De Nili incremento, ejusque causis,
veterum opiniones sic examinat V. C. CHAMPOLLION, *l'Egypte sous les
Pharaons*, cap. 3; t. I. pag. 124 et sqq. « C'est vers le solstice d'été que,
« franchissant ses rives, il inondait non-seulement la basse Egypte et le
« Delta, mais encore des terres qui dépendaient de la Libye et quelques pe-
« tits cantons de l'Arabie égyptienne. En se répandant sur ses rivages, ce
« fleuve couvrait de ses eaux l'espace d'environ deux journées de chemin.
« Cette crue extraordinaire, humectant le sol desséché par un soleil ardent,
« lui communiquait les germes de cette fertilité remarquable qui fit surnom-
« mer l'Egypte *le grenier* de l'orient et de l'empire romain. Mais soit que
« les anciens prêtres égyptiens, qui sans doute connaissaient la cause de ce
« débordement périodique, voulussent la cacher au vulgaire pour donner
« de ce fleuve une plus haute idée, soit que ces mêmes prêtres, après la
« chute de l'empire égyptien, tombés dans l'ignorance la plus profonde,
« eussent perdu la connaissance des causes physiques de ce phénomène,
« les Grecs qui furent en relation avec ces derniers ne purent en obtenir
« aucune notion certaine sur ce sujet. Plusieurs d'entre eux entreprirent
« d'indiquer la cause de ce débordement. Hérodote et Plutarque nous ont
« conservé leurs diverses opinions. Les uns crurent que les vents étésiens,
« repoussant les eaux du Nil dans leurs cours et les empêchant de se jeter
« à la mer, occasionnaient la crue du fleuve. Cette opinion ne paraît point
« mériter une réfutation sérieuse; car Hérodote observe que, quoique les
« vents étésiens n'eussent point encore soufflé, cependant le Nil commen-
« çait à s'enfler. Cette hypothèse, dénuée de toute vraisemblance, avait
« pour auteur le célèbre Thalès de Milet.

« Euthymènès, de Marseille, croyait que le Nil grossissait au solstice d'été
« parce qu'il communiquait à l'océan qui, selon lui, environnait toute la
« terre. Ce sentiment absurde fut contredit par l'opinion d'Anaxagore.
« Quoique erronée, celle-ci avait une apparence de vérité qui lui fit ac-
« quérir beaucoup de partisans : ce philosophe pensait que le débordement
« du Nil était causé par la fonte des neiges qui étaient en Ethiopie. Le
« poëte Euripide, son disciple, consigna l'opinion de son maître dans sa
« tragédie d'Archélaüs : « Danaüs, dit-il, abandonna l'excellente eau du
« Nil qui, coulant de la noire Ethiopie, s'enfle lorsque la neige vient à se
« fondre. » Dans son Hélène, ce tragique reproduit encore ce sentiment d'A-
« naxagore.

« Selon Hérodote, le Nil grossit en été parce qu'en hiver le soleil, chassé
« de son ancienne route par la rigueur de la saison, parcourt alors la région
« du ciel qui répond à la partie supérieure de la Libye. Voilà en peu de

« mois, continue-t-il, la raison de cette crue, car il est probable que plus
« le soleil s'approche vers un pays, et plus il le dessèche et en tarit les
« fleuves. Hérodote n'est pas plus heureux, dans son explication, que
« Thalès et Anaxagore, et le sentiment d'aucun de ces philosophes, ne peut
« soutenir un examen approfondi. Mais par une singularité sans doute di-
« gne de remarque, Homère qui vivait long-temps avant Thalès, Anaxa-
« gore, Euthyménès et Hérodote, paraît avoir connu la cause réelle du dé-
« bordement du Nil, puisqu'il donne à ce fleuve l'épithète de ΔΙΠΕΤΕΟΣ,
« qui selon Apollonius, signifie *grossi par les pluies.* Ce sont en effet les
« pluies abondantes qui tombent en Éthiopie, vers le solstice d'été, qui
« causent la crue annuelle du Nil. Elle commence ordinairement au mois
« égyptien d'*épiphi,* est complète en *thoth* ou en *paopi.* Elle commence de
« nos jours vers le 20 juin. »

Veterum opiniones jam olim recensuerat Plinius, Nat. Hist. V, 10. Vide
etiam quæ notata sunt ad Senecæ Nat. Quæst. edit. nost. t. V, p. 414 et
sqq. ED.

217. *Jussus adest, auctusque suos non ante coarctat.* Versus manu alia
in marg. Cod. Lips. *a* legitur; sed quisque primo intuitu, cetera sine eo
corrupta nullo modo explicari posse, videt. In singulis non moror; bene
enim Oudend. *jussus* et *auctus* defendit. Verbi *jussus* exempla vide in
nostro VI, 830 *jussa nox;* IX, 932 *virus jussum; justus* autem et *jussus*
sæpius in libris confunduntur; cf. Bentl. et Oudend. ad II, 338; *coaptat*
denique verbum est infimæ ætatis. WEB.

219. *Quod crescat in arva.* MS. habent, *quæ.* Alii *quo.* Revocavi *quod,*
donec *quo* ex MSS. probetur. *Quod* hic aliquo modo valet τὸ *ut,* vel potius
cur. Ut in illo Phæd. F. II, 1, 7, *non est, quod timeas,* et similibus passim
apud Terentium, et alios. OUD.

234. *Cancroque suam torrente Syenem.* De hac urbe V. C. CHAMPOL-
LION, *L'Egypte sous les Pharaons,* cap. 4, tom. I, p. 161 : « Syène, bâtie
« sur la rive orientale du Nil, était la dernière des villes un peu considé-
« rables de l'Égypte, du côté du sud. Elle est au 30e d. 34 m. 49 s. de lon-
« gitude, et au 24 d. 5 m. 23 s. de latitude, sur le penchant d'une monta-
« gne qui se termine au Nil. C'était une des places de guerre des anciens
« Egyptiens. Ils y entretenaient des troupes pour empêcher les Ethiopiens
« nomades de la Nubie de faire des incursions sur les terres d'Egypte...
« Le nom arabe de Syène est *Osouan,* que plusieurs personnes lisent
« *Asouan,* et d'autres *Assouan.* » Plura de nomine deinde disserit vir doctus
quæ huc citare nostri non est propositi. ED.

239 sqq. *Zephyros quoque... ab occiduo depellunt nubila cælo Trans
noton.* Lucanum hic reprehendit Jos. Scal. in Proleg. ad Manilium, quod
Zephyros pro Etesiis posuerit (neque enim vox Etesias in hexametrum po-

II. 32

terat inseri) et « eum, ait, ne ventum pro vento posuisse putes ab occasu
flare dixit, *trans Noton.* » Si *trans orientem* dixisset, Favonium intelligi
debere, non pugnarem, qui Græcis proprie ζέφυρος, et ab occasu flat æquinoctiali. Sed quum dixerit ab occasu versus meridiem medium ventum
intelligit, non quem vocamus recentiores cum Servio ad lib. I Æneid.
Cardinalem. Is autem est Argestes flans ab occasu æstivo, qui etiam Zephyrus dicebatur, teste Plinio lib. II, cap. 47; et Strabone, lib. I, qui Zephyrum ait a pluribus nominari ventum flantem ab occasu æstivo; Arge-
stem vero ab hiberno : ita variant nomina ventorum. Est autem unus ex
Etesiis teste Hesychio, quod et Diodorus Siculus firmat, lib. I : Ἀλλὰ καὶ οἱ
πνέοντες ἀπὸ τῆς θερινῆς δύσεως Ἀργέσται κοινωνοῦσι καὶ τῆς τῶν Ἐτησιῶν προ-
σηγορίας. Idem asserit Apollonii Scholiastes ad lib. II. Per *occiduum* autem
cælum Europæ partes intelligi, notius est, quam ut probationibus indigeat,
a quibus Argestes nubila pellit in Æthiopiam et Africam australem, vere
adulto, et desinente, quæ in pluvias deinde resoluta Nilum postea redundare faciunt circa Solstitium in Ægypti partibus; quod jam suo tempore notum asserit Suidas in Ἐτησίαι. Est enim Argestes in Ægypto nubium maximus coactor, quod notavit pridem Theophrastus lib. de ventis : Ἀργέστη δὲ
ἀνέμων πᾶσα ἕπεται νεφέλη. At quando postea ait, *vel quod aquas... cogunt que
resistere flatu,* tunc est alia de Nili incremento sententia, et Boream, seu
Ἀπαρκτίαν, intelligit, qui est etiam Ἐτησίας, ideoque dixit, *Zephyros,* id est,
ventos plurali numero. Sed ut pede collato cominus pugnemus, et eviden-
tior fiat censoris iniquitas, demus, per *Zephyros* intelligi debere ventos ab
occidente versus orientem flantes, et videamus, num Ægypti, et Nili rerum
periti homines aliter locuti fuerint. Certe si quis in ea re fidem meretur, is
est Aristides Rhetor, qui quater Ægyptum totam perlustravit, et in Æthiopiam usque peregrinatus est, et omnia scrutatus est, et de causis incrementi Nili libellum scripsit. Is enim de Etesiis sic loquitur: Ἀλλὰ μὲν οὐδ᾽ οἱ
Ἐτησίαι κατὰ στόμα παντάπασσι ἐκφυσῶσι τοῦ Νείλου, ἀλλ᾽ εἰς τὴν ὄχθην τὴν ἑῴαν, οἱ
γοῦν πλείους αὐτῶν; εἰσὶ δὴ καὶ Ζέφυροι; οὗτοι δ᾽ ἀπὸ ἑσπέρας πρὸς ἥλιον ἀνίσχοντα
ἀποπνέουσι. Οὔτ᾽ οὖν διὰ τοὺς ἐτησίας ἀνακόπτεσθαι δύναται. Eat nunc et La-
canum exagitet aliquis, quod Etesias *Zephyros* dixerit. PALMER.

245. *Assiduo... resistere flatu.* Alii *assidue...flatus.* Minus bene. Dein
fluctus, vel *fluctu* habent Editi omnes ante Grotium, et MSS. multi. Verum
tamen *flatu* diserte exhibent Regius uterque, et plurimi; quomodo rescribi
placuit etiam Modio Novant. LL. Ep. CIII. Zephyri, sive Etesiæ cogunt
aquas Nili resistere *assiduo suo flatu.* Eodem fere modo loquitur Mela,
lib. I, c. 9: «Etesiæ venienti obvii adverso spiritu cursum descendentis impediunt.» Plin. lib. IV, Epist. 30: « An ut flumina, quæ in mare deferuntur, adversantibus ventis, obvioque æstu retorquentur, etc. » quibus locis
omnes hic dictæ causæ marini æstus, et inundationis fluviorum recensentur. OUD.

268. *Quæ tibi noscendi Nilum, Romane, cupido,* etc. Nondum nostro

vo, in tanta doctrinarum luce, quæstio de Nili origine manifesto soluta est. Rem autem sic discutit doctissimus vir CHAMPOLLION, *l'Egypte sous les Pharaons*, cap. 3, tom. I, p. 112 sqq. « Parmi le grand nombre de singu- « larités et de phénomènes admirables qui appellent sur l'Egypte l'attention « des observateurs, le Nil tient le premier rang. Ce grand fleuve, par son « débordement périodique, donne la fécondité et la vie au pays qu'il ar- « rose. Sans lui, les riches campagnes de l'Egypte ne seraient qu'un vaste « désert, semblables aux solitudes immenses qui l'environnent. Il est en « même temps le créateur et le conservateur des contrées qu'il parcourt dans « sa longue course.

« Les anciens Egyptiens n'ignoraient point ces vérités; ils savaient que « sans le Nil, l'Egypte, bien loin de fournir du blé à la plus grande partie « de l'Asie, aurait été dans la nécessité d'en recevoir des nations voisines, « ou plutôt, qu'elle aurait été inhabitée. Ce peuple que l'antiquité dési- « gne comme celui qui savait le mieux apprécier tout ce qui portait un ca- « ractère d'utilité générale, consacra, dans sa reconnaissance, une espèce « de culte aux eaux bienfaisantes du fleuve. Il regarda le Nil comme sacré, et « Plutarque nous apprend que les Egyptiens le qualifiaient de *père* et de « *sauveur* de l'Egypte.

« Les nations de l'Europe ont long-temps ignoré le lieu où se trouvent « ses sources. De nos jours même les opinions sont très partagées, ou du « moins on n'a pu déterminer avec une rigoureuse exactitude le point de « l'Afrique où elles existent. Il n'est pas surprenant que les Grecs, dont « les connaissances géographiques étaient plus bornées que celles des mo- « dernes, ne nous aient laissé, sur ce sujet, que des notions plus vagues « encore et contradictoires.

« Dans les temps modernes, les Jésuites portugais, conduits par leur fer- « veur et leur ambition dans les provinces de l'Abissinie, se flattèrent d'a- « voir découvert les sources du Nil. Ils les placèrent dans la province de « *Goyama* sur les terres de Saccala. Le lieu d'où sort le fleuve auquel ils « donnent le nom de *Nil*, est à l'orient du lac de *Dambeïa* ou *Tzana*. On « regarda long-temps leur découverte comme certaine, et le chevalier « Bruce contribua à l'accréditer. Cet Ecossais donne aux sources du Nil la « même position que les Jésuites portugais, et les fixe à Gisch, à 10 d. 59 m. « de latitude; il ajoute que le Nil traverse l'Ethiopie et se jette ensuite dans « une grande rivière que les Arabes nomment *Bahhar-el-Abiadh*, *Rivière* « *Blanche*.

« Mais cette rivière qui vient du sud-ouest, a été regardée par plusieurs « géographes, et entre autres par le célèbre d'Anville, comme étant véri- « tablement le Nil. C'est en effet ce que pensent à ce sujet les personnes les « plus éclairées de ce siècle. Suivant les écrivains arabes, la *Rivière-* « *Blanche*, ou le Nil, prend sa source dans les *Djabal-Qamar*, *les monts* « *de la Lune*, situés, disent-ils, à 11 d. au-delà de la ligne équinoxiale, « ou bien dans les *Djabal-Qomr*, *les montagnes d'une couleur verdâtre*,

« selon que l'on ponctuera le mot arabe QMR. En adoptant la leçon *Dja-*
« *bal-Qamar*, *les montagnes de la Lune* , il paraît que les Arabes auront
« tiré ce nom du géographe Ptolémée , qui, ainsi que Léon l'Africain, avait
« la même opinion.

« La société africaine de Londres et le major Rennel placent les sources
« de la *Rivière-Blanche* ou du véritable Nil, au sud du *Dârfour*, dans la
« contrée de *Donga*, par le 25ᵉ d. de longitude au méridien de Greenwich,
« le 8ᵉ de latitude nord , et plus de 4 d. au sud de la source de l'*Abawi*
« que Bruce et les Jésuites ont pris pour le Nil. En adoptant cette opinion,
« qui paraît fondée sur des faits , il en résulte que l'*Abawi* et le *Tacazzé*,
« deux rivières qui arrosent l'Abissinie , sont l'*Astapus* et l'*Astaboras* ,
« fleuves qui, selon les anciens , se jetaient dans le Nil. Leur jonction s'o-
« père près du lieu appelé *Ialac*, à peu de distance de la ville de *Nouabiah*,
« que d'Anville croit avoir remplacé l'ancienne et fameuse Méroë. Les Jé-
« suites portugais et le chevalier Bruce se sont donc flattés en vain d'avoir
« soulevé le voile qui, pendant tant de siècles, a dérobé à l'Europe la con-
« naissance des sources du fleuve d'Egypte, puisque les renseignemens
« qui ont permis à la société africaine de Londres de fixer à peu près l'ori-
« gine de la *Rivière-Blanche* ou le Nil, inspirent la plus entière confiance,
« étant dus à plusieurs voyageurs africains, compagnons des caravanes du
« Bournou et d'autres pays voisins des sources de cette *Rivière-Blanche*.
« Aucun Européen n'a pénétré dans cette contrée de l'intérieur de l'Afri-
« que; mais l'on a calculé que depuis l'embouchure du Nil jusques à la
« source de la *Rivière-Blanche*, qui est aussi le Nil, il y avait environ
« 1440 milles géographiques en ligne directe.

« Sorti de sa source , le Nil traverse un pays habité par des nègres, et se
« dirige vers le nord-est, au sud du *Dârfour*. Il tourne ensuite insen-
« siblement vers le nord, et, coulant à l'orient de la même province, il ar-
« rose le pays de *Kordafán* et reçoit, près d'*Emdourman*, l'*Abawi* ou
« *Bahhar-Azráq* (*rivière bleue* ou *verte*) que Bruce crut être le Nil. Il bai-
« gne dès-lors la partie occidentale du *Sennâr*, et, augmenté par les eaux
« du *Tacazzé*, il arrive dans le pays de *Takaki*. Il se dirige bientôt vers
« l'occident, et parvient à *Donqolah* ou *Dankalah*. Après avoir ensuite
« traversé la Nubie , en décrivant de nombreuses sinuosités , le Nil se trouve
« enfin resserré entre deux chaînes de montagnes, au milieu desquelles il
« arrive à la petite cataracte au-dessus de Syene.

« Après avoir franchi les rochers qui l'occasionnent, le Nil parcourt l'E-
« gypte du midi au nord, et reste enfermé dans un seul lit parsemé d'îles
« plus ou moins considérables, jusques à la pointe du Delta. Il se divise alors
« en plusieurs branches, qui, du temps des anciens Egyptiens, étaient au
« nombre de sept. »

De his vide etiam V. C. CAILLAUD, *Voyage à Méroë, et au fleuve
Blanc*. ED.

290. *Cursus in occasus flexu torquetur et ortus.* Hic versus a Gujeto omnino damnatur propter turbatam structuram, quum ortus sit a glosse- mate sequentium et novum subjectum *cursus* intercedat. Sed sæpe Lucanus, interposito alio subjecto ad prius redit. Hic autem versus 290 præcedenti respondet, atque oppositio quædam oritur : « Tu is rectus in Boream, sed cursus tuus torquetur mox in ortum, mox in occasum. » Itaque neque cum Bentleio *Rursus in occasus flexu torqueris*, neque *curris in occasus* cum Oudendorpio mutandum est. Præfero tamen *occasus*; neque syllaba *us* ite- rata in Lucano debet offendere. *Flexus* ortum est propter præcedens *cursus*, sicuti *ortum* propter *occasum*. *Occasus* in plurali dicitur, ut VI, 361; IX, 421; X, 39; nec non *ortus* I, 543, 683; II, 642; IX, 76, 419, 903; X, 279 : *torquetur* autem de flumine, ut V, 378; VI, 77. Neque denique ex glossemate ortus esse potest versus, quum sqq. neque explicatione egeant, neque explicatio his verbis insit, et ipse potius explicationem requirat. Immo Lucanus, ut solet, sententiam variat, et in sqq. exponit. WEB.

292. *Seres.* Nostrum valde reprehendit Scaliger quod : « per Seras Ni- lum fluere dixerit. » Id equidem dicentem Ægyptium inducit suum fluvium μυγαλύνοντα, quo sermone nihil aliud voluit innuere, quam remotissimos, et ignoratos ejus fontes esse, et prima fluenta. Quod si putavit (ut ait Scaliger, nec ego multum repugno) Lucanus cum Virgilio, et aliis, Æthiopas, et Indos aut eosdem esse, aut gentes conterminas, nihil mirum, si Seras ad- jungit, gentem sine dubio Indis conterminam. Nam eo sæculo ignoraban- tur earum gentium veri situs, et intercedentia maria, quæ postea a Trajano navigata, Romanis tamen non adeo fuere notiora, quin Ptolemæus ipse Africam circumfluam esse ignoraret, et ejus australem partem Seribus per ter- ram incognitam conjunctam esse crederet, et mare indicum undequaque terra ambiri scripto traderet lib. VII, cap. 5. Inde etiam est, quod post Tra- janum Pausanias dixit, Seras esse Æthiopibus consanguineos Eliac. lib. II, p. 205. Inde est, quod Virgilius de Nilo scribit, Georg. IV, 293: « Usque coloratis amnis devexus ab Indis. » Sic Heliodorus lib. IX, Seras subditos Hydaspi Æthiopum Regi facit, nisi forte fuerint alii Seres in Africa, de quibus loquuntur Lucanus, et Heliodorus. Inde est, quod Ægyptius ille apud Lucanum Nilum per Seras fluere dixit, ut illum a remotissimis regionibus fluere innueret. Quod tamen non est tam absurdum, quam eorum sententia, qui Nilum ex Euphrate manare per occultos meatus volebant, quod testatur Pausanias in Corinthiacis. Quod si dixisset Lucanus, procul dubio censori suo vapulasset non defunctorie. Error ille porro non est Lucani, sed temporis (nisi dicamus, Lucanum, ut vatem, hariolari debuisse), vastum sinum maris Æthiopas et Seras interce- dere. Nam etsi jam a tempore Neronis Africa circumnavigata fuisset a Phœnicibus, ut narrat Herodotus, tamen fides non est adhibita Herodoto, ut plurimum, et mansit ille error usque ad Ptolemæum. PALMER.

296. *Nec licuit populis parvum te, Nile, videre.* Bentleius quia senten-

tiam hoc versu interceptam vidit, versus hosce luxatos putat et ordinem sic constituit : *Nec licuit... Arcanum... Amovit*. Versus 296 quidem suspectus fieri potuit quod intercidat sensum, et quod potuit præcedentis glossa videri. Quod prius attinet, sententiam turbatam esse concedo, et versum vel melius deleri, vel facili conjectura *Ne liceat* pro *Nec licuit* erigi posse. Verum de interposito alio subjecto in Lucano jam supra ad v. 290 diximus ; neque de versus transpositione est quod cogites. Poeta, ut solet, variat atque amplificat hoc loco sententiam priorem. Unde Burmanni conjectura de parenthesi constituenda displicet, quæ nullum locum habet ; neque intelligi potest, cur glossator his verbis usus sit, ut priora explicaret. Deinde *nec* indicare videtur, versum a præcedenti versu *non* pendere, quem verba *et gentes—nosse tuos*, his respondentia, ex membrorum æqualitate defendunt. Denique optimi MSS. versum agnoscunt ; si in aliis non legitur, excidit, quia sensus reliquorum sine eo constabat ; unde in alienum locum Codicis Reg. illatus est ; vel excidit cum præcedenti v. 295, librarii negligentia. VVEB.

300. *Hiemes adferre tuas*. Mscr. duæ *efferre*, i. e. aquas effundere in ipsa æstate, quæ tua est hiems, a te allata. BERSM. — *Efferre* est etiam in uno Pulm. et Hortens. quod probat non immerito, ubi, quid sint *Nili hiemes*, eleganter exponit J. F. Gronov. L. IV, Obs. c. 5. Lib. VI, 474, « Nilum non extulit æstas.» *Perferre* unus Pulm. *Obferre* alii non inepte : ut tamquam donum Nili consideret inundationem ; quare invocare eum solebant Ægyptii. Hinc vs. 235, *Imploratus adest*. OUD.

304. *Quæ quamvis arbore multa Frondeat, æstatem nulla sibi mitigat umbra. Linea tam rectum mundi ferit illa Leonem.* Joseph Scaliger non feliciter nec bona fide agit cum Lucano dum fingit eum credidisse Meroen in ipso solstitio ἄσκιον esse quod hæc de ea cecinerit. Quæ non sunt ita stricte, et mathematice accipienda, ut nullam per totam æstatem umbram Meroe admittat, sed tam exiguam, ut non possit mitigare intentissimos ejus climatis calores. Nam quum Syene per septemdecim dies non habeat umbras meridianas, fatemur tamen, id tantum accidere per quatuor dies circiter Meroæ, eosque non continuos, sed per duos duntaxat, sole gradum Tauri quartumdecimum tenente, et totidem dum sextumdecimum Leonis occupat. Ideo est minus ἄσκιος. De solstitio vero ne verbum quidem Lucanus facit : nam summa æstas (ut credo) debet intelligi, quum sol culminat, quod fit in climate διὰ Μεροῆς, sole Taurum et Leonem tenente, non in solstitio. Sed melius erit hoc loco Lucanum defendere Cl. Salmasii auctoritate qui in suis ad Solinum commentariis, sic ait p. 422, Edit. Paris. « Ita certe opinatur Vir magnus, hanc nimirum fuisse Lucani sententiam, tam Syenem, quam Meroen ἀσκίους esse toto solis per Cancrum et Leonem transitu. Ignoscant mihi viri summi manes, hoc prorsus falsum est. Diversa quippe fuit veterum opinio de Syene, et Meroe, quantum ad ἀσκιότητα, ut ita loquar. Syene sub æstivo Tropico Cancri : in ea solstitii medio die nullam umbram jaci scribit Plinius lib. II, c. 73. Idem ibi tradit

apud Meroen (quæ a Syene 600 stadiorum abest) bis in anno umbras absumi, sole duodevicesimam Tauri partem, et quartamdecimam Leonis obtinente. Diversis igitur temporibus Syene, et Meroe ἄσκια : Illa tunc, quum certam partem Cancri Sol obtinet : Hæc vero eo die, quo Sol certam Leonis partem ingreditur. Lucanus quoque diversum tempus ἀσκιότατος his duabus urbibus assignavit, de Syene loquens; « Cancroque suam torrente Syenem.» Et lib. VIII : « Nam quis ad exustam Cancro torrente Syenem.» Hic autem aperte indicat Meroen ἄσκιον esse, quum Sol per Leonem transit.» J. PALMER.

306. *Linea tam rectum mundi ferit illa Leonem.* Gujeto versus suspectus est, ut videtur, quia salvo sensu abesse possit, et explicationem contineat verb. præcedentium. Sed prior causa nulla est, quum in poetis, maxime in Lucano, sexcenta loca hac ex ratione deleri deberent, quæ aperte genuina sunt. Deinde si verba considerantur, minime interpolatorem et glossatorem, sed poetam produnt. Neque facile præcedentia aliquis per *lineam mundi* et *ferit* explicaret, quæ Lucanus ex more suo addidit, in rebus naturæ maxime doctrinam suam ostendens. Denique in singulis verbis non video, quid suspicionem movere possit. *Ferit* enim, quod Salmas. cum Oudend. et Cort. in *fert* mutatum volebat, sicuti Lips. *b*, addita glossa *super se* habet, corrigi non debet, cum *ferire* de linea mundi, i. e. recta linea, quæ de terra ad punctum verticis (*Zenith*) ducitur, optime dicatur. Male autem hæc per hypallagen a Schol. Lips. *c*, et Ascensio explicantur, quæ h. certe l. nulla est. WEB.

313. *Regni claustra Philæ.* CHAMPOLLION, *l'Egypte sous les Pharaons,* cap. 4, tom. I, p. 154 et 158 : « L'île de *Philæ* est située au 30e d. 34 m. « 16 s. de longitude, et au 24e d. 1 m. 34 ʹs. de latitude, au méridien de « Paris. Placée au milieu d'un grand bassin formé par un coude du Nil, « sa direction est du nord-ouest au sud-est ; sa longueur est de 192 toises, « et sa plus grande largeur de 68. C'est dans sa partie méridionale que se « trouvent les monumens principaux parmi ceux dont elle était, pour « ainsi dire, couverte ; un mur de circonvallation, construit sur les ro- « chers qui la bordent, l'environnait entièrement.

« On a diversement écrit le nom de Philæ. Dans Strabon on le trouve « orthographié Φύλας, dans Plutarque Φιλαῖς, dans Etienne de Byzance « Φιλία et Filis dans la notice des dignités de l'empire Romain. Ces diverses « orthographes semblent indiquer que ce nom n'est pas grec d'origine. Ce- « pendant on a donné à Φίλαι la signification de *amicæ, amies;* d'autres « ont cru que Φύλας désignait des *tribus.* Mais ce nom paraît avoir été donné « à cette île par les Egyptiens; et c'est dans la langue de ce peuple qu'on « doit en chercher la signification.

« Zoëga l'a dérivé d'un mot égyptien qui signifie *verberare, percutere, al-* « *lidere, frapper, se briser,* à cause, dit-il, des rochers contre lesquels le « Nil se brise en cet endroit. Mais d'après la description de l'état actuel de

« Philæ, il ne paraît pas que le Nil se jette avec fracas, contre les rochers
« de l'île. Les Égyptiens pourraient eependant lui avoir donné ce nom, à
« cause de sa proximité des cataractes, dont elle n'est éloignée que de 1500
« toises.

« Le véritable nom égyptien de Philæ est *Pilak*, comme on le trouve
« dans les livres Coptes. Ce nom signifie *frontière*, *lieu reculé*. Telle est en
« effet la position de l'île de Philæ dépendante de l'empire égyptien. »

Aliud quoque hujus nominis etymon affertur in notis ad Senecam, t. V,
p. 417, nempe verbum quod linguis semiticis idem sonat ac *elephas*; unde
colligitur forsan *Elephantinen* græcam et Romanam fuisse mataphrasin pro
Philis : ad quem locum vide. ED.

318. *Præcipites cataractæ*. De his mira veteres, et recentiorum multi
retulere, quorum fabulas sic exagitat CHAMPOLLION, *l'Egypte sous les Pharaons*, cap. 3, tom. I, pag. 120 sqq. « L'antiquité vanta beaucoup ces
« chutes du Nil, et l'admiration qu'on éprouve en lisant les rapports des
« anciens voyageurs, a contribué à les rendre très célèbres parmi les mo-
« dernes. On connaît huit principales cataractes du Nil; celle qui se trouve
« à une lieue au-dessus de la ville de Syène, est la plus généralement ci-
« tée parmi les modernes. Les anciens historiens et les anciens géographes
« ont beaucoup parlé de cette chute du Nil : ils rapportent qu'elle fait un
« bruit effroyable qui s'entend de très loin; ils ont comme à l'envi, multi-
« plié les merveilles de ce phénomène. Mais les rapports des voyageurs mo-
« dernes démentent leurs assertions.

« Les Arabes ont donné à cette cataracte le nom de *Chellal*. La largeur
« du Nil, en cet endroit, est de près d'un quart de lieue; la montagne qui
« la borde, arrivée vers les cataractes, descend perpendiculairement dans
« le fleuve, puis elle ressort à sa surface, sous la forme d'une foule d'écueils
« très proches les uns des autres, et dont plusieurs sont de grandes îles. C'est
« principalement vers la droite du fleuve que les îles sont plus rapprochées,
« plus escarpées, et qu'elles opposent le plus d'entraves à la marche des
« eaux; on compte dix barres principales dirigées d'une île à l'autre et dans
« tous les sens; le Nil, arrêté contre ces obstacles, se refoule, se relève et les
« franchit. Il forme ainsi une suite de petites cascades dont chacune est
« haute d'un *demi pied* tout au plus. Vers la rive gauche, les barres ne
« sont point aussi considérables, et les barques y passent à la voile pendant
« le débordement; beaucoup de rochers dans les environs de ces petites
« chutes sont couverts d'hiéroglyphes. Tel est le rapport des membres de
« l'Institut d'Egypte qui n'ont écrit que ce qu'ils ont vu; telles sont ces
« cataractes si vantées par les anciens, qui les confondaient sans doute avec
« celles de la Nubie, peut-être plus considérables.

« C'est ainsi que s'établissent les idées fausses et les opinions erronées;
« et elles s'accréditent surtout lorsque des voyageurs modernes, dont on ne
« soupçonne pas la véracité, ajoutent encore aux rapports des anciens.

« Tels furent plusieurs voyageurs des derniers siècles, qui osèrent assurer

« avoir vu les cataractes de Syène formées par le Nil , tomber d'une hau-
« teur prodigieuse. Tel fut surtout Paul-Lucas, qui voyageait dans le beau
« siècle de Louis XIV et par ordre du roi. Il dit avec assurance : après avoir
« quitté la ville de Syène , nous arrivâmes une heure avant le jour à ces
« chutes d'eau si fameuses. Elles tombent par plusieurs endroits d'une
« montagne *de plus de deux cents pieds de haut.* M. Jomard que nous
« venons de citer nous apprend qu'elles ont tout au plus un demi-pied. On
« me dit, continue Paul-Lucas, que les Nubiens y descendaient avec des
« radeaux. Il ne croyait pas à ce rapport ; mais dans le même instant il eut
« le plaisir de voir deux radeaux, gouvernés par des Nubiens , se précipiter
« de plus de deux cents pieds de haut sans être submergés, et continuer
« gaîment leur navigation. Il a usé du droit d'en imposer à ses lecteurs ,
« jusqu'à ajouter qu'à cette cataracte on remarque une nappe d'eau , large
« de trente pieds, qui forme , en tombant , une espèce d'arcade sous la-
« quelle on peut passer sans se mouiller. On remarquera sans doute que rien
« ne doit surprendre dans les rapports d'un voyageur qui dit avoir vu une
« ville de géans près de Tarse en Cilicie , et plusieurs autres merveilles de
« ce genre. Mais on ne peut s'empêcher de regretter que la connaissance
« des lieux dépende de la bonne foi des voyageurs. Ce que nous venons de
« rapporter relativement à l'idée qu'on s'était faite de la cataracte de Syène
« avant la mémorable expédition d'Egypte , fait voir jusqu'où peut aller
« l'erreur. Il résulte des connaissances acquises sur ce fait, pendant l'expé-
« dition, que cette chute du Nil mérite à peine d'être remarquée. »

Plura si desideres, adi V. C. JOMARD. *Description de Syène et des cataractes* in pulcherrimo opere cui titulus : *Description de l'Egypte,* t. II. ED.

328. *Quos inter in alta it convalle tacens jam moribus unda receptis.*
Olim legebatur : « ut alta In convalle jacens stat molibus unda quietis. »
Quod Farnabius explicat : inter montes illos Nilum ut alta in convalle molibus quietis stare dicit ; nam moles aquarum quietæ et veluti stantes in
profundo et alto alveo, qui veluti convallis locum obtinet, inter duos montes altissimos. *Quietis* certe legitur in MS. 7900. ED. — Verum *stare,* et
jacere posse dici de fluvio, leniter licet, decurrente et labente, numquam
credo. De stagnis, et mari non agitato hæc usurpantur ; quare verissima est
lectio : « in alta It convalle tacens jam. » *Ire* de fluvio millies dici, nemo
nescit ; ut et *tacere.* Cf. ad I, 260. Præterea optimam Grotii emendationem
moribus confirmant codd. multi ; nec non Voss. 2 ; Buher. et Oxon. pr. in
quibus est *motibus quietis,* i. e. tranquillitate ; quo sensu etiam *moribus
quietis* possit legi. Sed tamen *moribus receptis* simplicius ego explicare mallem per consuetudinem, quam recepit hic Nilus. Prius enim leniter eum
fluere cecinit Lucanus , dein violente ; jam subdit, recepta eum consuetudine, seu moribus priscis, rursus leniter incedere. *Mores* fluvio tribuit ,
ut Propert. lib. III, 3, 47, *naturæ mores,* aliique aliis rebus inanimatis.
Vide ibid. Gronov. et Cerd. ad Virgil. Georg. I, 51, *cæli morem.* OUD.

345. *Occulta cædem committere fraudi.* Richel. *occulta fraude.* Cortius conjicit *permittere.* Sed vulgata servanda. Sic Flor. I, 1 : « primum scelus mandat insidiis. » BURM.

347. *Colla ferire... juberet.* Sex MSS. *feriret.* Oxon. vero primus, et Hort. margo *feriri*, quod præferrem , quia sequitur *jungi* in passivo. Aliter non temere ille infinitivus activi generis mutari debet in passivum. Nam sæpe dicitur *jubeo hoc facere* sine addito personæ accusativo. Virgil. II , Æn. 36 ; III , 266. Hæc Oudend. et multa alia exempla congerit, quibus *ferire* defendi possit. Mihi vix facile videtur posse discerni an *ferire*, an *feriri* præferendum , quum plurimum in his varient libri , et sæpe activum et passivum, ut hic, in uno verborum complexu jungi soleant. Stat. Silv. III, 3, et alibi. *Feriret* etiam habet quo se tueatur. BURM. — *Feriret* propter seq. *juberet* ortum probari nequit ; mutatum *ferire* autem propter v. *jungi* recte ab Oudend. defenditur. Sæpissime enim v. *jubere* infinitivo activi et accusativo, rem faciendam notanti, conjungitur ; cf. Lucan. II, 632 ; IV, 149 ; IX, 670 ; Seyfert. Lat. Gram. § 2090 , 9 ; unde Drakenb. ad Sil. VI, 413 corrigendus est. Eo tamen discrimine, ut activum ponatur, si actio rei, passivum, si rei effectus consideratur. Quare utrumque activum et passivum conjungi possunt, ita ut vel activum vel passivum primum locum teneat, prouti res cogitetur ; cf. præter loca a Burm. laudata, Lucan. I, 589‑91 « jubet monstra rapi » et « urere flammis ; » IX, 687‑88, « Pallas frugiferas jussit non lædere terras, Et parci populis. » WEB.

419. *Movit et in partem Romani venit Achillas.* Loco hujus versus alius hic, « Instaurat, primus Magno succedit Achillas, » in pluribus Cortii Burmannique legitur ; qui nobis exemplo esse potest, quemadmodum interpretatio, verbis poetæ a loco suo remotis, sedem eorum occupaverit. WEB.

473. *Æstimat in numero scelerum ponenda tuorum,* etc. Grotius emendat *res minima in numero*, id est ; legatus occisus inter Ægypti scelera minimum. — Gujetus , hunc locum imperfectum et ab interpolatoribus suppletum ratus, vv. *orator... Æstimat* pro spuriis habuit ; quæ tamen neque supplementi loco sunt, neque causam, cur damnari debeant, præbent, nisi forte in v. *Æstimat,* de quo mox dicemus. Innuit autem poeta hoc loco satellitis necem ab Achilla factam ; quemadmodum plura (ut ex comparatione Pharsaliæ cum aliis belli civilis scriptoribus instituta apparet), paucis tantum verbis, non tamen sine causa, tangit. Etenim quum factum per se tale sit, quod sine multo negotio transactum narrationi non magnopere serviat, sed, comparatum cum aliis Ægyptiorum , mores eorum ostendat : sufficit ei id tantum innuisse, et ad ea, quæ menti rem consideranti obversabantur , et inde a v. 474 , leguntur , transisse. Quæ si vera sunt, non admodum difficilis loci sensus videtur, quem recte jam Schol. Lips. *a* ita explicat : « Sequester pacis, i. e. moderator pacis, æstimat, æstimare facit eos,.per hoc scil. quod interfectus est ; hoc factum per suam in-

terfectionem ponendum esse in numero tuorum scelerum. » Locum corruptum esse Oudend. et Burm. putant, qui, nimis audacter a vestigiis librorum recedentes, conjecturas minime probabiles afferunt; Oud. *Victima sit;* Burm. *Occidis... ponende.* Possis quidem aliquid, in quo notio
probandi, ostendendi insit, tentare; sed conjectura non opus est, ut diximus.
Neque meliorem viam ingressus est Barth. in Advers. XI, 10, p. 531, qui,
colo post v. *gentibus* deleto, priora sequentibus conjungit, et ita explicat:
« Orator et caduceator regius, cui noti facinorosorum hominum animi, non
putat gentibus sacra jura ponenda in potestatem eorum, non enim parcituri
erant etiam sacrosancto legato. » Qui sensus non inest in verbis; *ponere in
numero* enim non est *ponere in potestatem*, *tradere arbitrio*, sed simpli-
ter adnumerare alicui rei, referre, reponere in numerum alicujus rei, ut
notissimum est. Plurimam difficultatem sine dubio v. *Æstimat* præbet, in
quo totius loci cardo vertitur; quod a Gronov. Obss. I, 6, p. 44, sqq. Lips.
recte intellectum, ab eodem quoque optime explicatum est, neque quid
contorti et longius petiti in ejus explicatione insit, intelligo. Sed in eo fal-
sus est V. D. quod subjectum verbi *ponenda* putaverit *qualia sint illa quæ*,
de quo in verbis Lucani nihil legitur. Immo subjectum est *jus mundi* et
fœdera sancta, ut glossa unius Bersm. et Reg. sec. *hæc*, textui inserta, bene
indicat. VVEB.

488. *Luxuriosa domus.* Meliorem lectionem nobis suppeditant præstantissimi Codices Vossian. prim. et Regius uterque, quæ est *Ambitiosa domus*, cujus glossa est *luxuriosa*, splendida, et ambitiose exstructa. Sic *luxus
ambitione furens* vs. 156; lib. IV, 376: « Ambitiosa fames et lautæ gloria
mensæ; » nisi quis *ambitiosa* exponere vellet, magnum spatium, sive ambitum complexa, ut apud Solinum *Ambitiosa oppida.* OUD. — *Ambitio-
sam* domum dici posse non dubito, sed tamen non facile ob unum et alterum codicem repudiem *luxuriosa*, quum multo rectius *luxuriosa* dicatur,
quam *ambitiosa* quæ solius Cleopatræ respectu ita dici potest: sed omnium
Ptolemæorum luxuria nota est, quæ et in ædificanda hac regia apparuit.
BURM.

513 sqq. *Abstulit excursus, et fauces æquoris hosti: Cæsaris auxiliis
aditus ac libera ponti Ostia permisit: nec pœnas inde Pothini*, etc. Alii
legunt *Cæsar et auxiliis ut vidit libera ponti Ostia, non fatum meriti
pœnasque*, etc. Locus corruptus et interpolatus. Relictis in medio, quæ
Intpp. de hoc loco dixerint, sententiam meam paucis exponam. *Ut vidit*,
nisi verbis *aditus ac* deletis, quæ tamen propter *excursus et fauces* genuina, stare non possunt, membrorum rationem turbant, et a glossatore profecta videntur, ut incerta eorum sedes indicat: « Cæsaris... permisit; nec
pœnas inde » ferri possint; sed *non fatum meriti pœnasque* óptime dicta
sunt. *Fatum* enim i. e. *mortem*, ut ex glossa Florent. et Bersm. unus habent, sæpius in nostro legitur, cf. IV, 484; IX, 825; *meriti* autem positum
est ut VII, 771, *Exigit a meritis tristes victoria pœnas* (ubi Cort. male *mi-*

seris), de iis, qui pœnæ obnoxii sunt, de nocuis; neque facile ejusmodi verba a librariis adduntur. Deinde displicet. v. *Cæsaris*, quo non opus est, quum *auxilia*, ut oppositio v. *hosti* docet, aperte Cæsaris, non hostium sint; denique subjectum ad v. *distulit* ex vs. 512 repeti debeat. Hæc omnia, ut dixi, locum a librariis interpolatum esse ostendunt, qui, quum verbum, a quo accusativus *aditus ac ostia* penderet, non animadvertissent, id vario modo substituerunt. Quæ quum ita sint, locum corruptum fortasse aliquis ita scripserit :

> Abstulit ut cursus et fauces æquoris hosti
> Cæsar, et auxiliis aditus ac libera ponti
> Ostia, non fatum, etc.

ubi *auxilia* Pothini, ut glossa Lips. *b* explicat, vel omnino Alexandrinorum sint, et reliqua optime cohæreant. Ita tamen *gemini usus* vs. 512, in damno hostium et in commodo Cæsaris, ut videtur, positi, non explicentur, neque placeant verba conjuncta *excursus* et *fauces æquoris; aditus* ac *libera ponti ostia*, quæ oppositionem aliquam continent. Ulcus itaque in alia re latere arbitror; sed interdum satius est id monstrasse, quam medicinam pravam adhibuisse, ut ab Heins. Advers. I, 19, p. 197 factum videmus. VVᴇʙ.

515. *Nec pœnas inde Pothini.* Verba Cæsaris ita habent : « Hæc dum apud hostes geruntur, Photinus nutricius pueri, et procurator regni in parte Cæsaris, quum ad Achillam nuncios mitteret, hortareturque, ne negotio desisteret, neve animo deficeret, indicatis deprehensisque internunciis, a Cæsare est interfectus. » Mɪᴄʏʟʟ. — Paullo aliter hæc refert Plutarch. in Cæsare, p. 731. Ed. par.

ADDENDA ET CORRIGENDA.

IN TOMO PRIORE.

Lib. I, 51. *Jurisque tui natura relinquet.* Quæ sit constructio dubitat Oudendorpius (Epist. ad Schraderum) et supplet *relinquet te,* vel *hoc esse juris tui;* collato lib. VI, 302. Ego simpliciter intelligam *relinquet tui juris,* id est, in tua potestate, ut VII, 80, *sit juris* dictum est pro, sit facultas.

132. *Multa dare in vulgus.* Non solum *munera impendebat,* ut vult Schol. Sed etiam multa faciebat, multam impendebat curam in gratiam vulgi, ad conciliandum sibi plebis favorem.

137. In nota, lin. 1. Post *forte melius,* omissum est *veteris.*

143. *Sed non in Cæsare tantum Nomen erat nec fama ducis.* Male Bersmanni explicationem admisi, ut *tantum* adverbialiter pro *tantummodo* sumatur; obstat enim τὸ *nec* sequens; intell. igitur *non tantum nomen, nec tanta fama.*

202. *Ubique tuus, liceat modo, nunc quoque miles.* Aliter distingui potest, *tuus (liceat modo nunc quoque) miles.*

275. *Traximus imperium.* Melius forsan cum toto loco congrueret hic sensus : in imperio perseveravimus, et stationem nostram ad extremum defendimus; nunc autem vi pellimur.

282. *Par labor atque metus.* Male sane hæc cum seqq. *prælia pauca facili eventu* congruunt. Nescio tamen an melius cum præcedd. jungas, hoc sensu: quam paratus es, si differas, majoris tibi constabit bellum, nec minuentur labores et pericula. Locus obscurus.

314. *Extremi clientes.* Sunt vilissimi; quorum suffragia *emerat* Pompeius. Nam hic de iis tantum loquitur Cæsar, qui suffragia in comitiis ferebant.

316. *Ille reget currus.* Forsan non de Sertorio, sed de Afris triumphum innuit, qui primus fuit, vide VIII, 25 : confer tamen VII, 14.

372. *Jussa sequi tam posse mihi.* Intelligendum esse hunc locum, supplendo *tam gratum, est,* censet *Palairet* in Thesauro Ellips. lat. sub voc. *gratum;* sed nulla allata auctoritate. Confer vero Plaut. Capt. II, 3, 65: « Magis non factum possum velle, quam opera experiar persequi. »

Lib. II, 31. In nota, lin. 4, pro *adfuxere* leg. *adflixere.*
Ibid. lin. 7, pro *Apulei* leg. *Apuleii.*

307. In nota extr. pro *Saguntino* leg. *Samnitio;* Liv. VIII, 10; X, 28. Cf. VI, 785.

618. In nota, lin. 7, post *Virg.* adde *Georg.*

Lib. III, 198. *Pholoe.* Lucanus hic potius loqui videtur de Thessaliæ monte, quem etiam postea nominat, VII, 827.

277. *Mæotidas egerit undas Pontus.* Quas e Mæotide accepit undas Pontus Euxinus, ipse vicissim egerit in Ægæum. Hic igitur de Bosporo Thracio tantum mentio esse videtur, quamquam totius loci nexus Cimmerium potius indicat.

404. Ad notam extr. adde : Cf. Hard. ad Plin. XV, 40, 2. Servius ad Virg. Eclog. VIII, 105 : « *Altaria* dicuntur et quæ continent, et *quæ continentur* ab eis; nunc vero ipsa quæ ponuntur. » Quod nostram conjecturam firmat; et sic *altaria* sunt gallice *les offrandes.*

415. *Attonitos.* An ipsi Dii videntur attoniti? an homines, qui eos vident, expavescunt? Posterior explicatio unice placet, ob sequens *metuunt.*

717. *Me quoque mittendis rectum componite telis.* Miles quidem erectus steterat (v. 713); sed, jam non videns, poscit ut socii eum disponant, et obvertant contra hostem, sicut machinam telis mittendis aptam, et ita ipse tela etiam in illos injecta corpore excipiat.

Lib. IV, 242. *A trepido vix abstinet ira magistro.* Palairet in Thesauro Ellips. lat. præfat. sub voc. *se,* ait quosdam legere *abstinet ora*; male, nam præcedit *feræ.* « Lectio bene habebit, inquit, si *'se* in *abstinet* suppleas. »

484. *Non cogitur ullus Velle mori. Fuga nulla patet.* Palairet in opere citato, sub voc. *sed,* ita jungendum putat : *non cogitur... sed fuga,* etc.

604. In nota, pro *resmuit,* leg. *resumit.*

Lib. V, 101. In textu, et in nota, pro *Typhæus* leg. *Typhoeus*; græce enim dicitur Τυφώευς.

328. In textu, *tanta cum classe,* legendum opinor *quum.*

IN TOMO ALTERO.

Lib. VI, 648. In nota, lin. 5, pro *Maleæ* leg. *Tænari non longe a Malea.*

807. In textu, vocem *properate* incuria typographi disjunxit.

Lib. VII, 95. *Quis furor, o cæci, scelerum ?* Burm. legit, *quis furor, o cæci scelerum!* coll. lib. X, 482.

231. *Inde truces Galli,* etc. Quingentos enim Gallos Germanosque ex Alexandria adduxerat S. Pompeius, quos ibi A. Gabinius, præsidii causa, apud regem Ptolemæum reliquerat. Cf. Cæsar, B. Civ. III, 4.

Lib. VIII, 474. In nota, lin. 3, pro *Theodorus* leg. *Theodotus.*

Lib. IX, 568. In nota, lin. 1, pro *quidam* leg. *quidem.*

TABULA

RERUM

QUÆ IN HOC ALTERO LUCANI VOLUMINE CONTINENTUR.

LIBER DECIMUS.

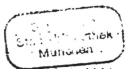

FINIS PRIORIS PARTIS.

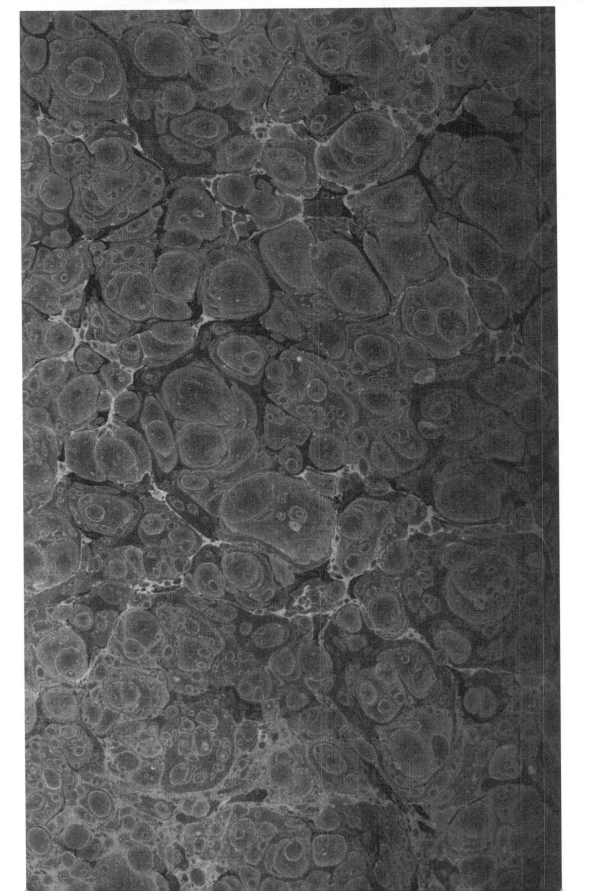

Lightning Source UK Ltd.
Milton Keynes UK
UKOW07f1945261015

261440UK00009B/119/P

9 781248 343531